來新夏文集

来新夏 著

第六册

人物掌故卷

人物纵谈 师友存真
流年琐记 掌故撷拾

南方传媒
广东人民出版社
·广州·

人物掌故卷

目　录

人物纵谈

流年琐记

掌故摭拾

人物纵谈

舍利取义的伯夷、叔齐

> 若伯夷者，穷天地、亘万世而不顾者，昭乎日月，不足为明；崒乎泰山，不足为高；巍乎天地，不足为容也。

这是唐代文豪韩愈所写《伯夷颂》的一段。它热情地讴歌了商朝末年伯夷明耻守节的高尚情操。伯夷、叔齐是什么人？他们为什么受到后人如此地崇敬和赞扬呢？

伯夷、叔齐是亲兄弟，复姓墨台。伯夷名允，字公信；叔齐名致，字公达。伯、叔是排行，即长与三之意。夷、齐是他们死后，人们根据他们的行事和为人所起的尊号。他们的父亲名初，字子朝，是商朝孤竹国（今河北卢龙县南）的国君，生前立小儿子叔齐做了太子。他死后，叔齐认为自己不该继承王位，这是父亲的偏爱，于是执意要把王位让给大哥伯夷。伯夷也很贤达，坚决不肯接受，说这是父亲的遗命，不能违背。兄弟俩你辞我让，谁也不肯即位，他们把争夺权位看作是一种耻辱，宁愿舍利，也要取义。最后，双双离家出走，国人无奈，只得让叔齐的次兄当了国君。

当时，正是商纣王统治时期，纣王是历史上有名的暴君，他才力非凡，据说能够空手与猛兽格斗，狡诈足以拒绝劝谏，并能用言辞掩饰自己的错误，还不断发动对周围部族的战争，耗费了大量的人力物力；同时贪饕无厌，向人民横加摊派；又好酒淫乐，嬖爱妇人，过着极端奢侈腐朽的生活，使人民不堪忍受。为了镇压人民的反抗，维持其摇摇欲坠的统治，他创造了许多的酷刑，如炮烙、灭族、剖腹，等等。在这种情况下，社会各种矛盾都达到了空前尖锐的程度。

这时，活动在西北的周族，在西伯即周文王的领导下，谨守祖业、内修仁政，敬老爱幼，礼贤下士，立志灭商。伯夷、叔齐听说后前去投奔。当他们到达那里时，周文王刚好死去，文王之子姬发做了周的国君，即历史上的周武王。他遵照父亲的遗训，兢兢业业，积蓄力量。经过一段时期的准备，便开始了灭商的战争。伯夷、叔齐认为：武王所讨灭的虽是施行暴政的商纣王，但这是一种不合乎君臣体制的行为，而且文王的丧葬尚未完成，不应出兵。所以，当武王载着文王的木主（牌位）大举伐商时，伯夷、叔齐兄弟便拉住武王所坐战车的马头，激动地谏净武王说："父亲去世不进行安葬，反而发动战争，这样做能叫孝吗？以臣子的地位征伐君主，这能算做仁吗？"武王左右的卫士想要杀死他们，姜太公说："他们是仁人义士，把他们搀走吧！"武王在牧野（今河南淇县西南）之战中，大败商军，纣王见大势已去，就自焚而死，周遂统一了天下。

伯夷、叔齐固执地认为，这是一个没有忠、孝、仁、义的社会，一个违反伦常的世界，他们哥俩耻于活在这个世上。于是，就跑到了首阳山（今山西永济南）隐居起来，决心不吃周朝的食物，几天之后便病倒了。临终前，他们留下了一首非常悲哀的诗篇：

> 登彼西山兮，采其薇矣。以暴易暴兮，不知其非矣！神农、虞、夏忽焉没兮，我安适归矣？于嗟徂兮，命之衰矣！

意思是：我们登上北方的首阳山，去食野菜度日。周使用暴力去取代殷这个残暴政权，而却不自知所作所为是不对的！圣人神农、虞舜和理想的夏王朝，为什么一瞬间就消逝了呢？哪里是我适当的归处？唉，不如死了吧！因为命运已经衰薄了。最后，兄弟二人饿死在首阳山中。

他们这种迂腐的做法，固不可取，后世也有人如明清之际的黄宗羲认为这是无稽之谈；但是，他们耻于争权，恪尽自己操守的精神却如江河行地，似日月经天，千百年来，始终作为洁身守道的榜样，鼓舞着炎黄子孙舍利取义，喋血明志。又曾有多少诗篇和书画艺术品以伯夷、叔齐的行事作题材，来传颂他们的事迹以影响和教育人民。

原载于《明耻篇》（中华文化集粹丛书）　来新夏著　中国青年出版社1991年版

司马迁尊孔

司马迁是位尊孔者。他在《自序》中把儒家学派的祖师孔子和儒家经典，特别是孔子的亲撰著述《春秋》推崇到极高的地位。他视《春秋》为《史记》的先驱著作，并以《史记》来接续《春秋》的传统。《自序》中即曾借答壶遂的问题来阐述《春秋》的意义。

司马迁在《自序》中不仅用尽美好的词句来赞誉和肯定《春秋》本身，而且还特别强调《春秋》是有国者、为人臣者、为人君父者、为人臣子者所必读的"礼义之大宗"。《自序》中还写了一段司马迁不以壶遂拟《史记》于《春秋》为然的话，这固然有司马迁担心涉"显非当世"之嫌的顾虑。但衷心窃喜居然有人理解《史记》是继《春秋》之后的一大著作。

司马迁在《十二诸侯年表》序中更详尽地阐述了《春秋》的纂述缘起和意义。同时，又具体论列了《春秋》的余响及传统，如书则有《左氏春秋》、《铎氏微》、《虞氏春秋》以至《吕氏春秋》；人则荀卿、孟子、公孙固、韩非以至张苍、董仲舒都是《春秋》的绪余和受教者。至于司马迁本人在另一处也明确说："余读《春秋》古文，乃知中国之虞与荆蛮、句吴兄弟也。"

《史记》尊重儒家学派与孔子可以说是在同时代著作中的突出代表。清人王应奎曾揭其事，认为《史记》列孔子为世家，"所以存不朽之统也"。即其"著书本旨，无处不以孔子为归"。所以他认为"汉四百年间，尊孔子者无如子长……子长之功岂在董子下哉！"实际上把司马迁推到可与董仲舒并列为尊儒术的功臣地位。

从《史记》全书观之，的确如此。它所确定的"究天人之际，通古今之变"的编纂原则应认作是从儒家经典中"长于变"的《易》和"长于治人"的《春秋》中得到启示而来的。《史记》的史源是多方面的，资料搜集相当丰富，但其去取标准，就是"夫学者载籍既博，犹考信于六艺"（《伯夷列传》），意即以儒家经典为依归和取材标准。

《史记》的体例安排是实现"寓论断于叙事"的一种手段。世家一体本用以记封国诸侯，而孔子以无封邑、无卿士、无甲兵、无号令的一介之儒居然跻身于世家之列者，乃是"以孔子布衣十余世，学者宗之。自天子王侯，中国言六艺者宗于夫子，可谓至圣，故为世家"。这是将孔子置于学术王国的"素王"地位。

在篇目结构上，世家以吴为首，列传以伯夷为首，都是以孔子之是为是的，《吴世家》的论赞中说吴太伯是被孔子称为"至德"的人，而《伯夷列传》中则在传首即标举出"孔子序列古之仁圣贤人，如吴太伯、伯夷之伦详矣"。这就是篇目次序安排的主要依据。

在人物立传上，对儒家学派也着墨较多，除《孔子世家》作为主篇论列宗师行事外，《儒林列传》、《仲尼弟子列传》是儒家学派的群体传记，《孟荀列传》则是儒家学派嫡系传人的合传。

《史记》中对孔子的推崇可谓已达顶峰。《孔子世家》通篇文字着力勾画了孔子尽美尽善的形象，无论道德、学问，还是政事、人伦，都已臻无与伦比的高度，在篇末表述史家论断时，不仅对这位"至圣"是"高山仰止，景行行止"，而且还倾吐了"虽不能至，然心向往之"的仰慕之情。在《儒林列传》中不仅描写孔子是"论次诗书，修起礼乐"和"因《史记》作《春秋》，以当王法"的学术至圣，而且还在身后有重要的政治影响与社会影响，以孔子为首的儒家学派几乎成为当时及稍后的强力集团了。《史记》不仅在《孔子世家》全面地论列孔子生平，而且还在若干本纪、世家中记述孔子的生平行踪，以表示孔子的地位与作用，这在《史记》中是一特例。

《史记》对人物的评论也多以孔子的评论为依据。它在《仲尼弟子列传》中对颜回等二十八位弟子都逐一引述孔子的评语为评语。除此传集中论述外，其他一些世家、传记中也有类似的论述方式。司马迁不仅对汉以前王侯评论以孔子评论为标准，其对汉朝诸帝的评论也以是否尊儒为依归。汉高祖是汉朝开国之君，司马迁对其功业有所歌颂，立陈涉为世家也是体现高祖意旨，惟独对高祖鄙视儒者颇致微词，《张丞相列传》及《郦生陆贾传》中都着意刻画高祖倨傲卑儒的劣行。武帝与司马迁存在严重矛盾，但却肯定了武帝的尊儒。

司马迁自陈接受了儒家传统，曾自述儒家的道统是"周公卒五百岁而有孔子"，而"孔子卒后至于今五百岁"，"有能绍明世，正易传，继《春秋》，本诗书礼乐之际"的人，虽然没有明指，但"小子何敢让焉"一语已俨然以道统所在自任。事实上，司马迁也确是精研儒学的大家，他十岁就诵《古文尚书》，成年以后又亲赴齐鲁"观孔子遗风，乡射邹峄"去感受儒家学风。易学是儒家学派中"长于变"而难于掌握的学问，而司马迁却是师承有自的。其父司马谈是直接受《易》于杨何的。杨何传《易》于司马谈，司马迁禀承家学，一脉相传，亦可见其尊孔是渊源有自的。

原载于《依然集》（当代学者文史丛谈） 来新夏著 山西古籍出版社、山西教育出版社1998年版

给曹操洗脸

曹操是一个几乎妇孺皆知的历史人物，由于《三国演义》和三国戏的普及，曹操被塑造成"奸雄"的形象，按民间的简单是非标准而划入"坏人"之列。

三十多年前，学术界曾展开过对历史人物评价问题的讨论，曹操是引人注目者之一。当时有名噪一时的两位大家站出来表过态，一位是不仅是史学家的郭沫若，他亲自动手，写了一出《蔡文姬》，创造了一个新曹操，把曹操拔得很高。这可以不管他是否还历史本来面目，因为这是文艺创作。另一位名家翦伯赞则完全以史学家身份立言，提出为曹操恢复名誉的口号，主张为曹操洗脸。两位大师都从善良愿望出发，希望有一个"真曹操"，但又各有不足之处。郭沫若给了曹操许多新任务表现自己。在艺术上完全允许作者根据历史和传说，通过想象和判断，去安排情节和创造人物。他可以把曹操塑造成了不起的英雄形象，去争取和说服观众，但并不能立即取代人所共识的舞台上曹操的传统形象，把曹操的白脸洗掉或是另涂脸谱。至于史家评论更是对人物功过是非的千古论定，很难用以代替和改变一个传之久远的艺术形象，特别是像曹操这样一个在广大观众中久有定型的人物，因为许多三国剧目靠他展示矛盾冲突，一旦有所变动，观众的爱憎情感或可逐渐改变，可是大批三国剧目将无法上演，至少有大部分需要从头改编，丢掉了原汁原味，几乎等于新编。承认历史上有个有功有过的"好"曹操和允许戏剧中有"奸"曹操的存在是完全可以的。

我参加了那次讨论，发表过这样的意见：第一，曹操的脸谱似乎不一定改变。脸谱固然能代表人物的性格，但主要为了夸张人物使观众便于识别。人物性格除脸谱外，更重要的思想内容需要唱念做派来表达。蒋干和张文远都是鼻梁上一块豆腐干，但通过表演，一个被观众认为是迂腐书生而感到可笑，另一个则被认为是可恶淫棍而感到可耻。第二，对于曹操传统形象的改动，不要仅着眼于洗

人物掌故卷 | 2829

脸，而是要从情节和语言、表演等方面去提高它。在传统剧目《长坂坡》中有几场写得不错的戏，虽然笔墨不多，却使曹操那种志得意满和仓皇奔逃的形象很调和地并存于剧中，使观众看到曹操在这次战役中是一个失败的胜利者而刘备则是胜利的失败者。两种情况（曹操的追击和刘备的败逃）得出一个结局（曹操被吓退，张飞拆桥后，事实上也是后退，都是离开当阳桥，背道而退），一个结局却又博得两种反应（观众嗤笑曹操的逃退，钦佩张飞的逃退）。这是《长坂坡》的精彩之笔。如果把曹操的白脸洗掉，以"好人"面目出现，那么，舞台上的对立面和人物形象就要重新处理。所以"洗脸"之举，不能简单从事。

二十多年前，在"文化大革命"、评法批儒的一折中，曹操得到脱胎换骨的改造，成为法家新人，不仅洗了脸，还换了衣服。那些人尽力创造一个穿干部服的当代曹操，给他一把贴有法家标签的椅子，和一直被人们共识为忠君莄国的诸葛亮并排坐在一起，还出版过一本《曹操诸葛亮著作选注》及类似的作品。《蔡文姬》中的曹操也一度走红。可悲的是没有被群众所接受，法家新人曹操也像他的创造者们那样，昙花一现地被人们逐渐淡忘。

近年来推出的电视剧《三国演义》似乎没有引起太多的"洗脸"波澜，读到的几篇文章中，郭宏安的《曹操的面目》倒是一篇意在笔外的好随笔。他也不主张为艺术形象的曹操洗脸，认为"文学艺术上的曹操已经成为一个典型，奸雄的典型，大可不必为他的'白脸'耿耿于怀，弄得好像侵犯了曹操的名誉权似的"。因为作为艺术形象，"曹操没有本来面目，只有作家和读者共同创造出来的面目"。旨哉斯言！我不仅不赞成为曹操洗脸，也不赞成为舞台上任何形象洗脸，因为只有这样才能忠奸善恶，泾渭分明，给世人以教育。但愿有高超技能的美容师能给尘世间的众生都恰如其分地涂抹上不同的脸谱，免得让那些面目娟秀而心如蛇蝎，或面带忠厚而心存奸诈之流，欺诳别人和暗中捅人一刀子。

原载于《路与书》（老人河丛书）　来新夏著　中国青年出版社1997年版

唐书法家小录

束发读书，家大人即严命习书法，并命从颜真卿入手，临《多宝塔碑》、《麻姑仙坛记》。读中学时，国文老师任镜涵先生又命临褚遂良《圣教序》，并告我临帖之余，当多读帖，记其结构笔势。并为讲画其人其帖，我唯唯撮记，而未能深加领悟。其后读书偶有所见，辄笔之于断篇寸卡，贮之筐箧。岁月不居，习书一曝十寒，终难有成，至今书法若春蚓秋蛇，难以应人，自感愧疚。《中国书画》编辑任君迭函相约，匆促无以应命，爰发箧藏，得旧卡一叠。虽历时六十余年，情景历历，宛然在目。物是人非，得不泫然！乃稍加整理，给付任君，借此以志父师督促之恩，而责己少不努力之过。

欧阳询（陈武帝永定元年　557年—唐太宗贞观十五年　641年）

字信本，潭州临湘（今湖南长沙）人。官至太子率更令、宏文馆学士，封渤海县男。工书法。学王羲之父子，书法惊险刻厉，于平正中见险绝，自成一体，世称"欧体"，对后世影响极大。与虞世南、褚遂良、薛稷并称为唐初四大书法家。碑刻有正书《九成宫醴泉铭》、《化度寺碑》、《皇甫诞碑》等。行书墨迹有《张翰》、《卜商》、《梦奠》等帖。参与编纂《艺文类聚》百卷。

《化度寺碑》，全称《化度寺故僧邕禅师舍利塔铭》。李百药撰文，欧阳询正书。唐太宗贞观五年（631年）立。记唐化度寺邕禅师为隋魏州信行禅师建塔立碑事。原石宋代已残，今不存，有重摹本。敦煌石室曾发现唐代拓本残叶。

《九成宫醴泉铭》，魏征撰文，欧阳询正书，碑额为篆书。唐太宗贞观六年（632年）立。碑文记载唐太宗在九成宫避暑时发现涌泉事。其字体法度森严，腴润中见峭劲，为欧阳询晚年经意之作，历来被学书法者所推重。石在陕西麟游，因椎拓过多，并经后人剜凿，字迹模糊。存有宋拓本。

虞世南（陈武帝永定二年　558年—唐太宗贞观十二年　638年）

字伯施，越州余姚（今属浙江）人。官至秘书监，封永兴县子，人称虞永兴。能文辞，工书法。亲承王羲之七代孙智永传授，继承了二王书法传统。其书法外柔内刚，笔致圆融遒丽。正书碑刻有《孔子庙堂碑》。参与编纂《北堂书钞》一百六十卷。

《孔子庙堂碑》，虞世南撰文并正书。记述唐高祖武德九年（626年）封孔子二十三世后裔孔德伦为褒圣侯及修葺孔庙等事。相传刻于贞观年间，不久毁于火。武则天长安三年（703年）重刻，相王李旦篆额。宣宗大中四年（850年）祭酒冯圣奏请琢去，石亦不存。此碑书法儁朗圆腴，内刚外柔，为唐楷典型之一。北宋时流传拓本已很少。有重刻本二：一在西安碑林，号称"陕本"或"西庙堂碑"，为宋初王彦超摹刻。一在山东城武，亦称"城武本"或"东庙堂碑"，无刊刻年月。今存有元康里傅修藏原石拓本，所缺四分之一字用"陕本"配补。

褚遂良（隋文帝开皇十六年　596年—唐高宗显庆三年或四年　658年或659年）

字登善，钱塘（今浙江杭州）人，一作阳翟（今河南禹县）人。博涉文史，尤工书法。唐太宗时，历任起居郎、谏议大夫，累官至中书令。主张维护礼法，定嫡庶之分。贞观二十三年（649年），受太宗遗诏辅政。高宗即位，封河南郡公，任尚书右仆射，世称褚河南。后因反对高宗立武则天为后，屡被贬谪而死。其书法继二王、欧、虞之后，别开生面。晚年正书，丰艳流畅，变化多姿。对后代书风影响极大。碑刻有《伊阙佛龛记》、《孟法师碑》、《房玄龄碑》及《雁塔圣教序》等。

《圣教序》全称《大唐三藏圣教序》。唐贞观时，玄奘至天竺取经，往返经历十七年。回长安后，翻译佛经三藏（经、律、论）要籍六百五十七部，太宗制此序，表彰其事，并以冠诸经之首。高宗为太子时，又撰《述三藏圣教记》。高宗朝，将序、记刻石立碑。今存有四种：（1）褚遂良正书，永徽四年（653年）立。序、记分刻两碑，在西安慈恩寺大雁塔下，通称《雁塔圣教序》，简称《褚圣教序》，为褚遂良晚年代表作之一。（2）王行满正书，高宗显庆二年（657年）立。在河南偃师。（3）褚书圣教序临本，高宗龙朔三年（663年）立。在同州（今陕西大荔），通称《同州圣教序》。（4）弘福寺僧怀仁集晋王羲之行书。序、记二文后，又刻玄奘所译《心经》及润色、镌、勒诸人职官姓名。高宗咸亨三年（672年）立。通称《集王圣教序》，简称《王圣教序》。相传王羲之的行书字迹大都集摹于此碑。碑在陕西西安碑林。明清两代，翻刻本颇多。

李邕（唐高宗仪凤三年　678年—玄宗天宝六年　747年）

字泰和，扬州江都（今属江苏）人。李善之子。初为谏官，后任郡守，官至汲郡、北海太守，世称李北海。工文善书，尤擅以行楷写碑。取法二王而有所创造。笔力沉雄，自成面目，对后世影响较大。他对学书反对一味模仿，曾说："学我者死，似我者俗。"存世碑刻有《麓山寺碑》、《云麾将军李思训碑》等。文集已佚，明人辑有《李北海集》。

《麓山寺碑》亦称《岳麓寺碑》。李邕撰文并行楷书，碑额为篆书。黄仙鹤刻。玄宗开元十八年（730年）立。笔势凝重雄健，为李邕所书碑中杰出者，石在湖南长沙岳麓山。

《云麾将军碑》简称《云麾碑》，有二种，均为李邕撰文并书。（1）《李思训碑》，碑额篆书"唐故右武卫大将军李府君碑"，玄宗开元八年（720年）立。碑文载李思训事迹，早已残缺。书法瘦劲，石在陕西蒲城桥陵。（2）《李秀碑》，俗称《北云麾》。碑额篆书"唐故云麾将军李公碑"。郭卓然模勒并题额，张昂等镌。天宝元年（742年）立。内容记李氏生平。书法凝重浑厚。石已改作柱础，今存二础。约百余字，传有宋拓全石本。

张旭（生卒年不详）

字伯高，吴县（治今江苏苏州）人。官金吾长史，世称张金吾。工书，精通楷法，而草书最为知名，逸势奇状，连绵回绕，具有独特风格。颜真卿曾向其请教笔法；怀素又继承和发展了他的笔法，而以狂草得名，谓之"以狂继颠"或"颠张狂素"。张旭草书与李白诗歌、裴旻剑舞，时称"三绝"。相传他在大醉后，呼喊狂走，然后落笔，故称张颠。能诗，长于七绝。碑刻正书有《郎官石记》，草书散见历代集帖中，墨迹有《草书古诗四帖》。

《草书古诗四帖》系张旭以草书写于五色笺上，卷尾无名款。前二首为庾信《步虚词》，后二首为谢灵运《王子晋赞》和《岩下一老公四五少年赞》（四首均见《初学记》）。此帖书法奔放不羁，似惊电激雷，倏忽万里，却仍见其恣纵，而不离规矩。

颜真卿（唐中宗景龙三年　709年—德宗贞元元年　785年）

字清臣，京兆万年（今陕西西安）人。开元进士，任殿中侍御史。因被杨国忠排斥，出为平原（今属山东）太守。安禄山叛乱，他联络从兄杲卿起兵抵抗，附近十七郡响应，被推为盟主，合兵二十万，使安禄山不敢急攻潼关。历官至吏部尚书、太子太师，封鲁郡公，世称颜鲁公。德宗时，李希烈叛乱，他被派前往劝谕，为希烈缢死。书法初学褚遂良，后从张旭得笔法。正楷端庄雄伟，气势开张。行书遒劲郁勃，古法为之一变，开创了新风格。对后来影响极大，人称"颜体"。与柳公权并称"颜柳"。碑刻有《多宝塔碑》、《麻姑仙坛记》、《李元靖碑》、《颜勤礼碑》、《颜家庙碑》等。行书有《争座位帖》。书迹有《自书告身》及《祭侄文稿》。后人辑有《颜鲁公文集》。

《多宝塔碑》即《多宝塔感应碑》。岑勋撰文，颜真卿正书，徐浩隶书题额，史华刻。玄宗天宝十一载（752年）立。书法端谨，为真卿四十四岁时所作。石在陕西西安碑林。

《麻姑仙坛记》全称《有唐抚州南城县麻姑山仙坛记》。颜真卿撰文并正书。代宗大历六年（771年）立。在江西临川，后遭雷火毁失，故流传拓本不多。元建昌府知府梁伯达重刻，亦罕见传本。内容讲述神仙故事。书法端严雄秀，为颜书著名作品。又有小字本，据宋赵明诚《金石录》载，传为庆历中一学佛者所书。其石亦佚，存有宋拓本。又有字大如指顶者，仅见于宋留元刚集刻的《忠义堂帖》中。

怀素（唐玄宗开元十三年　725年—德宗贞元元年　785年）

僧人，字藏真，本姓钱，长沙（今属湖南）人。精勤学书，以善狂草出名。相传秃笔成家，并广植芭蕉，以蕉叶代纸练字。因名其所居曰"绿天庵"。好饮酒，兴到运笔，如骤雨旋风，飞动圆转。虽多变化而法度具备。晚年趋于平淡。前人评其狂草继承张旭，而有所发展。有《自叙帖》行世。

《自叙帖》为怀素所书狂草。书于代宗大历十二年（777年），为怀素晚年代表作。帖中自叙学书由来，以及在交往中士大夫之称赏。此帖前后百余行，出以中锋，如锥划沙，纵横斜直，无往不收，上下呼应，如疾风骤雨，大江奔流，一以贯之，毫无滞笔。此帖对后世影响，既深且广。

柳公权（唐代宗大历十三年　778年—懿宗咸通六年　865年）

字诚悬，京兆华源（今陕西耀县）人。官至太子少师。工书，正楷尤知名。初学王羲之，遍阅近代笔法，而得力于欧阳询、颜真卿，骨力遒健，结构劲谨，自成一体，对后世影响很大。碑刻较多，以《玄秘塔碑》、《金刚经》、《神策军碑》等为最著。书迹有《送梨帖题跋》。

《玄秘塔碑》即《大达法师玄秘塔铭》。裴休撰文，柳公权正书。武宗会昌元年（841年）立。书法遒劲有骨力，历来得学书者推崇。为唐楷典型之一，石在陕西西安碑林。

原载于《中国书画》2003年第10期

饮"贪泉"而不贪的吴隐之

近读《晋书》，翻到《良吏传》，共收有十二人，都是很讲操守的官吏，而殿后的吴隐之，其廉洁自持的事迹，尤使人感动。《吴隐之传》中以记其清操为主旨，通篇几乎都用赞誉的笔墨刻画其品格。从本传中可以摘录出好几段，对防腐倡廉至今犹有以人为鉴的意义。

> 日晏歠菽（汤、豆，指最普通的饭食），不飨非其粟；儋石无储，不取非其道。
>
> 冬月无被，尝浣衣，乃披絮，勤苦同于贫庶。
>
> 家人绩纺以供朝夕。时有困绝，或并日而食，身恒布衣不完。
>
> 隐之将嫁女，（谢）石知其贫素，遣女必当率薄，乃令移厨帐，助其经营。使者至，方见婢牵犬卖之，此外萧然无办。

即此数事，已是人所难能，而居高位者尤难。但更难的是吴隐之在具有贪污环境和土壤的广州所有的行事，几乎令人难以置信。东晋安帝隆安年间（397—401），吴隐之被任命为广州刺史。这是拥有两广地区重权的军政大员，是为人所羡慕的肥缺。据史载，当时的广州已是一座"包带山河，珍异所出，一箧之宝，可资数世"的富庶之区。常在河边站，哪有不湿鞋的，所以"前后刺史皆多黩货"。偏偏离广州西北二十里的石门有条名为"贪泉"的水，传说"饮者怀无厌之欲"，于是，"贪泉"便成为贪官污吏滋生贪欲的"祸源"和推卸罪责的借口。"贪泉"的得名，也许是高洁之士效法上古许由不愿做官而洗耳那样，把听到的功名利禄等肮脏话都洗在这泉水里，使这泉水也被污染而成为"贪泉"。也许"贪泉"之名是那些贪官污吏捏造出来以掩盖自己恶行的。可是，这位新任广州刺史吴隐之却毫不听邪，途经"贪泉"不仅不顾"有泉一歠，贪心乃生"的传言，"酌而饮之"，还写诗一首，以表志趣。诗云：

古人云此水，一歃怀千金。试使夷齐饮，终当不易心。

这首诗写得很有气派，能起到正己正人的作用，无怪它在一千六百多年后犹在吐露芬芳。至今在广州越秀山镇海楼下碑廊中那块镌有"贪泉"两个大字的巨碑上方还刻有这四句警世诗。吴隐之果然说到做到，不似那些台上大讲廉政，台下广收贿赂的贪官污吏，到任以后"清操愈厉，常食不过菜及干鱼而已"，所以晋安帝也不得不称赞吴隐之"处可欲之地，而能不改其操"的高洁。

吴隐之的更可贵处在于出淤泥而不染。他的前后任"皆多黩货"已为正史所论定。他的前任刁逵一门贪污，"兄弟子侄并不拘名行，以货殖为务，有田万顷，奴婢数千人，余财称是"。刁氏一门也可自饰为"贪泉"所误。贪廉反差，皎然可见！刁氏一门，身死财散，只赢得万世骂名，莫我予恕！

吴隐之饮"贪泉"而不贪，风骨凛然；反之，一些贪婪好货之徒却畏"贪泉"如虎，甚而加以填塞。据宋方信孺《南海百咏》所载，五代十国时割据广州地区的南汉主刘龑"恶贪泉而运石填之"，而刘龑在广州的贪残在新旧五代史中都有明文，他是一个"广聚南海珠玑，西通黔、蜀，得其珍玩，穷奢极侈，娱僭一方"的暴君。他"厚自奉养，广务华靡，末年起玉堂珠殿，饰以金碧翠羽"。刘氏这样一个地方政权，竟然建有南宫、大明、昌华、甘泉、玩华、秀华、玉清、太微等数百处宫殿。这样穷奢极欲的人竟去填塞"贪泉"以明不贪，真是天大的笑话，无异是贼喊捉贼的无耻丑行。也许这是他因敛财过甚，怕听"贪"而妄想求得心理平衡的一种矫行。谁说人间无正道？贪婪者的任何掩盖抹杀，都是徒劳。历史终究会还人一个是非。"贪泉"二字，照耀千古；隐之小诗，更如利剑一般，千余年来时时在戳刺那些欲盖弥彰者的贪心。但是，人们更企盼的是能不时地听到新的"贪泉"的故事。

一九九八年

原载于《只眼看人》（空灵书系）　来新夏著　东方出版社2004年版

王钦若与《册府元龟》

《册府元龟》是宋真宗于景德二年（1005）创议编纂的一部千卷大类书，与《太平御览》、《文苑英华》、《全唐文》三种千卷大书被古书业并称为"四大千"，它的编纂主持人是被史传及后世目为奸佞者的王钦若。

王钦若（962—1025），字定国。宋临江军新喻人（今江西新余）。宋太宗淳化时进士甲科，任亳州防御推官，迁秘书省秘书郎，监庐州税，改太常丞判三司理欠凭由司，以清理积案和释囚等事受到宋真宗的器重，召试学士院，拜右正言，知制诰，召为翰林学士，累官至参知政事（相当于副宰相）。真宗景德元年（1004），契丹南侵，王钦若密请南迁，为主战派寇准所阻，乃自请外出判天雄军。次年四月，自天雄军回朝任资政殿大学士、刑部侍郎。九月，奉命主持纂修《册府元龟》。历经八年，于大中祥符六年（1013）八月，这部大书终告完成。天禧二年（1018）拜为左仆射兼中书侍郎同平章事（相当于宰相）。两年后罢相，出制杭州。仁宗天圣元年（1023）复相，拜司空门下侍郎同平章事。三年（1025）卒，谥文穆。

《册府元龟》的创意是宋真宗因羡慕其父宋太宗编纂过《太平御览》、《文苑英华》和《太平广记》等大书，而"载命群儒，共同缀辑"的一部大类书，用以与其父相比美。除王钦若领衔外，还有著名学者杨亿、钱惟演等人的参与。这是一部以历代君臣事迹为主的大类书，初名《历代君臣事迹》，书成之后，真宗改题为《册府元龟》。册府是指大量收藏的图籍，元龟是指重要的借鉴，也就是说这部书是从大量图籍中搜集一些可供政治上做重要借鉴的资料所编成的。

《册府元龟》共1000卷31部1116门，它虽与《太平御览》卷数相同，但各卷容量较大，所以总字数约超《太平御览》一倍，有940余万字，在《四库全书》中是仅次于《佩文韵府》的第二部大书。这部书的编纂目的是"欲载历代事实，为将来典法，使开卷者动有资益"；编纂的特点是所采资料不改旧文，不恰时原文下加注，资料范围都是正经正史，每部前有总序，每门前有小序，言简意赅，有助于使用本书。但因所采多为常见书，不注资料出处，以致自宋至清不为学者所重视。直至近代，始为著名史学家陈垣先生所注意并予以肯定和提倡。这部书材料丰富，引文整篇整段，自上古至五代，按人事人物，分门编纂，以年代为序，凡君臣善迹、奸佞劣行、礼乐沿革、法令宽猛、官师议论、学士名行，无不具备，可以说概括了全部十七史。它所收的史书又都是北宋以前古本，可用来补史校史，清朝辑佚家未加利用，实属遗憾。从此以后，利用此书者方日益增多。

王钦若主持《册府元龟》的编纂工作，虽参与商定若干重大问题，但在定稿过程中，却有为人讥评的失德行为，如"所修书或当上意，褒赏所及，钦若即自名表首以谢；或谬误有所遣问，则戒书吏称杨亿以下所为以对"，这种归功自己、诿过同僚的为人作风，曾引起人们的非议与反对。《册府元龟》另一编纂负责人杨亿是当时负有极高学术声望的著名学者，因为不屑王钦若的为人而不与之交往。由于两个领导人的不和谐，就不能不使《册府元龟》的编纂工作与全书质量受到一定的损害。而更有害的事情是王钦若在承担《册府元龟》如此繁重编纂任务的同时，为了迎合真宗信奉道教的癖好，以更多的精力从事推动道教的各项活动。他在大中祥符初年曾被任命为封禅经度制置使兼判兖州，为天书仪卫副使，大搞天书、符瑞和封禅等迷信活动。他又领校道书，编成《卤簿记》、《彤管懿范》、《天书仪制》、《圣祖事迹》、《翊圣真君传》、《五岳广闻记》、《列宿万灵朝真图》、《罗天大醮仪》等道书，凡增600余卷，为真宗时的道教活动起到推波助澜的作用。如果王钦若不媚上迎俗，把主要精力放到《册府元龟》的编纂工作上，那将留给后世一部内容质量更高、体制更完备的大类书。王钦若的迎合面谀、机诈取巧和醉心于道教迷信活动，曾得到真宗的宠信，但却招致时人的抨击和历史的鞭笞。

宋仁宗是宋朝比较有头脑的皇帝，即位之初，虽起用王钦若为相，但对其人已独有看法，曾对辅臣说过："钦若久在政府，观其所为，真奸邪也！"负有时望的辅臣王曾答称："钦若与丁谓、林特、陈彭年、刘承圭，时谓之五鬼。奸邪险伪，诚如圣谕。"这段君臣对话反映了王钦若的为人品德和仁宗对他的厌恶。不过元代所修的《宋史》在其本传中仍给以"王钦若、丁谓、夏竦，世皆指为奸邪"的史臣总评。王钦若留给后世的是一部有用的好书和奸邪小人的骂名！

原载于《光明日报》2002年1月22日

会通古今郑渔仲

中国传统学问中有一门作为学术研究基本功底的专学，那就是古典目录学。清朝学者章学诚曾概括这门学问的功能是"辨章学术，考镜源流"。古典目录学发端于汉代的刘向，而真正奠定这门学问理论基础的则是宋代的福建人郑樵。

郑樵字渔仲，福建莆田人，由于长期在故乡夹漈山中读书，所以学者尊称他为夹漈先生。他生于北宋徽宗崇宁三年，卒于南宋高宗绍兴三十二年（1104—1162），得年五十九岁。他是两宋之间的一位博学淹贯、卓有成就的史学家和目录学家。他虽未享高年，但由于勤奋潜研，一生著述达八十四种，可惜流传后世的仅剩《通志》、《夹漈遗稿》和《六经奥论》等几种，而《通志》是他的主要代表作。

郑樵学术思想的中心是"会通"，他自己承认，这是源自孔子、司马迁的"会通之法"。所谓"会"是尽量汇集应有的资料，"通"是通古今事物的源流发展。他就在这种思想指导下编撰了一部会通体的著作《通志》。《通志》和唐杜佑的《通典》、元马端临的《文献通考》，在古籍中列入政书类，一直被学人尊为"三通"，清学者甚至强调"不读三通，是为不通"，后来又有"续三通"、"清三通"之作，合称"九通"，接着又有《清朝续文献通考》之作，而被总称为"十通"。这类书成为研究中国典章制度史的专门著作。

郑樵的《通志》共200卷，是一部通史兼专史的名著。其中以专史部分的"二十略"最为学术界所推重。郑樵亦自负这"二十略"是"汉唐诸儒所不得而闻"。"二十略"中的《艺文略》、《校雠略》、《图谱略》和《金石略》就是郑樵研究目录学理论和实践的成果，也颇为后世所推重。其中《校雠略》更对后世影响甚大，《续通志》和《清通志》都仿其义例而作。清代史学家和目录学家章学诚更在郑氏启示之下，撰著《校雠通义》，标举"宗刘（向）"、"申郑

（樵）"两大主旨，而以继承刘向、郑樵自居。因之"校雠"之名，也多为后来学者所采用。其实郑氏所谓"校雠"者，指目录工作中的重要工序之一，而目录者，则指目录工作的成果而言，二者名虽异而实则一也。

郑樵在《校雠略》中提出了很多有关保存、整理和利用图籍文献的论题。他非常注重图籍文献的分类问题，他说："类例既分，学术自明"；"类例不明，图书失纪"。他把学术、类例和图书链接在一起说："学之不专者，为书之不明也；书之不明者，为类例之不分也。"所以必须要建立一个好而全新的分类体系。有了好的分类体系，就可以达到"人有存没而学不息，世有变故而书不亡"和"睹其书可以知其学之源流"的效果。而这一分类必须贯彻"会通"思想，具体来说，就是能纲纪百代之有无，广收古今而无遗。包罗既广，则传统文化必能无遗珠之憾。郑樵在《艺文略》中就本着这一"会通"思想，根据从《汉书·艺文志》到北宋官私目录，著录了古今图书10912部，110972卷。这对于了解中国文化积累有重要作用。为了类分这十几万卷图书，郑樵创立了一个新分类法，即"总十二类，百家，四百二十二种。朱紫分矣。散四百二十二种书，可以穷百家之学；敛百家之学，可以明十二类之所归"。这里所列类、家、种的数字，其家和种的数字，学者们有不同计算结果。我曾核查《艺文略》的凡计，实际数是12类82家430种。

郑樵对于藏书建设还提出了一套较完整的理论。他在《校雠略》的《求书之道有八论》的专题中说：

求书之道有八：一曰即类以求，二曰旁类以求，三曰因地以求，四曰因家以求，五曰求之公，六曰求之私，七曰因人以求，八曰因代以求，当不一于所求也。

求书八法对我国的藏书事业有重要影响，明末的藏书家浙江祁彪佳即以"八求"名其藏书楼。祁彪佳是大藏书家祁承爍的第四子，能继承父业，酷爱图籍，藏书甚富。他年方及冠，就成进士，于明天启三年到福建兴化府去做推官。兴化的府治，就在郑樵的家乡莆田，所以很自然地受到郑樵的影响，于是名其藏书楼为"八求楼"。而求书八法也成为自宋以来藏书建设所恪遵的要求。

郑樵在古典目录学方面的主张和见解还有很多，但仅就分类、著录、提要和人员水平的要求等方面，就有许多独到的论述，如精于类例、记无求全、泛释无义以及专人治专书、人久其任等论点，至今仍有借鉴意义，它使中国古典目录学的研究达到新的水平。虽然后世对郑樵曾有粗疏和高自称许的某些讥评，但他能独立思考，自抒己见，为古典目录学提供新的内容，赢得"绝识旷论"的美誉，不仅为宋代的目录事业作出了巨大贡献，也以此得到目录学发展史上的应有地位。

二○○四年八月写于邃谷

原载于《交融集》（观澜文丛）　来新夏著　岳麓书社2010年版

天一明珠话范钦

浙东有不少人与事很值得我这个浙东人引为自豪与骄傲。大禹治水的造福生民，越王勾践之卧薪尝胆，浙东学派独树儒林一帜，普陀国清广受释氏宗仰，黄梨洲抗节呼号，汪辉祖甘当人梯，这些人与事都足称不朽之盛事，而天一明珠庋藏图籍，四百余年巍然于今，为人题作"天下藏书只一家"者，尤为中华文化大放异彩。

"藏书"一词始见《韩非子·喻老》。言有一徐冯者曾告人云："智者不藏书"，既戒人不藏书，则必早有藏书者，是中国之私藏起源盖早。在两千多年的中国图书事业史上，藏书家为数甚多，战国时的辩学家惠施"其书五车"《（庄子·天下》），纵横家苏秦也是"陈箧数十"（《战国策·秦一》）。汉代的蔡邕，唐代的邺侯，宋代的宋氏、王氏和晁氏，明代的范钦、祁承爍，至清则私人藏书空前兴盛，叶昌炽的《藏书纪事诗》中即收录历代藏书家共1175人，而清代便有497人，几占一半。历来江浙地区经济发达，人文荟萃，藏书家独多。据吴晗的《江浙藏书家史略》所收浙江有399人，江苏有490人，这许许多多藏书家大都建有藏书楼，即以浙东而论，有祁承爍的澹生堂、丰坊的万卷楼、黄宗羲的续钞堂、全祖望的双韭山房等等，但时过境迁，物是人非，散落亡佚者居多，而享誉中外、至今仅存的古藏书楼，唯宁波天一阁。

天一阁的建阁主人范钦（1506—1585）字尧卿，一字安卿，号东明，浙江鄞县（今宁波）人，明嘉靖十一年进士，累官至兵部右侍郎。嘉靖四十年（1561），他在家乡月湖之西建造天一阁藏书楼，藏书达七万余卷，为浙东藏书最多的一家。天一阁在我国古代的图书事业史上一直闪烁着绚丽的光彩。它的命名和一排六间的阁楼结构是有说法依据的。据说，这个藏书楼初建时，"凿一池于其下，环植竹木，然尚未署名也"，及见《龙虎山天一池记》中引有汉人郑玄注《易经》"天一生水"、"地六成之"之语，于是将藏书楼命为"天一阁"，而阁前所凿水池称"天一池"。天一阁楼上不分间，以体现"天一生水"之说，楼下分六间，以应"地六成之"之义。甚至如藏书橱的制作也使之在尺寸上合六一之数。这种依据虽然迹近迷信，但也可以见到阁主人在创建时已注意到防火的问题，希望以水制火来保护图书①。

范钦不仅注意防火问题，对防潮、防蠹等典藏好图书的措施也给以一定的重视。天一阁的主体建筑"宝书楼"的各书橱下都放着一块块石灰石性质的石头，这是原来用以吸潮的设置。它虽然没有现代吸潮器那么科学，但吸潮以保护图书的道理似已为阁主人所知晓。范钦还可能根据宋沈括《梦溪笔谈》所载"古人藏书辟蠹，用芸。芸，香草也"，"辟蠹殊验"②，遂采用了芸草防蠹法，并取得了一定的成效。据传说，宁波有一嗜书、爱书成痴的钱姓女郎因听了其姑夫邱铁卿说，天一阁藏书不受蠹害系因用芸香防蠹，乃手绣芸草数百本，自己也更名为绣芸。她为能亲见天一阁芸草防蠹的真相，便委身嫁给范氏子弟范邦柱，结果仍以格于妇女不能登楼的禁例而不得见芸草的真正效用，终于郁郁含恨而死。临死前，钱女泣告其夫说："我之所以来汝家者，为芸草也。芸草既不可见，生亦何为？君如怜妾，死葬阁之左近，妾瞑目矣！"③钱女的行为似乎近于痴呆，而且，实践证明，芸草的功效也不甚理想。清末，缪荃孙登阁时，所见已是"鼠啮虫穿"④。但是钱女这种爱书精神确是感人至深，实可使今之任意践踏毁坏图书者大有愧色的。

天一阁的建造设计颇具匠心。主阁"宝书楼"二层，楼下用书橱隔成六间。楼上悬有名人王原相所书"宝书楼"匾额。楼前有作防火设置的蓄水池。清康熙四年，范钦的曾孙范光文又在阁楼前后利用山石的奇形怪状堆砌成"九狮一象"等生动形态，并植竹养鱼，使藏书楼周围增添了江南园林的美色。正由于天一阁的结构建造合理，加以它把藏书的幽雅和园林的清丽很好地结合成一体，才引起想在文化事业上有所作为的清乾隆帝的重视。常理是帝王为民作则，而乾隆在这点上能择善而从，向臣民学习。当他为典藏《四库全书》而谋兴建南北七阁时就曾谕令浙江疆吏："（天一阁）自明相传至今，并无损害，其法甚精……今办

---

① 叶昌炽：《藏书纪事诗》卷二。
② 沈括：《梦溪笔谈》卷三。
③ 《春草堂集》卷三十二。
④ 《艺风堂文漫存》卷三。

《四库全书》，卷帙浩繁，欲访其藏书之法，以垂久远。"并令绘呈天一阁图作为蓝图，后即据以建文渊阁。这也从另一方面说明天一阁藏书楼建筑的价值。

随着范氏宗族的衰败，阁楼园林也日趋荒落，直到1933年始有当地人士集资维修，并把文庙的尊经阁和有关当地（明州）文献的一批宋以来的碑版移建园中。这批碑刻文物镶绕在尊经阁前的墙垣上，被誉为"明州碑林"，是有关宋元以来明州的历史资料。可惜有的由于风雨侵蚀而字迹漫漶，有的整片剥落，了无字迹，这实在是地方文献的一种损失，亟待采取一定的保护和抢救措施。

范钦非常珍惜自己的收藏，订了严格的禁例，其中如"代不分书，书不出阁"的规定是他主观上希望藏书不至于流失的一种措施，也是封建士大夫"子孙宝之"的狭隘自私心理的反映。当然，这里也包含着范钦希望这座文化库房能长久维护一统的苦心孤诣，但是，这种禁例曾造成家族中的某些不和，如其侄范大澈，雅好典籍书画，羡慕天一阁藏书，"数从借观，钦不时应。大澈拂然，益遍搜海内异书秘本，不惜重值购之，充其家。凡得一种知为天一阁所未有，辄具酒茗迎钦至其家，以所得书置几上，钦取阅之，默然而去"①。这在范大澈固然有快然报复的欣悦，但范钦的"默然而去"无异是给侄子一个鄙夷的回敬，使范大澈的狭隘气量显得那么猥琐。时间的检验，范大澈藏书的名声终究难与天一阁相伴。天一阁的藏书虽然在范钦析产时，两房（长子，次媳）都愿意"欲书者受书，欲金者受金"②，以求维护其藏书的完整性；可是，事物的变化往往不取决于主观愿望，天一阁无力抵御外力，如清乾隆帝开四库馆，向各地勒取图籍，天一阁也只能呈进六百余种，后来被编入四库者近六分之一，这固然破坏了天一阁藏书的完整，但也不能不看到它却把天一阁的藏书生命由一地延伸到全国，甚至世界。鸦片战争时，英国侵略军侵占宁波，入天一阁掠取《一统志》及其他地志，供其进侵活动参用，这是外国侵略者掠夺我文献图籍的开端。太平军攻占宁波，当地盗贼乘乱明抢暗偷。子孙家人，又不加重视，所以到清末有人登阁开橱时，已是"书帙乱叠，水湿破烂，零篇散佚，鼠啮虫穿"③。民初更遭到奸商恶偷的勾结偷窃，几乎流落海外，幸得张元济氏抢救，用它润泽了近代另一文化中心——涵芬楼，又不幸为日寇所炸毁，造成我民族的深创巨痛！以致解放之初，园林一片荒草污水，精刻善本水渍蠹蛀，零零落落仅剩原藏书量的五分之一，约

---

① 《鄞县志》卷三十六。
② 全祖望：《天一阁藏书记》，见《鲒埼亭集》卷十七。
③ 缪荃孙：《天一阁始末记》，见《艺风堂文漫存》卷三。

为一万三千余卷，直至晚近"文革"年代尚有地方有力者豪夺精本善刻以媚附庸风雅之当轴权要。这一现实固有负于阁主人创业庋藏的苦心，但也无情地嘲笑了阁主人"子孙宝之"的主观愿望。

解放以后，经政府多次拨付专款维修、恢复，遂使这座古藏书楼和它的藏书虽历经多劫，犹不致如海源阁藏书之毁于军阀匪徒之手，皕宋楼藏书之为日人捆载而去，而是得到了比较正常的维护与发展，现已有三十余万卷藏书，比创建时增加了四至五倍，其中善本精刻有八万卷之多。"明州天一富藏书"，已经不是虚誉了。十多年前的春天，我曾亲临天一阁，看到在原阁右后方正兴建一座具有江南楼阁特色，并和原阁风格相谐调，总面积达九百多平方米的新阁，想早已竣工，交付使用，则多年沉睡的载籍将得到整理与应用。

范钦在建天一阁之前就购书钞书贮于东明草堂，他"善收说经诸书及先辈诗文集未传世者"①，后又得同邑丰坊万卷楼幸存之余，并陆续从王世贞等藏家钞录增益。加以范钦历官各地，曾在江西、广西、福建、陕西、河南数省搜访、购买、传钞古籍，特别是浙江，几乎访遍藏家与坊肆，"虽未曾复丰氏之旧，然亦雄视浙东焉"②。范钦不仅丰于典藏，还能读勤藏精，各书多"手自题笺，精细详审，并记其所得之岁月"，所以人皆赞其藏刻各书"有清鉴无妄作"③。晚年以收藏日富，遂建天一阁。其所庋藏以宋元以来刊本、钞本与稿本为多，而明刻尤为突出。范钦藏书与一般只注重版本的藏书家不同，他比较重视明代人著述和明代新刊古籍的收藏，所藏明代方志、政书、实录、诗文集等尤多，而明代登科录和地方志的收藏成为阁藏的特色。其中明代方志原藏435种，超出《明志》著录，现存271种有65%是海内孤本，近年已陆续印行应世；登科录、会试录和乡试录有387种，也大部分是仅见之本，阁主人范钦的简历就赫然具在于登科录中。这些都是研究明代政治、经济、人物、科技的珍贵资料，这也表明范钦的藏书思想已超越同时代其他藏书家的认识水平。不过，范钦也并没有完全摆脱封建士大夫的思想局限，对于更接近下层民众并为之服务的一般通俗实用书等仍然很少收集。

天一阁除以藏书享名学林外，其所收藏的文物也有一定的价值。它藏版千余块，可以见明代雕版艺术的水平。园中尚有以保存晋砖居多而得名的"千晋

---

① 《鄞县志》卷三十六。

② 全祖望：《天一阁藏书记》，见《鲒琦亭集》卷十七。

③ 《天一阁碑日记》。

斋"，所存自汉至清的千余块砖刻和另室所存唐宋元明石碑三十余块都具有较高的文物价值。在近年新征集的图书中，不仅有早年流散的阁藏旧物之复归故园，而且还有浙东名家黄宗羲、万斯同和全祖望等人的遗著和《明史稿》稿本，为故园更增颜色。

天一阁以其所藏珍籍文物博得人们像珍爱"明珠"般地护持它，但更重要的是要藏用结合，以用为主，发挥它蕴藏着的资料价值。我衷心地祝愿这颗历尽沧桑的"明珠"将闪耀出熠熠光彩，让我国拥有的这座巍然独存的古代书府不只是中国图书事业史上的瑰宝，即使书之于世界文化史册亦绝无愧色！

原载于《东方文化》1996年第4期

汗竹斋及其主人

　　汗竹斋是明末福建藏书家、目录学家曹学佺读书藏书的地方。它的命名是取竹简需经水浸火烘刮皮后才能使用的寓意。曹学佺字能始，号石仓，福建侯官人（今福建闽侯），明万历二年（1574年）生，清顺治四年（1647年）卒，得年七十四岁。他在万历二十三年成进士后即授职户部主事，因事调往南京添注大理寺左寺正，这是一个无事可作的冗官。在仕途进身上是难于腾达的，但学术上却给他以充分的时间。他在任七年，全力置身于学术，奠定了深厚的基础。后升迁为南京户部郎中、四川右参政和按察使，因为拒绝蜀藩的苛求被劾去职。天启二年，重被起用为广西右参议。六年秋，迁陕西副使，尚未启行，因所著《野史纪略》秉笔直书明末梃击案始末，揭露了这一政治大案的真相，为阉党所忌。逢迎者刘廷元便以"私撰野史，淆乱国章"的罪名诬陷他，广西大吏以曹将得大祸，遂扣留待罪。连推荐他的按察御史王政兴都被勒令闲住。后因未追究，方被释还乡。崇祯初年，曾起用为广西副使，不就。曹学佺利用家居近二十年的时间，在所居石仓园中一意读书著述，并利用藏书撰成《石仓十二代诗选》，盛行于世。迨明朝北京政权灭亡后，唐王自立于福建，乃授曹学佺为太常卿。不久，迁礼部右侍郎兼侍讲学士，进授尚书，加太子太保。这本是他发挥才能的机会，但大势已去，唐王终于在清兵大军压境的情况下失败，曹学佺逃入山中，见于无力挽回败局，遂自缢而亡。《明史》本传记其事。

　　曹学佺一生好学嗜书，搜集典籍数万卷，贮藏在其藏书楼"汗竹斋"中，并自编《汗竹斋书目》，与红雨楼主人徐𤊹并称为福建两大藏书家。徐𤊹曾评其藏书是"丹铅满卷，枕籍沉酣"。这一评语正可作为曹氏不仅富于藏书，好学不倦，并能勤于校勘的明证。

　　曹氏的藏书思想也很值得注意，他沉浸典籍日久，深以佛、道二氏有

"藏"，而以儒家独无"藏"为憾，曾慨叹说："二氏有'藏'，吾儒何独无？"准备用丛书的方式，纂修一套"儒藏"以与佛、道二藏成鼎立之势。于是采撷四部，按类分辑，前后经过十年，遇到明室覆灭的变乱，书未成而中辍。儒藏之事虽未成，但立儒藏的思想却对保存典籍，便利学人有益，对藏书建设与藏书史的进一步研究有所贡献，而其影响更及于后世。清乾隆时学者周永年为便于典籍的集中公开，曾以曹氏儒藏思想为据而著《儒藏说》，并作了部分的实践，虽也没有完全成功，但是，《四库全书》的编纂大业，无疑受到《儒藏说》的一定启示。世人谈及《四库全书》之编纂，每每归功于周氏之《儒藏说》，而鲜及曹氏之创意，似欠公允。

曹氏一生致力于藏书，与徐㶇藏书并著于时。曹氏更以其丰富藏书，进一步深研目录之学。当他任职四川时，即采辑川人著述，对经眼诸著，写成提要，叙作者生平及所著内容，并录其序跋，成《蜀中著作记》12卷（现残存4卷），为编制地方文献专目树一典型。曹氏又深通经学，曾著有《易经通论》、《春秋阐义》等。复长于诗文，其诗有朴茂深远之誉，为明末闽中一大家，对倡导福建文风，颇著作用。所作诗文甚多，总名为《石仓集》，传之于世。晚年以殉明节著称。

原载于《邃谷谈往》（说文谈史丛书）　来新夏著　百花文艺出版社1999年版

诡诈作伪的是镜

在《儒林外史》中，作者曾塑造了一个鲜明而突出的反面人物形象，那就是诡诈作伪的假名士、伪道学权勿用。作者所给予人物的权姓是隐寓着权变诈伪的含义，勿用二字是据《易经》"潜龙勿用"的语意形容人物的隐士外貌，权勿用就含有用权变诈伪的手段去盗名窃誉的寓意。这个人物的原型据说就是历经康熙、雍正、乾隆三朝以假道学外貌去猎取名誉的伪君子是镜。他是屡试不第又不甘寂寞的丑角，一方面诡诈作伪，一方面又道貌岸然，但丑恶的行径又不时被揭露，终于成为不齿于士林的无耻之徒。

是镜自命是康乾盛世的所谓"理学家"，大谈性命圣道，广聚门徒，同时又蝇营狗苟向达官贵人暗送秋波，希望别人登门征聘。由于他有一套诈伪骗人的伎俩，所以还有不少信徒，其中有一位弟子名叫张敬立，为崇敬老师，特别编写了《是仲明先生年谱》。从《年谱》中知道是镜原名是铸，字仲明，号诚斋，人称舜山先生。江苏武进人。生于康熙三十二年，死于乾隆三十四年，得年七十七岁。这本《年谱》中还记载了是镜如何读书并讲求性理之学，如何为父母办丧守墓，别人如何赞扬他，把是镜写得俨然是一个"醇儒"。但剥去他的伪装，实际又并非如此。与是镜同时略后的阮葵生所撰《茶余客话》是清代一本著名的掌故笔记，所记多信而有征，其卷八有《是镜之诈伪》一条专门揭露是镜的诈伪丑态，可谓淋漓尽致。

是镜利用道学家道貌岸然的外表曾经蒙骗过不少人，甚至还有某些高层人物。雍正、乾隆时的大学士陈元龙和高斌都曾被是镜的假道学所迷惑而推重他。乾隆十二年时，另一位理学家尹会一督学江苏，临出京时，陈元龙和高斌二人还主动地向尹会一推荐是镜的"学行"，所以，当尹会一到任后就专程到是镜家拜望，和是镜结布衣之交。是镜受到当地教育长官如此优渥的待遇，不禁大喜过望，要紧紧抓住这一可作诈伪资本的机遇，于是建立书院，广收生徒，并和当地主要官员频繁交际，冠盖往来络绎不绝。一些地方官员因是镜有朝廷大员推荐，省内官员的拜访，一定大有来历，对自己日后前程也有好处，便纷纷和他结交，如常州知府黄永年也震于他的虚名而表示亲近，还写赞扬他的文字。是镜由于陈元龙、高斌、尹会一和黄永年等四位从中央到地方的官员声势，而获得拉大旗作虎皮的利益，所以十分感激这四位恩主，便在家中单独设置一间房子，供奉了陈、高、尹、黄四人的牌位，像对自己祖宗父母那样敬重礼拜。不久，著名学者雷鋐到江苏督学，有人又推荐是镜。雷鋐是当时很有见识的一位著名学者，他不为浮言所动，没有亲自去拜访这样一个盗名窃誉的伪君子，而是写信命是镜来接受考察。是镜不去应命，反而请本县学官转达他的要求，希望雷鋐也像尹会一那样亲自去是镜的住所会面以抬高自己的身价。雷鋐明白是镜的用心便笑着说："我知道是先生不会来。我可以去会见是先生，但担心是先生在陈、高、尹、黄四块牌位之外，又增一人，所以我不能去。"雷鋐的一席话像一把利剑毫不留情地戳穿了是镜的诡诈面目。

是镜的住处距离闹市有几里，比较僻静，进市时要绕远道而行，如走小路跳沟过去可以省一大段路程。平日是镜总是绕道走大路，表示自己"行不由径"。有一天从市内回家，路上遇雨，恰好已经走到沟旁，于是丢掉矜持作态，向四周环顾一下无人，便一跃而过，不料被一旁避雨的小孩看到。这个小孩是是镜的邻居，认识是镜，因是镜平日道貌岸然，有板有眼，而今日竟然撩起衣服跳沟，感到十分惊讶，不由己地问道："是先生也跳沟吗？"是镜万万没有想到有个小孩在周围，怕小孩把自己的失态声张出去有损自己道学家的形象，赶快给小孩一把铜钱，并嘱咐小孩不要乱说所见的情况。小孩回家后被父亲发现有一把铜钱，便严加责问钱的来源，小孩只得把是镜跳沟被自己见到和是镜用铜钱收买自己的情况如实说明，小孩的父亲非常愤恨是镜的卑鄙，就把是镜的失态告诉了乡人，于是争相传说"是先生跳沟"的笑话。是镜欲盖弥彰，暴露出自己的卑鄙，而小孩的"是先生也跳沟吗？"也是戳到痛处的绝妙问语。

是镜四十多岁的时候，父母相继逝去，他为标榜自己的孝行，在山上草庐守墓，不久，借口草庐不足蔽风雨，由门人为其修成正式房屋，在山上过隐士生活，但又不甘寂寞，便招人讲学。这些名实不符的行为引起人们的种种揣测，甚至当时不太讲究礼法的文人袁枚竟写信加以指责，认为庐墓、隐居、讲学三件事集于一身不合情理，庐墓合乎孝道、隐居近乎高洁，但为何又广通声气地讲学，希望人们知道自己呢？因此，是镜这些矫揉造作的行为是一种作伪妄行。是镜害怕舆论指摘，又恳求常州知府黄永年为他写一篇《墓庐记》来加以美化，黄永年无奈而撰文，但又巧妙地在文章中揭露是镜的作伪。文中婉转写了是镜在墓旁建屋，与官僚交往，想在人间表现自己学识的种种作伪手段，最后点明这篇文章之作是因为"君（是镜）嘱记，屡请未已也"，一语点破是镜乞求在位者粉饰自己伪行的丑态。

是镜不仅为社会所指摘，就连他的亲人也憎恶他的丑行。他的胞弟曾经正式向常州知府控告他罪状三十余条，主要内容都是些暴寡凌弱的劣迹，与《儒林外史》中权勿用被人告发奸拐霸占尼姑在家的恶行大体相类。常州知府宋楚望查实后就没收了是镜的房产作为书院，同时把常州另一劣僧的巨额财富也没收充公作为书院资助读书人生活的膏火费。宋知府还把是镜和劣僧的罪行写在一告示上张贴，把假道学的伪装彻底剥落。是镜的声败名裂，自是罪有应得，而宋知府没收不义之财来振兴教育，确是善政。

是镜的无耻行径，不外三点：一是造成隐居讲学的假相，迷惑群众，造成一种可望而不可及的名望；二是为父母守墓，来表示自己符合儒家伦理纲常中的孝道，树立自己道学家的形象；三是在前者基础上招徕达官贵人的青睐，进一步抬高自己，以谋求内心十分向往的功名利禄。但是，他的欺世盗名的种种手段一一被戳穿，而只能留给后世诡诈作伪的无耻骂名！

原载于《邃谷谈往》（说文谈史丛书） 来新夏著 百花文艺出版社1999年版

行己有耻的顾炎武

顾炎武，原名绛，明亡后改名炎武，字宁人，自署蒋山佣，学者称为亭林先生。江苏昆山人。生于明万历四十一年五月二十八日，卒于清康熙二十一年正月初八（1613年7月15日—1682年2月14日）。

顾炎武是明末清初与黄宗羲、王夫之齐名的大思想家和学者。他在清代学术界享有独特的地位，被梁启超称为"清学开山"。他的成就，表现在三个方面。其一是提倡做学问应"经世致用"，反对宋明理学空谈"心、理、性、命"，开清代朴学的学风。其次是"实事求是"的治学方法。顾炎武治学，谦虚谨慎。他不仅下苦功夫勤奋搜集资料，而且不耻向人请教，发现有错，立即改正，不护前失。尤其是他常通过自己的亲身经历来求实证，为后来乾嘉考据学派所不及。其三是他参证经训史迹，重视音韵，述说地理，精研金石文字，为后人开辟了广阔的学术途径。他一生留下五十多种著述，其中《日知录》、《音学五书》及《天下郡国利病书》等是不朽的学术名著。

顾炎武为人治学以"博学于文"、"行己有耻"为宗旨。所谓"博学于文"的"文"，并非仅仅指文章而言，因为"自一身以至于天下国家，皆学之事也"。在顾炎武看来，立身处世，待人接物，以至于天下国家，"皆学之事也"，都是"博学"的对象。"行己有耻"，便是做人要保持人格的尊严。顾炎武认为，人格不立，做一切学问都是废话。他认为做人最忌圆滑，最重要的是保持方严。顾炎武提出"博学于文"、"行己有耻"的为人治学宗旨，是针对宋明以来学者动辄教人以明心见性、超凡入圣而来的，这些人大多将书本束之高阁，而拿着几本朱程语录滥唱高调，自欺欺人，不仅对"经世致用"的学问一窍不通，而且行为往往放荡而失检点。明末国难当头，他们不能救国家于危难之中，面对异族入侵，只能束手无策，有的甚至还成为屈膝投降的无耻之徒。顾炎武痛恨宋明以来这种不切实际的虚玄学风。他认为：读书人不把耻字放在首位，则为无本之人。如果不好古而多闻，就是空虚之学。以无本之人而讲空虚之学，那将离正道愈来愈远了。

顾炎武一生的学术特色，以"博学于文"四字概括，最为恰当。他从十一岁起，便苦读《资治通鉴》等史书。他为纂辑《天下郡国利病书》，共阅读了一千多部书籍。其勤奋好学，正如其弟子潘耒在《日知录序》中所说："先生精力绝人，无他嗜好，自少至老，无一日废书。"顾炎武治学严谨，尤重搜集材料，他曾把积累原始资料比作"采山之铜"，意即非极其用功不可。他作《音学五书》，其中为证明"行"（xíng）古音读若"杭"（hāng），他列举了三百六十四条证明材料，还附加了对相异情节的分析，可见他的严谨学风。他不仅注重书本知识，还重视实地调查，足迹遍天下。所到之处，结交贤豪长者，考察山川风俗、疾苦利病。清初学者全祖望曾说："先生所至，呼老兵逃卒，询其曲折，或与平日所闻不合，则即坊肆中发书而对勘之。"顾炎武在著述工作中，以道德为重，当发现古人已先我而有，就删削掉。他著述审慎而且虚心，弟子潘耒请刻《日知录》，他觉得自己读书太少，见闻不够，要再等十年。他还常拿自己的著作向人请教，一得到别人的指正，便欣喜不已。他说："人之为学，不可自小，又不可自大……自小，少也；自大，亦少也。"他一生做学问便这样不骄不躁，勤奋不已。

顾炎武一生，时时未忘"行己有耻"。对他一生品行影响最大的是他的嗣祖和嗣母。他嗣祖自幼严格督导他勤奋好学，并告诫他做学问要"经世致用"，断不可虚浮。他嗣母是一个典型的贞孝女子，有些学问，常拿爱国人物的爱国事迹激励他。清兵入关，她绝食而死，遗嘱要顾炎武"弗事二姓"。此事对顾炎武震动很大，他终生严守母训，绝不仕清。

康熙十七年（1678），清朝特列"博学鸿儒科"，征召海内名儒，顾炎武当时名满天下，时人多推荐他，但他坚辞不出。后清朝开明史馆，两度请他撰修《明史》，他都拒绝，他给明史馆总裁叶方蔼的信中说："七十老翁何所求？正欠一死，若必相逼，则以身殉之矣。"他以死相拒，以全志节。

顾炎武评述自己生平说："某虽学问浅陋，而胸中磊磊，绝无阘然媚世之习。"他是南方人，游历北方二十多年，结交学术名流和抗清志士，绝不趋炎附势于豪门贵族。他为人方正，常以"松柏后凋于岁寒，鸡鸣不已于风雨"来自勉。人格中，他最重一个"耻"字，他说："礼义廉耻是谓四维，四维不张国乃灭亡……然而四者之中耻为尤要，故夫子之论士曰行己有耻，孟子曰：'人不可以无耻，无耻之耻，无耻矣'，又曰'耻之于人大矣，为机变之巧者，无所用耻焉！'所以然者，人之不廉而至于悖礼犯法，其原皆生于无耻也，故士大夫之耻谓之国耻。"所以，顾炎武向来严格要求自己，他身处明末那种风气腐败的社会，却能出污泥而不染。他的外甥徐乾学、徐元文年少时由他抚养和教育，后来他们都做了清朝的大官，要迎顾炎武南归安度晚年，顾炎武无论如何都不肯。有一次徐氏兄弟请他吃饭，入座不久，他便要起身回住所。徐氏兄弟请求他吃完饭以后张灯送他回去，他正色道："世间惟有淫奔、纳贿二者皆于夜行之，岂有正人君子而夜行乎？"他用这种讥刺的口吻拒绝徐氏弟兄的接待。他甚至对居住的地方，也要经过一番选择。他晚年之所以居住在陕西华阴，就是因为"秦人慕经学，重处士，持清议，实他邦所少"。

顾炎武是极有气节的爱国者，他亲自参加过抗清斗争。对图求荣华富贵而屈膝投降的民族败类，顾炎武不屑一顾。他曾因财产纠纷而入狱，降清官僚学者钱谦益想借顾炎武的名声粉饰自己，说只要顾炎武发他一张门生帖子，他便可以帮忙让顾炎武出来。顾炎武的好友归庄救友心切，便私下里给他一张。顾炎武知道后，立刻索取，并说若钱不退还，他便要四处贴通告声明真相。顾炎武宁肯坐牢，也不愿让一个士林败类破坏自己的声誉。

顾炎武虽与清朝统治者采取不合作态度，但他并未忘记关心人民生活疾苦。他确信改造社会，是学者的天职，所以他说"匹夫之心，天下人之心也"，也就是今天所说的"天下兴亡，匹夫有责"。他一生著书立说，都是致力于此。他早年编的《天下郡国利病书》便是要探讨"民生之所以日贫，中国之所以日弱而趋于乱"的原因，至于撰写《日知录》，也是为了能经世致用。

顾炎武的一生不只限于"博学于文"，更值得钦敬的是他的"行己有耻"的品格。他不仕清朝，甚至拒绝一些征聘性的学术工作和在清朝居高位的亲外甥的款待；但他绝不避世遁居，仍然积极周游山川要隘，结合文献记载，做"经世致用"的学问。他不仅以"行己有耻"严格要求自己，而且还以此勉励友人。顾炎武的明耻品格将与他的学术造诣并辉于人间，为后学树立楷模。

原载于《明耻篇》（中华文化集粹丛书） 来新夏著 中国青年出版社1991年版

顾炎武与徐乾学

顾炎武是明清之际的著名学者，于政治、经济、经史、舆地、金石诸学无不贯通。他力倡实学，注意研究历史与现状，并漫游各地，作实地考察，与文献相参稽印证，开有清一代朴学学风。他注意操守，谦抑自持，学习同时代学人的长处，且不以己之长攻人之短。他曾写过一篇《广师论》以明志。在《广师论》中，他把自己和当时著名学者作了一番对比说：

> 学究天人，确乎不拔，吾不如王锡阐；读书为己，探赜洞微，吾不如杨雪臣；独精三礼，卓然经师，吾不如张尔岐；萧然物外，自得天机，吾不如傅山；坚苦力学，无师而成，吾不如李容；险阻备尝，与时屈伸，吾不如路安卿；博闻强记，群书之府，吾不如吴任臣；文章尔雅，宅心和厚，吾不如朱彝尊；好学不倦，笃于朋友，吾不如王宏撰；精心六书，信而好古，吾不如张弨。

王锡阐、傅山、吴任臣、朱彝尊等人都是当时一流学者，至今犹在学术史上占有重要席位。顾炎武在这篇《广师论》中，以人之长校己之短的谦抑态度，迥然有别于以己之长攻人之短的"文人相轻"的恶习，表现出一种"文人相亲"的气度。这就无怪乎晚清文人陈康祺要把此文引入其所著《郎潜纪闻》卷八，并按其事而感叹云："今乡里晚学，粗识径途，便谓朋辈中莫可与语，志高气溢，宜其尽矣！"这段话堪称确评。

但是，顾炎武不与清政权合作的立场非常明确，即使与自己的亲外甥、时任清政府高官的徐乾学弟兄，也很少走动。有一次，徐乾学坚邀舅舅到家中做客，他无奈地去了，但拒绝饮宴，以表示不食清禄之义。不过他对徐氏弟兄的态度还是有区别的。小外甥徐元文是顺治状元，官至文华殿大学士，人品口碑尚好，所以顾炎武曾勖勉徐元文说："有体国经野之心，而后可以登山临水；有济世安民之略，而后可以考古论今。"这是顾炎武的一生抱负，期望小外甥能深体此意。但对大外甥徐乾学则疏远得很，甚至很有些鄙弃之意。乾学乃康熙进士，官至刑部尚书，藏书甚富，有《传是楼书目》行世，名气比元文大，但人品欠佳，热衷利禄，阿谀权贵。在清人杂著中时有所记。乾嘉时学者姚元之在其所著《竹叶亭杂记》卷四中曾记有徐乾学以家刻本《通志堂经解》，署权臣明珠之子纳兰成德（一作纳兰性德，字容若）之名行世一事，记云：

> 《通志堂经解》，纳兰成德容若校刊，实则昆山徐健庵家刊本也。高庙有"成德借名，徐乾学逢迎权贵"之旨。成为明珠之子，徐以其家所藏经解之书，荟而付梓，镌成名，携版赠之，序中绝不一语及徐氏也。

此段文字简短而有深意。容若一代词宗，竟然坐受虚谀，自污清名；健庵"携"、"赠"二字及序中不一语及徐氏之句，足见巧宦便佞；乾隆不失察察，直揭其隐，别有雅趣；元之秉笔直书，不愧桐城名笔；丑闻既达天听，群僚焉得无闻；徐乾学如此行径，无怪舅氏不齿其人。

乾隆时诗人董潮有记耳目见闻之书《东皋杂钞》，曾记及徐乾学罢官后急乞召还之丑态云：

> 昆山徐健庵司寇归田后，重谋起故官。事已效，俟诏命至即行，计重阳前数日必到。偶以他故稽迟，司寇日挟门客数人，登洞庭东山饮酒俟召，随以劳顿停滞得疾。比诏至，殁已数日矣。

徐乾学觊觎禄位，急切丑态，令人作呕。贪心未酬身先死，致使九泉蒙羞，后世讪笑。此不得不赞亭林之独具卓识，此甥固不肖也！

原载于《光明日报》2003年12月9日

康熙与宋荦

宋荦字牧仲，号漫堂。河南商丘人，是历事清初顺、康两朝的名臣。他生于明崇祯七年（1634），卒于清康熙五十二年（1713）。清顺治四年，因父宋权任内翰林国史院大学士荫，得任三等侍卫。出入宫掖多年，熟悉朝章典制。康熙朝历官黄州知府，刑部郎中，江苏布政使，江西、江苏巡抚，礼部尚书等内外显要达五十二年，几与康熙一朝相终始。曾自著《漫堂年谱》述仕历及恩遇颇详，载所著《西陂类稿》第四十七卷。别有《筠廊偶笔》、《二笔》两种。

康熙与宋荦，君臣相处岁月既久，关系自然亲近。某次康熙南巡，正值宋荦任江苏巡抚，特向康熙进奉一种当地俗名"吓杀人香"的名茶，色香味俱佳，康熙恶其名粗俗，乃赐名"碧螺春"，一直沿用下来，成为一种名茶。这一故事流传甚广，清人说部亦多有记载，而以王应奎所撰《柳南随笔》为详。王应奎生于康熙二十三年（1684），卒于乾隆二十二年（1757），年五十始补诸生。所著有《柳南随笔》六卷及《续笔》四卷。王应奎小于宋荦五十岁，而与宋荦并存世近三十年，宋荦晚年行事当为亲闻之事。于是在其所撰《柳南续笔》卷二记及"碧螺春"得名缘由称：

> 洞庭东山碧螺峰石壁，产野茶数株。每岁土人持竹筐采归，以供日用，历数十年如是，未见其异也。康熙某年，按候以采，而其叶较多，筐不胜贮，因置怀间，茶得热气，异香忽发，采茶者争呼"吓杀人香"。"吓杀人"者，吴中方言也，因遂以名是茶也。自是以后，每值采茶，土人男女老幼，务必沐浴更衣，尽室而往，贮不用筐，悉置怀间，而士人朱元正独精制法，出自其家，尤称妙品，每斤价值三两。己卯岁（康熙三十八年，1699年），车驾幸太湖，宋公购此茶以进，上以其名不雅，题之曰"碧螺春"。

自是地方大吏岁必来办。

这段掌故不仅可供茶话，亦以见康熙与宋荦间似已不拘君臣形迹，而可以随意交谈沟通。

封建帝王将自己喜爱食品赏赐臣下，是较常有的事。但康熙往往喜欢把佳肴美味的配方做法，作为恩宠，赏赐臣下。但赏赐的方式又因对象不同而有所不同，以示远近关系。据说，康熙曾特旨将御膳房八宝豆腐名菜的配方赐给大学士徐乾学，作为年老回乡后的享受。当徐派人往御膳房取配方时，还被御厨们借"道喜"之名，敲诈千两银子，使徐乾学哑巴吃黄连，有苦难言。这个配方后被徐的门生王楼村所得，并传给孙子王太守。王太守将其做法流传民间，因而豆腐菜中就留下了"王太守八宝豆腐"这道名菜。

同样是赏赐豆腐做法，但赏赐方式大不同。康熙在南巡江苏时，巡抚宋荦是当时受宠的名臣。康熙先以内府所制豆腐成品赐宋，复敕御厨亲至巡抚厨下传授做法，以为宋荦后半辈子食用。这比对徐乾学的规格优渥多多。宋荦亦视此为殊荣，曾把此事写入自己的《筠廊偶笔》中。后来嘉、道时的梁章钜也将此事写入他所著的《浪迹续谈》中，足见此事流传之广之远。

从康熙对宋荦等臣下的生活关注，足证康熙确是清代帝王中善于调谐君臣关系的能手。

原载于《紫禁城》2007年第4期

周亮工和他的杂著

三百七十年前，河南开封诞生了一位日后卓著声名的学者，他就是明清之际在学术、文艺等方面都具有较高造诣的周亮工。周亮工原名亮，字元亮，一字缄斋，号栎园。明万历四十年（1612）生，清康熙十一年（1672）卒，终年六十一岁。明崇祯十三年成进士，任山东潍县令，后擢任浙江道试御史。入清以后，历任两淮盐法道，淮阳海防兵备道，福建按察使、布政使，左副都御史，户部、吏部侍郎。顺治十二年因案被劾入狱。十八年赦归。康熙元年，复任山东青州海防道、江南江安督粮道。八年，又被劾去职，不久即卒。

周亮工是清初蜚声海内的学者和艺术鉴赏家，能文善诗，精于书画、印章的鉴赏，颇重版刻——其家刊《赖古堂集》称清初佳刻。他一生著述颇多，有《赖古堂集》二十四卷、《因树屋书影》十卷、《读画楼画人传》四卷、《印人传》四卷及《闽小纪》等杂著多种，对研究学术、文艺及地方风物裨益甚大。

周亮工在当时已享盛名，有不少人为他写传记，除《清史列传》卷七九有传外，还有姜宸英为他写墓志铭①，鲁曾煜的《秋塍文钞》和林佶的《横学斋文稿》都有周传。其他如《清画家诗史》、《国朝名家诗钞小传》和《国朝名人辑略》等书中都记有他的行事。其子周在浚还在《赖古堂集》后附编《周栎园先生年谱》。因此，他的生平情况资料比较完备，可供研讨。

在周亮工的众多著作中，《画人传》和《印人传》对篆刻和绘画艺术史的研究提供了重要资料，早为艺林所重。而《赖古堂文集》则是个人的诗文别集。这些著作都为他作为一位学者而铺垫了大小不等的础石，并已引起后人的重视。但他的著作中还有值得注意的一类，那就是他的杂著。《闽小纪》就是他杂著中的

---

① 《湛园未定稿》六。

代表作。

《闽小纪》是周亮工任官福建时杂记当地风物之作，是清代记述福建地方风土人情的早期作品，是一部记地方风俗、物产、工艺、掌故的杂著。《闽小纪》中有许多内容可供后人研史参考，如卷一《樸荔》一则记明清之际商业资本在农业经济中的活跃状况，吴越商人在荔枝未熟的春天即请人入园估价买青。又《磽田》一则记明清动乱之际土地荒芜情况是"四郊茅舍久无烟"。至于记闽地特产——茶、荔枝、龙眼、兰花等尤详。书中尚有杂记杂考若干则，如卷二《仙霞兜子》一则考"轿"字始见于刘安《谏击闽越书》；《考亭》条以考亭称朱熹为不恰。又卷四《闽中藏书》一则记闽中藏家颇备，可作书林掌故。

《闽小纪》原收《四库全书》，以它为"方志之支流"而"附书地理类"，并撰有提要，称此书"多述其地物产民风，亦兼及遗闻琐事与诗话之类，叙述颇为雅令，时时参以议论，亦有名隽之风，多可以为谈助"。评其书"在近代说部之中，固为雅驯可观矣"。可见《闽小纪》在修《四库全书》时是有佳评的。但在乾隆五十三年时，清政府发现已收入四库的李清所著《诸史同异录》中，有诋毁清朝统治的字句而重新复查所收各书，结果把李清、周亮工、吴其贞和潘柽章四人所著十一种书撤出。其中有周亮工五种，即《读画录》（即《画人传》）、《书影》、《闽小纪》、《印人传》和《同书》等。这些书为什么被撤毁呢？据说是由于《读画录》中有"人皆汉魏上，诗亦义熙余"句，为"语涉违碍"。若从《闽小纪》一书来看，书中也确有怀明诋清之处，如卷四《鼓山茶》条即说：

> 鼓山半岩茶，色香风味，当为闽中第一，不让虎丘、龙井也。……一云：国朝每岁进贡，至杨文敏当国，始奏罢。然近来官取，其扰甚于追贡矣。

所谓"杨文敏"，当指明代历事四朝的杨荣；所谓"国朝"乃指明朝。二卷本改称"前朝"可证。所谓"近来"当指撰书时，即顺治四年至十二年间。因此，此段记事是直斥清初"官取"特产的扰民甚于明代的索贡，而明的进贡还有杨文敏奏免。周亮工的扬明抑清，昭然可见。这就无怪清政府要撤毁此书。

周亮工的另一本杂著名《因树屋书影》（一名《恕老堂书影》），简称《书影》十卷。这是他在任户部侍郎时因案入狱追记生平所学、所闻、所见之作。因狱中无检核原书条件，所以借"老人读书只存影子"的说法，而名其书为《书影》。《四库撤毁书提要稿》在指出这本书"援引不得原本"、"考证未能精赅"、"传闻不得其实"等十余条不足的同时，还基本上肯定了此书："大抵记述典赡，议论平允，遗闻旧事，颇足以为文献之征，在近代说部之中，固为瑕不掩瑜者矣。"这段评论是符合事实的。因所叙有关诗文、小说、戏曲、书画等方面的掌故轶事，确有可资参考引证的价值。不过，需要指出的是，书中参杂有一些封建说教和漫谈臆说，这种糟粕成分，也是一般杂著中共存的通病，不只周亮工如此。

除了可供研究采证的这些杂著外，他还有文字游戏之作，如《字触》六卷便是。《字触》共分廋部、外部、晰部、几部、谐部、说部六类。他从书史中摘录有关文字，离合增减而别成新意，并加区分编次，实际上就是考谜、拆字之类。如用"以去为姓，得衣乃成，厥名有米，覆之以庚"的隐语来推断《越绝书》的作者是袁康。又如以"二画大、二画小"射"秦"字。书中还记述了杨修破碑、谢安拆字等故事。此书对学术研究固无甚大用，但尚足资谈助解颐。这本书辑于顺治四年，当时虽已仕新朝，但在政局鼎革，举国尚未稳定之际，作者可能还处在一种惶惶莫知所从状态下，所以辑此书以解烦遣闷。

周亮工博涉多通，著述闳富，无愧为中州钟毓。他的著作虽已部分地作了整理、点校和重印，但对这位学者进行专人专著的全面性研究，还很不够。这虽然是清史研究者应加注意的课题，但更重要的是希望河南关心乡土文献者能对周亮工其人、其事、其书加以搜求、整理、研究和刊印，提供成果，备学术界的利用。

原载于《中州今古》1983年第5期

碧海丹心郑思肖

明朝崇祯十一年（1638），吴中（今属江苏省）地区久旱乏水，百姓汲水奔走于道，十二月十二日这天，人们寻水来到吴县（今苏州市）承天寺里，有一口智井中，发现了一个大铁盒子，上面已布满了厚厚的尘土，打开之后，内有手稿一册，书名《心史》，外写《大宋铁函经》，内书"大宋孤臣郑思肖百拜封"十字。郑思肖是谁？他怎么把书藏到这里呢？

郑思肖字忆翁，别号所南，连江（今福建连江）人，生于南宋理宗淳祐元年（1241），是宋、元之际的一位很有民族气节的爱国诗人和画家。他的祖父郑咸，做过枝江县（今湖北枝江西南）的主簿，父亲郑震，是位很有正义感的学者，担任过安定、和靖二书院的院长，在得知佞臣郑清之再度为丞相时，亲临其门，高声骂道："你这个端平时期（1234—1236）的败相，怎敢再次败坏天下？"因此全家被捕入狱。

郑思肖兄妹二人，从小父母要求他们很严格，行、坐、寝、食，无一事一时而不教，尤其是他父亲的高贵品质，对他们兄妹影响很大。郑思肖少年有志，聪慧过人，行为奇异。二十岁左右，考入了当时的最高学府——太学，并且名列优等。为了服侍父亲，他毅然抛弃了仕进的机会，来到吴地，寄居西湖侧畔，每日与四方名儒硕学交游，增广见闻。时值元军大举南下，宋廷腐败而无法抵挡，眼见祖国河山沦丧，人民惨遭蹂躏，郑思肖忧愤万分，跑到国都临安（今浙江杭州市）叩宫门上疏皇帝，怒斥尸位素餐者的特权误国，要求革除弊政，重振国威，抵抗元军的进攻。由于他的奏折言辞激烈，切中时弊，触犯了当权者，所以未予上报。

南宋灭亡后，郑思肖十分悲痛，他要以文天祥为榜样，学习伯夷、叔齐不食周粟，决心以一人之力，反抗元朝的统治，所以自称"孤臣"，有人笑他迂腐，说："天下就缺少你这么个忠贞之人？"他回答道："所有的人要都像我这样做，我们的国家、民族就有救了。"他认为在元人的统治下生活，简直是一种耻辱，所以决定改名换姓，终生不仕元。思肖就是这时起的名字，意思是思念宋朝（宋朝皇帝姓"赵"，肖是"赵"字的构成部分），忆翁、所南都是这个意思。每年夏、冬祭祀，他都到田野里大哭一场，然后向南叩拜；见到穿元人服装、讲蒙语的人，他就咄咄掩耳疾走；无论坐着还是躺着从不面朝北方，以示不为元朝的臣民；题自己居室的匾额名为"本穴世家"，因"本"字可拆成"大"、"十"，将"十"置"穴"中，即"大宋世家"。赵孟頫是宋朝宗室，著名书画家，在当时名气很大，与郑思肖关系很好。后来，他降元并担任了元的官职，郑思肖恨他没有骨气，就与他断绝了往来。郑思肖很擅长绘兰花，自南宋灭亡后，所绘兰花全不画土和根，有人问他为什么，他说："土地都让番人夺走了，你不知道吗？"把爱国激情寓于画中，许多元朝的达官显贵，求他绘兰，他坚决不肯，反而赠与平民百姓。有一次，本县知县向他讨求，他不肯画，这个知县知道他有土地，就威胁说："你不为我画兰，我就给你多摊派赋役。"郑思肖大怒道："我头可断，兰不可画。"这个知县最终也未能得到他的兰花图。其奇气伟节，气贯长虹。

后来，他把家中大部分土地捐赠给了寺院，只留数亩作为自己的衣食之资，并对佃客说："我死以后，这些土地归你们所有。"他终身未娶，孑然一身，大约三十五岁时离家出走，从此，浪迹行踪，遍游了吴地的名山、道观、禅院，四十年间，写下了大量的爱国诗文，编成《心史》一书，包括《咸淳集》一卷、《大义集》一卷、《中兴集》一卷，共计250首诗，杂文4篇，前后自序5篇。当时，这部书不可能刻印，所以，他在晚年的时候，重缄封好，藏于承天寺枯井中。在这部书中，他字字血、声声泪，讴歌了南宋的爱国志士，痛斥了奸臣、佞徒的丑恶行径，控诉了元军对宋人的蹂躏罪行，表现了自己忠贞爱国的感情，如在《过徐子方书塾》诗中说："不知今日月，但梦宋山川。"在题《寒菊》诗中说："宁可枝头抱香死，不曾吹落北风中。"在《与友人书》中说："天下皆变，吾观其不变，惟其不变，乃所以变。其变者物也，不变者道也。"这个"道"，指的就是他的操守。又说："古人重立身，今人重养身，立身者盖超乎千古之上；养身者，惜一粟以活微命，何足道哉！"他讲的"立身"，也是指个人的情操。他鄙视那些豺狼冠缨的贪官污吏。他深深地知道，自己这样做，正当时民族歧视极其严重的情况下，有杀身的危险，但他炽热的爱国热情又不容不吐露，正如他在《自序》中写道："月遇逆事相忤，尤觉气豪不自禁，非不知贼之刀锯之痛，然痛有甚于刀锯者。宁忍避一身微痛，不救天下至痛？时吐露真情，发为歌诗，决生死为国讨贼之志。"这是何等的悲壮，其忠肝义胆足可千古称道！难怪近代学者梁启超穷日夜之力读《心史》，每尽一篇，则热血"腾跃一度"，并说："此书一日在天壤，则先生之精神与中国永无尽也。"

元朝仁宗延祐五年，郑思肖得了重病。他知道自己不久人世了，就把好友唐东屿叫到身边，嘱咐他说："我死之后，你替我写一个灵牌，上写'大宋不忠不孝郑思肖'。"说罢而死，享年七十八岁，有《一百二十图诗集》、《郑所南先生文集》、《心史》流传于世，存世画迹有《国香图卷》、《竹卷》。郑思肖的爱国精神如水在地，似日行空。

原载于《只眼看人》（空灵书系） 来新夏著 东方出版社2004年版

屈大均与《广东新语》

屈大均原名绍隆，或作邵龙，以出生地自号翁山，一号冷君。广东番禺人。明崇祯三年（1630年）生，清康熙三十五年（1696年）卒，年六十七岁。近人涂宗涛氏曾据《翁山诗外》撰《屈翁山生日考》一文，考订翁山生日为明崇祯三年九月初五日（1630年10月10日），全文载广东《学术研究》1980年第2期。

撰者为明诸生。清兵围广州时，削发为僧，法号今种，字一灵，又字骚余，时年二十一岁。他一生不仕清朝，时释时儒，为清廷所嫉。乾隆四十年十一月初十日上谕中曾"指斥"屈大均等的隐遁行为说："金堡、屈大均辈之幸生畏死，诡托缁流，均属丧心无耻。若辈果能死节，则今日亦当在予旌之列，乃既不能舍命，而犹假语言文字以自图掩饰其偷生，是必当明斥其进退无据之非，以隐殛其冥漠不灵之魄。"①

撰者性好游历，曾北游京师，周览辽东，西涉山陕，与顾炎武、朱彝尊、阎若璩、毛奇龄等都有往还。他是清初的岭南名诗人，王士祯曾称道他的诗作说："翁山之诗，尤工于山林边塞，一代才也。"②

清初的另一诗人杜濬（于皇）在所著《变雅堂文集》卷一有《复屈翁山书》，盛推屈氏风骨，称许他是鲁仲连之流，"有骨有识，足以继武古人"。

屈大均的生平，除自撰《生圹自志》（《翁山文外》八）外，《清史稿》卷四八九、《国朝先正事略》卷三八、《文献征存录》卷十及《清代学者象传》卷一都有他的传记，可供参读。

他所著的《广东新语》二十八卷是清人笔记中的名著。它介绍了广东地方山川、物产、风俗、气候各方面的情况，极为详备。清初学者潘耒（次耕）为《新

---

① 《史忠正公集》卷首，《丛书集成初编》本。
② 《池北偶谈》卷十一《粤诗》。

语》所写序言中曾说："考方舆、披志乘，验之以身经，征之以目睹，久而成《新语》一书。"可见翁山不仅从文献记载中搜辑，而且又经实地考核验证，然后写录入书，其可信程度自较一般耳食者为高。

潘耒又评论这部书的价值说："游览者可以观土风，仕宦者可以知民隐，作史者可以征故实，摛词者可以资华润。视《华阳国志》、《岭南异物志》、《桂海虞衡》、《入蜀记》诸书，不啻兼有其美。"

这段话乍读似感对《新语》扬之甚高，然循读一过，又感到次耕确非虚谀。钮琇所撰《觚賸》卷八有《著书三家》一则称赞《新语》说："著书之家，海内寥寥。近惟《日知录》、《正字通》、《广东新语》三书，可以垂世。"钮氏以《正字通》相比，似拟于不伦，但却可见《新语》的为时所重，固不独次耕的称誉。

书前有自序，设为问答之词，叙述著书宗旨和缘由。翁山自称其书的始作是："予尝游四方，阅览博物之君子，多就予而问焉。予举广东十郡所见所闻，平昔识之于己者，悉与之语。语既多，茫无头绪，因诠次之而成书也。"

翁山复自述其书之所以名《新语》的缘由说："吾闻之君子知新。吾于《广东通志》，略其旧而新是详。旧十三而新十七，故曰《新语》。"

这说明撰者系以厚今薄古的意趣，作《广东通志》的补篇。《广东新语》和翁山其他著述《翁山易外》、《有明四朝成仁录》、《翁山文外》和《诗外》，合称"屈沱五书"。

《广东新语》二十八卷列二十八语，即：天、地、山、水、石、神、人、女、事、学、文、诗、艺、食、货、器、宫、舟、坟、禽、兽、鳞、介、虫、木、香、草、怪等二十八类。各以类相归，辑录有关资料，虽间有诡异玄怪之说，但大部分可供参证。其涉及方面之广，内容采录之富，诚为地方风土著述中的上品。其记事之后常系以叙事诗，语赅意深，可称诗史。

《广东新语》不仅可供地方史研究之用，而其所记多偏于社会经济，对研究清初社会经济状况有足资取材之处。其于农业，尤重经济作物和特产，对莞香、蒲葵、甘蔗、龙眼、荔枝等的种植和经营都详其原委，如记顺德陈村情况说：

> 顺德有水乡曰陈村。……居人多以种龙眼为业，弥望无际，约有数十万株。荔枝、柑橙诸果居其三四。比屋皆焙取荔枝、龙眼为货，以致末富。又尝担负诸种花木分贩之，近者数十里，远者二三百里。他处欲种花木及荔

枝、龙眼、橄榄之属率就陈村买秧。又必使其人手种搏接，其树乃生且茂，其法甚秘，故广州场师以陈村人为最。①

又记经济作物的普遍生产说："广州诸大县村落中，往往弃肥田以为基，以树果木。荔枝最多，茶、桑次之，柑、橙次之，龙眼多树宅旁，亦树于基。"②

书中对手工业的记载，如石湾陶业、佛山冶业等都借时谚所谓"石湾缸瓦胜于天下"和"佛山之冶遍天下"等来说明器物精良，遐迩畅销。③

名产和特产往往引起贪吏的虎视，千方百计地勒取垄断以谋私利，陷民于水火。如记香柚之被勒取说："有香柚者出增城，小而尖长，甚芬郁，入口融化。……近为贪吏所苦。每出教，取至万枚，需金以代。今树亦且尽矣。柑亦橘之类，以皮厚而粗点及近蒂起馒头尖者为良。产四会者光滑名鱼冻柑者，小民供亿亦苦，柑户至洗树不能应。"④

广东地处滨海，物产阜丰，因之商业繁盛。广州便是一座"天下商贾聚焉"的名城，而濠畔街更是中外贸易的中心点，其繁华景象是："当盛平时，香珠犀象如山，花鸟如海，番夷辐辏，日费数千万金。饮食之盛，歌舞之多，过于秦淮数倍。"⑤

由于贸易繁兴，利之所趋，地方官吏多利用搜刮所得插手其间，商人则凭借其多金而溷入官场，遂出现官商一体的怪现象。《新语》即痛陈其事说：

今之官于东粤者，无分大小，率务悛民以自封；既得重赍，则使其亲串与民为市，而百十奸民，从而羽翼之，为之垄断而周利。于是民之贾十三，而官之贾十七。官之贾本多而废居，易以其奇矣。绝流而渔，其利尝获数倍。民之贾，虽极其勤苦而不能与争。于是民之贾日穷而官之贾日富，官之贾日富而官之贾日多，偏于山海之间，或坐或行，近而广之十郡，远而东西二洋，无不有也。民贾于官，官复贾于民，官与贾固无别也。官与贾亦复无别，无官不贾，而又无贾而不官。民畏官亦复畏贾：畏官者以其官而贾也；畏贾者以其贾而官，于是而民之死于官之贾者十之三，死于贾之官者十

① 卷二《池语·陈村》。
② 卷二二《鳞语·养鱼种》。
③ 卷十六《器语》。
④ 卷二五《木语·橘柚》。
⑤ 卷十七《宫语·濠畔朱楼》。

之七矣。①

《新语》尚记述地主阶级强占增生沙田及抢夺农民禾稼的霸行说："粤之田，其濒海者，或数年，或数十年，辄有浮生。势豪家名为'承饷'，而强占他人已熟之田为己物者，往往而有，是谓'占沙'。秋稼将登，则统率打手，驾大船，列刀张旗以往，多所杀伤，是谓'抢割'。斯二者，大为民害。"②

至于民间习俗亦有所记，如："凡村落人奴之女，嫁日不敢乘车，女子率自持一伞以自蔽。"③此虽似记村俗，实则反映等级森严的阶级关系。

群众反抗斗争也多有记述，如卷七记群众斗争的组织形式说："粤中多盗，其为山盗之渠者曰'都'。'都'者多资本，有谋力，分物平均，为徒众所悦服，故曰'都'。每一营立，远近无赖者踵至，曰'签花红'。骁勇者曰花红头目，自大老以至十老，自先锋一以至先锋十，悉以十人为一曹，十人满则更一名号以相统。"④"凡贼有大总、二总至于五总，亦曰满总、尾总。分哨为哨总。禽总，演禽者也。书总，掌书记者也。旗总，职志者也。纪纲诸事曰长干。众贼曰散班。其上有甲头。合数群有都总。凡大总死，谋所以立，建所授皇旗，束以青茅，以次拜旗，拜而张则立之矣。"⑤

《新语》记明中叶广东地区黄萧养领导的农民起义事迹颇详。如记其起事及声势说："黄盗名萧养，初为盗下狱。……越狱纠集战船数百艘，直犯广州。海寇之雄，莫过萧养。"⑥

诸如上述各种史料，都有裨于研史者参证。《广东新语》一书在清人笔记中当称上乘。

是书有康熙庚辰（三十九年）木天阁刊本。

原载于《学术研究》1985年第1期

---

① 卷九《事语·贪吏》。
② 卷二《池语·沙田》。
③ 卷十二《诗语·讴歌》。
④ 卷七《人语·盗》。
⑤ 卷七《人语·永安诸盗》。
⑥ 卷七《人语·黄盗》。

池北书库与王士禛

池北书库是清初诗人、学者王士禛的藏书处。所谓"池北"是士禛所居先人旧屋之西有小池，小池之北有老屋数椽，士禛即藏书数千卷于此，并取白居易池北书库之名而名之。池北书库的主人王士禛字子真，亦字贻上，号阮亭，别号渔洋山人。山东新城人。生于明崇祯七年（1634），卒于清康熙五十年（1711）。顺治十五年进士，官至刑部尚书。卒后，因避雍正皇帝胤禛讳曾被改名士正；乾隆三十年，追谥文简；乾隆三十九年，又谕改名为士禛。

王士禛是清初诗坛神韵派的著名诗人和领袖，其诗对有清一代诗风的影响很大。王士禛平生喜好搜求和庋藏图书，为了便于求书，特别僦居于广安门外慈仁寺书市附近。他将所得图书尽藏于池北书库。与他并有诗文盛名的朱彝尊曾在所撰《池北书库记》中称赞王士禛的求书精神说："先生自始仕迄今，目耕肘书，借观辄录其副。每以月之朔望，玩慈恩寺日中集，俸钱所入，悉以购书。"

由于王士禛当时的政治和学术地位很高，一般人登门造访很难见到；但是，在书市却容易找到他。他也承认确有其事，曾在所著《古夫于亭杂录》中不无得意地记下了这段轶事说："昔在京师，士人有数谒予而不获一见者，以告昆山徐尚书健庵，徐曰：'此易耳，但值每月三五，于慈仁寺市书摊候之，必相见矣'。如其言，果然。"

时人《桃花扇》的作者孔尚任在其《燕台杂兴》中也有诗并注记其事云："弹铗归来抱膝吟，侯门今似海门深。御车扫径皆多事，只向慈仁寺里寻。"诗注云："渔洋龙门高峻，人不易见，每于慈仁庙寺购书，乃得一瞻颜色。"戴璐在其《藤荫杂记》中曾录入孔诗。

近人叶昌炽撰《藏书纪事诗》入渔洋于藏书家之列，其卷四即写有纪事诗一首，并网罗其藏书掌故数则以释诗。叶诗云："骨董僧寮列肆庞，碎铜玉石斗鸡缸。不堪重到慈仁寺，寂寞双松护碧幢。"

当有些心目中的好书因一时筹款不及而被他人购去时，王士禛会因此而致疾，他曾于所著另一本杂著《居易录》中记其事说："尝冬日过慈仁寺，见《尚书大传》，朱子《三礼经传通解》，荀悦、袁宏《汉纪》，欲购之。异日侵晨往索，已为他人所有。归来怅不可释，病卧旬日始起。"

这种书淫书癖的嗜好，足以见王士禛对图书的情有独钟，也可见池北书库入藏的图书确是来之不易。池北书库的大部分藏书也不是成批从书肆中购入，更不是从其他藏书家手中辗转而来。王士禛的藏书都是亲自从旧书摊上选购所得，或是从朋友处借钞而来，这就形成了池北书库的藏书是为阅读治学而非单纯为珍藏古书秘籍的特点。

王士禛还摆脱了当时一般学者"佞宋"的玩赏习惯。他认为宋版书也有讹误，不能无原则地一概视为珍善本，如在《跋杜诗》条中说"今人但贵宋椠本，顾宋版亦多讹舛，但从善本可耳"；但是，他也不排斥宋版古籍的价值，而是以书的内容和工艺水平为去取标准，所以池北书库的藏书既有宋元善刻，也有明清佳本。他不仅精心搜求典藏，还对所藏图籍加以研究校定，撰写书跋，记其著者、版本价值与流传过程等内容。因为王士禛具有较高的文学素养，遂使题跋文字清新喜人，流畅可读。清乾隆时有刘坚其人自渔洋各种说部中辑《渔洋山人说部精华》十二卷，其中《载籍》二卷专收书评百余篇。光绪四年，葛元煦刊刘坚所辑王士禛题跋115篇为《渔洋书跋》（一题《书籍跋尾》）。1958年，陈乃乾又有《重辑渔洋书跋》，共收230篇，为葛刊刘编的两倍。陈序还盛赞渔洋书跋说："题跋之作，尤直抒胸臆，耐人寻味。"1991年山东大学王绍曾先生的弟子、中年学者杜泽逊在王先生的指导下，不辞辛劳，爬梳条理，得640余篇，成《渔洋读书记》一书，较陈辑又增益多多。王绍曾先生曾概括这批书跋有益于学术者有六，即论得失、品人物、别真伪、记版本、考亡佚、存掌故等。这些书跋对中国藏书史的研究和对池北书库藏书的了解都有所裨益。

王士禛非常珍爱他的藏书。他也喜欢写随笔，写了多种有参考价值的笔记，如《池北偶谈》、《香祖笔记》、《居易录》、《古夫于亭杂录》和《分甘余话》，等等。他在这些笔记中曾记及其藏书轶事，如《古夫于亭杂录》中即自记其在慈仁寺购书、与人相会以及书商借其盛名作鉴定图书价值的根据等故事；《居易录》卷十四曾自记其聚书缘由。他还曾为池北书库的藏书自编《池北书库藏书目》，但所载仅469种，显然不是池北书库的全部藏书。清代学者刘喜海认为这部藏书目如果不是王氏随身携带的备读书目，便是一部不全的书目。近人从当时与王士禛齐名的朱彝尊的藏书推测，朱氏曝书亭藏书约有七八万卷，则王士禛池北书库的藏书量当亦相差不远。池北书库的藏书在王士禛卒后不久，即因鼠蠹积霖、不肖攫窃而残损散佚。民国初年，藏书家叶德辉的观古堂曾收藏到池北书库的旧藏。可惜，抗战时期随着观古堂藏书的外流，池北书库的一些残余旧藏也多流落日本。

一九九五年四月

原载于《藏书家》第1辑　齐鲁书社编　齐鲁书社1999年版

王士禛和他的随笔

王士禛原名士禛，卒后因避雍正帝胤禛讳，曾被改名士正，字子真，因慕唐司空图隐居禛贻溪，亦字贻上，号阮亭。又慕苏州太湖渔洋山风景而自号渔洋山人。山东新城人。生于明崇祯七年（1634），卒于清康熙五十年（1711）。顺治十五年（1658）进士。历任乡会试考官，礼部、户部主事、郎中，翰林院侍讲学士，国子监祭酒等职，官至刑部尚书。乾隆三十年（1765），追谥文简。乾隆三十九年（1774），又谕改名为士禛。

王士禛是清初诗坛"神韵派"的著名诗人和领袖，其诗对有清一代诗风的影响很大。王士禛平生喜好搜求和庋藏图书，也喜欢写随笔，写了多种有参考价值的笔记，如《池北偶谈》、《居易录》、《香祖笔记》、《古夫于亭杂录》和《分甘余话》，等等。虽有参考价值，但因多为晚年所著，其间难免有不当及重复入书之不足，当为读者所注意。

《池北偶谈》是王士禛诸多笔记中颇有影响的一部有参考价值的笔记。书前有撰者于康熙三十年（1691）秋所撰短序，记该书命名与全书概要云：

予所居先人之敝庐，西为小圃，有池焉，老屋数椽在其北。余宦游三十余年，无长物，唯书数千卷，庋置其中。辄取乐天池北书库之名名之。池上有亭，形类画舫曰石帆者，予暇日与客坐其中，竹树飒然，池水清澈，可见毛发，游儵浮沉，往来于寒鉴之中。顾而乐之，则相与论文章流别，晰经史疑义。至于国家之典故，历代之沿革，名臣大儒之嘉言懿行，时亦及焉。或酒阑月堕，间举神仙鬼怪之事，以资喷噱；旁及游艺之末，亦所不遗。儿辈从旁记录，日月既多，遂成卷轴。因忆二十年来官京师，所闻见于公卿大夫之间者，非甚不暇，未尝不笔之简册，散在箧中，未遑编划。一日，乃出鼠蠹之余，尽付儿辈，总次第为一书。区其条目，曰谈故，曰谈献，曰谈艺，曰谈异。其无所附丽者，稍稍以类相从。凡二十六卷，藏之家塾，示吾子孙。大之可以畜德，小之可以多识。贤乎博弈，昔闻诸圣人之言矣。

全书二十六卷。《谈故》四卷，记清代典制，尤详于科举与官制，而官职多偏于文学侍从之人，大都有参考价值。《谈献》六卷，记历来名臣、畸人、列女事迹，涉及人物甚广，多为逸闻，而有芜杂之感。《谈艺》九卷，以撰者"神韵说"为据，评诗论画，间录诗词作品入书，为全书篇幅最大者。《谈异》七卷，记神怪传闻，仅备谈助。

《四库全书总目提要》入其书于卷一二二子部杂家类六，并撮其梗概称：

> 凡《谈故》四卷，皆述朝廷殊典及衣冠胜事，其中如《戊己校尉》、《裙带官》之类，亦间及古制。《谈献》六卷，皆明纪中叶以后及国朝名臣、硕德、畸人、列女，其中如论王缙、张商英、张采之类，间有摘斥其恶者，盖附录也。《谈艺》九卷，皆论诗文。领异标新，实所独擅，全书精粹，尽在于斯。《谈异》七卷，皆记神怪，则文人好奇之习，谓之戏录可矣。

《总目》虽记其书之大略，但未免有荒疏之处，如言《谈献》"皆明纪中叶以后及国朝名臣、硕德、畸人、列女"，实不尽然，如《蔡卞白敏中》、《孔公父子》、《郦道元》、《长白先生》、《介推》、《元人》、《欧刘》、《梅宛陵取士》等条皆非明中叶以后人。可见撰提要者未遑检读原书，致有此误。而今人点校此书，所写前言，沿袭《总目》之误，亦未核之原书。学问之难，往往如此！

清人周中孚《郑堂读书记》入此书于卷五七子部十之六杂家类六。除录撰者原序外，尚评其书称：

> 渔洋以诗文为事，其全书所聚精会神处，尤在《谈艺》一门。即《谈故》、《谈献》，尚足以备掌故。惟《谈异》数卷，不过小说家异闻之属，不足为轻重也。此书较之《居易录》，虽早成一纪，而总刻于辛巳年云。

乾嘉目录学家张宗泰，精研目录，尤致力于《四库全书总目》之评骘，所著有《鲁岩所学集》，堪称古典目录学专著，惜隐而不显。张氏博及四部而不遗小志杂著。其于渔洋所著笔记俱有所评论。《所学集》卷九对各笔记，分卷评论其失检之处，可谓独有所见。其于《池北偶谈》四部分均有跋评书后，详及条目，共十篇，而《总跋〈池北偶谈〉》一文，尤切中渔洋之失。其文曰：

> 新城说部诸书，事多互见，文有彼此详略之分，亦有一字不异者，然犹各自为书也。而《偶谈》第十二卷《尔雅翼序体》下与十九卷《罗鄂州》下，大致相同，然字句尚微有出入也。至《秦罗子孙》一条，既收入第十卷，《官衔》一条，既收入第十八卷，而二十三卷中全然复出此二条，并标目亦一字不异。此盖刊版之时，无人为之精心核对，故有是繁复之失，然非矜慎之道矣！

晚清李慈铭亦曾评书中渔洋论诗得失（《越缦堂读书记》第1008页）。

是书版本较多，有康熙二十八年（1689）闽刊本、康熙三十九年（1700）临汀郡署本、康熙四十年（1701）文粹堂刊本、金溪李化自怡草堂校勘本、汀州张氏励志斋刊本、《王渔洋遗书》本、《四库全书·子部·杂家类》本、《清代笔记丛刊》本及《笔记小说大观》第三辑本。今人靳斯仁于1980年据康熙四十年本，并据他本校补、标点，装成上下二册，收入《清代史料笔记丛刊》，于1982年由中华书局出版，1997年12月又印行大32开本。

《居易录》三十四卷，始撰于康熙二十九年（1690）而成书于四十年（1701），书前有自序，不只述是书题名及成书，更论及笔记说部之典籍地位云：

> 古书目录，经史子集外，厥有说部，盖子之属也。庄、列诸书为《洞冥》、《搜神》之祖，亦史之属也。《左传》、《史》、《汉》所记述识小者，钩纂剪截，其足以广异闻者亦多矣。刘歆《西京杂记》二万许言，葛稚川以为《汉书》所不取。故知说部者，史之别也。唐四库书乙部史之类十三，有故事杂传记，丙部子之类十七，有小说家，此例之较然者也。六朝以来代有之，尤莫胜于唐、宋。唐人好为浮诞艳异之说。宋人则详于朝章国故，前言往行，史家往往取裁焉。如王明清《挥麈》三录、李心传《建炎以来朝野杂记》之属是也。予自束发，好读史传，旁及说部，闻有古本为类书家所不及收者，必辗转借录，老而不衰。二十年来官京师，每从士大夫间，有所见闻，私辄掌记，苾其繁复，尚得二十六卷，目曰《池北偶谈》。南海

之役，道路见闻，别为《皇华纪闻》四卷。康熙己巳冬杪，重入京师时，冬不雪。其明年，春夏不雨，米价涌贵，天子忧劳，为罢元正朝贺，遣大臣分赈畿南北，命大司农祷雨泰山。余备员卿贰，惴惴有尸素之惧。在公之暇，结习未忘，有所见闻，时复笔记。岁月既积，得数百条，厘为三十四卷。忆顾况语："长安米贵，居大不易。"因取以名其书。予仕宦四十年，居易俟命，钝拙无似，而顾以此蒙知主上，则首阳、柳下，又未知孰为工拙也。取以名书，亦以见志云尔！

撰此序时，撰者正在刑部尚书任，历时十余年，成书于退休之时。故于书末以数语识其事云：

> 右《居易录》三十四卷，予康熙己巳冬杪，重入都门，随所闻见而杂记之。岁有纪录，合前所著《池北偶谈》二十六卷，通六十卷。辛巳四月，三十四卷既成，而予随上疏请告，讵非数之前定耶？

是书凡三十四卷，为撰者所写随笔中篇帙最多者，但内容大体相类，如朝章典制、科举掌故、官员异动、事物考辨、传闻琐议、旧籍引述、判牍狱词，以至医药验方、人物逸事等均有涉及，而评诗论文之录，尤为精到，足资参考。

《四库全书总目提要》入其书于卷一二二子部杂家类六，并评其书称：

> 中多论诗之语，标举名俊，自其所长。其记所见诸古书，考据源流，论断得失，亦最为详悉。其他辨证之处，可取者尤多。惟三卷以后，忽记时事。九卷以后，兼及差遣迁除，全以日历、起居注体，编年纪月，参错于杂说之中。其法虽本于庞元英《文昌杂录》，究为有乖义例。又喜自录其平反之狱辞、伉直之廷议，以表所长。夫郇侯家传，乃自子孙；魏公遗事，亦由僚属。自为之而自书之，自书之而自誉之，即言言实录，抑亦浅矣。是则所见之狭也。

乾嘉时学者张宗泰在其《鲁岩所学集》卷九中收入其为《居易录》所写书后十八篇，几为逐卷评骘，具体指正，甚见用力之勤，可为研究《居易录》之重要参考。周中孚所撰《郑堂读书记》入《居易录》于卷五七子部十之六杂家类六，大体节录《总目》内容，增益不多。晚清李慈铭有评《居易录》多则，如论渔洋学识得失云：

阅阮亭《居易录》。阮亭藏书颇夥，一时往还皆博雅胜流，故见闻既广，议论皆有本末。其于集部致力最深，《四库提要》多取之，惟于经学太浅。又其时目录之学未盛，往往有失之眉睫可笑者，如云尝于慈仁寺阅书，见孔安国《尚书大传》、朱子《三礼经传通解》，吴任臣家有《唐会典》、《开元因革礼》之类是也。（《越缦堂读书记》第1005页）

另有数则评论渔洋所论人物与官制，皆可备参证。

是书有康熙四十年（1701）初刻本、《王渔洋遗书》本。

《香祖笔记》是撰者晚年所著笔记之一种。卷首有撰者近百字自序，言其成书及命名缘由称：

愚旧有《池北偶谈》二十六卷，刻于闽，《居易录》三十四卷，刻于粤，皆有成书。壬午后尽急还京师，偶有见闻，笔之简策。适所居邸西轩有兰数本，花时香甚幽淡。昔人谓兰曰香祖，因以名之，凡十二卷。

或云撰者祖父、明人王象晋在其所著《群芳谱》中有言曰："江南以兰为香祖。"遂取以名书。

撰者友人宋荦，名重一时，亦为之序，概述其书之内容称：

阮亭王先生，今世之古人也，与余交，素心莫逆，垂四十年。自其同官长安日，公退之暇，辄见其著书自娱，殆无虚日。声诗古文而外，间随笔为札记，要必贯串经史，表章文献，即一名一物，异日可垂典故、备法戒者，乃录之；否则略而弗书。比年有《池北偶谈》、《居易录》、《皇华纪闻》诸书次第行世。近又辑癸未迄甲申两年笔记，属校订为序。余受而卒业，或辨驳议论得失，或阐发名物源流，或直书时事，或旁及怪异，率皆精简而不浮。如啖蜜者，中边皆甜，致有余味。又如折松枝麈，作魏晋清言，吐纳风流，虽起王、何诸子于今日，无以相难也。洵可谓阂览博物君子矣！

语涉溢美，但不失为该书综要。《四库全书》入其书于卷一二二子部杂家类六，直陈其书纰缪多处。并斥撰者讦人之乏雅量而析其原因云："此由晚年解组，侘傺未平，笔墨之间，遂失其冲夷之故度。其亦盛德之累矣！"周中孚《郑堂读书记》评其书曰："是时渔洋已罢官家居，故所载时事不若《居易录》之繁多，而体例究属相同。"张宗泰《鲁岩所学集》卷九收为《香祖笔记》书后者有五篇，对该书卷二、三，卷五，卷七、八，卷十，卷十一、十二诸卷纪事议论之不洽者，多有所指正。晚清李慈铭于渔洋此书，颇致微词，以其"所记自论诗外，可观者鲜"（《越缦堂读书记》第1009—1012页），写有多则评论，讥评渔洋记人事与官场称谓之误。

是书十二卷，内容广泛，凡京师胜迹、朝章典制、人事沧桑，大都得自耳闻目见，可供治史参考。而标举佳句名篇，品评诗文得失，尤称擅场。于研究中国诗史，特别是明清之际诗人佳作，更有足资参证者。至其不足，已有《总目》等书指明，不再赘论。

是书版本较多，有康熙四十四年（1705）序刊本、《四库全书·子部·杂家类》本、《渔洋山人著述丛书》本、《申报馆丛书续集谈艺类》本、《清代史料笔记丛刊》本和《笔记小说大观》第一辑本等多种。1981年，有今人据康熙四十四年序刊本为底本，而以《清代史料笔记丛刊》本为补正，进行整理标点，于1982年12月由上海古籍出版社出版。

《古夫于亭杂录》六卷，一作《夫于亭杂录》，为王士禛笔记之又一种。据中华书局标点本赵伯陶所写前言考订："《古夫于亭杂录》的写作从1705年到1708年，最迟不过1709年的上半年，共花费了四年左右的时间。"是此书当成书于康熙四十三年（1704）罢官归里家居后的晚年之作。

是书六卷三百四十余条，赵伯陶为该书中华标点本所写前言中概述其内容称："举凡诗歌品评、书画鉴赏、字义辨析、杂史小考、典章制度、人情事理、文人轶事、奇谈异闻、医道药方乃至书信往还都有涉及，几乎无所不有。"因而《杂录》实为一杂记琐闻之属而非纯学术笔记。但因撰者为当时诗坛领袖，论诗标举神韵，故书中阐述诗学观点等处，甚有见解，颇有可采，可供研究诗学及文学史者参考。

卷首有撰者序一篇，自记各笔记成书及本书命名缘由云：

> 余居京师四十年，前后撰录有《池北偶谈》二十六卷、《居易录》三十四卷。既刻之闽，刻之东粤矣。辛巳请急，五月还都，历壬午、癸未，逮甲申之秋，复有《香祖笔记》八卷。是岁冬，罢归田里。迄明年乙酉，续成四卷，通十二卷，又刻之吴门。余老矣，目昏眵不能视书，跬步需杖，白日坐未久，即欠伸思卧，讵复劳神于泓颖之间，以干老氏之戒？然遣闷送日，非书不可，偶然有获，往往从枕上跃起书之，积成六卷。无凡例，无次

第，故曰"杂录"。所居鱼子山下有鱼子水，郦氏所谓"泷水又西北至梁、邹，东南与鱼子沟水合。水南出长白山东柳泉口，即陈仲子之所隐者也"。山上有古夫于亭，因以名之。

《四库全书总目提要》入其书于卷一二二子部杂家类六，其《提要》既纠其失于考核者，复赞其有引据精核、品题惬当者，诚可谓持论公允者也。周中孚《郑堂读书记》则入其书于卷五七子部十之六杂家类六，并评称："是书虽成于晚年，而逐条皆考证品评，故不免疏密互见，然亦可见其好学之心老而不倦矣。"张宗泰《鲁岩所学集》卷九有《跋〈古夫于亭杂录〉》一文，摘其有误及失当者数例。胡玉缙《四库全书总目提要补正》则引录张宗泰《鲁岩所学集》卷九跋语一道而已。

是书有五卷本与六卷本两种。五卷本成书在前，但非定稿，故五卷本无撰者自序，而有重印者俞兆晟于康熙六十年（1721）十二月所作序。俞序有云：

> 岁晚，长安残雪初霁，九衢泥深三尺。蹇卫驾小车，阻淖不得前。徘徊道左，识蒋五静山故居，问"绿杨红杏"之轩，已易他姓，访其子于街南颓垣败麓。昔之香碗酒罍，缥囊缃帙，零落不可复睹，独大司寇新城先生《夫于亭杂录》镂版插架，蓬勃尘沙。亟取归，补其残缺，使复完好。……先生沉神六籍，贯穿百家，朝堂政事之暇，时作经生咿唔。心目所遇，厘正踳驳，或事恐失传，亟为表微。积日累月，荟成《杂录》五卷，而以己之精意别解寓焉。夫神经怪牒，支离汗漫，间有嗜痂，亦非公好。至于搜讨佚事，排比义类，徒供掳摭，而中无上下千古之识，均毋足存。先生于缃窗风雨，明灯花月，或燕居孤坐，或对客剧谈，意有所得，笔之于书，若不经意者。然而举事诠理，必归至当。由其平生浸淫卷帙，冰解的破，故拂素含毫，根柢深厚，非掇拾补缀、夸奇斗丽、不堪寻味者比。

是五卷本刊行当在六卷本前，而俞氏复于康熙六十年（1721）前后重印五卷本。台湾影印文渊阁本《四库全书》，所收即为五卷本。《王渔洋遗书》所收亦为五卷本。

撰者似于五卷本后又时有增益，亦即其自序所云"偶然有获，往往从枕上跃起书之"者，并重加编排，成六卷本，亦于康熙间刊行，即六卷原刊本。在此原刊本外，尚有范鏊（1683—1728）广陵刊本。范氏撰有附记云：

庚寅春，余随侍南归，过济南，拜渔洋先生于里第。家君，先生门下士也。先生门生故吏遍宇内。迢后出五十年，如昔人得见鲁山已为大幸，又与家君前后捧赞，附名弟子之籍，与有荣焉。先生见示《夫于亭笔记》，车中枕上，诵之忘疲。私念《池北》、《香祖》诸巨编，已炳如日星，为学者津筏，而此六卷尚阙流布，乃携归刻之广陵，以餍远近慕好者之意。其卷册先后一仍原本，不敢妄加排纂。至于依据辨证，上可以畜德，而次可以资博览，犹前志也。刊竣，因识其岁月于卷尾。

庚寅为康熙四十九年（1710），广陵本当在此时据原刊本刊于广陵。

是书另有《啸园从书》第四集本，讹错较多。书末有光绪十三年（1887）葛元煦跋，记其刊印始末云：

余觅得《古夫于亭杂录》六卷，亦先生晚年笔墨。在先生为遣闷送日，兴到笔随。然而名手出入，心眼迥别。原版既毁，急为重锓，以开其端，则先生之全集，固可次第复刊也。按古夫于亭即世称鱼子亭云。

1986年11月赵伯陶以六卷原刊本为底本，以五卷原刊本为校本，并参校广陵本，点校《杂录》六卷本，撰前言一篇，于该书撰者生平及所著笔记著作言之较详，颇称精核，卷六后设《补遗》，增入六卷本未收而五卷本所有之《毕亨父子》、《旧人新人》及《帽套》等三则，似编订六卷本时因忌讳而删去。又于书后立《附录》，收俞序、范附记、葛跋及《四库全书总目提要》、《总目提要补正》之提要两篇，甚便读者检阅。1988年中华书局收此书入《清代史料笔记丛刊》，并印行问世，为今之流行本。

《分甘余话》四卷，据赵伯陶所撰《〈古夫于亭杂录〉前言》考订，是书当在继《古夫于亭杂录》纂成后的康熙四十八、四十九年（1709—1710）间成书。书前有康熙四十八年（1709）自序，记其书之命名及著述志趣云：

昔王右军在东中，与吏部郎谢万书云："顷东游还，修植桑果，今盛敷荣，率诸子，抱弱孙，游观其间，有一味之甘，割而分之，以娱目前。虽植德无殊邈，犹欲教养子孙以敦厚退让。庶令举策数马，仿佛万石之风"云云。仆少时读之，已有味乎其言。七十归田，读书之暇，辄提抱弱孙以为乐。其稍长者，年甫十岁，已能通《易》、《书》、《诗》三经。纸窗竹屋，常卧听其呫哔之声，不觉欣然而喜。夫人幼而志学，意在逢世，下而黄散，上而令仆，以为至足矣。仆生逢盛世，仕宦五十载，叨冒尚书，年逾七秩。迩来作息田间，又六载矣。虽耳聋目眩，犹不废书。有所闻见，辄复掌录，题曰《分甘余话》，庶使子孙辈知老人晚年所乐在此尔，不敢谓如袁伯业老而好学也。

是书凡四卷，内容包罗甚广，"举凡先世著述、典章制度、诗歌品评、地名考辨、文人轶事、字义辨析、古书藏佚、社会风俗、地方物产以至治病验方等等，均有涉及"，而"品评诗歌创作和阐释诗歌理论"尤为重要内容（中华点校本前言）。

《四库全书总目提要》入其书于卷一二二子部杂家类六，并评其书云："此书成于康熙己丑罢刑部尚书家居之时。曰'分甘'者，取王羲之与谢万书中语也。大抵随笔记录，琐事为多。"而对所举若干误例，则以为"士禛不加辨正，而转以设疑，殊为疏舛。是亦随时摘录，不暇翻检之明验矣。其他传闻之语，偶然登载，亦多有未可尽凭者"。但于其有可取处又赞云："此类皆有典据，不同掇拾，披沙拣金，尚往往见宝也。"尤多其与赵执信之相争风范云："士禛仅旁借其词，不相显斥，则所养胜执信多矣。"

清人周中孚《郑堂读书记》入其书于卷五七子部十之六杂家类六，除节录部分书序外，并评其书称："是时年已垂暮，聊以著书遣日，故所记皆杂事琐语，间有考辨，亦不及《池北偶谈》、《居易录》、《香祖笔记》、《古夫于亭杂录》四书之详核。然中多表耆旧、崇名教之谈，则仍不越前四书之本旨也。此书成后之明年，忽婴痁症，又明年而卒，不复再有所笔记矣。"士禛卒于康熙五十年（1711），周氏言"又明年卒"，乃以该书自序作于四十八年（1709），以为即成书之时，实则细检其书，尚有四十九年（1710）纪事，则士禛之卒当在成书之"明年"而非"又明年"。张宗泰《鲁岩所学集》卷九为《分甘余话》写书后三篇，分卷评论，皆具体指瑕摘缪，可供参考。《四库全书总目提要补正》仅引录《总目提要》及张氏《所学集》书后等文字而已。

是书最早刻于康熙四十八年（1709），后有门人程哲七略书堂校刊本，有程氏跋一篇，通篇为称誉之词，无可参用。《王渔洋遗书》、《四库全书·子部·杂家类》及民国石印本皆收六卷本。《说铃》（康熙）前集本及《古今说部丛书》本所收为二卷本。1987年11月，张世林点校此书，除写前言，并附录《七略书堂校刊跋》、《四库全书总目提要》及《四库全书总目提要补正》等书有关文字，颇便检读，1989年由中华书局收入《清代史料笔记丛刊》，印行问世。

王士禛一生写了许多随笔，特别是晚年，除了上述几种比较有名的随笔外，他还写有《陇蜀余闻》、《皇华纪闻》、《长白山录》及《广州游览小志》等多种。

原载于《博古》2004年第4—5辑

纪晓岚与《阅微草堂笔记》

　　纪昀，字晓岚，一字春帆，晚号石云，别署观弈道人。直隶献县人。清雍正二年（1724）生，嘉庆十年（1805）卒，年八十二岁。乾隆十九年（三十一岁）进士，历官至兵部尚书、协办大学士。卒谥文达。晓岚以博闻强识称于世，一生精力萃于总纂《四库全书总目》，晚年出其余绪成《阅微草堂笔记》二十四卷。

　　《阅微草堂笔记》二十四卷为纪氏五种笔记的汇刊，即《滦阳消夏录》六卷、《如是我闻》四卷、《槐西杂志》四卷、《姑妄听之》四卷、《滦阳续录》六卷。每种前有纪氏小序弁首，叙其书始撰于乾隆五十四年，底成于嘉庆三年，历时九年陆续写成。嘉庆五年门人盛时彦为之校订合刊，以纪氏书斋名为总名，并写序记撰述缘起说：

　　　　采摭异闻，特作笔记以寄所欲言。《滦阳消夏录》等五书，俶诡奇谲，无所不载，洸洋恣肆，无所不言，而大旨要归于醇正，欲使人知所劝惩。

　　此书是撰者"追录见闻"、"时作杂记"之作，所以采访范围颇广，上起官亲、师友，下至皂隶、士兵。内容也因而泛杂，地方风情、宦海变幻、典章名物、医卜星相、轶闻逸事、狐精鬼怪，几于无所不包。全书近四十万言，收故事一千二百余则。

　　晓岚学宗汉儒，于道学虚伪有所抨击。《笔记》有多处以嘲弄口吻讥刺所谓道学家的迂执虚伪，如《滦阳消夏录》四揭露二塾师的险恶行径说：

　　　　有两塾师邻村居，皆以道学自任。一日，相邀会讲，生徒侍坐者十余人。方辩论性天，剖析理欲，严词正色，如对圣贤，忽微风飒然，吹片纸落阶下，旋舞不止。生徒拾视之，则二人谋夺一寡妇田，往来密商之札也。

道咸时人林昌彝对于借鬼神来讥刺宋儒道学颇为不满。他在所撰《射鹰楼诗话》卷二即抨击纪氏说：

> 河间纪文达公著《滦阳消夏录》、《淮西杂志》、《如是我闻》、《姑妄听之》四种，总名曰《阅微草堂集》。其托狐鬼以劝世可也，而托狐鬼以讥刺宋儒则不可。宋儒虽不无可议，不妨直言其弊，托鬼神以讥刺之，近于狙侮前人，岂君子所出此乎？建宁吴厚园茂才诗云："莫易雌黄前辈错，寸心也自细评量。"真和易之言。

《笔记》为五种，而《诗话》遗《滦阳续录》而称四种，并误槐西为淮西。林氏的评论似正而过苛，不如前此乾嘉时人刘玉书的言婉而讽。刘氏于所著《常谈》卷一评纪氏以鬼道设教为不当说：

> 晓岚旁征远引，劝善警恶，所谓以鬼道设教，以补礼法所不足，王法所不及者，可谓善矣！第搢绅先生夙为人望，斯言一出，只恐释黄巫觋九幽十八狱之说，藉此得为口实矣。

刘氏于其所著《常谈》中曾力辟神鬼狐怪，颇具卓识，为当时所难能。他认为以纪氏的声望地位而采取这种笔墨为不恰，应是得体的立论。

晓岚虽一生通显，但位居清要，对庸官俗吏的骄横恣肆、排挤倾轧尚有一定看法，书中不仅借鬼神寓言，更有直斥其非者，如《滦阳消夏录》六曾指出除官以外的四种恶人，即：

> 一曰吏、一曰役、一曰官之亲属、一曰官之仆隶。是四种人，无官之责，有官之权；官或自顾考成，彼则惟知牟利；依草附木，怙势作威，足使人敲髓洒膏，吞声泣血。

正因为有这样一点认识基础，所以书中还能记载一些社会的阴暗面，如《如是我闻》二记明季因灾而生屠人鬻肉的惨象说：

> 明季，河北五省皆大饥，至屠人鬻肉，官弗能禁。有客在德州、景州间。入逆旅午餐，见少妇裸体伏俎上，绷其手足，方汲水洗涤。恐怖战悚之状，不可忍视。

又《槐西杂志》二记某侍郎妻虐待女婢的"教导"、"试刑"、"知畏"等酷烈之状说：

> 凡买女奴，成券入门后，必引使长跪，先告诫数百语，谓之教导；教导后，即褫衣反手，挞百鞭，谓之试刑；或转侧，或呼号，挞弥甚，挞至不言不动，格格然如击木石，始谓之知畏，然后驱使。

这些记载当然不能视为撰者的有意揭露，但这种记实之笔却为后世了解封建压迫提供了资料，并使《笔记》具有一定的史料价值。

晓岚生当乾嘉考据兴盛时期，也以考据专学自任，《姑妄听之》小序中曾言及其致力于考据之学称：

> 三十以前，讲考证之学，所坐之处，典籍环绕如獭祭。三十以后，以文章与天下相驰骋，抽黄对白，恒彻夜构思。五十以后，领修秘籍，复折而讲考证。

既尚考证，书中必有杂考之属，如《如是我闻》二记京剧中窦尔墩为献县巨盗窦二东的音转；《滦阳续录》二考科场中拜榜、拜录仪制；《滦阳续录》三考新疆巴里坤军士凿井所得古镜为唐代遗物；《滦阳续录》五考门联始于唐末，可正他书昉于明祖之说。有些记载又颇能讲求物理，如《姑妄听之》二记一老河兵推究沉石去向之事说：

> 凡河中失石，当求之于上流。盖石性坚重，沙性松浮，水不能冲，其反激之力，必于石下迎水处啮沙为坎穴。渐激渐深，至石之半，石必倒掷坎穴中，如是再啮，石又再转。转转不已，遂反潮流逆上矣。

老河兵所言是否合于物理，则有待科学家的论证。

《笔记》虽有上述可参考处，但撰者终难超越封建士大夫的种种局限，而不能不有若干述说神怪鬼狐、因果报应的内容。这正是撰者申明的著书主旨在于"或有益于劝惩"，"期不乖于风教"。

此书是清人笔记中较有影响的一种，论者较多，其中有以《笔记》为仿《聊斋志异》之作，实则不尽如此。纪昀对《聊斋志异》是有异议的，他认为这是"才子之笔，非著书者之笔也"。这也正是《聊斋志异》之纯为小说家言，而《笔记》则应归属于笔记的区分点。相沿对这两部书的评论多是扬蒲抑纪，独清人俞鸿渐的《印雪轩随笔》卷二则扬纪而抑蒲，记中称：

《聊斋志异》一书，脍炙人口，而余所醉心者，尤在《阅微草堂五种》。盖蒲留仙才人也，其所藻绘，未脱唐人小说窠臼；若《五种》专为劝惩起见，叙事简，说理透，垂戒切，初不屑屑于描头画角，而敷宣妙义，舌可生花，指示群迷，石能点头，非留仙所及也。

有的评论则强调其劝惩作用，如道光时梁章钜第三子恭辰所撰《池上草堂笔记》卷一《纪文达公》条曾引录张维屏对《阅微草堂笔记》的评论说：

张南山维屏曰：或疑文达公博览淹贯，何以不著书？余曰：公一生精力具见于《四库全书提要》，又何必更著书。或又言既不著书，何必又撰小说？余曰：此公之深心也，盖考据论辩之书至于今而大备，其书作留心学问者，多不寓目；而稗官小说，搜神志怪，谈狐说鬼之书，则无人不乐观之。故公即于此寓劝惩之意。托之于小说，而其书易行；出之以谐谈，而其言易入。然则《如是我闻》、《槐西杂志》诸书，其觉梦之清钟、迷津之宝筏乎？

梁恭辰于此按称：

按近今小说家有关劝戒诸书，莫善于《阅微草堂笔记》。

南山论纪氏精力具见《提要》，是为有识，而归《阅微草堂笔记》于清钟宝筏，则失之于偏，而梁恭辰之按则足见其人其书，一以谈果报自任。

清季李慈铭于《越缦堂读书记》中评五种说：

按文勤五种，虽事涉语怪，实其考古说理之书。其中每下一语，必溯本源，间及考证，无不确核。又每事必具劝惩，尤为有功名教。

纪氏谥文达已为人所熟知。越缦恃才而好攻人，但此则读书记中，三称文勤，失考之甚。可见着笔不易，往往疏于检核而致误。至其评论则尚称平允。

鲁迅对《笔记》作过较全面的持平之论：

凡测鬼神之情状，发人间之幽微，托鬼狐以抒己见者，隽思妙语，时足解颐，间杂考辨，亦有灼见。叙述复雍容淡雅，天趣盎然，故后来无人能夺其席，固非仅藉位高望重以传者。（《中国小说史略》第二十二篇）

"后来无人能夺其席"的结论，衡之于乐钧的《耳食录》和俞樾的《右台仙馆笔记》诸作确是灼见。

此书原刊于嘉庆五年北平盛氏，二十一年有盛氏重刊本，道光十三年又有广州重刊本。但据道光时人彭邦鼎所著《闲处光阴》卷下曾记述《笔记》的稿本情况说：

> 纪文达公笔记稿本藏公孙香林观察处。余官宜昌，观察为宜昌太守。余以世谊，交复不浅，乞借一阅，必言之再始允。观察之于手泽，可谓能守者矣！讵意下世不数载，凡所藏物，尽行散失。丙申秋，余在京兄此函陈于琉璃厂书肆中，缘缮录既不工整，又加以涂抹纵横，故久不售。忆昔之贵逾拱璧，不觉为之黯然，询其直，曰京蚨二千，余辄如其所索购之。稿乃公手自校，可宝爱也。（丙午夏，济东观察徐公驻临清催运，余为随员。观察幕客某君，闻余携是书，向余索借，久久还来，见旧讹误处，间以朱笔正之，不胜愤懑。既而自咎曰：余过矣！唐杜暹藏书跋尾云：清俸买来手自校，子孙读之知圣道，鬻及供人为不孝，谅哉！谅哉！）

其中所称丙申为道光十六年，丙午为道光二十六年，可见刊本流传后，稿本尚在，可惜彭氏未言及刊本而记录稿本与刊本的异同。解放后，1980年6月和9月始由天津古籍书店和上海古籍出版社相继出版了复印本和排印本。1983年，上海古籍出版社又重印出版，并合原二册为一册。

原载于《邃谷谈往》（说文谈史丛书）　来新夏著　百花文艺出版社1999年版

纪晓岚还欠通达

近几年清宫戏非常走红，于是上自皇帝太后，下至名公巨卿，无不走上荧屏，真是热闹非凡。有的数十集，有的连续几部。尤其是民间传说较多，又有颇多诙谐幽默故事的人物，更是引人入胜，为编剧家所瞩目。纪晓岚就是这样一个人物。所以在《铁齿铜牙纪晓岚》之后，又写了续集，据说收视率颇高。剧中塑造的纪晓岚，给人的印象，是能言善辩，通达洒脱。虽说情节大多是编造，但尚不流于荒诞离奇，可与事实多少有一些距离。

无论传说或影视剧中，纪晓岚都让人有一种通达的感觉。他对因涉嫌泄密流放新疆和从新疆赦回承担起编纂《四库全书》的重任等事情，都能举重若轻地对待。他也很善于处理与皇帝和同僚的关系，似乎已洞识人生，无所羁绊。所谓"通达"的最基本点是勘破名与利。纪晓岚可能在利上看得开一点，但在名上仍欠通达。一直在想找到点根据。最近偶读清人牛应之的《雨窗消意录》，其卷一即记有纪晓岚逸事一段，说纪氏读清初藏书家钱曾《读书敏求记》一书中所载明藏书家赵琦美身后藏书散失，有"武康山中，白昼鬼哭"的传说后，认为"聚必有散，何所见之不达耶"，并和他的朋友董曲江评论说：

> 大地山河，佛氏尚以为泡影，区区者复何足云！我百年后，傥图书器玩散落人间，使赏鉴家指点摩挲曰：此纪晓岚故物，是亦佳话，何所恨哉？

纪晓岚自以为非常通达，对身后无所挂念，其想法一定能得到他人的赞誉，但他万万没有想到好友董曲江却毫不留情地给以批判说：

> 君作是言，名心尚在。余则谓消闲遣日，不能不借此自娱。至我已弗存，其他何有？任其饱虫鼠、委泥沙耳！故我书无印记，砚无铭识，政如好

花朗月，胜水名山，偶与我逢，便为我有。迨烟云过眼，不复问为谁家物矣，何能镌号题名，为后人作计哉！

《雨窗消意录》的辑者对纪、董二氏所论，认为董氏"所见尤脱洒也"，意思是纪氏似欠通达矣。不过若从为人而言，则纪氏愿留"故物"于人间，较之董氏之标榜"无名心"者，尤胜多多。纪氏之言，或因自视甚高，料自己必传，故有"此纪晓岚故物"的预测，而董氏默默，或自愧不如而故作洒脱以解嘲。近年，纪晓岚成为家喻户晓人物，引动多方关注，京都有重建"纪晓岚故居"之议，百计征求遗物出展。苦无线索，幸有沧县王敏之多年从事纪晓岚遗物收集，即据遗物印记、铭识搜求藏砚、印章、文房用具、书法作品等，成《纪晓岚遗物丛考》一书，为展示纪氏遗物提供依据。许多遗物反映了纪晓岚的为人处世等性格特色，纠正了当前对纪晓岚形象的编造和扭曲，还人物以本真。如此，是纪晓岚二百年前所谓"此纪晓岚故物"的预测得到验证，于世有益，不得以有名心诛求。而董曲江之洒脱则未免有故作姿态、目光短浅之讥。

原载于《中华读书报》2003年4月23日

烧车御史谢振定

　　清朝到了乾隆时期可说是达到了鼎盛，但它又正是清朝由盛趋衰的转折点。乾隆前期，清初建国以来近百年的国力积蓄和康熙、雍正两朝的苦心经营，为乾隆帝施展统治才能提供了充分优越的条件，所以，乾隆帝即位后不久就从各方面来表现自己的雄才大略。他首先调整统治政策，针对雍正朝的种种秕政，处理大量积案，对绅衿和官吏实行宽猛相济的政策，对一般农工平民作适当让步，缩小一点剥削分量，严厉打击反对派并平定叛乱。由于政策和措施的有力和适当，巩固和发展了清朝的专制统治，使清朝政权出现了极盛的局面，也把自己推向了所谓"英主"的顶峰。但是，就在乾隆帝志得意满傲视一切而陶醉于自己的事功时，却掩盖着一些由盛转衰的矛盾和弊端。

　　乾隆中期以后，统治阶级内部斗争日益明显，为强化文化专制主义而制造文字狱，禁毁图书以禁锢人民思想，官吏颟顸、贪污，吏治日趋奢华腐败。这些都在加速这个政权的滑坡。尤其是随着岁月的推移，乾隆帝骄傲自满的情绪加速地膨胀，奸佞的臣工们更是阿谀奉承，使乾隆帝快步走向前期励精图治的反面。他骄奢淫逸，任情挥霍，穷兵黩武，滥施征伐，意志衰退日甚一日。及至晚年更是江河日下，特别是吏治废弛，各级官吏贪污勒索，加重了社会危机，人民生活非常痛苦而纷纷反抗，整个政权已显露险象。这些恶果，固然应由乾隆帝自负，但他所宠幸的佞臣和珅对乾隆晚年的败政确是起到了推波助澜的恶劣作用。

　　和珅本来只是随侍乾隆帝左右的一个小臣，但是由于他言辞敏捷，善于阿谀逢迎，讨乾隆的欢心，所以博得乾隆帝宠信厚遇，在仕途上平步青云，飞黄腾达，逐步由下僚提升为重臣。乾隆四十年以后，和珅在国家政治生活中的地位和作用开始上升，到乾隆五十年以后，随着乾隆帝老境来临，倦怠政务，对和珅的依赖与信用更进一步发展。和珅便利用乾隆帝贪财好货，喜爱排场的心态，勒索财货供乾隆帝任意挥霍，同时又倚恃窃取到的权柄，招权纳贿。乾隆帝不仅给和珅政治上的最大权势，还不惜下嫁爱女与和珅结成儿女亲家。这种出乎异常的恩遇，使和珅无所顾忌地擅作威福，豪华奢丽，拟于皇室，而使路人侧目，甚至和珅的家奴刘全也成为炙手可热的权势人物。许多正直的官员和士人都很愤慨，上书揭发，但得到的却是败诉甚至丧命的可悲结局。有一位陕西的老学究曾上书极言和珅怙宠卖权的劣迹，乾隆帝不仅不查处和珅的罪行，反而使上书人遭到灭门的灾难。当时有一位著名的监察御史曹锡宝还不敢直接触怒和珅，而只是检举和珅的家奴刘全恃势营私，所用的衣服、车马、居室有超越规定的事实。曹锡宝在举劾前曾与同乡友人吴省兰商量过内容，不料无耻文人吴省兰是和珅的私党爪牙，他敏锐地嗅到劾刘全是扳倒和珅的关键，于是卖友求荣，派专差到热河密报正陪乾隆在行宫游乐的和珅，同时赶快通知刘全毁掉不合规定的服用器物，结果查无实据。这个被人出卖的曹锡宝连承认错误都来不及，被指斥为据无稽之谈、发书生拘迂之见。因为是言官，还须装点广开言路的伪装而从宽给曹锡宝以"革职留任"的处分。另一个监察御史钱沣因不满和痛恶和珅的所作所为，准备上奏，结果遭到和珅的毒害而死。这些冤案直到嘉庆亲政后才得到昭雪。这些言论上的反对都因触怒了和珅而受到迫害，所以更难以有行动上的作为。就在这样险恶的环境下，竟然出现一位敢于当众给和珅以难堪的人，确乎难能可贵而值得钦敬。这个铮铮铁汉就是为后世所传诵的烧车御史谢振定。

　　谢振定，字一斋，号香泉，湖南湘乡人。乾隆时人。他在乾隆四十五年经过苦读力学和层层考试，终于考取了进士，取得了进入仕途的阶梯。由于他比较年轻和富有文采，所以被选入庶吉士馆进行培养，一年后散馆被任命为翰林院编修这一清要职位。三年以后，谢振定又被任命为监察御史，奉命去巡视和考察南方的漕运利弊。当他巡视到扬州一带漕运情况时，发现漕船阻塞难行。漕粮是清政府的经济生命线，漕运受阻则仓粮不能充实，影响很大。谢振定设法除去关卡的苛索，解除漕船争先恐后的慌乱，正巧又遇到南风助行，使漕船顺利北行。漕丁们解除了困境，又赶上顺风的助力，为了感念谢振定的关心，所以把这阵风称为"谢公风"。

　　乾隆六十年（1795），谢振定迁任兵科给事中，这是一种负责纠正违反制度和不利封建统治行为的官职。有一天，谢振定巡视京城的东城，见到有一辆不符合乘车人身份的违制车在大街上飞跑，吓得路人纷纷逃避，惊恐不安。谢振定派人拦获后加以讯问。哪里知道乘车的人正是和珅的妾弟。这个依附裙带关系乱逞威风的恶少，不但不赶快认错，反而出口不逊，恶语伤人。这要是一般官吏或胆小怕事，或保全禄位，都会大事化小，小事化了，悄悄地了结。偏偏遇到这位硬骨头的铁汉，不仅对和珅的妾弟痛加鞭笞，而且还在通衢大道把一辆奢靡华丽的车子当街烧掉。他一面烧车，一面还非常机智地说："这辆车已被小人玷污了，哪里还能让尊贵的宰相去坐呢？"这种笑骂使得和珅既痛惜车子被烧，又无词去责问，只得暂时咽下这口气，等待报复的机会。不久，和珅的党羽王锺健领会和珅的意图，制造其他借口，弹劾谢振定，免去了谢振定的职务。直到嘉庆五年（1800），和珅倒台后，谢振定才重被起用，先后任礼部主事、员外郎和主管漕粮的监榷工作，对整顿漕粮的兑运工作又有所兴革。嘉庆十四年（1809），这位不畏权势的官员辞世而去，给人间留下了一身正气。

道光中叶，谢振定的儿子谢兴峣，任河南裕州知州，因政绩突出受到道光帝的接见，谢氏籍贯湖南，但说了一口纯正的北京话，引起道光帝的兴趣，便问他原因，谢子说因父亲谢振定曾任官京师。道光帝非常惊讶地说："你就是那个烧车御史的儿子吗？"于是又讲了许多勉励的话。第二天，道光帝见到军机大臣时，还兴致勃勃地说："我年轻时就听说过烧车御史的故事，昨天正见到他的儿子。"为了嘉奖谢振定的风骨，他的儿子谢兴峣被擢升为叙州知府。

和珅权倾中外，威临臣民，几乎已达到顺之者昌、逆之者亡的地步，官员中有志气敢于触动者遭到残害，怯懦无操守者则依附谄媚，而谢振定既有胆识与权奸搏击，又能机智地抓住机会羞辱奸人而保全自己，确是不可多得的刚劲铁汉。谢振定烧车壮举在当时一度轰动九城，否则，深居宫廷的年轻皇子为什么能知道，并在几十年后犹有如此深刻的印象呢？

原载于《依然集》（当代学者文史丛谈） 来新夏著 山西古籍出版社、山西教育出版社1998年版

清宫廷学者高士奇和他的著作

　　康熙帝是清朝一位出色的皇帝。他在统一安定、恢复生产和发展经济等方面都建立过一些为人称道的勋业。但奇怪的是他对一个仅靠书法而平步青云、供奉宫廷，工于逢迎而恃权纳贿的高士奇却独具只眼。康熙帝认为高士奇对自己的学识有极大的帮助，甚至高度地赞誉说："得士奇，始知学问门径。"把高士奇尊崇到所至随行的宫廷学者地位。那么，这位宫廷学者究竟怎样受恩遇，他的"学问"又如何呢?

　　高士奇，字澹人，号江村。浙江钱塘人。生于清顺治二年（1645），卒于康熙四十三年（1704，一说康熙四十二年），年六十岁。他的出身和际遇在当时著名言官左都御史郭琇的弹章中曾概括为："士奇出身微贱。其始徒步来京，觅馆为生。皇上因其字学颇工，不拘资格，擢补翰林。"《清史稿》本传更明确指出：高士奇是通过权臣明珠以工书法被推荐到康熙的身边。由于他的机巧便捷，阿谀取容，很快便得到了康熙帝的宠遇，不仅赐居西安门内，而且还给以书写密谕的权力，一跃而为参与密勿的左右近臣。于是，这个原本身无长物的穷儒，便勾结官僚王鸿绪、陈元龙等人，表里为奸，广开贿源，不数年就拥有良田千顷、房屋数十间和店铺多处。高士奇一伙违法乱纪的恶行引起了朝野义愤。于是身负维护封建政权言责的郭琇挺身而出，弹劾他们奸贪坏法、国蠹民贼、欺君灭法、背公行私的种种罪状；指斥他们是"豺狼其性、蛇蝎其心、鬼蜮其形"。但即使如此，康熙帝也只给高士奇以"休致回籍"的处分，而且不久又重被起用，死时还得到赐谥"文恪"。这就无怪乎《清史稿》作者给他一个"以恩礼终"的结论了!

　　高士奇一生浮沉在宫廷宦海中，他写了十几种与康熙帝活动有关的所谓随扈著作。它们是《金鳌退食笔记》、《松亭行纪》、《扈从东巡日录》、《扈从西巡日录》、《塞北小钞》、《扈从纪程》等等。这些著作勾画出高士奇作为宫廷学者的面貌。

《金鳌退食笔记》二卷是高士奇于康熙十六年赐第西安门内之后的七年中，"朝夕策马过金鳌玉蝀桥"，瞻望宫廷景物而联想历代兴亡，于是退食之余撰成一书，记述金元明以来（主要是明）禁城中宫阁池榭的沿革构造、遗闻佚文，并附录他所写的纪恩诗作。所记颇有可备掌故者，如记康熙二十二年于北海五龙亭前施放烟火的盛况是"星毬万道，火树千重，金轮宝焰，光辉夺目"；记北京冬季的冰上拖床说："寒冬冰冻，以木作平板，下用二足，裹以铁条，一人在前引绳，可坐三四人，行冰如飞，名曰拖床"；又如记尼泊尔雕塑家阿尼哥来华和刘元（蓝）学艺事比《元史·工艺传》为详。

《松亭行纪》二卷是高士奇随康熙帝至东陵、温泉、喜峰口和外蒙古地方的行纪。松亭就是喜峰口。《行纪》所记起康熙二十年三月二十日启行，终五月初三日回京，逐日记录了所经山川阨塞、所见草木鸟兽，复益以旧籍文字，极便参考。上卷记蓟县盘山风景、陵寝温泉，文字可读；下卷记会见蒙古各部，行围宴请等事，从中可见康熙帝恩威并用的手腕。至所附诗作多为承制颂德之笔，无足取。

《扈从东巡日录》是高士奇随康熙帝去东北向太祖、太宗陵墓祭告平定三藩功成的往返日录。始康熙二十一年正月十七日决定东巡，至五月初四日返京止。记清帝出巡的仪制、沿途的景物民情，也间及民生困苦，如记松花江边虞村旗丁"食甚鄙陋"、衣则"间有以大鱼皮为衣者"，而且还要承受"夏取珠，秋取参，冬取貂皮以给公家及王府之用"的负担，但全书主旨仍不外歌功颂德。卷末附录记松花江流域人民日用品、食物及植物生长情况，均"考辨名实"，可备采证。

《扈从西巡日录》是高士奇随康熙帝游幸山西五台山的逐日记录。起康熙二十二年二月十二日，终三月初七日，记沿途山川沿革形势、禽兽草木，并援引旧籍传说、前人诗文以证所见，尤详于五台诸山和禅寺。其中记河间鄚州药王庙的市集景象是："河淮以北，秦晋以东，各方商贾，辇运珍异菽粟之属，入城为市，妙妓杂乐，无不毕陈……幕帟遍野，声乐震天，每日搭盖篷厂，尺寸地非数千金不能得。"足见当时市集之繁盛。卷末附诗二十四首，借沿途风光以颂功德，志恩遇。

《塞北小钞》是高士奇随康熙帝出塞的行程日记，始康熙二十二年六月十二日离京北行，止于二十三日高士奇患痢疾奉命返京。高士奇病愈后即整理日记，加以考索，"记录其山川阨塞，道里风俗"，"及其蒙被恩礼及与上所问答者"。其问答有一则说："上曰：'朕闻南人殊不畏暑。'（臣）士奇曰：'南人从来畏暑，故有"吴牛见月而喘"之语。'上大笑。"高士奇还将此事入诗。这一问答正足见高士奇之所以便佞得宠。

《扈从纪程》是高士奇随康熙帝为噶尔丹叛乱亲赴西北的行纪。始康熙三十六年二月出居庸关西行，终五月间平定噶尔丹后返京。记沿途里程、城堡、阨塞，考其沿革，记其景物出产，并及个人承受恩宠等事。

这些著作虽有一些参证作用，但其主要目的是为记录宫廷和康熙帝的活动。它们既迎合统治者的心理，又为高士奇编织了一顶宫廷学者的桂冠。

《天禄识余》二卷（康熙本四卷，四库著录二卷）是高士奇利用翻读宫廷藏书之便，札录偶得而成。它的主要内容是考证、释词、俗语语源、事物原始和论史诸方面，看来比前几种宫廷诸作见功力，可以算得上有点学术味道；但却不为学者所首肯。乾嘉学者杭世骏的《道古堂文集》卷二十七有一篇《天禄识余跋》，对它大加讥评说："迹其所征引辨说，大半皆袭前人之旧。""置身石渠金匮，获窥人间未见之本而所采撷若此，此可以征其造诣矣！"清季陆以湉的《冷庐杂识》卷五也有《天禄识余》一则，对其采录失当、论述舛误，也条举多则。我曾检读此书，发觉它沿袭重复者颇多，如所记著饮始于三国，前人已记载屡屡，且清初刘献廷的《广阳杂记》卷三尚有饮茶始于西汉之说，《识余》即未采录。又释无恙之恙为毒虫，笔记杂著中多有记载，远之如宋吴曾的《能改斋漫录》卷四《无恙》条《事物纪原》、《九辩》、《汉书》、《战国策》和《说苑》各说；近之如明陈继儒的《眉公群碎录》等也载多说，而《天禄识余》只备一解。所以，列《天禄识余》于杂考则可，而未得以此为江村增色。

高士奇还有一部可称为学术著作的书，就是《春秋地名考略》十四卷。但是，阎若璩的《潜丘劄记》以为此书为秀水徐胜作。朱彝尊的《曝书亭集》卷三四有为徐善而写的《春秋地名考序》，与高书所载前序大略相同，惟中间改姓氏爵里数语，因此这本书是否为高窃于徐就值得怀疑了。所以，《春秋地名考略》也不能用来代表高士奇的学术水平。

其他还有一些著作如《编珠》补续是供采撷词藻时用以翻检的类书；《江村销夏录》是记书画形式和题跋的专目；《江村先生全集》主要是个人诗文别集。

只有《左传纪事本末》五十三卷尚不失为有裨于史学的著述，可使他跻身于学林。但他一生主要活动和精力所注仍以他的宫廷诸作为主流。所以，高士奇终究还只是一个宫廷学者。

原载于《故宫博物院院刊》1982年第2期

高士奇和他的笔记

高士奇字澹人，号江村。浙江钱塘人。生于清顺治二年（1645），卒于康熙四十三年（1704，一说康熙四十二年），年六十岁。家贫鬻字谋生，后被明珠推荐进入内廷，因便捷善迎合，为康熙帝所宠遇，每随扈出巡，遂利用权力大肆贪污。《啸亭杂录》卷三《郭刘二疏》引郭琇劾高等纳贿敛财罪状疏称：

> 光棍俞子枟在京肆横有年，惟恐事发，潜遁直隶天津、山东雒口地方。有虎坊桥瓦房六十余间，值八千金，馈送士奇，求托照拂。此外顺治门外斜街并各处房屋，总令心腹出名置买，何楷代为收租。士奇之亲家陈元师、伙计陈李芳，开张缎号，寄顿各处贿银，赀本约至四十余万。又于本乡平湖县置田千顷，大兴土木。修整花园杭州西溪。广置园宅苏松淮阳。王鸿绪等与之合伙生理，又不下百余万。窃思以觅馆糊口之穷儒，而今忽为数百万之富翁，试问金从何来？非侵国帑，即削民膏……

疏中所指王鸿绪为左都御史，何楷为科道官。高士奇本为身无长物的穷儒，在攫取权力后，即勾结官僚土棍，广开贿源，终成拥有大量土地、房产、店铺的官僚、地主与商人三位一体的典型代表。以高士奇一例可知清代前期官僚地主阶级的若干特点。

高士奇进入内廷后，得到阅读宫廷藏书的便利，偶有所得，即加记录，终于写成《天禄识余》一书，其书系涉猎多籍而随手札录，虽涉及面广而未加类次。

全书内容，大约可有五类：

其一属于考证，如辨《中庸》单行始于刘宋而非始于二程。

其二属于释词，如《黄小中丁》条据《隋书》释男女初生为黄、四岁为小、十六为中、二十一为丁、六十为老。

其三属于俗语语源，如言市井之说出于《后汉书·循吏传》。

其四属于事物原始，如《寓钱》条说纸钱始作于唐。

其五属于讲史，如《蜀史》、《吴越改元》诸条。

其书引用书较多，大都记有出处，也有冷僻而不标者，可备稽考，其中与前人重复内容过多者似可不载，如记茗饮始于三国，前人笔记记载屡屡，而刘献廷《广阳杂记》卷三更有饮茶始于西汉之说，是又采择未遍。又释无恙的恙为毒虫，古人草居露宿，故以之作存问之词，而明陈继儒《眉公群碎录》已载多说。宋人吴曾《能改斋漫录》卷四有《无恙》条，集高承《事物纪原》、《九辨》、《汉书》、《战国策》、《说苑》各说，而江村只说一解，无怪杭世骏讥此书为"迹其所征引辨说，大半皆袭前人之旧"，"一二偏解，时有牴牾"，"置身石渠金匮，获窥人间未见之本而所采撷若此，此可以征其造诣矣"。

书前有康熙二十九年（1690）五月毛奇龄序，中多谀词。杭世骏《道古堂文集》卷二七有《天禄识余跋》一文，于此书颇加讥评，《四库全书总目提要》著录是书于子部杂家类存目三，《提要》一称："是书杂采宋明人说部，缀加成篇，辗转稗贩，了无新解，舛误之处尤多。"并引杭世骏跋入文，而称："取此书覆勘之，竟不能谓世骏轻诋也。"晚清陆以湉《冷庐杂识》卷五《天禄识余》条于杭跋外更申称：

> 杭堇浦太史跋钱塘高江村侍郎士奇《天禄识余》云："不观《左传》注，妄谓经皇为冢前之阙。不观《汉书》注，妄引《后汉纪》以证太上皇之名。不观《水经》、《文选》两注，妄诧金虎、冰井以实三台。不观《地理通释》，妄分两函谷关为秦汉（新夏按：此处脱"其尤踳驳不可据者"八字）。'青云'二字，莆田周方叔以为有四解，乃遽以隐逸当之。'聚头扇'已见之金章宗《词咏》（出《归潜志》），乃谓元时高丽国始贡。银八两为流，本《汉书·食货志》，乃引'集韵'以为创获。'八米卢郎'，见《齐》（新夏按：应作既见之《齐》）、《隋》两书。姚宽《丛语》云：'关中语（新夏按："关"上脱一"盖"字），岁以六米、七米、八米分上中下，言在谷取米，取数之多也'（新夏按：此处脱"黄山谷、徐师川何尝误用"一语），乃用元微之《八采诗》'成未伏卢'为证，是知一未知二也。"余观此书，有经书习见语，亦皆采入，其志冷僻之典，又多不标所出之书。至于舛误之处，亦不止此。如《十洲记》："汉武帝天汉二年，西国

王献吉光毛裘，色黄，盖神马之类，入水经日不沉，入火不燋"，乃谓"入水不濡"，又脱"入火不燋"句。《古今注》："荷花，一名水芝。"《酉阳杂俎》："湖目，莲子也。"乃谓"莲子，湖目。芡实，水芝"。"亲家"见《后汉书·应奉传》注，见于史者始于《隋书·房陵王勇传》，乃谓见《唐·萧嵩传》。《仪礼·士昏礼》云："日入三商为昏。"贾公彦疏云："商谓商量，是漏刻之名。"乃谓："周礼漏下三商为昏。"商音滴。梁元帝《纂要》"日在未曰映"，本《左传》昭五年段注，乃映以为映，而引王仲宣诗"山冈有余映"证之。于此见著述之不易也。

周中孚《郑堂读书记》卷五十五入其书于子部十之四杂家类四，并评称：

> 四库全书存目。前有康熙庚午毛西河（奇龄）序，称江村宫詹以惊才绝学，供奉内廷，其所读秘书，真有非外人所能见者。其私第所蓄善本，有为长安诸藏书家所未备。是天禄钦校，惟宫詹为能职其盛。顾时奉起居，晨入夜出，亦何尝有顷刻之暇，可涉笔札，乃随所记录，皆成卷帙。其中搜微别隐，诠疏考宯，有驳有辨，而皆于天禄乎得之，因颜之曰《天禄识余》。今观是编，大都采掇前人杂考之书，率尔成帙，而没所自来，了无心得，且牴牾踳驳之处，尤不一而足。杭堇浦《道古堂文集》（二十七）有是书跋，已昌言排斥之矣。而西河在当时极为推重，甚至谓非容斋、伯厚、弇州、升庵所能及者，何贡谀献媚一至于此！所谓修辞立其诚者安在耶？

是书有《说库》二卷书，《说铃前集》本、《古今说部丛书》七集本均作二卷，惟《贩书偶记续编》卷十一著录康熙刊十卷本，未获见。

《金鳌退食笔记》二卷是高士奇杂著的一种。书的命名已见康熙二十三年（1684）徐乾学所撰书序中说：

> 澹人赐第在禁垣西北隅，密迩秘苑，金鳌蜿蜒，其入直必经之路，辄以余闲讨论旧迹，笔之于书。退食云者，有取于《羔羊》之诗委蛇自公之义，澹人志也。

是书乃撰者于康熙二十三年官侍讲学士入侍内廷时所作。其自序中说：

> 余自丁巳赐居太液池之西，朝夕策马过金鳌蛛桥，望苑中景物，七阅寒

暑。退食之顷，偶访曩时旧制，约略得之传闻者，而又仿佛寻其故址。离宫别馆，废者多矣。脱复十数年，老监已尽，遗迹渐埋，无以昭我皇上卑宫室、约苑囿之俭德，因率笔记之，详于西而略于东……以余所居在苑西也。纪其兴废而复杂以时事，欲见昭代之盛，存为太平佳话也。若彼内府衙署监局之载在《会典》，与访问未确，其迹莫考者，缺而不书。景山则外人之所罕窥也，亦不敢书。今余所记皆都下臣庶旦暮经过俯仰，习于见闻，非同温室之树，莫可得而言者……

高氏自叙其著书旨趣甚明。书中不仅记明以来（间有金、元）禁城宫阁池榭的沿革构造、遗闻佚文，并附录个人诗作，虽有纪恩之嫌，但可供研讨北京文物建筑的参证。其间又有可资掌故者多则，如纪"放焰火"一则说：

癸亥（康熙二十二年）元夜，于（五龙）亭前施放烟火，听京师人民观看。时余已退直矣，命侍卫那尔泰、海清至余私寓，召至亭前，赐饮馔，坐观星毬万道，火树千重，金轮宝焰，光辉夺目。

又记"冰床及掷球"一则说：

寒冬冰冻，以木作平板，下用二足，裹以铁条，一人在前引绳，可坐三四人，行冰如飞，名曰拖床。积雪残云，景更如画。又于冰上作掷球之戏，每队数十人，各有统领，分伍而立，以皮作球，掷于空中，俟其将堕，群起而争之，以得者为胜。或此队之人将得到，则彼队之人蹴之令远，喧笑驰逐，以便捷勇敢为能，本朝用以习武。所着之履皆有铁齿，行冰上不滑也。

拖床于二十世纪三十年代时，北海尚有，我幼时曾乘坐，确有风驰电掣的乐趣。所记掷球运动，实际上已把足球、篮球和冰球的各种技艺都包括在内。

尼泊尔雕塑家阿尼哥来华及刘元（蓝）向他学艺的故事可证中尼两国的传统友谊，其事虽已见《元史·工艺传》，而不若此书记载之细腻具体，借此还可见我国雕塑艺术的发展。

《四库提要》史部地理类三著录此书，并评称：

盖其时距明末仅四十年，前朝官竖，存者犹多，士奇出入禁廷，得以询访。又久寓其旁，朝夕考校，故所记往往可据，朱彝尊《日下旧闻》多采摭之。

《提要》虽认为《日下旧闻》已可包容，但仍以此书"草创记录之功亦不可没"而加录存。

此书多见收于丛书，有《说铃前集》本、《龙威秘书》本、《江村全集》本、《艺苑捃华》本及《丛书集成初编》本。

《塞北小钞》是高士奇随同康熙出塞时的行程日记。高士奇于康熙二十二年（1683）六月十二日离京北行，出古北口后即患痢疾。二十日，士奇奉命回京；二十三日，抵京。病愈后即整理行程所经日记，加以考索，附以诗作，并特纪其所受恩宠，卷末附士奇离去后康熙所经行程，仅记地名而已。《小钞》前有严绳孙序，说明著书的缘由是：

> 归既少间，检行次所录，盖考索属车经行之地，著《塞北小钞》。凡乘舆游息顾问，下至山川阨塞，寒燠雨晴，古今建置及其他奉使行役，殊俗异闻，无不备矣。

另有陈廷敬康熙二十二年七月三日撰序，志其著书之由说：

> 澹人病少间，则记录其山川阨塞道里风俗所经涉，稍稍及其蒙被恩礼及与上所问答者。

撰者撰有跋语，记历次随侍巡行纪事及此次不克终事之憾，纯为纪恩之作。士奇起自穷陋，以便佞得宠，跻居清要，其对答之词，乃为阿谀取容。《小钞》自记说：

> 上曰："朕闻南人殊不畏暑。"（臣）士奇曰："南人从来畏暑，故有'吴牛见月而喘'之语。"上大笑。

士奇更以其事入诗云：

> 桦皮铺板屋，松叶架山楼。药物烦中赐，盘餐不外求。退风飞宋鹢，见月喘吴牛。渐喜归途近，檀州过顺州。

士奇的其人其文，也可由此见其一端。

《四库提要》著此书于史部传记类存目六，似以此书为士奇个人行迹，故入于传记类，实则所记为行程所经，宜如《退食笔记》入地理类为恰。《提要》评其书记康熙的"赐赉顾问，比他记特为详悉"。而所考"塞外古迹，以今核之，多不甚确"。并指出所以不确的原因是"身所未经而仅据明以前人之典籍，宜其依稀影响尔"。周中孚《郑堂读书记》卷二十四入其书于史部十传记类三，并评称：

> 康熙癸亥（二十二年，1683），圣祖仁皇帝北巡，江村扈从，至鞍匠屯遘疾而返。因记其自六月癸未迄闰六月辛丑朔，往返所经及恩遇诸事，并附以诗。自庚寅后驻跸之地仍按日恭载大略。至丁酉回銮，赐观塞外所产盘羊，夜克木而止云。前有陈说岩（廷敬）序，《说铃初集》亦收入之。

此书有《江村全集》本、《说铃前集》本、《昭代丛书》丙集第三帙本、《小方壶斋舆地丛钞》第一帙本、《小方壶斋丛钞》卷二本、《满蒙丛书》本等。

《扈从东巡日录》系士奇于康熙二十一年（1682）初随康熙帝赴东北，将平定三藩的战绩祭告太祖、太宗陵墓的往返日记。它起于康熙二十一年正月十七日决定东巡，至五月初四日还京止。其中记有二月十五日离京启行时旌旗羽葆络绎二十余里的盛况、所经路线及地形、沿途景物民情，间附纪事诗作。所记资料于各地设置、沿革等略有考订之用。其纪事主旨仍在歌功颂德。

书前有陈廷敬、张玉书、汪懋麟及朱彝尊等人叙。张玉书于叙中称此书"上以扬圣德，下以摘国典，大以镜形胜，小以别物产，胥于是有考焉"。并以其内容有"可补辽金元史所未具载者"。

是书有撰者自叙，为颂德之作。

是书凡二卷，并有附录一卷。卷上多记所经地理，卷下则史事略多，如卷下三月癸亥条记柳条边事说：

> 道经柳条边，插柳结绳以界蒙古，南至朝鲜，西至山海关，有私越者必置重典，故曰柳条边也。

又卷下三月己巳条为内地流民远戍东北的苦况而写的《流民叹》，刻画尽致，可作史诗读。特录供参考：

> 将军重武备，旷野开新边。再徙境内民，跋涉戍塞烟。摇落早无家，何

堪更远迁。驱驰数百里，囊底无一钱。裹粮日不给，锄锸多弃捐。空山绝四邻，豺虎时盘旋。伐木营板屋，粗具三两椽。连朝雨复落，举室无安眠。寡妻病哀惫，丁男衣不全。有地皆榛荆，手足徒胝胼。长子被官役，辛苦恒经年。鹄面向行客，欲语先涕涟。云自江南来，未谙严寒天。微躯历患难，异域谁见怜。闻有宽大诏，归梦犹迍邅。藜藿免饿饥，性命聊苟延。哀哀叹茕独，乡信难为传。

卷下三月乙亥条记松花江旁大乌喇虞村旗丁的困苦生活及受剥削情况颇详。记称：

> 虞村居人二千余户，皆八旗壮丁。夏取珠，秋取参，冬取貂皮以给公家及王府之用。男女耕作，终岁勤动。亦有充水手挈舟，渔户捕鱼，或入山采桦皮者，其食甚鄙陋，其衣富者不过羔裘纻丝细布，贫者惟粗布及猫犬獐鹿牛羊之皮，间有以大鱼皮为衣者。

附录则记松花江流域人民日用、食物及植物生长与内地的相异状况，均标以清语名目而后考辨名实。如萨喇为木板鞋也，威护为小船也，哈食马为拉姑水族也，诸申木克为满洲水也。是又可供诠释清语之用。

清人周中孚《郑堂读书记》卷二十四入其书于史部十传记类三，并评称：

> 康熙壬戌（二十一年，1682），圣祖仁皇帝省谒陵寝，江村扈从，归则以其纪载讽咏之所作，辑录成帙，自正月十七日迄五月戊申朔止。观其驰驱关塞，流连丰镐，铺陈帝业之艰难，诵述民风之勤苦，靡不言之成文，歌之成声云。又目睹土人日用饮食生殖之殊，因考辨名实而详书之，附日录后，用广异闻，凡三十条。陈说岩（廷敬）、张素存（玉书）、汪季南（懋麟）、朱竹垞（彝尊）俱为之序。

此书有《江村全集》本、《辽海丛书》第一集本作卷上、下，并附录一卷。《小方壶斋舆地丛钞》第一帙本则作一卷，并附录一卷，是正文已有删节。

《扈从西巡日录》系高士奇随从康熙帝游幸山西五台山的逐日记录。起于康熙二十二年（1683）二月十二日，终于三月初七日，往返共二十五日。所记为沿途山川的沿革形势、禽兽草木，并援引旧籍传说以证，尤详于五台诸山及禅寺。

书前有徐乾学序，概述此书的大概内容说：

> 今士奇所录具载皇上子元元问疾苦，安不忘危之意，而奎章宸翰时时辉映于琳宫梵刹间者，亦备录焉。旁及山川鸟兽草木，以至幽崖远谷、薜碣残碑，山经所未备，往往捃摭附见于其间。

是书对考察由北京至五台山的沿途风物，颇有裨助。它所征引的方志旧籍和前人诗文传说也可供参证。如记河间郑州药王庙市集的繁盛情况可借以见清初经济恢复的一个侧影。其所记内容是：

> 城外药王庙，专祀扁鹊，香火甚盛。每年四月，河淮以北，秦晋以东，各方商贾，辇运珍异菽粟之属，入城为市，妙妓杂乐，无不毕陈，云贺药王生日，幕帝遍野，声乐震天，每日搭盖蓬厂，尺寸地非数千金不能得，贸易游览，阅两旬方散。

一庙会能聚各地商贾，不仅有珍异菽粟之贩运，复有妙妓杂乐之游兴，则其繁盛可见。

《日录》之后附撰者诗二十四首，记沿途风光，并颂功德，志恩遇。

《四库全书》入此书于史部传记类二杂录，《提要》评其书"凡山川古迹，人物风土，皆具考源流，颇为详核"。周中孚《郑堂读书记》卷二十四入此书于史部十传记类三，并评称：

> 康熙癸亥（二十二年，1683），圣祖仁皇帝西巡五台，江村扈从。乃识其山川道里所经，系以日月，自二月十二日至三月初七日止，逐日纪载，并次以诗。所纪完县之赐金，阜平之复设，皆关政事沿革之大者，而纪赐裘赐裳，则尤见圣祖恩礼儒臣之雅云。前有王阮亭（士禛）、徐健庵（乾学）二序。健庵序称奎章宸翰时时辉映于琳宫梵刹间者，亦备录焉。今案录中从无恭录及圣制者，不知健庵何以云云也。《说铃初集》亦收入之。

是书有《江村全集》本、《说铃前集》本、《昭代丛书》丙集第三帙本、《小方壶斋丛钞》卷二本及《小方壶斋舆地丛钞》第一帙本等多种。

《松亭行纪》是高士奇于康熙二十年（1681）三月随康熙帝至东陵、温泉及喜峰口、外蒙古地方的行纪。撰者以松亭关即喜峰口，故以松亭名书，而《四库提要》指称："松亭关在喜峰口外八十里，士奇合而一之，未详考也。"松亭是辽燕三关之一，合古北口、居庸关为三。而益津、瓦桥、淤口则为宋三关。

是书分二卷，上卷记康熙奉太皇太后谒陵及赴汤泉事，下卷则记康熙出喜峰口会见蒙古各部情况，其中行围扬威、宴请王公等活动正以见康熙帝对少数民族恩威并用的统治手段。

是书体例与其他各日录相似，逐日记录所经涉的山川阨塞、草木鸟兽，益之以旧籍文字、个人诗作，可供研讨地理者参考。

书前有康熙二十三年（1684）徐元文序一篇，推崇士奇的博学敏捷，并概述行纪的主要问题。

是书起于康熙二十年（1681）三月二十日出行，终于五月初三日回京。其记蓟县盘山风景、陵寝温泉等，尚有参读价值。至诗作则多为承制颂德之笔，一无足取。

是书《四库全书》收入史部传记类二杂录，并叙明所以收录之故，系因"其叙述山川风景，足资考证，而附载诗文，亦皆可观"。

清人周中孚《郑堂读书记》卷二十四入其书于史部三传记类十，并评称：

> 四库全书著录。康熙辛酉（二十年，1681），圣祖仁皇帝驾幸汤泉，出喜峰口，江村皆扈从，因逐日纪其道路所经。自三月二十日迄五月初三日止，详述山川四景，并纪以诗，以次附入，颇便览者。其以松亭名者，以喜峰口为古松亭关也。其实松亭关尚在喜峰口外八十里，乌可并合为一？然其书能于舆图方名之外博采旁罗，纤微具举，足备昭代之掌故，而资文人之谈咏云。前有徐（元文）序，后有万（言）跋。《说铃初集》亦收入之。

是书有《说铃前集》本、《江村全集》本、《昭代丛书》丙集本、《小方壶斋舆地丛钞》第一帙本等多种。

《扈从纪程》系康熙三十六年（1697）高士奇随康熙帝为噶尔丹叛乱亲赴西北所纪行程。始二月出居庸关西行至五月噶尔丹事定返京止，记沿途所经里程、城堡、阨塞，考其历史，记其景物出产及个人所受恩宠等事。

是书有《小方壶斋舆地丛钞》第一帙本。

原载于《寻根》2004年第4期

王晫的自我炒作

文人学者好名，情有可原；而急于求名，则极不可取。近读一书，无意得之，不禁大喜。奇文共赏，奇书共读，愿与天下读书人共之。这本书就是清初王晫所撰的《今世说》。

王晫，初名斐，字丹麓，号木庵，自号松溪子，浙江钱塘人。生于明末，约生活于清顺治、康熙时。顺治四年秀才。旋弃举业，市隐读书，广交宾客。工于诗文。所著有《遂生集》十二卷、《霞举堂集》三十五卷、《墙东草堂词》及杂著多种。

王晫的《今世说》共八卷，以记清初四十年间文人学者生平言行为主。书前有撰者自序和例言多则，为全书作开宗明义的铺垫。撰者的第一种自炫手法是"寻根归宗"，自立门派，把自己放在《世说新语》继承者的地位上。他在康熙二十二年的序中述其著述宗旨说：

> 今朝廷右文，名贤辈出，阀阅才华，远胜江左。其嘉言懿行，史不胜载。特未有如临川裒集而表著之，天下后世，亦谁知此日风流，更有度越前人者乎？余不敏，志此有年，上自廊庙缙绅，下及山泽隐逸。凡一言一行有可采录，率猎收而类记之；稿凡数易，历久乃成。或以名贤生平大节固多，岂独藉此一端而传。不知就此一端，乃如颊上之毫，睛中之点，传神正在阿堵。余度后之人得睹是编，或亦如今之读临川书者，心旷神怡，未可知也。

序言不长，而主旨则在以《世说新语》之后继者自命，志得意满，傲形于色。其自我标榜的立意，中智者即能看穿。在《世说新语》之后，以"世说"为名者，尚有《续世说》、《大唐新语》、《世说新语补》、《明世说新语》等。王晫对这些后续者，一笔勾销，以自己与刘义庆"道统"直接相承。但他这本书实难与《世说新语》并。他在《例言》中自称："是集条目，俱遵《世说》原编，惟自新、黜免、俭啬、谗险、纰漏、仇隙诸事，不敢漫列，引长盖短，理所固然，乃若补为全目，以成完书，愿俟后之君子。"

撰者所略六门，明眼人一眼可见，实为易开罪于人之篇，是撰者之有意回避。《例言》中又一再声明，其记事根据是"只据刻本，就事论事"，"是集事实，俱从刻本中，择其言尤雅者，然后收录；若未见刻本，虽有见闻，不敢妄列，昭其信也"，并条列其所据主要成书和口碑来源，这足以见撰者"想吃包子又怕烫"的心态。从中还可看出，在清开国之初，士人已有文网拘牵之感。撰者不愿以文字贾祸，其情堪谅！

撰者第二种自炫手法是于书中掺入个人行事而妄作姿态。此并非不检，实属有意。其著于《例言》者有云："至晫平生，本无足录。向承四方诸先生赠言，颇多奖藉，同人即为节取一二，强列集中，实增愧恧。"他先把掺入个人行事的罪责推到"同人"身上，于是在各门中放手羼入个人事迹，如卷一《德行》篇有云：

> 王丹麓遭外艰，丧葬尽礼，衔恤陨涕，风雪中重趼远涉，遍告当世巨公，乞为志传成帙，曰《幽光集》，士大夫读而悲之。

此自述其孝行，条下又附入撰者生平德行，文字较本文为长，本为自炫之作，而《例言》早已言明这是"同人"强列。掩耳盗铃，岂非自欺欺人？作伪拙劣，不啻伶人之自拉自唱，实不可恕。就以文中自炫"遍告当世巨公"作传一语，已显阿世媚俗之态，又何德行可言！尤可怪者，撰者于书中更明目张胆地窜入其家三代事迹，入其父王湛二条，入其子王鼎、王小能各一条，而自入达十六门二十四条，这就未免为士林所讥。所以，《四库全书总目》入其书于子部小说家类存目一，即已表明是对书之总评。《提要》评称："刻画摹拟，颇嫌太似，所称许亦多溢量。盖标榜声气之书，犹明代诗社余习也。至于载入己事，尤乖体例。"并论其考证不精之失，均可称确论。

撰者的第三种自炫手法是除撰者自序及例言外，尚有冯景、丁澎、毛际可、严允肇等人序及洪晖吉等《评林》，类多谀词。如冯序称其书"包举群彦，言关至极，简秀韶润，胸无宿物，俊不伤道，而巧不累理"。《评林》则辑诸家赠言，尤感溢美过其，似亦为撰者有意经营者。惟刻印者伍崇曜一跋不同一般，伍跋称"丹麓实游扬声气，以博取声名，而文笔乃纤仄婉媚，殊乏雅裁"。伍氏为一商人，而一语中的，实为难得。诸文士不若一商人，实让著述者有愧。

　　王晫《今世说》共八卷三十门四百五十二条，以清初四十余年人物为主要记述对象，其由明入清者，亦一并收入，并于每条之下自注条目中人物生平大略。其清初著名人物如毛奇龄、王士祯、施闰章、宋琬等人，多见于各门类。惟于人物评论，不尽平允，尤其于明臣降清者，多所讳避，如钱谦益、龚鼎孳等收录不止一门，娓娓道其嘉言懿行，而不涉降清大节。反之，若顾炎武学识操守为一时之冠，而不著一字，黄宗羲亦仅言其家富藏书而略其志节，等等。

　　对王晫的这本自炫之作，有志于学者应以此为镜，而躐等躁进者或可以此作范本。

原载于《光明日报》2003年7月22日

蒲松龄与王渔洋

2008年秋，我在淄博参加第六届全国民间读书年会后，东道主安排与会人员参观蒲松龄故居和王渔洋纪念馆。当时没有想到如何去参观，而是突然回想起他们之间的一桩文化公案，曾有过一些有关《聊斋志异》的纠缠。但近年记忆力急剧衰退，反复回忆就是想不起完整的始末来，于是不得已记在一张纸条上，准备回家后查书，并将其夹在一本赠书里。回家后，由于杂事猬集，把此事忘得一干二净。最近，偶翻此赠书，见去年夹条，始悟此事。于是翻一些有可能记有此事的书籍，费力而无得，又检查我早年所记史料索引卡片，果得其事，还不止一书，因成小文以备忘。

蒲松龄生于明崇祯十三年（1640），卒于清康熙五十四年（1715），享年七十六岁。字留仙，号柳泉居士，山东淄川人（今淄博市），是一位一生卖文食贫的寒士，著有《聊斋志异》。王士祯生于明崇祯七年（1634），卒于清康熙五十年（1711），享年七十八岁。字贻上，号阮亭，别号渔洋山人。山东新城人（今桓台县），是一位位致通显、名满天下的大人物。两人生在同一时代，又是相距不远的同乡。但彼此一生遭际悬殊，似乎不可能发生什么联系，但却因《聊斋志异》一书，流传出一段文坛故事。为了弄清此事的来龙去脉，我查阅了若干种可能记载此事的书，一无所得，又经过半日的翻检，才在积存的卡片中找到历经清嘉、道、咸、同四朝的陆以湉所著的《冷庐杂识》卷六《聊斋志异》条即记有此事称：

> 蒲氏松龄《聊斋志异》，流播海内，几于家有其书。相传渔洋山人爱重
> 此书，欲以五百金购之，不能得，此说不足信。蒲氏书固雅令，然其描绘狐
> 鬼，多属寓言，荒幻浮华，奚裨后学？视渔洋所著《香祖笔记》、《居易录》

等书，足以扶翼风雅，增益见闻者，体裁迥殊，而谓渔洋乃欲假以传耶？

陆氏之论蒲书，有褒有贬，而以贬为主，其主旨似在于为渔洋澄清欲夺蒲书为己著的传闻。对于渔洋收购蒲书一事，则语焉不详，而径言"此说不足信"，似嫌武断。又得倪鸿《桐阴清话》一书，其卷一记蒲、王之事较详，卡片上摘录如次云：

> 国朝小说家谈狐说鬼之书，以淄川蒲留仙松龄《聊斋志异》为第一。闻其书初成，就正于王渔洋。王欲以百千市其稿，蒲坚不与，因加评骘而还之，并书后一绝云："姑妄言之姑听之，豆棚瓜架雨如丝。料应厌作人间语，爱听秋坟鬼唱时"，余谓得狐为妻，得鬼为友，亦事之韵者。

倪氏之说，较陆为进。既写蒲之高洁，又写王之潇洒。蒲不屈节，王不倚势，诚为难得。以视今之著书者，杂凑成章，遍求名公大款，以求问世而谋名利者比比，其豪强则略施余沥，竟昂然居作者之首，或多为即有，思之不免喟然一叹！

其记此事最完备者则为清末邹弢之《三借庐笔谈》。摘其卷六《蒲留仙》条云：

> 蒲留仙先生《聊斋志异》用笔精简，寓意处全无迹相，盖脱胎于诸子，非仅抗手于左史、龙门也。相传先生居乡里，落拓无偶，性尤怪僻，为村中童子师，食贫自给，不求于人。作此书时，每临晨携一大瓷罂，中贮苦茗，具淡巴菰一包，置行人大道旁，下陈芦衬，坐于上，烟茗置身畔，见行道者过，必强执与语，搜奇说异，随人所知。渴则饮以茗，或奉以烟，必令畅谈乃已。偶闻一事，归而粉饰之。如是二十余寒暑，此书方告蒇，故笔法超绝。王阮亭闻其名，特访之，避不见，三访皆然。先生尝曰："此人虽风雅，终有贵家气，田夫不惯作缘也。"其高致如此。既而渔洋欲以三千金售其稿，代刊之，执不可。又托人数请，先生鉴其诚，令急足持稿往。阮亭一夜读竟，略加数评，使者仍持归，时人服先生之高品为落落难合云。

邹氏所论蒲氏之著述情状较详，令人深感著书之不易，而记蒲、王之交往，尤见高雅。蒲氏身居困窘，三避显宦见访，不为富贵所淫，实为难得；王氏身居高位，能折节下士，三访寒士，三拒而不愠。收书未成，犹予品题游扬，一夜读竟归还，以避录副之嫌，渔洋之胸襟宽宏，亦极为难得。蒲、王之交淡如水，足令后世阿谀奉迎、妒贤忌能者流愧恶！

　　类此三条记事为早年读书所记，至今已模糊杂乱，无怪清人周亮工有"老人读书只存影子"之叹。幸得援庵师教诲，言读书必当作好札记。今因有记录备考，方知当年记录之必要。奉劝后学，毋恃少年聪慧得意，莫待老年失忆伤悲。

原载于《山东图书馆学刊》2010年第2期

昭梿与《啸亭杂录》

《啸亭杂录》是清人笔记中颇负盛名之作。它的撰者汲修主人是礼亲王昭梿的自号。昭梿又号檀樽主人，是清太祖努尔哈赤第二子代善的后裔。乾隆四十一年（1776）生，道光九年（1829）卒，年五十四岁。昭梿是清室贵族中具有一定学识者。嘉庆七年曾授散秩大臣，十年袭爵。但为人贪酷，倚势欺人，对同在朝列的大僚和为其奔走效劳的王庄庄头，设有不遂其意时，也即加指斥、凌辱，甚至使用非刑。嘉庆二十年，昭梿被匿名控告凌辱大臣、勒逼庄头和滥用非刑等罪名，被革爵圈禁。二十一年闰六月提前释放。道光二年一度任宗人府候补主事，郁郁以终。昭梿的生平资料，曾由何英芳辑录附载于中华书局排印本后，可备参考。

昭梿的贪酷事实具见《东华续录》所载的上谕中说：

> 此案程幅海之子程建义充当庄头二年，并未欠租，兼有长交租钱。昭梿因于大海增租，谋充庄头，即将程建义革退，并令照于大海加增之数，加找二年租银。程建义之父程幅海不从，昭梿派护卫柳长寿前往幅海家抢割庄稼，拆毁房屋，又将程幅海父子叔侄六人圈禁。昭梿自掷瓷瓶于地，用瓷片划伤程建义、程建忠脊背百余道，至于流血昏晕。似此以酷济贪，虐我赤子，实出情理之外。……昭梿承受世封，席丰履厚，平日以田租细故，在顺天府、步军统领、刑部等衙门，涉讼累累，而于府第中仍如此非刑虐下，实属奇贪异酷，仅止革去王爵，不足蔽辜，俟结案时仍当治以应得之罪。（嘉庆二十年十一月己酉谕，卷三一二）

昭梿为人残刻，已事实昭然，但清人对其学识却多有推重，即如孤芳自赏的龚自珍在与友人信中自承深受昭梿教益说：

　　王于天聪、崇德以降，琐事丕事，皆说其年月不误；每一事辄言其原流正变分合，作数十重问答不倦。自珍所交贤不贤，识掌故者，自程大理同文而外，莫如王也。

　　所云程同文，字春庐，浙江桐乡人。官大理少卿，著《密斋文集》。自珍与之交往论学颇频，为所折服者之一，乃以昭梿与之并论，其推重可见。但此笺末署"道光二年闰三月"，笺中始言"故和硕礼亲王讳昭梿"，末又言"王没矣，无以报王"，则昭梿当殁于道光二年以前，而官书杂著均明著昭梿卒于道光九年，多方考察，未得其解，姑记此存疑。

　　与龚自珍同时的张祥河也是当时著名诗人、学者，多评论人物，而于昭梿又盛赞其学识说：

　　　　礼亲王昭梿以残刻褫爵，其学问渊博，待宾客甚厚。吴中蒋香杜廷思、毕子筠华珍皆延至府中，谈谑为乐。尝见其自度曲，真得元人遗意。（《关陇舆中偶忆编》）

　　清季李慈铭于人少所许可，于书又多加雌黄，独于《啸亭杂录》则以褒立论，其读书记中说：

　　　　阅《啸亭杂录》，所载国朝掌故极详，间及名臣佚事，多誉少毁，不失忠厚之意。其中爵里字号，间有误者，而大至确实为多，考国故者莫备于是书矣。（《越缦堂读书记》页一〇二八）

　　《啸亭杂录》所记为道光初年以前清代的典制、政事、武功、学术、文艺及人物掌故等。所记多为亲历见闻，以论典制为多，如《国初定三院》、《国初官制》、《本朝内官之制》、《盛京五部》、《王府官员制度》、《军机大臣》、《内务府定制》等则皆有关官制；《宗室科目》、《本朝状元宰相》、《兄弟鼎甲》、《老年科目》、《青年科目》等则皆有关科举；《汉军初制》、《汉军绿营旗纛》、《八旗之制》、《驻防》等则有关军制。这些记载，不仅记其沿革，尚有实行情况及利弊得失，而内容生动详尽尤可补史书的不足。其记武功者有《缅甸归诚本末》、《平定四部本末》、《台湾之役》、《癸酉之变》诸篇。其记学术者有《淳化帖》、《金元史》、《文体》、《稗史》等则。其记政事则有《圣祖擎鳌拜》、《理足国帑》、《禁抑宗藩》、《郭刘二疏》及《军营之奢》

等则。《郭刘二疏》记郭琇疏揭高士奇之贪污好货已多为人知，而《军营之奢》条足见政治之腐败，官僚之奢靡。其记称：

> 军中靡费甚众，其帑饷半为粮员侵蚀，任其滥行冒销。有建昌道石作瑞，曾侵蚀帑银至五十余万两。然其奢费，亦属靡滥。延诸将帅会饮，多在深菁荒麓间，人迹之所罕至者。其蟹鱼珍馐之属，每品皆用五六两，一席多至三四十品。而赏赐优伶、犒赏仆从之费不与焉。有某阁部初至，石为馈珍珠三斛、蜀锦一万匹，他物称是……军中奢靡之风，实古今之所未有也。

他如记恒恪亲王弘晊"其俸禄除日用外，皆置买田产、屋庐，岁收其利"（卷六《恒王置产》）。又卷九《权贵之淫虐》条记权贵之恶行。这些不加曲讳的直笔使后人得窥真相，也为一般士夫笔墨之所不敢及。

此书记人物掌故特多，上起清初诸帝、文臣武将、文人学士，下至里巷人物，既详记事实，持论也尚平允，如卷七《钱辛楣之博》条论钱大昕学术称：

> 凡天文、地理、经史、小学、算法无不精通。所著《经史答问》数卷，其畅发郑、贾之学，直接嫡乳，非他稍知皮毛之可比者。近时考据之儒，以公为巨擘焉。又习蒙古语，故考核金、元诸史及外藩诸地名，非他儒之所易及者……闻其归后，曾著《元史续编》，采择颇精当，惜未见其书焉。其所著小学诸书，翻切颇为精当。

其他人物生平行事也多可从此书得其约略。

此书于社会风貌也有所记，如记京师之作口技者说：

> 京师有善作口技者，能为百鸟之语，其效画眉尤酷似，故人皆以"画眉杨"呼之。余尝见其作鹦鹉呼茶声，宛如娇女窥窗。又闻其作鸾凤翱翔夏夏和鸣，如闻在天际者。至于午夜寒鸡，孤床蟋蟀，无不酷似。一日作黄鸟声，如睍睆于绿树浓荫中，韩孝廉崧触其思乡之感，因之落涕，亦可知其伎矣。（卷八《画眉杨》）

综观全书，记事翔实可据，不似其他笔记之泥沙混杂，但也难免有失误处，魏源《圣武记》曾评卷十《书光显寺战事》一则系据其外祖父绰尔铎之行状，"颠倒草错，于地势贼情军事，无一相应"。

昭梿尚有《啸亭续录》五卷。其内容、体例与《杂录》相仿。其记服饰者有

《红绒结顶冠》、《金黄蟒袍》、《大臣赐紫》、《黄马褂定制》、《花翎蓝翎定制》、《服饰沿革》等多条；其记枢廷机构有《批本处》、《上书房》、《南书房》、《上谕馆》等条；其记学术文艺者有《本朝钦定诸书》、《小说》、《考据之难》、《古史笔多缘饰》、《明史稿》诸条。所论学术尚称有识，惟《小说》一则仍从有关世道人心立论。

《续录》也一如《杂录》记人物掌故最多。如记王鸣盛之贪说：

> 王西庄未第时，尝馆富室家，每入宅时，必双手作搂物状。人问之，曰："欲将其财旺气搂入己怀也。"及仕宦后，秦诶楚詈，多所乾没，人问之曰："先生学问富有，而乃贪客不已，不畏后世之名节乎！"公曰："贪鄙不过一时之嘲，学问乃千秋之业。余自信文名可以传世，至百年后，口碑已没而著作常存，吾之道德文章犹自在也。"故所著书多慷慨激昂语，盖自掩贪陋也。（卷三《王西庄之贪》）

王鸣盛为乾嘉名家，与钱、赵并重于时，无此记载，又何能知其言行卑鄙龌龊如此而遂其欺世盗名的愿望。又记法式善的鄙吝称：

> 性吝啬，自诸生起家，终身未居要官，及没时，家赀八万，书史他物称是，实良能也。予书室以纱糊窗，先生见责曰："何暴殄物力至此？"尝与先生坐谈至午后，出粽食之，其糖皆闻然若漆，而先生食之甚甘，亦可见其俭也。（卷四《时帆之吝》）

法式善为乾嘉学者诗人，其生性如此，实难想象。

此书记商民之富有多则，如卷二《本朝富民之多》条记京师米贾祝氏的"富逾王侯"，怀柔郝氏的"膏腴万顷"，市贩王氏的"筑室万间"。卷三《安三》条记明珠家人安图，"其子孙居津门，世为醝商，家乃巨富"。甚至大僚学官也致身于商业经营，如湖南学政褚筼心解任后，因图利"以宦囊开凶肆"，人笑之而不顾（卷二《褚筼心》）。

昭槤对因残刻革爵始终耿耿于怀，《续录》卷三特著《性惰之偏》一则，引述唐郭子仪杖死判官张谭、宋陈执中虐死婢子三人、汉魏相挞毙婢子诸事例以自况，并论称：

> 诸公皆当世名卿贤相，其过失如此之甚，终未以此罢斥。何况惩治强暴，

法虽奇刻，究未致毙，乃使先王封爵自余而失，深有所愧耻也。

此昭梿公然对处分不满，当时其书未刊，或文网已疏。

《啸亭杂录》所见刊本有光绪六年九思堂刊八卷，并《续录》二卷。此本耀年序称系于光绪元年春经醇亲王"细加厘正，并原稿而删节之、编次之，凡五阅月而成完书"。宣统元年中国图书公司又铅字排印《杂录》十卷，《续录》三卷。此排印乃据端方所藏精抄本，据端方序说：

> 《啸亭杂录》一书，原版久毁，旧印罕见。沪上曾有活字本，则脱误累累，不足依据。近得精钞本，以置箧衍。适中国图书公司议集本朝掌故诸书，为近世史作参考之用，因以藏本授之。

孙殿起《贩书偶记》卷八附注此铅字排印本称为最善。1980年中华书局排印正续录为一册，收入《清代史料笔记丛刊》，何英芳点校说明叙版本流传情况甚详。中华本即以上海图书公司铅印正录十卷、《续录》三卷本为底本。又补入启功先生所藏《续录》第四卷、第五卷抄本共一百三十七条，成正录十卷、《续录》五卷本，为接近昭梿稿本原貌的一种佳本。中华本有点校者所辑附录二种：其一为九思堂刻本多出来的条目和大段文字。其二是昭梿的生平资料，都对研究本书和撰者有所裨助。

一九八四年

原载于《只眼看人》（空灵书系）　来新夏著　东方出版社2004年版

清代笔记作家梁章钜

　　清代乾嘉时期，福建除了声名显赫的林则徐外，同时代还有一位值得重视的历史人物，那就是梁章钜。梁章钜比林则徐大十岁，而比林则徐早逝一年，应该说是同一时代的人物。他们同在鳌峰书院学习，同样经过科举道路走上仕途，同样官至封疆大吏，同样参加过宣南诗社的活动，只不过梁章钜没有像林则徐那样遇上鸦片战争和西戍新疆等惊人事迹，显得在立功上有些暗淡。但是梁章钜在立言上的著述事业却超过了林则徐而受到人们的注意。

　　梁章钜字宏中，又字茝林，晚号退庵，福州人。清乾隆四十年（1775）生，道光二十九年（1849）卒，年七十五岁。嘉庆七年（二十八岁）进士。历任礼部主事，军机章京，礼部员外郎，湖北荆州知府，江苏、山东、江西按察使，江苏、甘肃布政使，广西、江苏巡抚等官。著述甚富，有《夏小正通释》一卷、《论语旁证》二十卷、《三国志旁证》十卷、《师友集》十卷、《退庵所藏金石书画题跋》二十卷、《称谓录》三十二卷、《藤花吟馆诗钞》十卷、《退庵诗存》二十五卷、《文选旁证》四十六卷、《南浦诗话》八卷等。均见诸著录，为后世文史研究提供参考，而他一生赓续不断所写的多种笔记更使他为后世所瞩目，并在清代笔记作家中占有一席之地。

　　清嘉庆十年（1805），梁章钜在任礼部仪制司主事时，曾结合工作，辑录有关礼部典制，纂成初稿四卷，送给上官谢振定审读。谢振定素有直声，在任巡城御史时，曾当街烧毁和珅妾弟坐车，时人称为烧车御史。谢振定读了梁稿以后，因礼部通称南省，所以为这部初稿题名为《南省公余录》，并写序叙成书缘由：

　　　　余初入礼署，于故实多所未谙，而君则于判稿余闲，专以考究职业为务，随所遇而敷以文辞。每得一条，辄以余为可与道古者，殷殷相质，不特余获稽古居今之助，实有同官老辈所未及详者。乃不数月，而条举件系，哀然成帙矣。余读而喜之，题其卷端曰《南省公余录》，怂恿付梓以广其传，而君未之许也。

谢氏于梁章钜为前辈而关注如此，当时梁章钜正以"微疾乞归"，谢氏于序末又期待其"他日拓成巨编，还朝相质，余尚当操笔从之而先述其缘起"。梁章钜没有辜负前辈的期望，经过陆续增订，终于成为八卷本，即今通行本。

是书八卷，皆记有关礼部职掌、典制及轶闻等。卷一记有关礼部专著，礼部职掌及地位，与太常、鸿胪、光禄各寺之隶分关系，乐部之乐章、乐器等；卷二记祭祀、陵墓；卷三记朝贺、舆卫、服饰及婚礼等；卷四记科举制度，学政、考官题名与掌故；卷五记谥典，有关谥法掌故及印制；卷六记军礼、朝贡及册封等；卷七记礼部官员之掌故轶闻；卷八录明以来礼部各司题名及礼部仪式。内容颇富，可资研讨礼部官制之用。是书有《二思堂丛书》本、《笔记小说大观》第四辑本。

道光十七年（1837）梁章钜完成《退庵随笔》一种。他在自序中解释了随笔的定义说：

> 《退庵随笔》者，随所见之书而笔之，随所闻之言而笔之，随所历之事而笔之，而于庭训师传，尤所服膺，藉以检束身心，讲求实用而已。初无成书义例也。日月既积，楮墨遂多，里居多暇，方取而整比之，以类聚，以卷分，则凡可以劝善黜邪，订讹砭惑者，咸具焉。

《退庵随笔》共二十二卷，分十五门。凡躬行、交际、学殖、家诫、摄生、知兵、读史、学文、学字各一卷；官常、家礼、读经、读子、学诗各二卷；政事三卷。卷首有《退庵自订年谱》，自记至道光二十四年（1844）七十岁止。缺卒前五年记事，但亦可借以知其生平。书前有贺长龄序，誉此书可与《通鉴》相经纬，未免过甚。贺氏为嘉道时经世名家，似不应如此作文。另有阮元、何凌汉序，二人皆为名家，而序中多谀词，不足观。为人作序本不当虚谈溢美，而应实事求是，为人导读，方为正道。《退庵随笔》主要记其仕历所经和读书所得，虽不免有迂腐说教之论，但亦有揭示时弊、抒发见解、征文考献之说，如世人皆以地方学官为清贫之位，而是书卷五《官常》二却揭其弊说："不核其才望，不责其训课，以学校为恤老怜贫之地，以司铎为投闲置散之官，甚至索贽见，勒节规，而不复问教学何义，谕训何事。为州县者遂从而外之，此庸恶陋劣之讥所由来也。"同卷尚有论县令、胥吏之弊多则，亦可见当时吏治之腐朽。

是书尚引录时人名言说论，如卷七《政事》二引学者陈鳣之论嘉道时社会之崇洋风气称："房屋舟舆，无不用玻璃；衣服帷幕，无不用呢羽；甚至食物器具，曰洋铜、曰洋瓷、曰洋漆、曰洋锦、曰洋布、曰洋青、曰洋红、曰洋貂、曰洋獭、曰洋纸、曰洋画、曰洋扇，遽数之不能终其物……其始达官贵人尚之，寝假而至于仆隶舆儓，寝假而至于娼优婢嫔。"

卷十一《家诫》又引乾隆四十六年（1781）大理寺少卿刘天成疏陈风俗奢靡之弊称："京师为万国衣冠之会，属在缙绅，自应章身有度。乃至优人隶卒，僭肆豪华；胥吏工商，妄夸锦绣；园馆茶楼，一日动辄数日之需；浪子酒徒，一人每兼数人之用。甚至齐民妇女，珠翠盈头；奴婢绫罗遍体，缎履朝靴，仅供奔走之物；狐裘貂帽，亦隶愚贱之身。"

类此资料，此随笔中尚多有可采者。是书虽好作议论，尚不失为可用之书，颇胜于谈奇志怪之作。

《退庵随笔》有三种刻本：（1）二十卷本，道光十四年（1834）辑成，十六年李廷锡刻于陕西，《贩书偶记》卷十一著录。（2）二十二卷本，增改于道光十七年（1837）任广西巡抚时，道光十九年付梓。此本先经阮元增删，又由撰者勘补扩为十五门二十二卷。撰者自订年谱作二十四卷，实则为二十二卷。或始拟增为二十四卷而未果。《贩书偶记》卷十一著录此书，并注称："即阮云台增删本，较他刻本《官常》、《政事》二类各增一卷，余者或删或增，甚多不同。"（3）同治十一年（1872），撰者之子梁恭辰合陕西、广西二本版片，补其残缺，合二为一，重刊为二十二卷本，今《清代笔记丛刊》即据此本刊行。

《归田琐记》八卷，为梁章钜退归林下之作。卷一第一条《归田》，即撰者道光二十五年（1845）元旦所撰自序。自序记其撰书缘由称："余于道光壬辰引疾解组……越四年，奉命复出。又七年，复以疾引退……侨居浦城。养疴无事，就近所闻见，铺叙成书，质实言之，亦窃名为《归田琐记》云尔。"

"道光壬辰"为十三年（1833），"越四年"为十七年（1837），"又七年"为二十四年（1844）。而自序系写于二十五年（1845）元旦，则是书当撰成于道光二十四年无疑。卷首有道光二十五年冬十二月许悼书序。许为撰者门人，受命校雠刊行事，则是书当刊成于道光二十五年底。

是书分八卷，卷内各段均有标题，书前有总目录，颇便检用。惟各卷内容较杂，如卷一既记园林、藏书楼及器物，又多记民间验方。卷二《致刘次白抚部（鸿翱）书》条载撰者道光二十二年（1842）致时任福建巡抚的刘鸿翱的信，指摘刘允许英人入居福州城内乌石山积翠寺之事，为轰动于时的大事。此函亦流传较广，可以见当地士绅之态度。其《炮说》与《请铸大钱》二条与当时武备、钱法有关。卷三记有人物、名胜、书画等事，而《麻沙书板》条录自礼部志稿中，记建阳刻书故事，可备探讨版本之参考。卷四记闽籍人物黄宗周、洪承畴、李光地、陈梦雷等人事迹，并及当地科第盛事。卷五记鳌拜、葛礼、隆科多、年羹尧、讷亲、胡中藻、和珅等人故事。所记详明，如胡中藻之文字狱、和珅之抄家清单皆可备史助。卷六记纪晓岚、刘墉、朱珪等人逸事及读书作序等事，其《已刻未刻书目》记个人著作，虽数量较多，但亦未能概其全部。卷七记议论三国、封神、世间俗事、俗语及菜谱，其《清客》一则，尤有妙趣，录以资谈助云：

> 都下请客最多，然亦须才品稍兼者方能自立。有编为十字令者曰："一笔好字，二等才情，三斤酒量，四季衣服，五子围棋，六出昆曲，七字歪诗，八张马钓，九品头衔，十分和气。"有续其后者曰："一笔好字不错，二等才情不露，三斤酒量不吐，四季衣服不当，五子围棋不悔，六出昆曲不推，七字歪诗不迟，八张马钓不查，九品头衔不选，十分和气不俗。"则更进一解矣。

似此，作为清客，亦非易事，而具此十长，又为何甘沦于清客？盖难守寂寞而日谋寻乐于热闹场中耳！视今之奔竞趋奉于大款、大腕左右者，或十长不得一二，则纯为势利之徒，更等而下之矣！

卷八附录撰者晚近所作诗文及他人和作。题曰《北东园日记诗》，有短语弁首云：

> 早年向学，中岁服官，日必有记，用资稽考。自归田后，无所事事，遂辍笔焉。而山中岁月，闲里居诸，亦不忍竟付飘风，漫无省记，间以韵语代之。三年以来，忽忽积成数十首。儿辈喜其语质易晓；而多逸事可传，并乞加注语，以畅其旨，则犹之乎日记云尔。因自题为《北东园日记诗》附入《归田琐记》之余，以待继此随时增加，仍不以诗论也。

是此日记诗乃撰者自记其退居三年以来之行事，可略窥其生平之一隅。所附《锢婢说》、《厚殓说》均言之成理，亦以见撰者对世俗之针砭。

是书有《笔记小说大观》第三辑第三函本、《清代笔记丛刊》本。1981年，中华书局印行点校本，收入《清代史料笔记丛刊》。

继《归田琐记》后，梁章钜又撰写了《浪迹丛谈》十一卷，以后又有续谈、三谈之作，或可统称为《浪迹丛谈》三种。梁章钜在《浪迹丛谈》卷一，开宗明义地自述其撰著缘由称：

> 余于道光丙午由浦城挈家过岭，将薄游吴会间。客有诵杜老"近侍即今难浪迹，此身那得更无家"之句以相质者。余应之曰："我以疆臣引退，本与近侍殊科，现因随地养疴，儿孙侍游，更非无家可比。惟有家而不能归，不得已而近于浪迹，或买舟，或赁庑，流行坎止，仍无日不与铅椠相亲。"忆年来有《归田琐记》之刻，同人皆以为可资谈助。兹虽地异境迁，而纪时事，述旧闻，间以韵语张之，亦复逐日有作。岁月既积，楮墨遂多，未可仍用归田之名，致与此书之例不相应，因自题为《浪迹丛谈》。"浪迹"存其实，"丛谈"则犹之琐记云尔。

是书十一卷，卷一记名胜诗作，卷二记扬州名胜，卷三记人物，卷四记官职，卷五记铸钱、开矿、武备、科目，卷六记明人事迹、命名，卷七记巧对杂谜，卷八记医方，卷九记金石书画，卷十说诗，卷十一附个人诗作。内容较丰，有裨参读。但编次不免杂乱。其中卷四《翰林院缘起》条、《大学士缘起》条及武阶、职衔诸条，均详明可据。卷五《英夷》、《鸦片》两条，与近代史事有关。

《续谈》八卷，是撰者游杭州、苏州、温州等地所著随笔，以记山川名胜、掌故逸闻为主。内容明晰，文字清新，颇堪涉略。其卷一记苏州灵岩山、狮子林、绣谷、息园等名山园林，记杭州天目山、玉皇山、雷峰塔、保俶塔、苏小小墓等寺院胜景，均娓娓可读。另有记苏州孙春阳南货店一则，言赵吉士《寄园》、余怀《板桥杂记》及袁枚《随园食单》诸书中皆载其事，而均不及撰者之"详其颠末"，实则此前有钱泳《履园丛话》已详记其事，钱在梁前，而二文又极相似，抑梁氏或录入钱氏《丛话》所记？若此，则梁氏未免有不实而夸之讥。本卷末所附有关案牍文字专用词的解释三十五则，于公文中之专用语皆详其出处而有所诠释，不仅为研究文牍者所需，亦足为今之整理档案者所当读。

卷二为记温州之行，卷首有《东瓯杂记》一篇，述其赴温之动议，并称"随地随事，笔之于纸间，或辅之以诗，不自知其为老衰，亦聊以存一时之泥爪尔"。所记温州衙署、祠墓、溶洞、楼亭及有关人物逸事，其中《东瓯学派》、《四灵诗派》、《琵琶记》、《荆钗记》等条，皆与当地有关，足备参考。卷三专记游雁荡之事，有《游雁荡日记》一篇，始道光二十八年（1848）三月二十三日至二十九日间游踪所及，附录所作记游长歌和诗多首。卷四说酒及食品，其《烧酒》、《绍兴酒》、《沧酒》、《浦酒》等条述各酒缘起及特色；其《燕窝》、《熊掌》、《豆腐》、《面筋》等条，则叙各种食物做法与掌故。卷五论人物。卷六论戏曲及戏中人物，并引据史传相考。卷七、八记俗语传闻，如卷七记《百家姓》、《三字经》撰者，为他书所已载，而《风调雨顺》、《国泰民安》、《十二属》、《物故》、《缙绅》等，卷八之《悬车》、《秀才》、《署名加制字》等条，皆考其原始，可供稽考。

《三谈》六卷，系撰者于道光二十九年（1849）暮春居留温州时所撰，主要为诗作，并辑录前人著作中之论述。卷一总题为《观弈轩杂录》，取古今著述有关弈之原始及故实，大略已具，读之可为学弈者发蒙。卷二论改元甚详。卷三评人物图籍，正俗语不确。卷四为个人诗作。卷五论酒及食品，类《续谈》卷四所记。卷六为杂说与个人诗作。

《浪迹丛谈》三种均有1984年江苏古籍刻印社重印精装第三十三册本和1981年由陈铁民点校、中华书局《清代笔记史料丛刊》本。

梁章钜在上述六种笔记外，尚有一种名《枢垣记略》的笔记。《枢垣记略》与其他笔记不同，自具特色。其一，笔记一般是综合性著述，内容较杂，而《枢垣记略》则是以军机处各有关问题为中心内容的单一性著述；其二，笔记虽有正续编之作，但作者往往是一人，而《枢垣记略》则初编十六卷为梁章钜原著，五十年后，又有朱智等为之增续十二卷，成二十八卷，但未动门类，仍沿用原书名与原作者。续增者固不失学者风范，以谦抑自守。

《枢垣记略》有两种版本，其一是梁章钜编撰的十六卷本，这是撰者于嘉庆二十三年至道光二年（1818—1822）间任军机章京时所纂辑者。据点校者何英芳的出版说明分析，该书内容有四部分来源：一是有关军机处的旧档材料；二是选取与军机处有关人员的诗文；三是咨访故老，记录见闻；四是搜集史料笔记、丛书、地方志中有关军机处人员的生平事迹。根据这些较全面材料，撰者终于较有系统地辑成一部论述有关军机处这一重要机构的著述。此本有梁章钜道光三年（1823）在清江浦所撰序，历言成书缘由。全书分《训喻》一卷、《除授》二卷、《恩叙》三卷、《规制》二卷、《题名》三卷、《诗文》三卷、《杂记》二卷，共七门十六卷。并称于道光二年（1822）春离任时，将书稿寄请继任者李彦章为之"拾遗正误"，逾年稿还，即以付梓。因军机处为清代雍正以来政府核心所在，颇类唐、宋之枢密，故题名曰《枢垣记略》。全书记事止于道光二年春，刊行则在道光三年秋冬间，与《贩书偶记》著录道光癸未刊十六卷本正合，我未见此本。我所见为天津图书馆藏十六卷本，封面有长白玉麟题"道光五年冬日"，似为刊行年份，但书中有道光十五年（1835）八月朱士彦撰序。序中言及朱士彦于道光十五年秋与梁章钜相遇于宝应，梁即"出示所纂《枢垣记略》十六卷，粲然成编，并索余一言"。显然朱氏所见当为初刻本，既题五年刊，复有十五年序，实悖情理，疑五年曾有刻本，或五年曾谋刊行而未果，仅请人题封面，直至十五年朱序后始刻成书，仍用原封面，或道光十五年后又有刻本，即增入朱序，但仍用五年封面，遂有此误。未知何者为是？

另一本是军机章京朱智于光绪初年奉恭亲王之命续补之二十八卷本。朱智字茗笙，浙江钱塘人。咸丰元年（1851）举人，历任工部主事、军机章京、通政使副使、大理寺卿、太仆寺卿和兵部右侍郎等官。书前有光绪元年（1875）十二月恭亲王授序，言其自咸丰年间入直枢廷以来，十余年间深感《枢垣记略》一书可资考镜，但成书至其时已五十余年，应有所增益，"爰属章京朱智等详稽档册，依原书体例，重加修辑，其训喻、除授、恩叙、规制、题名、诗文六门，今增十二卷，合原书共为二十八卷"，即《训喻》一卷、《除授》四卷、《恩叙》七卷、《规制》二卷、《题名》五卷、《诗文》七卷、《杂记》二卷。此本仅收梁章钜原序，而不收朱士彦道光十五年序。其续补部分上限接道光二年，下限止光绪元年十二月。

1984年，何英芳曾据二十八卷本进行点校，并由中华书局收入《清代史料笔记丛刊》印行。点校者在《说明》中肯定"《枢垣记略》一书汇载了有关军机处的史料"，正可补清代官书对此记载之不足。又比较十六卷本与二十八卷本之异同，有裨读者，惟其言二十八卷本于"《规制》与《杂记》二类，则未作任何补充"，似欠准确。《杂记》未加续补，在恭亲王序中已明言仅增六类，即明确《杂记》不增补。详校二本，《杂记》确未增一字，至于《规制》则在增补之列——它虽未增卷数，内容确有所增补。续撰者以"又按"、"谨查"等形式增补约十余条，其《规制》一所补较多。二十八卷本尚有增补内容而不增卷数者，如《训喻》一类即是。此或点校者偶有疏忽，未加详校所致。中华本除梁章钜原序及恭亲王续补序外，尚收入道光十五年朱士彦序，使全书有关资料完备，有利参考。

梁章钜除学术著作外，还写了这么多的笔记，这固然和清代许多名公巨卿、文人学者好以笔记作消闲遣闷之具的社会风气有关，但更重要的是他读书写作较勤，又能善采见闻，笔之于册，岁日既久，积稿成册。这些笔记因为内容无所拘束，所以涉及面甚广，如政治事件、典章制度、社会经济、山川景物、风俗民情、诗文逸事、人物臧否等等，几乎无所不包。对于了解历史、了解社会，都有很大帮助，成为一重要史源。又因笔墨比较随意，易于为读者所接受，故其影响所及，往往超出其学术著作。但由于历来多视笔记为小道，将其列于杂家、小说家一类，而未能给以应有的史料地位，而笔记作者在撰著笔记方面的成绩也往往被认为是自我遣兴之作，很少加以论述。如梁章钜这样丰产的笔记作者，难道不应评介其笔记著述的成就，而给以文化史上一定的地位吗？

原载于《福建论坛》（人文社会科学版）2004年第9期

梁章钜教子案牍文字

梁章钜，字宏中，又字茝林，晚号退庵，福建福州人。乾隆四十年（1775）生，道光二十九年（1849）卒，享年七十五岁。少时与林则徐同在福建鳌峰书院学习经世致用之学。嘉庆七年（1802）进士，历任礼部主事、军机章京、礼部员外郎等京官，外任江苏、山东、江西、甘肃等省臬藩，直至广西、江苏巡抚。著述甚丰，有《论语旁证》、《三国志旁证》、《称谓录》、《藤花吟馆诗抄》、《退庵诗存》等多种，还写有笔记若干种。一生接触文书档案较多，娴于朝章典制，熟悉公文程式。他的儿子梁恭辰，官位没有他高，做过中层官员。梁恭辰也曾写过《北东园笔录》四编，内容多涉因果报应，不如乃父所写笔记之有史料价值。在梁恭辰刚进入仕途时，梁章钜曾应儿子的请求，为了减少儿子检读公文程式的阻碍，写了三十五则有关案牍文字的解释性文字，教儿子尽快掌握文书档案中程式术语的缘由与沿革。后来，梁章钜以《案牍文字》标目收入《浪迹续谈》卷一。这些解释不仅为研读文牍者所需，亦足为今之整理档案公文者所当读。现将其加标点刊录，以飨读者。

《案牍文字》三十五则

恭儿初登仕版，于案牍文字未谙处，间以质余，而余则早如退院僧，不能随叩而应。行箧无书，即有书亦懒于寻检。惟随所问就所知而条答之。其问所不及者，姑舍是。知而不能宣之于笔者，亦不及详也。姑附于丛谈之后云尔！

1. **功令**。《史记·儒林传》云："余读功令，至广厉学官之路。"谓学者课功，著之于令也。今人率用此二字，以为公家之令，则不知起于何时。

2. **令甲**。戴埴《鼠璞》云："令甲、令乙、令丙，乃篇次也。"汉宣帝诏："令甲，死者不可复生。"《江充传》注："令乙，骑乘车马行驰道中，没入车马。"章帝诏："令丙，箠长短有数。"当时各有篇次，在甲言甲，在乙言乙，在丙言丙。今人以法律为令甲，非也。案《史记·惠景间侯者年表》云："令甲称其忠。"如淳《汉书》注云："令有先后，故曰令甲、令乙、令丙。"此即戴说所本。然《宋史·杨时传》："凡元祐之政事，著在令甲。"则已如今人之称令甲矣。

3. **公文**。《三国志·赵俨传》："公文下郡。"《北史·苏绰传》："所行公文，绰皆为之条式。"今人上行下行之件，亦同此称。

4. **文书**。《汉书·刑法志》云："文书盈几阁。"《中论·谴交篇》云："文书委于官曹。"《世说·政事门》云："何骠骑看文书，谓王、刘曰：'我不看此，卿等何以得存？'"按：今之文书，古亦谓之官书。《周礼》："小宰府掌官契以治藏，史掌官书以赞治。"注云："赞治若今起文书草也。"

5. **照得**。《朱子文集》云："公移卷中，每用照对二字，如照对礼经。凡为人子，不蓄私财。"又云："照对本军，去年交纳人户云，多不胜举。间用照得者，惟约束侵占榜及别集委官收籴，革米船隐瞒之条而已。所云照对，盖即契勘之义，照得则照对得之省文也。"按：今公移皆用照得，盖自宋已然。

6. **须至**。《朱子文集》云："公移榜帖末，多用须至字，如云须至晓示者，须至晓谕约束者。看定文案申状，亦云须至供申者。"翟晴江云："今公文中以此为定式，问其义则无能言之者。"据《欧阳公集·相度铜利牒》云："无至误事者。"《五保牒》云："无至张皇鲁莽者。"亦俱用之篇末。大抵戒之曰无至，劝之曰须至。

7. **伏惟**。林之奇《尚书解》云："如今人言即日、伏惟、尊候之类，使古人闻之，亦不知是何等说话。"按：汉乐府《焦仲卿妻》诗"伏惟启阿母"。《北海相景君碑》："伏惟明府，受质自天。"则汉以来即用之矣。

8. **施行**。《能改斋漫录》云："今朝廷行移下州县，必云主者施行，本《后汉·黄琼传》语也。"《史记·萧相国世家》："便宜施行。"《汉书·京房传》："考功事得施行。"今皆用之。

9. **甘结**。《续通鉴》："宋宁宗时禁伪学，诏监司帅守荐举改官，并于奏牍前具甘结，申说并非伪学之人云云。"甘结二字，似始见此。

10. **遵依**。今之遵依，即古之服辨也。《元典章》："凡府司官对众审讫，必取伏辨文状。"按：今律仍有狱囚取服辨条。注："服者心服，辨者分辨"，近易其名曰遵依，则有服而无辨矣。

11. 移。《汉书·公孙弘传》："移病免归。"注云："移书言病也。"《后汉书·光武纪》："置僚属，作文移。"注引《东观汉纪》云："文书移于属县也。"《文心雕龙》云："刘歆之移太常。"文移之首也。

12. 关。《文心雕龙》云："关者，闭也。出入由门，关闭当审；庶务在政，通塞宜详。"《宋书·礼志》载文移格式，有某曹关某事云，即今所仿行也。

13. 准。周必大《二老堂杂志》云："敕牒，準字去十字为准，或谓本朝因寇準为相而改之。"又云："曾公亮、蔡京父皆名準，因避準而为准，其实不然。余见唐诰已作准。又考（原误为收，据《二老堂杂志》卷三改）五代堂判亦然。顷在枢密院，令吏辈用準字（以上三字原误，据《二老堂杂志》卷三改）。既而作相，又令三省如此写，至今遂定。"据此则南宋时已通行作準，而今仍作准，又不知起于何时也。

14. 仰。今官文书，自上行下，率用仰字。或谓前明往往以台辅重臣谪居末秩，上官不敢轻易指使，故寓借重之义。不知此字由来甚古，君之于臣，亦有用此者。《北齐书·孝昭纪》诏定二王三恪是非礼仪体式，亦仰议之。又宋太宗遣中使以茶、药等物与希夷，仰所属守令，以安车软轮迎先生，则不始于前明矣。贾昌朝有《字音清浊辨》云："仰，上声。下瞻上也，又去声上委下也。"则不知所据何书。

15. 白。《后汉书·钟皓传》："钟瑾常以李膺言白皓。"按：今人谓述事义于上曰白是也。

16. 禀。今人由陈请于上之语，率用禀字。翟晴江谓禀字未见出处，非也。禀为受命之词，亦有请命之义。《诗·说命》："不言臣下，罔悠禀命。"非禀字之出处乎？

17. 申。《云麓漫钞》云："官府多用申解二字，申之训曰重。"今以状上达曰申闻，施于简札曰申解，皆无重义。即如解字，古隘切，训曰除，而词人上于其长曰解，士人获乡荐亦曰得解，皆无除出之义，不知何故。

18. 详。《淮南子·时则训》："仲夏之月事无径。"注："当请详而后行也。"今由下请上之文曰详，似已肇于此。

19. 吊。青藤山人《路史》云："今官文书中钓、调等字，俱作吊，如吊生员考试，应作调，而作吊。吊文卷查勘，应作钩，而亦作吊是也。"《寓园杂记》云："官书中字，有日用不知所自而未能正者。即如查，音义本与槎同，水中浮木也。今用作查理、查勘，则有稽考之义。吊本训伤、训灭，今用作吊卷、吊册，则有索取之义。票与慓同，本训急疾，今用作票帖。绰本训宽缓，今用作巡绰，此皆不得其解者也。"

20. **臬**。《说文》："臬，断首倒悬也，音读若浇。"《广韵》："汉令：先黥、劓、斩左右趾、臬首、菹其骨，谓之具五刑。"按：枭首之枭，依此当作臬。然《汉书·刑法志》已作枭字。何休《公羊传注》亦有枭首之语（文十六年）。

21. **枉法**。史游《急就章》："受赇枉法忿怒仇。"注云："受人财者，枉曲正法，反以为仇也。"按：今之坐赃者，以枉法罪为最重，《唐书·李朝隐传》："赃惟枉法当死。"

22. **处分**。《南史·沈僧昭传》："国家有边事，需还处分。"《北史·唐邕传》："手作文书，口且处分。"按：此二字史传中屡见，胡三省《通鉴音注》亦甚明，当作去声，音问。白居易诗："处分贫家残活计。"刘禹锡诗："停杯处分不须吹。"皆可证。时人谓近来多误读，作平声，则非此二字之谓也。处分犹今言处置，自应读去声。若今人以被吏议为处分，则自作平声。谓分别而议处之也，与上所引殊别。

23. **诖误**。今人谓因事而失官者为诖误。此二字亦甚古。《史记·陈豨传》："赵、代吏人为豨所诖误劫掠者，皆赦之。"《后汉书·寇恂传》："狂狡乘间相诖误。"《易林·履之革》云："诖言妄语，转为诖误。"皆作诖。

24. **发觉**。《汉书·高帝纪》："吏有罪，未发觉者，赦之。"《淮南子·氾论训》："县有贼，大搜侠者之庐，事果发觉。"《后汉书·梁松传》："数为私书，请托郡县，发觉免官。"今官文书中犹习用此。

25. **辞讼**。近人称讼狱为辞讼。《汉书·薛瑄传》："辞讼者，历年不至丞相府。"《三国志·杜畿传》："民尝辞讼，有相告者，畿亲见，为陈大义，令归谛思之，自是少有辞讼。"

26. **告示**。古之条教号令，今统谓之告示。《荀子·荣辱篇》："仁者好告示人。"《后汉书·隗嚣传》："腾书陇蜀，告示祸福。"则其来亦古矣。

27. **邸报**。《宋史·曹辅传》："政和后，帝多微行，民间犹未及知。蔡京《谢表》有'轻车小辇，七赐临幸'语。自是邸报闻四方。"邸报二字，见史始此。然《唐诗话》："韩翊家居，有人叩门贺曰：'邸报制诰阙人，中书荐君名，已除驾部郎中知（此字原缺，据尤袤《全唐诗话》卷二校补）制诰矣。'"则唐时已有邸报之名矣。

28. **花押**。《东观余论》云："唐时令群臣上奏，任用真草，惟名不得草。是除署名上奏之外，皆得用草，即花押也。"《魏书》言："崔元伯尤善行押之书，特尽精巧。"《北齐·后主纪》言："连判文书，各作花字，不具姓名。"后人遂合二文，名之为花押。唐彦谦诗"公文持花押，鹰隼驾声势"是也。

29. **舞文弄法**。《史记·汲黯传》："张汤好兴事，舞文弄法。"又《货殖传》："吏士舞文弄法，刻章伪书。"《北齐书·孝昭帝纪》："廷尉中丞执法，所在绳违。按罪不得舞文弄法。"《梁书·武帝纪》："求谠言，诏舞文弄法，因事生奸。"则此四字由来久矣。

30. **先斩后奏**。《后汉书·酷吏传序》："临民之职，专事威断，族灭奸宄，先行后闻。"注云："先行刑，后闻奏也。"此即今人所谓先斩后奏者。今各直省督抚遇重犯，有先请王命，即行正法之条，亦可谓之先斩后奏，即古人之先行后闻矣。

31. **谩上不谩下**。《宣政杂录》载："靖康初，民间以竹径二寸，长五尺许，冒皮于首，鼓之。因其制作之法，谓曰谩上不谩下。"按：此语不甚分明，今人"有瞒上不瞒下"之语，似即本此，而以瞒为谩。

32. **刁风**。桂未谷曰："今之善讼者，谓之刁风。"此字循习，不察久矣。《史记·货殖传》："而民刁悍。"《索隐》云："言如雕性之捷悍也。"吏胥苟趋省笔，以刁代雕耳。

33. **六曹**。今上下衙门，皆有吏、户、礼、兵、刑、工六科房。《群碎录》云："此为六曹，相传为宋徽宗所设。"是也。若《文献通考》言："政和初，改各州推、判、参军为士、户、仪、兵、刑、工六曹掾，则为今经历、照磨之属，非吏胥矣。"

34. **门子**。今世官廨中有侍僮，谓之门子，其名不古不今。《周礼》："正室谓之门子。"注云："此代父当门者，非后世所谓门子也。"《韩非子·亡征篇》："群臣为学，门子好辨。"注云："门子，门下之人。"此稍与侍僮相近。《唐书·李德裕传》："吐蕃潜将妇女嫁与此州门子。"《道山清话》："都下有卖药翁，自言少时曾为尚书门子。"则竟属今所谓门子矣。

35. **八字例**。服官不能不读例，读律不能不读例。例分八字，则以、准、皆、各、其、及、即、若之义，不可不先讲求也。以者，与实犯同，谓如监守贸易官物，无异实盗，故以枉法论，并除名刺字，罪至斩绞并全科。准者，与实犯有间矣，谓如准枉法、准盗论，但准其罪，不在除名刺字之例，罪止杖一百、流三千里。皆者，不分首从，一等科罪，谓如监临主守职役，同情盗所守官物，并赃满数，皆斩之类。各者，彼此同科此罪，谓如诸色人匠，拨付内府工作者，若不亲自应役，雇人冒名，私自代替，及替之人，各杖一百之类。其者，变于先意，谓如论八议罪犯，先奏请议其犯十恶，不用此律之类。及者，事情连后，谓如彼此俱罪之赃及应禁之物，则入官之类。即者，意尽而复明，谓如犯罪事发在逃者，众证明白，即同狱成之类。若者，文虽殊而会上意，谓如犯罪未老疾，事发时老疾，以老疾论，若在徒年限内老疾者，亦如之之类。

原载于《历史档案》2005年第2期

傻公子刘承幹与嘉业堂*

中国有悠久的藏书史，而历来公私藏书楼的建造更令人瞩目。作为藏书楼的最后标识是浙西湖州南浔镇的嘉业堂。嘉业堂的主人是湖州富商刘氏家族，而具体建造者则是被鲁迅称为"傻公子"的刘承幹。鲁迅称之为"傻"，不是指其有某种生理缺陷，而是赞誉他实心实意任事，"傻"得可爱。因为建藏书楼这种耗财、费力、劳神而不能有立竿见影之效的"傻事"，绝非一般急功近利的"聪明人"肯于做的，而只有冒"傻气"的刘承幹才甘于为此的。所以鲁迅在《给杨霁云的信》中说："有些书则非傻公子如此公者是不会刻的，所以他还不是毫无用处的人物。"鲁迅对刘承幹"傻公子"的美誉，应说是一种对人物的确评。刘承幹得此佳誉，也算是对他一生所付出的一种最好、最恰当的回报。不过，有人对刘承幹一生致力于藏书事业曾做过如下的分析说：

> 刘承幹由于封建保守思想的根深蒂固，加之当时社会上一股尊孔复古逆流的推动，不惜巨金，于民国九年（1920年）起，在其故居小莲庄之旁，费时十三年（笔者按：此说误，建楼过程应是四年），建造了浙西首屈一指的嘉业藏书楼。（《古籍整理研究学刊》1996年第1期）

这一评论似欠公允，如说刘承幹眷恋逊清，是封建保守思想的根深蒂固所致，倒还可以，而用以分析其建藏书楼一事则未免失之于左，失之于缺乏具体分析。至于说建藏书楼是由于尊孔复古逆流的推动，又未免牵强于社会大环境，缺乏本证和旁证，是难以令人信服的诛心之论，"傻公子"地下有知，也要后悔当初为什么冒这股"傻气"？我则认为，刘承幹之所以建这座藏书楼，与他对传统

---

* 本文主要参考李性忠著《嘉业藏书楼》、任继愈主编《中国藏书楼》、傅璇琮主编《中国藏书通史》等书以及一些有关论文而编写，引用时不再一一注明。

文化的情有独钟、家庭的文化期望和本人对书的爱好性格有关。这里不能不敬佩鲁迅在他的名文《病后杂谈》中对刘承幹的评论，他一方面批评刘承幹的遗老思想和行为，同时又肯定刘承幹在刻书，尤其是刻禁书上的贡献说："对于这种刻书家，我是很感激的，因为他传授给我许多知识。"这一评论应说是比较客观公平的。

一 家世

刘承幹（1882—1963），字贞一，号翰怡、求恕居士，晚年自称嘉业老人。原籍浙江上虞，清康熙间举家迁居湖州南浔镇。祖父刘镛，少时家境贫寒，曾在棉绸店和丝行当学徒和伙计。经过几年的历练，刘镛逐渐成为独立经营的丝行主人，又适逢第一次鸦片战争之后，湖丝出口剧增，不数年家业大兴。同治初，已在当地称巨富，并以其雄厚资金兼营盐务、房地产业及金融业，都使得刘氏家资大幅度增长。光绪时，已是积资百万以上的南浔首富。但是，刘镛因为少年失学，吃过一些无文化的苦，所以对文化的期望较高。他希望改换自家门庭，能由商而学而仕，于是努力培养四个儿子，走学而优则仕的道路，果然不负所望，长次二子都早年成为闻名于时的著名文人学者。长子刘安澜是一位孜孜向学的读书人，但是科场蹭蹬，遂致力于清代诗词，辑《国朝诗萃》，未成夭折，不及而立之年。这项工作后来便落到嗣子刘承幹身上。次子刘安江，又名锦藻，而以锦藻名行世，字征如。他的学业和仕途都很顺利，光绪十四年中举，踏上了可以跨进仕途的正途，二十年成进士，二十七年因捐资助赈授候补四品京堂，同年，因进呈所撰《续皇朝文献通考》，完成有清一代的文献汇集工作，得赏内阁学士衔，应该是学、仕两途都实现了其父的夙愿。他所撰的《续皇朝文献通考》（商务十通本改作《续清朝文献通考》）是一部汇集清乾隆五十一年至宣统三年共126年间可供了解和研究清后期各种典章制度资料的重要参考用书，是一部继《清朝文献通考》之后与前九通合称十通的政书。

刘锦藻的长子就是"傻公子"刘承幹，因为长房无嗣，刘承幹被过继给伯父。所以当其祖父逝世后，他所得独多，成为江浙驰名的巨富。他仅有秀才功名，靠捐资助赈获取官衔，最高到四品京堂，被人尊称为"京卿"。实际上，他与清朝的政治关系并不深，仅仅在清室覆亡前几年得到过几个虚衔而已。但在辛亥以后，他却俨然以遗老自居，与逊清遗老们在上海组织"淞社"，定期集会，以巨资供应蛰居故宫的溥仪，为光绪陵墓捐资植树，响应张勋复辟，沿用宣统干支纪年，参加溥仪婚礼并捐资报效，上表祝贺溥仪就任伪满皇帝，为溥仪祝寿，并祝愿其"二十年后必能恢张宏业"，民国时刻书对溥仪名字仍将"仪"字缺末笔作"儀"，以示避讳等等行事，充分证明其顽固保守的政治态度。但是他在聚书、建楼、刻书、赠书等方面的作为对中华文化的继承和传播确有一定的贡献，固不得因其过而没其功。

二 聚书

"傻公子"刘承幹虽承受一些先人所遗的藏书，但他之成为近代大藏书家，还是靠他历年经营采购而形成的。刘承幹在其所撰的《嘉业藏书楼记》一文中曾自述其聚书缘由说：

> 宣统庚戌，开南洋劝业会于金陵，瑰货骈集，人争趋之，余独徒步状元境各书肆，遍览群书，兼两载归，越日书贾携书来售者踵至，自是即有志聚书。

庚戌是宣统二年（1910年），刘承幹就从这一年开始专门致力于搜求图籍，历时20年，几乎把著名藏书家散出的书都广加汇聚。他于上文中还很得意地说：

> 甬东卢氏之抱经楼、独山莫氏之影山草堂、仁和朱氏之结一庐、丰顺丁氏之持静斋、太仓缪氏之东仓书库，皆积累世之甄录，为精英所钟聚；以事变之日亟，人方驰骛于所谓新说者，而土苴旧学，虑仓卒不可保，为余之好之也，遂举而委贾焉。而江阴缪艺风参议、诸暨孙问清太史，亦各以宋元精椠取值畀余。论者喜书之得所归，余亦幸适会其时。如众派之分流而总汇于兹楼，以偿夙愿。

这只是举其荦荦大者，实际涉及的藏书家尚不止于此，据嘉业堂研究专家李性忠统计，"嘉业堂宋椠元刻有藏印可考者39家，稿抄本来自110余家公私藏书，真是琳琅满目，美不胜收"，可见其搜求之广。1911年，刘承幹举家迁居上海、地处繁华，远胜南浔之偏居一隅，又经辛亥变动，图籍颇多流散，书商旧家纷来求购，使刘承幹得到购置精品的良机，藏书日增，其全盛时藏书达1.3万部，18万余册，57万余卷。所藏善本珍籍多来自著名藏书家，颇为学人所艳羡，如宋刊本前四史被称为镇库之宝。又如宋版《重校鹤山先生大全文集》是"世间只此一本"的海内孤本，并有名校勘家黄丕烈的四次手记，更增高其价值。其全部宋元等刻本简目见李性忠的《嘉业藏书楼》（西安地图出版社出版）。其所藏明刊本多为孤本及罕见本，所收明人别集600余种，有《四库全书》未收者，有入存目者，还有一些被列为清禁书者。这些别集和明代的其他著述，都有相当高的史料价值。对明史有所补正处颇多。

刘承幹虽能不惜巨资聚书，但他对收藏珍本善刻还是非常慎重，经常求教于沈曾植、缪荃孙、叶昌炽等鉴定专家。有些未曾梓行的稿本及他人收藏的钞校本也都在收藏之列。有些难以用金钱购到的要籍则斥金雇人抄写，这部分收藏约有2000种，曾任职于嘉业堂的周子美所编《嘉业堂钞校本目录》（华东师范大学出版社出版）可资参考，虽数量不多，但却是精华所在。地方志也是嘉业堂藏书中很有特色的部分，据1951年藏书点交给浙江图书馆时，方志为1123种，加上李性忠氏统计流失之方志293种，共有1416种。朱士嘉在《中国地方志综录》中曾指出："嘉业堂的方志收藏在海内外公私收藏中居11位，而在私藏者中仅略逊于天春园。"这些志书除宋钞《云间志》和元钞《齐乘》无疑是善本外，据有人研究有29部是"人间孤本"，有59部是"仅另有一个机构或个人收藏"（苏精：《近代藏书三十家》，台湾传记文学出版社出版）。其收藏价值之高，于此可见。

"傻公子"刘承幹在开始聚书时是在上海，但因聚书日增，上海藏书处已难容纳和发展，于是在继续聚书的需求促使下，他决心在家乡兴建中国藏书楼史上最后一座极具规模的藏书楼。

三 建楼

"傻公子"刘承幹从宣统末年立志聚书以来，进展速度很快，历时十年，已然与蒋氏传书堂、张氏适园并成为沪上三大藏书家。藏书日增，藏书处所日仄，1920年，刘承幹终于决定在家乡南浔镇西南鹧鸪溪畔，毗邻其家庙和小莲庄，购地20亩建藏书楼。1924年藏书楼的建成，更引发书贾们的求售欲望，纷纷投奔，大大地促进刘承幹的聚书活动，形成嘉业藏书楼的全盛时期。嘉业藏书楼的周边环境十分优美，刘承幹在其所撰的《嘉业藏书楼记》中曾有生动的描述说：

园之四周，环以溪水，平临块荠，直视无碍。门之左，即吾家之小莲庄，而宗祠家塾悉在焉。比邻适园，石铭观察之别业也。春花秋月，梅雪荷风。景物所需，取供悉办。灵瞩莹发，朝暮尤胜。人家历历，半住斜阳。林影幢幢，如笋危塔。庭石孤啸，橹声一鸣。负手微吟，诗境亦古。千桑万海之中，踽地跻天之境。比年以来，此为最适。

文中所言石铭观察者，指适园主人张钧衡。有些书刊对嘉业堂环境的描述都不如刘承干所述的简括得要。从他的记述看，这是一座园林式的藏书楼。全楼面积近2000平方米，略呈长方形，有前后两进的二层建筑，正面各七间共28间，两厢各六间共24间，全楼总共52间。全楼呈回廊式厅堂建筑，中间有两亩左右面积的方形天井，一便于读者信步，二便于定期曝书。楼上辟有求恕斋、希古阁、黎光阁，楼下有诗萃室和宋史斋，分门别类，储存图籍。藏书楼正门门楣有1922年刘廷琛所书"嘉业藏书楼"，后进正厅悬有1914年以溥仪名义、由状元陆润庠所书"钦若嘉业"的九龙金匾。

"钦若嘉业"这块无署名匾是1914年溥仪因刘承干为光绪陵墓植树而赏赐的，但当时溥仪已是下台皇帝，难以署御笔、御宝之类的名义。而刘承干的遗老思想顽固，仍奉为至宝。十年以后，楼成方悬于新楼正厅。因此在许多书刊上述及嘉业藏书楼命名时，都引此匾为据。只有深悉嘉业藏书楼掌故的李性忠氏认为：

在南浔嘉业藏书楼落成之前，刘承干的藏书、刻书活动与嘉业堂之名，早已在学术文化界卓有声誉，产生了很大的影响。刘承干在上海的藏书之所就叫嘉业堂。

其实，在建楼前，嘉业堂之名久已应用，如1913年开雕《嘉业堂丛书》、1917年开始编纂《嘉业堂藏书志》，可见嘉业堂之名早在上海就已启用，甚至赐匾之前即已使用嘉业之名。因此可以认为"钦若嘉业"是借嘉业已有之名，从《书经》中"钦若昊天"套用过来，对刘承干的嘉业堂藏书之功表示敬佩。而刘承干则视为"天恩"，所以在藏书楼建成后把存了十来年的这块匾从上海搬来悬挂，以示所得恩宠。刘承干自己也承认："兹楼之成，即以额榜，所以记天恩也。"正以证明楼名非得自赐匾，而是借赐匾为己增光耳！

嘉业堂的建筑十分考究，各室都高大敞亮，藏书多置后半室，而前半采光好的地方则供读书之用，廊厅的陈设，文化氛围极强，置身其中颇有肃穆恬静的感觉。楼下为青砖铺地，砖下垫以专制瓦钵，瓦钵下再铺以细沙，离地0.3米，使下有流通空隙以防潮。楼外有连通外河的湖水为防火水源，另以千余元的重金购置消防器械以预防火灾。在楼东侧以围墙相隔建平房四进约700余平方米，供编校人员及刻工起居，并贮存版片，以防止干扰藏书楼主体，避免一些意外事故。楼外正门南面一片开阔园林，玲珑剔透，湖光水色，花木丛杂，太湖石垒叠湖中及周边，各具形态。湖中石岛有明瑟亭，亭背一石，约高2米，石腹小孔，吹之作虎啸声，有阮元所题"啸石"二字，益增情趣。湖边另有漳红、沉碧二亭，与明瑟各据形势，点缀其间，不啻为倦读者与游客增一休憩之所。

四　刻书

"傻公子"刘承幹在全力聚书的同时，还继承历代藏书家，特别是明清时期的藏书家那样，积极从事刻书事业。他刻书的目的很明确，为的是抢救和保存遗产，传布和普及文化，同时也还想以此解决遗老中一部分学者的生计。他视刻书比藏书更重要，因而采取一种非常审慎的态度，尽力讲求质量。他邀集一大批学者型的遗老为其选书和审校应刻各书。他在《嘉业老人八十自述》中不无自豪地夸称：

> 缪筱珊参议荃孙、叶菊裳侍讲昌炽、王玫伯观察舟瑶、陈诒重侍郎毅、孙益庵广文德谦、杨文敬公钟羲、况夔笙太守周颐、董绶经推丞康，均曾主余家。

这些人士都是遗老中对版本、目录、校勘、考证诸学，学有专长，极负时名的学者，对刘承幹刻书的质量有着重要的保证作用。

刘承幹的刻书事业，从1913年刊刻《嘉业堂丛书》所含叶天寥、查东山、查他山、顾亭林、厉鹗、李兆洛、张金吾等人年谱始，至1930年刻《严州金石录》及《云溪友议》等止，他先后历时17年，刻印了《嘉业堂丛书》57种、《吴兴丛书》65种、《求恕斋丛书》33种、《留余草堂丛书》10种、《嘉业堂金石丛书》5种，另有单刻本14种，经李性忠氏详细核实，共有184种。所刻各书内容都颇有史料价值。升允为《求恕斋丛书》作序时，曾概括地陈述了四种丛书的主要内容：

> 有曰《嘉业堂丛书》者，则聚萧齐以后罕传之撰述以津逮后学也；有曰《吴兴丛书》者，则搜其乡先辈之书以存乡邦文献也；有曰《留余草堂丛书》者，则择先儒性理格言诸编，以扶翼世教也；而《求恕斋丛书》则撮录近时人著述经学、国故、稗史、年谱、地理、文艺之属之有俾世用者。

刘承幹刻书有四大特色：一是重刻本、孤本和稿本、抄本，因为这是海内外独一无二的珍品，甚至有些已至零帙残简的地步，濒临毁灭消亡的边缘，可因刊刻而获新生。从而引发有家藏稿本与善刻者无不希望能得到刘承幹之刊刻而主动提供底本。二是重被清朝列为禁书的明清之际人士著述。诸如清初亦儒亦僧的岭南学者屈大均的《翁山文外》和《安龙逸史》，南明弘光亡后隐居不出的李清所著《三垣笔记》，以及乾隆中期因文字狱被斩决的蔡显所著《闲渔闲闲录》等有极高史料价值的禁书，均收刻于《嘉业堂丛书》中。刘承幹一生以清遗民自居，思想上理应忠清，但他却大量刻印与清为敌的明遗民著作，并在所撰序跋中对明末遗老寄予同情。这种不易理解的矛盾心理只能解释为刘承幹在易代之际并不在意于哪家姓氏、哪个朝代，而是坚持守旧，不愿变革。所以既愿做清遗民，又支持明遗民。因此，鲁迅先生极为透彻地批评他是"为遗民而遗民"。三是重保存乡邦文献。浙江素有保存乡邦文献的传统，历来多有刊刻地方丛书的风气，如《台州丛书》、《金华丛书》、《武林掌故丛编》等等。刘承幹在这种风气影响之下，又具备刻书的经济条件，于是从1913年刊刻《吴兴备志》起，在《吴兴丛书》总名义下，直到1929年，历经16年，共刻了有关吴兴的人物、著述、地理各方面的著述达65种。有些书源的搜求还是相当艰难的。四是重工艺质量，他不仅注重内容质量也极为重视工艺精美，选用红梨木为版料，而且选请全国第一流写手和刻工，以致在刘承幹晚年总结一生事业的陈述中也说"一书之成，费或逾万"，也可见这位"傻公子"在刻书事业上的巨额付出了！

"傻公子"刘承幹刻书并不为牟利，往往用于馈赠友好知己，如对叶昌炽是每书必赠，对未曾谋面但知道对方爱书也多相赠，如藏书家伦明与其虽不相识，也收到赠书"盈数百册"。刘承幹因胡适研究章学诚并为章撰年谱，于是以所刻《章氏遗书》相赠，胡氏自恨于撰谱前未获此书，并复函商榷学问。后来胡氏还为刘氏所刻《天寥道人自撰年谱》写书评，给以积极评价。还有许多人收到过刘承幹的赠书。这种赠书行为到上世纪的三十年代以后，刘氏家道渐衰，才转为售书。

"傻公子"刘承幹在聚书、刻书两大事业中,耗费了巨额家资,据当年藏书楼工作人员回忆,刘承幹曾面告他总投资额数:建楼12万元、购书30多万元、刻书20多万元、请人编校钞和鉴定等费10多万元,总计达80余万元。这在当时是一笔相当大的数额,几乎是一位百万富豪的财产额。如果没有痴迷于保存文化、流传文化的"傻"劲,能有谁肯如此不顾一切地坐耗家资呢?如果没有刘承幹这样一位"傻公子"干这么多"傻事",中国历史悠久的藏书楼事业又怎能画上一个如此光彩的句号呢?刘承幹在中国藏书刻书事业上的功绩是不容泯灭的!

五　结局

上世纪三十年代以后,嘉业堂由于前此用费过大,家道渐形中落,生活日绌,赠书已难继续而有售书之举。淞沪战起,南浔也受到战火殃及,藏书在搬迁过程中大量散出,部分精品如宋四史、抄本《明实录》、残本《永乐大典》等被迫易主,沪寓也开始向熟人售书。1934年鲁迅曾据嘉业堂刊印书目到沪寓两次登门买书,可能没有通报姓名而遭到拒绝,不过最后鲁迅还是通过熟人买到21种,其中一次就买了18种,可见尚非公开出售。解放后有人曾以此事问及刘承幹的嫡长子刘忻万时,答称:"迅翁太认真,以其大名,只要一封短简,先父必送无疑,亲自登门求购,反而遭白眼,这也是一种'阎王好见,小鬼难当',无可奈何之事也。"(《学林漫录》第8集)也许鲁迅只是喜爱嘉业堂刻印的书,而与刘承幹的思想有较大的差异,不愿舍这份人情,而宁可是一种买卖关系。不过,这只是我的一种臆测而已。

抗日战争爆发后,南浔自难幸免,嘉业藏书楼连连战祸,图籍流散,厄运难免。虽遭一定的艰难历程,但因意外的客观机遇,而得到某些保全条件。刘承幹在晚年所撰的《八十自述》中曾回忆说:

> 丙子(1936年)夏五月,余作大连之行,寓王君九学部家,遇日本人松崎鹤雄(字柔甫),为王壬秋太史门生,诗文兼擅,彼此曾往还酬酢。其明年丁丑(1937年),战衅突起。彼邦派遣军司令松井,为松崎之戚。松崎函松井,谓有湖州友人刘某藏书楼,需加保护。松井以此达杭嘉湖司令牧次郎,能如其言,绝不损碍,且入楼见御赐匾额及先人遗像,均行礼致敬。

同时日军还相应贴出有保护性质的布告。就因有了这些空档，藏书楼人员才能借机从楼中秘密把藏书陆续抢运出来，从1937至1942年几年间共运沪藏书有4028部62081册。抗战期间，刘承幹以不善经营，家道日艰，遂萌大批售书之念，于时美、日、伪满、汉奸政府以及书商等，纷来争购。爱国人士郑振铎、张元济诸君子，亦力劝设法保存于国内。刘承幹深明大义，终于由郑振铎氏为其周章，历时一年，大多数精品分别落户于国内各图书馆，现大陆、港台各类图书馆均有收藏，避免了如皕宋楼藏书之为日人捆载而去之厄运。零星单种也有由私人购藏者。

解放后，嘉业堂余存藏书经接管整理后尚有12421部113978册，较之全盛时之18万余册散失三分之一强，书版尚存184部3955片。刘承幹则早于解放之初——1951年11月19日即致函浙江图书馆，表示"愿将书楼与四周空地并藏书书版连同各项设备等悉以捐献与贵馆永久保存为发展新中国社会文化事业之需要"，足以见刘承幹化私为公之深意。浙江图书馆于接受捐赠后，即成立嘉业堂管理组，精心管理。其间仅因刘承幹请求发还供个人参读之重复本和自印各书、石印铅印说部、碑帖字画等，未获准行，往复磋商，一时难得共识。历经波折，一直迁延到1963年刘承幹以82岁高年逝世于沪寓，捐赠手续憾未完成。直至1981年，始由其家人完成捐献手续。揆诸刘承幹所请，尚非过分，而当时其日常生计确已显见支绌，少允其请，亦不为过，可惜或因过左思想行为所影响，以致未能处理妥善，致使亡者负憾而去。

我曾于1997、2001年两度造访嘉业藏书楼，颇多改善。目睹今日之嘉业堂，已被列为省级文物保护单位，并正式成为浙江图书馆分馆，入旧藏11万余册，将传之久远。书楼园林，亦经政府拨付专款，重加修葺，成世人观览之一大景观，"得者宝之"为私藏最佳归宿，于此信然！游人过此，莫不盛道"傻公子"之良善用心，而恍惚间似见"傻公子"捻须微笑于山水亭石之间，是"傻公子"当不以其"傻"之为"傻"，而终得世人之鉴察焉！

二〇〇二年春写于南开大学

原载于《人物》2002年第4期

日藏汉籍与黎庶昌

在日本有许多文库和图书馆都庋藏有质量俱佳的中国古籍，通常称之为日藏汉籍。如静嘉堂文库是为中外学者所熟知的一座日藏汉籍的专业图书馆，它以晚清四大藏书家之一的归安陆氏皕宋楼藏书为基础而创建。天理图书馆是天理大学所属，也收藏有国宝级的汉籍。其他尚有为数甚多的文库和图书馆都藏有数量不等的汉籍，有不少属于珍本秘籍。

汉籍流日，由来盖久。据日本最早一部汉籍目录——《日本现在书目》所载，9世纪末日本从中土所得汉籍已达1579部、16790卷。从当代日本著名学者、关西大学教授大庭修博士在其所整理和编写的《舶载书目》二巨册中可以看到江户时代汉籍流日的盛况。1961年冬，东洋文库的东洋学信息中心所编一部有关汉籍目录集成之中，又汇编了从江户时代到昭和三十六年日藏汉籍各藏书点的汉籍目录。从这些书目中可以看到中国古籍在日本的庋藏状况；但当我面对某些被定为"国宝"或"文化财"的善本珍藏时，不禁黯然神伤，也不由得不引起我对为日藏汉籍回归曾作出贡献的近代开放性人物黎庶昌的怀念。

黎庶昌（1837—1897年），贵州遵义人，曾于光绪初年先后出使欧洲与日本。他于光绪七年出任驻日公使时曾经做过一件对华夏文化功绩卓著的大事，那就是日藏汉籍回归祖国的工作。他在莅日的次年即委托近代历史地理学家、使馆人员杨守敬专司其事。杨守敬受命之后，日日物色，并依据日本学者森立之所撰《经籍访古志》抄本，搜求达数百种，黎庶昌从中选刊了26种在华已散佚的珍籍，成《古逸丛书》，它虽篇帙不大，但却自具特色。

《古逸丛书》的选书范围博及四部：经有《尔雅》、《论语》，史有《史略》、《汉书·食货志》，子有《老子》、《荀子》，集有《楚辞集注》、《草堂诗笺》等，使四部古逸典籍各有代表。

　　《古逸丛书》的版刻搜求比较广泛，它复刻者上起唐写本、旧钞卷子本，下至宋元精刻，旁及日本翻刻本、影钞摹本及高丽本，使人可略窥各种善本佳刻的面目。《古逸丛书》的版刻工艺甚精。它由日本最佳刻书手木村嘉平等镌刻，反复琢磨，不肯草率，往往每一字有修改补刻至数次者，如《穀梁传》无一笔异形，被名家认为宋以来所未有。黎庶昌的古籍回归工作不仅限于《古逸丛书》，他还访求和经眼了多种有重要文献价值而未获刊行的古本汉籍，使人了解中国古籍的流向线索。有些也校其异同，笔之简端，如以今本与初唐写本《左传》相校的资料，后被整理为《春秋左传杜注校勘记》刊行。

　　黎庶昌还在日本购书回归来充实旧藏，如购南藏佛经赠遵义禹门寺，使该寺藏经佛楼为之增色，也使日人见中华人士珍视故国文物之爱国精神。今距黎氏诞生已一百五十五年，贵州省特为举办国际会议，以纪念其爱国精神。稽其行事，实可无愧。黎庶昌之后五十余年，有周叔弢不惜重价购回已流出国外的善本书，他从日本东京文求堂主人田中庆太郎所巧取的中国善本古籍中，曾以大价收回宋本《东观余论》、原本黄尧圃跋《黄山谷诗注》及汲古阁抄本《东家杂记》等书，而于宋本《通典》则以价昂筹款不及，后被日本定为国宝，无法买回。我在天理图书馆承金子和正教授破例出示有双鉴楼藏章的宋刊《通典》蝶装本，既叹其精美，而面对故物，又不禁歔歞。

　　原载于《冷眼热心——来新夏随笔》（当代中国学者随笔）　来新夏著　东方出版中心1997年版

王贞仪传

——兼资文武、六艺旁通的女科学家

　　王贞仪，字德卿，自号江宁女史。江苏江宁人。清乾隆三十四年（1769）生，嘉庆二年（1797）卒，年仅二十九岁。她的祖父王者辅是一位精通历算学术的中下级官吏，曾任丰城知县和宣化知府，先后都因得罪上官落职，最后一次还被处罪发配到吉林，病死在戍所。她的父亲王锡琛是科举道路上的失意者，但却是一个有学识的好医生，曾汇集了自己的临床经验，撰成《医方验钞》稿本四卷。王贞仪由于出生在这样一个政治上遭受挫折而中落的家庭里，对世态人情比较敏感。又连年随父奔波在东北、山陕、吴楚、燕越各地，增长了见闻，旷达了胸襟，所以在一定程度上还不同于一般的名门闺秀。她显得比较早熟，对于现实生活有自己独特的考虑和认识。她的思想在某些方面突破了当时社会的桎梏而表现了一定的解放和进步倾向。

　　王贞仪对相沿已久的男尊女卑的封建观念明显地表示了否定态度：她勇敢地驳斥了世俗间认为妇人女子不该诵读吟咏、操管握牍，而只能去做些酒食缝纴之事的谬论。她认为男女"同是人也，则同是心性"，学问也并不专为男子而设。不过，她也不屑于和那些不究实学、不明大道，一味玩弄文字、无病呻吟、风流自赏的"名媛才女"为伍。她曾以花木兰、大小乔、聂隐娘等为题材，写下了《题女中丈夫图》的长诗，抒发自己"足行万里书万卷，常拟雄心似丈夫"的豪迈情怀。她希望妇女都有"丈夫之志才子胸"，这样就能争取到"谁言儿女不英雄"的平等地位。她不仅言论如此，还大胆地以实际行动来进攻陈腐的旧观念。当她在十一岁至十六岁的几年间，由于出关奔葬祖丧而滞留吉林时，就曾超出一般女子的常规，向蒙古阿将军的夫人学骑射，达到了"发必中的"的精深程度。

她还参加公开比赛，像男子一样地"跨马横戟，往来如飞"。她自己还欣赏这种举动，曾为此写下了得意的诗句说："亦曾习射复习骑，羞调粉黛逐绮靡。"尤其大胆的是，她竟然鄙弃当时所谓防闲涉嫌的条规，在她二十五岁与宣城詹枚结婚后不久，却以一个绮年少妇，不怕非议，收纳了一个少年书生夏乐山作为学诗的弟子。这在二百年前顽固的封建社会里无疑是只有襟怀坦荡，有胆有识，才敢于有这种无畏的行动。

由于有科学的头脑，她无情地揭露了当时社会上的种种封建迷信活动，痛击其要害。她嘲笑朝山进香的人们都是一些"乡民庸人无知者流"。她抨击葬师和看风水的人，大都是用狡猾欺诈的手段来蛊惑人心，以牟取私利。她认为一般迷信风水、墓穴的人，无非是一些求富、求贵、求子嗣的庸人。她更毫不留情地痛斥有些人勾结葬师和看风水的人对别人的山地进行巧取豪夺的恶劣行径。这种痛快淋漓的揭露在当时出自一位妇女之口，实为难能可贵。王贞仪反对佛教虽有儒家卫道的因素，但对一般佞佛者的揭露却是极为深刻的。她认为一般"愚夫愚妇"只不过是想"避祸邀福"，而所谓学人士大夫们则是由于自己有不端不法的行为，"恐死后竟受诸地狱苦"，才信佛求免的。她一语道破了士大夫官僚们的丑恶灵魂，她还指责过女友方夫人的信佛如"人之失足堕井"。

她性格直爽，从不掩饰自己的观点来阿世取容，对人对事都能不顾个人得失而直抒己见。她的女友白夫人曾为别人的诗文集向她求序，由于她对其人其文都不满意，便断然拒绝。但她不是婉转托辞，而是直率地答复说："论其人品不足以序之，论其所学不足以序之，自忖人何如，集何如，乃欲仪序之乎哉！"这种快人快语无异是对虚伪世风的痛加针砭。她的另一女友方夫人信佛，打算刊印一部装潢精美的《心经》，也想请她作序，她不仅坦率地拒绝说："非不能也，实不为也。"并还借此痛责方夫人肯花七八千两银子去修庙布施，却不肯参加当地饥馑凶年的救灾活动，也不愿救济穷苦的亲友的伪善行为。这种无所顾忌的语言像犀利的尖刀一样刺向这类伪善者思想痈疽的脓血处。

由于父、祖的熏陶培养，王贞仪在青年时代不仅具备了经史诗文的修养，而且还在天算、医药等方面具有较高的科学水平，成为清代乾嘉时期一位卓越的女科学家。

天文算学是我国有悠久历史传统的科学。明清以来稍行衰落，前人的许多成果未能得到充分的继承和发扬，除了少数人钻研探求外，有的人因为既不懂又不愿学便对它存而不论，有的人因为畏难而止足不前，所以当时对于天算之学已有

"绝学"的看法。王贞仪不像那些名媛才女一样只满足于在经史诗文方面有一定的造诣，而是更进一步地探索这块被称为"绝学"的领域。她广泛地涉猎了古代著名天算家张衡、虞喜、祖冲之、何承天、僧一行等人的著作，对某些理论和实践问题进行了阐发和解释。她研究了勾股、测量、方程各方面的学术，精心地研读了清初卓越的天算家梅文鼎的著述，并加以宣传和讲述，她写下了许多天算方面的著作。她的大量著作虽然没有得到流传，但从她留存下来的一些有关序文中完全可以看到这是一位热爱学术、治学谨严而又有独立见解的卓越的女科学家。

王贞仪曾经针对当时人们对历算或者轻视或者畏难的状况，反复强调历算的重要意义。她在《象数窥余》的自序中指出历算"固生民日用之所不能废也"，它的作用"或纪年岁，或定星辰，或较钧两，或测形地"。她又在《历算简存》一书的自序中说：

> 象数之学大而授时、定历、正律、审音、算量、分秒、达微、征显。用之若此其广，习之若此其切也。

当时历算有中西法的不同流派，王贞仪则主张集思广益，不要有门户之见。她认为："中西固有所异而亦有所合"，西法"法理之密，心思之微"的长处也未可忽视，所以得出了正确的结论："理求其是，何择乎中西。唯各极其兼收之义。"这种博采众长、服从真理的治学态度正是一个有成就的科学家所应有的风格和品质。

王贞仪对于天文学中的若干天象问题都作了阐述和解释，提出了个人的见解。她在《岁差日至辨疑》一文中对历代关于这一问题的研究加以概括综述和反复阐明。岁差是一种天文现象，即指太阳从今年冬至环行一周天到明年冬至并未回到原点的一种现象。我国从晋虞喜时才首先发现这一现象，于是天周和岁周分开，天自为天，岁自为岁。后来祖冲之、刘焯等人都利用它来造历。王贞仪在论文中概括了从虞喜到郭守敬的各种传统学说，又印证了回历、西历和近代历书，明确指出从天周来说是恒星东移，从岁周来说是节气西移，批驳了当时所谓"天渐差而西，岁渐差而东"的误解妄说，并确定"大抵不过六七十年始差一度"的说法，这和实际情形很接近。她在文中又纠正了历元和历法的概念。她认为历元是指通过观测日、月、恒星和五星而找到的造历起算点，而历法是指推算的方法，其中包括算数、图像和测验之器，因此历代的改历造历是改历元而不是改历法，而从祖冲之以来的利用岁差法改历也只是改历元即改历的起算点，至于推测方法根本没有改。其他像《经星辨》、《日月五星随天左旋论》、《月食解》等文是对于恒星数字、日月五星的移动方向和月食与日地关系等方面的论述。她的论述虽然有不少是综述前人的成果，但她能加以阐述论证并进行浅近的解释，对于纠正一些流传的错误说法和宣传普及科学知识是有很重要作用的。另外她还利用自己的天文知识经常在夜间去观测天星气象来推断晴雨丰歉，常常得到符验，这可以看出她已把书本知识应用到预测气象的实用上来了。她还利用厅堂的挂灯（拟作太阳）、桌子（拟作地球）和屏镜（拟作月亮）的相互位置、距离及其对它们的移动和调整来观察日照，借以实际了解月食的道理。

王贞仪涉猎的科学领域是相当广博的，她在《地圆论》一文中反复阐述了地体浑圆的论点，并且还解释了人在圆形体上环立而不倾跌的道理是"因各方之天顶随其人之环立而异"，这就是说地球周围都处在和天体的相对空间关系之中，没有上、下、正、侧的区分，所以人就不致倾跌。她在数学方面特别对勾股三角问题进行了详尽的阐释，她在《勾股三角解》中反复解释了勾股弦的缘起和三者之间的关系，说明三角形和勾股的关系及其计算方法。她在医学方面又承受了父亲的家学，不仅从医书中学习了医理，而且还能切脉治方，她痛斥庸医误人，提出了察脉、视人、因时、论方、相地的医道五诀，并提出了"升者降焉，陷者升焉，虚热者凉补焉，大热者寒化焉，风者散焉，燥者润焉，蓄者破焉，滑者涩焉"等辨证治法。

她不仅是一个有丰富学识的科学家，而且还是一位有才华的诗人。她写了许多诗作，尤其是出关诸作更有史诗价值，她曾对诗学理论发表过个人的见解。她还精于绘画，曾经为人画过一帧白桃花，一般桃花都是用绯红色来表现女人的艳丽，她却以白色来表达自己纯洁皎白的志趣。

王贞仪曾对自己的学识作了实事求是的自我评价说："异同离合之必证，名物象数之必晰，义类指归之必加研求，不可说不专且博也。"她在仅仅二十九年短暂的人生旅程中，发挥了天赋的聪明才智和勤奋向学的功力，作出了极大的贡献。她撰写了许多科学专著和诗文集，据知见者说有《星象图释》二卷，《术算简存》五卷，《筹算易知》，《重订筹算正讹》、《西洋筹算增删》、《女蒙拾诵》、《沉疴呓语》各一卷，《象数窥余》四卷，《文选（诗赋）参评》十卷，《德风亭初集》十三卷（钱仪吉所见为十四卷），《德风亭二集》六卷，《绣紩余笺》十卷，著作不可说不宏富。她很珍惜自己的成果，嘉庆二年在临死前遗嘱丈夫詹枚把全部手稿交给知友蒯夫人保存，蒯夫人特为制缣囊珍藏，但蒯夫人没有完成亡友的遗愿。六年以后，又由蒯夫人把遗书转交给她的侄子、当时著名学者钱仪吉。钱也仅为《术算简存》一书写了序。后又归于南京著名藏书家朱绪曾，朱为《德风亭集》写了跋，著录于《开有益斋读书记》中。可惜这些著作都未获刊行，所幸大部分书序收入《德风亭集》，而《德风亭初集》十三卷（文九卷，诗三卷，词一卷）后由蒋国榜收刻于《金陵丛书》丁集，使我们得以从中约略看到这位女科学家的学识成就。另外《小檀栾室汇刻闺秀词》第七集中也收有《德风亭词》一卷。

年轻的女科学家虽然过早地离开了人世，遗著又未获传世，使人感到惋惜，但她的影响却是存在的。光绪年间诸可宝编《畴人传》三编时就把她收录在卷七，评论她的学术成就在一般士大夫学人之上。晚清的学者萧穆、吴昌绶等为她写传，而萧穆的《女士王德卿传》中更以"兼资文武，六艺旁通"、"博而能精"十二个字来概括评论她的成就，按求她的行事。这种评价不是一般的虚誉，而是对她全面了解后的总评。即在今日，对于这样一位思想前进、学识精深，把短暂的青春无保留地贡献于科学而无所吝惜的女科学家也是值得我们钦敬、怀念和加以研究的。

主要参考文献

[1]王贞仪：《德风亭初集》（《金陵丛书》丁集）
[2]《清史稿》卷五〇八王贞仪传
[3]《碑传集补》卷五九各传
[4]诸可宝：《畴人传》三编卷七
[5]《国朝耆献类征》初编卷二二八

一九七九年八月初稿
一九八二年九月修订稿

原载于《清史研究集》第3辑　中国人民大学清史研究所编　四川人民出版社1984年版

自制望远镜的郑复光

在第一次鸦片战争期间，我国曾出现了一些既有丰富的科学知识，又有实际操作技能的爱国科学家。他们都曾积极热情地参加过反侵略的备战工作；但是，由于清朝政府的腐败无能，他们的学识和才能受到压抑，没有得到充分的发挥。中国第一个自制望远镜的光学专家郑复光就是其中的一人。

郑复光字元甫，又字浣香，清乾隆四十五年（1780）生于安徽歙县。他从青年时期起，就博览群书，善于观察和思考，逐渐精通了算学。他虽然有着监生的功名，但并没有在学而优则仕的道路上走下去，而是把主要精力倾注于探索科学的奥秘。他漫游了江苏、北京、山西、陕西、江西、广东和云南等地来增广见闻，结交学侣，使学识日益提高和充实。但是，他并不依恃学识去猎取名位。当时和他在算学上有同等造诣的汪莱和李锐已经声名鹊起，而他却不以为意，靠着教读、作幕来维持生活，依然默默地对一些科学课题进行观察、实验、研究和著述。

郑复光具有多方面的自然科学知识，而最精粹和卓有成就的是对几何光学理论、光学仪器理论的研究和光学仪器的制作方法。他是中国近代史上第一个有成就的光学专家。他开始研究光学是由于从观察细微事物中得到了启示。大约在道光初年，当他再次到扬州游历时，偶然地观看了一次取灯影戏（类似北方的皮影戏），立即领悟到物、像、镜三者的关系，知道了能够取得物的形象就是因为物可以借助镜来照取的道理。他立即和别人一起研讨，遇有心得就笔录下来。他先后经过十多年的不懈钻研，终于写成了我国近代第一部比较系统地阐述几何光学原理、光学仪器原理和制镜技术的科学著作——《镜镜詅痴》。这个书名表达了郑复光不为人所了解的愤慨。所谓"詅痴"，原意是指商贩叫卖自己的次货。用这样一个书名是说自己像商贩那样鼓吹自己这部讲光学原理的书，希望得到人们的理解。这部科学著作共五卷，主要内容有：几何光学中若干基本原理、制镜材料的类别和详细地叙述了十多种光学仪器的制作方法，并附有插图，还印证了以往笔记杂著中的记载。就拿书中望远镜部分为例，他不仅把窥筒远镜、观象远镜、游览远镜三种不同镜型的装置制作方法作了具体的描述，还对镜筒、镜架两大部件作了详细说明，并绘制了全镜和部件的图样，使仿制者完全可以按书制作。这部光学著作虽然未能用数学来表述，但用语言所描述的有关几何光学原理、光学仪器原理和仪器制作方法的条件和成果，与现代实验结果对照是完全一致的。这部著作不是只作一般原理的叙述，而是根据当时较高水平的专业知识，对光学原理，特别是对光学仪器的制作进行了比较深刻的阐释，提出了仪器结构的具体制作方案。这证明了他又是一位既懂原理又能设计和制造仪器的光学应用工程方面的出色工程师。但是，郑复光并没有在已获得的这些成就面前止步，他婉谢了友人黄铁年将为他刊行这一著作的盛情。他把所著又经过了几年的修改，才感到"条理粗具"，而那时却没有出版条件，只能藏在书箱中。道光二十四年（1844），郑复光在北京由著名学者张穆推荐到山西灵石人杨尚文家中去教读。当时，杨尚文在张穆的怂恿和主持下正准备刻印《连筠簃丛书》，《镜镜詅痴》被收刻在这部丛书里。道光二十七年（1847），这部科学著作终于问世，它成为中国近代科技史上的一份珍贵遗产。

郑复光并不是一个只停留在理论探讨上的学者，而是一个能亲手制作仪器的巧匠。早在道光初年，他已运用自己掌握的科学知识制作了一架完全合乎光学原理要求的测天望远镜。道光十五年（1835），他在北京时，著名学者张穆和他朝夕相处。有一天深夜，正当月亮升上来的时候，他就拿出自己研制的望远镜和张穆共同观测月象。他们通过这具望远镜远远地看到月亮中有许多四散的黑点像浮萍的样子在游动。这一现象使张穆情不自禁地欢呼叫绝。这是中国第一架自制的望远镜，可惜未能引起人们的重视。

道光二十年（1840），鸦片战争爆发。这位科学家并没有置身局外，埋首书堆，而是以花甲之年投身到反侵略斗争中，准备贡献自己的学识。面对敌人从海上的进侵，他投身到造船设计工作中去。他研究和吸取了十九世纪三十年代以来外国在报纸上所介绍的蒸汽机原理和火轮船图说，又看到了一具只有五六尺长的模型。他根据这些资料，终于写成了《火轮船图说》这一篇设计文献，讲述了轮船的构造和蒸汽机原理，并附录了他所绘制的全船和各种部件的详细图样。从目前见到的图样看，他设计了一艘在船的中部设置蒸汽机件，船中部的两侧装有轮子，利用蒸汽机发动轮子，激水前进的船型。这是我国第一篇有关火轮船制造的设计论文。他的设计可能没有得到实现，但这篇文献却被当时注重新事物的思想家魏源收入他所辑的《海国图志》卷八五。后来，郑复光又从友人、火药制造专家丁守存处见到一份更为详尽的火轮船图说，继续修改订正，作了新的补充和发展，这篇修改稿后来附入《镜镜詅痴》中。道光二十一年（1841）、二十二年（1842）间，英国侵略者猖狂入侵，许多人都惊奇英国人能在船桅上利用望远镜来窥测岸上虚实而叹惜中国没有能和外国对抗的技术专才，人们又哪里知道，郑复光正是这样一位具有这种特长的专才。张穆听到这一情况时，曾向主持战局的大吏推荐，并附上《镜镜詅痴》来证明郑复光这方面的才能，但并没有引起当事者的注意。不久，清政府对外投降，张穆的建议也就不再被人理会。空怀报国壮志的郑复光也只能默默无闻地被埋没了。

郑复光是一个学识广博而又注重实用的学者。他除了贡献毕生精力于光学研究外，又改进制作了测天仪和脉水车，对天象观测、农田水利起到了重要的推动作用。他又密切地注视和观察周围的各种怪异不可得解的现象，加以科学解释，来破除人们无知的迷信。他把这些心得写成《费隐与知录》一书。所谓"费"是怪异的意思，"隐"是不明白的意思。这是一部解释怪异难解现象使人了解的著作。全书共二百二十五条，凡天地、日月、星辰、风云、雷雨、霜雪、寒暑、潮汐、水天、冰炭、饮食、衣服、器皿、鸟兽、虫鱼各方面的种种怪现象，他都从物性、地理条件和视觉差异等道理去解释这些现象的真相，成为一部包罗天文、物理、生物、气象、技能各种学问的著作，有不少则类似实验报告。尽管他的解释不可能尽合现代科学道理，但有可取之处。道光二十一年，他把这部著作送给包世臣看。包世臣看后很兴奋，说这部书可以解除人们对许多怪异现象的惊骇。第二年包世臣还为它写了序言。

这样一位有非凡才能的科学家并未引起当时社会上的重视，除了一些片段记载和几份不甚完备的小传外，没有很详尽的传记，以致连他的卒年都难确知，只知道咸丰三年（1853）时尚在世，已七十四岁了。他的爱国热情和终生孜孜于科学的态度是值得后人崇敬的。

原载于《光明日报》1980年8月5日

化学家徐寿的生平与成就

一、初奠基础

徐寿字雪村，江苏无锡开原乡钱桥社岗人[①]。清嘉庆二十三年（1818）出生在一个没有什么政治权势的地主阶级家庭里。五岁丧父，家计比较困难。他曾经参加过一次为取得秀才资格的童生考试，但没有成功。不久，他感到靠八股文作敲门砖来取得功名地位并无实际意义，遂毅然放弃走通过科举做官的道路。他开始涉猎天文、历法、算学各种书籍。徐寿经过勤奋的自学钻研，终于走上了传播科学、运用科学的科学家道路。

道光二十三年（1843），徐寿二十六岁，正是鸦片战争甫经屈辱性的结束。这对身处战火曾经延烧过的地区的知识分子不能不有所触动。徐寿和同乡算学家华蘅芳结伴同到上海探求新知。那时，英国伦敦会传教士在上海开办了"墨海书馆"印刷所，聘请了著名的算学家李善兰等翻译西方的物理、动植物、矿物、生理等学科的书籍。徐寿和华蘅芳曾向李善兰请教质疑，并在回乡时采购了有关的物理仪器，准备亲自进行各种物理实验。有一次，徐寿曾为华蘅芳年幼的弟弟华世芳表演过一次科学游戏。他叠了一个小纸人，然后用摩擦过的圆玻璃棒指挥小纸人舞动，使华世芳感到十分惊异而狂笑不止[②]。

咸丰五年（1855），上海"墨海书馆"用木版刊印了《博物新编》一书的

---

① 钱基博：《徐寿传》（《碑传集补》卷四三）。
② 华世芳：《记徐雪村先生轶事》（《碑传集补》卷四三）。

译本①。这部书是英国医士合信原著，共有三集，内容涉及范围很广，但知识比较零散。其中第一集就载有近代化学知识：诸如养（氧）气、淡（氮）气和炭（碳）气以及其他一些化学元素，还写有一些化学实验方法。徐寿再次到上海时，就读到了这部书。虽然，他只能从书中学到一些不够系统、完整的化学知识，但已引起了他钻研化学的莫大兴趣。他又像初学物理时那样，亲手仿作了一些仪器，不仅按书本记载做实验，而且还设想了一些课题。徐寿把书本知识和科学实验紧密地结合起来，加深和巩固自己已有的知识，准备了进一步研究的条件。我国从十八世纪后期开始对近代化学有所研究；十九世纪四十年代以来，又将近代化学的知识付之于某些课题的实验与应用，但尚处于一种萌芽状态，而徐寿则是继承了这一传统，开展较系统研究的化学家，为我国近代化学学科的建立奠定了基础。

二、"黄鹄号"的诞生

咸丰十一年（1861），曾国藩以"研精器数，博涉多通"的考语推荐和征聘了四十四岁的徐寿和其他几位科学家②。次年，徐寿到曾国藩的安庆军营内军械所接受了专办制造事宜的委派。曾国藩保举他为"主簿"③。他的中心工作是筹划建造一艘"黄鹄号"轮船。当时参加造船工作的有华蘅芳、吴嘉廉、龚芸棠和徐寿的儿子徐建寅（仲虎）等人。华蘅芳在绘图、测算和配置动力等方面给徐寿以极大的帮助，而徐建寅更有卓著的贡献。据孙景康撰《仲虎徐公家传》论其事说：

> 时公父方谋造黄鹄轮船，苦无法程，日夜凝思，公累出奇思以佐之。④

徐寿的第一部译著《汽机发轫》可能就是为造船需要，或者是在造船工作启示下进行的。这部译著标识着徐寿从事翻译工作的开端。

---

① 傅兰雅：《江南制造总局翻译西书事略》（《中国近代出版史料初编》页9）。
② 华翼纶：《二品封典直隶候补知府雪村徐征君传》（《碑传集补》卷四三）。
③ 钱基博：《徐寿传》（《碑传集补》卷四三）。
④ 《锡金四喆事实汇存》。

"黄鹄号"经过徐寿的努力，"鸠工庀材，经年告成"①。这是一艘长五十余尺，每小时行速二十余里②的木壳轮船，当时虽然被曾国藩认为它"行驶迟缓，不甚得法"③，但这终究是徐寿及其助手不假手外国工匠，自己动手造器置机而建成的第一艘全部自造的木质轮船④，实现了十九世纪四十年代以来林则徐、魏源、郑复光、丁守存等爱国者自造轮船的理想⑤，开启了我国近代的造船业。

三、翻译西书

同治五年（1866）十一月初，曾国藩回任两江总督，即派徐寿到上海襄办江南机器制造总局。当时，徐寿四十九岁，已经掌握了很多科学知识，并且有了一定的成就。清末杨寿枢等在要求褒扬徐寿并为立传的公呈中曾概括其前一阶段的成就说：

> 时百事草创，该故绅于造枪炮弹药等事多所发明，自制强水、棉花、药汞、爆药，并为化学工业之先导，而塞银钱出海之漏卮，其有功于国计民生甚大。中国军械既赖以利用，不受西人居奇抑勒。⑥

但是，徐寿并不满足。他要进一步追求制造技术方面的科学原理，钻研专门

---

① 《华蘅芳事略》（见《锡金四喆事实汇存》），据此似船建成于同治二年前后；但杨寿枢《再上学部公呈》说："同治五年三月，造成木质轮船一艘"（《锡金四喆事实汇存》），《清史稿》本传也说"数年而成"，则应建成于同治五年。

② 杨寿枢：《再上学部公呈》，但《清史稿》本传作"每一时能行四十余里"，此"一时"当指一时辰即二小时而非一小时，如此，时速当以二十余里为是。

③ 曾国藩：《新造轮船折》（《曾文正公全集·奏稿》卷三三）。

④ 钱基博：《徐寿传》（《碑传集补》卷四三）。

⑤ 林则徐：道光二十年在广州即提出造船建议，并仿造过战船；次年在宁波曾与汪仲洋、龚振麟等研讨绘制战船图。

魏源：主张自己设厂造船，并在所撰《海国图志》中刊印造船资料。

郑复光：光学家。曾撰写我国第一篇有关造船的专门性论文《火轮船图说》，后经修改收入郑所著《镜镜詅痴》中。

丁守存：火药制造专家。曾向郑复光提供火轮船图说资料，共同研究过造船问题。

⑥ 《锡金四喆事实汇存》。

学问。于是他向曾国藩提出了四项建议，即：

> 一为译书，二为采煤炼铁，三为自造枪炮，四为操练轮船水师。①

其中最主要的是第一项，即要求翻译西方讲求实学的书籍以探求科学根柢。这种不满足于一知半解的皮毛知识，而努力追求学术本原的精神，鼓舞着徐寿把主要精力倾注到翻译和传播西方科学知识的工作中去。同治七年（1868）他在制造局内专门设立了翻译馆，招致了西人伟力亚利、傅兰雅、林乐知和金楷理等，华人华蘅芳、李凤苞、王德均、赵元益以及他的儿子徐建寅等参加，开始进行大量的翻译工作。徐寿依靠西人的口述，克服层层的语言障碍，亲自执笔译书，取得了丰硕的成果，在《再上学部公呈》中说：

> 阅数年，书成数百种，泰西声、光、化、电、营阵、军械各种实学，遂以大明，此为欧西文明输入我国之滥觞。②

徐寿因译书功绩，声誉腾播，被曾国藩保荐为"县丞"。当时，许多大吏如李鸿章、丁宝桢、丁日昌等都争相罗致，屡次邀请徐寿去主持他们新办的企事业，而徐寿"以为恐废学业，不愿应聘"③，并认为"译书行世较专治一事影响尤大"④，毅然辞谢了他们的邀请，而把后半生的全部精力贡献于译书及传播科学知识的事业中，前后达十七年之久。光绪十年八月初六日（1884年9月24日），我国近代化学的启蒙者、爱国的科学家徐寿离开了人世，终年六十七岁。

徐寿在十七年的译书生活中，介绍了大量的西方科学知识，特别是近代化学的知识，而被近代维新思想家王韬认为是"皆有裨于实用者也"⑤。根据现在所见到的资料，徐寿的译著共有二十余种：

《汽机发轫》九卷四册。此书为造船研究发动机而译。同治十年（1871）刊本。

《化学鉴原》六卷四册。此书为普通化学，讲述化学的基本理论和重要元素。同治十一年（1872）刊本。

---

① 傅兰雅：《江南制造总局翻译西书事略》（《中国近代出版史料初编》页9）。
② 《锡金四喆事实汇存》。
③ 程培芳：《雪村徐公家传》（《锡金四喆事实汇存》）。
④ 杨寿枢：《再上学部公呈》（《锡金四喆事实汇存》）。
⑤ 王韬：《瀛壖杂志》卷四。

《化学鉴原续编》二十四卷六册。此书专讲有机化学。光绪元年（1875）刊本。

《化学鉴原补编》七卷六册。此书专讲无机化学，其中一卷为《体积分剂》。光绪八年（1882）刊本。

《化学考质》八卷六册。此书专讲定性分析。光绪九年（1883）刊本。

《化学求数》八卷十四册（一说十五卷）。此书专讲定量分析，其中有《求数使用表》一卷。光绪九年（1883）刊本。

《物体遇热改易记》四卷二册。此书为物理化学的初步知识。光绪二十五年（1899）刊本。

《西艺知新》十卷六册。光绪四年（1878）刊本。

《西艺知新续刻》十三卷九册。光绪十年（1884）刊本。

《宝藏兴焉》十六卷十六册（一说十二卷）。光绪十年（1884）刊本。

《营阵发轫》（一名《营阵揭要》）二卷二册。

《测地绘图》十一卷四册。光绪二十六年（1900）刊本。

《周幂知裁》一卷。

《求矿指南》十卷二册。光绪十年（1884）刊本。

《法律医学》二十六卷十二册。此书于徐寿生前已刻，未印。

《造橡皮法》已译未刊。

《造指南针法》已译未刊。

《试验铁煤法》已译未刊。

《造汽机等手工》未译完。

《燥湿表说》已译未刊。

《质数证明》未译完。[①]

《清史稿》本传推重《西艺知新》及《化学鉴原》二书"尤称善本"。徐维则等在光绪末所编《东西学书录》著录其中八种[②]。

此外，徐寿还参加了《化学材料中西名目表》和《西药大成中西名目表》二书的编写工作。前书是为翻译《化学鉴原》一书需用统一定名而编制的工具书。

---

① 《锡金四喆事实汇存》，参考黎难秋：《徐寿与近代科学图书翻译》（上海《图书馆杂志》1983年第2期）。

② 即《化学鉴原》、《续编》、《补编》、《化学考质》、《化学求数》（著十六卷）、《宝藏兴焉》（著十二卷）、《西艺知新》（正编十卷，续刻十二卷）。

徐寿制定统一定名是采取用外文第一音节来造新字的办法。他制定的钠、钾、钙、铅、镍、锌等二十种元素译名，一直为后世所沿用。

徐寿的这些译著和其他论述比较系统地反映了近代化学的主要内容。它不仅对奠定我国近代化学学科基础具有重要意义，而且其影响尚及于国外。日本知道徐寿译书情况后，曾派柳原前光等人到上海访问，购取译本，归国仿行，所以日本的化学译名多有与中国名称相同的。

四、传播科学知识

徐寿在承担繁重翻译工作的同时，还不遗余力地从事科学知识的传播。大约在同治十二年底或十三年初（1874）[1]，徐寿发起并联合中外同好在上海创办"格致书院"，招集初学者讲习西学、西艺。获得了"风气渐开，成就甚众"的成效[2]。徐寿还为光绪二年（1876）所创办的《格致汇编》写了序言，并在该刊发表过《医学论》、《汽机命名说》与《考证律吕说》等科学论文[3]，起到了宣传科学的作用。格致书院是一个传播科学知识，进行科学教育的学术团体。它虽然还算不上是正规学校，但却是开办新式学堂的先声，在中国近代教育史上应有一席之地。科学知识的传播与十九世纪末期维新思潮的高涨不能不说有着某些联系；而徐寿则为这一思潮的发展作出了应有的历史贡献。

徐寿不仅熟知化学、物理和机器等科学技术知识，而且还深通医学，能临床施治。同治元年（1862）闰八月间，著名诗人吴大廷患肠秘病，经徐寿精心治疗，病情逐渐缓解而痊愈。后来，吴大廷就特著此事于自著年谱[4]。可见这是吴大廷认为一生中不能遗忘的大事，也反映了对徐寿医学造诣的钦佩。徐寿的译著中有《法律医学》一书也可证徐寿还是一位法、医学者。

徐寿既具有丰富的科学知识，所以竭力反对封建迷信。他主张婚丧葬不须选择黄道吉日；不滥祭鬼神；治丧不用僧道和吹鼓手；安葬不请风水先生。他在日

---

① 格致书院成立年代参见拙作《中国近代化学家徐寿生平补正》（见《中国近代史述丛》，齐鲁书社1983年版）。

② 《清史稿》卷五〇五《徐寿传》。

③ 黎难秋：《徐寿与近代科学图书翻译》（上海《图书馆杂志》1983年第2期）。

④ 吴大廷：《小西腴山馆主人自著年谱》。

常生活中，对"所有五行生克之说，理气浮浅之言，绝口不道"。他自奉俭约，时以余钱购买科学仪器，进行科学实验，"以实事实证，引进后学"①。

徐寿既是一个博涉多通的通才，又是一位学有专长的专家。他不仅贡献毕生精力于科学研究与译述，而且还满怀热情地从事科学教育与宣传。甚至引导与影响他的儿子也投身于这项草创的事业中，所谓"子建寅、华封，皆世其学"②，即指此而言。徐寿有三子：长子大吕，未流传事迹。次子建寅字仲虎（1845—1901），曾以道员的身份参加过上海、金陵、山东、直隶各制造局的技术工作和译书工作，又到驻德使馆担任过二等参赞，后来专心致力于译著工作，有《器象显真》二册、《器象显真图》一册、《兵学》八册、《欧游杂录》二册、《德国合盟本末》一册、《德国议院章程》一册和《轮船布政》二册等七种译著传世③。徐建寅还与"美国林乐知、宝山瞿昂来、英国傅兰雅"广泛搜集资料，共同增补《海国图志》，成《续集》二十五卷④。因此，后人论徐建寅成就时，曾把他与其父徐寿及华蘅芳并称为"三君著述几至等身矣"⑤。

徐寿的一生是科学家的一生，徐寿的一家是科学家的世家。徐寿父子对传播科学知识和建立我国近代化学学科基础等方面的确作出了应有的历史贡献。我们不仅要纪念他筚路蓝缕的开拓之功，也应学习他为发展民族科学事业的献身精神！

原载于《枫林唱晚》（学识走笔·大学生文库）　来新夏著　南开大学出版社1998年版

① 程培芳：《雪村徐公家传》（《锡金四喆事实汇存》）。
② 《清史稿》卷五〇五《徐寿传》。
③ 《锡金四喆事实汇存》。
④ 光绪乙未上海书局石印本《海国图志》序。
⑤ 王韬：《瀛壖杂志》卷四。

中国近代化学家徐寿生平补正

袁翰青所撰《徐寿——我国近代化学的启蒙者》（见袁著《中国化学史论文集》，三联书店版）一文的《徐寿的生平》一节有某些史实不够确切、完整，而有待于补正的地方。兹就《锡金四喆事实汇存》（宣统二年刊本）一书略作补正。

一、关于我国自造的第一艘轮船

袁文对徐寿参加制造轮船的情况了解，主要根据《清史稿·徐寿传》的记载。而循读该传似据杨寿枢的《再上学部公呈》，但前者不如后者完备。据《上学部公呈》[①]等可补充三点。

（1）参与造船者除华蘅芳、吴嘉廉和龚芸棠外，还有徐寿的次子徐建寅，而徐建寅正对这一工程有很大的贡献。据孙景康撰《仲虎徐公家传》中称："时公父方谋造黄鹄轮船，苦无法程，日夜凝思，公累出奇思以佐之。"[②]

（2）这一艘我国自造的木质轮船系建成于同治五年三月。

（3）《清史稿·徐寿传》称该轮船行速每小时四十余里。《上学部公呈》则称二十余里。二者均无直接资料，颇难肯定孰是孰非。惟曾国藩曾有关于此船的记载称：

> ……同治元、二年间，驻扎安庆，设局试造洋器，全用汉人，未雇洋匠，

---

① 《锡金四喆事实汇存》页七。
② 《锡金四喆事实汇存》页十六。

虽造成一小轮船，而行驶迟缓，不甚得法。[①]

以此相核，既称"行驶迟缓"，当以每时二十余里行速为近理。或二十与四十有华里与公里之异，而记载有所疏陋耶？

二、关于徐寿的翻译工作

袁文提到徐寿"担任了十七年的翻译工作"，并标举出徐氏译著十三种。翻译工作是徐寿一生中的中心工作，袁文所记似嫌过简，应补充如下三点：

（1）《再上学部公呈》中说："该故绅（徐寿）于造船、造枪炮、弹药等事，多所发明，自制强水棉花、药汞、爆药，并为化学工业之先导。"[②]徐寿虽已有这些成就，但"不自满足"，又在"进求其船坚炮利、工艺精良之原因，悉本于专门之学"的认识基础上，"创议翻译泰西有用之书以探究根底"。这项建议曾得到曾国藩的同意，于是在西人伟力亚利、傅兰雅、林乐知、金楷理等和华人华蘅芳、李凤苞、王德均、赵元益等及其子建寅的参加下从事翻译工作。数年之间，成书数百种。这些书包括"泰西声、光、化、电、营阵、军械各种实学"，其中由徐寿所译的达七十余册。由此可见，徐寿从事翻译工作是应客观要求而进行的，是为提高技术而进行的。

（2）袁文所列徐寿译著名称及卷册与《汇存》多不合。袁文所列各书，卷册杂出；《汇存》均作册，除《法律医学》一书注明已梓未印外，共十二种七十九册。袁文所列《营阵发轫》一书，卷数不明；《汇存》则作《营阵揭要》二册。二者孰是，因未见原译书，姑置疑阙。

（3）袁文未提及徐寿对翻译工作的态度及这个工作在当时的影响。徐寿十分珍惜自己的翻译工作。当时李鸿章、丁宝桢、丁日昌等大吏，因慕寿名，曾争相延致，但徐寿"均以译书行世较专治一事影响尤大，辞之"[③]。至于徐寿的译著不仅使"当世始稍悟西人制器之精，皆由邃深学理而出"[④]，而且影响于国外，"日本闻之，派柳原前光等赴局（上海编辑局）访问，购取译本，归国仿

---

① 曾国藩：《新造轮船折》（《曾文正公全集·奏稿》卷三三）。

② 《锡金四喆事实汇存》页七。

③ 《锡金四喆事实汇存》页九。

④ 《锡金四喆事实汇存》页十一。

行。今日本所译化学中名词多有相同者，职是故也"①。《清史稿》本传也有此记载，但袁文未采。

三、关于格致书院成立的年代

"格致书院"是徐寿等所发起成立的一个传播科学知识的机构。袁文称"这个格致书院是1875年前后在上海成立的"。这个提法不够确切。在《上学部公呈》中称："同治十三年设格致书院于上海，与诸生日夕讲解，积久而功效愈远。"②又学部奏请将华蘅芳等事实宣付国史馆立传折中称："同治十三年在上海设立格致书院，肄习西学西艺，为今日开办学堂之先声。"③又钱基博撰《徐寿传》称："同治十三年与西士傅兰雅创建格致书院。"④又徐润撰《上海杂记》中也称格致书院"董事会于同治十二年（原注：西一八七四年）始行集议"⑤。

按同治十三年从正月初一起到十一月二十三日止都应作西历1874年。从十一月二十四日起到十二月二十九日方系1875年1月1日至2月5日。《清史稿·徐寿传》称："同治末与傅兰雅设格致书院于上海"。如在1875年2月5日以后，应作光绪初而不应称同治末。因此，"格致书院"的成立大致当在1874年，至迟不晚于1875年2月5日。

四、关于徐寿的儿子和他们的著作

袁文称"徐寿有两个儿子"，误。孙景康撰《仲虎徐公家传》称："兄弟三人，公其次也。"⑥可见徐寿有子三人，惟长子情况未见记载，或早夭，或无所

---

① 《锡金四喆事实汇存》页九。
② 《锡金四喆事实汇存》页七。
③ 《锡金四喆事实汇存》页十一。
④ 闵尔昌：《碑传集补》卷四三。
⑤ 《徐愚斋自叙年谱》附。
⑥ 《锡金四喆事实汇存》页十六。

成就，均有可能。《清史稿·徐寿传》仅称寿子建寅、华封二人，袁文或依之而误。按建寅字仲虎、华封字祝三，依中国取字传统习惯，此当为次子、三子无疑。

建寅与华封均受其父影响，从事化学研究。所谓"子建寅、华封，皆世其学"，"并从父译书行世"①，袁文未具体指出他们的译书，据《汇存》附录徐氏兄弟所著书目载，仲虎译著有《器象显真》（二册）、《器象显真图》（一册）、《兵学》（八册）、《欧游杂录》（二册）、《德国合盟本末》（一册）、《德国议院章程》（一册）和《轮船布政》（二册）等七种。祝三译著有《电气镀镍》（一册）和《考试司机》（六册）等二种。

原载于《光明日报》1957年8月15日

----

① 《清史稿·徐寿传》附。

李慈铭和他的游记

晚清同光时期，绍兴出现一位学问广博，而以诗词称于时的名人。他名李慈铭，字莼伯，号莼客。道光九年（1829）生，光绪二十年（1894）卒，年六十六。李慈铭生平好写日记，从二十岁开始，一直写了三十五年，名曰《越缦堂日记》，据说有六十余册，加上已佚的晚年日记八册，竟达七十余册，数量不可谓不大。内容所记为经历见闻及读书心得，其中最有价值的当是他的读书心得部分。民国时有由云龙者，从《越缦堂日记》中辑出其读书心得部分，题作《越缦堂读书记》。虽经排印，但未发行。二十世纪六十年代初，中华书局又据由氏辑本，与日记校订、增补，成近百万字的《越缦堂读书记》，分装两册，于1963年正式问世，为学术界提供一部有一定学术水平可供参考的著作。于是人多以李慈铭与《越缦堂读书记》相联系，而忽略他的其他方面。特别是他的一本游记著述《萝庵游赏小志》。

《萝庵游赏小志》为李慈铭抒写山川景物之作，文笔优美，清新细腻，每一小段皆可当游记美文读。其行踪所至，又每以干支纪年而有月日，类似日记体例，颇有益于了解撰者部分生平。是书所写上起道光二十年（1840）十二岁时，下迄咸丰九年（1859）。游踪所至，大抵不出绍兴、萧山及杭州周围。凡柯山、鉴湖、兰亭、州山、灵隐、西湖、平湖、江寺等胜迹，皆有所记。如道光二十四年（1844）记游兰亭云："山水秀发，朗然玉映，有王谢子弟清华蕴藉之观，乃知右军所取者，其风流相似也。其时亭馆已圮，竹圃亦就荒。惟林木翛翛，拂风映水，犹觉晋人吐属去今不远耳。"咸丰四年（1854）三月二十七日游柯山，记其景物是"一路山色浓蔚，林采晶碧，夕阳晃晃，金翠万层，是吾乡山水极着色画也"。撰者刻画山水，文字整齐，颇具意味。虽非长篇，但小品自有韵致。绍郡风流，尽在笔下。撰者于写景中，间记社会情态，如记道光二十一年（1841）

绍兴庆祝道光帝六十寿辰之盛况云：

> 辛丑八月，宣宗六旬万寿，越中张灯特盛……极力绘日月之光，报功德之盛。城中江桥笔飞坊至东昌坊大街，十里廛肆鳞栉，各处灯样，以工相尚。鸾回鹤箪，云实日华。又尽出奇器宝物、青鼎绿彝、玉屏珠帘，以及古书古画、珍禽异兽、瑰草奇花之属，无不护以栏楯，夹道列观。入夜则星火渐繁，笙歌迭起，而各寺庙中，复结采台舞榭，标云叠霞，敷金散頮，绛天百仞，繁曜缀空。游人多饰香车宝马，一片光明锦绣中。钗钿咽衢，裾襦寻巷，所谓路曜便娟，肆列窈窕者……盖吾越繁盛，极于此矣！至九月，英夷陷宁波，犯余姚，越人仓皇四遁，久而始定……

强敌压境，犹奢靡侈华如此，宜乎其兵备废弛，粤海败绩，浙东告急。道光帝于清代诸帝中，尚有节俭之称，而莼客此记，亦当破其虚谀矣！

是书成书于同治元年（1862），为忆往之作，其书首有自序云：

> 同治壬戌（元年），客居京师，涕泪幽忧中，间取昔来游赏之事，一一志之。冀假虚沤以沫枯鱼，设寓食以起饿隶，后有览者，不其悲乎！乌呼！自幼而壮，游之事可尽也。一石一水，一树一卉，随所记忆，略诠次之，名以萝庵。

自序又云，其所以名书为"萝庵"者，以其极赏柯山萝庵左近之景物，以为此"可以名平生之赏"，而在"予游赏，惟萝庵为可名也"。故此小志中亦以记萝庵风景为特详。绍兴今为文化名城，遍地人文风流，李慈铭其人其书，亦可为绍兴文化增一碎玉，实应为当地所重视。

原载于《绍兴日报》2003年3月5日

母女诗人

　　清代女诗人中的左锡嘉与女儿并有诗名，以母女诗人享誉诗坛。左锡嘉（1830—1894）是湖南巡抚左辅的孙女、凤阳知府左昂之女、吉安知府曾咏之妻，可称是名门士族。她与姐姐左锡蕙、左锡璇并有诗画名。左锡嘉于夫死之后，独力支撑家事，为教育子女成立，卜居于成都杜甫草堂之侧，而家道贫困，遂利用通草，染刮成片，剪为彩花贩卖以补贴家用。曾自作《寒夜剪彩》五言诗纪生计辛劳说："自笑生涯拙，无由觅稻粱。夜长双剪冷，心苦百花芳（自注：家贫自制剪彩花以博微利）。阴影疑含露，高标不畏霜。明朝深巷卖，聊助玉台妆。"

　　左氏诗作古朴自然，得魏晋遗意，其闺中所作多富情趣，如《雨后》一诗云："短篱穿过一枝竹，小院分栽半亩花。雨后暗量瓜蔓架，明朝看长几分芽。"盎然生机，跃然笔下。

　　寡居后，诗多幽愤愁苦之情，如《强颜》一诗云："强颜色笑计承欢，腊雪惊心岁又残。野菜渍盐充首蓄，生薪带叶促晨餐。"从诗中可见左氏仰事俯蓄的艰难。左氏生平诗作甚丰，其次女曾懿、五女曾彦皆工诗文，精绘事。曾懿适湖南提法使袁学昌。学昌母左锡璇，亦工书法诗词，所作有《红蕉碧梧馆诗词》，与曾懿母左锡嘉为姊妹行。曾懿工篆隶，娴诗词，夫妻共好搜集、校勘金石碑版文字，有宋人赵明诚、李清照的闺趣。曾懿又精医学，所著《寒温指南》、《妇科良方》、《诊病要诀》等多种，已收录《曾女士医学全书》中。曾彦（1857—1890），适陕西大荔知县张祥龄。曾彦能诗画篆隶，所著有《桐凤集》、《虔其室词稿》及《魄林漫录笔》等传世。曾彦曾学诗于晚清诗人王闿运，为湘绮女弟子。又崇敬经学大师俞樾，时以未列门墙为憾，病中犹有诗云"伏生老去传经卷，愿作来生立雪人"，表示对俞樾学术成就的向往，可惜英年早逝。

左锡嘉、曾彦、曾懿母女三人均以诗名，为清代女诗人中少见的母女诗人，其生平除见收于《清代闺阁诗人征略》、《中国美术家人名辞典》等多种著述外，近人刘咏聪拟编的《中国妇女传记辞典·清代卷》也录其事迹。

原载于《冷眼热心——来新夏随笔》（当代中国学者随笔）　来新夏著　东方出版中心1997年版

王先谦功过

王先谦和叶德辉是清末民初湖南的"劣绅"。他们有学者的声誉，也有反对革命、反对民众的恶名。叶德辉的《书林清话》一直是研究藏书和目录的学者所必备的参考书，有一定的学术价值，解放后还再次重印过；但他所刻行的《双梅景闇丛书》因与房中术有关而给他带来了骂名。在乡里又多行不义，所以在大革命时期受到惩处。王先谦虽与叶德辉并有"劣绅"之名，但因为比叶早死十年，才逃脱了叶德辉那样的命运。

王先谦，字益吾，号葵园。湖南长沙人。生于清道光二十二年（1842），卒于民国六年夏历十一月二十六日（1918年1月8日），年七十六岁，几乎与中国近代史的全历程相终始。同治四年（1865）王先谦在二十四岁时成进士，历任编修、侍讲、侍读、中允和国子监祭酒、江苏学政等清要官职。光绪十五年（1889）四十八岁时就辞官归里。辛亥革命后，易名遁，以示隐遁之意，并迁居乡间，而所行也多为民众所不满，越六年而卒。

王先谦虽没有任言官这类职务，但对一些秕政奸行尚能直言谏诤，敢于碰硬。光绪元年（1875），他刚擢升中允充日讲起居注官时，就上疏力陈防弊，请求筹办东三省防务，并弹劾云南巡抚徐之铭等等，对当时政坛有所震动。六年（1880），他任国子监祭酒（相当于国立大学校长），本可以不问政治，但他在任职一年以后就上疏论中俄交涉问题，继而又上《招商局关系紧要宜加整顿折》，抨击盛宣怀、唐廷枢等办理洋务的人员，揭露招商局的各种弊端，以至李鸿章亲自出面申辩，亦足以见事态之严重。十一年（1885），他在守制服阕复官的第三年，以两江、两湖、两广等地发生数十年所未有的大水灾，仅湖南常澧一带就淹毙百姓万余人为理由，疏请三海停工，引起清宫的不满，由京官外放为江苏学政。十四年（1888），他又冒着一定的风险上疏请求严惩当时权倾中外、炙手可热的太监李莲英。疏中尖锐地指斥李莲英种种恶行说："总管太监李莲英，秉性奸回，肆无忌惮。其平日秽声劣迹，不敢形诸奏牍。……该太监夸张恩遇，大肆招摇，致太监篦小李之名，倾动中外，惊骇物听，此即其不安分之明证。……若不严加惩办，无以振纲纪而肃群情。"疏上不报，这对他可能是一种最好的反馈。第二年，他意识到宦途无望，遂辞官回籍，当时还仅仅四十八岁。

王先谦的屡次上书虽是针对时弊，但主要还是为维护清朝的统治，因此对于新思想新事物特别是民众运动无疑是抵触和敌视的，他辞官回籍后，正遇上维新运动在湖南兴起，当然不能为顽固守旧的王先谦所接受。于是，他肆力攻击湖南维新变法运动。在义和团运动爆发后，他又诬蔑义和团运动为"自来未有之惨变"。辛亥革命前夕，长沙饥民围困巡抚衙署，被卫兵击毙数名，民情益愤，掀起了抢米风潮，王先谦看到清廷已是岌岌可危，经不起更大的风波，有一种大厦将倾的感觉，他想以绥靖态度缓和矛盾，所以联合士绅，带头上书，要求更换湘抚，不意为极为顽固的湖广总督瑞澂所参奏，得降五级的处分。这对于一个忠清士绅来说确是一种打击。他在政治上的这些所作所为，应该说是阶级与时代的局限，他所受到的历史谴责是理所应当的。但是，我们也该看到他在教育和学术领域中的种种活动，并对这些活动加以研究，给以应有的评价。

王先谦曾先后主持云南、江西、浙江等省乡试，都比较认真地网罗人才。他在任江苏学政时曾为当地教育机构南菁书院广泛地筹划经费，认真地选拔人才入书院学习，造就人才不少。他辞官回籍后，历主思贤讲舍和岳麓、城南两书院讲席，亲自培植人才，对乡邦教育事业有所贡献。

王先谦还曾罗致文人学者从事古籍与历史文献的编校刊印工作。他在江苏学政任上时，曾奏设书局，仿照前辈学者阮元编纂《皇清经解》的体例，纂成《续皇清经解》一千四百三十卷，为研读经学著作提供一部足资参考的汇编性丛书。他在光绪十年又完成了《十一朝东华录》六百二十五卷的编纂工作，对清同治帝前的十帝十一朝历史做了繁重的史料缀辑工作，为研究清史和中国近代史的学者奠定了重要的史料基础。即此两项，他对中国近代学术研究的贡献是应该给以肯定的。除此以外，王先谦还有诗文和专著行世。他一生的诗文汇集为《虚受堂诗文集》三十六卷。他尚著有《尚书孔传参正》三十六卷、《三家诗集义疏》二十八卷、《汉书补注》一百卷、《荀子集解》二十卷、《庄子集解》八卷、《日本源流考》三十卷等书，几乎涉及经史子集各个方面，为清代学术作出了应有的贡献。他还为自己的一生行事写成《葵园自订年谱》三册，自记至卒年。前二册记至光绪三十四年，并刊于当年。第三册由宣统元年至民国六年，但于民国后即以干支纪年，表示不奉民国正朔，而在三册年谱合刊时，仍署光绪三十四年刊，当系谱主遗愿，益以见其人之坚持遗老立场。

综观王先谦的一生行事，明显地站在封建地主阶级的政治立场上，所行也有违背民众利益之处，应该受到历史的批判；但他在学术、教育方面，特别是学术方面的成就仍应给以应有的评论，似乎不宜以"劣绅"概其全面。对于这样一类人物（更有甚者如罗振玉等），似应如近年对曾国藩、周作人等人的研究，根据翔实的资料，进行深入、全面的分析，得出恰如其分的评价。

原载于《一苇争流》（历史学家随笔丛书） 来新夏著 广西人民出版社1999年版

通俗史学家蔡东藩

几年前我曾写过一篇题作《历史与演义》的文章，其中有一大段涉及蔡东藩和他的通俗演义，文中写道：

中国有一套自黄帝开始至清朝为止，延续不断，只有重复而不中断的二十六史。但是这样一套通贯古今的大书要求国人都去阅读，实难行通。所以有些有识有学之士，以自己熟读史书的功力，把许多史事和人物消化咀嚼，加以故事化、情节化和通俗化，改写成演义，把演化出来的历史大义普及到万民之中，起到了一定的存世教化作用。我的一位乡先辈和远房姻亲蔡东藩先生，僻居在一处名叫临浦的小镇上，教读之余，撰写了篇帙繁复的历朝通俗演义，为一般平民提供了良好的历史读物。我生也晚，未能面谒受教，但听父辈说，蔡先生对史书几乎是倒背如流，会讲故事，文笔也快。虽然生活条件很差，仍然写作不辍。他写这么大套书，可经济所得无几，而经营这套书的会文堂书店却发起来了。我学历史就是从蔡先生这套书入门的。后来有不少史学同道也多受此书启蒙，更有很多不专攻历史的人也都从中得到古今历史的大概。（《来新夏书话》页121，台湾学生书局出版，2002年10月）

这是我对蔡东藩一次很粗略的勾画，只表达一种仰慕之情，而对这样一位留下大量精神财富的史学大家的生平与事业，显然是论述非常不足的。多年来总感到这是对乡先贤的一种负疚。因此特就其人其书作一论述，以尽后学阐幽抉隐的职责。

一、一位具有高尚品格的通俗史学家

儒家亚圣孟轲曾对学者的最高品格境界作过具体的界定，他在《孟子·滕文公下》篇中说："富贵不能淫，贫贱不能移，威武不能屈，此之谓大丈夫。"意思是只有三者具备，方称得起是个顶天立地的大丈夫。若衡之于蔡东藩先生的生平行事，诚无愧于三者。

蔡东藩（1877—1945）名郕，字椿寿，浙江萧山临浦镇人。他的一生正处在中国近代历史发生巨变的时代，他经历了甲午战争的中国失败，维新变法的惨痛，八国联军的疯狂侵略，辛亥革命的推翻帝制，袁世凯的帝制自为，北洋军阀的纷争混战，以及中国人民的八年抗日等惊天动地的事件。世事纷扰，山河破碎，不能不使这个长期接受传统文化教育的知识分子，日益加深其忧患意识，而不自觉地熔铸了他具有儒家学者三项标准的优秀品格。

他出身贫寒，过着箪食瓢饮的日子，住着以教读抵租金的居室，虽是比较简单的斗室，但他因其临近浦阳江一支流而命名为"临江书舍"或"临江寄庐"，不过并无任何标识，只求自得其乐；吃的是青菜豆腐，穿的是一袭青衫，可是，他并不以此清贫生活为苦，依然教读行医，著述不辍。他在光绪十六年（1890）年仅十四岁时，即成秀才，为乡人亲友所称赞，后科场不顺，多次失意，直至宣统二年（1910）三十四岁时，才以优贡朝考，名列一等，分发到福建候补知县（一说分到江西。此据蔡氏后人所撰《年表》）。如果他能降志辱身混迹官场，也许能博取富贵，但一则他家境贫寒，无力应酬；再则他看到官场各种蝇营狗苟的无耻恶习，就在馆驿中奋笔疾书了明示志趣的话说："礼义廉耻，国之四维，四维不张，国乃灭亡。我枉文以求知，已增惭汗。如果再枉道以求官，那等于为国添一蝇狗，即为国家多一蠹贼。负己尚可，负国负民，断不可以。"（蔡福恒：《正直为人 不阿时好》）这些慷慨激烈的言辞，实为腐败官场所罕见。从此，他决意敝屣荣华，告病归里，重回"君子固穷"的旧日生活。他手无缚鸡之力，不过一介书生，但能临危不惧，铁骨铮铮，当他所写《民国演义》问世后，因秉笔直书，有触犯军阀劣迹数处，遂遭武夫恐吓，弹头威胁，有人亦劝其曲笔，"隐恶扬善"，但他决不为动，宁愿搁笔，决不曲笔。蔡东藩的种种立身行事，应说是合乎孟子对于大丈夫的三项要求，而称得起是一位善于继承优秀文化传统的真正儒者。

蔡东藩又是一位教育家,他不仅就馆人家,设帐施教,还担任过萧、绍地区的中小学教师。他为了更广泛地引导学生接受新思想、新风尚,特地精选了中外有关政治历史的论说文80篇,编为《中等新论说文范》一书。他在该书自序中明确表述了编选主旨是:"夫我伸我见,我为我文。不必不学古人,亦不必强学古人。不必不从今人,亦不必盲从今人。但能理正词纯,明白晓畅,以发挥新道德、新政治、新社会精神,为新国民之先导足矣!"

蔡东藩自绝望于官场,即倾其毕生精力于著述。他一生著有《中等新论说文范》、《续增幼学故事琼林》、《留青别集》、《留青新集》、《续增唐著新尺牍》、《内科临证歌诀》、《客中消遣录》、《楹联大会》、《风月吟草》、《写忧草》和《浮生若梦》等,而他用力最勤、成就最大、影响最深的著述,则无过于他耗时十年所撰成的《历朝通俗演义》。正因为有这样一部通贯古今的通俗史学巨作,才使他赢得通俗史学家的美誉。

二、一套通贯古今的《历朝通俗演义》

蔡东藩著述很多,但能享盛名而传之久远的,则是《历朝通俗演义》。蔡东藩之所以能以极大的毅力完成这套通俗历史著述,绝非一时冲动的偶然行为,而是有其一定的思想基础。他身经国运艰危,目击风雨飘摇,不可避免地会像同时代有些知识分子那样,受到"救亡图存"时代潮流的冲击。当时,"实业救国"、"教育救国"、"富国强兵"等课题流传于社会,蔡东藩也必然会结合自己的条件作自己的选择。他深明亡史亡国的教训,而要用自己的文史知识和秃笔凹砚写出二千多年中国历史的兴衰治乱,用以警觉民众,振奋精神,以实现其"演义救国"的素志。就在他思考酝酿过程中,辛亥革命爆发,给他带来了希望的曙光,但迎来的却是北洋军阀集团的统治和袁世凯的帝制自为,蔡东藩在这种政治恶行的刺激下,决定先从《清史通俗演义》开始,其主要目的是以这个被推翻的专制政权为靶的,笔伐"洪宪帝制"。他在《清史演义》的自序中,即已明确自陈其主旨说:"孰知时事忽变,帝制复活,筹安请愿之声,不绝于耳。几为鄙人所不及料。"于是就在1915年秋动笔,用传统的章回体撰写《清史通俗演义》,至次年秋脱稿(蔡福源:《蔡东藩年表》。一些研究者根据蔡氏《清史演义》自序所署"中华民国五年七月"而定始撰年代为1916年,但1916年是成书年代，非始撰年代，应以蔡氏后裔所撰《年表》为据）。以后又陆续撰写各朝演义，直至1926年。总共撰写了十一部，分别是前汉、后汉、两晋、南北史、唐史、五代史、宋史、元史、明史、清史和民国史，据有人统计共六百五十一万余字，一千零四十回。如再加上蔡氏别撰的《慈禧太后演义》和增订的《中华全史演义》，则将达到七百二十四万余字（陈志放：《关于蔡东藩生平的一些释误和质疑》）。其规模不可谓不大，诚无愧为巨帙，而蔡氏所经辛劳艰难，亦足令后人景仰矣！至其写作成书问世的次序，则以由近及远和写作条件成熟与否来定。它们的次序是清史、元史、明史、民国史、宋史、唐史、五代史、南北史、两晋、后汉、前汉等十一部。

蔡东藩对《历朝通俗演义》中的每一部书都撰有自序。这些序不是装点门面的泛泛之作，而是他集中表述其通俗史学观点的重要资料，应该认真研读的。从序中的一些论述足以见这些演义著作的主旨和体例。蔡东藩为了撰写这套书曾博览正史稗说，融会贯通，出以真实通俗笔墨。他在各序中一再声称："事必纪实，语不求深，合正稗为一贯，俾雅俗之相宜"（《后汉演义》自序）；"以正史为经，务求确凿。以轶闻为纬，不尚虚诬"（《唐史演义》自序）。他陈述自己的写作目的是"但以浅近之词，演述故乘。期为通俗教育之助云尔"（《前汉演义》自序）。他要求自己对一朝重大史事不遗漏，如对前汉史事的论述是"所有前汉治乱之大凡，备载无遗"（《前汉演义》自序）。而元朝是史事繁杂，又不为一般人所熟悉，所以他用力特勤，自称："事皆有本，不敢臆造，语则从俗，不欲求深。于元代先世及深宫轶事，外域异闻，凡正史之所已载者，酌量援引，或详或略；正史之所未载者，则旁征博采，多半演义。"（《元史演义》自序）《元史演义》是蔡东藩融合中西史籍的力作，史料的搜集和考辨的功力甚深。吴泽先生曾撰《蔡东藩〈元史演义〉的史料学研究》一长文，分回进行详尽的辨析，肯定了蔡东藩"对正史、稗史之间的'异同'处，做了一番审慎的'考异'、'参证'和'兼收'、'并蓄'的工作的"。蔡东藩对历史是持论公正而不为时论所左右，如对流传市肆间的私家杂录就"不能无愧于心，憬然思有以矫之"，于是当为清史定位时，即做出了自己的论断说："革命功成，私史杂出，排斥清廷无遗力，甚且撷拾宫闱事，横肆讥议，识者喟焉。夫使清室而果无失德也，则垂之亿万斯年可矣，何至鄂军一起，清室即墟？然苟如近时之燕书郢说，则罪且浮于秦政、隋炀。秦、隋不数载即亡，宁于满清而独永命，顾传至二百数十年之久欤？"（《清史演义》自序）充分体现他写历史演义必须写历史真实的观点。

尤其令人敬佩的是，蔡东藩勇敢地突破当代人写当代史的种种阻塞而秉笔直书。他在《清史演义》自序中说："至关于帝王专制之魔力，尤再三致意，悬为炯戒。"《清史演义》着手于民国四年秋，正是袁世凯筹办帝制甚嚣尘上的时候，而成书的次年秋，又是袁世凯自毙之时。这不是巧合，而是作者有意识的行为。从中也能约略窥知撰者为什么把《清史演义》的写作提到第一位的奥秘所在。而自序中的词语也正是作者对"洪宪帝制"的历史鞭挞。民国十年正是"直皖战争"给民众带来兵燹灾祸之际，蔡东藩更运其如椽之笔，进一步地投枪于军阀统治的黑暗现状，他在自序中对民国十年来的政治状况做出历史的总评说："自纪元以迄于兹，朝三暮四，变幻非常，忽焉以非为是，忽焉以是为非，又忽焉而非者又是，是者又非，胶胶扰扰，莫可究诘。绳以是非之正轨，恐南其辕而北其辙，始终未能达到也。"继之，他历数民元以来的动乱不宁，更明确表达其正直的史德说："窃不自揣，谨据民国纪元以来之事实，依次演述，分回编纂，借说部之体裁，写当代之状况。语皆有本，不敢虚诬。笔愧如刀，但凭公理。我以为是者，人以为非，听之可也；我以为非者，人以为是，听之亦可也。"史家应有风骨，于此可见，亦无怪乎军阀武夫为之惧，而出以威胁之劣行！

蔡东藩在历史编纂法方面，也做出了重要贡献。他的著述虽以"演义"为名，但并不是相沿所谓的"演义体"如《东西汉演义》、《三国演义》等等。他不满意《三国演义》之类的演义书，他在《后汉演义》自序中，曾有所评论说："若罗氏所著之《三国志演义》则脍炙人口，加以二三通人之评定，而价值益增。然与陈寿《三国志》相勘证，则粉饰者十居五六。寿虽晋臣，于蜀魏事不无曲笔，但谓其穿凿失真，则必无此弊。罗氏第巧为烘染，悦人耳目，而不知以伪乱真，愈传愈讹，其误人亦不少也。"蔡氏就以此观点指导整套通俗演义的写作而自成一"新演义"体。"新演义"体的特色是，博览群籍，广搜史料，文笔力求通俗，叙事端在真实，间入稗史遗闻，不过修饰文字，敷衍情节，要不得脱离历史正轨。他还采用夹批、后批和注释等手段，以发挥自己的史观、史识。这一"新演义"体裁，很适于普及历史知识，供社会教化之助。颇便于以国史回归国人，鼓呼民气，尽史家之职责，所以，对"新演义"体固不得以小道视之，而当誉之为通俗史学，并堂皇列位于史部之一目。后之以历史为题材而着笔为历史小说者，何不取法乎此？等而下之，其戏说历史、亵渎历史者流，亦当自愧于先贤！

　　总之，蔡东藩以十年寒窗之功，囊括两千余年史事，成《历朝通俗演义》十一部六百余万字，其有功史学自不待言！其对后世的影响，也凿凿有据，不仅有多种版本，巨大印数，为众多读者所喜读；也为一些中小学采用作教学补充读物，当1936年该书出版第四版时，江苏省立南京中学校长张海澄曾函告会文堂说："《历朝通俗演义》于中等学校学生文史知识，裨益非浅。用特采作课外补充读物。"（柴德赓：《蔡东藩及其〈历朝通俗演义〉》）甚至如毛泽东这样具有丰富历史知识的政治人物，也在外侮日亟、山雨欲来的抗战前夕的1937年1月31日致电李克农，求购《历朝通俗演义》两部，作为床头翻读之书（1986年9月7日《光明日报》）。至于蔡东藩对历史演义的创意与成就，更应该受到后世的尊崇和仰慕。尊之为通俗史学家，谁曰不宜？当然，蔡东藩的历史观点，也不无可议之处，如对妇女的看法，对太平天国的评论，对现实政治的缺乏足够认识，等等。这些不能不说是由于时代的局限和乡居陋巷的闭塞所致，似乎不宜多加苛求。

原载于《文史知识》2004年第6期

胡燏棻小站首练新军

当甲午战争尚在进行中,清政府已见到旧军之腐败而谋有所改进,于是在光绪二十年九月将参与黄海之战的德国陆军军官汉纳根召京,与翁同龢、李鸿藻等人会晤。汉纳根提出三项建议,其中一项即用洋人西械,加练新军十万,全以新法教练。这一建议遭到李鸿章和胡燏棻等人的反对而被否定。十月间,清政府设立督办军务处,由王公大臣负责,并谕令立即开办练军事宜,由胡燏棻自行试办。

胡燏棻(1841—1906)字云楣,安徽泗州人。夙以谈洋务著称,是李鸿章赏识的淮系官僚。历任广西按察使、总理各国事务大臣及邮传部侍郎。早在广西时,他即上书抨击旧军的腐败。及受命练军后,即于光绪二十年十二月下旬在马场练定武军三营,规模虽小而步、骑、炮、工俱全,用费又较汉纳根建议为省,所以受到清政府“颇见成效”的赞扬。不久又得到督办军务处的支持,扩充为十营5000人,实际人数为4750人。这些兵士都先后由天津、山东各地招募而来,用西法教练。

光绪二十一年闰五月,甲午战争已告失败,胡燏棻亦已在马厂开始练兵,乃就其练兵思想结合局势危急,上万言书论变法自强十事,其第八事即“创练新兵以资控驭”。他首先分析了这次战败的原因所在,具体地指出应痛改的四项积习:

一、统兵大将,骄奢淫佚,濡染已深,军需日增,勇额日缺。上浮开,下折扣,百弊丛生。兵之口粮尚未能养赡一身,谁肯效命疆场?以致万众离心,遇战纷纷溃败,此病一也。

二、先事一无培植,一闻招募,各营员皆以钻谋为能事,不以韬钤为实政，是官先不知战，安望教兵以战，此又一病也。

三、本地无著名之厂，件件购自外洋。承平之日，部臣以款绌为难，先事未能预备。及变起仓促，疆臣各办乃事，但以购得军火为责，未能详求。以致同属诸军，而此营与彼营之器不同。前膛后膛，但期备数。德制粤制，并作一家。所由一旦临阵，号令不能划一，施放不能取准，此又一病也。

四、一切攻守之法，又沿旧习。湘楚各军，尚有以大旗、刀矛为战具者。并有持新器而茫然不知用法者。犹复师心自用，以为昔年曾经战阵，即无不能御之敌，承讹袭谬，沿而不改，此又一病也。

胡燏棻在此认识基础上，提出了改革军制，编练新军的四法，即：训官之法，练兵之法，放饷之法，简器之法。并决定新军编练的规模是"北洋宜练兵五万人为一大支"。胡燏棻这份近万字的万言书，对晚清的军制改革是一件重要文献，对破旧立新起到耸动视听的作用。

光绪二十一年九月初，定武军因马厂营房不敷应用，而移驻小站。小站是距天津东南约七十里的一个小镇，是李鸿章所部周盛传弟兄盛军经营二十年的驻扎屯田之所。胡燏棻的定武军十营移驻到这块沃土上，开始了"小站练兵"。它的各级军官都是淮军将领，同时还选拔了天津武备学堂的毕业生何宗莲（总教习）、吴金彪、曹锟、田中玉、刘承恩等担任教习和军官，购置西洋先进武器，又聘请德国军官沙尔等人任教习，根据德国陆军操典进行训练。力求以新的装备、新的武器、新的训练，形成新的阵容。

这支定武军于光绪二十一年十月二十二日，因胡燏棻调任他职，而由袁世凯接管，成为"北洋新军"，即"新建陆军"的前身。它是北洋军阀武装力量的直接奠基石，因而晚清首练的新军应是胡燏棻的定武军。

二〇一〇年岁末

原载于《今晚报》2011年1月7日

想起刘铭传

——纪念台湾建省120周年

历史上有许多建功立业的人物，但大部分随着历史洪流的冲刷，渐渐被淹没；另有些人遇到时代的机遇，重新从遗忘中浮现出来，为人们所瞩目。在清代晚期曾有一位出身行伍，并为清政府立有战功，身跻封疆大吏的人物；但他的事功，并不为人所熟知，在官书上也不过有一些履历性的记述。不意近几十年，由于台湾成为时代的敏感点，而这个人又为台湾做过许多令人难忘的好事，于是不少人想起这个人，而把他重新提到历史的祭坛上。他就是淮军将领刘铭传。

刘铭传（1836—1895），安徽肥西人，以军功起家，是李鸿章淮军手下"铭军"的首领，平生很注重建功立业，曾自誓说："生不爵，死不谥，非丈夫也。"他一生做过三件大事：镇压太平军、捻军起义，抗击法国侵略者进犯台湾和开发台湾建立省制。其中开发台湾所建立的丰功伟绩，不仅是刘铭传一生事业的最亮点，也是晚清时期最值得纪念的历史光彩，更是台湾史上划时代的里程碑。正因如此，不能不令人想起刘铭传。

刘铭传的前半生虽有镇压反抗的历史罪过，但他在无意中曾为历史做出难以估量的文化贡献。同治三年的春夏之交，刘铭传在攻陷江苏常州、住在太平军护王府的某个夜晚，正在似睡非睡的时候，突然听到院内有金属撞击声而引起他的警觉，便令护兵搜寻，终于在一个马厩中发现，是马的铁龙头和马槽的碰撞声。经过仔细辨认清洗，原来马槽是一件青铜盘，底部刻有籀文百余字。刘铭传知道这是件宝物，偷偷命人运回老家。后经考证，这件宝物原是公元前816年周宣王时的青铜制品，名"虢季子白盘"，是传世最大的西周青铜器。这一发现是对古器物史的一大贡献，但也给刘铭传和他的家族带来若干麻烦，不仅当时得罪喜好古器物的朝廷显要，后来也不时受到外国古董商的骚扰和权势者的豪夺，不过终于抵制住种种觊觎和垂涎。中华人民共和国成立后，他的后裔把宝物献给国家，成为与毛公鼎、散氏盘并称的我国三大青铜器国宝。

刘铭传的第二件大事是，中法战争时期，受命抵抗法军的进侵台湾。他力排众议，运用奇特的战略战术，击退法军的进犯，取得防护台湾的辉煌胜利。这次抗法防台的战事也引发他对台湾地位重要性的认识，对他以后致力开发台湾，给予了重要的启示。

对台湾建省开发，是刘铭传的第三件大事，也是他一生事功的顶峰。台湾自古以来是中国不可分割的一部分，但不断为若干侵略者所觊觎。明朝亡后，郑成功驱逐荷兰占领者，自建政权，孤悬海外。清康熙帝在他即位的第二十二年时，统一了两岸。第二年就正式将台湾置于福建巡抚统辖之下，设立府一级的政府机构。经历了二百年的开辟经营，到了光绪初年，一些有识之士，渐渐感到台湾是资源丰富、战略地位重要的地方，而美、英、日等帝国主义更虎视眈眈地要吞吃这块肥肉，议论纷纷，甚至引起朝野的关注。经过王公大臣和各省督抚的讨论，终于在光绪十一年（1885），清政府决定在台湾建立省一级的机构，并任命原任福建巡抚的刘铭传为首任台湾巡抚。

刘铭传得知自己的任命后，没有沉浸在功名利禄中，而是冷静地思考台湾的未来利益。他考虑建省条件尚未成熟而一面奏请缓建，一面提出"办防、练兵、清赋、抚番"等四大重点，积极进行筹建工作。光绪十三年正式建省，刘铭传积极推行各项措施。首先建立省的各级机构，设三府、一州、十一县、三厅，完成直属中央的正规体制。修筑基隆与恒春间的铁路，为练兵造器、繁兴商务提供方便；建立学堂以灌输新知；整理田赋以增加岁入；颁行邮政以传递沟通信息；招商开发资源以发展贸易；等等。他虽然只在台短短六年，但他的作为，确实取得突出而辉煌的成绩。

刘铭传的这些建设计划，都是适应时代要求，吸取国外有益经验，有利台湾走向开辟发展兴旺道路的措施。但是刘铭传却面临着三方面的压力：一是吝啬的清政府感到凭空增添了一笔有关新措施的支出；二是朝廷中的旧官僚认为这是"夷化"，制造攻击舆论；三是由于招商开发资源，侵犯了当地绅商的既得利益。刘铭传受到各方的压力与牵制，整个计划难以完全顺利地推行。刘铭传终于在光绪十六年心力交瘁地托病辞任。继任的邵友濂，畏葸因循，是一个无所作为的官僚，台湾的近代化建设遗憾地中辍。

　　刘铭传对台湾建省开发的功绩，为后世史家所颂赞，连横的《台湾通史》为刘铭传立了专传，把他提高到与古代改革家商鞅、管仲比肩的地位，认为刘铭传的在台功业"足与台湾不朽矣"。《清史稿》不仅把他突出于淮军将领之中，还肯定他的"守台治台，自有建树"的功绩。八十年前有一部题名《台湾》的专著，极加推崇，说他"治台之声誉载道，东西人士皆敬之"，并历举其各项有效措施，认为刘铭传时代"是为台湾进化时代"。近年，两岸一些史学家也多有赞扬性的一致评说，认为"近代台湾的政治国防、经济交通、文化教育，均在他手中树立了规模，奠定了基础"。不仅如此，刘铭传事功的影响，源远流长，口碑载道，台湾人民一直在怀念他的功绩。台湾至今尚有以他名字命名的大中小学，基隆还有一条刘铭传路。我曾亲访过一些铭传学校的负责人，都说与刘铭传无宗亲、血缘和经济等方面的关联，只是仰慕这一人物对台湾开发的劳绩而已。

　　当前由于民族国家的统一已成为国家核心利益之所在，台湾问题日益受到重视。幸运的刘铭传又遇到身后再一次的新机遇。今年正是台湾建省120周年，人们因刘铭传曾为台湾建设付出过的心血而想起他，想起他对台湾开发的功绩，想起他不该受到的冷漠。刘铭传的名字将更深地印在每个关心两岸统一事业的人们心中。人们行将在中国近代史册上看到一位富有作为而熠熠发光的历史人物，在祖国的历史长河中，定会增添一位值得纪念、值得研究的历史人物。

原载于《光明日报》2005年11月11日

召唤饮冰室

十九世纪末二十世纪初，在中国政治舞台和学术论坛上闪现着一颗时明时暗的明星。他的名字是梁启超。他虽拥有"维新志士"和"国学大师"两顶并享誉于世的桂冠，但他政治活动的成绩，远不如学术成就之具有影响。梁启超是一位博涉群籍的学者，于文、史、哲、经各个领域皆有所贡献。特别是在史学领域中，他为建立资产阶级史学理论和治学方法曾自清末以来进行了二十余年的努力，留下了多种著作。《中国历史研究法》是他在史学方面亲手完成的最后著作，而这部著作就成书于他在天津旧意租界寓所旁的书斋——饮冰室中。当然梁启超在饮冰室中还写了若干其他学术著作，并策划过一些政治活动。

梁启超从1915年定居天津后，虽不断离津到有关地方去参与政治和社会活动，但主要精力还是在饮冰室中做"不朽之盛事"。《中国历史研究法》是他于1921年秋应天津南开大学之聘在该校主讲中国文化史时的讲稿而合成为一书的。梁启超非常重视自己这部著作，他在次年成书的自序中说：

> 启超不自揆，蓄志此业，逾二十年，所积丛残之稿，亦既盈尺，顾不敢自信，迁延不以问诸世。客岁在天津南开大学任课外讲演，乃衰理旧业，益以新知，以与同学商榷。一学期终，得《中国历史研究法》一卷，凡十万余言。

梁启超在自序中所说的"蓄志此业，逾二十年"的说法，的确没有过分。他缅怀着二十世纪初期，对封建史学的揭竿发难，为建立资产阶级史学披荆斩棘的光荣往事。1901年，他在《清议报》上发表的《中国史叙论》和1902年在《新民丛报》上发表的《新史学》，吹响了资产阶级"史学革命和史学革新"的号角。他大声呼吁"史学革命不起，则吾国不救，悠悠万事，惟此为大"，显示他在上升时期的雄伟气魄。《中国历史研究法》这部晚期作品虽然缺乏原有的锐气，但在总结和概括资产阶级新史学的史观和史法方面仍具有划时代的意义。他在这部著作中阐述了资产阶级史学理论的程序，他提出要从读者对象、写作对象、扩大研究范围、加强客观认识、搜辑和考证史料、注意写作方法等六方面去改造旧史学。他还提出研究历史的方法程序是先定专题、搜辑材料、纵横联系、分析重点、探索心理与物质条件及其局限、观察必然与偶然等。而具体做法是对史料要"求备求确"、"博搜而比观"，要"正误辩伪"，要"同中观异，异中观同"，等等。梁启超的这部著作对后来确有重要影响，可以引他在一篇题名为《自励》诗中的名句来评说，那就是他撰写此书隐含着一种"著论肯为百世师"的愿望。

《中国历史研究法》在中国史学领域中是一部里程碑式的名作，而"饮冰室"则是这部名作的诞生地。"饮冰"是取《庄子·人间世》的"今吾朝受命而夕饮冰"的语意，表明他虽退居著述，但对世事的扰攘，仍怀着一种忧虑焦灼的挂念，包含着他对政治的脉脉含情，未能决然忘怀的内心活动。饮冰室的文化内涵足以作为天津这座文化名城的一种标识。它的旧址在今河北区南部，民族路中段西侧，是意式庭院建筑，据说原有装饰与陈设，很有价值，可惜未能得到良好的保护，早已面目俱非。有知情者见告，现在只能见到一旧书橱，尚可视为故物。它虽已于1991年8月即定为市级保护单位，但至今居室犹为民居所占，要想恢复旧貌，窒碍孔多。近悉市政府已定以旧意租界为主体，建设一处"意式风情区"，定位于以渗透某些中华传统文化精神的意式建筑为景观，以商务、旅游为重点的新型开发区。这一信息令人高兴，因为久被湮没，使慕名者为之怅然的饮冰室，即将有新生的机缘。不过，我也有一丝不应有的担心，近年的这类建设，往往倾斜于修通衢、建大厦那些易见政绩的方面，而未能多着眼于文化深层。我深深期盼着，这处曾出名著的名斋将在整旧如旧的原则下，为"意式风情区"增一大人文景观。惟望主其事者，有所采纳，幸甚！幸甚！

原载于《今晚报》2000年9月8日

应该怎样评价严修

——纪念严修先生一百五十周年诞辰

我从1950年到南开任教，至今足足六十年，对于南开大学的创建及发展历史，道听途说地略知梗概。南开大学的创建与严修和张伯苓都有密切的关系，他们的办学理念与躬行实践的功绩，至少说已是难分轩轾。但随着岁月的迁延，张似更为人们所关注，凡南开学人都知道张伯苓的大概，而于严修则知之甚少。我曾在校园中问过一些学子，知道张伯苓并能言其大略者为全部，而问及严修，则知之甚少，甚至有半数不知严修为何许人。我无意在严、张之间作任何比论，因为张伯苓在创建南开大学全过程中所付出的辛劳和贡献，有口皆碑，毋庸赘言，只是对严修的首创之功及其人品，略陈愚见。

严修是接受完整封建教育的一位知识分子。他顺利地走过科举道路而迈进仕途，曾官至学政、侍郎，应该说已是显宦的地位；但在"戊戌变法"影响和八国联军侵略的冲击下，思想发生转变。他树立起教育救国的思想，敝屣荣华，弃官归里，立志创办新教育，造就新人才。1902年，为了解新式教育，他第一次东渡日本，考察各类教育。回国后，就联合天津士绅在文庙东北隅创立私立第一小学，并在仓敖街上开校门出入，以与文庙区分。这是近代中国最早一所实行新式教育的小学校，无论管理、课程方面多借鉴日本，增设旧书塾从未有过的音乐、美术课，与旧式书塾迥然相异。1904年，严修再度赴日，作进一步考察观摩，多次到东京高师附小考察教学及幼稚园建设，回国后，即在第一小学设立幼稚园，同时又在严氏家馆基础上成立南开中学，推行新式教育。辛亥革命后，他谢绝一切公职的任命，一心探索和试验新式教育。1916年，他与在他家任家庭教师的张伯苓合作，试办专门部和高等师范班，效果不够理想。于是二人于1918年又先后赴美，考察教育。返国后，即不辞辛苦地分头奔走，筹款约人，终于在1919年9月25日建成私立南开大学，完成了严氏高等教育、中等教育、少年教育和幼儿教育的完整教育体系，为二十世纪中国教育史写下了耀眼的一笔。无怪在他离世后，天津《大公报》在社评中称他为"不愧为旧世纪一代完人"，给予严修极高的公正评价。

严修不仅仅局限于办教育一端，还积极关注和参与社会公共事业。1919年，为实现教育救国的抱负，他不顾体弱多病和丧子之痛，毅然决然与张伯苓共同创办南开大学，主动捐资赠书，并敦促他的亲家卢木斋捐资，建造南开大学图书馆。他曾向天津图书馆的前身直隶图书馆一次性地捐赠家藏珍籍一千二百余部五万余卷，奠定了馆藏基础。每逢荒年灾岁，不仅在家舍粥，还筹款救灾，稳定社会。他对公益事业能慷慨疏财，但持己却甚严。在旅欧时，袁世凯曾致函严修可以动用其诸子在欧学费之款项，作为旅欧费用，但严修表示旅费早经拨付，袁氏子弟学费则妥为保存，专款专用，不随意动用。严修很关心社会动荡所造成的灾祸，他在日记中曾记下民初京保津兵乱说"南阁前之火始熄"，"东方之火渐熄"，"北马路、估衣街皆被毁"等情况，显示出他对战祸的忧虑。

严修善于以仁心发现人才，助人成才。他在开始注重新式教育时，就从众人中发现张伯苓，即视为办新式教育的主要助手和伙伴，与其偕赴国外考察，并同筹划办新式教育，对张伯苓的教育实践活动给予非常的信任与支持。张伯苓在奔走建立南开大学，主张以实用为学科重点时，就有人恶意讥讽张伯苓是把科学从崇高地位拖到尘埃，是"只配做一个职业中学校长"。严修面对这一情况，不为所动，依然全力支撑张伯苓继续办学，终于办成中外驰名的南开大学，培养出难以数计的栋梁之才，张伯苓也成为极有成就的大教育家，严修的这一贡献是无人能与之比拟的。张伯苓在追悼严修的会上曾满怀深情地追念说："严先生道德学问，万流共仰。个人追随颇久，深受其人格陶冶。南开之有今日，严先生之力尤多。严公逝世，在个人失一同志，在学校失一导师，应尊严先生为'校父'。"张伯苓这一发自肺腑之言的评价，是对严、张的深厚友情及对严修历史地位的公正议论。他如对青年时代周恩来不存偏见的礼遇和无私资助以及对亲友子弟的奖掖，多有专文论及，这里不再涉及。

严修不仅行可为世范，还留下极为珍贵的文献积存。在他逝世之后，他的后人将他的一大批包括诗文集、日记、杂记、函札等在内的手稿，捐赠给了天津图书馆。其中日记部分，以其时间跨度较长，内容史料价值较高，引起一些学者的关注。严修日记手稿原系线装，共74册，始于清光绪二年（1876），终于民国十八年（1929），凡五十三年，其中有七年散佚付缺。作者使用的稿纸在版心下面刊有不同的书斋名称。有部分稿纸还印有栏目，是专用的日记用纸，如开始的《丙子日记》即印有反省类的"身过"、"心过"、"口过"，记事类的"晨起"、"午前"、"午后"、"灯下"等栏。《丁亥日记》比较简略，只有"温"、"读"、"写"、"看"四栏，可以按栏填写。其余大多是条格本。记事有繁有简，有删有改，全部日记都用墨笔小行书记写。其中《欧游日记》全部是恭楷，疑在旅欧途中忙乱，写得潦草，回国后又整理重新书写。可见严修的书法风范。有用不同色笔将不同年代内容记写于一纸上，其文字内容，记录较详，特别是后期，多有连篇累牍的记述，也有少量关于天象、物理的图画。各册以年份干支题名，或另标《恒斋日记》、《使黔日记》、《东游日记》、《欧游日记》等专名。这部长达五十余年的个人日记，内容广泛丰富，以记严氏日常生活起居及社会活动为主，兼及当时一些重要大事。举凡严修早年的学习生活、功名仕进及公务处理，与中外人士的交往及函电往来，国内外游历见闻，读书札记，兴教办学的思想和实践，以及欧美、日本等地的政治、经济、文化、教育、社会等方面的情况，均有所记。对研究严修生平思想、中国近代教育史、清末民初历史转型期的诸多变化，均有重要的史料价值。

今年是严修诞辰150周年纪念（1860—1929），不禁令我这个在南开大学安身立命整整一甲子的南开人缅怀严修与张伯苓对近代新式教育所付出的艰辛，以及创建南开大学所作的极大贡献。他们有共同的功绩，又是相互推重的知己，只是常使我感到对严修的评论和研究，似略逊于张伯苓，因而总想选读一种比较完整的严传作进一步的了解。前几年偶然读到李冬君所著《中国私学百年祭——严修新私学与中国近代政治文化系年》。作者采用编年体裁，把严修一生梳理辨析得非常有条理有创见，读完以后，颇有所得，尤其至今仍在记忆的是那本书的一则题记，评价严修的一生说：

　　他是一个学者，用一生来实验一个思想：将私塾改造为学校。用一生来会通一条学理：通中西之学，通古今之变，通文理之用。用一生来守住一个真谛：立国，自由民主；立人，忠孝仁义。

我非常赞同这位女学者的卓识，我期望更多人在推崇张伯苓的同时，不要忽略严修对南开大学、对近代中国新式教育完整体系的首创之功。鼓呼他，怀念他，尤其是南开人要虔诚地纪念和缅怀南开大学的这位"校父"——严修。

庚寅年元宵节写于南开大学邃谷，时为米寿之年

原载于《文史知识》2010年第9期

蹈海取义陈天华

1905年12月8日，在日本东京大森海湾，年仅三十岁的陈天华蹈海自杀，引起国内外的强烈反响。陈天华是近代资产阶级革命出色的宣传家。三十而立之年，正当风华正茂，却为何要结束自己宝贵的生命？是因人生的迷惘，抑或对革命前途失去了信心？一时众说纷纭。

其实陈天华在留下的《绝命辞》中就表露了采取蹈海行动的真实意愿。他说："惟留学生而皆放纵卑劣，则中国真亡矣。……鄙人心痛此言，欲我同胞时时勿忘此语，力除此四字（注：指放纵卑劣），而做此四字之反面：'坚忍奉公，力学爱国'。恐同胞之不见听而或忘之，故以身投东海，为诸君之纪念。"又说："中国去亡之期，极少须有十年，与其死于十年之后，曷若于今日死之，使诸君有所警动，去绝非行，共讲爱国，更卧薪尝胆，刻苦求学，徐以养成实力，丕兴国家，则中国或可以不亡，此鄙人今日之希望也。"可见陈天华用心之苦。在《绝命辞》中，他还为中国兴亡出谋划策，希望国家能日益强大起来。

纵观陈天华一生的言行，那么他采取蹈海自杀这种激烈行为也就不足为怪了。

陈天华，生于1875年，原名显宿，字星台、过庭，号思黄，湖南新化人，自幼家境贫寒，父亲是乡村塾师，故他从小读过不少书。他最喜欢的是民间流行的话本弹词，那些通俗易懂的爱国人物事迹，每每激发他的爱国激情。年少时就以光复汉族为念，遇乡人称道胡、曾、左、彭功业时，不仅鄙弃不顾，而且还面有愧色。陈天华早就以异族统治为耻。

在陈天华看来，中国历史上只有元朝灭宋、清朝灭明才是真正的亡国，而其他各朝的更替，只能说是换朝，而不能说是亡国，因为天下终究还是汉人的。本来汉人的天下，却让满族人占了，汉族人做了二百多年亡国奴，大家竟然还无动于衷，这已是奇耻大辱。更何况"我中华，原是个，有名大国……论方里，四千万，四洲无比；论人口，四万万，世界谁当？论物产，真是个，取之不尽；论才智，也不让，东西两洋……照常理，就应该，独霸称王。"可是"为什么，到今日，奄奄将绝；割了地，赔了款，就要灭亡？"所以，陈天华大声疾呼："耻呀！耻呀！你看堂堂中国，岂不是自古到今四夷小国所称为天朝大国吗？为什么到如今，由头等国降为第四等国呀？外国人不骂为东方病夫，就骂为野蛮贱种。中国人到了外洋，连牛马也比不上。"而且，"哪知把中国比各国，倒相差百余级，做了他们的奴隶还不算，还要做他们的牛马；做了他们的牛马还不算，还要灭种，连牛马都做不着。世间可耻可羞的事哪有比这还重的吗？我们于这等事还不知耻，也就无可耻事了。唉！伤心呀！"中国不仅亡国，眼看就要亡种，陈天华痛恨国人还不觉醒。

招来国家和民族如此耻辱的原因，陈天华以为是吴三桂、洪承畴之流贪图荣华富贵，投降卖国；是曾国藩、左宗棠之流认贼作父，自己残杀自己的同胞；是叶志超之流对自己同胞狠毒异常，一碰到洋人就贪生怕死，落荒而逃。对这些人，陈天华说："只恨我无权无力，不能将这等自残同种的混账王八蛋千刀万段，这真真是我的恨事了。"还有读书人，只知空谈"忠孝"两全，却不顾皇位上坐的是谁，恐怕是洋人，也会高呼"圣皇"。"这奴种，到何日，始能尽亡！"中国人竟落到这种地步，"做官的只晓得贪财爱宝，带兵的只晓得贪生怕死，读书的只晓得想科名……上中下三等人，天良丧尽，廉耻全无，一点知识没开，一点学问没有……国家被外国欺凌到极处，还是不知不觉，不知耻辱，只知自私自利，瓜分到了目前，依然欢喜歌舞……无耻的人，倒要借外国人的势力欺压本国，随便什么国来，都可做他的奴隶"。所以陈天华高呼"望皇祖告诉苍穹，为汉种速降下英雄"，希望救天下于水深火热之中。

陈天华既痛恨国人的麻木，又寄希望于国人团结起来，"雪仇耻，驱外族"。只要大家明白"没有国哪有家"的道理，去掉私心，当官的尽忠报国；当兵的舍生取义；读书的敢说敢干，带头争先；穷的舍命，富的舍钱；不管是新党还是旧党，不管信的是何种宗教，不管是男人还是女人，大家抱成一团，"前死后继，我汉种一定能建立极完全的国家，横绝五大洲。我敢为同胞祝曰：汉种万岁！中国万岁！"（《警世钟》）

陈天华的思想和言行表现出狭隘民族主义观念，过分强调满汉的对立，是有一定的历史局限性的，但他却把短暂的一生，献给了国家和民族的兴亡。"国不安，吾不娶"，个人的幸福他已顾不上了。而且，他早已置个人生死于度外，"人生终究一死，只要死得磊落光明。救同胞而死，何等光明！"在这国家民族危难当头之时，与其舍生怕死，做亡国之奴，行尸走肉，还不如"做雄鬼，为国争光"。

1903年，陈天华去日本留学，不到一个月，爆发拒俄运动，他毫不犹豫参加"拒俄义勇队"，准备上前线与俄军拼一死活。后因故未能成行，他便开始挥毫撰写《猛回头》、《警世钟》等文章，想以此来唤醒国人的爱国之心。

拒俄运动遭到清政府的野蛮镇压，陈天华愤懑焦虑，寝食不安。当沙俄大量增调军队侵入东北，国难日亟，陈天华闻讯"如痴如狂，如孤儿弱女之新丧考妣，奔走彷徨于故旧间，相见无一语，惟紧握友人手，潸潸然涕泪交横而已"。继而，陈天华咬破手指，奋写血书，备述亡国惨祸，寄回国内。

1904年9月，陈天华从日本回国，与黄兴等人策划在湖南长沙起义，后因起义计谋泄露，遭到清廷追捕，陈天华正襟危坐待捕，并沉痛地说："事不成，国灭种亡，活着也同死了一样，何必求活命呢？"经友人力劝，他才勉强离开，以留身待时。后陈天华再次去日本求学。

1905年10月，日本政府颁布《清国留学生取缔规则》，公然干涉中国留学生的自由。留学生团结起来，一致罢课，以示抗议。日本各报肆意嘲讽，讥为"乌合之众"，《朝日新闻》公然诋为"放纵卑劣"。留学生更加愤怒，准备全体罢学回国。但因大家观点不一致，对罢学回国出现意见分歧。为了鼓励留学界，坚持一心，贯彻始终，使日报种种诬陷伎俩不能得逞，这一次，陈天华终于采取以死抗争的方式，蹈海自杀，为国家和民族的中兴，他献出了自己年轻的生命。

原载于《只眼看人》（空灵书系）　来新夏著　东方出版社2004年版

"旷代逸才"的私档

辛亥革命前后是中国社会激荡剧变的年代，政治舞台光怪陆离，各种角色走马灯式地在表现自己：有的昙花一现，只是历史的过客；有的更换着脸谱，出将入相；有的则在历史长河的洪流中不断自我否定，历经沧桑而终登彼岸。一直被目为"帝制祸首"的杨度正是这后一种人物的代表。这个人物一生走在坎坷曲折的道路上。他青年时代是经学大师王闿运的得意弟子，继而怀着爱国救世之志，负笈东瀛，意气风发地涉世问政，但又为推行假立宪的五大臣提笔操刀。中年时，隐然有公辅之志，实实在在地为袁世凯称帝竭尽股肱之力，为人所唾骂；但转而又为孙中山效劳，奔走统一。他在国事混乱中迷茫寻求，终于在晚年走上共产主义道路，成为中国共产党党员，直到走完人生旅程，归真返朴，得到了光荣的归宿。他做错事做得实在，改错事又改得认真。夜路茫茫，他时而泥淖，时而曲径，时而又能觉今是而昨非。他弃旧坚决，图新勇敢。袁世凯嘉奖杨度"旷代逸才"的赞语，若从另一视角看，不是这种"旷代逸才"恐难完成他的这一痛苦而光荣的历程。

杨度的一生在新旧撞击时代中具有典型意义。研究杨度的生平和他的政治思想演变则是解剖当时某些知识分子思想状况的标本。可惜的是这个人物由于做了些错事而蒙上了灰尘。过去没有人去专门研究他，当然更无须去搜集和保存他的资料。可是，当他的曲折一生全部呈献在人们面前而想要去了解和研究他时，却又感到文献不足征。《杨度集》的问世无疑使这个人物一扫阴霾，拨云见日。但显示他一生的原型文献——私人档案仍付阙如。刘晴波同志为此主编《杨度集》以填补这一空白点，无疑是有筚路蓝缕之功的。

编《杨度集》比给其他近代人物编集更有难度。资料零散，又无依傍，编者依靠报刊、时人著作、政府官报和家藏抄件等，多方搜求，尽爬梳之力，集成六十万字。虽不无瑕疵，但矿砂已具，何难熔铸冶炼；粳籼在器，只待巧妇作炊。全集包括论文、讲演、函电、公牍、诗词、联语、课卷、书序、公启、碑文，诸体具备，而涉及内容有政治、经济、文化、教育和学术，包罗颇广，立杨氏私档的大宗。其中间还有一些片言只语是从他人著作中辗转剔取的，以求全求备，足见编者用心之苦。当然，编者如能将某些转录或剔取的片言只语辑入附录以别正录，则体例当更为严谨。

全集比勘考释的整理工作也多有可取。主编者并未因杨度之功而掩其过，而是公允求实地把时代的正反资料均加搜罗以还其本来面目。但所搜集资料间有点读不准以致割裂文字，当为书成众手而主编一时粗疏之误。

全集书首载主编代序，书尾附时贤论文，都可为研读全集及研究杨度生平与思想之先导。

原载于《冷眼热心——来新夏随笔》（当代中国学者随笔） 来新夏著 东方出版中心1997年版

袁寒云和宋版书

六十多年前，常听老辈谈起袁寒云这个人，给我的印象，他是一位能琴棋书画、好声色犬马的风流才子。后来知道寒云是袁世凯次子袁克文的号。袁克文曾用过豹琴、抱存、抱公等署名，不过以寒云署名多而为人所知。他的母亲是一位朝鲜女子。清光绪八年，袁世凯随吴长庆的淮军入驻朝鲜时，曾纳朝鲜女子金氏为第三姜而育克文。克文生于1890年8月30日（光绪十六年七月十六日）。后来袁世凯又将克文过继给第二姜沈氏抚养。克文幼年时曾受教于当时的知名学者方地山、沈宾古，学习文章诗赋。他天资颖悟，不仅在文学上达到一定的造诣，而且还擅作书画，能演京剧，以文丑著称。他又是一位古物珍籍的收藏家。

袁克文在袁世凯推行"洪宪帝制"时，曾一度盛传将被立为"储君"，以致为其长兄袁克定所嫉，遂有曹丕、曹植相煎之说。"洪宪帝制"失败后，他移居天津，并在上海构筑香巢，更加沉溺于声色，又嗜吸鸦片，家道日衰，以致靠出售藏品和鬻字维持生计。袁克文在上海时曾参加秘密社会的青帮组织，因他身份特殊，被列为当时辈分较高的二十一世"大"字辈，曾独开香堂，招收弟子。后因冒滥者众，于是在报端刊登"门人题名"，以清理门户。他还在天津开堂收徒。在这段时间，他写了《洹上私乘》、《辛丙秘苑》和《新华私乘》诸作，为其父袁世凯的行事辩解。

袁克文虽是一位裼裘公子，但并非只会风花雪月，而确具实学。他收藏古籍，经眼丰富，又深谙版本目录之学。他搜求到的近三十种宋版书，因家境日困而旋得旋失。不过他对所收藏、经眼的宋版书均有手写提要，后汇集为《寒云手写所藏宋本提要廿九种》。其中如所藏《群经音辨》、《李贺歌诗编》、《隋书》、《新编方舆胜览》、《韦苏州集》、《册府元龟》、《北山录》和《后村居士集》都是著称后世的著作，其他各种也都很有工艺与学术价值，因怕占用篇幅而不具载。

袁克文对这二十九种宋本图籍都撰写详细提要，叙各书得书缘由、刊印时间、缺卷残篇、避讳字样、行格藏章、刻工姓名、著录同异、版本辨证等等。虽然这些宋本原书一时难睹其全，却可借二十九种提要而略窥一二。袁克文手写之宋本二十九种提要稿，于其卒后由著名藏书家周叔弢为之影印，但未著出版处所和定价等，想系私人斥资，分赠同道。书由方地山题签，卷末有方地山题跋纪其始末说："寒云既鬻所藏宋本。一日，携此册付我，相与太息，有蒙叟挥泪汉书景象。辛未春二月，寒云化去，叔弢见过，偶语及此，许为影印。丽宋书藏，散落人间，仅此区区，为同嗜谈助耳！"查辛未春二月当为公元1931年2、3月间，而寒云卒于1931年3月22日，正辛未二月初四日，可见是书当影印于寒云谢世后不久，惟印数不多，今已难得其影印本，我曾在天津师范大学图书馆获观此件。

袁克文遁迹津门后，生活潦倒，而挥霍奢靡如故，旧日故人也难以资助，终致中年早逝，仅得年四十二岁。卒后家无余财，幸得帮会弟子醵金料理埋葬。袁克文遗有三子一女。其第三子袁家骝及媳吴健雄皆为驰誉世界的科学家。

原载于《今晚报》1993年3月16日

天津藏书家陶湘

天津藏书家虽不若江浙之盛，但也有足跻于全国藏书家之列的，如陶湘、金钺和周叔弢等人。金钺著籍天津，陶、周则为客居。三人均享高年，为跨越世纪人物。依齿序陶湘最先。

陶湘（1870—1939年），字兰泉，号涉园。江苏武进人，而居家天津多年。清光绪十六年二十一岁时，以大兴县学生员保送鸿胪寺序班，后又纳资加捐，累保至道员。历任京汉路北段养路处、机器处总办，行车副监督。1909年任上海三新纱厂总办，并兼税关公款清理处及城壕放丈局两处会办。民国以后，投身于实业及金融业，先后任上海招商局董事兼天津分局经理、汉冶萍煤矿董事、天津中国银行经理、北京交通银行总行经理、天津裕元纱厂经理、山东鲁丰纱厂经理。1929年曾应聘任故宫博物院图书馆专门委员，主持编订工作。晚年退职后由天津移居上海。

陶湘是近代目录学家、藏书家和刻书家。他虽然多年出仕、经商，但仍孜孜于学术，尤深于版本目录之学，曾辑著目录书多种，如《钦定文渊阁四库全书目录》、《摛藻堂四库全书荟要目录》、《内府写本书目》、《钦定校正补刻通志堂经解目录》、《钦定石经目录》、《石经萃宝藏宋版五经目录》、《明代内府经厂本书目》、《清代殿版书目》、《武英殿聚珍版书目》、《清代殿版书始末记》、《明毛氏汲古阁刻书目录》、《明吴兴闵版书目》，而为故宫图书馆编订的《故宫殿本书库现存目》3卷，用力尤勤，前后历时七年，收书达1290部，分十类排列。各书目均有功士林，嘉惠后学。

陶湘又酷好藏书，特别重视历代名家刻本，以其资财，广求精本善刻，其藏书处"涉园"历三十年经营，藏书达30余万卷。所藏以明本及清初精刻本为主，有明闵刻本32种110部，清殿版书百余种。生平尤喜收藏开化纸本，所以有"陶开化"之称。晚年境遇不佳，所藏逐渐流散。

陶湘不仅藏书，而且还选择所藏，斥资刊印流通。自清末以来，他先后刊行古籍约250种，如《涉园续刻词录》、《儒学警悟》七集、《百川学海》、《喜咏轩丛书》、《百川书屋丛书》正续编及《营造法式》等。他所印各书，校订精良，纸墨优选，行款装订，均称佳妙，为民国时期出版界所称誉。

陶湘于晚年曾回顾一生事迹，自编《涉园年略》，自叙至1939年七十岁时止，而陶湘即卒于这一年。《涉园年略》以记著述及刻书等事为主，尤以记刻书事为详。凡序跋、凡例，无不录入，为研究版本目录及丛书源流所不可或缺的重要参考资料，也为天津地方文献增一源泉。

陶湘与金钺、周叔弢均见收于天津政协文史资料委员会所编《天津近代人物录》，于三人均略述其藏书事迹，惟书后所附《人物分类索引》中，陶湘与金钺均被列为藏书家类，而周叔弢则入于工业家。叔老有知，或难欣然。

一九九二年六月

原载于《冷眼热心——来新夏随笔》（当代中国学者随笔） 来新夏著 东方出版中心1997年版

悲欣交集李叔同

当和尚的情况并不一样，有因触犯刑律出家免祸的，如《水浒传》中的鲁智深；有因家境贫寒被家人舍身为僧的，如一般寺庙中的小沙弥；有参透人生，悟道为僧的，原本有一定学术根底，又精研经律论三藏的，则是由儒而僧的儒僧。和尚中被称为高僧的，有不少人出身于儒，但在儒佛两道都有成就的却为数不多。在这一点上，我很景仰的有两位：前有屈大均，后有李叔同。

屈大均生活于明清之际，他在明朝（包括南明）生活了三十一年，仅仅是个秀才，算不上明朝的遗老；在清朝生活了五十年，但一直采取不合作态度。始而以儒者面目出现，传播儒家传统文化；继而又遁迹方外，以传统的逃禅方式来对抗新政权。我看屈大均当和尚似乎不存在"忠明"的问题，主要原因是他深受儒家"华夷之辨"的影响，视清朝为异族，既不肯臣服，又无力反抗，于是就利用逃禅的身份，以语言文字来保存和宣传华夏文化，这种行为当然不容于现政权。但在屈大均生前，清政府还忙于平叛定乱的重大问题，遂使屈大均逃脱了灾难，可在身后，仍然遭到乾隆的明令挞伐，上谕中曾痛斥逃禅的金堡和屈大均"诡托缁流，均属丧心无耻"。屈大均虽遭乾隆的冥诛，但仍能以他的名著《广东新语》等"屈沱五书"传世，而成为岭南儒家文化的重要代表人物。

李叔同学名文涛，叔同为其字。出生在清光绪六年（1880），处于清末民初，上距屈大均的出生整整二百五十年（1630—1880）。他们有若干相似处，如同处于改朝换代的社会转型期，一个由明到清，一个由清到民国；他们自幼饱受儒家经典教育，都有较深厚的儒家文化底蕴和名著传世，屈有《广东新语》，李有《前尘影事集》；他们的周围都有一批博学多识的精英，屈与著名学者顾炎武、朱彝尊、阎若璩和毛奇龄等多有往还，相互切磋求真求实之学，李则与王仁安、夏丏尊、孟广慧、丰子恺、马一浮等为师友。他们也都性好游历。屈以南人曾北游京师，周览辽东，西涉山陕；李则以北人旅居沪滨，东渡扶桑，布道浙东南闽。综观他们的一生，都无愧于儒僧之称。

但是，他们在相似中也还存在着很大的不同。虽然彼此都经历了社会转型期，可是屈所经历的是从一个封建王朝到另一个封建王朝，而李则是经历了结束封建制度走向共和国的转型，李所承担的社会冲击力自然要大得多。屈主要继承儒家文化，李则不局限于儒家文化，还对佛学、西学、美术、戏剧以及诗词等学无不博涉旁通，较之屈氏眼界更为开阔，思辨力更为深入。李氏的交游也不只是古学之士，而是社会各方人士：有饱学儒士，有文人骚客，有艺人名妓，有释子名流。这些方方面面的影响铸就了李叔同的各种才能，所以他能不拘小节地潇洒风流，他能吟诗填词绘画作书，他能粉墨登场唱京戏演话剧，真正成为"津沽风流在叔同"的具有传奇色彩的人物。

李叔同与屈大均的最大不同处在出世道路的不同，也就是为什么由儒而僧。屈大均的为僧纯出于民族界限，1651年（清顺治八年），当他二十一岁时，清兵围广州，屈为表示与异民族政权的不合作，即削发为僧，法号今种。李叔同的出世道路非常漫长，几乎是尽一生精力进行层次升华。他的入室弟子丰子恺曾用自己对人生的理解来分析李叔同的层次升华。丰子恺说：

> 我以为人的生活，可以分作三层：一是物质生活，二是精神生活，三是灵魂生活。物质生活就是衣食，精神生活就是学术文艺，灵魂就是宗教。"人生"就是这样的一个三层楼。

丰子恺认为人生就是在爬这样一种楼，但他认为不是每个人都能爬到顶，也不是每个人都要循层而上。他在1957年发表的一篇文章中认为李叔同的升华道路就是从一楼循层而上到三楼的。他分析说：

> 弘一法师是一层一层走上去的。弘一法师的"人生欲"非常强！他的做人一定要做得彻底。他早年对母尽孝，对妻子尽爱，安住在第一层楼中。中年专心研究艺术，发挥多方面的天才，便是迁居在二层楼了。强大的"人生欲"不能使他满足于二层楼，于是爬上三层楼去，做和尚，修净土，研戒律，这是当然的事，毫不足怪的。（《我与弘一法师》，见《李叔同——弘一法师纪念集》第106—107页，天津人民出版社2000年10月出版）

丰子恺还用喝酒打比方，酒量有大小，酒的品类也不同，李叔同的酒量大，必须喝高粱酒才过瘾，也就是必须到达三层楼才能满足他的"人生欲"。时隔四十余年，金梅先生于2000年为《李叔同——弘一法师影志》撰文时也把李叔同的一生划分为三大时期，即才子期、艺术教育家期和高僧期。虽说法不同，但与丰氏说法的精神是一致的。

从李叔同一生所走过的道路来看，丰、金二氏的分析是合乎李叔同人生实际的。他们的议论也比较平实而不虚夸。但是，我认为不如把李叔同的一生分为在世和出世两期更显示转变的明确，因为丰、金二氏所定的前两期是李叔同徘徊、探求人生的时期，许多时候都是在一、二层楼上上下下，可合并为在世期；而到1917年底，他在虎跑见友人彭逊之出家，大为感动，遂拜了悟和尚为师，了悟为其取法名演音，法号弘一，次年（三十九岁）秋，李叔同在西湖虎跑定慧寺正式剃度，入灵隐寺受具足戒为僧，并以法号弘一行世后，他的人生从此发生了一次大超越，进入其人生的出世期。在世、出世虽是两大时期，但却不是截然分开的。在世期所经历见闻的各种苦难所酿造的苦酒，被他慢慢地啜饮下去，推动他向解脱尘世纷扰的境界跑去，终于进入出世期。他清醒地看待自己的一生，临终时所留下的"悲欣交集"四字，就是他参透人生，最后彻悟的总揭示。他想到在世期的种种坎坷不平和人间百态，不觉悲从中来；但又想到自己能以慧剑斩断纷杂无绪的种种情思，一切烦恼涣然冰释而欣悦无比，于是安然升西。

李叔同不论在世、出世，一直以一颗赤红的心悲悯护爱周围的一切。他同情母亲的身世，怜惜母亲在家庭中的卑下地位，所以一生尽孝来填补母亲的生活空缺。当母亲早逝后，他改名为哀，号哀公，这种悲哀一直延续到他出家。他爱自己破旧的国家，以激越的心情歌唱祖国，写下了《祖国歌》、《我的国》和《大中华》等主题鲜明、感情充溢的歌曲，不仅流行于当时，而且传留于后世，至今犹作为校园歌曲在传唱。他爱朋友，和夏丏尊结为挚友。夏丏尊的《爱的教育》给当年无数少年以爱的培养；应该说与李叔同的爱心有一定关联而引为同调。他的学生丰子恺的《护生画集》，秉承师脉，呵护生灵，启示人们应有仁人爱物之心。他旅居沪滨，与当地名士许幻园、袁希濂、蔡小香、张小楼等相交默契，结为金兰之好，称"天涯五友"，不时杯酒唱和。他走马章台与名妓歌郎过从来往，并非单纯沉浸于欢乐，从他的赠名妓谢秋云诗中可见痕迹，诗云："冰蚕丝尽心先死，故国天寒梦不春。眼界大千皆泪海，为谁怅惘为谁颦？"这首诗透露李叔同对风尘人物的同情爱怜，也流露出他的忧时愤世。待他出世后，又恪遵戒律，清苦自守，说法传经，普度芸芸众生。他寻求的虽是一条消极之路，但确实抱着一片爱心引导同好者由此岸走向彼岸，用心至善！

1942年秋，李叔同以弘一法师的身份卒于泉州不二祠温陵养老院，时年六十三岁。他吉祥西去留给后人无限哀思，人们同情他起起伏伏的传奇一生，释家钦敬他重振南山律宗这一绝学。坐化后，遗骸分在泉州清源山弥陀岩和杭州虎跑寺两处建舍利塔，供僧俗瞻仰礼拜。有关他的诗文撰作，屡见不鲜。1980年，赵朴初居士为弘一法师李叔同百年诞辰所写献词尤能概括法师的一生，诗云："深悲早现茶花女，胜愿终成苦行僧。无数奇珍供世眼，一轮明月耀天心。"研究著述也相继问世，年谱、传记、全集、文集，不一而足，多为论述详尽，搜罗较丰之作，不过均以文字出之，对法师主身行事，缺乏形象感觉，似抱微憾。

左图右史本为我国记事之优良传统，图文并茂尤为读者所喜爱。近代摄影技术早已传入我国，晚清以还，更行普遍。法师僧俗影像当不在少数，以往每读法师诗文而无图像对照，时望有识之士广事搜罗，成一影集，以飨仰慕者，如亲謦咳。后见沪上有影集出版，惜欠充实。

2000年为法师120年诞辰，其故乡天津举办纪念会，我有幸获天津地方志办公室所编《李叔同——弘一法师影志》一书，读其行事，见其影像，一生踪迹，跃然纸上，欣悦无已，读之者再。

追念前贤，恍见历史转型期一大智慧者，流风余韵，情难自已，爰记其要，以念高贤。

原载于《中华读书报》2000年11月8日

首任民国总理缘何死于非命

清末民初政坛上曾有一位涂抹着历史过渡时期浓厚色彩的著名人物，那就是晚清尚书、民国首任总理唐绍仪。他宦海浮沉五十年，经历过若干重大政治风暴和漩涡，终而死于非命，成为一位引人议论的历史人物。

唐绍仪虽在清末居于高位，但他既不是书香门第，也不是封建科举制度下的"正途"出身。他于清咸丰十一年十二月初三（1862年1月2日）出生在广东香山县唐家湾一个有一定"洋味"的家庭中，父亲唐巨川是茶叶出口商，族叔唐廷枢是李鸿章手下的洋务大员。唐氏本人则在十二三岁时就以清朝第三批留学生资格出洋。经过七年苦读，接受了西方教育后便奉命归国任职，不久即派往朝鲜，开始了在朝鲜的十六年外交生涯。他在这段漫长的宦途中，不仅历练了政务才智，还结识了野心勃勃的袁世凯。他在袁世凯的支持下，清末任津海道、邮传部尚书；民国建立后唐被优选为首任总理，成为显赫一时、享誉中外的政坛大老。抗战发生后，他由香港还居上海，由于他的政治声望引起敌伪的注意，故被视作"以华制华"傀儡的最佳猎物，计划由唐组织全国性伪政府，取蒋介石地位而代之。日本许多特务首要如谷正之、土肥原等和汉奸陈中孚、温宗尧等频繁往来于唐府，于是唐绍仪出任伪职之说通过各种渠道在流传散播。

唐绍仪是历经政治风云、老于世故的成熟政治人物，对于自己的荣辱得失，是有充分考虑的；但又以身居日寇包围中的孤岛上海而不愿得罪任何一方，便采取与各方暧昧不明的态度，这就不能不引起各方的揣测，而置自身于险境。

国民政府在抗战初期还有所顾忌，不敢公然与日伪勾结，若唐绍仪出主南北统一的伪政府，可能会拉走一些党国显要而使其大扫面子，这对蒋介石的地位显然构成威胁，加以传说蒋与唐曾有宿怨，因此决心演出杀鸡儆猴的把戏来威慑异己，而责成军统执行。

　　1938年9月30日晨9时许，经过军统方面的精心策划安排，一辆黑色小轿车载着三个不速之客停在福开森路上一座漂亮的花园楼房前，两个商人打扮的人各携小木箱，另一人原系唐府旧随从人员谢志磐。正因为谢是经常来往的旧人，所以应门者毫不犹豫地将来客让入客厅，并从楼上请下主人后即退出。时间仅仅只有十几分钟，客人就携箱辞出登车疾驰而去。正当门卫有所疑惑时，客厅中已传出主人被害的呼叫声。原来唐绍仪已被谢志磐等三人奉军统之命所砍杀，横尸厅堂。次日，这一惊人消息不仅遍及沪滨，而且各报又竞相刊发具体情况，成为社会各界议论不休的话题。

　　刺唐杀手无疑是军统所派，据台湾出版之《中外杂志》所载军统北平站站长的回忆录中说："因唐已定意作汉奸，故予处决。"此为"必杀论"。

　　1987、1989年曾在珠海召开过两次唐绍仪研讨会，唐绍仪之死成为会议的热点，沈醉先生也与会并发表了意见。他原是个中人，应该深知其事，并能作出准确解释和判断的。他认同刺唐是军统的奉命行事，但却称这是"误杀"。我不能苟同"必杀"与"误杀"的说法而在会上提出了"错杀论"。所谓"必杀"者是罪有应得之杀；"误杀"，则是二人同行，应被杀者未中而不应被杀者却被杀，方能称为"误杀"，以示被误杀者为无辜。军统刺唐则是处心积虑，精心策划，由专人执行专案，断然"处决"未构成犯罪事实的"罪犯"，岂非"错杀"！当时国民党政府也已在事实上承认"错杀"，所以事发之后，军统即于10月1日建议"专电慰问唐氏家族，或由中央明令褒恤"，10月5日，由国民党政府明令褒扬，拨发治丧费5000元，宣付国史馆立传以掩饰其"错杀"之误。唐绍仪与日伪有所往来，态度不够明朗，确实未能善保晚节；但终究没有扮演傀儡角色，而且还表示过"如要我和子玉（吴佩孚）出作傀儡则万难办到"的决心，则仍可称"晚节未失"。对于唐绍仪之死应该说是"晚节未失，惨遭错杀"。

原载于《中华读书报》2000年10月25日

一代学人傅斯年

　　傅斯年先生在我这一代人中，是一位有一定影响力的学人。他的学术、为人，特别是独特的性格，在我们这些人心目中也多有一定的好感。二十世纪五十年代以后，因为地处两岸，他又未及下寿而英年早逝，于是渐渐淡出于大陆学术界，甚至有些后起的文史学者已不太熟悉其人。近年来，傅斯年似乎重新为海内外学术界所关注，他的故乡山东聊城为之建立了"傅斯年陈列馆"，全集、传记、各种专门性论文的相继问世以及多次召开的学术研讨会等，均足以证明他是一位值得研究的学者。综观傅斯年先生的一生，至少有三点值得注意。

　　首先，傅斯年先生是一位具有强烈民族意识的爱国者。民族意识是一个民族赖以存在的脊梁，傅斯年先生在青年时代，就奋不顾身地参加了"外争主权，内惩国贼"的五四爱国运动。九一八事变后，他向青年学生宣传抗日爱国，组织社会各界讨论"书生何以报国"的严肃论题，强化民族意识。他更联合一些学者赶写《东北史纲》，充分论证东北自古以来就是中国领土，以驳斥日本散播的"满蒙在历史上非支那领土"的谬论。其部分内容曾由另一位学者李济译成英文，递交国联调查团，受到应有的重视。抗战前夕，傅斯年针对当局的退让政策，大声疾呼地号召学人"不南迁，不屈服，坚持到最后一分钟"。抗战初期他为故乡爱国民主人士聊城专员范筑先的殉国而写下"一死泰山重"的赞诗，以鼓舞民族斗志，并不断撰写《天朝——洋奴——万邦协和》、《我替倭奴占了一卦》、《第二战场的前瞻》等评论时局性的论文。抗战胜利消息传来，他毫不矜持，豪饮闹市，与民众同在街头载歌载舞，共庆中华民族的伟大胜利，体现了中华学人激越的民族感情和爱国意识；而这种感情和意识对反击当前海内外形形色色否定民族意识的谬论，仍具有一定的生命力。如果一个国家没有强烈的民族意识，那么在心怀叵测的强敌压境时，只能一盘散沙似的束手就擒，坐以待毙了！

其次，傅斯年先生是一位认真负责的教育家和学者。他一生中主要以教读和著述为业，主持过中研院、史语所、北京大学、台湾大学等教育、学术机构的领导工作，同时承担着繁重的课程，又笔耕不辍地研究撰写了不少有价值的著述。在二十世纪二三十年代前后，他领导安阳考古大发掘的工作，不仅为发掘工作扫清最大障碍，还为发掘工作创造了种种有利条件。他还抢救和整理了行将散失的明清内阁大库档案，为明清史的研究提供和遗存了大量参考资料。二十世纪初期，中国四大文献的发现，傅斯年先生居其二，实为功不可没。他对办教育有其独到的见解，九一八事变后，他走出书斋，以身教带动学生，还向学生宣传抗日爱国思想。他曾重点探讨学校教育问题，接连写出《教育崩溃之原因》、《教育改革中几个具体事件》和《再谈教育问题》等文章以针砭时弊。1949年，他出任台湾大学校长时曾面对众说纷纭、杂言四起的状况。他曾就学校存在的各种弊端陋规进行改革和探讨，并写出《台湾大学选课制度之商榷》、《台湾大学与学术研究》、《台湾大学一年级新生录取标准之解释》、《一个问题——中国的学校制度》和《中国学校制度的批评》等针对大学教育制度的论述，而1950年冬，他在省议会对议员质询台大有关问题而进行论辩时，特别强调大学招生必须公平而不徇私，更不能放低录取水平的意见，由于慷慨陈词，情绪激昂而倒在讲台下，以身殉教育，成为壮志未酬的殉道者。

第三，傅斯年先生是一位心胸坦率的性情中人。这是他最惹人喜爱的地方。许多人多以他好发脾气、说话直率而呼之曰"大炮"，这在知识分子中应是难得一见的。他能甩掉一些知识分子唯唯诺诺、谦谦君子、明哲保身等惯习，努力摆脱在社会上的从属地位，而我行我素地走自己的路，说自己的话。抗战时期，他不满意国民党政府四大家族中的孔、宋二家，激烈抨击孔祥熙，并写出《这个样子的宋子文非走开不可》的时论文章，一时广泛流传，终于迫使宋子文辞职。试问知识分子中究有多少能有此壮举？！他对后学热情关注，有时甚至会爱之深，责之切。我有位老友、已故的元史专家杨志玖教授曾对我谈过傅先生和他之间的一段逸事，傅先生很钟爱杨志玖这个学生，有意送他出国深造，并为之作好准备，但杨先生以自己年龄偏大，准备结婚而婉谢了。傅先生为此斥之为"没出息"。杨先生一直对此事既遗憾，又感恩。这种真率性格，可能会得罪一些人，但却是知识分子中少有的可爱性格。

任何人都会有过与不及的缺点，像傅斯年先生这样性格的人，更所不免，尤其常会有某些过头的事。著名学者袁良骏教授曾写有一篇题为《不必为贤者傅斯年先生讳》（《中华读书报》2004年4月28日）的文章，议论傅先生某些过头行事，举出了两点："一曰提倡'全盘欧化'，对西方文化崇拜得过了头"，"二曰对中国传统文化否定过了头"。文中举出了若干例证，也确是傅先生青年时期的一些过激言论；但袁先生并未忘记人物所处的历史氛围而做出分析说："傅先生当时正是一名年轻气盛的大学生，有比较大的偏激情绪，并不为怪。成熟后，很多观点便修改了。"这就给历史人物一个比较公允的评论。

　　从学术成就和性情为人看，傅先生应该说是二十世纪前半叶有代表性的一类知识分子典型。他能古今相通，本土与域外兼容，并以独立特行的人格标准处世，是一个值得研究的知识分子典型，把他放到"一代学人"的位子上来研究他，我看是比较恰当的。

原载于《中华读书报》2005年1月14日

张东荪其人其学

张东荪是二十世纪值得注意的一位哲学家、思想家。他在前半个世纪里，对西方哲学的介绍和研究有重要的贡献，也为建立中国近代哲学体系尽过力，参加过各种学术性论战，著述宏富，声名显赫，为不少后学所仰慕；但在后半世纪却销声匿迹，几乎无人知道他是什么人，甚至哲学界也很少提到他。他成为一个不该遗忘却被遗忘的人。至于为什么一落千丈，很多人都说不清楚，也不想去弄清楚。传闻是涉及政治性问题，自然，对他的研究也就成为忌讳的禁区。

我和张东荪仅有一面之雅，那是1946年初夏，我正面临大学毕业，为了生活，曾在《文艺与生活》杂志兼任助理编辑。有一天，张东荪亲自送一篇文稿到编辑部，并自报家门。一位负有盛名的学者的光临，自然使我们感到十分荣幸。我因承担初审而首先拜读文稿，题目是《儒家思想上几个重要的概念》，十分吸引人，作者在文稿前面有一小段识语：

> 此乃拙作《思想与社会》一书中之一章，该书已在重庆出版，但此间尚无由得见，故摘录以实本刊，聊为补白之用耳。

看来，张东荪很重视这篇文章，专来面交。这篇文章是从理论与社会双方互相关系上着眼来诠释"天"、"道"、"德"、"仁"、"义"、"理"、"性"、"礼"等概念，有助于对儒家思想的了解和研究，文字深入浅出，易于接受。从此我不断读他的著作和论文，颇有所获。张东荪的清瘦面貌和深邃目光确给人一种学者的印象，但和他同时的贺麟、傅铜、杨丙辰等我们见过的那些哲学家相比，似乎多了点政界人物的气质。当时他是社会上的活跃人物，他自认为不适于参与党派活动，实际上他又周旋于中美、国共不同政治势力之间。他似乎想跨越各方成为众所瞩目的人物。如果做一不恰当的比喻，多少有点苏秦为六国相的策士味道。但是，时代终究不同，他足踏各方的情势在一派独胜时，很有可能掉入政治漩涡而遭灭顶之灾，或许这正是他得到悲剧结局的原因之一。这只是我见其人、读其文的一种个人感觉和揣测。

张东荪有比较完整的哲学体系，它由知识论、宇宙论和人生观所构成。张耀南先生在他所编《知识与文化》一书的前言中对此有较完整的分析与阐述。张东荪在"知识多元说"的总命题下主张内在关系、间接呈现和非写真等说，特别强调知识不是单纯的、写实的，而是解释的；知识不是摹写世界，而是以自己为背景来解释世界。张东荪把自己的宇宙论称为"架构论"，即认为"宇宙乃是无数架构互相套合互相交织而成的一个总架构"。张东荪把人生视如一盏油灯，并用此灯光照亮黑暗的世界，照亮的范围越大，人生的意义与价值就越大，否则就越小。张东荪的这一哲学体系是一种创见，是积极而入世的。它继承了中国传统哲学中强调人与人的关系而摆脱了西方那种人与神、与自然的关系。

张东荪非常注重文化的地位与作用，特别是抗战胜利后，他的哲学思想进入了文化主义阶段。他视文化不是抽象的概念，而是有实用价值的。他要从文化角度来解释哲学与思想。他有许多篇论文如《知识与文化》、《文化和一种文化观》、《思想自由与文化》和《中国文化的出路》等，反复阐述自己的文化观。他认为文化的"最大的目的在使人与人之间，不仅能调和而不冲突，并且能增长互相的利益，使各人的欲望更得一层满足"，"文化就是调剂各人欲望，使其得就轨道，于此轨道中，各人互得好处，所以文化是很可宝贵的"。他制定了一条以文化为中心的理与性之链，即以理智来改造文化，以文化来陶冶人性（《文化和一种文化观》）。张东荪把文化看得多么宝贵和重要啊！

那么，张东荪的文化究竟是一种什么样的文化？他所向往和追求的是一种"自身具有很强的消化力"的民族文化。他认为：

> 一个文化因为有其传统，自不能凭空斩断旧有的而移植外来的。但即同处于一个地球上，便却必须有文化之流布。中国虽自有其道统，但不能不吸收西方文化。（《中国文化的出路》）

基于这样的出发点，张东荪以极大的精力从事翻译介绍西方哲学。他不是简单地介绍而是经过学术研究的，特别是注重西方哲学的最新发展。从二十年代以来，他翻译了《社会论》、《物质与记忆》、《创化论》以及《柏拉图对话集六种》等，对西洋哲学名家几乎无所不窥。从三十年代始，他又撰写了有关西方哲学的《道德哲学》、《近代西洋哲学史纲要》以及融会中西哲学的《从西洋哲学史观点看老庄》等专著。他虽不是留学生，但翻译水平很高。他的著作如《认识论》也有英译本，为不少国家的哲学家所引用，真正做到中国哲学走向世界，西方哲学走向中国。他认为"一味不理固有的，乃是对于输入外来的反有不利"，要迎接西方文化进来，反而必须先将固有的文化振作起来。详言之，即我们必须把自己固有的文化振兴起来，然后从其相类似或相接近的地方以接受外来文化（《人性与人格》，见《理性与民主》第三章）。这些对待西方文化的观点与"全盘西化说"有着明显的界限。

他特别重视民族固有文化，他认为西方文化的重心"在于自己以外的神或自然界"，而中国以儒家为代表的传统文化则"既不拿自然法来套在人的头上，又不以神来吸取人的归依"，因而中国文化"在人类中放一异彩"。他认为，如果"一个民族对自己固有的文化这样看不起，便自然而然失去了信心"，而"中国近来一切祸患，未尝不是由于太把自己看得一钱不值了"（《现代的中国怎样要孔子》）。他一再表述自己对民族和国家的关心，主张要维护独立的自尊人格。

他在很多文章中很推重掌握文化的"士"，即知识分子，认为"士"是道德与理想的代表，是维护风化和追求学术的主干，有了士，则"一个民族即不至于腐败下去，停滞下去"。如何发挥士的作用，那就是要有清议，他说："社会上有清明之气，政治上有是非之辨，全靠有一部分出来作所谓清议，也就是所谓舆论。"（《中国文化的出路》）这一部分就指的是士，而士需要"思想自由"，也就是"独立自尊人格"。张东荪大声疾呼"思想自由"，而把它视作"一个国家能得到治安与平和的基本条件"、"一个文化得以发扬的基本条件"和"国民道德养成的基本条件"。这种思想落实到实际行为上就是要"说自己的话"。他在《思想与社会》一书中有一段比较集中的自白说：

> 所谓说自己的话就是自己觉得非如此说不可。这是由于自己对真理有切实感，因对真理愈切实则对于言论便愈尊严，于是觉得侮蔑言论等于自坠人格。所以读书人之人格，就看其对于本人的言论，自己有无尊严的保持。

张东荪一再强调"说自己的话"，从个人操守来说，无可厚非，但如果不考虑特殊条件和客观现实，不深入体会历史的陈迹和世态变化，往往会因此罹祸。策士型的学者在古代可能进而兼善天下，退则独善其身。而时代不同，这条道路可能多有窒碍。学者说学术上自己的话是独抒己见，至多是一场论战和批判；

如果以策士型学者的性格，好谈政治，好发政论，处处都想固执地"说自己的话"，其结果可想而知。这也许就是张东荪招致自己没有想到的人生结局的因素之一吧！

从上面所列举的一些内容看，张东荪对中国近代哲学体系的建立，对西方哲学的介绍，坚持民族文化的独立自尊等方面，确是一位哲学家，他的宏富著作和深刻思想是值得研究和评论的。可惜，在本世纪的下半世纪，不仅张东荪不说话了，也没有其他人就此题目说话。我重见有关张东荪的文章是1993年11月《读书》上刊发张汝伦先生写的《认真的思想生活》一文，对张东荪的学术有所评价，其点睛之笔乃是文章结尾的一段话：

> 这样的人可能再也不会出现。这样的人可能还会出现。但有一点是可以肯定的：没有这种人的社会，一定是一个理想丧失，精神瘫痪的社会。

1995年，张汝伦的《理性与良知》作为张东荪文选，张耀南的《知识与文化》作为张东荪文化论著辑要，先后出版。他们选集了张东荪的主要论著并各自写了一篇前言。这两篇前言都不是泛泛之论，确是在一定研究基础上所写，是发掘一位久被泯没的学者的利铲，帮助更多的后来者了解张东荪、认识张东荪和研究张东荪。第二年，我又从一位中年学者谢泳所写的《旧人旧事》一书中读到两篇有关张东荪的文章，一篇名《张东荪与〈观察〉》，另一篇名《张东荪这个人》，是在接触不少资料后写的精要之作，把有关张东荪的一些人物也写进去，增加了一定的可信性；但是总感到缺乏对张东荪作全面介绍与公正评价的一部有分量的传记。据说戴晴写了张东荪的传记，遗憾的是我一直想读而未读到。重新发现和评说张东荪，已经渐渐为人瞩目。这项工作给人一种启示，那就是说，只要做过认认真真切切实实奉献的人，无论沉埋多久，终于会像发掘古物那样被有意无意地发现。也许已经满身泥土，尘封积尺，但是经过有心者的细心剔除，认真打磨，终能发出应有的光彩，找回一批足资研究的思想资料！

原刊注：1998年12月28日在澳门"张东荪哲学思想讨论会"上的演讲稿。

原载于《东方文化》1999年第1期

附录

2002年7月30日，邵燕祥先生为我的八十初度，特撰《读来新夏的随笔》一文以贺。文中对我分析张东荪罹祸缘由部分加以评说，善意诤言、痛切陈辞，击中我思想上尚存"心有余悸"的要害。为策励自己，特附邵文中有关段落，并以谢燕祥老弟之真情实意。邵文说：

我作为来新夏随笔的读者，确从他娓娓道来的言说里，开了眼界和思路，长了知识和见识。如他《张东荪其人其学》一文，对张东荪先生这位不该遗忘却被遗忘的人，作了简要的介绍，谈到他在二十世纪前半建立了自己由知识论、宇宙论和人生观所构成的哲学体系，谈到他非常注重文化的地位和作用，特别是抗战胜利后他的哲学思想进入了文化主义阶段，也谈到他在二十世纪进入下半以后就销声匿迹了。前些年我从新潮的学术著作中频频看到"架构"一词，发现多半是从港台或国外华人著作中移植的，读来文才知道张东荪早年把自己的宇宙论称为"架构论"，才悟到"架构"云云多半是出口转内销！

我比来新夏乡贤兄迟生了十年，当他在1946年与张东荪有一面之缘的时候，我只在北平汇文中学体育馆听过一次张东荪教授的演讲，至于讲的是什么，当时就不甚了了。但随后两三年里经常在报刊上看到他的名字，有时是发表争取和平民主的时论，有时签名支援闹学潮的学生，在我心目中这是一位"民主教授"。1949年新政协和共和国建立前后，他名列于"民主人士"，我是没有怀疑的。因此我认为来文把他"周旋于中美、国共不同政治势力之间"，比喻为"有点苏秦为六国相的策士味道"是不恰当的。战国的策士纵横列国间，往往无原则无操守；而张东荪"自认为不适于参与党派活动"，企图超越党派利益，在当时情势下属于一相情愿且难免被人利用于一时，究竟是出于"知其不可而为之"的传统文化心理，还是出于过高估计个人影响力的迂阔，不知有无有心人实事求是地研究过。

有一点是有案可查的，来文也指出张东荪在很多文章中推重掌握文化的"士"，视之为一个社会一个时代道德和理想的代表；"社会上有清明之气，政治上有是非之辨"，全靠他们的"清议"亦即"舆论"，这是古代。

现代则靠知识分子以"独立自尊人格"来"说自己的话"。这是需要"思想自由"。张东荪大声疾呼"思想自由"（邵按："相应的是言论自由、出版自由"），认为这是"一个国家能得到治安与平和的基本条件"、"一个文化得以发扬的基本条件"和"国民道德养成的基本条件"，他认为读书人的人格尊严的保持，就在于"说自己的话"，"自己觉得非如此说不可"。我不知道张东荪政治结局的具体细节，但征诸从五十年代初起大陆上自由知识分子的命运，张东荪大概没有能够"识大体，不说话"，而是一如既往"说自己的话"，遂罹种种厄运。来文说："张东荪一再强调'说自己的话'，从个人操守来说，无可厚非，但如果不考虑特殊条件和客观现实，不深入体会历史的陈迹和世态变化，往往会因此贾祸……学者说学术上自己的话是独抒己见，至多是一场论战和批判（邵按：恐怕未必尽然），如果以策士型学者的性格，好谈政治，好发政论，处处都想固执地'说自己的话'，其结果可想而知。这也许就是张东荪招致自己没有想到的人生结局的因素之一吧。"

这一番人生世事经验总结，令我久久陷入深思，张东荪不会"明哲保身"赍恨以殁，难道就归结到不识时务、咎由自取？或者索性说是"活该"么？如果此说成立，那末千百万遭到以言治罪的党内外"右派分子"们，不都可以这样一言以蔽之么？张东荪当年"说自己的话"的主张，在权力的锋刃下化为血痕了。那末我们二十年来倡言说"真话"，是不是诱骗天真的青年和各种年龄阶段的老实人"自蹈死地"？说到底，怕是一个知识分子或无权者在"特殊条件和客观现实"面前如何自处的问题，进而有一个如何使人们因"说自己的话"获罪的"特殊条件和客观现实"逐步和彻底改变的问题。我认为来文不是结论，我的质疑也只表达了困惑之感，而这样的问题是值得思想，值得讨论的。

原载于《皓首学术随笔·来新夏卷》　来新夏著　中华书局2006年版

一代译才朱生豪

　　一提起中国近代的翻译家，人们很容易想到严复和林纾。他俩一以译理论著称，一以译文学享誉；但在辛亥革命那年出生的一代翻译奇才朱生豪却被多数人所遗忘。朱生豪虽不如严、林名高，但究其贡献足与严、林鼎立而无愧。严译理论著作难与并论。林纾不通外文，仅凭耳听口译捉笔成文，而朱生豪则兼擅中英文字，所译又为世所公认的难点——莎士比亚的剧作，成就确乎超越前人。可惜天夺奇才，中道夭逝，给人间留下无限遗憾！

　　朱生豪出生在浙江嘉兴一个贫苦家庭中，他是在国忧家愁的凄风苦雨中艰难地拖着沉重的步伐走完了短暂的一生。他于1933年毕业于之江大学后，即入世界书局工作，编订《英汉四用辞典》。该局英文部负责人詹文浒看到这位刚过弱冠之年的年轻同事的才华，就鼓励他译莎士比亚的剧作。朱生豪毅然肩负起这一重任，开始做大量的翻译准备工作。他搜集不同版本，参阅各家注释考证，反复阅读莎剧十余遍，以撷取原作的神韵。经过两年的前期工作，1935年，他开始译作。次年秋，《暴风雨》脱稿。接着，又译了《威尼斯商人》和《仲夏夜之梦》等剧作。正在锐意拼搏之际，1937年8月13日日寇侵犯上海，他的财物和书稿，包括七卷译稿和几集新旧诗词的未刊稿均毁于炮火。次年，他为实现自己的宏愿，又回世界书局工作，继续译书。1942年，他和相爱十年的知己宋清如结婚，给他即将灯尽油干的生活注入了新的活力，可是其生有涯，呕心沥血的奋战耗尽了他的精力。1943年冬，这个"古怪的孤独的孩子"终于抵挡不住贫病交加的岁月熬煎，怀着对相濡以沫的爱妻的眷恋，抱着伟业未竟的遗恨，离开了魑魅魍魉横行的世界，年仅三十二岁。他在短短八年中，过着还不如颜渊的愁苦生活，竟然译完了《莎士比亚全集》约五分之四。这是何等沉重的负荷！对于一个长期处于清贫忧惧生活中的体弱多病青年，又是何等的艰难！生而为英，死而为灵，一代翻译奇才匆匆地赍志而殁。但是，他的心血凝聚成不朽的伟业。他译完了莎剧27种，包括喜剧、悲剧和历史剧三辑，使西方古典文化的瑰宝接近全部地为东方古老的文化宝库增添了养料源泉。

朱生豪的译笔为后学留下了最佳的典范。他不拘泥于原作的字句，而力求表达原作的神韵。他研究人物的身份性格，力求以原作者的气质来调动语言。他讲求音调铿锵、文字流畅以表述原作的意趣。他在译成之后，反复修改，字斟句酌，尽力避免词意晦涩。朱生豪诚无愧于身后几十年所得到的"译界楷模"的赞誉。

论朱生豪事业的成就还不能遗忘那位在一个成功男人背后的女人——他的贤淑的妻子宋清如。宋清如1932年入之江大学，成为朱生豪的低班同学。她是一位温柔美貌的才女，能诗善文。她的学术素养与朱生豪不相上下；但她奉献自己的挚爱，以一位富家小姐毅然在艰辛的岁月里下嫁给这位纯真的寒士。她与朱生豪颠沛奔波而无怨言，对清贫生活安之若素，在短短一年多共同生活中，她默默地付出了难以估计的代价。

朱生豪夭逝后，她沉浸在痛不欲生的悲哀中，但她抑制哀痛，承担丈夫留下的两大遗业：一是抚养他们的爱情结晶，二是继续完成他们的心血结晶——整理、修订遗稿，为出版奔走呼号。1947年，世界书局先后出版了朱译《莎士比亚戏剧全集》三辑；1954年人民文学出版社修订出版了朱译《莎士比亚戏剧集》。1978年经过补译，《莎士比亚全集》的中译本终于问世。朱生豪的遗孀宋清如捧着新版全集《暴风雨》卷在嘉兴西里河畔朱生豪墓前焚化。她沉痛地跪着向早逝的丈夫泣诉：她完成了后死者应尽的责任，她替丈夫看到了共同宏愿的实现。宋清如这位伟大的女性为"中国翻译界一件最艰苦的工程"贡献了漫长的一生。她的名字理当与翻译界的一代奇才朱生豪共同镌刻在《莎士比亚全集》中译本这块丰碑上。

原载于《百年人文随笔（中国卷）》 黎先耀、袁鹰主编 吉林人民出版社2003年版

也说岛田翰的才与德

　　钱婉约女士是一位研究日本所谓来华访书学者的专家，她写过一本名为《日本学人中国访书记》的书，有很多深刻的分析和崭新的见解，给我不少的"回味与启示"。我还为此写过一篇《他们不仅仅是淘书》的短文来谈自己的收获，认为这本书是发前人所未发的佳作。后来我们有幸在湖州皕宋楼百年纪念讨论会上见面，因为匆忙，未获倾谈，一直引以为憾。最近，偶从《中国图书评论》2009年第10期上读到她的新作，题为《那些因书而生的往事》，细读以后，始知这是为湖州会议的"补漏"之作。

　　钱婉约女士在会议中发现一个值得注意的问题，那就是"所有中国学者所谈到的岛田翰，几乎只将他限定在'有学问的捎客'这一特定身份上"。她更把所有涉及岛田翰的发言者分为两类，即"激越者"和"平和者"，我对号入座，当属"激越者"。因为我在会上所作《关于"皕宋楼事件"罪责之我见》的发言中多次涉及岛田翰，一处说"皕宋楼藏书外流之罪责，岛田翰无疑当为魁首"，一处说"岛田翰只是一个从邻居家偷珍宝来充实自己家当的窃贼而已"，"皕宋楼藏书的外流，岛田翰应负主要责任"。又一处说"岛田翰一本日本夺他人之所藏盈一己之库存之国策，处心积虑。凭借庚子奇变之后清廷心有余悸的背景，乘陆树藩经营失败，救灾负债之危，使用诱骗之卑鄙行为，掠我珍籍，舶载东去，赢得其国人之赞誉，而置陆树藩于千夫所指之窘境，谓岛田翰之为首罪，谁曰不宜？"不久我又据此文写《还我皕宋》一随笔短文，在报刊发表，再申鄙意。因为是谈皕宋楼藏书的散失，所以就集光于岛田翰在此事件中的罪责，而未顾其生平行事，确是一种不足。钱婉约女士据翔实史料，较详尽地缀辑岛田翰生平及行事，并有所评说，对会议确是一种有益的补充。

　　钱婉约女士对岛田翰的汉学世家，钟情汉籍的痴迷以及其文献学的成就等方面，都有较详尽的记述，特别对他的书痴、书迷现象，征引日本德富苏峰和中国俞樾等大学问家的赞誉，以及他与中国著名藏书家的交往，来论断岛田翰产生诸种劣行的心理状态说："朝夕与善本为伍的他，内心大概滋生了一种不自觉的傲慢：似乎这些国宝级的古书，就是为他而存在的，得遇他这样的天才来研究利用，乃为幸事。"并对岛田翰的文献学成就提出三项：第一项是协助竹添进一郎出版《左氏会笺》，第二项是《古文旧书考》的撰著及出版，第三项是促使静嘉堂买入归安陆氏藏书及《皕宋楼藏书源流考》写作。除了购入静嘉堂藏书一事我尚难认同外，其他我认为都是事实。购入陆氏藏书，对日本来说，岛田翰可说是作了贡献，是一桩成就；但对中国来说，却是无法辩解的损失。对于一个有学问的坏人可以分开来谈，不以其过没其功，像中国对周作人的评论：政治上是叛国汉奸，也不讳言他在文学上的成就。钱婉约女士不仅对岛田翰的生平和成就作了较多的勾勒，也谴责了岛田翰的恶行，她在文中用了近一半的篇幅，揭露了岛田翰的书德败坏。在《书痴与书癖》小节下，历数岛田翰"以书牟利的种种行为"，对恩主德富苏峰的轻诺寡信，骗取酒食；把承诺相赠的《宋刊单疏本史记》因不菲的酬金而转售于内藤湖南；骗取了清末大儒俞樾赠与的《春在堂全集》手稿四卷而转卖获利；又骗取苏州顾鹤逸过云楼的藏书，久借不还而以高价售出。在《窃书不为偷？》的小节下又列举其自1901年窃足利学校所藏《论语》始，至1915年盗取金泽文库国宝《文选集注》止的两次涉讼，以至结束其可耻的一生。钱文还痛切地揭示出岛田翰为一己之私利所施行的种种不为人齿的手段，如为盗取《文选集注》，岛田翰曾给主管金泽文库的称名寺"住持及相关管理者以巨额金额，并带他们到新桥、横滨一带艺妓馆豪游"。钱婉约女士对岛田翰的一生的描述应是全面而公正，对藏书史各有关问题的研究有重要的裨益，但也不能不说：绝不能将岛田翰损伤他人以利己的盗窃作为归入其成就。

在论定岛田翰一生行事的同时，钱婉约女士有不少评论文字流露出她怜才惜才的仁人之心。她在文首的小序中，写了很大一段文字，引用中日学者的赞誉之词，对岛田翰作了学术上肯定，而对其消亡则哀叹这是"自古书生多遗恨"地"结束了他壮志未酬的短暂一生"。"成亦因书，败亦因书也"，岛田翰之死是客观造成而毫无主观因素？文中出现多处对岛田翰赞美与怜惜相混杂的宽容之词，引用其父岛田重礼暗中称赞他是"汉学神童"。日本著名汉学家德富苏峰在《岛田翰与〈古文旧书考〉》一文中所说"一部《古文旧书考》即可获得文学博士而绰绰有余"和中华老儒俞樾亲为其《古文旧书考》撰序，誉扬备至。序中称："余闻见浅陋，精力衰退，读先生书，唯有望洋向客而叹已矣。往者曾文正公尝许余为'真读书人'，余何人，敢当斯语？请移此字为先生赠。"婉约女士更于其文《余论》中为岛田翰解脱，将其定位于悲剧人物称："时势也造悲剧，总让一些人生不逢时，空怀才志，一生在逼仄的狭道末路上跌宕坎坷。把岛田翰说成一个悲剧性人物，应该不算是替他的'书癖心理'、'盗书行径'回护。时至今日，与其停留在对他知书、盗书的道德审判上——事实上他的决然自毙已经是最严厉的自我审判——毋宁通过他传奇的一生来加深于促使他走上不归路的日本社会以及他个人因素的认识。"如果岛田翰接受道德法庭的审判，钱婉约女士应是一位很好的律师。她像老辈有些学人那样，太仁慈！太宽容！太着重于怜才惜才，而感叹这个盗取中华国宝的窃贼是"空怀才学，不为世用"。幸亏岛田翰不为世用，如果他为世用，"才"只能为他的盗窃成性如虎添翼。如果他晚生二十多年，必将是日本侵略军中的文化大盗。公开地、疯狂地掠取中华的珍籍善本，中华文化的灾殃更将惨痛。岛田不死，中华珍籍之难不已。中山狼的故事，还是要记住的。

应当肯定，钱婉约女士花费了许多精力，为我们勾勒出岛田翰的一生，使研究者能有更多的认识。至于我所持的小异之处，也是出于疑义相与析的本意。但有一点——就是岛田翰的死，文中自有不同的提法：一处是据刘蔷女士《过云楼藏书考》而定"被告岛田翰在日本犯案入狱，后因羞愧而在狱中上吊自尽"；一处是说1915年"岛田翰因盗卖称名寺金泽文库书籍文物，被刑事起诉，畏罪自杀"。就在同一节的最后又说："1915年7月28日零点五十五分，岛田翰在自家屋内开枪自杀。"三处不同说法主要归总在自杀地点和自杀方式上。第一说是"在狱中上吊自尽"。第二说比较含混只说"畏罪自杀"，无地点无方式。第三说既有详细到年月日时分的时间，又有"在自家屋内开枪自杀"的地点和方式。因而产生岛田翰的死，究竟是在自家屋内，还是在狱中？究竟是用枪自戕，还是上吊自尽？这虽是细节，但岛田翰的最后下场，还是定于一说为是。小疵不掩大醇，野叟悖论，尚请婉约女士及读者见教。

二○○九年十一月二十九日夜写于南开大学邃谷，行年八十七岁

原载于《中华读书报》2010年2月3日

师友存真

良师·勤奋·坚韧

　　我是二十年代初出生在有天堂之誉的名城杭州。幼时生活在祖父身边。祖父来裕恂先生是清末一位有秀才功名的新派人物，旧学有根底，是曲园老人诂经精舍的弟子，但新思潮对他冲击很大，所以二十世纪初就到日本弘文书院师范科学习，希望走教育救国的道路。回国后参加过光复会，居家撰写《汉文典》、《匏园诗集》等著作。辛亥以后，一直从事教育和地方志编纂工作。他对我的学前教育很严格，一方面教我读《三字经》、《百家姓》、《千字文》和《幼学琼林》等蒙学读物，要求背诵；一方面也讲些明治维新和康梁变法等史事给我听，有时还念点他写的咏史诗。这些初步知识对我后来选择历史专业有着潜在的吸引力。我的祖父就是我的启蒙良师。

　　三十年代，我在南京新菜市小学读高小，级任老师张引才是位师范生，口才很好，能够如数家珍地讲些古往今来的轶闻琐事，而且他所讲的核心内容都在日后涉猎中得到史实的证验。我很羡慕他的滔滔不绝，认为这是得力于丰富的历史知识。张引才先生是引发我读史兴趣的良师。

　　四十年代，我在天津一所中学读书，在高二新学年开始时，来了一位年轻的国文教师，学识渊博，语言生动。他就是已故史学家谢国桢的六弟谢国捷（现河北大学中文系教授）。谢家富有藏书，谢老师又慷慨倜傥，师生间十分契洽。那时，我已读完家中仅有的前四史，谢老师不仅借其他史书给我读，还谈些治学方法和经验，鼓励我写文章。我的第一篇史学论文《汉唐改元释例》就完成于此时。这篇论文后经修改成为我大学毕业时的论文。这一初步成果促使我下决心学习历史。谢老师是奠定我今后从事历史专业的一位良师。后来我终于考入了北平辅仁大学的史学系。

在辅仁的四年历程中，陈垣、余嘉锡、张星烺几位老师的博大精深、谨严不苟和诲人不倦的精神都给了我很多的言教和身教。他们都是把我引进学术大门的良师。解放后，我有幸在范文澜同志的研究室工作，范老那种"板凳宁坐十年冷，文章不写半句空"的精神更给我以深刻的教育，加深了治学中的"求实"信念。

每当我回忆这些往事时，常庆幸自己能受到这许多良师的启迪教诲。正因为如此，才使我有可能徜徉于书山学海之中。

当然，我也不愿虚伪地"妄自菲薄"。我在良师指导下主观上还是做了点努力，其中感到最得益的是勤奋和坚韧。立足于勤是求学的基点，要手、耳、口和心都勤，就是勤写、勤听、勤读和勤思。四勤的根本在勤读，勤读方能博涉，博涉方能使知识源源输入，方能逐渐走向专精。在读的过程中要善于发现问题，即所谓"致疑"。有疑就要不断寻根究底，即所谓"勤思"。疑而后思，思而后得。思而不得就一面再去涉猎，一面就要勤问勤听，不仅要听前辈、同辈的高见，更要听后辈的新见。南北朝时有句谚语说："青出蓝，蓝谢青，师何常，在明经。"这几句话很有道理，只要有一得之见就要吸取，一字可以为师。过去常有人讥笑"记问之学"，我看，人若有"记问"功夫也不差；当然不能只"记问"。四勤的最后要落实到"勤写"上。"勤写"不大容易做到，特别在青年时期，常因贪多求快，自恃记忆强而忽略记录资料与思想；但岁月推移，痕迹日见淡薄，等于白读，或者如周亮工《书影》所取意"老人读书只存影子"了。我幸因良师的严格要求，从青年时起就养成随手摘录的习惯。后来时加翻检，不仅可以温故知新，而且对教书、撰述都有方便。尤其是写资料片段和思考点滴，不计文字工拙，久之大见效用：一则可以整理思想，发现不足；再则积少成多，寖成文章仓库，随时取用，得心应手。由片段成整篇，由多篇成专著，这不仅只是积累，而且还是一种磨砺。我的成书过程也大致如此。

一般情况下，勤是治学的不二法门，但人生一世，不可能永远是康衢；挫折、逆境往往会使人消沉、颓废、懒散、嗟叹。这样，一二十年的岁月会无形中蹉跎、荒废掉。一旦有所需用，只能瞠目以对，追悔莫及。因此与勤相连还必须有点坚韧性。韧性主要决定于信念。我从六十年代以后，十多年中投闲置散，但生活仍有保障，很容易随着时光流逝而混日子，但我仍然以一种韧性坚持读和写。即使在"牛棚"也尽量读点书，写点札记。七十年代初，我下放到农村插队落户，别的东西大部分都处理掉，但书箱残稿还是带下去了。白天压地、打场、掐高粱、掰棒子；晚上盘坐土炕，伏案灯下，读书和整理书稿。四易寒暑的耕读生活不仅没有不堪其苦，反而感到别有滋味。我近年来出版的几本书基本上都完成和恢复于这几年中。我回想这种制性主要是靠一种强烈信念作为精神支柱。我处逆境时既不行吟于海河之滨，也不发"不才明主弃"的哀叹。我始终相信党和国家"终不我弃"的。这种信念终于实现，遂使我二十余年立足于勤、持之以恒的微小成果终于能贡献于社会。

岁月无情地流逝，我已从"风华正茂"走到"花甲之年"。虽然经历了风雨甘苦，但不萌"歇寓"、"退坡"之想。遥望远天，苍松翠柏的矫健，正以岁寒后凋的精神在召唤我作新的开始。俗语说："树老怕空，人老怕松。"要时刻拧紧螺丝，万万不可松了发条。要以"花甲少年"的龙马精神，树千里之志，使余年遒厉风发，生气勃勃地植根于博，力求于精。

原载于《治学集》 《书林》杂志编辑部编 上海人民出版社1983年版

怀念谢国捷老师

1940年秋季始业，我就读的旅津广东中学文科高二班，新来了一位国文教员。年纪不到三十岁，听说是辅仁大学哲学系的毕业生。学生们仅仅知道他的名字叫谢国捷，是应聘来校担任文科国文、中国文学史和国学概论的课程。几堂课下来，同学们普遍敬佩谢老师的学识渊博，口才流利，很有感染力，引发了学习兴趣。谢老师因为与高二学生的年龄差距不到十岁，所以很容易相处，大家也都很喜欢和他接近。经过一段时间，我们渐渐了解谢老师的身世。

谢老师是河南安阳的世家子弟，他大排行第六，大堂兄谢国桢先生是当时著名的明清史专家，他的同父异母九弟谢国祥，当时只有十来岁，后来参加革命，活跃于天津宣传部门，历任至天津市委宣传部长。谢老师腹笥甚广，很健谈，喜欢和同学交谈学习和生活，常常约一些男女学生到他家去聚会。我和我妻子李贞女士就是在那里相识，因为她也是谢老师另一班的学生。后来，我们在谢老师的撮合下结为夫妻的。

谢老师当年住在他久居天津的五堂兄家，这是坐落在现在马场道和昆明路转角路北的一座高级楼房，家富藏书。我常通过谢老师的关系在这里看书、借书。我读了许多史书，并就近得到谢老师的指导，师生间的情意日进。谢老师除在课堂上传授给我们许多文学史和国学方面的基础知识外，在私下交谈中更给我不少书本中难以得到的掌故和见闻。这些对我日后能参与学术工作，起到不可估量的奠基作用，使我一生受用不尽。谢老师对我期望甚高，为了在我未冠之年就能初窥学术之门，他和我反复研究，为我确定《汉唐改元释例》这一课题，完完整整地为我讲了搜集资料、排比考证、论述行文诸方面应有的知识和方法。经过一年多的努力，终于在我十九岁高中毕业那年，完成我第一篇学术论文，其中不知耗费了谢老师多少心血。这篇论文后来经过陈垣老师的再一次指点，成为我的大学毕业论文。时隔六十余年，谢老师那种循循善诱的情景宛在眼前，令人感念不止。

谢老师为人豪爽，出言直率。光复以后，他目睹政治腐败，社会动荡，时常发表一些对形势的看法，对学生的启发很大。解放以后，他的为人和学识与时代需求合拍。不久，他便应聘到河北大学中文系任教。他很兴奋，汲汲备课，笔耕不辍。我们之间一直保持着交往。等到六十年代，我接受政治审查，一部分亲友逐渐疏远，甚至断绝来往，谢老师却依然关注，有时还亲自到我家中聊天，着重安慰我善处逆境，鼓励我专注学问，等待用世。我遇到一些郁闷之事，亦去向谢老师倾诉，求他化解。他的许多解劝，让我心境通达，没有荒废光阴，终于在学术上获得一些成绩。每念及此，不能不怀念谢老师的良苦用心。

每当我在学术历程上有所寸进时，我总怀念那些曾经浇灌我成长的老师们。大学的老师领我进入学术殿堂，为我所敬佩。但是我之所以能进入大学，更不能不感谢小学和中学的老师们。他们默默无闻地为我铺好一块块垫脚的础石，并像谢老师那样，耳提面命地不断教诲，为我注入生命的动力。随着年龄的增长，越来越感到良师的恩德，令人终生难忘。我真期望我们的中学老师能像谢老师那样，倾其心血，让每个学生都能走好自己的人生道路。

原载于《天津老年时报》2006年4月7日

为"智者不为"的智者

——为陈垣老师写真

我在入大学前就读过陈垣师的《史讳举例》等专著，用过《二十史朔闰表》。虽然对著者心向往之，但一直没有瞻仰风采的机会。真没有想到，当我升入大学二年级时，竟然有幸面受当时学术界号称二陈（另一是陈寅恪先生）之一的陈垣老师的教诲。那时，陈垣师已年逾花甲，但依然精神矍铄。

陈师学问的广博深厚，久为学术界所公认。但他不仅是位大学问家，更是一位大教育家。他以全国著名学府北京师范大学校长之尊，仍然像普通教授一样，担任几门课程，达到现在一般教师满工作量的标准。他教学极其认真，一丝不苟，而且深谙教学方法。他授课时不像有些知名学者那样，天马行空，不着边际，也不炫奇逞博，使学生感到高不可攀；而是踏踏实实，循循善诱，使学生由浅及深，自然地走进学术之门。当时一些有名教授不大喜欢批改作业，陈师则认真仔细地批改，他曾在我的一篇作业上批改过几个错别字，其中有一个"本"字，我不经意地在一竖下面随手往上一勾，陈师就在这个字旁打了个叉，并加眉批说："本无钩。"时经半个世纪，我每写"本"字时，还格外注意，犹如陈师仍在耳提面命。他布置作业只发一张红格作文纸，多写不收。我曾要过小聪明，在一行格内写成双行小楷，结果被发回重作，并告诫我：只有能写小文，才能放开写大文章。陈师还和学生一起写作业，然后把自己的和学生的作业并贴在课堂墙上做比较性示范，使学生们不仅仅叹服陈师功底之深厚，也从中学到如何写考据文章的法门。

大学者往往不屑做为他人服务的学问，包括像编工具书这样的重要工作。甚至有些号称学者的人还以编工具书为小道，不仅不屑为，还歧视甘为人梯的学者。陈师则不为俗见所扰，他把"工具"提到与"材料"、"方法"共为治学三大要件的高度，深刻地指出"兹事甚细，智者不为，不为终不能得其用"的道理，足以振聋发聩。以他这样一位智者，甘愿去为"智者不为"之事，实在难得。他更身体力行地亲手编制过《中西回史日历》和《二十史朔闰表》等嘉惠几代学者的大型工具书。这种精神也影响了他的学生。就以我为例，我的一点微不足道的学识，视陈师的学术造诣若小溪之望大海，唯独于工具书一道，我一直奉行师教不辍。我曾历时二十余年，中经艰难的年代，重写被毁手稿达数十万字，终于撰成《近三百年人物年谱知见录》，呈献于学术界，虽不能达到陈师水平的高度，但自以为唯此一点，尚可称无负师教。

陈师待人诚信可敬，对学生要求严格，但并不疾言厉色。我在大学四年中只有一次惹他老人家生气。那是一年迎新会，我因是班长而主办会务。有一位同学名徐福申，是徐树铮之孙，人很聪明，模仿能力很强。当时为我们授课的有许多位知名学者，他们在课堂上都各有方言口头语和某些习惯动作。徐福申和我就夸大模仿这些，编成一段相声演出，其中也包括陈师漫步讲台，以手抓须的习惯动作，结果引起哄堂大笑，我和徐福申为此得意非凡。不料第二天，我俩被传唤到办公室，受到了陈师一次严厉的批评，大意是以嘲弄别人取乐是不道德的，何况是老师，不懂得尊师是做不好学问的。我们知错认错，又分别向有关老师道歉，才算过了关。陈师虽然严厉，但从不抱成见，对我们这类不安分的学生也不视为朽木不可雕，照旧教诲不倦。事隔五十多年，每当想起这件事，我总感到对那些浇灌我们成长的恩师们深深内疚。

在临毕业那年，我把读高中时在陈师《史讳举例》一书启示下仿作的《汉唐改元释例》一文的文稿恭恭敬敬地用墨笔小楷誊清，诚惶诚恐地送请陈师审正。他没有计较我过去的调皮行为，同意我把它作为毕业论文的初稿。我在陈师的亲自指导下认真修改，终于成为被陈师认可的一篇毕业论文。我一直非常珍惜此文，曾手写两个副本。所以，虽经"文革"之火，仍然幸存一稿。直到四十多年后，在陈师诞辰110周年纪念会上，我才原样不动地作为一个曾经耗费过老师心血的学生习作奉献给陈师，后来又承会议收入纪念文集，留下了师生情谊的可贵记录。

为了纪念大学这段我一生中最值得留恋和怀念的历程，我利用一次送作业的机会，送去一把洒金笺扇面，要求陈师赐字以作纪念。就在毕业论文口试那天，陈师告诉我到他的兴化寺街寓所去谈谈。我遵嘱到后，陈师指点了一些读书、治学的方法，临别时，从案头拿起经我要求而写好的扇面给我做毕业纪念。我当时对这位年近古稀、声名卓著的老师如此用情非常感动。回家以后，展读内容，发现这是陈师自己所写的一段小考证，全文是：

> 曾南丰《徐孺子祠堂记》引《图记》言：晋永安中于孺子墓碑旁立思贤亭，至拓跋魏时，谓之聘君亭。孺子墓在江南，与拓跋氏何涉？南丰盖以此语出《水经注》，元文"至今"，故改为至拓跋魏时。然《水经注》文本引自雷次宗《豫章记》。所谓"今"者，指宋元嘉间也。南丰文有语病，不能为之讳。

全文虽然只有106字，但却使我感到陈师用心之深，不仅可从中领会到读书、治学的门径，还很有针对性。因为我在青年时读书的最大毛病是贪多图快，对先贤盲目迷信。陈师在授课时曾多次指出读书要能疑、致思、得理，而我却改进不大。这次临别赠言又是一次言教。曾巩是唐宋八家之一，有深通目录学之称，无疑是个大名家，但名家也有错的时候。陈师从拓跋魏的辖境与孺子墓在江西的矛盾中，始而疑曾文有误，进而思其致误之由，终而得其正确之理。他并不盲目迷信名人而为之讳。陈师读书、治学之绵密谨严，于此可见。这一赠言对我后来的读书、治学确是起了座右铭的作用。出乎意料的是，在此扇面恰恰满了二十周岁的时候却险遭不测，幸而被埋压在抄家翻乱的书堆中而残存下来，直到扇面三十周岁的时候，我方有机会请人把它装裱出来，作为我的重要财宝而珍藏。

几十年的岁月飞快地流逝，陈师为"智者不为"的智者形象在我的心上却更为清晰、高大。我多么企盼有更多像陈师那样的大学者肯于做为"智者不为"的智者，尽心竭力地去做些"兹事甚细"的研究撰著工作。让我们的学术研究摆脱每一次都从零起步的艰辛，让莘莘学子在进入学术之门时"能得其用"。

原载于《教师博览》1997年第2期

重读《陈垣史源学杂文》

——缅怀陈垣老师

史源学是我就读辅仁大学时亲从陈垣老师受业的一门课程。这门课程的名目是《史源学实习》，学习方法是重在实践。陈垣老师为讲授这门课程所写的导言中曾明确地说：

> 择近代史家名著一二种，逐一追寻其史源，检照其合否，以练习读一切史书之识力及方法。又可警惕自己论撰时不敢轻心相掉也。
>
> 教科书本年拟用赵翼《廿二史劄记》。
>
> 参考书即用《廿二史劄记》所引之书。
>
> （《陈垣史源学杂文》卷首所附手迹）

陈垣老师似乎每年都重写导言，并有所修改，陈智超教授为《陈垣史源学杂文》一书所写的前言中所用为另一段，立意无二，文字则比较整齐，他写道：

> 择近代史学名著一二种，一一追寻其史源，考证其讹误，以练习读史之能力，警惕著论之轻心。

史源是研究历史者必须随时注意发掘和开拓的重要方面。中国的史学传统是重视史源的。清代乾嘉史家在利用官书、正史之外，还用六经、诗文集、金石碑版和谱牒等著作作为新史源。近代的史学家梁启超也很注重新史源的探求与开发，他在《中国历史研究法》正续编中专门论述了扩大史源的问题。但是，直到陈垣老师才明确标举出"史源学"这一学科专称。陈垣老师把史源学、目录学、年代学、校勘学和避讳学等五种专学构筑成"陈学"治史方法的基础，并以之教授学生，使学生能得到研究历史的金针。这正是陈垣老师与寅恪老的区分点。近年来，有些人尝对难分轩轾的二陈进行评说，但他们不从二陈的学术造诣和异同来进行研究评论，似多以陈垣老师靠近政治为逊寅恪老一筹，实为不公之论。陈垣老师历经国运艰难，最后看到自己所向往之情景，毅然有所选择，正如其治学之严谨态度。士各有志，何得以此而论其短长。我虽受业于陈垣老师，但也读过多种寅恪老的著作，后学不敢妄议前辈，只是觉得二老各有优长。如果冒昧地譬喻，读寅恪老的著作时有"鸳鸯绣了从教看"，让人有一种仰之弥高的感觉，而读陈垣老师的书和听讲以及读范文都有"不吝金针度与人"的感受，使人能以把握，这在选读《史源学实习》一课程时，尤感深切。陈垣老师特别注重以史源学来教育学生，他选择三部史学名著作为按年轮换的教材，我选读那年用的是全谢山的《鲒埼亭集》，隔周必有作业，布置作业只发一张500字的红格作文纸，多写不收。我曾耍过小聪明，在一格内写成双行，结果被发回重作，并告诫我：只有能写小文章，才能放开写大文章。陈垣老师还经常为此课与学生同样写作业，然后把自己的和学生的作业并贴在课堂墙上作比较性示范，供学生揣摩，使学生不仅叹服陈垣老师功底的深厚，也从中学到如何写考据文章的法门。其中有一篇题为《书全谢山〈与杭堇浦论金史第四帖子〉后》，我不仅从中得到治学方法的教诲，还理解如何"借题发挥"以表述全氏爱国思想的微言大义。陈垣老师在这篇短札中以考刘豫与济南的关系，引申来笔伐卖国求荣者，后来此文在《益世报》（1948年5月10日《人文周刊》）发表时，陈垣老师特在文后附注说"北平沦陷时校课"，足以见陈垣老师用心之深。这是我初次接受史源学的收获。不久，在毕业论文口试那天，陈垣老师交给我应我之请而为我写的一个扇面，展读内容，发现这是陈垣老师为史源学课程所写的一段小考证。这段小考证未被《陈垣史源学杂文》一书所收录，特录其全文如次：

> 曾南丰《徐孺子祠堂记》引《图记》言：晋永安中于孺子墓碑旁立思贤亭，至拓跋魏时，谓之聘君亭。孺子墓在江南，与拓跋氏何涉？南丰盖以此语出《水经注》，元文"至今"，故改为至拓跋魏时。然《水经注》文本引自雷次宗《豫章记》。所谓"今"者，指宋元嘉间也。南丰文有语病，不能为之讳。

曾南丰即曾巩，为唐宋八大家之一。有深通目录学之称，无疑是个大名家，但名家也有错的时候。陈垣老师从拓跋魏的辖境与孺子墓在江西的矛盾中，始而疑曾文有误，进而思其致误之由，终而得其正确之理。这段小札正是陈垣老师史源学方法的运用，也是对我临别时所赠的一支金针。

八十年代之初，《陈垣史源学杂文》由第一流出版社——人民出版社正式出版，我很快得到该书，犹如重见故物，一气通读了所收的30篇文章。虽然陈垣老师已在动乱年代仙逝，但读到这些当年史源学实习课程的范文时，陈垣老师授课的音容笑貌，宛然犹存，颇有耳提面命的感受，油然而生一种思慕之情。

九十年代初期，我因准备《古籍整理》一课，其中有《论考证》一篇，于是重读《陈垣史源学杂文》，又得到超出以往所领会到的教益。陈垣老师之创立史源学是对乾嘉以来治史经验的概括与发展。陈垣老师曾自谦其学问本原是"专重考证，服膺嘉定钱氏"，考证是清学的重要支柱，某些学者往往故作高深之论，使后学望而生畏，所以陈垣老师把考证的具体做法落实到建立史源学以教育学生，这也是陈垣老师"不吝金针度与人"的品格精神。

陈垣老师为《史源学实习》课程选择了三种教材，即《日知录》、《鲒埼亭集》和《廿二史劄记》。《日知录》是明清之际的大学者顾炎武一生精力之所萃，而为后学所交口称赞者，考求其史源缝隙较难。《鲒埼亭集》大多是清初学者全祖望对易代之际人物与世事的评论，与沦陷背景吻合，在考求史源之余，时可得弦外之音，即陈垣老师所谓的可以"正人心，端士习"，我选习时所用就是这一种教材。《廿二史劄记》是乾嘉时史学家赵翼所删定的一部名作，后来学者多加诵读，而可备考求的疏陋处也较多。《陈垣史源学杂文》所收集的内容就以对此三书作考证的范文为主。其中有关《劄记》的12篇，有关《鲒集》的9篇，有关《日知录》的1篇，其他有关《十七史商榷》、《通鉴外纪》、《述学》等书的8篇，共收文30篇。

在重读过程中，感到书虽小，但每读一次就有一次收获，这次重读让我更深地认识到读常见书的意义，课程所选的三种书，凡治史者无不有所涉足，但只是一读而过，而陈垣老师却把它们读出滋味来，做了许多精细的考证工作。读过后就对书与人做出个人独有的评论。他在《家书》中对三书做过比较性的评论说：

> 错误以《劄记》为最多，《鲒埼》次之，《日知》较少。学者以找到其错处为有意思，然于找错处之外能得其精神，则莫若《鲒埼》也。

《陈垣史源学杂文》所收《廿二史劄记》12篇文中多为对其书的史法、史事之考证与正误，如《补表条所本》条不仅考出《札记》卷一补表条之说所本为朱彝尊撰万斯同《历代史表》序，还考出各表的出处，并进而订正所据《史通》

所记的误处；又如《列传名目沿革条正误》根据"各史朝代之先后，与成书之先后不同"的一般常识，表列各史类传名目，以纠正《劄记》论列传名目沿革不按成书先后，而按朝代先后之误。这正是史源学追本溯源，正讹纠谬的基本方法。陈垣老师对文献记载，要求很严，但对前贤评说则居心宽厚，如《七国反条考证》条既指出《劄记》所记七国之误，复赞誉《劄记》删定者说："赵先生以《史》、《汉》、《吴王濞传》对读，发见《汉书》阙'济北'二字，可谓得间。"并对《劄记》误蕳川为临菑是"笔偶误耳"，直谅多闻，公是公非，这是非常值得学习的学术品德。陈垣老师对文献的梳理条正，功底确乎深不可及，如对《劄 记》卷七《晋书》条末引《新唐志》晋史凡十种，几无一种无问题，陈垣老师写订误一文，为之疏举条列，依次说明，然后又归纳其误为人名误者五、书名误者四、撰注误者二、次第误者二，更指明其致误之由，终而提出新旧唐志皆不如《隋志》之善。此文示后学以运用演绎与归纳二法。又对《劄记》卷九南北八史至宋始行条，所举校刊人名皆误，进行了极为细致的条分类析，使校刊诸人皆得其位。

《陈垣史源学杂文》所收另一组为《鲒埼亭集》文9篇。其论治史之法固与攻《劄记》类同。而往往揭示谢山文字之思想寓意，如《书全谢山〈先侍郎府君生辰记〉后》一文中，记谢山论顺治庚寅置闰之误，兼论其深切著明之含义说：

> 谢山之文，撰于乾隆八年癸亥，去崇祯之亡国正百年，而未尝一闰十一月。谢山以此为置闰之失，历学之疏，安得精于甲子者考而正之云云。是岂独乾隆以前，终有清之世，亦未尝闰十一月，此时宪历之法也。然明清所用历法不同，谢山岂不知？而复有云者，慨故国之久亡，特借闰以寄其意耳！

唯陈垣老师能得谢山之深意。又于《书谢山〈论汉豫章太守贾萌事〉后》一文，开宗明义地引导学生认识"谢山喜提倡节义"的真谛，为读《鲒埼亭集》得一锁钥。呜呼！师恩难忘，读书至此，得不怵然！恭撰小文，以告吾师，再历花甲，歆其来格！

二〇〇〇年六月中浣写于南开大学邃谷

原载于《励耘学术承习录——纪念陈垣先生诞辰一百二十周年》 龚书铎主编 · 北京师范大学出版社2000年版

读陈垣老师来往书信集

陈垣先生是中国近代史学大家，时皆尊称援庵先生。一生以教读著述为业。援庵先生著述闳富，所著《元也里可温教考》、《史讳举例》及《滇黔佛教考》等常置学人案头，而《二十史朔闰表》尤为时加翻检之学术工具书。援庵先生学识渊博湛深，为人尤重情义，交游颇广，凡同辈及后学有所函询及面质，无不认真答问。故来往信札较夥。"文革"时，或未加整理，杂置一隅，或抄家时为他物所掩没，致未为"文革""勇士们"所注意，视同废纸，幸免于难。

上世纪八十年代，援庵先生文孙智超教授得此遗物，董理编次，成《陈垣来往书信集》（三联书店版）一书，收援庵先生致他人书信375封，他人来信892封，其间以友人来鸿为主。出版后获读全书，更见援庵先生道德文章之深蕴，犹以意愿未餍为憾。历经二十年的岁月积累，又有所发现，智超教授为求完善，重加编定，于2010年11月间，由三联书店正式出版，成《陈垣来往书信集（增订本）》一书。共收援庵先生致他人信967封，他人来信1197封，共计2164封，为初版的171%。所收书信的上下限自1913年至1969年共五十六年，正是中国社会动荡和纷乱的岁月，个人书札能保存得如此大量和完整，实属幸运难得。我曾通读一过，并在赵胥君处得见部分手迹，颇有所得，略述所感如次：

这部书信集的编集，对民国史料库存的发掘和增量有明显的贡献。近年民国学人书札，问世日多。有以一人为中心而单独成书者，如《王献唐师友书札》（青岛出版社），《陈垣来往书信集》、《吴宓书信集》（均三联书店）；有合多人为一册者，如《现代名人书信手迹》、《近三百年学人翰墨》、《朴庐藏珍》（均中华书局版）；有附于其他著作者，如《澹盦藏札》即附于《陆澹安文存》（上海锦绣文章出版社）中。

这部书信集为研究援庵先生提供了一份极其宝贵的传记资料，为进一步了解和认识援庵先生的生平、学术、著作和教育活动等方面提供了非常珍贵的资料。特别是细节的补充及家书部分所反映其对家务的关注和教育后人的情节，是撰写陈垣先生传记绝佳的参考资料。

这部书信集的来往通信人大部分是社会名流，函中涉及内容有多关时局、学术及名人生活，所选皆翔实可信。如与陈寅恪先生来往信件24件中，多是学问商榷交流及人才奖掖等事。伦明先生与陈垣先生函，虽仅一件，但叙述《续修四库全书》一事甚详，为研究"四库学"重要参考。又陈垣先生与胡适交往较密，集中即收有信件36通，其有长函多通。学术辩论，毫无遮掩。间有诙谐之辞，可见"文人相亲"之例。集中类此内容，比比皆是，仅摘数例为证。

这部书稿智超教授整理、注释、编次而成。智超教授为当世史学名家，学有专长，又承家学，功力深厚，无可置疑。观其整理程序，体例划一，所注明晰而不繁琐，谨守家法，实为精心细密之作，方便读者多多。智超教授更积多年整理大量信件之经验，总结提炼成书信的利用与整理一文附于前言，为先人扬祖德，为后学传金针，大有裨于学术。

这部书是以一人为中心，而旁涉当时政、学各界著名人士，间及域外学人。可从大海滴水中获知当年社况，为研究民国时期不可多得的资料宝藏。遗留后学以无限研究空间。所收信件，可备采用者，俯拾皆是。这部书尚有无数值得标举的特点。本文只能略举数例，未免以偏概全。我有幸获读先师翰墨，犹如重沐春风，人间沧桑，不胜感叹！惜以全书篇幅过大，未能附载手迹，略有微憾耳。

原载于《中华读书报》2013年11月20日

从"陈垣同志遗书"说起

最近，我经历数十年撰成的《书目答问汇补》一书，即将定稿交付出版。为了附入曾经眼的四十余种版本图版，从各藏所拍了各版本首页书影。其中北图所藏清石印本《书目答问》的藏章，令我惊讶。这份书影上有两颗藏章：一为"北京图书馆藏"短长方形篆文藏章，钤于首页右下角，属藏章常规，无需讨论；另一为长方形条章，以繁体楷书刻"陈垣同志遗书"六字，不禁为之"傻眼"。历年在古籍藏书上曾见藏章多多，而从未见此等内容。此章既刻工拙劣，又内容不通。援庵师哲嗣乐素、文孙智超，均为饱学之士，在学界颇著盛名，自不会出此文字，而北图为公藏魁首，于藏章应有内涵与制作，多有卓识。何能制此藏章？

藏章为藏书文化重要组成内容，学人与藏家俱颇注重。若干典籍满纸斑斓，词意深远，刻工精美，循读所钤各章，既可得各种艺术雅趣，复能考典籍流传途径及藏者生平志趣，为研究藏书文化重要依据。此"陈垣同志遗书"一章，何不合藏章常规乃尔，心存困惑，乃电询智超。承告：1971年夏，援庵师逝世后，所藏大部分移赠师范大学图书馆。当时炙手可热之"文革"权要，命转交北京图书馆。北图接受后，刻此一章，作为捐赠标识。其珍善本入特藏，而一般古籍则插入各类，并无专室、专柜、专架之设，难免有流散之虞。学者藏书，本可借知其学术体系与趋向所在。我少时就读辅仁大学，偶在兴化寺街陈寓，见援庵师藏书室，书架设置，井井有条，各有所类，用时能立取。今拆而散置，几于打乱学术体系，受藏者于此，不可不慎。

此"陈垣同志遗书"六字藏章可议处在"同志遗书"四字。"遗"字可作遗留解。但"遗书"决不可以作"留下来的书"解。当然在古籍中亦把"遗"读作wèi，可作赠与讲，如"遗之千金"，则"遗书"似可作"陈垣同志赠书"讲，不过，这是不是太掉文绕弯，也非一般语词习惯。至于制此藏章之人，是否知此一读，不敢妄猜。且"遗书"二字，久有定义：一为人死后留下的书面文字，或述隐秘，或有嘱托，皆名"遗书"。"陈垣同志遗书"当非此义。二为学者身后存有手稿，其弟子或亲属，甚至后来人，为亡者整理梓行存稿（亦有选若干已刊著述者）成书后，多题"某某遗书"，如《朱子遗书》（朱熹）、《黄梨洲遗书》（黄宗羲）、《船山遗书》（王夫之）、《沈寄簃先生遗书》（沈家本）、《海宁王静安先生遗书》（王国维）等等。石印本《书目答问》无疑为陈垣师之捐书，而非其遗书。因此"遗书"二字当为误用。我尚有担忧者，若受赠单位果有知"遗（wèi）书"别有赠书一意，用于援庵师，系在身后，尚无大碍。若另有老年学者于生前捐书，而加盖"某某同志遗书"，岂不尴尬。捐书者必后悔不迭，盖因捐书竟丢掉性命。至于用"同志"二字，于我所见数百藏章中，确为特例。然在上世纪七十年代初，方当浩劫高潮，"以阶级斗争为纲"，敌、我、友阶级界限分明，称呼亦各异。对敌直呼其名，甚至加上反革命、反党、反动诸头衔；对友则以先生或师傅相称；只有自己人和部分同路人，能拥有"同志"之荣衔。援庵师身具党籍，又为当代史学宗师，得此荣称，理所当然，而家人亦得庇佑。更为藏书文化之藏章研究得一特例。

近数十年，学者藏书，因无专门藏书楼（室），而居处又多欠宽敞，致时有异代散失之势。我于旧书摊或网上购书，常能见学者藏书之流散，即友朋赠书亦一并被后人清除。所以，我曾建言化私为公，捐赠图书馆，以求长期保存。我已身体力行，将大部分藏书捐赠故乡图书馆，期盼受赠方能善待捐赠。但前有巴金老捐书外流，近见援庵师捐书之加盖怪章，不禁感慨系之！深望此类情事日见其少，以至绝迹，则捐赠者得放心，而典籍当庆得栖息，不亦双赢乎？

原载于《中华读书报》2008年7月9日

陈垣先生遗墨跋

一、正文

曾南丰《徐孺子祠堂记》引《图记》言：晋永安中于孺子墓碑旁立思贤亭，至拓跋魏时，谓之聘君亭。孺子墓在江南，与拓跋氏何涉？南丰盖以此语出《水经注》，元文"至今"，故改为至拓跋魏时。然《水经注》文本引自雷次宗《豫章记》。所谓"今"者，指宋元嘉间也。南丰文有语病，不能为之讳。

二、跋语

此扇面是已故史学家陈垣（援庵）先生的遗墨，写于1946年夏。这年夏天的某日，援庵师对我的毕业论文《汉唐改元释例》口试后，顺便告诉我到兴化寺街寓所去谈谈。我遵嘱到后，援庵师指点了许多读书、治学的方法，临别时，从案头拿起已经写好的这个扇面给我作毕业纪念。我当时对这位年近古稀，声名卓著的老师如此用情是非常感动的。回家以后，展读内容，发现这是援庵师自己的一段读书札记，更感到老师用心之深。全文虽然只有106字，但却教诲我读书、治学的门径，而且也很有针对性。因为我在青年时读书的最大毛病是贪多图快，盲目迷信。援庵师在授课时曾多次指出读书要能疑、致思、得理，而我却改进不大。这次临别赠言又是一次身教言教。曾巩是唐宋八家之一，有深通目录学之称，无疑是个大名家，但也有差错。援庵师从拓跋魏的辖境与孺子墓所在地江西二者之间存在的矛盾，始而疑曾文有误，进而思其致误之由，终而得其正确之理，并且也不盲目迷信这个名人而为之讳。援庵师读书治学之绵密谨严于此可见。这一赠言对我后来的读书治学确是起了座右铭的作用。因之，我一直加以什袭珍藏。但，出乎意料的是在此扇面恰恰满了二十周岁的时候却险遭不测。幸而埋在翻乱的群书堆中而残存下来。直到扇面的三十周岁，我方有机会请人把践污的另一面揭去，托裱了这一面，悬诸案前壁上，作为精信铭言。

今年是援庵师诞辰一百年，敬识始末，一以抒缅怀之情，一以内疚岁月虚度，学殖无成，深愧师教，无所告慰于老师。惟于日后当力求上进，或能小有所就，也可不负三十年前援庵师的谆谆教诲。

来新夏敬识于一九八〇年十月

原载于《文稿与资料》1980年第6期

陈垣老师与历史文献学

——纪念陈垣老师110周年诞辰

我于1942至1946年从陈垣老师受业，至今虽已将近半个世纪，但陈垣老师的音容笑貌宛在眼前。今值他的110周年诞辰纪念，缅怀师恩，益增仰慕。陈垣老师学识渊深，如大海之难望其涯涘，更难以概陈垣老师学术的大要。十年前，白寿彝教授在《纪念陈垣校长诞生一百周年》一文中曾论述陈垣老师的成就说：

> 他在史学上最大的贡献，是在不少重要方面为近代中国历史文献学打下了基础和在中国宗教史研究上开拓了新的领域。

这是对陈垣老师学术成就的相知之言。我对宗教史因接触甚少而难以置喙；而历史文献学则由于数十年来从事这方面工作，而认识到陈垣老师在历史文献学领域中确有难以磨灭的功绩。他在历史文献学的建基和开拓上所获得的成果至今仍然熠熠发光。发前人所未及，为后学立典范。

陈垣老师于历史文献学的基础要求，不只求"博闻强记"，而是要拓宽基础、汇聚诸学，并且身体力行，以所著示基础的要略。白寿彝教授又曾具体描述过陈垣老师对历史文献学的建基工作说：

> 他对《书目答问》的讲授和《中国佛教史籍概论》的撰述；他的名著《二十史朔闰表》、《中西回史日历》、《史讳举例》、《元典章校补释例》和《旧五代史辑本发覆》，分别在目录学、年代学、史讳学和校勘学等方面为历史文献学作了建基的工作。

这里必须说明，陈垣老师对目录、年代、史讳、校勘诸专学不仅在继承传统上有深厚的根基，而且将这些传统的专门之学置于科学方法的基础之上，赋予传统学问以新的生命活力，并以其创新见解和躬行实践，撰成专著以垂范于后学。

陈垣老师曾自述其治史途径的三个阶段，其抗战前是"专重考证，服膺嘉定钱氏"，其意当指从乾嘉清学入手。清代有学者认为目录、版本、校勘与考证四学是清学的支柱，因此，陈垣老师为历史文献学建基而势必致力于这几方面的学问。

陈垣老师倾心于目录学甚早，在少年时代就开始涉猎《书目答问》，作为自己读书、选书的依据，以后又进而研究《四库全书总目》，奠定了他"即类求书，因书究学"的深厚治学动力。他曾亲手编制《文津阁书册数、页数表》、《四库书名录》、《明末清初教士译著现存目录》及《敦煌劫余录》等目录学专著，而《中国佛教史籍概论》尤称力作。陈垣老师讲授并撰述《中国佛教史籍概论》不仅"以为史学研究之助"，"当初学者于此略得读佛教书之门径尔尔"，并以此书为例规定了撰写目录的模式是"每书条举其名目、略名、异名、卷数异同、版本源流、撰人略历及本书内容体制，并与史学有关诸点"（《中国佛教史籍概论》缘起）。陈垣老师于论定其他学者的学术成就时，也多以是否通谙目录学为其衡量标准之一，如为《余嘉锡论学杂著》所作序中，推崇余季豫老师说："他学术的渊源，实得力于目录学；而他终生仍从事的学问，也是以目录学为主。"

陈垣老师认为："校勘为读书要务，日读误书而不知，未为善学也。"（《通鉴胡注表微》校勘篇第三）足征陈垣老师非单为校勘而校勘，而是以校勘为治学之一助。陈垣老师对校勘学有深厚的实践功力，而不徒托空言。他审慎地选择了沈刻《元典章》作为校勘之资，因为这部书"写刻极精，校对极差，错漏极多，最合适为校勘学的反面教材，一展卷而错误诸例悉备矣"（《校勘学释例》重印后记）。他认真地通过详校、对校、互校诸法，"往往因一名之细、一字之微，反复参稽，竟至累日"，"得讹误、衍脱、颠倒诸处一万二千余条"（《沈刻〈元典章〉校补》缘起）。通过校勘"可于此得一代语言特例，并古籍窜乱通弊"（《校勘学释例》序）。在此基础上，他进行了更为繁重的理论概括工作，从校勘所得的万余条中抽其十一而归纳为四种校勘方法，撰成《校勘学释例》，标举出为学林所重的校勘四法。这不仅总结了有清一代校勘学成果，而且更进一层，使传统的校勘学走上科学的轨道，俾后学有所遵循，厥功至伟。

陈垣老师对校勘学之有成就乃建基于对版本学的重视。广搜异本是他治理学术的一个重要基点。陈垣老师在撰写《沈刻〈元典章〉校补》时即据五种版本，其中吴氏绣谷亭影钞元本则通过版本专家傅增湘转假于上海涵芬楼，以求异本之全备。《册府元龟》材料丰富，篇帙巨大，但不为清儒所重，卢文弨、严可均号称博洽，而不能善加利用；陈垣老师则据之补《魏书》埋没八百年之缺页，使"《册府》成为可以校史，亦可以史校之"的重要史源。陈垣老师所编写的目录学专著不仅以版本作为著录专项之一，而且在评论图书时都有版本专节，如《中国佛教史籍概论》一书中，在《续高僧传》下有《本书版本异同》，《弘明集》下有《本书版本及学人利用》，《广弘明集》及《法苑珠林》下有《本书版本及两本卷数对照》，《一切经音义》及《新译华严经音义》下有《玄应书版本》、《慧苑书版本》、《二书新印合本》，《景德传灯录》下有《景德录版本》，《五灯会元》下有《会元版本及撰人问题》等专节以著录版本，考其异同，论其利用，此益以见陈垣老师对版本的重视及版本学造诣之深厚。

至于考证之学，陈垣老师谦称承竹汀之学，实则超越前贤多多。他以考证作为管理历史文献的基本方法而自具特色。他以所精研的目录、校勘、版本以及史讳、年代、史源诸学为考证学奠定坚实基础，一反某些学者对考证故作高深的积习，使后学有所把握。陈垣老师治考证学博搜广征而不条列堆砌，简练明晰而不支离破碎，更不恋恋于一字一典之证，而以考证扶微阐幽，其论考证学地位与作用尤能得其正，他说："考证为史学方法之一，欲实事求是，非考证不可。彼毕生从事考证，以为尽史学之能事者固非；薄视考证以为不足道者亦未必是也。"（《通鉴胡注表微》考证篇第六）旨哉斯言！

陈垣老师在发展、完善传统四学之外，更为后学创辟新域，如年代学、史讳学、史源学等多发前人所未及。年代之与历史有不可分割的联系，不识年代无以明历史。陈垣老师之立年代学乃起于研究实践的需要。当他沉浸于宗教史之研究，首先遇到中西回诸历的差异不明，致使诸种史料难以条理互证，于是殚精竭虑撰成《中西回史日历》及《二十史朔闰表》，尤以后一种几乎成为研史者案头必备之书。于是诸历换算、干支纪年、历代年号也都受到应有的注视，为年代之学开一新纪元，为史学研究辟一新途径。史讳为中国历史所特有，所谓"不讲避讳学，不足以读中国之史也"（《通鉴胡注表微》避讳篇第五序录）。其于考证、校勘、版本、考古之订讹正谬，确定时代可得一准确的标尺。陈垣老师在校补沈刻《元典章》的基础上，归纳多例，成《史讳举例》一书，一扫前此缺乏条贯之失，而自成专学，其目的"意欲为避讳史作一总结束，而使考史者多一门路一钥匙也"(《史讳举例》序)。至于史源学的创立尤见陈垣老师的卓识。这是陈垣老师创立的新学科。它一则训练初学者治学要谨严缜密,征引史料要探本寻源,对被忽视的史源要提倡开发,如对《册府元龟》的史源价值便重予评价,陈垣老师还躬行实践,亲自撰写范文,使后学对考求史源从无本可依到有本可据。二则陈垣老师不满足于已有史料范围而力求扩大史源。他提出为一般学者所忽视的笔记之整理,他开发佛教史籍的应用,而使"初学习此,不啻得一新园地也"(《中国佛教史籍概论》缘起)。

年代、史讳、史源诸学的确立,进一步加固和丰富了陈垣老师对历史文献学的奠基工作。这是他对历史文献学所作的重要贡献。

陈垣老师对历史文献学并没有在整理方法的完善与系统化面前止步。他治历史文献学的更大特色乃是以出色的整理工作为阐发思想的立足点,并以阐发思想为整理文献的极致。他的短篇札记如《书全谢山〈与杭堇浦论金史第四帖子〉后》及《书全谢山〈先侍郎府君生辰记〉后》等篇,多是借题发挥以表述爱国之情。四十年代所写《明季滇黔佛教考》及《南宋初河北新道教考》二著,明言道佛,实抒胸怀,而字里行间已约略得其微言,如前篇说"明季中原沦陷,滇黔犹保冠带之俗",后篇更慷慨其词说:"呜呼!自永嘉以来,河北沦于左衽者屡矣,然卒能用夏变夷,远而必复,中国疆土乃愈拓而愈广,人民愈生而愈众,何哉?此固先民千百年之心力艰苦培植而成,非幸致也。"1957年,陈垣老师为二书重印所写后记更明揭其寓意,一称《滇黔佛教考》"所言虽系明季滇黔佛教之盛,遗民逃禅之众,及僧徒拓殖本领,其实所欲表彰者乃明末遗民之爱国精神、民族气节,不徒佛教史迹而已"。再称《南宋初河北新道教考》之作乃因"卢沟桥变起,河北各地相继沦陷,作者亦备受迫害,有感于宋金及宋元时事,觉此所谓道家者类皆抗节不仕之遗民,岂可以其为道教而忽之也,固发愤为著此书,阐明其隐"。陈垣老师整理历史文献之真谛,意在斯乎?而更为集中表达这种真谛的专著莫过于《通鉴胡注表微》。这部著作的创意是因频年变乱,陈垣老师杜门读书,发现胡三省的"忠爱之忱见于《鉴注》者不一而足",而"读竟不禁凄然者久之",并且认为胡注中的议论可与宋胡寅的《读史管见》与明王夫之的《读通鉴论》并称:"皆足代表一时言议,岂得概以空言视之。"(《通鉴胡注表微》评论篇第八)乃"辑其精语七百数十条,为二十篇……其有微旨,并表而出之"。所以说,这部著作是陈垣老师借身之的慨叹议论,抒肺腑的爱国热忱;既注重考证等实学,也深研胡氏议论的精微价值。此书之成虽示后学以考证抉微的窍要，实则为陈老师的一部思想专著。

陈垣老师毕生所作的种种努力赋予历史文献学以无穷的生命力。他使历史文献学从整理走向使用，使单纯的征文考献走向知人论世，为我国的历史文献学建立了一个比较完整的学科体系。总括前贤，沾溉后学，当是陈垣老师在这一领域中不可磨灭的功绩而应为丐其余润之后学所铭记。

一九九〇年五月写于南开大学邃谷

原载于《纪念陈垣校长诞生110周年学术论文集》 纪念陈垣校长诞生110周年筹委会编 北京师范大学出版社1990年版

读伦明先生致陈垣先生的信件

——纪念陈垣先生130岁冥诞

1942年夏，我负笈京华，就读辅仁大学历史学系，始列陈垣先生门墙。陈垣先生为史学大家，时皆尊称援庵先生。入学后，历年得聆援庵师亲授《中国史学名著评论》、《佛教史籍概论》及《史源学实习》诸课程，获益滋多，为我一生从事学术工作奠定初基。援庵师著述闳富，所著《元也里可温教考》、《史讳举例》及《明季滇黔佛教考》等常置案头，而《二十史朔闰表》尤为时加翻检之学术工具书，而援庵师则谦称此为"智者不为"之作，而"不为终不能得其用"，旨哉斯言！我将终身服膺其言，亦望天下学人皆能置诸座右。

援庵师学识渊博湛深，为人尤重情义，凡同辈及后学有所函询及面质，无不认真答问。又海内外交游颇广，故来往信札较夥，或未加整理，杂置一隅，或抄家时为他物所掩没，致未为"文革"勇士们所注意，视同废纸，幸免于难。上世纪八十年代，援庵师文孙智超教授得此遗物，董理编次，成《陈垣来往书信集》一书，达数百件。其间以友人来鸿为主。出版后获读全书，更见援庵师道德文章之深蕴，惜未能亲睹原件为憾。

2010年春，小友赵胥枉顾寒舍，携来北京韩斗先生自市肆所得各方学人致援庵师函多件，共得十三人。有我曾受业的朱师辙先生，有相识并有交往者史念海及谢兴尧二先生，又有闻名仰慕而未获一面者卢弼、缪凤林、胡玉缙、伦明、方豪及莫伯骥等先生，皆享誉于学林的饱学之士，其他尚有未之识的社会名流若干人。另有日本学人松崎鹤雄一人。此十数函所涉及者多援庵师之著述及各类有关学术问题，可供参考者颇多。经查核，均已见收于《陈垣来往书信集》。今得见手书原件，幸何如也！

这十三封信中最有价值的是伦明先生的信，伦明先生（1875—1944），字哲如，广东东莞人。曾任官经商，是当时著名藏书家。他为了实现续修《四库全书》的宏愿，节衣缩食，甚至卖去妻子的妆奁，自己生活得破衣烂衫，筹款采购有关典籍，以致落个"破伦"的雅谑，而他却自嘲是"卅年赢得妻孥怨，辛苦储书典笥裳"。他遇到许多困难，适当其时，援庵师正在教育部次长任上。伦明先生遂于1921年至1922年间致函援庵师，除略陈教育部部员罢工和八所高校索费二事外，主要提出三点要求，都是有关图书事业的。

其第一点是要编一部"求书目录"以充实教育部图书馆的庋藏：

（一）编订一应之书目，以待搜求也。查教部直辖之图书馆，收藏非不富，然皆就旧有而保存之，初未调查我国现存之籍共有若干。例如经部，除四库所录外，其未收者若干种。在修四库后成书当时未录者若干种。或旧本尚存，或尚有抄本。其最精要之某种则不可不多方求之，或就藏书家移录之。盖此图书馆为全国之模范，其完备亦当为全国冠。况迩来旧书日少，且多输出，私家藏贮，不可持久。若无一大图书馆办此，则国粹真亡矣。

《求书目录》亦可称《阙书目录》。这种目录缘起于北魏。北魏孝文帝积极推行鲜卑人汉化的政策，于迁都洛阳后，鉴于北魏图书甚缺，便命人编定《魏阙书目录》，持赴南朝求书。这是北朝唯一见于著录的一部目录。伦明先生是一位目录学家，可能想到这一做法，所以提议编一求书目录。

其第二点要求是：

（二）为校雠《四库全书》也。前此曾有刊印四库之议，但此书之讹脱，触目而是。若任刊布，贻笑外人（前日本人某曾著论言之）。且传布此讹脱不完善之本亦奚取乎？但此书博大，校雠不易。现在教部人员极冗，一时谅难裁撤。其中文理清通者当不乏人，与其画诺而无所事事，何如移一部分之人以校此书。且馆中人员亦不少，若去其素餐者以置清通之人，不一二年，此书便可校完。在国家不费分文而成此大业，何快如之。至校书之法，则宜将内务部新得之四库，或再借用文渊阁之四库，至各书之有刻本者亦居大多数，皆可取资也。

校勘四库，兹事体大。且牵涉某些既得利益者，置游手好闲、无所事事者流于日事丹铅，朝夕点勘诸事，岂能无窒碍乎？近十年来国内竞相刊布四库，或一阁多版，或出以光盘，皆借以牟利，未闻有能聚清通之士，一一点勘者。不知何以对伦明先生？

其第三点即是有关续收《四库全书提要》一事：

> 续收《四库全书提要》，此着为最要紧。乾隆修书之时，多所忌讳，未著录并未存目者甚多。且晚出之书为当时所未见者亦多。若乾隆以后之著述，其未及收更不待言矣。尝谓我国学术之发挥光大，皆在乾隆以后。若此小半截不全，大是憾事。为时未久，各书搜求尚易，且宿学现存者，亦尚有人。宜聘请通达者约十人之谱，每人薪修，月约五六十元（另有课责之法，兼差者亦可但需限若干日成一书）。月需经费约一千元左右，亦约一二年而功成，即在学款所减内筹出此数非难。

续修《四库全书》是伦明先生的夙愿，他曾倾家财聚书为续修四库作准备。他曾自豪地说："鄙藏之书，可作续修四库资料者，已达十分之七八。"并名其书斋为"续书楼"，著《续书楼读书记》与《藏书记》，而续提要尤为其要着。值得庆幸的是，时隔几年，编纂《续修四库全书总目提要》一事即在1925年10月开始策划，由日本人出面，利用"庚子赔款"进行，并于1931年7月开始撰修提要，至1945年7月由各类学科的中国学者（有个别日人）共同完成初稿，共收入古籍三万余种。伦明先生得亲见其事始终，并参与撰写提要，亦可谓已完成其夙愿，伦明先生亦足自慰矣。

伦明先生这三点要求，确为图书事业中之重大举措。颇寄希望于援庵师，故在函末又郑重其事地申言云：

> 如能办到三事，则我公为福于国学者不细。且政治不过暂局，我辈在世界上要当作一事业，留作后世纪念。昔彭文勤在朝，颇不满于清议而功在四库，至今谈者犹乐道之。我公如有希望于后世者，此其时矣。闻教长尚未定人，最好我公以次长代理部务。

伦明先生满怀热诚，以至情寄希望于援庵师，而援庵师究竟如何对答处理，因无援庵师复函，也无其他记载与传闻，不能妄加猜测。按照援庵师处理事务的习惯，会有复信的。但原件未得，难见真相。至伦明先生所言三事，以今视之，亦颇有难度。援庵师书生入仕，职任副贰，恐亦难周章其事。且致函时间在直皖战争后，直系军阀正意气自得，扩充武力之际，视教育文化事业若敝屣，即使诉之上峰，其结果亦不过付之"待议"而搁置。若未来档案中有所发现，当可补此缺陷。

今年为援庵先生130岁冥诞，有关方面在京举办纪念会，我理应到会，自陈学业进程；但年近望九，步履维艰，且气候变化靡常，未能躬逢其盛。适得伦明先生此函，捧读再三，若见前辈学人风范，乃作题记呈献，以见白头门生之虔诚。

二〇一〇年冬写于南开大学邃谷

原载于《中国文化》2011年春季号·第33期

鹤发童颜亮尘师

——记张星烺老师

1942年9月，我考进北平辅仁大学历史学系，在报到入学的那一天遇到的第一位名师就是张星烺（亮尘）先生（1888—1951），因为他是史学系系主任，选课单必须到他办公室去请他签字。他鹤发童颜，慈眉善目，边审核选课单，边用他那副江北口音（江苏泗阳人）问点我的简况，面上总是带着一丝笑意。他的一头白发，据说中年时就已如此，有一次他乘胶济铁路从济南到青岛，满车装的是山东军阀张宗昌的大兵，虽然蛮横无理，东躺西卧，占了若干空位，一般旅客也不敢轻易冒犯，但这些大兵看到亮尘师须发皆白，面色红润，气度不凡，可能以为是哪位权势者的尊翁，居然让座位给他，其实那年亮尘师尚不满四十岁。后来陈垣（援庵）师曾调侃他："鹤发童颜，连张宗昌的大兵都被感动了。"（台静农：《辅仁大学创校点滴》）他虽然苏北口音，初听有些听不懂，但亲切的问语常常使学生紧张的神经很快地松弛下来，原来想象中高山仰止的大学教授，并不那么高不可攀，就是如此平易的普通人。

亮尘师是位有传奇色彩的名人，据说他是理科出身，1906年公费留美后，先后在美国哈佛大学和德国柏林大学学习化学和生理化学，研究多肽合成，是我国第一个生理化学的留学生。当时他的论文就见载于德国著名的生理化学杂志上。亮尘师的父亲张相文先生是著名地理学家和中国地学会的创始人之一，家富文史藏书，使他有机会浏览家藏。以他的聪颖天资，加以家学的长期熏陶和相文先生的教导，为他奠定了文史方面的深厚基础。他中年时因生活劳累患肺结核病，在岳父王舟瑶家养病。王是清末一位经学大师和教育家，藏书数万卷，亮尘师浸润其间，而勤学不疲。他利用从国外搜集积累的资料和中国史料进行比较的研究方法，树立了自己研究历史的方向和道路，选择了中西交通史为一生的专攻领域。但令人惊异的是，他同时仍然掌握着深厚的化学知识，据辅仁大学校史的明确记载：他在1928年还在北师大兼授高等有机化学。甚至在讲历史课时也常融通文理，据高年级学长说，有一次他把我国古代发明的火药和现代火药相比时，信手在黑板上写了许多化学反应式，详细解释，让听讲的文科生不禁瞠目相对。他更以他的自然科学知识开辟了对正史《五行志》的研究，指导过多篇这方面的毕业论文。这是在对正史研究中很少涉及的领域。

亮尘师是一位抱有科学救国理想的爱国者。辛亥革命后，他毅然放弃国外良好的学习、研究条件，尽倾私蓄，购买图书、仪器和药品，满怀热情地回国。但等待他的是失望和无奈。在此后的十余年里，他只能为生活奔波于各地，从事各种并不完全符合个人志愿的职业，以谋取升斗。直到上世纪二十年代中期他才在北京安定下来。1927年，他应陈垣校长之邀，出任新开办的辅仁大学史学系教授与第一任系主任，并开设"中西交通史"这门有创新意义的课程，引起了史学界的重视，清华、北大、燕大、师大等校纷纷相邀讲授此课程。中西交通史的研究成为一时风气。从此，他把后半生的精力，全部贡献给学术研究和培育后辈的事业。直至他在上世纪五十年代初离开人世止。

亮尘师具有深厚的中外文史方面的造诣和多种语言基础，在历史学领域中就发挥了他的这种优势，致力于中西交通史的研究。他的这项研究起步甚早，在1922年至1926年间，他在青岛四方机车厂担任化验室主任时，白天工作，晚间整理资料，编写书稿，终于完成百余万字的《中西交通史料汇编》初稿和《马哥孛罗游记导言》。于1929年作为辅仁大学丛书第一种正式出版。使读者可以一览上起上古，下至明代，东起葱岭以西、印度，西到欧洲、非洲这一广阔地域同中国交往的历史，为研究中西交通史的学者提供了丰富的研究资料。

《中西交通史料汇编》是亮尘师运用比较研究方法所获得的成果，在当时中国史学界还是少有的，因此一直受到中外学术界的重视，英国学者李约瑟在其所著《中国科学技术史》中曾多次引用。1962年，台湾曾将《中西交通史料汇编》列入《中国学术名著》第五辑中出版，并不断再版。上世纪八十年代初，我的南开大学同事、马可波罗研究专家杨志玖教授在写有关马可波罗论文时，《中西交通史料汇编》是他案头常备用书。杨教授生前曾多次与我谈及亮尘师对中西交通史研究的开创功绩，极力推崇《中西交通史料汇编》这部巨著的学术价值。尤其值得我们学习的是，亮尘师在编纂这部巨著过程中的虚怀若谷的治学态度。他与其他学者多有所探讨，特别是与陈垣老师的相互切磋，更体现老一辈学者间的文人相亲的品格。在《陈垣来往书信集》（上海古籍出版社，1990年6月）中就收有亮尘师1924年12月至1926年12月两年间给援庵师的十七封信，其内容都是有关中西交通史中问题的质疑与探讨。《中西交通史料汇编》出版后，亮尘师仍然不断增补史料，修订内容，准备在一定积累之后重加修订。可惜亮尘师离世过早，未能及时增补完成。而所积存的大量资料亦在"文革"浩劫中全部散失，造成无法弥补的损失。

亮尘师一生除了担任繁重的教学任务外，还夜以继日地孜孜于学术研究工作。他写了大量文理兼通的论文，发表在《辅仁学志》、《燕京学报》、《清华周刊》、《华裔学志》、《禹贡半月刊》和《中德学志》等著名学术刊物上。据其哲嗣张至善教授列目统计达五十篇之多。亮尘师的学术著作除《中西交通史料汇编》外，尚有《欧化东渐史》、《马哥孛罗》及译著《马哥孛罗游记》与《历史地理基础》，均由商务印书馆出版，其中《欧化东渐史》在1934年、1938年多次出版。2000年，又由张至善教授等略加修订校正重排出版，并附入《三百年前菲律宾群岛与中国》及《马哥孛罗》二文，成为"商务印书馆文库"之一种，为研究中西交通史入门必备用书。

亮尘师以其勤奋力学的精神，一生从事教学与研究，是一位桃李满门、德业双馨的教师和学贯中西、识兼文理的学者，为当世所推重，为后学所景仰。我有幸得亲沐春风，音容笑貌，至今犹在记忆，而世间传述亮尘师者颇罕，乃略存其生平学行，或恐未能尽其义，至祈知者有所补订。

二〇〇七年四月写于南开大学邃谷

原载于《中华读书报》2007年6月20日

追忆"读已见书斋主人"

——记余嘉锡老师

　　一个人一生中会遇到许多老师，他们以毕生的精力教学生知识与做人之道，为自己的学生奠定一生事业的基础，给以深远的影响。过去把老师排在"天地君亲师"之列，说明在给自己生命的父母之外，就是给我们以事业通衢的老师，所以学生有自称"受业"的说法。有的老师甚至成为自己一生事业的依傍，使你终生难忘。余嘉锡先生便是我的一位受业师，我曾从师攻读目录学，并以之传授学生。时隔六十余年，他的音容笑貌一直深存于心中，而追忆往事，犹历历在目。

　　上个世纪四十年代初，我刚刚步入大学殿堂时，较早接触到的一位著名学者，就是目录学家余嘉锡先生。余先生字季豫，是湖南常德人，生于清光绪十年正月（1884年2月9日），幼承家学，博通经史。光绪二十七年，他以十八岁的少年而中乡试，成举人。曾任清吏部文选司主事，遭父丧即离开仕途，从事教育活动。1928年离开家乡，入居北京，在辅仁大学等校任教授。虽生活多有曲折，但终以文章学术自显。1942年，季豫师以辅仁大学国文系主任出任文学院院长，而我就在这一年考入辅仁大学史学系。我的报考是因同舍高年级学友对部分名教授的介绍，从而对季豫师产生仰慕。当时允许跨系跨院选课，所以就跨系选修了季豫师为中文系开设的"目录学"课程。季豫师除"目录学"外，还开设过"古籍校读法"、"《世说新语》研究"、"古今著述体例"等课程。我还有幸旁听"《世说新语》研究"，旁征博引，颇开思路。

　　季豫师持身谨严，衣着简朴，不苟言笑，授课时操湖南乡音。"目录学"课程，虽指定《目录学发微》和范希曾《书目答问补正》为课本，但他授课时却手不持片纸，依《补正》编次，逐书侃侃而谈，如数家珍，使人若饮醇醪，陶醉于这门形似枯燥而内涵丰富的学术领域之中。季豫师诲人不倦，亲自批改作业，虽一字之误也都给以改正，至今我所保留的课堂笔记中还留有季豫师的亲笔批语。如我在听课时误将孙子十家注记为清人，季豫师即在清人旁划一墨叉，并在眉端写"十家注皆宋以前人"的批语。季豫师还向学生直率地表达自己的看法。我在整理课堂笔记中有时也羼入自己的意见，如在《目录学用书》一题下，擅增一语说："近人姚名达有《目录学年表》、《中国目录学史》。但仅系言目录学发展经过，非言目录学本身之书也。"这是我批评姚著的委婉之辞，借以自炫读书之勤。季豫师审阅我的笔记至此，则对学术批评义正词严，毫不留情。他将此语上下用墨笔勾去，并在眉端加批说："姚某之书大抵剽窃余之《目录学发微》，改头换面。余以其不足齿数，故未尝一言及之。该生自以意羼入此数句，余所不敢与闻也。"充分体现季豫师的耿介性格。

凡遇有问学，季豫师虽无长篇大论，但一点一拨，即可祛除迷雾。我读《目录学发微》，系季豫师所著，对目录学的意义、功能、源流、体例、沿革等都能条分缕析，精辟论述，文字也条畅可读，毫无窒碍。但读《书目答问补正》，则久久不得其门，但又怵于季豫师的威严，问学不敢贸然登门，就到平日较多接近的柴德赓先生家求教。柴先生告诉我要注意书中一些小注，并说季豫师不喜欢闲谈，但不拒绝学生质疑，鼓励我到余府登门问学。当年季豫师住在兴化寺街，离我的宿舍很近，但还是酝酿了两三天，才鼓足勇气去叩余府的门。季豫师衣冠整洁地端坐在书桌前，让我坐在旁边的凳子上，问了问读书情况和存在的问题。季豫师命我从书架上取下《三国志》，找到"读书百遍，而义自见"的语句，谆谆教导我，读书要多读几遍，自然能悟出道理来。季豫师嘱我再通读一遍，多注意字里行间，并以姓名、著作为序，反复编三种索引，即可掌握其七八。就在这年的暑假，我遵师教试作，果如季豫师所言，大有收获。开学后，我送呈三种索引，季豫师微露笑意，给以肯定，激励我立志攻读目录之学。我恪遵师教，广泛涉猎有关目录之书，目录学终成为我终生学术事业的一部分。

季豫师对学生要求甚严，从不取悦学生，令人有不威自严的感受。我当时是靠奖学金读书，所以很注重个人考试成绩，大二那年，我各课都是A，惟独目录学得了个B。我思量再三，终于走向中文系办公室，正好季豫师在处理公务。我惴惴不安地、极其委婉地以求教方式求老师指出不足。季豫师一眼看穿我的"别有用心"，略有愠色地指着成绩单说："我读了一辈子书，也只有半个B，你得了一个B，还不知足！"我无言以对，只能惶恐地退出。后来高年级学友告知季豫师的最高分是B，我深悔自己的孟浪。但季豫师对学生还是深注感情的，1946年6月，我即将毕业离校，季豫师曾应我的请求，在暑热天气，为我书写一副隶书的大堂联，笔力遒劲，字体完美，成为我收藏的珍品，可惜在"文革"浩劫中，与所有书画同付一炬，使我抱憾终生。季豫师不仅是严师，在家中也是严父。据说季豫师在家从无衣衫不整的时候。余逊先生是他的长子，当年已四十多岁，学问很渊博，已是我们系的秦汉史讲师，但在季豫师面前总是侍立在侧，有客人时，也是经季豫师命坐才坐。季豫师每天还为余逊先生规定窗课。

季豫师并不像一些学者那样以杂乱自喜，而是字必恭楷，行必矩步。藏书井然有序，随用随还原处，这对学生也是一种身教。他博学而不猎奇，曾自题书房名"读已见书斋"，语虽平淡而意义深远。这是针对当时有些人的矜奇夸秘，以获读人所未见的孤本残篇为荣的时弊而发。人所未见书本身有一定的珍贵价值，但若只以标榜和垄断奇书为独得之秘，而弃常用书于不读，那就如陈垣老师所批评的那样："舍本逐末，无根之学。"所以季豫师用读已见书来表示对时弊的不屑。但是读已见书谈何容易，中国的已见书数量大，门类广，敢以读已见书名书斋，亦可以想见季豫师的自信，而从其著作中又可看到他是如何从已见书中博观约取的。要想做到读已见书，纵然皓首穷经，也颇有难度。但它确是启示后学的一种读书门径。我反思自己，几十年的学术生涯，正是遵师教在这条学术道路上努力奋进，只是自愧没有完全做好。

季豫师著作宏富，著有《目录学发微》、《四库提要辨证》、《〈世说新语〉研究》及《余嘉锡论学杂著》诸作，而以《四库提要辨证》一书最为学术界所推重，被人尊为近代古典目录学大师。《四库提要》由清代目录学家纪昀总纂，是中国古典目录学名著，季豫师非常推崇此书的学术价值。他不仅自承"余之略知学问门径，实受提要之赐"，并认为《四库提要》是"自《别录》以来，才有此书"。但他对《提要》的不足之处，也持一种客观公正的态度。他萃一生之精力，完成《四库提要辨证》二十四卷四百九十篇，并以这部"犄撼利病而为书"的著作，承担了纪氏净友的重任。这部书对研究中国古代的历史、文学、哲学及版本目录学等，都极有参考价值。季豫师即以其精深的学术造诣于1947年被候选为中研院院士。1950年起任中国科学院语言研究所专门委员。抗战初起，季豫师深惧《四库提要辨证》手稿散佚，"乃取史子两部写定之稿二百二十余篇，排印数百册，以当录副"。1937年到1952年，季豫师又增写二百六十余篇，并依《提要》原目次重加编定，于1958年由科学出版社出版。1980年，中华书局又改正错字，标点重排，装成四册出版，流传行世。其他有关著作也先后问世，如1950年重印《古籍校读法》（未完稿），改名为《古书通例》，1983年出版了由周祖谟教授整理的《世说新语笺疏》等。

1956年2月11日，即乙未年除夕，季豫师以久病辞世，享年七十二岁。呜呼！哲人其萎，天夺我师！如果允许学生向老师进私谥的话，我愿尊为我奠定学术基础的余嘉锡老师为"读已见书斋主人"，而把读已见书作为终身的治学指南，时时鞭策自己，不断地力行，并将以继续发展古典目录学为己任，庶无负于季豫师对我的身教与言教！

原载于《文汇报》2006年9月1日

忆念青峰师

——纪念柴青峰老师百年

柴德赓先生（1908—1970），字青峰，浙江诸暨人，是我进入北平辅仁大学史学系后第一位为我讲授中国史专业课的老师。青峰师当年所授课程名"中国历史纲要"。这门课程是将中国历史上各种典制分门别类、融会贯通、纵横交错所组成的一门专业基础知识课。它横列朝代、帝王、方域、谥法、封爵、舆地、科举、都城等门类，纵述各类古往今来之嬗替沿革，使受众对历朝历代重要典制具知立体全貌，示后学以读史门径，对研读中国历史有提纲挈领、上下贯通之效。

青峰师是中年老师中学生最喜欢接近的一位。他对学生的学业颇为关注，无论是他所授的课程，还是其他老师所授课程，设有疑难，向其请益，他都不分畛域，尽其所知、倾囊相告，尤其对老辈学者所授课程更是竭力辅导。一些初入大学的学生，往往为一些老辈知名学者声名所慑，不敢轻易动问，往往一遇困惑，就去学校附近的青峰师家求助。在节假日，柴府常是学生满座，柴师母陈璧子夫人也时来招呼，令人如沐春风。我读大一时，初选余嘉锡（季豫）先生"目录学"课程，季豫师指定阅读《书目答问补正》，经过认真研读仍不得要领，就在一个风沙日，走谒青峰师寓所请教。青峰师不仅详加解说读《补正》的必要，传授他当年研读该书的经验，并将其所藏贵阳本《书目答问》相借，又谆嘱与《补正》本比勘校读，以了解版本异同，扩大视野。我遵嘱细读，果有收益，从此迈进目录学门槛，成为日后学术进业方向之一。当时我心存感激，特在自己的《书目答问补正》卷尾以墨笔记其事云：

　　癸未三月二十七日，京师尚有风沙，走柴青峰先生寓，借其贵阳雕版之

《书目答问》，返舍手校著述姓名略，正其纰谬，补其不足，竣识于后。

三十二年弢盦来新夏识于邃谷寄舍

青峰师是陈垣（援庵）老师得意弟子之一，长年随侍座右。他与当时辅仁大学文学院中周祖谟、启功、余逊三位中年老师，均以学识渊博，文字优长，为学生所仰慕，有"陈门四翰林"之美誉。青峰师无论教学与研究都谨守陈门严谨缜密之家法。当年我曾亲见其撰写《谢三宾考》一文之全过程。他搜求史料之广，考辨论题之精，以至反复修订成文之认真，处处体现援庵师的治学精神。至于日常行事亦惟援庵师所命是从，当时虽有人嫉妒、讥议，而青峰师不为所动，执弟子礼益恭。1955年，青峰师由北师大历史系主任调任江苏师院历史系主任，合家南迁。虽以支援兄弟院校为说，但人多知青峰师有难言之隐，而为免援庵师受人事安排之困扰，毅然成行。师生情重，古道可风。对我来说，亦是一种极好的身教。

青峰师是位极具才华的史学家，文采、口才、书法均为学生所称道。他一生致力于学术，留下若干有价值的史学论文和专著《史籍举要》（北京出版社1982年6月）都是极见功力、有裨后学的著述。可惜天夺英才，方达下寿，遽尔谢世，赍志以殁，岂不痛哉！我籍隶萧山，与青峰师故乡毗连，负笈辅仁时多有请益，时作乡谈，倍感亲切。今值青峰师百岁冥诞，本应撰阐述学术专文以祭，奈以撄疾卧床，精力难济，追忆六十年前往事，益增感念，略言青峰师二三事以志怀念，不恭之处，尚祈青峰师谅之！

岁次丁亥（2007）初夏学生来新夏敬述于天津总医院病房，妻焦静宜笔录，时年八十五岁。

原载于《光明日报》2007年4月30日

七十年师生琐碎情

——纪念启功老师百年冥诞

　　1942年秋，我考入北平辅仁大学历史学系，得到当时齐聚在辅仁大学的多位名师的教诲，如陈垣、余嘉锡、张星烺、朱师辙等。他们大多是高年硕德，为我所仰止；但因年龄的阻隔，大多只维持一种敬而不亲的师生关系。独有一位正在壮年的老师启功与学生融洽无间，性格又很幽默，平易近人。他比我大十一岁，教大一国文，尚是讲师职称；但他的书画造诣与成就，已是名满故都。一个偶然机会，我与启功老师相识，他也像待其他年轻人一样，命我周日可到他在学校后门外黑芝麻胡同的家去做客聊天。每周日，总有不少年轻人在启先生家聚集，绝大多数是来请教画法、画技的。启先生善谈，说古道今，有时兴至，谈到午时，启先生就留饭，饭后继续谈。我初去启府，怕打扰过甚，常是隔周去一次，有时提前辞去，不常蹭饭。后来走熟了，就每周去启府，经常蹭饭。

　　我去启先生家渐多，对启先生的家人也逐渐熟悉。启先生的家庭很简单，上有寡母和姑母。她们历尽艰辛，抚养幼年失怙的启先生成长。启母是一位慈祥和善的老人，对青年学生颇多关注，她不辞烦琐地随时为学生们缝连补绽。姑母因未嫁丧夫，终身陪伴寡嫂，性格豪爽直率，像个壮汉子，家人和我们都亲昵地叫她"虎二爷"。她见到我们举止失当时都当面指斥改正，有时甚至骂两句轻量级的话。我棉袍罩有三个多月未洗，大襟上有饭嘎巴和一些污渍，大概让她老人家看不过，就大骂我"懒虫"，愣从我身上扒下来，为我洗熨晾干让我穿上走，我情不自禁地向老人鞠了一躬，眼里滚动着泪珠，老人拍拍我肩膀说："注意点儿卫生！"

　　启师母是一位时带微笑而不多说少道的温顺女子。尤其是启先生与学生们交谈时，师母从不插话。启先生没有子女，一家四口过着恬静和谐令人羡慕的日子。每逢周日，总要多开一桌饭，而且都是美食。启老太太总说学生们吃食堂，油水少，该调剂调剂生活。十几口人的饭，统由师母一人承担，两位老人从旁协助，让这帮年轻人得到家的温暖。饭食都很好，饺子、面条、米饭，交替供应，让我们尽量饱餐。有一次，启先生十分高兴地宣布说，大家都别走，今天吃煮饽饽。我以为饽饽就是窝窝头，暗自思量今天可能吃不到美食，不知启先生为什么如此高兴。等到上饭桌，却是几大盘三鲜饺子，原来"饽饽"在满洲话中就是饺子，旧式结婚，夫妇在洞房中吃子孙饽饽就是吃饺子，吃时房外有童子问："生不生？"明明是煮熟的饺子新郎必须按事先的排演，连声说"生……生！"以示多子多孙的吉兆。

启先生周围的年轻人，多是向启先生学画的，有求画稿的，有请改画的，启先生逐一满足他们的要求，并借此讲些画理、画技以及文史界的掌故轶闻。我虽不学画，但亦侧坐旁听，丰富了许多文坛见闻。渐渐我对书画也兴趣日增，但自知资质不够，未敢贸然陈请。直到升入大二的某一天，我在无其他人在场的时候，鼓足勇气向启先生提出想学画的要求。启先生当即毫不迟疑地同意收我为弟子，并从抽屉里拿出几张元书纸，画些枯枝、山峦和简单的皴法，让我回去练习。并嘱我每天摹写《黄庭经》和《乐毅论》小楷各一页。启先生作画稿时，潇洒自如；而我临摹时，愈画愈不像，手亦不听指挥。经过两周，始略见近似。启先生看过我的习作后，又动笔改了几处，使我原来的丑陋画面稍见生气！光是一些枯枝与山头我就画了三个多月，虽然画稿的内容有所丰富，我的习作也有些进步，但我一直不满意自己的进度，甚至有些厌烦得画不下去了。后来我曾按启先生的扇面样本，摹写过两个扇面，虽勉强成画，但连自己都不满意，启先生看后，用笔略加点染改动，才大致像个初学者的习作。我的这两件习作，又在1943年冬在天津"启功个人画展"上夹带进去，居然被不识货者因有"启功补笔"字样而购去，我得到足够两个月饭钱的报酬，当时非常喜悦。直到晚年，我愈想愈后悔当初卖掉两个扇面的蠢事，否则留存至今，当是多么珍贵的纪念品啊！

我学画一年多，虽然增长了一些画学知识，但画技一直进展不大，自己对成功信心不足，也担心消耗启先生的精力。终于有一天，我提出不再学画的要求，启先生似乎也看出我缺乏信心，只是不好中断，现在既然我提出要求，启先生略加沉吟，没有任何责怪语言，就微笑地答应了。这次辍画行为是我一生最大的遗憾。我固然难以成为名家。但如掌握一定的画法，亦可作为陶冶身心的渠道，不负启先生当年教诲之劳。我虽辍画，但启先生和二位老人依然热情呵护，我也照常每月去一二次向启先生请教文史知识。直到1946年我大学毕业由京返津止。

1949年，全国解放，我进华北大学接受南下培训。不久，留该校历史研究室工作，还能不时去启府串门。1951年，我分配到天津南开大学历史系任教，两地分隔，事务繁忙，只能在有事去京时，顺路去探望一下。当时政治运动频繁，有点假期，不是学习就是政治运动，人际交往自然日少。虽然经历过一次政治大变动和历年的政治运动，但启先生依然保持原有的幽默豁达性格。对人直率坦诚，随意谈笑。他不善周旋于人事漩涡，竟然误蹈陷阱，在1957年被戴上"派属右"的帽子，蜷居于西直门里小乘巷陋室，深居简出，潜研学术，但对故人却交往如旧。我每到北京，总留出时间到启府小坐，而启先生每见必邀我到附近餐厅饱餐一顿，笑谈往事而不涉当代是非。

1960年，我因接受政治审查而被"挂起来"（"内控"），个人行动有某些不便，又不想写信相告，以免被小人见缝插针，因此与启先生的来往几乎隔绝。"文化大革命"时期，更不待言。直至上世纪七十年代末，社会恢复正常，师生间又开始比以前更亲密地交往。1978年，当启先生获知我落实政策被启用后，不时在见面和通信中常说"王宝钏寒窑十八年，终有今日"（见《启功书信集》）。既贺且慰，令人感动。我暗自一算，从1960年通知接受政治审查，到1978年落实政策，整整十八年。足见启先生关注之细，用情之深。

启先生对自己的遭遇亦持一种淡然的态度，《启功韵语》中的许多语词就是明证。也许，我能遇事不惊，也是在启府几年间的熏陶所致。我感谢老师和他的两位老人平和处世的身教。启先生由于少年孤露，中年坎坷，对富贵利禄早就视如敝屣。他是民国元年生人，自称姓启，从未以清室贵胄自炫。启是清宗室的谱序，"溥毓恒启"是最后四个字，启功是名字，如果他能在启功名字上冠以"爱新觉罗"字样，据说作为满族代表人物可能被安排在相当高的位置上。

启先生早年诗书画皆有极高的造诣，但从五十年代后，他即以书法名，很少画作。我曾问过启先生左右的人，据说启先生有求必应，字比较简单，而画太费时间，所以回应书法多。但据我所知，启先生对求字虽然有求必应，但也有拒写的时候，如有某权贵曾以现金来买字被拒；有无聊之人屡次求字，被启先生写信拒绝。他曾给我讲过有人设宴，说是请他吃饭，旁边却准备好笔墨纸张，席间一定要请启先生当场挥毫，启先生对经办人说，你准备饭，我吃；你准备纸笔，我可以写。那你要准备棺材，我就得躺？惹得满座哄堂，经办人赧颜而退，启先生终席未写一字。

启先生生性豁达，好谈笑，但仔细体会又多含哲理。他给学生讲"猪跑学"，并解释说，没吃过猪肉，还没见过猪跑吗？用以启示学问不仅要贯通，还要旁通、横通。他为了婉拒无聊的来访，就写了"大熊猫病了"的门帖，希望人们照顾呵护，让人无奈而退。1996年夏，我去北京探望，启先生执意要我和他挤在一张二人沙发中坐，忽然问我："今年多大岁数？"我很诧异，因为他比我大十一岁，这是几十年前就已熟知的，但不知今天是什么意思，就回答说："七十三。"他突然哈哈大笑说："你七十三，我八十四，一个孔子，一个孟子。七十三、八十四是个坎儿，这一挤碰，把咱俩都挤过坎儿了。这不值得笑吗？"说罢，又大笑，我也领悟到其中的道理，跟着大笑。真想不到七十多岁的老学生又一次受到八十多岁老师破除世俗观念的教育！

2002年夏，我八十初度。亲友们为我祝寿，当时启先生已九十周岁，久已不大动笔，知道后还特用硬笔为我写贺诗一首，并托柴剑虹师弟专程送津，令我惶恐不已。诗是这样写的：

难得人生老更忙，新翁八十不寻常。
鸿文浙水千秋盛，大著匏园世代长。
往事崎岖成一笑，今朝典籍满堆床。
拙诗再作期颐颂，俚句高吟当举觞。

壬午三春拈句奉祝新夏教授八旬大庆
启功再拜时年九十目疾未瘳书不成字

这首诗中的匏园，是先祖的别号，先祖曾著有《匏园诗集》。启先生喜读先祖诗，故在其诗中推崇先祖学术，并激励我奋进，令人感动。

2012年是启先生的百年冥诞，与启先生有过七十年师生情的我，在思念中想写点纪念文字。大面上的事已经有不少人写过，但许多日常接触中的琐碎细事，未必是人所共知。历史是由若干细节组成，而日常的琐碎，常常是深情流露的地方。因就记忆所得，写这些琐碎细事，并将此文临空焚告老师：他的老学生在思念他！

二〇一一年岁暮写于南开大学邃谷

原载于《人物》2012年第1期

痛悼启功老师

2005年6月30日，从电视新闻中惊悉启功老师于是日凌晨二时许邃归道山。虽然他老人家长期为病痛困扰，近半年多尤见沉重，但人们仍然祈祷他出现奇迹，能在人间多停留时日，容我们瞻望。但他老人家终于走完他艰难起伏的人生道路，安详地摆脱了尘世的纷扰。我近几年，因为故人走的日多，已经流干了应该流的眼泪；但六十年的师生情谊，往事历历。面对荧屏，不觉涕泗随之。

我从上世纪四十年代初受业于启功老师，学习大学国文，不久又向启功老师学习书画。虽然由于我资质驽钝，学画半途而废，有负师教，但师生间的交往，不论何种环境，历六十余年不渝，并不时受到他学问和做人方面的影响和教诲。

在我读大学时，因家境不甚富裕，启功老师主动告我，每周日到他家改善生活。我应命而往，每次总有几位年轻人在启府就餐，都受到启老太太、老姑姑和启师母的照顾。有时衣服破口子、掉扣子，老太太和启师母总帮我们补补钉钉，有时也向我们讲些旧事，这种融和的家庭氛围，一直延续到我大学毕业，离开北京。

我认识启功老师不久，就提出学画的要求。启功老师一口答应，立即拿手头的元书纸画一些树杈和山头的皴法，要我拿回去学着画。每当我交作业时，启功老师一边亲笔改动，一边还讲应该如何画。一年以后，我用心画了两个山水扇面送去审阅，启功老师亲为我修改点染，并笑着说："还看得过去。"1943年冬，启功老师在天津开个人画展，他的弟子都参展，我也把经启功老师修改点染过的两个扇面滥竽其间。万没想到，这两个扇面在大树庇荫之下，居然出手。我虽然得到两个月伙食费的收入，但却失去了两件极为珍贵的纪念品。后来，我因艺术资质太差，画技毫无进展，又怕耽误启功老师雕朽木的时间，便中途辍画。这卖掉扇面的事，更成为我终身的遗憾。

我从大学毕业回天津谋职后，仍然不时到京看望，与启功老师保持一定的联系。在上世纪五十年代中期到六十年代初期，我和启功老师先后遭到厄运，他被株连错划为"右派"，我则因历史问题被"内控"，许多人多已疏远，但我们师生间仍有往来。"三年灾荒"时，我每到北京，那时启功老师摘帽不久，但总邀我到高级餐厅饱餐一顿。1978年，我经过十八年政审，终于落实。当我第一位禀知于启功老师时，他只说了一句话："王宝钏寒窑十八年，终有这一天。"二十来年后的1997年，我在一篇文章中提及此事，启功老师特为此写信过来说："（文中）并及薛平贵之典故，回忆前尘，几乎堕泪。以不佞亦曾自言'王宝钏也有今日'之语，虽然身世各自不同，而其为患难则一。抵掌印心，倍有感触。半世旧交，弥堪珍重！"

启功老师的书法造诣极高，但他从没有那些初窥门径的所谓书法家的架子，也从不言利，可以说是有求必应。中华书局有许多文史方面的出版物，都有启功老师的题签。北京许多知识分子家里都能见到启功老师的书法作品。我在启功老师身边时，曾蒙赐书画作品数件，其中《鸥波垂钓图》最为珍贵，不幸均毁于"文革"之火，为之懊恼不已。后为启功老师所知，又为书论诗绝句一方见赐。我的一些著作也多请启功老师题签，每次都是有求必应，并写了许多横竖形式，以备选用。我特意保留原件，并汇总装裱珍藏。有一次，我为我祖父遗稿《萧山县志稿》求启功老师题签，可能他推晚一些时间，于是在题签外，还附来一封道歉的信说："命题令祖遗稿，一再迁延，实以昏忘，又兼冗杂太多之故。今日猛忆起，匦盥沐敬题，必已迟误，仍以上寄，第赎前愆耳！"读之令人感动。

启功老师是一位永葆赤子之心的君子，他有恩必报，施恩不望报。他早孤，由太夫人与老姑姑含辛茹苦抚养成人，所以启功老师事亲至孝。我曾多次看到他以而立之年犹在老人面前作嬉戏态，有时还讲一些笑话，让老人心情愉悦，颇得老莱子彩衣娱亲的遗意。启功老师曾受过陈垣（援庵）老师的帮助提携，一生以师礼敬奉。他曾以个人海外书展所得，为援庵老师设立励耘（援庵师自号励耘老人）奖学金，以回报师恩。他对同辈很谦和友好，如与余逊、柴德赓诸先生过从较多，从无间言。他对学生诲人不倦，爱护备至，倾囊相授。他为鼓励学生练习书法，亲选碑帖相赠。即使在"文革"之难，他在执役抄写大字报之余，犹应爱好书法的学生之请，写下楷体千字文，后来此稿由北京师范大学出版社正式出版，嘉惠更多学子，而启功老师则分毫未得。就如我这样的老学生，他亦教诲到老。1997年，我七十四岁，启功老师八十五岁，他看了我的《古典目录学研究》

之后，特写信提出建议说："目录书中特表彰刘氏父子之大功。其开辟之功何在，似值得详告后学。子政（刘向）之录（《别录》），只存数篇，已详记之，而子骏（刘歆）之略（《七略》）已另换面目而存，其原作已佚，后学仍有未知者。尊著既兼为导俗便蒙，则前人已言之事，是否仍以略加启示为宜？"不仅如此，有时还在言谈中引导我懂得如何对待人生的道理。1996年夏，我到北京去启府问安，正巧启功老师从医院出院，看到老学生来看望他，便拉我挤坐在一张沙发上。他很高兴，忽然问我的年岁，我答以七十三岁，他忽地哈哈大笑地说："你七十三，我八十四，一个孔子，一个孟子。都是'坎儿'，这么一挤一撞，就都过了'坎儿'了，这不值得大笑吗？"六十多年前，我受教门下；想不到六十多年后，我又受到一次识透人生的教育。人生如有这样一种精神，又有什么"坎儿"过不去？

启功老师虽然驰誉海内外，有很高的社会地位，但自奉俭约，至多是小康生活。他没有华屋豪宅，只有陋室两间。一间稍大，是书画图籍杂陈的书房兼客厅，没有什么陈设，只有一张用了几十年的旧书案和一把旧藤椅、一张旧双人沙发；连着一小套间，是启功老师的卧室，一张旧单人床，并放些杂物。有一次我去探望启功老师，他午睡未醒，我探头一望，见他蜷卧在小床上，真让人心酸。他出门无专车，只能打的；他饮食简单，只是一小碗饭或粥，两碟菜肴，一小碟水果。家无应门之童，有时家人出门，他自己起身迎送，完全是一个极其普通人的生活。但是，他却乐于助人，无论是公益捐助，还是贫困学生的资助，他都慷慨解囊，毫无吝色。

启功老师走了，他坦坦荡荡地走了。他对生死久已识透，1998年10月18日他曾专写一信来要我在他生前写副送他的挽联，信中说："今年，眼底出血，已成'病变'之瘤，左手执放大镜，右手作字，其苦殊难言状。屈指春秋，马齿已届八十又六周矣，前程可计。老友如赐挽章，幸使八识（原注：佛教用语，大乘唯识宗把人内在的心识分为八类，如眼识、耳识、鼻识、舌识……等八类）未离之际，得获一读，来朝'火路'（非泉路）堪增快慰矣！"我应命拟了两则联语，一有典故，一为直白，寄去呈正。11月6日，即收到回信说："赐联二稿俱佳，看不出高低分别，倘承赐书，以小幅合书为妙，因斗室堆积，已无隙'墙'（更无隙地），不能悬挂也。"我不计拙劣，用旧笺恭楷手录直白联以作纪念。这件事令我非常钦佩启功老师的豁达。

启功老师怀着一身的学问，离开我们而去，海内外识与不识，同声悼惜。从此再也听不到他的谆谆教诲，也听不到他的妙语连珠，再也受不到春风化雨的熏陶和润泽。在他的讣告中，堆积了一连串一般人难以企及的荣衔，身后诸事，亦备极哀荣，但快步在火路上的启功老师从不以此为意，他自顾自地带着慈祥的笑容飘然化清风而去，却留给我深深的遗憾。为什么启功老师如海的学问，如山的高龄，竟没有一人能尽得其传？而当他一旦逝去时，我们亦只能痛惜怀念，空叹自己的无能。

启功老师！作为您的八十三岁的老学生，只能以拙笔记下恩师一生行事的万一，以寄哀思。临风北拜，焚稿以祭，呜呼哀哉！而今而后，小子将何所仰望？呜呼痛哉！

启功老师，走好火路，请安息吧！

二〇〇五年六月三十日夜和泪写成

原载于《想念启功》 王得后、钟少华主编 新世界出版社2006年版

元白先生的豁达

　　元白先生是半个世纪以前我们几个经常到启功先生家去的学生对他的尊称。我十九岁入大学后就受教于正当而立之年的元白先生，读大学语文，并向元白先生学画。只是我的艺术资质太差，一直落后于其他同伴，但是，元白先生依然不厌其烦地加以教诲，给我的习作圈点修改。我曾经学画过两个扇面，那只能算是临摹习作，送给元白先生审阅。他看到后，却认为还看得过去，就当场运笔亲加点染，果然大不相同，顿见画意，不仅使我欣喜非凡，同伴们也都羡慕不已。当然这是先生对学生的一种鼓励。等到四十年代初，元白先生在天津开个人画展，几位弟子正如大树底下乘凉般地参展，我的那两个经过先生点染的扇面也鱼目混珠地摆在会场，居然售出，我也得到一笔足够一两个月伙食费的收入。这种经过包装的"伪劣假冒"行径一直使我感到不成材的惭愧，而元白先生却一再安慰我说，事情总有一个过程的。直到现在我还时时怀念这种温馨，又时时懊悔当年为什么这样草率地展售出去，辜负了先生的垂爱，失去了珍贵的纪念品。更为不该的是我终于因不刻苦努力，自己觉得在这方面难以成材，遂借口缺乏艺术细胞，而"学书不成去学剑"，还以不再耽误先生对我的劣质品加工的时间作为饰词。画虽然不学了，但师生的情谊不衰。我仍然每周至少去启府一次，大多是周日，和同一年龄段的新知旧友，围坐在画案周围，静听元白先生谈古说今，增长了许多课堂上难以学到的掌故旧闻。有时还要"蹭饭"。有一次，我一进门，元白先生就很高兴地告诉我：今天吃煮饽饽。我没有什么反响，心想棒子面饽饽也值得这么高兴吗？孰知吃饭时端上来的却是几大盘三鲜饺子，原来满族俗称饺子为饽饽。我不禁自嗤幼稚，并把这种可笑讲给元白先生听，他听后哈哈大笑，而我则明白了婚俗中的子孙饽饽原指吃饺子而言。

　　元白先生少孤，家境也不算富裕，是由老母和亲姑舍辛茹苦地抚养成人的。

启老太太是位慈祥敞亮的老人，有时也和年轻人讲点笑谈；亲姑则是一位身材高大健壮、具有豪气的爽快人，为了协助嫂氏抚孤，一生未嫁。元白先生很敬重她，按照满族习俗叫她爹爹，我们则顽皮地称她"虎二爷"。虎二爷对我们有点差错就直爽地数落几句，但总让人感到很亲切而不以为意。元白先生对两位老人都极尽孝道，言谈间总感谢老人培植自己的恩情，有时还向两位老人说点讨喜欢的话语，做点有趣的举动，很有点老莱子娱亲的意思。元白先生勤奋苦学，终于有成，给老人以最大的回报和安慰。

元白先生和夫人数十年夫妻间感情甚笃，真称得上是相濡以沫。启师母是位非常贤淑的女性，终日默默不语地侍奉老人，操劳家务，对元白先生的照顾尤为周到，说她无微不至，极为恰当。她对学生也都优礼有加，从没有师母架子，有时还给我们倒杯水。我们都心中不安而逊谢不遑，但启师母仅仅微微表示一丝笑意。启师母在我们师生间交谈时从不插言，即使元白先生有时对师母开个小玩笑，想把她拉进谈话圈里来，师母也只是报之以微笑，不像有几位老师家，师母往往喜欢喧宾夺主地絮谈不已，常常使老师处于一种无奈的尴尬境地。

元白先生是个天生幽默豁达的人，几十年来，我从未看到过元白先生疾言厉色地发过脾气，即使很不如意的事也是常以一种幽默来解脱。平日谈笑间也都坦荡豁达，如果不是生性澹泊，识透世情是决难做到的。《启功韵语》是元白先生著作中我最喜欢读的一种。它虽然是元白先生的一本诗词集，但我总看它像一位性情中人流露真情的一幅自我画像。它以一种率直的笔墨，豁达的心态，坦诚地把自己裸露在世人的面前。它之所以感人是因为所说的都是由衷之言，写的都是平易之词，所以很多人爱看喜读，我手头由元白先生题赠的那本是我藏书中出借率最高的一种。人们读后或许会有各种不同的收益，但有一个共同点，那就是人们似乎从嬉笑的文字中读懂了元白先生幽默豁达的性格，感到老人很有趣。但是，人们或许没有看到这种嬉笑是无泪的笑，苦涩的笑，因为在这些文字的背后倾吐着一位饱经沧桑的老人之郁愤。我读过几遍《启功韵语》，都笑不出来，对有些篇章词句甚至会无声地流泪。《自撰墓志铭》充分体现出元白先生的豁达，他用七十二个字明快洒脱地概括了一生，铭文中说：

> 中学生，副教授。博不精，专不透。名虽扬，实不够。高不成，低不就。瘫趋左，派曾右。面微圆，皮欠厚。妻已亡，并无后。丧犹新，病照旧。六十六，非不寿。八宝山，渐相凑，计平生，谥曰陋。身与名，一齐臭。

　　这是一篇辛酸的人生总结，也是元白先生的骄傲。这应是碑铭文字中别具一格的名篇。1957年的不公正遭遇仅用"派曾右"三字来概括他人生旅程中多么不平常的一段经历。貌似轻松，实则包含着多少同命运者的辛酸。我从六十年代被"挂"起来以后，有些旧友无可责怪地与我疏远了，唯有元白先生相交不变。我每次去京，元白先生总是了无顾忌地热情接待，他虽然已经"摘帽"，但仍未受到应有的重视，可是却一再劝我"要想得开，要善于等待"。他用这些语词来宽慰我的抑郁，并且请我到高级饭馆去改善生活，这在三年困难时期，"一饭之恩"是永志难忘的。十八年后，我终于被落实政策，重新安排工作，元白先生是最早知道"喜讯"的，他写来的信也是我收到的第一封安慰信。他在信中一本其幽默豁达的性格，调侃我十八年寒窑盼来了薛平贵，他还引了自己说过的"王宝钏也有今日"的词语，引我为同调，我真是和着笑的眼泪读了他的来信，深深地感谢我青年时代恩师的殷切关注。元白先生对政治挫折平淡达观，但对启师母却是伉俪情深。这就是元白先生的真情所在。元白先生在《自撰墓志铭》中曾两处涉及启师母的逝去，但他仍以为这远远不足以表达他悼亡之情。所以，他另写有《痛心篇二十首》。《痛心篇》前前后后写了一年，缠绵悱恻，哀痛悼念，读之令人心碎。这是一位贤淑女性应得的回报，也是诗人的一种人生情怀。《韵语》中有一首题名为《友人索书并索画，催迫火急。赋此答之》的诗，结尾一联说："如果有轮回，执笔他生再。"真是快人快语，不行就是不行，有事下辈子再说，真可为之浮一大白！我对元白先生的诗作说了如此之多，也许不是元白先生的本意，但是，诗是允许以意逆志的。

　　元白先生对金钱看得很淡薄，他的字画成名较早，本可以获取很多钱，但他并不富有，晚年还寄居亲戚家，出亦无车。近几十年，元白先生极少作画而字名日盛，聚财也并不难，但他多从情谊出发。如果人们注意到，中华书局有许多书签都是元白先生所题；在不少学者家里，也常可以看到元白先生的墨宝；拙著有多种都是由元白先生有求必应地写付好几条横竖不同的题签备选，甚至还在来信中一再说明"如有不适于印刷处，示下重写，勿客气也"。又在另一次我求书的复函中谆谆嘱咐说："近题书签多半字大，印时不加缩小，每觉难看，兹写力求较小，如书册略大，可放大付印也。"但是，传说有某权要以钱索书则被元白先生所拒。近年来，有人为元白先生组织过几次书展，有所收入，元白先生用来资助教育，但并没有为自己设立"启功奖学金"，而是为励耘老人陈垣老师设"励耘奖学金"。也许有人认为援老曾有恩于元白先生。可是当今受恩反噬者又有几多，自我标榜者大有人在。元白先生的风格与情操于此可见。近年来，元白先生声望日隆，艺术成就也蜚声于海内外，求字请教者不断，这对于年高多病的老人来说自然很不适宜。学校领导视元白先生为国宝，特加保护，元白先生不太习惯，曾自喻"熊猫"。有一次，他因病谢绝来访，特书"大熊猫病了"一笺张贴门上，表现出一种诙谐豁达，使来访者见此，在笑声中欢快地离去。元白先生很重旧情，我在拙作《林则徐年谱新编》的后记中曾把我被落实政策后元白先生对我的深情厚意写进去了，元白先生在一份刊物上看到后，特意写信来重温往事，信中说："读到《东方文化》杂志中有大笔《捧柴》之文（按"后记"曾在《东方文化》上发表，题名作《众人捧柴》），其中涉及不佞题签事，因及旧谊，并及薛平贵之典故。回忆前尘，几乎堕泪，以不佞亦曾自言'王宝钏也有今日'之语，虽然身世各自不同，而其为患难则一，抵掌印心，倍有感触，半世旧交，弥堪珍重！"披肝沥胆，实发乎至情。

元白先生对生和死也很豁达。1996年夏，我因公出国访问，假道北京去看望元白先生。非常幸运，他中午方从医院回家，长久不见，互问情况。他还非常客气地首先对因住医院没能及时为我新作《林则徐年谱新编》题签表示歉意，并说在我访日回来前一定完成，我感谢元白先生的盛情。等我很快访日归来回家时，不意在我书桌上赫然陈放着一件特快专递，原来是元白先生为《林则徐年谱新编》所写的横竖标签数则。元白先生以高龄病躯为我题写书名，用情之深，使我非常感动。在那次谈话中，元白先生还问我的年龄，我答以今年七十三。不意元白先生忽然开怀大笑，我不解其故，赶紧补充说，这是"坎儿"。元白先生更大笑不止。稍停，他老人家才说："你七十三，我八十四，一个孔子，一个孟子。两个到'坎儿'的人，今天挤坐在一张沙发里，这一碰撞，可能两个人都过坎儿啦，岂不可喜，你说不该大笑么！"我半个世纪前受教门下，哪想到半个世纪后又受一次识透人生的教诲，谈笑间解答了"坎儿"的困惑。虽是谈笑，却隐隐约约地启示人们不要拘束在各种各样的"坎儿"里，要拿得起，放得下。愿人生的勇者都能像元白先生那样豁达，敢于和形形色色的"坎儿"碰撞，能喜笑颜开地闯过包括"大限"在内的各种"坎儿"罢！

原载于《天津老年时报》2005年5月13日

启功（元白）先生论学书札

近几年，我多有习作，每成一书，必寄请海正，元白先生复函往往于学术多所指教。1997年春，我将所编《古典目录学研究》及随笔集《冷眼热心》二书寄呈，不久就收到元白先生的复函，奖勉有加，并对有关古典目录学的问题有所提示说：

> 大著二种拜领，正在反复拜读中。此次邮递无误，请释廑念！《古典目录〔学〕研究》，深入浅出，于初学、宿学，俱有裨益。盖以往学者于此道有两极端：一者仅视为但备检索之工具；一者又视为自古学术流别之大道。古代不言，至章学诚仍摆起架子，几以斯学道统自任；而余季老（注：余嘉锡师字季豫）度越章氏何止百里，而目录学之巨著仍标"发微"二字，以视季老之另一讲义《古籍校读法》（新印本籍改为书字矣），未免一仍章甫在身，一则放下架子矣。尊著独辟蹊径，每发潜幽。弟正读至胡应麟、张宗泰部分，尚未卒业。又略见特拈旧目中涉及自然科学之书，与另册大著《冷眼热心》中之"科普"一条合读，不禁击节称快焉！
>
> ……
>
> 又目录书中，特表彰刘氏父子之大功。其开辟之功何在，似值得详告后学。子政之录只存数篇，已详记之，而子骏之略已另换面目而存，其原作已佚，后学仍有未知者。尊著既兼为导俗便蒙，则前人已言之事是否仍以略加启示为宜？又功于别录之"别"字，颇有久蓄之疑，是谓所录别于原书，抑谓进呈帝览之外私存底稿？钱宾泗之"年谱"中似亦未有确述，用敢上问，祈便中赐教！

（1997年4月13日）

信中的两段话，应说是元白先生对古典目录学的一种精辟见解，也是对老学生的一种真挚教诲。我年过古稀仍然得半个世纪前的业师来授业，真是人生最难得的际遇，亦是最大的幸福！

1997年6月，《林则徐年谱新编》问世，即奉寄一册求正，很快收到先生的复函，内称：

> 新夏老兄：
>
> 　　前者奉到（约两个月前）大著《古典目录学研究》及《冷眼热心》杂文共二册，当时略翻之后，亟作一笺，报告已收到无误。其中并言及一二小问题，奉询求教。旋即因心脏病住进北大医院。住院期间无书可读，反复拜读《冷眼热心》，已无一字遗漏，而前此奉询之小问题，仍不知已否得登台览？前数日又奉到手教，言《林则徐年谱》已寄出。昨日（六月十六日）始获得邮包，即大著林公年谱。同时又读到《东方文化》杂志中有大笔《捧柴》之文（即林谱序），其中涉及不佞题签事，因及旧谊，并及薛平贵之典故。回忆前尘，几乎堕泪，以不佞亦曾自言"王宝钏也有今日"之语，虽然身世各自不同，而其为患难则一。抵掌印心，倍有感触，半世旧交，弥堪珍重！年谱一厚册，非一夜（昨看了半夜）可竣。容详读后，遇有求教之问题，再行奉询。专此奉复，谨释廑注！即颂
>
> 　　阖第均安！
>
> 弟功再拜　十七日
>
> 　　收到《目录》、《热心》二书后，奉报一函，似未寄达，可见今日邮件之不可靠，京津无异。去年弟寄广州挂号一函，久未得达，收信者电话催询，又用专用快递蓝纸硬皮之函寄去，结果蓝皮之函退回，云查无此人。再久始来答复电话，云挂号之平信始到，乃知京广亦复如是矣。可诧可叹！
>
> （1997年6月17日）

1998年是元白先生给我写信论学最多的一年，当年他的视力已大不如前，写字视物都较困难，但仍不吝赐教，仅10至11月间即赐函四件，看到信纸上行格略显斜势，总有一种辛酸难言的感觉。元白先生高年体衰，犹念念不遗远在异地的驽钝，益当自我鞭策以无负师教。1998年10月间我寄呈新作随笔集《依然集》等书，很快收到复信，信中既讨论学问，也有些打趣的话：

> 新夏教授如面：
>
> 　　累奉赐示大著，拜读获益非浅！尤以论及我辈交谊，字字深见性情。不

佞一门凋谢，先母先姑去后，先妻继又长往。小子零丁一身，偶膺虚荣，或获笔润，衷心哀乐，殊不自知，惟有至交，方能垂鉴！近年偶弄笔墨，宓及稿纸，友人哀集成册，竟费梨枣，朋好见索，出手弥觉羞涩。兹呈一册（注：先生见赐《汉语现象论丛》一书），权资纪念，并求教二字，俱不敢题，以其不堪救药耳！

今年，眼底出血，罣于黄斑处，已成"病变"之痼，左手执放大镜，右手作字，其苦殊难言状。屈指春秋，马齿已届八十又六周矣，前程可计，老友如赐挽章，幸使八识（注：佛教用语，大乘唯识宗把人内在的心识分为八类，如眼识、耳识、鼻识、舌识等八类）未离之际，得获一读，来朝"火路"（非泉路）堪增快慰矣！

更有奉询二事：

大著中有"贩卖"一章（注：此指拙作《依然集》中"稗贩"一节），言及明太祖指示文臣，有关八股最初模式，此八股文真正源头，纷纷臆测俱如瞎子摸象，鄙人拙稿（注：指先生所著《说八股》）其一也。倘荷不吝指示：此书见于何处，其所据出处曾否提及？（尊著某册，此时亦忘记，半盲双目，翻检维艰，幸谅其琐渎！）又尊著中曾及《颜光敏集笺注》事，其作者似近代人，鄙人未闻其名，亦不知其书何处出版，并望不吝赐示！弟曾见颜氏行乐图卷，作骑射之景。颜氏清代冠服，有顶有翎（忘其顶色），乘马张弓，居然武将风度。按冠上有顶，顶分数色以别品级，始于雍正前数年，如其像不伪，则颜氏已及雍正时矣。拉杂笔谈，以代晤对。气候初寒，望多珍摄！耑此　敬颂

大安

弟功再拜　十月十八日灯下

（1998年10月18日）

元白先生的《说八股》一书，论证甚为精详，足为后学楷模，而先生犹不肯止步，略有所闻即不耻下问，使人感动。我很快写了复信，回答了下问二题。可能答题不够完善，几天之后，元白先生又专函垂问《稗贩》一书，逐条查问，态度认真，表现了前辈学者对学问的执着。信中说：

新夏先生（恕忘了台甫）惠鉴：

奉到手示，殷勤见慰，足征高谊之深挚！弟有一问题，敢望详示：在大著《依然集》中得见所引《稗贩》书中关于明太祖指示文臣有关八股之语。

弟学识荒陋，不知《稗贩》一书在何处可见，现在承惠之《依然集》一册亦被人借去失踪，即在尊著中，亦觉有未能详知之问题，如蒙拨冗惠示，实感谢无涯矣！弟之琐碎问题如下：

（1）《稗贩》一书是否稀见之本，在何处可见？是否丛书中本？

（2）尊著所引是否其文中全语？

（3）《稗贩》书中是否各注出处？

（4）其语是否引自《明实录》，抑出《明太祖文集》（此书北图有藏本）。

（5）其书大约多少卷？

大著《依然集》，可否惠借一本，弟复印后，再行奉还。今即再读尊著，亦觉仍有上诸未知处，故琐渎清神，无厌请教，务望详加指教。因《依然集》所引，疑有删节，即仅知卷五，亦不解决诸问题也。叨在知交，谅不厌其烦琐耳！即颂

撰安！

弟功　一日

（1998年11月1日）

我当即奉答所问，封邮寄京，仅隔二日，赐函又至，信中云：

新公老兄：

今午奉到手教，喜出望外！承条分缕析赐答，使弟顿开茅塞，又承复印《稗贩》原文，又承重惠《依然集》，感何可言！此条（或有关此事之文）一定载于《明实录》，当嘱人去查。此条于八股之最进（近）源头，关系至大。弟有《说八股》一稿，多所猜度，想已蒙赐览，得此一条，将来补入，决不忘发现新大陆之哥伦布也。惟"八脚韵"一语，似是《稗贩》作者引原文时将后来之"传称"连引与此，想明祖当时不可能即有此称。书生迂习，遇文必作猜度，高明以为如何？

赐联两稿俱佳，看不出高低分别。倘承赐书，以小幅合书一纸为妙。因斗室堆积已无隙"墙"（更无隙地），不能悬挂也。知承悬念，立即奉复。大著收到后再行续报。即颂

撰安！

弟功　上言六日

弟眼病日剧，画已不复能作，待于阳光下拟写祝词，捡其中稍可者再行奉寄也。又及。

（1998年11月6日）

信中所说"赐联二稿"，指元白先生于前函中命作二联事。当时因先生所交多高雅硕学之士，诗词酬唱，必多佳什，小子何才，敢与大人先生并论！人贵自知，乃以浅言撰白话联以娱先生，不意备荷奖勉，惶悚汗面，几难自容，录此以见白发师生之情谊。拙联云：

> 字也好，画也好，字画都好，令后学景仰；
>
> 动得宜，静得宜，动静俱宜，让自己安闲。

不过因书法拙劣，难入人目，所以一直藏诸箧中，未敢写呈。

这封信收到不久，又收到另一赐函，复告已收到重寄之拙作《依然集》，并告在增补《说八股》一书时，将附注贱名，不禁汗颜无地。前辈学者之品德，于此可见。信中说：

新公老友：

《依然集》承重惠一册，至深感谢！最近中华书局将拙文三种重印，一《汉语现象论丛》，二《诗文声律论稿》（印单行本），三《说八股》（亦单行本）。弟引尊著中述《稗贩》中语，补入拙文篇后，此时不及抄出，不日印出，当先呈览，先此敬申谢悃！

大著诸册，内容扎实丰富，可惜敝躯日劣，双目日昏，每日服药，效果毫无，遂深负高文，不克详读！今日阴霾，张灯作书，书不成字，即颂

撰安！

弟功　敬上　十四日

（1998年11月14日）

这封信确有字迹深浅不一，行格欠整之处，是先生之目疾，时在念中矣！

此后未敢再以文字干扰，仅假去京之便趋谒，晤谈面对而已，而元白先生仍一本既往，谆谆教诲。我今年七十六，先生长我十一岁，已臻望九之年。我于垂老之年，犹能得师教如此，宁非前世缘分所在？

一九九七年初稿

一九九九年修改

原载于《藏书家》第2辑　齐鲁书社编　齐鲁书社2000年版

启功老师题书签

过去人们常为自己的著述求著名学者兼擅书法的前辈题书名，也有人辗转托人求名人题写书名者。这在几十年前，几乎是一种社会风尚。自盛行电脑设计封面后，题书签似乎少了些，但仍为不少人所眷恋和保留的习惯。我的著述除了出版社硬作主外，大部分都请自己的师辈题写书名。那时最为人所赞赏的题签者，南有顾廷龙，北有启功。两位前辈不仅声望高，而且精于书法，更重要的是有求必应，不厌其烦。有了他们的题签，自然为著述本身增加分量。我对两位前辈都求题书签。顾廷龙先生为我题写过《近三百年人物年谱知见录》和《中国古代图书事业史概要》。启功先生也写过不少书签，应是他书法作品的一部分，但至今似乎尚没有引起更大的注意。

启功先生最集中题书签的地方是中华书局出版的有关文史的书。启先生与中华书局交往颇多，整理二十四史时，更为频繁。所以彼此熟不知礼，而启先生又是有求必应的人。某次，中华书局前总编赵守俨学弟面赠其点校的《朝野佥载》，这书是与程毅中先生点校的《隋唐嘉话》合印成一册，封面上就有启先生亲题书签，非常潇洒完美。因为守俨曾是辅仁大学学生，与启先生也有师生之谊，所以我问守俨：是不是你请启先生题写的？赵说不是，是设计者求的，书局许多书签都请启先生题。足以见启先生与中华书局之间的关系。

我的那些微不足道的著作，有不少就是启先生所题。我在上世纪八十年代至九十年代之间，曾三次出版《林则徐年谱》增订本，每次均由启先生重题书签，尤其是第三次增订本，启先生不仅为题横竖书签多则，还因我急于付印，启先生用特快专递寄来，令人感动不已。我的文集《邃谷文录》出版于2002年，但起意甚早，大约在1998年春的某一天，我去北师大小红楼看望启先生，请教编文集和商量定书名的事，并表示日后成书时还请先生题写书名。那天启先生情绪很好，主动说趁他现在还能写毛笔字，先给我写上留下。我乍听心里就有种说不清的感觉，先生主动命笔自然高兴，但当时启先生已经目疾日趋严重，是不是自己似已预知未来，特留情于老学生，真让我激动得难以言表。启先生还为我题写过《林则徐年谱》、《古典目录学》、《天津近代史》等书签。后来，我把启先生为我所题书签汇列一起，装裱成一立轴、一横幅，悬诸书斋，颇为友人称道，也是我收藏中的珍品。

启先生不仅有求必应，而且每每附函表示做得不够好的歉意。有一次我为先祖的《萧山县志稿》一书求题书名，可能推晚了一点时间，于是先生在题签外又附来一封道歉信说："命题令祖遗稿，一再迁延，实以昏忘，又兼冗杂太多之故。今日猛忆起，亟盥沐敬题，必已迟误，仍以上寄，第赎前愆耳！"

启先生不仅为我题签，还应我所求为他人题签，也表现出非常谦和的态度。上世纪九十年代初我受《许昌市志》主编委托，代求启先生题签。启先生在寄下书签时，还在附给我的信中说："久违为念，得书至慰。《许昌市志》横竖各条，写呈求教。如有不适于印刷处，示下重写，勿客气也。"本世纪初，我代天津地方志办公室求启先生为题刊名《天津市志》和书名《志苑珍宝》，当时启先生目疾已甚，书写已有一定困难，但他为满足他人要求，仍勉力为之。并附一函说："近题书签，多半字大。印时不加缩小，每觉难看。兹写力求较小，如书册略大，放大些付印也。"真是为人想得周到。这是我看到他最后的毛笔题签。不久，中华书局的崔文印先生寄来他们夫妇合著的《中国历史文献学史述要》一书，是启先生的硬笔书法题签。我曾写下如下一段话说：

> 看到封面中间启功先生的题签，虽是没有惊异，但却引来辛酸。启先生是当代人所共知的书法大师。……我看过很多启先生的书法作品，特别是中年以后，飘逸潇洒，直逼明人董其昌、邢侗。八十岁以后，笔墨略见瘦削，但字体、行气、用笔，等等，依然大家风度，足以示范后学。所见各种书签，一直使用毛笔，均精美有韵致。近年来也只是往来信件用毛笔较少。为文印所题书签使用签名笔之类的硬笔书法，这是我第一次见到。是先生因眼疾加重已难用毛笔来写书签了吗？我心酸于吾师老矣！但又很感动，文印对启先生来说，应属晚辈。且是在中华认识的一个普通编辑。面对文印之所求，启先生虽患眼疾难用毛笔，但却没有推辞，拿起不曾用来题签的签字笔之类的笔写下硬笔书法的书名，即使印章盖歪，也在所不顾，只为了不让晚

辈失望。这真是难得的温暖友情，当今之世又有多少人能做到呢？

人间自有真情在，启先生若不宅心仁厚，能不顾自己已有的盛名，写下与自己以往书法有较大差距的书名吗？直至他九十岁以后，病情日渐沉重，还为晚期学生张廷银师弟题写了博士论文《魏晋玄言诗研究》的书名。廷银送我一本，我看到已经完全不像启先生的题字时，不禁潸然，心想要写篇小文，呼吁"别让启先生再题签啦！"但又担心会有损于启先生呵护晚辈的仁人之心。

启先生一生写了无数书签，约略估计，当与顾老不相上下。二人的德望与学术水平，亦都是上一代宗师。顾先生的题签已由上海图书馆整理成集，于2005年正式出版问世。而启先生的题签，至今仍散在各方。我曾向中华书局领导谈到过，以中华书局出版各书题签为基础，并向曾请启先生题签者征求题签，再从图书馆文史类藏书中检阅，汇总编次略缀数语付之枣梨传之后来，即能成册。这不但保存了启先生的书法遗作，亦是对启先生的一种纪念。我期待着不久真能见到《启功先生题签集》！

二〇〇六年十二月

原载于《文汇读书周报》2006年12月22日

范老的"二冷"精神

——记范文澜老师

1949年9月初，我正在华北大学接受南下工作的培训，班指导员胡一真通知我："系主任尚钺同志找你谈话。"我应命而往，已有几位同学先到。尚钺同志满面带笑地告诉我们："范文澜同志的历史研究室要从学员中挑选几人去学习近代史，条件是旧大学历史专业毕业，有较好业务基础，现在经过审查挑选，你们七人入选，请你们明天到研究室报到。祝贺你们！"第二天，我们七人就到了东厂胡同研究室，办公室为我们办了应有的手续，并通知说：下午全室大会，范老接见你们。室里对范文澜同志习惯称范老，我们也从此改称范老。大家安顿好住处后，便兴奋地等待着，倚在自己的被垛上，闭目养神，似乎都在想像这位闻名已久的马列主义史学家的形象和风范。

全室大会，除了我们新来的七人以外，还有十几位原来已在室工作的老同志。主持会议的是支部书记王南，他发表了一小段欢迎辞后，就发干部登记表，解说填法。在我们填表的时候，范老已经悄悄地进来。他高高的个子，五十多岁，眼睛有点毛病，含着笑向大家打了招呼。大家鼓掌欢迎后，范老就开始讲话，带着浓厚的绍兴口音，旁人听起来很吃力，我则一字不遗地听进去了。

范老这天没有讲什么闲话，只是反复讲了"坐冷板凳"和"吃冷猪肉"的问题。范老可能从我们的眼神中，看到对"吃冷猪肉"有点困惑，便操着绍兴官话，又比较详细地阐述了"吃冷猪肉"的道理。原来过去只有大学问家才有资格在文庙的廊庑间占一席之地，分享祭孔的冷猪肉。范老以此用意勉励后学——只有坐冷板凳的人才能成为大学问家。我们把范老这两句话概括成"二冷"精神并以之作为自己的终身座右铭。几年之后，可能这位谨言慎行的老先生感到"吃冷猪肉"有为孔夫子捧场之嫌，便改提为"板凳宁坐十年冷，文章不写半句空"，虽文字不同，而寓意未变。

范老教导我们"二冷"精神，没有止于言论，更重要的乃在身教。在从师范门的岁月里，范老自居前院，终日坐在落地玻璃窗下的书桌前攻读，兼着监督学生不乱上街，以养成"下帷苦读"的习惯。每当我们想偷偷溜出去，从他窗前经过时，范老常是手不释卷，笔不停挥，我们只好羞愧地缩回去。久之也就不再心猿意马，而惯于坐冷板凳了。

范老对于学生既严格又关注，他多次交代办公室要安排好学生的生活。我们住在后院一排西晒的宿舍里。有一次范老来检查学习情况，发现宿舍内的人虽挥扇不已，仍然满面汗津津的。当年尚没有什么祛暑用具，他就嘱咐办公室架设遮阳设备，从此就不再感到燥热了。但对于学术则是严格要求，他为我们分配指导老师，确定学习方向。当时室里人员只分两级：在室工作多年，有一定资历和成绩的，如刘大年、王南、荣孟源、刘桂五等，都是研究员；新来的几人都是研究生，都师从范老，而由范老指定一位研究员为专职指导教师，荣孟源先生就被指定为我的老师。1950年初，为了第二年纪念太平天国起义百年，组织全室写文章。我就在荣孟源先生指导下，选定《太平天国底商业》这一题目，孟源先生为我开了基本书目，我又搜求了一小批参考书。有些书从未读过，如《马恩论中国》、《大众哲学》等等。我的文章经过自己多次修改后，孟源先生又最后作了一次修改，成为定稿，然后送给范老审定。范老找我谈过一次，给予鼓励，并修改了几处。1951年，这篇文章经过室里编委会审选，收入由三联书店出版的论文集中。这是我学习马列主义后的第一篇论文。后来收在2002年6月出版的自选集《邃谷文录》（南开大学出版社）中。这一年，我又根据范老要求，写了《美帝侵略台湾简纪》，也经过范老审阅后，成一本4万字的小册子，并选了一章在《人民日报》发表。1951年8月，由历史教学月刊社印行（天津知识书店出版）。

范老培养学生从根上下手，我们七人报到后的转天，就安排我们整理室里收缴和移送来的北洋军阀档案。这批档案是未经整理过的原始历史档案。杂乱无章，稍一翻动，就尘土飞扬，又无相应的卫生措施，工作艰苦，但无一怨言。经过四个月的努力，袋装档案文件已按形式分为：私人文件、公文批件、电报、电稿、密件、图片和杂类等，分别扎成无数捆上了架。继而将对档案进行史料分类整理。人员有所增加，地点也搬到干面胡同一所宽敞的院落中，工作条件也大为改善。就在工作转阶段的时候，室里集中了几天，学习理论和有关北洋军阀的书籍。范老也在这时与大家座谈过一次。他慰问了大家的辛劳，讲了整理档案与研究工作的关系等等。其中有一段话我印象深刻而终身受益，大意是：从档案中搜求资料如披沙拣金，确实很艰难，但这是研究工作"从根做起"的重要一步。只有这样，才能基础广泛而扎实。从此，"从根做起"的教诲就深植于我的头脑之中，并不时向后辈讲起。

随着整档工作的进行，我渐渐地积累了两册黄草纸本资料，同时也阅读了大量有关北洋军阀的著述。眼界逐渐开阔，钻研问题的信心也日益增强，并了解到这方面的研究还没有很好地开展。以往一些著作，多半过于陈旧，而且数量也不甚多，而新著又几乎没有，有关论文也只是零星短篇。因此，我发现北洋军阀的研究确实是一块有待开发的用武之地。

经过一年多的努力，整档工作已接近尾声。我对北洋军阀这一近代政治军事集团从兴起到覆灭，已有了一个大致轮廓。对错综复杂的派系关系，也掌握了基本脉络，奠定了我一生以绝大部分精力致力于北洋军阀史研究的基础。从1957年初撰《北洋军阀史略》起，陆续增订成《北洋军阀史稿》和《北洋军阀史》等三书，又编辑了一套三百余万字的《北洋军阀》资料（《中国近代史资料丛刊》之一种）。经过五十余年的不断钻研，我终于为北洋军阀史领域填补了空白。我自幸小有所成，未辜负师教。我更铭记范老当年对我的启迪和"领进门"的师恩。

范老是早期马克思主义史学家之一，他以大半生的精力从事《中国通史》和《中国近代史》的研究与撰述。其受众之广与影响之大，为其他同类著述所难并论。1979年4月，中国社会科学院近代史研究所为了纪念范老逝世十周年，编选了《范文澜历史论文选集》，共收文十七篇。分为四组：关于中国古代史，关于中国近代史，关于历史研究的方法和对资产阶级历史学的批判，关于中国经学史、思想史的专题研究。刘大年先生在该书序中认为，集中所收论文有三个重点，一讲近代史，二论述中国历史研究中的理论问题，三是关于以经学为中心的中国文化思想史的述评。二者说法略异，但都未能包括范老的全部学术，而只是"选集"而已。抗日战争前，范老曾以乾嘉学风，掌握朴学方法，撰写了多种阐释传统文化的著作，它们是《正史考略》、《群经概论》、《文心雕龙注》、《水经注写景文钞》等书，虽然有人贬称曰："那些著作的内容，不外乎清代朴学家们反复搜求、讨论的内容。"但是周恩来总理却对这些有功力基础的著作，给以公允的评价："（五四运动时的范文澜同志）他就专门研究汉学，学习旧的东西。但是范文澜同志一旦脑子通了，对编写中国历史就有帮助，就可以运用自如。"（《人民日报》，1978年10月8日）因此范老的著述既有马克思主义的观点，又有优秀传统文化的功底，令人读起来有坚实深厚之感。现在流行的一些范老的著作和论文，远远不能显示范老的学术全貌。我非常期盼近代史所能尽快筹划并着手《范文澜全集》的编纂，以嘉惠后学。

原载于《文汇报》2007年4月23日

学人逸闻

启功先生说"过坎儿"

我和启功先生有着半个多世纪的师生情谊。我入辅仁大学读书时，启先生刚刚三十出点头，是一位年轻的讲师。后来彼此间一直交往不断，我每到北京总去看望启先生，有时见到，有时没见到。1996年秋天，我因公访日，头天到北京，住在北师大新松公寓里。晚饭后，我专程到红六楼去看启先生。这次很巧，启先生中午刚从医院回家，人们还不知道，所以没有来客，家里显得很清净。启先生一见是我，非常高兴，在门道拱手出迎，连声说："有缘！有缘！"随手拉我一起挤进沙发，聊了些闲白儿，大都是忆旧性的陈芝麻烂谷子。忽然，启先生一本正经地问我："你多大啦？"我茫然不知所措，启先生是知道我年龄的，但我也未敢反问，毕恭毕敬地答道："七十三。"不料启先生拊掌大笑，直笑得他摘下眼镜用手巾擦泪，我则更摸不着头脑。良久，启先生刚刚喘匀了气说："你知道我比你大十一岁，你七十三，我八十四，一个孔子，一个孟子。咱俩这么一挤，不就挤过坎儿，又能活下去了吗？怎么能不大笑呢？"人们都说启先生爱开玩笑，挺幽默。我对启先生说："您真逗。"启先生又说："启功就是起哄。"彼此又大笑一番，时间已近九时，我才意犹未尽地辞归。

余嘉锡先生的半个 B

我入大学的第一年，对选课很不熟悉。当时允许跨系选课，我除选史学系的课程外，还选修了中文系的"目录学"。选这门课的原因，一是没听说过这门课，二是听说余先生学问渊博，知名度高。开学以后，在课堂上见到的余先生是位神情凝重，不苟言笑的宿儒，不持片纸，操着一口湖南官话，滔滔不绝，颇受教益。我很用心听课、记笔记，但期末考试却得了个B。我不服气，更因为竞争奖学金，很注重分数的高下。犹豫再三，还是想去问问余先生的助教朱泽吉先生，到中文系办公室，推门而入，朱先生不在，只有余先生巍然坐在办公桌前，问我有何事。我进也不是，退也不是，在两难之间，还是硬着头皮进去了。非常缓慢低声地问我的成绩。当余先生知道我得的是B以后，显然很生气，正言厉色地对我说："我读了一辈子书，只不过半个B，你才读了几天书，就自以为很可以了，连一个B都容不下了。"我见老先生生气，低头嗫嚅而退，感到十分后悔。后来朱老师对我说，B是余先生的最高给分了。朱老师见我那副尴尬样，又安慰我说，余先生是从不"记仇"的。

郑天挺先生穿篮球鞋

"文革"一开始，我和郑先生是第一批被打入"牛鬼蛇神"之列，并编在一个劳改队的。这个队有十多个人，"主管"校园厕所和道路的清扫工作。郑先生打着三角旗，走在前面，似乎像队长（没有正式任命过），我推着垃圾车跟在队尾。郑先生穿一双破布鞋，表示与劳苦大众走同样的路，但走起来不跟脚，显得拖拖拉拉，我们也都跟着缓步而行。有一天监管我们的原扫地工和一个姓李的红卫兵大概发现队伍松散，根源在郑先生走不起步。嘀咕一阵后，就呵斥郑先生走快点。郑先生立即承认自己在"服刑期间"不老实。"服刑期间"是我们隔离后郑先生无论口头上，还是写交代时所常用的词语。老先生大概认为隔离禁闭就是一种刑法。第二天早晨集合，郑先生穿一双高腰篮球鞋一溜小跑来入列，那个吆五喝六的黄口小儿一见也忍不住出现了从未见过的笑意。我们虽觉得有点可笑，却没有一个人笑得出来，我忽然想到宋徽宗父子在五国城被胡儿拴上脚铃勒令蹦跳时的惨痛，也想到"击鼓骂操"中祢衡的屈辱。一种被戏弄的感觉像针一样在刺痛我的心。我利用撮土的机会悄悄地问郑老："您真买了双新鞋？"郑老也悄悄地回答说："这是我这辈子第一次穿高腰篮球鞋，勒好了跟脚，省得大伙挨说。"老人平静达观，还为别人着想。难得啊，难得！

孙思白错穿陈旭麓的裤子

八十年代改革开放以来，百废俱兴，学术活动也很频繁。1983年秋，南京大学在白下宾馆召开第一次民国史学术研讨会，各地民国史学者纷纷与会，大多相识。上午报到，陈旭麓和孙思白比我大十来岁，两人是多年好友，共住一两人间。我和彭明年龄相仿，共住一间，与孙、陈对门。李新单住一间，在孙、陈旁边。下午是开幕式，午饭后大家都回房休息。两点来钟，听到孙、陈在房内大声说话，而且声调很急。我和彭明与孙、陈都是老朋友，就破门而入，还有一些人也都过来打听，只见屋内床歪椅斜，被褥凌乱，思白衣冠楚楚，站起蹲下像在找东西，旭麓则穿着一条白色内单裤，边东寻西找，边操着一口不易听懂的湖南话在说明情况，思白则从旁代为解释。原来思白午睡醒得早，穿戴整齐后，旭麓也醒了，忽然大声说："我的裤子哪里去了？"下午开幕式还有旭麓的讲话，不能窝在房里，所以更着急。于是来看热闹的朋友们也都帮着寻找，毫无结果。大家猜测可能是午睡时被小偷潜入偷去的，但为什么要偷裤子呢？会务组通报了宾馆，宾馆保卫科一面向公安分局报案，一面到现场，很快分局人员也来了。侦察一遍，了无收获，而开会已延误半个多小时，但旭麓总不能穿着睡裤登台，李新是大会主席，义难坐视，把自己多带的一条西服裤借给旭麓穿，虽然旭麓穿上李新的裤子有点像钓鱼裤，但也只好如此。开幕式后，陈旭麓丢裤子事已传遍会议，议论纷纷：有说要提高警惕的；也有分析小偷为什么偷裤的，说旭麓平日不讲究衣着，他的裤子能值几个钱？其中思白最为激烈，主张向宾馆追查。一直闹哄到晚上。十点多钟大部分与会者准备入睡时，思白房间忽然传出一阵大笑声，而且随着笑声加大，思白手拎着一条裤子，大笑着推门进来，大声说："偷裤案已告破，贼也捉到。"看的人慢慢增多，思白略停一会才说明了原委。原来午睡时，孙、陈的衣裤交叉放在椅子上，思白先起，睡眼蒙眬，随手把旭麓的裤子穿上，因为旭麓的裤子较瘦小，思白感到像内裤，所以又把自己的西服裤套上而没有丝毫察觉。等事发后，思白还热情地为旭麓找裤子。大家听得哄堂大笑，不知是哪位老兄喊了一声"孙思白贼喊捉贼"，大家笑得更厉害，一切在笑声中了结。哪知第二天宾馆和分局都说损坏名誉而不依不饶，经过会务组道歉斡旋，才把一场风波平息下来，而思白兄"贼喊捉贼"的笑柄却在一些学者中成为笑谈。

原载于《人物》2000年第10期

美籍天津学者

　　访美第一站的明尼苏达大学是和南开大学建交早、过往密的一所大学。在这里会晤了近十位学者教授，都很谈得来，其中刘君若、徐美龄二位与天津曾有历史渊源的女教授在相晤中更有密切之感。她们都是该校中国中心（China Center）的负责人。刘君若教授虽然年逾花甲，但风姿飘逸，毫无老态，能讲一口极为流利的标准普通话，也很健谈。她对天津和南开感情很深。有一次我们在一起畅谈时，她谈到童年和青年时代的生活。她五岁随着供职原北宁路的父亲从北京迁居到天津英租界。她记得曾随就读于南开中学的姐姐去看过由曹禺主持上演的《少奶奶的扇子》一剧。她的小学教育是从天津公学开始。天津公学是现在十六中前身耀华中学的前身。刘君若教授饶有兴味地回忆这所学校要求一年级生背诵《论语》的往事。她对"子曰"等与一般说话不同的语句觉得好玩，虽然不理解意义，但也能背得烂熟，直至今天，她还能琅琅上口。抗战时期，她在后方进南开中学41班读书，已故南开大学中文系教授孟志孙先生教过她国文。孟先生要求较严，但她一直感到受益不浅，1973年回国时，她专程拜访了青年时代的这位严师。抗战胜利后，她在父亲工作地点塘沽盘桓一段时间后就远渡重洋，负笈美国。她第一次回祖国是在1973年，曾陪同姐姐回南开看望姐姐的老同学吴大任教授。就在这一次，她沟通了明大与南大的交往渠道。1979年春，她作为正式使者之一来建立两校联系，双方商定交流和由南大承办汉语培训班。刘君若教授就是1980年第一届汉语班的负责人。这个班由明大在美招生、收费。这笔费用对扩大双方交流产生了作用。从此以后一直办了六期。在我从美国回来后不久，刘君若教授又带领第六届学生到校，旧友重逢，欢快何似。她十分高兴地告诉我，今年学生超过历届，老朋友有信心把汉语班坚持办下去。

　　徐美龄教授也是为汉语班做出类似贡献的一位学者。她正当盛年，学术治事都显示出卓异才能。我们这次在明大的访问几乎都是她亲加安排，临别还倾诉依依之情。她和刘君若教授共同经办汉语班，轮流领队。不仅如此，这位地理学教授还曾向我表示她准备把编写《天津史地》一书作为近年的研究课题，为她曾居留过的天津做点学术贡献。

还有一位在联合国大厦图书馆工作的万秋芳女士。她是我四十年前的大学同学，至今她的姐姐和家族亲人还在天津。她每年必回国探亲。我到纽约时，她正回国探亲。我回国不久，她就申请在南开大学图书馆西编室工作，前后工作两周。临行之前，她说明年休假期还要到南大来工作。并向我表示两年后退休，如果回国定居就到南开大学来工作。树高千丈，叶落归根。我们充分理解她们这种胡马朔风、越鸟南枝的心情。

原载于《依然集》（当代学者文史丛谈）　来新夏著　山西古籍出版社、山西教育出版社1998年版

老成凋谢

前不久北京某大报发了一整版1998年十二位著名人文科学方面的学者专家谢世的报导。其中有三分之二是我曾面受教益的前辈和至友。杨堃先生是抗战刚刚胜利的第二年我认识的第一位民族学家。当时我尚在读大学的最后一年，并兼在一份杂志当助理编辑，杨先生是作者，常到编辑部来聊天。他比我整整大二十岁，四十多岁的杨先生看来已是一位学识渊博的老学者了，他的妻子张若名是一位传奇性很强的名人。顾廷龙先生是著名的版本目录学家，图书馆界的耆宿，我在1981年与顾老相识于太原，曾不断向顾老请教古典目录学方面的问题。我所著《古典目录学》一书是经顾老亲加审定，并为之写序，后由中华书局出版的。邓广铭先生在史学界以宋史专家蜚声于海内外，我曾经由郑天挺先生介绍多次向邓先生请教，每次他都不厌其烦地给以指教，我对岳飞和辛弃疾等历史人物的一些认识多是从与邓先生的谈话中得益的。晚年时，我还有幸在古籍整理研究工作委员会中和邓先生共事。罗大冈和张清常两位先生是解放初我到南开大学历史系任助教时认识的两位名教授，他们分别担任外文和中文系的系主任，我则是历史系的秘书。由于三系在一个办公室，所以几乎天天见面。他们都是笑容可掬，善待后学的中年学者，是我和一些年轻人向往的目标。罗先生和夫人齐香女士都是留法的，进进出出总在一起，特别是傍晚常见他们相携漫步于和平湖畔，非常潇洒而有一种绅士风度，望之若神仙中人。张清常先生则一直是单身生活，住集体宿舍，穿着褪色的干部服，拿着搪瓷盆到食堂排队打饭，从不接受别人的邀请而"夹个"。有时还被一些少不更事而不认识张先生的年轻人挤到后面，张先生也都一笑置之。单士元和王利器二先生，虽未获亲承其教，但我曾在公众场合相识，并做过短暂的晤谈，也读过他们的一些文章和著作，得益匪浅。其他几位也都为我所仰慕，可惜无缘一见，但读过他们的著作，如钱锺书先生的《围城》和

《管锥编》以及吕叔湘先生语言学方面的著作等。刘乃和女士是和我最亲近的一位至友，我们同从师于陈垣先生之门，她是比我高三班的掌门大师姐，是把一生献给学术事业的文献学专家。她为援庵师做过许多默默无闻的助理工作，也写过不少有根有据的文章。我们有吵有争地保持了半个多世纪的真挚友谊。我和乃和大姐的最后一次见面是1997年冬在北京参加《四库全书存目丛书》的评审会，我送她一本新出版的随笔集，她送我一篇论文的抽印本。这次没有争吵，而是像老年姐弟那样互致关心，没想到这是一次永别。对这些在学术和为人上为我所景仰的师友的谢世，都应该写文相送；但是，这种黯然神伤的别，却使我不愿一次一次地拨动伤痛的心弦，我只在这篇追忆性文章中向他们表示悼念。

时隔不久，我又在同一份报上读到一位记者所写一篇访问记，题目是《作家未了的心愿》。记者从萧乾、方纪、叶君健、茹志鹃、陈登科等（当记者发稿时冰心老人也去了）十位老作家的遗属和亲友间得知，这些老作家即使久病卧床也都有自己宏伟的心愿；他们要为后人留下有用而珍贵的精神遗产，不知天公为何如此无理无情向人间夺取英才，把一批"老成"们也扩大化地召回玉楼。"壮志未酬身先死，长使英雄泪满襟"，千古恨事，得不怃然！我读过这些老作家的诗文作品，它们给我以认识人生、认识世界、认识社会的滋养，可惜由于行业的相隔，除了方纪先生外，我都未曾面晤过，而只能心向往之。我认识方纪先生已近五十年，那是天津解放不久，他虽只比我大四岁，刚过而立之年，就担任文化局的领导工作。一次，他陪捷克红旗歌舞团参观大沽炮台，南开大学派我随行讲解炮台历史，从此我就认识了这位早负盛名的作家。以后有过几次来往，但都很短暂，直到1997年，我因心脏病住院，才在邻近的病房见到他，他已住院很久，拖着在"文革"中受到残害的躯体，用左手不辍地书写。他写了"放浪形骸"四个字送给我，鼓励我不要怕狼怕虎。他的夫人也因重病住在监护室里，方老每天必定坐着轮椅去看望，虽然妻子已难说话，但方老总要抚摸妻子的手，默默相对很长时间，伉俪情深，令人感动。这些老作家的优秀作品，哺育了一代、两代以至代代相传下去，他们为民族为国家的文化宝库存储了多少珍宝！

老成凋谢是无法抗拒的自然规律，这些老学者、老作家，从生理年龄看，除了一位未及下寿外，都已年臻耄耋，以至期颐。可以当得起称"老成凋谢"；但在悲痛之余，不能不想到他们事业年龄的无谓消耗。各种政治运动直至"文革"，再加上心有余悸的年月，至少内耗掉二三十年的光阴，那么这些"凋谢"者实际上只不过五六十岁，正是成熟收获的岁月，够不上"老成"；但是，逝者如斯夫，光阴是难以逆转的。他们不是"老成凋谢"而是"赍志以殁"。我们多么希望每个人的生理年龄和事业年龄能一致起来而无所虚耗啊！

失去的难以追回，尚存者要竭力留住。老专家、老作家固然声望所归，社会需要，但万不可把他们当作取得效应的工具，无数无重要内容的会议主席台上尽量少摆几尊菩萨，撤掉几块牌位，会照样开得很好。一大套一大套精善图书，无不搬动几位老学者、老作家挂上一个名义。被加者如芒刺在背，一副无奈；识者心知内情，不免一笑。他如请题字、请作序、请入传、请指教，四面八方，登门造访，函电交驰，无时无刻不在削除"老成"者的岁月，拉大其生理年龄与事业年龄的差距，直至"凋谢"，依然留下未了的心愿。救救"老成"者们，不要让他们过早地"抱恨凋谢"，让他们做好他们要做的事再"自然凋谢"吧！

我悼念前辈们和至友的"老成凋谢"，更痛惜他们事业上的过早"凋谢"。往者不可追，来者犹可期，我期待着更多的人们在最后的时刻真正发挥得淋漓尽致。我将时时用前辈们未了的遗愿策励自己，馨其余年，老骥"出"枥，志在"万"里。我默默地祷念前辈们在冥冥中呵护还活着的人们吧！

原载于《中华读书报》1999年4月7日

名门后裔

——我与张之万之孙张公骕的交往

大学毕业后，一直没有找到比较稳定的工作。1948年春才经人介绍到当时天津一所著名中学——新学中学去任教。到校以后，校长领我到教员休息室去认认同事。在十几位未来同事中唯独坐在屋角的一位中年人不知怎么却吸引我坐到了他旁边。他有一张长着连鬓胡子的大方脸，总带着一种微微的笑容。他姓张，名公骕，河北省南皮人，比我约长七八岁。他是语文教师，我是历史教员，文史相通，所以不到半年时间，我们就成了友情甚笃，过往频繁，无话不谈的至交，渐渐地了解了他的家庭身世。

他的祖父张之万是同光时期的状元、大学士，父亲也是中层官员。晚清政坛具有左右政局力量的张之洞是他的叔祖。他可说是地道的名门之后，还不失为富裕之家，但他却青衫布履，毫无纨绔子弟的习气。他富有才华，擅诗词书画，写得一手好黄山谷的字，能仿大涤子的画。我们常常在他的小楼一角边喝茶，边聊天，无非是古往今来的野史稗说，似乎不多涉及时事。有一次他以从来没有过的忧伤怀念他的第二个妻子，并向我倾诉了他想说的话。原来他曾有过三次婚姻，第一次是名门对名门的封建婚姻，只有几年的过程就丧偶，那段生活已是记忆模糊了。第二次更是名门闺秀，是一位田姓督军的千金，能诗善画，是两家交往过程中彼此羡慕对方才华，经亲友撮合而成的婚姻，很有点浪漫味道。他很爱他的田姓妻子，曾经和我谈当年闺房乐趣，说她性情如何温顺，书画如何娟秀，并从书柜中取出扇面遗作。我按我那点可怜的书画知识冒然而不见外地说有点像清戴熙的风格，他听了非常高兴，因为还没有人说过这一点。田夫人性格内向，多愁善感，身体素质又较差，所以芳年早逝，给公骕留下了许多未了情。而公骕又很尊重现在的妻子，总是回避和掩饰自己的怀旧感情，又不愿轻易向一般朋友吐露，只是把我视作挚友而倾诉他的那份忧伤。他的第三位妻子是抗日名将宋哲元的侄女，寡言少语，安守本分，与公骓在文化层次上有差距，二人始终维持一种相敬如宾的关系，而公骓一直到宋氏夫人先他而去时仍然没有脱出田夫人的光圈。

我和公骓缔交三十年，几乎每周都要促膝倾谈，所谈范围甚广，但很少谈他的先人，可能是怕有夸耀门庭之嫌。有一次，他兴致很高，忽然从抽屉里拿出一册自订白绵纸本，上面用墨笔写着密密麻麻的小字。他说这是他从家中一位老厨师口中听到的张之万状元府中饮食品类名单。这位老厨师年轻时专司张之万的饮食，一直在张府服务到民国十九年逝世时止。他常在年轻的公骓兄的要求下，杂乱无章地报些饭菜名，而公骓兄每谈必记，终于形成了这本笔记。因为我对此很有兴趣，所以连续谈了十多次，我也每谈必记，后来分类整理，在《中国烹饪》上发表过。它分主副食两大类。主食又分饭食、面食、粥、面汤四类；副食则有炒菜、炸菜、烧菜、蒸菜、拌菜、腌菜、汤等七类，另外还有雅称饭菜，总共有二百几十来种饭菜，不仅反映道咸同光时期大官僚日常生活的一个侧面，还可备研究清末民初饮食状况的参考。

公骓看起来很沉稳，不会激动似的，但一旦遇到重大转折时，他的爆发力却十分强。天津解放不久，民青工作组进校后，最先起来革命的却是人们意料之外的张夫子。他发挥优长为革命作贡献，为办壁报又写又画，又向师生宣传革命，并带动我投身革命，真正像变了个人似的。在革命洪流冲击下，经民青驻校领导人动员，我和公骓像阿Q去革命那样要去革命了，被保送到华北大学去接受南下工作的政治培训。于是我们脱去长袍，穿上紫花布的灰制服；抛去优厚的工薪制，去吃小米享受大灶供给制。一股堂·吉诃德的革命热情产生着革命的冲动，为了表示和旧思想、旧习俗等旧的一切割断，做个新人，我们又学习那些先行者改名换姓的革命行动，偷偷地商量改名问题。他利用名字中骓字的马旁改姓马，又想在革命大道上奔腾而取名奔；我则用的最后一字的夏与禹相连而改姓禹，又狂妄地以列宁自期，取名一宁，暗含着彼一宁也，我一宁也，将相宁有种乎的傲气。于是"马奔"、"禹一宁"两位新革命者就这样诞生，双双走进了革命队伍。学习期满，我留校在历史研究室做范文澜同志的研究生，公骓兄先是分到河南，后因家庭需要照顾，调回天津耀华中学任教，直到最后。他不像我那样复旧了姓名，而是一直使用马奔这个革命的名字。我则幸亏复旧了姓名，否则"文化大革命"中这将是我的一条大罪状，因为我居然狗胆包天，敢以列宁自比。

谁也难以相信，像公骕这样性情平和到不能再平和的人竟然在六十年代初得上了鼻癌。天津最有权威的癌症专家宣判他只有半年的活头，于是，家人隐瞒病情真象，强作笑容来服侍他，从生活上满足他的需求；朋友们为他到处求医问药；我也想方设法多挤时间和他神聊，来转移他对病情的注意。又哪知他却异乎寻常地冷静，微笑着告诉家人亲友，他完全了解自己的病情，他说有信心活下去，只要家人亲友帮他找医书草药。从此他几乎每周都到我家来过周日，教我儿子写字画画，和我谈他的病情。他搜集许多医方，对照医书医理，自己处方，用笔记本写病情日记，详细记录病情进展状况和自己处方的效果。因为我父亲是中医，所以还替他去问医书上的疑问，探讨病情。他向各地托人买草药，我也曾托人在江西为他采买猕猴桃根，托水产部门打听鱼寄生之类的东西。因为草药药剂比较大，宋夫人买了大号沙锅熬药。从此，他再也不请人看病诊断，我没想到他竟然如此固执。有一次，他用低沉的声音告诉我他拒绝就医的原因，一是自己已患绝症，一般医生是看不好的，自己用重药是想置之死地而后生，若有别人插手，设有不测，岂非嫁祸于人？再则，他对那位权威的"死刑"判决既不相信，也不服气。他的正直和潜在的刚毅性格使我这个不爱哭的人都在不觉察中流下了眼泪。

过了半年，从各方面都看不出他还有什么病容。有一天清晨，他忽然跑来，手里拿着一个水果罐头玻璃瓶，进门就说草药见效，他半夜打喷嚏，从鼻孔中脱落两个小瘤子，我一看果然是两个小肉瘤，彼此很高兴。他尤其兴奋，一面说在医书中找几味药，一面又说他正开始研究唐代李商隐的诗，谈他对《锦瑟》一诗的认识，批评各家之说，特别是对郭大师更多微辞。我却像遇到突然的喜事而有点莫知所措。以后他不断地脱落瘤子，也不断地向我发表对李商隐诗的高见，偶尔也写成小论文。渐渐地人们也不以他的病为意了，只不过他斗室中小桌子上的鼻瘤玻璃瓶日见其多。每次我去看他，他总会按瓶上标签讲哪个瘤子是吃哪种草药生效的，哪颗瘤子是怎么脱落的。言之凿凿，津津有味。他预备找个适当时机去和那位权威作一次善意的探讨，或许这种发现对别人会有些参考价值呢！因为他不会去质问别人或去嘲笑别人。可是，直到"文化大革命"发动，他也从未去找过那位权威。

空前的"文化大革命"的熊熊烈火，烧毁了我们的交往之路。我天天忙于各种清洁卫生工作，出校还需请假，也就无法走亲访友，当然，他也有许多不便，所以，我们之间就有了一段隔绝的时间。有一次辗转听说，宋夫人耐不住折磨已先公骍而去，公骍则带着苦笑发挥他的一技之长，日夜为勇士们抄大字报、写各式各样的标语，几乎住在学校里，因而免去了若干杂役和陪斗。后来我下放到农村去脱胎换骨四年，彼此也就毫无音信了。

1978年，我被落实政策回校，个人行动上有了一定程度的宽松。公骍是我最先去拜访的老友。他只说了"雨过天晴"四个字以示对我的安慰，接着仍然谈他的鼻瘤脱落和李商隐的诗。他写了三厚本病情日记和两册读李商隐诗的笔记。瘤子脱落的速度加快和数量增多，都认为是好事，公骍也很乐观，以为落净就康复了，孰知这是病情加速恶化的征兆呢？我们又开始恢复"邦交"，每周至少见面一次。我总算快快乐乐地陪公骍走完他人生的最后一段路。第二年初夏的又一个清晨，他的儿子来报丧：公骍已于午夜离开了扰攘的尘寰。我奔往告别，他已默默地平卧在门板上，还像生前一样带着微微的笑意，看不出任何一丝丝怨和悔的憾意！

从公骍的身世门庭看，无疑是名门后裔，但从来看不到一点纨绔气，而像一位恂恂如也的寒儒。他历尽少年时的宽裕、中年时的坎坷折磨和老年时的澹泊，终于恬静地归真反朴，回到他常说的大自然中去。他过着一辈子的清贫生活，室如悬磬，无一文之遗，只留下他以自身做实验的四厚本病情日记，详尽地记录了他从得病到谢世的十九年间的苦斗历程和六十多瓶鼻瘤标本。他还有三本研究李商隐诗的未完成遗作。我在灵前一再嘱咐他的儿子要好好保存他们父亲最珍贵的遗产！我只能默默地祈望我的嘱托会受到应有的重视。

原载于《文史精华》1996年第3期

我与中华书局的人和事

中华书局是与辛亥革命同年出现在中国近代史上的一家出版机构，在中国近代出版史上占有相当的地位。我在去年完成的《中国近代图书事业史》（上海人民出版社，2000年12月版）一书中曾为它写下一个题目。我从三十年代入中学，直到读完大学，一直有中华书局的书相伴，但我与中华书局有正式学术交往却是在上一世纪的五十年代末。

我与中华人接触最早的是赵守俨学弟，我们是辅仁大学的校友，他比我晚两届，但一直没有见过面。五十年代末，忽然收到他的一封信，邀我审读中山大学历史系所编《林则徐集》稿，当时我正在撰写《林则徐年谱》，需要有大量原始资料来参校订正，便欣然接受任务。不久守俨亲自将全稿送来，这是我们第一次见面。朋友们都知道他是清末民初名人赵尔巽的嫡孙，虽属名门后裔，但没有坏习气，温文儒雅，平易近人。他虽主持中华的编务，但并没有一般"老总"的盛气。我们在谈笑间谈定了审稿的要求，其诚恳和真挚的态度，令人可亲可敬。我用了一年多的时间审完全稿，亦亲自送回。守俨对我的工作很满意，请我到萃华楼一起吃了顿午饭。其实这次审稿不仅是为《林则徐集》，而更大的受益者是正在编写《林则徐年谱》的我。借此机会，我获读了大量送上门的原始资料，使《林则徐年谱》基本定型，撰成三十余万字的初稿，这部初稿虽曾遭"文革"劫难，但终于经过重写恢复，于1981年由上海人民出版社正式出版，1985年经增订为四十余万字，仍由上海人民出版社出增订本，1997年为配合香港回归我在原增订本基础上重新编撰为《林则徐年谱新编》达六十余万字，由南开大学出版社出版，成为林则徐惟一的一部年谱著作，得到学术界的赞誉。饮水思源，这不能不归功于中华书局和守俨给我提供的条件，我一直没有忘记这种友情的关注。

我和守俨的第二件事发生在1981年。这一年冬季，李一氓同志在一次讲话中曾谈到清代康雍乾时期整理古籍的气魄，要求中华书局写一个简单的有关资料。1982年初，中华书局编辑部和守俨先后函请我写一份有关资料。守俨是亲自聆听过李老报告的，所以在来信中提出了一些具体要求供我参考，实际上是为帮助我写好这份资料。守俨写了四条意见，即：

（1）李老所说应指那一时期官修的诗文总集、类书、工具书，如《全唐诗》、《全唐文》、《古今图书集成》、《渊鉴类函》、《康熙字典》等。

（2）不属于官修者不必收。

（3）这份材料似毋需太繁，只要有书名、主编人、编纂时间，大体分分类就够了。可收可不收者，不妨收入；稍有遗漏也没关系。卷帙浩繁的重要书最好不漏。

（4）宣扬清代武功的书，虽系官修，却是那时的当代史；明史对清初来说，也不算古籍。

我根据守俨的这些提示草拟了一份《清代康雍乾三朝官方整理古籍例目》，由守俨转交给李老，后来我把这份《例目》收在我的《结网录》中（南开大学出版社，1984年10月版），每当翻读到此文，怀旧之情，油然而生。如果当初没有守俨的具体帮助，又怎能在两天之内成文？

最使我魂牵梦萦至今难忘的是守俨对拙著《近三百年人物年谱知见录》的关注。《近三百年人物年谱知见录》是我从五十年代初至六十年代初历时十余年撰成的潜心之作。"文革"时成稿遭抄没焚烧，七十年代末，我又据草稿重撰此书。事为守俨所知，曾在一次相晤时说，希望这书由中华出。当时随意一说，彼此都未太经意。书成以后我亦没有去找守俨，怕给他增加麻烦。有一次，南开同事老友汤纲在回上海老家探亲前来看我，看到此稿尚待字闺中，便表示他和上海人民出版社的几位负责人都是复旦同学，有七八成把握。于是把稿拿走。不久汤纲兄假满回校，告知稿件已被上海人民出版社接受，并将很快安排出版。等书出版后我送书给守俨，他立即表示后悔从他手里把这部书漏走，我亦检讨了自己的不够主动。守俨更热诚地向我约定如果该书增订的话，一定要在中华出。我颇受感动而答应下来，可惜直到如今，我被公私事务烦扰而未着手增订，深负守俨的期望。设能天假我年，我当尽力增订完成，以慰亡友关爱之情。守俨由于具有较深厚的学术功底，所以，对书稿学术价值的鉴别，对学人们学术生活的关注，对出版图书的高层次要求，等等，都无愧于是一位出色的学者型出版家。他谢世后，我就写了这几件事以作悼念，但难以发表。感谢中华书局局庆征文使我有机会抒发对亡友的缅怀之情。

我与中华第二位相识者是傅璇琮先生,他当时似乎是文史编辑室主任。八十年代初,他正在组织一套《中华史学丛书》,或许因为我是余嘉锡先生的学生,曾涉足于目录学领域,所以在素不相识的情况下,约我写一部有关目录学的书,加盟于《中华史学丛书》。这种约稿在出版界应说是难得之举。因为我在"文革"时曾贬放乡居四年,耕余时就写有一部《古典目录学浅说》,所以稍加整理修订,便如约交稿,由他和崔文印先生审读,提出修改意见,并建议我更广泛地征求一下意见。我即将正在讲授该课的油印本讲义分送顾廷龙、傅振伦、朱泽吉诸先生审定,得到他们的指正。经过再一次的修订,很快地于1981年出书,成为古典目录学领域中较早的一部系统性较强的目录学专著,也进一步推进我对古典目录学的钻研。多年以后,傅璇琮先生以著名的唐史专家担任书局的副总编辑,又是全国古委会的秘书长,是一位声名显赫的学者型编辑家,但并未遗忘早年的旧友。后来他主编的《中国图书通史》问世后,他还亲自以电话相邀,为该书撰写评论,成为少数几位评论者之一。他依然是当年那副谦抑的态度,未失书生本色。

我与中华人交往最多的是崔文印先生。从他参与《古典目录学浅说》的审稿以来,我们就开始学术上的商榷。他不仅为《古典目录学浅说》写过一篇很实实在在的书评发表在《读书》上,给我以很大的鼓励;而且建议我以此书为基础,撰写一部《古典目录学》,作为大学教材,我亦久有此意,于是把《古典目录学浅说》的第一、二、四章作为《古典目录学》一书的基础,增订补充为七章,于1987年写定,并经国家教委列入"七五"教材规划的项目之一。《浅说》中的第三章《古典目录学的相关学科》按文印的意见砍掉,另成一书,后来我即以第三章为起点改写成《古籍整理散论》于1994年由书目文献出版社出版,这也当归功于文印。1988年,《古典目录学》经国家教委高教一司组织有关专家审定通过后,交中华书局出版,而责编恰恰正是文印,更增加了我们接触的机会。我们多次在文印的编辑室交谈修改意见和出版事宜。虽时有争论,但终归一致。1991年,《古典目录学》问世,成为全国高校图书馆学系、历史系和中文系的惟一教材。我们在审定《古典目录学》的过程中,有时还谈些各自的学术研究,有一次我和文印谈到我正在恢复在"文革"中遭劫的《清人笔记随录》一稿时,与文印同一编辑室的何英芳女士对此突发兴趣,非要看样稿,并给我一大捆中华书局用来出版繁体书的直行繁体稿纸。我用这种稿纸写了四十多篇提要性的随录,何女士即退休，我亦疏懒而中辍，至今尚存有一束直行繁体字稿，也深感欠了中华一笔账。《古典目录学》出版后，我和文印的交谊未断，我每到北京，总要到文印处坐坐，因为他失聪，所以常常头顶头似的在他耳边大声说话。他为人诚朴，有什么说什么，我们都专攻文献学，所以这方面谈得较多。后来文印伉俪出版了《中国历史文献学史述要》，我为之写了一篇书评；我在上海出版了《中国近代图书事业史》，文印也为我写了一篇书评，互有怜惜，决无吹捧。他多次表示想在退休前当《近三百年人物年谱知见录》的责编，而我一直没有成稿，至今引为憾事。

我与中华书局还有许多人和事值得写，如骈宇骞先生与我共编《中国地方史志论丛》，陈抗生先生帮助我完成《史记选》的注释工作，刘德麟、陈铮二先生与我共同完成新编《林则徐全集》奏稿部分的审稿工作，为张世林、沈锡麟二先生主持的《书品》写稿，等等，真非三言两语所能尽，因征文字数有限，歉难一一详述。

我和中华书局近半个世纪的交往应说是有过不少人与事的联系，渐渐对中华书局有一种总体认识。中华在上个世纪确实对社会的文化建设有其重要的贡献：它向社会呈献了大量为人们所公认有学术价值的优秀著述和读物，对作者的学术生活给予了帮助与推动，使学者的学术成果得以公诸于世而无名山之憾，同时更培养了一批学者型的编辑家和出版家。这些成绩或许能得到学术界的共识。在中华书局九十华诞之际，我以一个曾是长期的读者和作者的身份，祝愿中华书局开拓创新，传承文明，为中国出版事业树一典型。

二〇〇一年十月下旬写于南开大学邃谷

原载于《人物》2002年第2期

鲍延毅与《死雅》

上世纪七十年代末，我刚落实政策不久，我的一位老学生胡校就邀我到他任职的枣庄师范去讲学，也包含着让我散散心的安慰之情，这是我第一次堂而皇之出外讲学，也是我第一次接受软卧车厢的礼遇。到校以后，胡校首先介绍他的挚友、主持中文系工作的鲍延毅教授。这是我和鲍教授缔交之始。鲍教授质朴憨厚，接谈之下，深为他的博学多闻所动。他是一位沉潜文史的儒者，在我停留枣庄的几天内，我们三人朝夕相处，所谈都是学问中事。分别以后，我们有过几次书信往来。后来胡校英年早逝，我们的交往较少。

1991年初夏，鲍教授和曲阜师大赵传仁教授惠临寒舍，邀我为他们编纂的《中国古今书名释义辞典》写序，我为他们写了较长的一篇序。1992年该书出版后，得到社会的好评。本世纪初，鲍教授和赵传仁教授再次光临寒舍，为了修订再版《中国书名释义大辞典》来征询我的意见。这次我们作了较长时间的交谈，我谈了修改增订的浅见。同时鲍教授似乎谈到已大致完成一部关于死的辞书，可是没有引起我的注意。今年岁末，我收到新版《中国书名释义大辞典》的样书，并承赵传仁教授告知，鲍教授已于三年前逝世，留下了一部名为《死雅》的大型辞书。赵教授还说已请鲍教授的家属寄赠我一部。

很快，我收到鲍教授之子鲍成城君寄来《死雅》一书，睹物思人，令我愧疚与惊讶。愧疚的是故人的长期卧病与逝世，我了无所闻，未获慰问和吊死唁生，实为有负相知之情而难以自解。惊讶的是，他以二十六年的时间独立完成有关死的同义、近义辞的专门辞典，达150余万字，虽生前未能问世，但终于在身后三年正式出版，是鲍教授对学术至诚的社会回报，也使我得到一次自赎的机会。我难以抑制思潮的起伏，含悲通读了这部遗作，并为这部惊世的巨作，写一点读后感受。

　　"死"是人人不可避免的归宿，也是人人忌讳触及的字眼。鲍教授在前辈学人刘半农拟编《打雅》的启示下，在十年动乱刚刚过去不久，就毅然摆脱俗见，倾全力于《死雅》的编纂工作。不难想像，在漫长的二十六年学术历程中，鲍教授以焚膏继晷的辛劳，顶着"惊世骇俗"的风险，终于编成一部前所未有的奇书。他从二千多部经、史、子、集、说部、杂著中，搜寻例证，归纳为10494条。每一条目下有多条诠释，每一诠释均举有例证，而每一例证均有文献根据，其收集之富，实为罕见。如"一"字条下，即收有"一了百了"、"一旦捐躯"、"一时毙命"、"一命归西"、"一命呜呼"、"一将功成万骨枯"、"一腔热血染黄沙"等267条。又如在"死"字条目下有四种解释：一是"失去生命"，举《书经》、《汉书·郊祀志》、唐柳宗元《捕蛇者说》、李商隐《无题》诗、鲁迅《且介亭杂文末编·死》为例。二是古代用于称年少者、庶民或下级官员的死亡，举《周礼·天官·疾医》郑注、《礼记·曲礼下·檀弓》及《新唐书·百官志》为例。三是杀死、被杀，举《左传·成公十一年》、《汉书·韩王信传》及杨树达《汉文文言修辞学》为例。四是为某事或某人牺牲生命，举《荀子·大略》、《史记·陈涉世家》、《陶潜咏荆轲》及《型世言》第一回为例。由此可见，这是一部翔实有据的语言工具书。不仅如此，这部书在诠释和例证中，往往对生死观念作了某些富有哲理性的阐释，如"并命"条，诠释有二义：一是相从而死，举《颜氏家训·兄弟》、《后汉书·公孙瓒传》、《晋书·卞壸传》、《太真外传》二、宋刘斧《青琐高议》后集卷二为例。二是犹舍命捐生，举《后汉书·西羌传》、《资治通鉴·魏元帝景元元年》、清陈康祺《郎潜纪闻》卷七。这些例证都教育人们如何对待生死的正确观念。正如已故语言学家、南开大学教授邢公畹先生为本书所写序言中所说："它不但可以提供大量科学研究的材料，可以增长很多有用的文化知识，而且它处处向人们提示生的价值。"

　　这是对《死雅》一书公允而确切的评价。我愿在对故人迟到的悼念中，诚挚地希望有更多的人能不忘作者二十余年的辛劳，读一读此书，都能够从书中收益，并以此告慰作者于地下。

原载于《天津老年时报》2008年1月11日

悼曹禺

1996年似乎是文曲星蒙难的一年，好几位文坛大家端木蕻良、徐迟和曹禺诸先生都相继以高年谢世。他们用毕生精力所从事的启迪民智、嘉惠后学的工作，对社会、民族和国家作出了应有的贡献，他们的业绩值得后人怀念。其中令我不能忘怀的是我与曹禺先生的交往。

我最早知道曹禺先生是在中学时读过《雷雨》之后，接着又观赏过唐槐秋剧团演出的《日出》，饰演陈白露的唐若青演得非常出色，特别是那最后的几句台词："太阳升起来了，黑暗留在后面，但是太阳不是我们的，我们要睡了。"这几句话是作者的点题之笔。当时我还年轻，虽然不能完全领会其深远的含义，但已感到是意有所指的笔墨。后来我又读过《原野》，对曹禺的这三部曲才有点连为一气的认识：这三部作品是作者按思想发展的正常轨迹逐步升华而后写成的。曹禺先生自己也是这样认为的。他说："对一个普通的专业剧团来说，演《雷雨》会获得成功，演《日出》会轰动，演《原野》会失败，因为太难演了。"这三个长期保留节目的确是曹禺先生的传世之作。

我和曹禺先生的正式接触是1985年秋。那年曹禺先生七十五岁，也是从事话剧活动六十年的时候，南开大学以其母校的身份，筹备一次纪念性的活动。我因职务的关系，参与了纪念会的筹划与主持工作，所以与其有过多次交往。那年，曹禺先生身体健康，精神饱满，也很健谈。在曹禺先生到津的那天，我陪滕维藻校长一起去宾馆探望他，虽然我和滕校长都比他年龄小，但他仍以母校老师之礼相待，婉谢了许多来访者，谦逊而热情地谈了几乎一个晚上，并合拍了一张照片留作纪念。

在酝酿和筹划纪念会期间，我为了在纪念会上发言，特别重读了他的多部主要剧作（除三部曲外还有《北京人》、《明朗的天》、《胆剑篇》和《王昭君》

等）和有关专著论文，使我对曹禺先生有了更进一步的认识。他读书范围很广。他八岁阅读红楼后，又相继读了水浒、三国、西厢、镜花缘、聊斋和老残游记等古典文学名著，以及春秋、左传、史记等史学名著和鲁迅、李大钊等人的文学作品。他也还涉猎了西方哲学大师柏拉图、叔本华、尼采的哲学著作，以及文学巨匠莎士比亚、莫泊桑、易卜生、果戈理和契诃夫等人的文学作品。他积累了深厚的学识和思想资料，也丰富了创作源泉和语言活力。他比较多地观览了京戏、北昆、评戏、曲艺、评弹和文明戏等等，以吸取戏剧创作的方法和经验。他还善于观察现实生活中的复杂事物，更注意从下层社会去捕捉和储存创作素材。正是这些丰富优秀的历史遗产和千姿百态的现实生活素材，使他在六十年的戏剧活动中驰骋自如，横戈剧坛。我在发言稿的结尾处大胆地写下了一段概括性的话，说他"以爱国、爱民族、爱人民的心，以忠实于艺术和生活的态度，以勤奋不懈的精力，流着自己的心血创作了若干剧作，为人民作出了卓越贡献"。这决不是我对曹禺先生的评论，而只能算作一种感想，因为只有经过深入研究后的人才有可能作出恰如其分的评论。

在这次纪念活动中曾经举行过不同类型的讨论会和座谈会，每次会上，曹禺先生都兴致很高，极其平易地谈问题，勉励大学生勤奋上进，感谢母校对他的关怀，对这次纪念活动表示满意。他还观赏了天津人艺特为纪念会排练演出的《雷雨》。当时曹禺先生已是七十五岁高龄的老人，虽有他的女儿万方陪伴在侧，但他步履矫健，精神矍铄，思维敏捷，似乎并不需要他人的扶助。

他在会议期间，还为我写了李白"朝辞白帝彩云间……"一诗的立轴，并且与我谈了关于林则徐的评论问题。他说曾看过我1981年出版的《林则徐年谱》，鼓励我再有所补充。那时我的《林则徐年谱》增订本已经正式出版，但样书尚未寄到，难以相赠请教。曹禺先生对又增补十余万字的增订本很感兴趣，希望我能送他一本，并特意留下家里的地址。我很感谢这位老校友的鼓励。10月间，我收到了增订本的精装样书，当即按址寄上一册。隔了一段时间才收到回信。原来他去四川开会，一回来就写了复函，口吻亲切随意，不像某些"大作家"的造作。信中写道：

新夏教授同志：

在津诸承厚遇，衷心铭感。忽得手书，赐赠大作《林则徐年谱》，拜读之余，深获教益。先生致学态度谨严，内容丰富，文章自成一格，培植后学，定起作用。

林则徐是我国近百年来忠勇的爱国者，一生耿直，均见于先生之年谱，当常致身边，砥砺自己。

教授精神异常饱满，日后必更有佳作。

近日赴渝参加重庆雾季艺术节，归来始获大札，迟复，想不见怪也。

专此深致谢忱

敬请

著安

曹禺

一九八五、十、廿七

此同时，他还寄来了由四川文艺出版社出版的《曹禺戏曲集》中的几部剧作，如《日出》、《明朗的天》等，都郑重地签上了上下款。曹禺先生所写的立轴、信函和签名赠书都是我所珍藏的藏品。曹禺先生虽若巨星之陨落，但其余响犹存人间，睹物思人，得不黯然。而我的《林则徐年谱新编》经十年经营，较之增订本又益二十余万言，已付剞劂，惜已难面呈曹老，亲聆教言。迨成书之日，定当焚书一册，祈林、曹二公于天上共鉴之。走笔至此，不禁泫然而情难自已！

原载于《文史精华》1997年第6期

曹禺生平及其剧作[*]

今年是曹禺同志的七十五岁寿辰，也是他从事戏剧活动的六十周年，我们在中国话剧北方发源地天津、曹禺同志的母校南开大学进行纪念活动是有其特殊意义的。

曹禺同志原名万家宝，字小石，湖北潜江人。在辛亥革命前夜的1910年9月24日出生于天津一家渐趋没落的封建官僚家庭。辛亥革命虽然宣告了二千多年封建专制主义的灭亡，但是，旧的传统思想并不能戛然而止。它与辛亥革命后传播的新思想纠缠胶结所形成的矛盾现实，使曹禺同志在幼年时期就感受到错综复杂的社会气息。青年时代的曹禺同志求学于资本主义气息比较浓厚的南开中学、大学和清华大学，使他在继承东方文化的同时又接触到西方文化，丰富了学识，开拓了视野。

曹禺同志从少年起就是一位博览勤学的知识追求者。他八岁阅读红楼，又相继读了水浒、三国、西厢、镜花缘、聊斋志异和老残游记等古典文学名著，春秋、左传、史记等古代史学名著和鲁迅、李大钊、郭沫若等文学先驱的作品。同时，曹禺同志又涉猎西方哲学大师柏拉图、叔本华、尼采的哲学著作，文学巨匠莎士比亚、莫泊桑、易卜生、果戈理、契诃夫等的文学作品。这种广泛涉猎不仅为曹禺同志积累了学识和思想资料，也丰富了他的创作源泉和语言活力。

曹禺同志不但刻苦学习书本知识，他还在实际生活中吮吸养料。他比较多地观览各种民族戏曲，如京戏、北昆、评戏、曲艺、评弹和文明戏等等，从中吸取戏剧创作的方法和经验。曹禺同志还善于观察现实生活中的复杂事物，并注意从下层社会去捕捉和储存创作素材。

正是这些丰富优秀的历史遗产和千姿百态的现实生活素材造就了我们时代这位

---

[*] 1985年10月在"庆祝曹禺七十五岁寿辰暨从事戏剧活动六十周年学术讨论会"上的发言。

富有才华、卓著声名的剧作家，使他在六十年的戏剧活动中驰骋自如，横戈剧坛。

曹禺同志对戏剧道路的选择是较早定向的。他从十五岁参加南开新剧团从事戏剧活动始，迄今整整六十年，无论是演出、创作、教学和艺术领导工作都勤奋不懈，孜孜以求，把自己的全部精力贡献于民族戏剧事业，为中华民族文化甚至世界文化的宝库增添了若干光彩夺目的瑰宝，为人民的生活增加了高尚的精神享受，而尤其值得钦敬的是曹禺同志在其人生道路上不断前进，不断追求的执著精神。这在同龄人中是旗帜，在后学中是楷模。

曹禺同志以其才智学识向人民贡献了优秀的精神财富。他早在三十年代仅仅二十三岁的英年，即以其生花之笔，发抒胸臆，创作《雷雨》，这是曹禺同志的最早剧作，也是奠定曹禺同志剧作家地位的传世名作。《雷雨》之作，虽有种种解释推测，但最好的注释应是曹禺同志的自述，这剧是"一种迫切的情感的郁积"。这个剧本是经过五年构思半年写成的力作。当刊出以后，不仅国内有不同剧种的演出，而且在国外也有译本和演出，一时呈现盛况，如在日本，不仅有第一个译本和日语演出，还有汉语演出。这出戏吸引了国内外的老幼妇孺，无怪当时有人称该剧风靡一时的年代为"雷雨时代"。《雷雨》之所以如此，主要是由于作者"懂得观众，了解观众"，"是在写一首诗"。作者把握了剧作的"生命在于演出"这一诀窍，这正是他所写各剧能拥有广大观众的奥妙所在。

继《雷雨》之后的《日出》是曹禺同志的第二出名剧。《日出》虽写定于抗战前夕的1936年，但它的创意却早在1935年3月间。那时有一位才华横溢的女演员阮玲玉因为"人言可畏"而服毒自杀。这一事件激起了曹禺同志的极大愤慨，据说这就是他创作《日出》的一个诱因。《日出》的主题是曹禺同志胸中郁结已久的几句话："太阳升起来了，黑暗留在后面，但是太阳不是我们的，我们要睡了。"据此，曹禺同志从上层社会写到下层的最可怜的人。尽管作者当时对某些社会论题还说不清楚，但正因如此，他的这部作品才不是从理性上接受某种道理去写，而是多少年生活感受和思想感情的积累，使他流着心血去写成的。曹禺同志忠实于艺术、忠实于观众，力求再现社会于舞台。他深入社会底层，冒着非议和侮辱，在半夜去贫民区久候两个吸毒醒觊的乞丐学数来宝。他到土膏店去与黑三一类人物交朋友。社会上的种种腐恶、败坏、贫富不均现象激起他的愤慨与不平。他要挖掉腐肉，生殖新的细胞，他要昭示冬天已经过去，而转换成充满欢笑的春日。终于他以最高昂的激情，以最快的速度赶写出《日出》，边写边发表。作者把剧中的人物和事件像"无数的砂砾积成一座山丘"那样，痛快淋漓地揭露了那种"损不足以奉有余"的社会。《日出》的问世使他获得了极大的声誉，1937年5月，即在卢沟桥事变的前夜，这个剧本获《大公报》的文艺奖，负责审查的叶圣陶、巴金和靳以等著名作家对此作出了高度的评价说：

> 他由我们这腐烂的社会层里雕塑出那么些有血有肉的人物，责贬继之以抚爱，真像我们这时代突然来了一位摄魂者。在题材的选择，剧情的支配以及背景的运用上，都显示着他浩大的气魄。这一切都因为他是一位自觉的艺术者，不尚热闹，却精于调遣，能够透视舞台效果。

《原野》是继《雷雨》、《日出》之后被称为曹禺剧作三部曲的第三部剧作。剧中的主人翁虽然是有一颗火一样复仇心的仇虎，但全剧不是一部以复仇为主题的作品，而是要暴露受尽封建压迫的农民的一生和逐渐觉醒。如果说前二部作品揭露性强，那么《原野》就在向思想深处掘进。剧作者自己也不十分明确地认识到这种发展，曹禺同志曾对这三个剧本自我评述说："对一个普通的专业剧团来说，演《雷雨》会获得成功，演《日出》会轰动，演《原野》会失败，因为太难演了。"

如果说，《雷雨》、《日出》和《原野》是作者按思想发展的正常轨迹在逐步升华而写成的作品，那么《北京人》的跨度显然比较大。《北京人》是作者1940年深秋寄居江安时在"感到时代的苦闷，也憧憬着时代的未来"心情下写成的。作者认为这是一部"恶有恶报，善有善终"的喜剧，虽然剧本的情调带着一种时代的低沉，但却是作者思想开阔的体现，曹禺同志的思想已经"不仅仅是停留在憧憬里，而且看到了和懂得了北方为着幸福生活斗争的人们"。《北京人》表达了"充满生命力的古代人类向自然所作的斗争，对光明的现实斗争充满了希望"的意境，因而当它于1941年10月24日在重庆公演时，《新华日报》的演出广告中刊出了恰如其分的公正评论，说此剧"对古旧衰老的社会唱出最后的挽歌"，"从行将毁灭的废墟绘出新生的光明"。时隔不久，诗人柳亚子于12月3日在《新华日报》发表诗评说：

> 旧社会，已崩溃；新世界，要起来！只有你，伟大的北京人呀！继承着祖宗的光荣，迎展着时代的未来。

这些评论说明作者思想的飞跃。

全国解放为作者开辟了新的剧作源泉，他在革命与建设的实践中，寻求崭新的题材。五十年代，创作了以协和医学院为背景，以知识分子思想改造为主题的剧本《明朗的天》。那一段时期，他的创作激情汹涌澎湃，他曾对一些大学生说："无论什么时候，中国人民从来没有像今天这样光明地有信心表现出他自己神话似的力量。"充分显示了一位正直剧作家的坚贞信念。六十年代的《胆剑篇》是以卧薪尝胆的历史题材，教育人民如何度过外逼内困的艰苦年代。七十年代，在人妖颠倒的阴云过去不久，曹禺同志就实现了周总理的遗愿，以十余年积累之功，完成了《王昭君》一剧的创作。他用这个题材歌颂我国各民族的团结和民族之间的文化交流。作者自称以此剧"献给祖国国庆三十周年，并且用它来纪念我们敬爱的周总理"。对王昭君这个历史人物，董必武同志有一首名诗评说：

> 昭君自有千秋在，胡汉和亲识见高。
> 词客各抒胸臆懑，舞文弄墨总徒劳。

这是董老对以往不公允论断的评述，曹禺同志的这部剧作却不是徒劳，而是为昭君著劳，正如吴祖光同志诗作所云：

> 巧妇能为无米炊，万家宝笔有惊雷。
> 从今不许昭君怨，一路春风到北陲。

曹禺同志除了写过上述各剧外，还有许多各具特色的改编与创作的剧作。我虽然不是专业戏剧工作者，但也厕身于业余爱好者之列，曾经读过一些曹禺的作品。我限于艺术修养与生活经验的不足，尚未能深刻理解剧作的真谛，但还是有一定感受的。

首先，曹禺同志具有一颗热爱民族和国家的丹心。当国家和民族遭到危难时，他总是挺身而出，旗帜鲜明。1933年长城抗日，他和青年学生一道亲赴前线慰问并参加救护工作。卢沟桥事变发生，他忧心如焚，义愤填膺。大声疾呼："血债要用血来还，这仇是一定要报的。"他对民族文化有深厚的感情，易卜生是他欣赏的西方作家，他研读易卜生全集，虽然认为其创作方法、人物塑造有许多可取之点，但他真正感到"无论如何不能使我像读五四时期的作品一样的喜欢"。他公开申明："写作要从本国本民族出发，而不是以写给外国人看的态度写作。"

其次，曹禺同志同情人民，特别是下层人民。他从幼年时期就以赤子之心悲天悯人。1916年天津水灾，七岁的曹禺目睹灾民的惨相而萌发了同情之心。次年，随父去宣化，看到军法官拷打被诬为土匪的农民，他"可怜那些打得血肉模糊的农民，用皮鞭打脊背，那是很残酷的。"他当时恨透了那个军法官。1932年，他二十三岁，正是军阀混战激烈的年代，他利用暑假到太原、张家口、包头、百灵庙一带旅行，在太原亲眼目睹了妓女的悲惨生活而使心中充满幽愤，在内蒙古草原上又感受到下层人民内心的善良和生活的痛苦。他青年时代读了《林肯传》而钦敬林肯为解放奴隶终生奋斗的伟大精神，这正是曹禺同志能够写出《日出》那些受压迫与被凌辱的小人物群而动人肺腑的源泉所在。解放后，他由同情人民而发展为与人民一体的境界，他在一次会上曾作出这样的誓词："谁能替老百姓做事，谁就能在新中国组织里存在。"曹禺以自己的艺术实践实现了自己的誓言。

第三，曹禺同志真心诚意地忠于艺术，忠于实践。他提出剧作家要熟悉舞台的要求说："一个剧作家应该熟悉舞台，优秀的地方戏曲都是熟悉舞台的人写的，我们要像一个有经验的演员一样，知道每一句台词的作用。没有敏锐的舞台感觉是很难写出好剧本的。"他要求剧作者摆脱案头文学走向舞台实践。他尊重观众，主张要从观众眼里看出什么是紧凑、简洁、震撼人心。看戏读书切忌"浅尝辄止"。他明确地剖析了艺术与生活的必然联系说：

> 创作剧本必须要"真知道"才行，而要达到"真知道"的境界，就必须在深入生活的过程中不断进行体验和思索。
>
> 离开了对生活斗争的观察和体验，分析是得不到的。……剧本之所以不动人，根源就在于缺乏扎实的生活基础。
>
> 作者必须走自己的创作道路，善于向生活学习，老老实实地学习。

曹禺同志为了忠实于艺术还为自己规定了三不写，即：

> 言不由衷的话不写；不熟悉的生活不要写；熟悉的生活还没找出你所相信的道理来的，也不要写。

他总结了在艺术道路上"少—多—少"的发展轨迹。

总之，曹禺同志以爱国、爱民族、爱人民的心，以忠实于艺术和生活的态度，以勤奋不懈的精力，流着自己的心血创作了若干剧作，为人民作出了卓越贡献。正因如此，我们要集会评论他的贡献与成就，并以此祝贺他健康长寿。

原载于《曹禺戏剧研究集刊》　南开学报编辑部编　南开大学出版社1987年版

怀穆旦

.

我较早地读过穆旦的诗,但我不知道穆旦就是查良铮;我认识查良铮是五十年代前期他由美国回到南开大学任教时,但也不知道查良铮就是穆旦。因为他的夫人周与良和我是辅仁大学同年级的同学,她读生物系,我读历史系,彼此的距离很容易拉近。直到"文化大革命",我们同为"棚友",结成"一对黑",共同承担刷洗游泳池的劳动。休息时蹲在墙脚旁聊家常,我才把查良铮和穆旦合而为一,并更了解他的家世、事业和性格。

穆旦出身于浙江海宁查氏名门,三十年代已有诗名,四十年代远涉重洋,赴美留学,五十年代回南开大学任教,不久就步入不断坎坷的岁月。他虽身处逆境,但一直孜孜于他所喜爱的翻译事业。可惜,他以将及下寿之年,便带着一丝才犹未尽的憾意离开了尘世。但是,他和历代生前失落的文人毫无二致地得到身后名。特别是近几年,穆旦和他的诗日益为人所注目,也有人写有关穆旦的文章,穆旦的诗集和译著也相继出版,甚至在世纪文学的排行榜上也列在前面。这不能不引起我去读一些有关他的文章,其中以谈穆旦的生平和评价其诗和译著为主,对研究穆旦的诗和译著颇有参考价值;但总让我感到把穆旦的生平写得一帆风顺而不写坎坷一生,显然有点对不起穆旦似的。最近,我又读到一篇写穆旦生平的长文,文章写得较全面,也流畅可读,不过对穆旦一生中所遭遇到的噩梦却一笔带过。我认识这位作者,曾当面问过,作者表示不愿再触及穆旦的不幸,用心固然良善,但却把穆旦的人生历程割掉一半。幸亏有《穆旦诗全集》的编者李方为穆旦编写了一份年谱简编,比较完整地记述了穆旦的一生,而某些厄运细节仍未见详述。穆旦所遭的厄运,我都亲眼目睹,尤其是"文化大革命"中某一时期的遭遇则我是唯一的见证人。为了让穆旦的人生能有比较完整的记述,后死者应该担负起这种追忆的责任。

穆旦是1953年到南开大学外文系任副教授的，第二年底，在一次有关《红楼梦》的讨论会上，有些人的过激发言冒犯了当时的领导人，穆旦虽未发言，但因穆旦和那几个发言人过从较密，加以领导人的心胸狭隘，不容"异类"，竟以"准备发言"的罪名，被罗织进"反党小集团"。这就是所谓的"外文系事件"，在校园里曾引起过震动。从此同事们的私下交往明显地减少，说话也多慎于言，而穆旦参加"远征军"的"历史问题"则因此受到追查。以后两年，穆旦背着历史包袱灰溜溜地生活，但并没有挫伤他的意志。他更勤奋地全身心投入到译著工作，翻译出版了普希金《加甫利颂》和《欧根·奥涅金》（重译本）、《拜伦抒情诗选》、季莫菲耶夫的《文学原理》等著名作品，穆旦似乎更习惯于默默无声地笔耕不辍。但是这样苟安平静的生活也难维持下去，他虽然艰难地逃脱反右的厄运，但是，1958年底却被投入更痛苦的深渊。当时对一些有历史问题的人，较多的是受到"内控"，只有极少数人是被法院明定的，穆旦便是正式由法院宣布为"历史反革命"和"接受机关管制"的一人，剥夺了他的教书权利，发交南开大学图书馆监督劳动。直到1962年解除管制，他继续在图书馆"监督使用"，做整理图书，抄录卡片和清洁卫生等杂役工作，并在工余时间翻译拜伦的代表作《唐璜》，一连做到他离开了人世。穆旦在这十几年的艰难日子里，忍受着心神交疲的煎熬，仍然写出《葬歌》那样的长诗，真诚地抒写"我们知识分子决心改造思想与旧我决裂"的热望。他没有任何怨悔，没有"不才明主弃"的咏叹。穆旦只是尽自己爱国的心力，做有益于祖国和人民的事，他代表了中国真正知识分子坚韧不移的性格。

"文化大革命"一开始，我和穆旦都是南开大学"牛棚"第一期的学员。开始"牛鬼蛇神"在一个队专门打扫校园的街道和厕所，因为人数多杂，休息时蹲坐在地上，彼此不知底细，说的大多是天气如何，以莫谈国事为主旋律。我是说话较多的一人，而穆旦则常常一言不发，看着别人说话，神情忧郁寡欢，可能他想着自己还背着"法定"的历史包袱而非常小心谨慎。他只对我说过一句话，悄悄地嘱咐我少说话。果然，不幸而言中，我在不经意的说话中流露出不满被别人打了小报告，在班前会上受到认罪态度不好的批判。不久，我和穆旦被分配去清洗打扫游泳池，因为只有二人，而且在游泳池开放时能有较多的空隙，所以交谈的机会也多，也谈过他的诗和译作。后来当我读到他的全集时，那种才华横溢的诗才与他在游泳池劳动相处时的形象怎么也合不起来。他有诗人的气质，但绝无所谓诗人的习气。他像一位朴实无华的小职员，一位读过许多书的恂恂寒儒，也许这是十来年磨练出来的"敛才就范"。穆旦的劳动态度很认真，而我总有抵触情绪，不时被革命群众斥责，穆旦常开导我，这是为群众劳动，不是怕谁，我就学他的样子做，免去了很多无谓的羞辱。1970年，我被下放到津郊插队，才与穆旦分手，后来听说穆旦被送到南郊大苏庄农场劳动。四年以后，我被召回，可是寒冷的天气尚未过去，人际关系也没有解冻，人们碰面时的最大交往限度是颔首微笑，相对无语，以免别生枝节。我和穆旦有几次也就这样地擦身而过。1976年初，穆旦摔伤后，曾在路上相晤，仅仅互致问候而已。1977年初，穆旦过完了新旧两个年，带着沉重的历史包袱，含恨离开了他一直眷恋的祖国和人民。又隔了一年，才由南开大学宣布"查良铮的历史身份不应以反革命论处"，1980年经有关部门复查，纠正了1958年的错判，恢复他副教授职称，但是，这个决定于第二年11月间才正式宣布。错误决定何其速，而纠正错误又何其缓？！

　　穆旦走了二十多年，也许是命运的巧合，穆旦从回国到逝世也是二十多年。他生前的二十几年，几乎没有一天舒心日子，主观的向往和客观的反馈，反差太大，不论做什么样的诠释，穆旦终归是一个悲剧人物，这不仅是穆旦，其他人也有些类似情况，但都没有穆旦那么沉重，那么透不过气来。穆旦生前万万没有想到他的身后却赢来无穷的赞誉和光荣：他的名字和诗作不仅在老一辈人中，也在青年中流传；他的成就得到了公允的评论，著名评论家谢冕所写的《一颗星亮在天边》是一篇充实而精辟的作品；他的诗作由李方编为《穆旦诗全集》，列入《二十世纪桂冠诗丛》中；他的妻子周与良不像朱生豪的妻子，把朱译莎集在墓前焚祭那样，而是更妥善地把查译《唐璜》置于墓中，长伴穆旦。所有这些身后哀荣，确能还人间以公道，给有过类似遭遇的生者以激励，对其妻子儿女和亲友以极大的安慰。对于穆旦，则用世间的通用语汇应该是"含笑九泉"了；但这句话是活着的人对亡者的祝福，实际上身后名不如生前一杯酒。穆旦生前喝的则是满满一杯苦涩的酒，穆旦喝尽的苦酒给生者带来了许多理不清的思考。真正希望穆旦喝尽了苦涩的酒，把一切不该发生的悲剧一古脑儿担走，让许许多多颗星在天边熠熠发光地亮起来！

原载于《中华读书报》1999年12月22日

顾老为我写书序

——纪念顾廷龙先生百年诞辰

一本书的序应是全书主旨所在，所以一位严肃的作者都会非常认真写一篇自序；但求名人写序，往往由于名人一般来说比较繁忙，既难通读原作全书，撮其指要，写一篇导读性的序言，又因情不可却而匆忙着笔，因而精彩之作的比重不大，多为应酬文字，所以我写了几十本书，只有两本书请人写序。一位是中国近现代史专家、中国社科院近代史所研究员，与我情同手足的孙思白教授。他为我的《北洋军阀史稿》写了一篇较长的序，他不仅认真通读了《北洋军阀史稿》原稿全文，而且还读了我在此稿前二十多年的著述《北洋军阀史略》，两相比读，提出了新著比旧作长进了多少，也指出我还应该注意哪些，比我的自序深刻得多，使我非常感动。另一位是我的前辈顾廷龙先生。顾老是学术界耆年硕德的长者，他博涉群籍，精于鉴赏版本，娴熟文献掌故，是备受学人尊敬的著名学者。他曾应请为我的《古典目录学》写了序。

我是先读顾老的文章，很久以后才拜识顾老的。在上世纪三四十年代，我还在读高中时，就在《大公报》、《益世报》的文史副刊上读到过顾老的文章，约摸记得，有的文章署名"起潜"，我曾问过人才知道这是顾老的字。后来也在某些场所见到过顾老浑厚凝重的书法作品。对顾老可以说心仪已久。但又经过长长的四十多年，我才有幸于1981年中国图书馆学会成立大会上，面承春风，亲聆教言。顾老为人谦和慈祥，他对待后学总是笑盈盈地操着苏州官话与你娓娓论道，从无居高临下之气，令人敬慕不已。尤其是谈到版本目录之学，更是有问必答，倾囊相授。当时我正在撰写古典目录学专著，所以请教了许多问题，都一一受到指点。次年在天津的地方志会议上，顾老再度莅会，我在晋谒顾老时，提出请顾老为我的书斋题写"邃谷"二字，顾老欣然俯允，隔不多久，顾老就把篆体横幅"邃谷"两字寄给我。我兴奋激动地凝视许久许久，立即送往装裱，至今二十余年，犹高悬在我书斋的墙壁上。时时联想顾老当年的谆谆教诲。

1986年，我依据国家教委"七五"教材规划的要求，在旧作《古典目录学浅说》的基础上，重新撰写《古典目录学》（高等学校文科教材）。经过一年多的努力，于1987年秋正式写定，并油印成册，分送有关专家审定，广泛征求意见。顾老处也呈送一册，并附函请顾老赐序。不到半年时间，顾老不仅通读了二十余万字的油印稿，指出了若干应加补正的地方，还附来一篇亲笔写的《古典目录学叙》。这是一篇非常值得一读的序，故特录之于次：

> 中国目录之学，源远流长，自刘氏父子创为《别录》、《七略》以来，代有发展。在封建社会长期形成的经、史、子、集四部分类，成为传统目录学的主流。迄于晚清，新学渐兴，学科繁多，著作体裁，亦放异彩，加之西方图书分类法的介绍与影响，遂有近代目录学之兴起。

> 然而历史不能割断，传统目录学在今天仍有其重要的借鉴作用；学者若从事我国古典文献的整理研究，更有必要掌握其基本理论与方法以及这门学科的历史。来新夏先生有见及此，在总结前人研究成果的基础上，独抒己见，撰为专著，名曰《古典目录学》，是一桩极有意义的事。

> 古典目录学，从其发展过程来看，大体上与中国封建社会相始终。新夏先生谓"中国封建社会的目录工作，从一开始就不是单纯技术性的图书登录工作，而是从学术研究的角度着眼。"我很赞成先生的看法。章学诚所谓"辨章学术，考镜源流"，确实道出了古典目录学的主要功能。我认为这是古典目录学的优良传统，值得借鉴。建国以后目录之学大盛。近年来在文化部图书馆局领导之下创编了《中国古籍善本书目》，收录了全国八百余馆所藏古籍善本，近乎全国公藏古籍之总书目。关于此目的著录要求与分类方法，经过广泛征求意见和讨论研究，在许多方面采取了古典目录学的基本做法，而有所变通和发展。此目之成，就其全过程而言，它也确非单纯技术性的图书登录工作，而是受到国内外注目的一项学术事业。此其一例。

> 新夏先生与余相识于太原，在中国图书馆学会成立大会上同组，获闻叙论。嗣后在天津、上海、深圳多次晤教。先生治学愈勤，撰著日新，时蒙赐读，获益良多。《古典目录学》稿承先赐读，并属一言。窃谓此作广征博

引，深入浅出，叙述简要，议论平实，颇多创见，足为研究古典文献及传统目录学者入门之阶梯。拜读之余，不辞荒伧，而为之序。一九八九年二月顾廷龙，时年八十有六。

这篇叙虽字不及千，但内容丰富，情真意切，确是一篇佳序。顾老用"叙"而不用"序"，是一种古老用法。古时序叙并用，而对某些学术味较浓或重要文章多用"叙"字。如《说文解字叙》、曹丕的《典论》自叙、韩愈的《张中丞传后叙》等。宋以后苏轼因祖父名"叙"，为避家讳，遂多用"序"字。顾老如此用法，我自以为颇有嘉勉拙著之微言存焉。顾老在叙文中简明扼要地辨析了古典目录学的流变和未来的发展展望，并以奖掖后学之旨，对拙著有所肯定与鼓励。尤令人情难自已的是，当年顾老已是八十六岁高龄，享有极高声誉的著名学者和书法家，竟然以硬笔书法的端庄正楷，在小方格稿纸上写下全文，无一笔不到位，无一字出小格，一气呵成，浑然一体。实为难得的珍品。当时，我非常感动，立即另行誊清一纸付梓，而珍藏手迹至今。今逢顾老百年冥诞，睹物思人，得不泫然！乃以拙笔记其事之始末，以存学林掌故云尔。

原载于《文汇读书周报》2005年1月7日

怀念吴廷璆先生

我和吴廷璆先生相识很早，到吴先生逝世止，我们在南开园内，常年相处超过半个世纪。这在一个人的一生中也是非常难得的机缘。回忆1950年冬，我在北京中国科学院历史研究所第三所（即后来的近代史所前身）工作，师从范文澜教授，攻读中国近代史。有一天所里的行政干事余众群告诉我，天津南开大学有位历史系主任来找范老聘请教师，范老答应介绍你去，过几天范老会找你谈话，你作好准备。果然，几天以后范老找我谈话，主要内容是所里考虑我家在天津，又有家庭负担，到南开去，可以由供给制改工薪制，也能就近照顾家。范老说：系主任吴廷璆教授是我的旧交，是进步人士，会照顾你的，你要好好工作，努力进取。年底，我办完调离手续就回津过年。年后，在下学期开学前一周，我持介绍信去吴先生在南大东村的家，见到吴先生。那年吴先生正四十岁，比我大十三岁，按学人惯例说，他是我的师辈，又是单位领导，只需讲些客套话，顶多指示如何报到等就可以了；但是吴先生为人非常热诚，他请我在沙发上坐下，并介绍他自己是绍兴人，与我是同乡（我的家乡萧山和绍兴原都属会稽，所以萧绍论同乡），在二十世纪三十年代，就读于日本京都帝大，专攻世界史，特别是日本史。他说：范老曾写信来，介绍了我的情况，已对我有所了解。他很直率地要我从助教做起，并兼任系秘书，给他当助手，管办公室的事务，我都一一应承下来。大约谈了近一小时，他起身穿上外套，要亲自陪我去办报到手续，我推让再三，他说我陪你去，比你自己去顺当得多。于是他陪我去见秘书长黄钰生，彼此认识一下，并从黄先生手中接过已写好的正式聘书，又领我到事务科领取分配在北院的住房钥匙。一切进行得很顺利，显然吴先生已在事前都办妥了。分手时，他嘱咐我尽快把家安置好，下星期正式上班。从此，我就在南开大学一直工作至今。我之所以有五十多年安身立命之所，不能忘记吴先生的引进之恩；但是，吴先生从来没有片言只语示恩于我，似乎从来没有为我做过什么。

我到南开大学历史系后不久，吴先生奉命赴朝慰问志愿军。吴先生是当时知名学者，又是天津市民盟领导人，有相当高的社会地位，能亲赴前线慰问抗美援朝的战士，无疑是难能可贵的，但毕竟有一定危险，我曾私下和吴先生谈及此事，吴先生很严肃地告诉我，事先组织上征求过他的意见，他认为这是义不容辞的事，就毫不犹豫地承诺下来。行前，他很认真地向我交代了在他离校期间我应该做的事，并将他所授的"中国近代史"课程交我代授。我有点畏难，他温和地安慰我、鼓励我，并且开玩笑地说大姑娘总有上轿的一天。他还无私地把他密密麻麻细书的前几章讲课记录给我，让我能有备课的周旋空间，坚定了我第一次走上大学讲台的勇气。等到他回校后，他考察我的教学效果还好，就正式和我谈，肯定了我的工作和教学，并说"中国近代史"本是系内无人承担，他才放下自己的专业来讲这门课，现在我既能承担，他也就放心地把担子交给我，当时我非常惶恐，因为代课只是短期的临时工作，尚可硬着头皮闯过去，而正式承担，则我在思想上和业务上都缺乏应有的准备。吴先生可能看出我的畏难情绪，就谆谆教诲我说："人总要选择一条生活之路和事业之路的，你就走这条路吧！"于是"中国近代史"从此成为我在历史学领域中终生从事的专业，并在几十年来做出了一些可以告慰于吴先生的成绩。一个人能寻求到一条稳定而通畅的生活之路和事业之路，并不是一件容易的事，而我正因为有吴先生的精心引导、安排，才让我走上了这样的坦途。

一个人能有长期稳定的安身立命之所，一条生活和事业的人生之路，那就可以"一生无忧"，吴先生给我的正是这个"一生无忧"；但是吴先生从不望报，而我也本着大恩不言谢之旨，没有做过任何人情上的表示，只是努力工作，力求上进，不让吴先生蒙羊公鹤之羞。

吴先生律己严而待人宽，他对个别学生的无理取闹，总是耐心劝说。当这些人遇到困难时，他依然不计前嫌，伸出援手。遇到救灾活动，他总是慷慨解囊。有位老学生遇到车祸，吴先生闻讯，不仅为其申请补助，还拿出私财资助。到了晚年，以他的资历和身份要求生活照顾，理所当然；但他依然骑一辆旧自行车往来于校内外，直到某次因天色昏暗摔伤后，才放弃骑车而改为步行。二十世纪八十年代初，他任中国日本史研究会会长，受教育部委托，主持由中日学者共同撰著的第一部日本通史——《日本史》的编写工作，前后十年，至年逾八旬尚一丝不苟，终日修改通稿。清样出来后，他又一次次地增删修订。等到样书一出来，他拿着厚厚一部由他亲笔恭楷题写了上下款的《日本史》，亲自登三楼送到我家，当时真令我手足无措，我连连告罪，他却笑吟吟地说，借机来串串门，并表示希望各方多提意见，以便将来再版时，更臻完善。诸如此类的事有许多许多。吴先生做这些事，非常自然，从没有任何做作。这就是吴先生的品格，也是对后学的一种身教。

自从吴先生的哲嗣弘明君以电话通知我吴先生以九十三岁高龄辞世的噩耗，并传达吴先生身后一切从简的信息后，我一直在回忆这几十年的往事，我感念吴先生对我的一生有着多么重要的关连。他的音容笑貌深深地凝留在我的记忆之中，他对我的关注与奖掖，决不是语言所能述说，我等待看到有关吴先生的文字来疏解我的哀思，但是就我涉猎所及，没有看到什么，也许他的同辈知己大都已经谢世，或是高年体衰难以执笔；他的后辈或所知较少，或忙于公务；因而想到我虽年逾八旬，却有责任写写这位宽厚长者的嘉言懿德；但几十年的往事，头绪纷杂，一时难以理清。经过多时的思考，终于选择与我一生最为关切的事写下来，以作悼念。当然，这样简单的文字是难以表述吴先生对我的恩情的。不过，我可以无愧地告慰吴先生说："我没有辜负您的奖掖和期望！"

吴先生，请安息吧！

写于二〇〇四年四月

原载于《天津记忆》第53期（来新夏教授米寿庆祝专号之四）　天津市建筑遗产保护志愿者团队编　2010年8月

送志玖教授

　　杨志玖教授匆匆地走了！他近年虽然年高体弱，但一直没有在学术道路上停步。去年不慎跌了一跤后，体力明显见衰，却仍然笔耕不辍。今年春节时，我还在他书房里漫谈了一些学术界琐闻。十几天前，我突然听到他住进医院的消息，不禁内心一动。转过天来，我托将去医院探病的一位中年朋友带去我的问候，志玖教授还请那位朋友表示谢意，并带话说"问题不大"，我也就没有过多地注意。孰料没过几天，一个黑色星期五的晚间，我极其意外地获知志玖教授已在当天下午遽然逝去，令人黯然神伤。

　　我和志玖教授相识在1951年的春天，这一年的学期开始，我刚刚受聘到南开大学历史系，当时，我是二十六岁的青年助教，而志玖教授则是三十五岁的中年教授。虽然地位差异，但他始终以谦和真诚相待。我们曾在同一教研室，同一研究室，同到农村、矿井去劳动时同睡一铺炕，保持了半个世纪的君子之交。志玖教授性情率真，平日少言寡语，从不妄论是非，但面对关键问题时，他能直言不讳，抗辩争议，尤其是肯于为受压抑者鸣不平。志玖教授学术造诣甚高，专心致力于隋唐至元的中国中世纪史的研究与教学，特别是对马可·波罗的研究更具有世界学术水平，他从青年时代写出第一篇有关马可·波罗的成名作始，直到耄耋之年与英国女学者伍德论辩马可·波罗是否来过中国这一重要课题止，付出了一生的学术精力。这种追求学术的执著精神，令后学敬仰不止。志玖教授虽久负盛名，桃李满门，但对前辈学者依然执礼甚恭。他曾对我言及张星烺先生对马可·波罗研究的贡献（因我曾受教于张门），他曾有文论及傅斯年先生对他的关爱，他与郑天挺先生共事于南开二十余年，始终敬礼不衰，以视当今小有所成，即绝迹师门者，诚有霄壤之别。

　　志玖教授悄悄地离开了我们，但他的学术生命如青山秀水，永在人间。他的遗作《陋室文存》及《元代回族史稿》即将付梓，嘉惠后学。他的及门和再传弟子遍布海内外，弘扬他的学术，做出了应有的贡献。有些弟子如张国刚之于唐史、李治安之于元史，早已蜚声史坛，志玖教授可以无憾矣。我也不才，难言其学术，强忍哀痛，勉成小文，临风而吊，焚稿以祭。呜呼！志玖教授，请安息吧！

原载于《今晚报》2002年6月20日

附：读《元代回族史稿》书后 *

元史专家、南开大学教授杨志玖先生的遗作《元代回族史稿》一书，具有很高的学术价值，是填补该学术领域空白的创意之作。其具体特色是：

第一，元史是历史学领域中的难点，而回族史又是难中之难。作者以元代回族史为切入点，是抓住窍要的攻坚之作。为元史和民族史的研究填补空白，并有启迪后学的重要作用。

第二，元代回族史是中国回族史的重要组成部分。在回族史研究中有许多概念不清、说法含糊的问题，如回回一词是如何转化来的、回回人之称始于何时、回回与伊斯兰教的关系等等，而在本书中都得到科学的诠释和界定。只有清楚地了解元代的回族史，才能更好地了解回族的情况和面对回族问题的现状，因而本书亦具有很强的现实性。

第三，本书征引资料繁富。凡征引文献必详注出处，谨严负责，垂范后学。所征引史料除善用正史、文集等通用史料外，还广泛征引海内外专家学者的名著名篇。但亦很注重后学的研究成果而加以采用。

第四，本书内容非常丰富，共分七编。对元代回回人的概况，回回一名的由来，回回的活动路线与分布、社会地位、文化成就、主要人物以及华化问题等重要问题，均有充分论述，比较全面地显示了元代回回族的历史面貌。

第五，本书虽内容较深奥，但由于作者语文修养甚高，行文条畅通达，清新可读，易于为读者所接受。在史学著述中是颇富文采而具有示范性的专门性著作。

来新夏
二〇〇四年四月

---

* 此为《元代回族史稿》参加2004年度全国优秀图书评选的专家推荐函。

追思挚友傅髯翁

近来，时感精神恍惚，心中总有一种不安和不祥的感觉，就不时向有关亲友通电话问讯，有的卧病，有的于数天前逝世，为之怆然者久之。6月15日，我忽然想到久病的挚友傅耕野（髯翁）已有两个多月未通音问，便向他北京住所拨通电话，接话的人是他的儿子傅奎。他沉重地告知，他父亲因肺栓塞已于13日逝世。也许是友情和悲情的触动，我生气地责备傅奎，为什么不通知我去见老友的最后一面。傅奎似乎很委屈地说，凡是年高的亲友，都未通知。我恍然大悟，自己错怪了晚辈。试想年逾八旬的老人，面对几十年同经坎坷的挚友，能不悲从中来么？如果一恸而绝的话，那晚辈当如何承担！但悲伤仍不可免。我赖在座椅上，回想几十来年的风风雨雨，有过欢乐消闲，有过悲切默对，有过意气风发，也有过痛定思痛，有过论诗说文，也有过把酒对酌……想着想着泪水已经暗暗地流淌下来，终于无法掩饰内心的痛楚，大哭一场，一倾胸中几十年该说而未说完的话。

我和耕野相识于1949年，那年9月中旬的某一天，华北大学副校长、历史学家范文澜从本科史地系把我和耕野等七位旧大学历史系毕业、正在接受南下培训的学员，调到该校历史研究室，作为范老的研究生，整理北洋军阀档案。当时我和耕野都拖家带口，供给制的小灶待遇，只够个人生活，范老体恤下情，特批让我和耕野到市内学校去教中国革命史，这是当时比较容易找到课时兼职的。一年半以后，整理档案工作结束。我由范老向南开大学吴廷璆教授推荐而到南开大学任教，至今足足呆了五十六年。而耕野则到北京西城一所中学去教书，做到教务主任。大家过了五六年虽有风波但能任它风吹浪打的岁月。1957年的风暴，竟然让木讷口吃的耕野只因说了几句他认为很忠诚的话，而被无情地卷进了反右的漩涡，被定为"极右"，发配茶淀农场劳改，顿时家庭陷入困境。当时傅奎弟兄还很小，傅嫂亦体弱多病，我也只能借每次去京之便，前往探望，做些微不足道的安慰。经过十来年，我在"文化大革命"前夕，收到耕野的一封来信，告诉我他刑期已满，将留场工作，管柴米油盐的采购，有三十来块钱的收入。我当然高兴，但心中又包含着难以数尽的辛酸——一个能书善画，才华横溢的才子，因为有点薪水，能够出农场去买菜，可以每周回家看看，就感动得写信给远在异地的老友报喜。"四人帮"垮台，他回城了。我很兴奋，特意到北京香饵胡同老宅去见面，彼此恍如隔世。我在他一棵大树穿顶而出的书房里对酌。万没有想到，这是一次令人啼笑皆非的恶作剧。耕野并没有安置回原单位，而是另行分配到市政工程局，穿上号褂，推着热沥青油的小斗车，沿马路扫净路面，修补马路的裂缝和缺块。真是令人哭笑不得的"落实"，我感到一阵心酸难耐，而耕野则非常淡然地说，多少年没在街上转转，每天能跟家人一起吃顿饭，愿上哪儿就上哪儿，足够了！他还为自己起了个"清道夫"的别号，并自我解嘲地说，这和民初书法家李瑞清的"清道人"排着，多好啊！说完，哈哈一笑，端起酒杯，一饮而尽，若无其事。难道耕野被残酷的历史车轮碾压得"心死"到连喜怒哀乐都流淌干净了吗？最后，他总算被落实到原单位，办了离休手续，开始重理书画旧业，过上书画家恬静的晚年生活。

耕野是个能书善画的才子，他写一手郑板桥的字，画兰花尤为人所赞赏。他的艺术根底深厚，早年所作飘逸潇洒，偶露锋芒，而晚年更见深沉。他重拾画笔，很快恢复原有的水平，在书画界破门而出，颇具声名，不时到各地参与一些书画笔会，交游日广，心情亦似渐渐放开，约略看到他当年那些幽默感和犀利的语言。耕野的心，似乎又按正常的心率在跳动着。他的作品日益为海内外人士所欣赏争藏，他的家庭生活有了较多的改善，我亦每到北京必去他香饵胡同旧宅，相晤畅谈，他为我写过一些字，尤其是一对大堂联；画过一些画，特别是兰草，都是我所藏的珍品。而今故物犹在，而人已骑鹤西去，能不令人潸然？可幸者，他在晚年度过了二十多年舒心的日子。他换住了新房舍，求书求画者，应接不暇。他庆幸自己的晚晴，七十岁以后留下齐胸的银须，并自号曰髯翁，俨然有大书画家的风范，让人钦仰。这难道是老天在补偿他近二十年不公正的待遇吗？

我和耕野是同龄人，有大略相似的人生遭遇，虽然致祸原因、处理形式各有不同——我寒窑十八年，他农场二十年。但所受的身体折磨和精神痛苦则非一言能尽。不过这些经历却为自己的人生画板涂满了纵横斑斓的颜色，令人回味无穷；也曾被那些一张白纸人生的年轻一代所艳羡。我们丰富多彩的人生，也许就是我们这代人无奈的自我满足吧!

耕野,髯翁!你是不是太自私了!为什么一句话不留地舍我而去?你摆脱一切人间烦恼,独自飞去,遨游于九天之上。我闭着双目,依稀地看到你飘洒着银髯,舞动着如椽的大笔,俯瞰着五光十色的人间,勾勒着九州的山水,书写着中华的灿烂。你留下我来继续喝那杯没有喝完的苦涩的酒,要我履行我们曾有过的承诺:我先走,你画一幅画,焚之!你先走,我写一篇文,也焚之!你连这一丁点都不相让,非要我动伤心之笔。我尊重老友间的约定,在座椅上坐了三天,追思既往,也想到先贤所说"人生自古谁无死"的通达诗句。无论帝王将相,先圣前贤,凡夫俗子,都要归此一途。你且等待。我会顺着自然的流淌,落地归根,与你相晤。我谨遵前约,焚稿以祭!耕野老友、髯翁老友,请先读追思之作,必掀髯大笑:我友固不负我!耕野,安息吧!

原载于《中华读书报》2006年8月30日

博学多才孙思白

著名近现代史学家、中国社会科学院近代史所研究员孙思白，原名兴诗，又名孙放。山东历城人。1934年就读北京大学史学系，1940年入西南联大，后任教于山东大学。1973年调中国社会科学院任近代史所民国史研究室主任。所著有《北京大学"一二·九"运动回忆录》与《红楼风雨》等，并参与中华民国史的编纂工作。

思白兄于2002年8月22日以九十高龄辞世！这一噩耗，我是从《光明日报》刊出的一大堆讣告中获悉的。近十来年，由于年齿日增，同辈人时有凋零，所以常注意报刊上发布的讣闻。我很怕在其中看到熟人，偏偏又不时会遇到熟人，真是天道无情，事不由己！去年夏末的一个傍晚，我刚从南方公出归来，从报箱中取出《光明日报》，到屋里打开报纸，一大块讣告映入眼帘。我模糊地看到"孙思白"的名字，但我不愿承认这是事实，赶忙摘下眼镜认真细看，赫然排在首位的，真的就是挚友孙思白教授。思白兄虽卧病多年，但一直平稳。不久前，我还通过在疗养院陪伴的孙嫂武夫人，了解到思白兄情况照旧，不意时未数月，我尊如兄长，博学多才，待人宽厚的思白兄，在走完了九十年不平坦的人生道路，竟摆脱了人世间种种纷扰，独自飘然而去！他怎知曾受他呵护与理解的我，将如何承受这难以排解的悲痛？我泪眼婆娑，房颤加快，手中的报纸，不自觉地掉落在地上。我在等待他所在的单位近代史研究所发来的正式讣告和生平评价（按惯例我曾多次收到过）。时隔三日，我收到的却是他的学生和亲属发来的讣闻和征文通知。我所不愿看到的事实，终于无可回避地证实了。回首二十年往事，历历在目，我强忍悲痛，给孙嫂武夫人发出唁电，文中有曰：

南游归来，始获思白兄仙去噩耗，不胜痛悼！我与思白兄二十余年交往，谊属至交，情同手足。忆往岁聚首京华，切磋议论，共话史事，而今已矣，得不顿足？临风吊唁，思白有知，当明我心。一俟心情少静，定当撰文奉祭。

我虽至今没有收到任何有关思白兄的官方文字，但思白兄的生平形象渐渐聚成我心中的孙思白，我想凡和他有所交往和相处的朋友们都会有差距不大的共识。

思白兄是一位博学多闻的学者和富有才情的诗人，他在中国近现代史的教学、研究领域中，是为同辈称道，后学景仰的知名学者。我和他的结识在二十年前，那年，他亲来天津邀我参加民国史的撰写。他长我十岁，当时已是颇有声名的学者，但却无一丝名人习气，以非常谦和的态度和我交谈合作的有关问题。他不仅邀我，还邀我的年轻助手也参与。他希望年轻人在实践中尽快成长。我因性格关系，从不轻易求人为自己的著述写序。我著书近三十种，只请两人写过序，一是请顾廷龙先生为《古典目录学》作序，另一就是请思白兄为《北洋军阀史稿》作序，因为他们二人是我内心深处极其敬佩的人。思白兄为写这篇序，认认真真地通读了我先后有传承关系的两部书，即《北洋军阀史略》和《北洋军阀史稿》。思白兄比较了二者的异同，肯定了后者的改进，评论其意义与作用，勉励我继续奋进。他写出了一篇长序，这对我日后付出近二十年时间完成百余万字的《北洋军阀史》起到了重要的激励作用。《北洋军阀史》现已出版问世，得到同道和读者的关爱，我将以此告慰于思白兄之灵！思白兄的诗写得很好，和我的另一位挚友巩绍英兄时有唱和，惜绍英兄未达下寿，英年早逝。思白兄极为郑重地保存着绍英兄的诗稿。他们二人都具有深厚的史学功底，写出来的诗，凝重深沉。我虽不善作诗，但还有点读诗的鉴别力，总感到他们的诗明快通达，言之有物，不像有些"纯文学"的诗那样朦胧晦涩。

思白兄待人接物真诚宽厚，在二十年的交往中，从未见到他疾言厉色，愤愤不平。上个世纪八十年代初，为了编写民国史，我和思白兄各带着助手到南京、镇江等地去阅档考察，遇到某些不顺和不合理的事情，我有时不免急躁，反而增加解决问题的难度，思白兄则往往于谈笑间协调化解。他的一位年轻助手颇有才具，但少年气盛，还带点调皮，思白兄常和他下棋、作诗来潜移默化他的性格。我曾因一个小人造谣中伤，愤愤者久之。思白兄百般开导，反复讲"谣言止于智者"的道理，劝我：不要让无知、无聊、无耻之徒因你"发火"而暗自称快。他见我尚有反击的念头，终于使他讲了一句情急的话："难道狗咬你一口，你也去咬狗一口吗？"讲完此话，二人不觉大笑起来，我的郁结也随之消失。正是由于思白兄以一种润物无声的诚心教导，才使我在晚年渐渐走向性情的平和。

像思白兄这样一位谦谦君子也未能逃脱"文化大革命"的厄运，那时他尚在山东大学任教，遭受过严重的迫害，连武夫人都受到惊吓。我们因有类似的遭遇，有时也谈到当年的灾难。思白兄对红卫兵的所作所为，并没有睚眦必报的存心，他认为红卫兵是被愚弄者，也是受害者，应该谅解他们。思白兄曾为我讲过一段往事，有一次红卫兵"提审"他，追问他为什么不"思红"要"思白"，是妄想翻天。他们把白字视为白区、白匪等等；思白兄沉着安详地答称："我的白是'清白'的'白'，没有其他解释。"这种遇变不惊、义正词严的气度，让那些无知者哑口无言。

从细微处见性格，思白兄在许多细小的地方很自然地体现出对他人的人文关怀。我每次去京，总要去看他，因为他家离火车站较近，所以我经常在离京前，提前到他的住处坐坐聊聊。每当分手，他总以八十岁的老人，像长兄般地亲自从五楼下来，陪我这七十岁的小弟到车站。我多次谢绝，他总说担心我情况不熟，并表示可多聊几句，使我只能惶然从命。思白兄在八十岁以后背痛甚剧，但他以既来之则安之的态度对待，一方面积极求医以缓解病情；另一方面笑对病痛以宽慰家人和朋友。但我清楚地明白他在承受着多大的痛苦。

世俗对高年辞世者，为了安慰家人的悲痛，有一种"老喜丧"的说法，我非常反对这种无情的谬说。喜和丧永远是相对的语词，怎能连接在一起？"老喜丧"是人们为解脱自己负重的自私之论。人死是人生的终结，只能有悲痛，何来喜悦？更何况像思白兄这样一位能以自己的人格魅力冲刷他人灵魂的人呢？我只有悲从中来，而毫无一丝喜的感觉。我至今还无法冷静地综合评述他的学术，只能实说一些琐琐碎碎的小事来寄托自己的哀思。我用自己的心写下这篇一式二份的怀念文字，一份留在人间，一份在我的阳台上临风焚化，我真诚地馨香默悼：思白兄！我会永远铭记你对我说过的话，请安息吧！

二〇〇三年

补记：思白兄辞世后，我写了上文，并几经修改，自以为差强人意，曾多次投寄报刊，希望更多的人了解思白，但均被婉谢。我一直疑惑为何有此冷遇？后来一位熟识的编辑告知："所写的人知名度差点。"我甚感愤懑，骂了几声闭街而已。后来不断看到一些歌手明星，正常或不正常死亡后，常常连篇累牍地大发消息、花絮和悼文等，不禁心有不平，难道一位饱学之士还抵不上那些歌手明星十分之一吗？但忽然想到，子曰："君子固穷，小人穷，斯滥矣！"思白之不若歌手明星，固也！

二〇〇四年元旦校稿时补记

原载于《孙思白纪念文集》　本书编辑组编　中国文化艺术出版社2006年版

悼念世瑜学长

年根底下，接连收到几位老友逝去的噩耗。哀伤郁闷者久之，熬到2010年最后一天，满以为可以扫除心中的阴霾，舒一口长气。就在12月31日中午，我仰坐在靠椅上，有点迷糊时，座机忽然响起，接听之下，原来是李世瑜学长的长子李厚聪。我感到不妙，果然是世瑜学长"走了"的噩耗。厚聪告诉我他父亲于29日逝世，因为我高年，所以没有及时告知，今天丧事办完才通知我。我理解厚聪的用情，感谢他的爱护。但对世瑜学长逝去的悲痛，仍然难以抑制。因为在逝去的几位老友中，他是我交往时间最长的一位。

六十多年前——上世纪四十年代，我和世瑜学长相识于北平辅仁大学，他比我高一班读社会学系，因为都是从天津考来的，世瑜学长又很豪迈，容易谈得来，不久我们就成为熟识的朋友了。后来他读过历史学研究生。五十年代以后，因为政治运动不断，彼此较少往来，以免互为影响。但双方的行止都有所耳闻，都在不同程度上受折磨。

世瑜学长做过中学教师，学术机构研究员，刊物和出版社的编辑、编审等，是一位很有绩效的著名学者，他倾一生精力从事对民间宗教和会道门的研究与著述，他因兼攻社会学与历史学，所以不单凭文献而要实地调查，因此他除了搜存和研究宝卷等文献外，还深入过各种民间教门调查取得第一手资料，为研究这一特殊领域的学人提供了非常难得的原始资料。但亦为世瑜学长造成"历史不清楚"的厄运和尴尬，其不可告人的痛苦是未经历这种"政审"的人所难能感受到的。

世瑜学长兼攻社会学与历史学，因此形成超越一般单科学人的学识见地。他提出"社会历史学"的观点来指导自己的研究。他在晚年给"社会历史学"做出创意性的界定："社会历史学是应用社会学、人类学的社会调查方法，或田野工作方法，从社会的各个方面，采用各种手段取得资料，不仅仅依靠既有文献进行研究。目的是解决历史课题，或是为历史研究提供资料和参考的一门学科"，"它是社会学、人类学与历史学交叉起来形成的学科"。世瑜学长以"社会历史学"为指导，撰写了大量以民间宗教会道门和天津方言俚语为中心的论著。他留下的名著《宝卷综录》、《天津的方言俚语》和《社会历史学文集》等填补空缺之作，将在学术界产生久远的影响，为后学开启新的研究领域。

世瑜学长是一位多才多艺的才子，他不仅通中英文，旧诗词，还熟谙昆曲，会唱各种曲艺，无不娴熟。上世纪七十年代，他在近郊咸水沽中学当教师，由市里骑车去上课，每天往返，骑车约需两小时，他不以为苦，总是高高兴兴的。有一次他告诉我，这一路骑车一路歌，真带劲！我问他都唱些什么，他说京韵、梅花、西河、京东各种大鼓，时调、八角鼓，能唱的段子都翻来覆去地唱，把原来不太熟的段子复习多遍，说完哈哈一笑。八十年代后期，他去美国调查研究教堂和教派，在一封来信中说，他还在一次联欢会上说了段洋相声，让洋人听众都大笑不止。真不可思议，一位学者能如此洒脱，我们这些人中，谁能有这种才情？

世瑜学长是一位有学识、有情趣、能说、能写、能苦中作乐的豪士。我们一起也常开玩笑，原来我们彼此互称"李学长"、"来学长"。有一次他倡议说，如今当官的称呼都把长字取消。钱科长称钱科、范处长称范处、骈局长称骈局等等，咱们也该把长字取消，过把官瘾。从此我们就改称"李学"、"来学"，直至他辞世前几周，我们还用这一称呼通电话。世瑜学长差几天就九十初度，世俗看来是喜丧，在我看来是悲伤。他才犹未尽，天公何妒才若是？平生知己半为鬼，高年体衰，未能亲临，只能望东合掌。玉楼修书，君得其所，我滞红尘，孤单寂寞，呜呼痛哉！尚飨！

二〇一〇年岁末写于南开大学邃谷

原载于《今晚报》2011年1月15日

悼念汤纲教授

去年10月中旬应清史编委会之邀，到安徽合肥参与《李鸿章全集》的审评会议，遇到好几位多年不见的老友，虽然都已年逾古稀，但仍在皓首穷经，笔耕不辍。相与谈及往事，一倾积愫，非常高兴；但胡绳武和沈渭滨两位教授也给我带来挚友复旦大学汤纲教授不久前逝世的噩耗，事出意外，令我不豫者多日。

汤纲教授是上世纪六十年代初从复旦大学历史系毕业后，分配到南开大学历史系任教的。当时我正接受政治审查，处于"内控"状态，许多原来很熟的人，除了个别落井下石者外，大多处于一种冷漠和不敢亲近交往的关系。汤纲教授虽是新来乍到，但对我却能以礼相待。他是扛过枪、渡过江的转业军人出身，但性情平和，善于相处各种关系。他不善讲普通话，所以常和我用乡音交流，来往较多，对我也是多有关照，帮我消除一些麻烦。他常劝慰和激励我：要善于处逆境，不要计较一些人的浅识，不要烦恼，多寄情于学术，以待有用。我在十八年的审查过程中，所完成的学术著作二百余万字，其中很多受益于汤纲教授的不断鼓励。有时他南下探亲回来，常带些南货送我，以慰乡思。这些事情虽属琐事，但在那种我已被打入另册的岁月里，却是难得的人间真情。彼此的友情，也随之而日增。

上世纪七十年代末，我被落实政策。就在那一年，汤纲教授在回沪探亲前到我家中，主动谈到我的两部成稿——《近三百年人物年谱知见录》和《林则徐年谱》的正式出版之事。虽然当时我已被解除了不能以真实姓名出书的禁令，但仍有人和出版单位对我的情况心怀疑虑，犹豫不决。汤纲教授则不顾一切，告诉我他有两位同学在上海人民出版社工作，说话很有分量，让我把这两部稿子交给他带到上海去想办法，他将力荐这两部书稿，并向他们详细述说我的近况。我也抱着死马当活马医的想法，拜托他帮忙。等他回校时立即到我家告知我，已与他的两位同学刘伯涵和王有为二位先生谈妥，取得了社方批准，并带回出版合同的草稿。这在当时是非同一般的举措，而尤令我终生难忘的是，就在出版社已定约接受书稿后，系里有某小人得知此事，竟然假出差上海时，特意到上海人民出版社向王有为先生说我的"历史问题"还有尾巴，让他们不必冒此风险。王有为先生由于汤纲教授事先的切实保证，心里有数，当即严词拒绝这一中伤。日后我从王有为先生处知道事情原委后，对汤纲教授的深厚友谊，更加感激莫名。我的这两部书稿经汤纲教授的不断敦促，就在1983年正式出版问世，由刘伯涵先生责编的《近三百年人物年谱知见录》一次性印行了36000册，至今长达二十余年仍有读者以信函或电话索求；而由王有为先生责编的《林则徐年谱》，十年间曾三次增订出版。这些成果，既显示未辜负老友的关注至情，也为我日后开展学术局面奠定了坚实基础。

汤纲教授从到南开大学，一直未能解决两地分居的状况，始终默默甘守，直到八十年代初，才调回复旦大学历史系。正由于在该系有许多旧识，加以他的善于团结各方，很快地赢得了同事间的好评。他调协各方，创造和谐气氛，颇见成效。不久，在众望所归的情势下，相继担任历史系主任和文博学院院长，做出了重要贡献。而我们之间，仍不断有函电往还，互相关注，并在彼此公出津沪时，必相晤一聚，把酒畅叙。他在舒畅的环境下撰写了多种明史领域中的专著，为学术界增添精彩。在离休后，他一直过着愉悦的生活。前年，他的夫人陈宝青女士过世后，他排解了悲痛，过着很洒脱的日子，有时与女儿共处，享天伦之乐；有时回故乡，与乡人话旧。我们也依然保持隔段时间通话，互问起居的习惯。今年年初，我曾多次打电话贺年，但均无人接话，我心里有点莫名其妙的嘀咕，直到5月份的某一天，我再一次通话，汤纲教授亲自接话，告诉我回乡过年，住了一段时间。我们互相谈笑了好一会儿，我期望他珍重，互约老朋友要共进退，不要单独抢先上路。他比我小几岁，我笑着说："别夹个儿！"他也笑着做了承诺。不意这是我们之间最后一次快乐的通话。万万没有想到，9月初，他竟以胰腺重症，溘然长逝，先我而去！

汤纲教授是一位好人，是一位和善的好人，是一位乐于助人的好人。他的逝世出于我的意外，但生老病死又是任何人都无法抗拒的自然规律。人到暮年，不时会为亲友的逝去而哀痛。"平生知己半为鬼"，这是古人对亡友的哀叹。近年来，我常常因朋友的噩耗而不愉者累日，而对汤纲教授则尤感痛悼。因为他在我困顿之际，援之以手，而从不言及。他的作为对我的一生曾起过重要的关键作用，对这位经历四十年友情的挚友，我实在难以排解哀思。我想起四十年间的风风雨雨，他曾为我遮蔽了多少！大恩不言谢，我无法表达自己的感念，只想起他曾开过一次玩笑，他说喜欢我的文字，如果走在我的前头，希望为他写篇文章，并要我承诺。现在汤纲教授已经无所遗憾地走了，我为酬答故友的一生情意，就默默地沉浸在无限的追思中，写下这篇实现诺言的文字。心绪不宁，笔墨凌乱，谨以诚心，祭我亡友。好人永远平安，祝祷汤纲教授平安地走好泉路！

原载于《文汇读书周报》2006年1月20日

聪孙走好

——悼曹聪孙教授

　　近年一些老友不时离我而去，但总未能从丧主家直接得到噩耗。我暗自责怪丧主子弟不晓事。有一次我在电话中曾责问一位挚友弟子，始知这是丧主家担心老人经不起悲恸的善意，所以对八十岁以上亲友概不讣告。聪孙的谢世，我也是从《今晚报》上刊登的讣告中获知。当时我正感冒卧床，难以亲临吊唁，就想写篇悼文以申哀思。但往事如麻，一时难理头绪，直至近日，情绪渐趋平息，才提笔成文以送故友远行。

　　我与聪孙相识于上世纪八十年代，适当改革开放之始。我与聪孙出而应世，分任南开大学和天津师范大学图书馆馆长，共同为高校图书馆事业的整顿与振兴而尽力。1983年冬，天津市图书情报工作委员会创办《津图学刊》，我任主编，聪孙任编委，筚路蓝缕，艰难备尝，月必相聚，共商编务，而日常审稿，每月几达数十篇，皆能详加批阅，提供建议，而于后学习作，尤能多方奖掖。历时二十年，和衷共济，从无违言。

　　1991年6月，我与聪孙参加天津高校图书情报工作委员会访美考察团，对美国俄亥俄州六所大学图书馆进行对口性访问交流，并参观纽约、华盛顿、哥伦布等城市，历时半月。聪孙随时记录见闻及有关资料，为出访报告积累提供了不少资料。特别是他还写了一些随笔，表达他的思想感情。我们在华盛顿波特马克河畔的公园里看到一座硕大无比的铜雕像，一半埋在地下，一半露在地上，是一个长头发、长胡须男子的大半个头部，一只左手，一只右手和右膝，雕塑的题名是《觉醒》；但部分游客却持不同观点，认为这哪是什么觉醒者？分明是溺水人的绝望挣扎。聪孙没有鲁莽地判断是非，而是写了一篇题为《觉醒者还是溺水者》

的随笔，认为"雕像面部的嘴大张着，神情激动，右臂略微弯曲着。他象征着这个觉醒者正在从地球内部冲了出来，马上就要露出全身，站立起来了"。我同意聪孙这种健康理念，并欣赏他文字刻画得精细，后来我把这篇文字收入我所主编的《名人文化游记》（新世界出版社2002年1月版）中。

聪孙是所谓的双肩挑干部，既是高校图书馆的高层主管，又承担繁重的语言学与现代汉语的教学与研究工作，而且两方面都做得很成功。聪孙的语言学功底极深，研究所得，笔耕不辍。所著又非故作玄妙，若某些语言学著作之令人难以卒读，而多为后写津梁之语言工具类著述，如《中国俗语选释》、《古书常见误读字字典》、《新词新语词典》及《现代汉语规范字典》等，更时在《今晚报·日知录》发表短篇小什，以普及语言知识，反哺民众为主旨。其为人之学，仁人之心，令人钦敬！

聪孙虽年逾上寿，但学识渊博，才犹未尽；并能精益求精，对所著不时修正补订。上年11月间，尚将修订之《古汉语误读字字典》见赐，展读方半，不意天公妒贤，于己丑新正，遽将聪孙召回玉楼，哀哉痛哉！聪孙飘然西去，于学坛少一名师，而我年届垂暮，又哭良友。欧公吊其友曼倩曰："生而为英，死而为灵。"余虽难望前贤项背，但于聪孙，亦将三复斯言。望九之年，未获亲临吊唁，心存愧疚，撰此小文，望空祭奠。馨香默祷："聪孙走好！"

己丑新正初十写于南开大学邃谷，行年八十七岁

原载于《社会科学论坛》2010年第8期

逝日留痕

——关于北京史志专家姜纬堂

随着岁月的推移，老亲老友物化的信息不时传来。前不久，传来我的五十年代的老学生姜纬堂匆匆地走了的噩耗。我悲痛不已。

纬堂是"五七"厄运受到严惩的被害者，他的最富精力最美好的韶光，被无情地消磨。直到过了不惑之年，即八十年代前后，他真正回归到他久在向往中的学术岗位上，到北京社科所从事北京史志的研究工作。由于他的史学底蕴较厚，所以很快在学术上作出了成绩。他的主攻方向在地方史志方面，对过去的陈说颇多正讹订误，如汉置房山侯国即在今北京房山县，这一说法自明曹学佺《天下名胜志》至清朱彝尊《日下旧闻》以及乾隆钦定之《日下旧闻考》均相沿误汉房山在今涿州房山。而纬堂仅以近500字的篇幅纠正了相沿数百年的讹谬，作出了正确的结论。他这篇题为《汉房山侯国在山东》是一篇不满500字的小文章，却解决了几个大问题：一是如何运用一般正史史料求证。二是房山侯国在今山东省潍坊地区昌乐县境。三是将汉房山侯国误为今北京房山县的缘由。四是今房山县治的设置沿革。文章虽短，但无一废字赘句。他还写过一篇《七百年来王府井》长文（见《王府井》，北京出版社1993年版），详述了人所习知的北京商业中心王府井的历史沿革，对北京城市史的研究与旅游业的开发具有实际意义。我还读过他的有关北京街巷命名的建议性文章，写得非常详尽细密，参透出他对生于斯、长于斯的乡情。不仅如此，他还对城市改造存在的某些不足提出"刍议"，以尽作为北京史专家的社会职责。这种韧性，不能不使我叹服他能受天磨，不改初衷的率真性格。

我和纬堂有过一次学术性的合作，也可以说是对我的一次补台。八十年代中期，京剧渐渐复苏，而京剧中又多与历史有关，有人常问"历史是这样么？"我亦就所问写点哪些是历史，哪些是历史的发展，哪些是必要的虚构，哪些是无稽之谈。不久，纬堂的同学，当时已是剧作家的马铁汉也写了一些这类小文章，目的主要是不要混淆历史与历史剧的界限，能给人一些正确的历史知识，做点学术普及工作。我和铁汉合起来写了二十五篇，有十万字左右，希望能出版，但因篇幅小一直压着。我亦渐渐淡忘了这件事。不意在1987年底，我收到由北京出版社出版的《谈史说戏》一书，我是该书的领衔作者，真使我莫名其妙。后来铁汉来信告知：一是纬堂知道我和铁汉这部稿子因篇幅不足被积压，便自告奋勇赶写了二十三篇，又约了李凤祥和商传二位各写了几篇，合成五十余篇二十二万余字，够得上一本书的格局；二是他们的同学闻性真任职北京出版社，做了大量疏通工作，遂以书代稿费，达成出版协议，于是《谈史说戏》一书乃得以问世。《谈史说戏》既介绍了戏的内容及名演员的表演艺术，复以翔实的史料纠正了戏的虚构成分，还历史的真相，是一本普及历史知识的著述。纬堂承担了半本书的写作，但他在我缺席的情况下推我为第一作者，而从未声张过。这也是难得的一种情谊。

纬堂走了！他为北京地方史研究所做的贡献久为人所称道，足以嘉惠后学。如果扣除他被无谓消磨掉的二十多年，那么他的事业生命仅有二十年，未免短暂。如果依此计算，那么纬堂只不过活了四十多岁，英年早逝，岂不令人痛悼！纬堂的命运似乎已在其遗著《逝日留痕》的书名上预示。他可能会因坎坷的遭遇壮志未酬而略有憾意地逝去，但他把自己的学术痕迹长留于人间。

原载于《北京日报》2000年4月24日

齐藤——走好!

10月下半月的一天,正赶上气候转换,清早起来,阴霾的层云压得天色昏暗,好像这一天已经过完似的。细碎的秋雨随着冷冷的秋风,飘洒在满地凋落的黄叶上。我坐在窗前的转椅上,百无聊赖地痴望着窗外这恼人的天色。想用写作来排遣,但大脑一片空白,写不出一个字来。忽然桌旁的电话铃急促地一声接着一声响起来,接听之下,原来是当年在日本讲学时的一位中国学生谢君从东京打来的电话。他问候我的起居后,声调立刻显得极其低沉地说:"有个不幸的消息,求您务必镇静……齐藤教授过世了!"这是非常意外的噩耗,异国挚友难道就这样走完了自己的人生道路了吗?谢君又陆续说了些齐藤临终前没什么痛苦之类的安慰话,可是我再也听不下去了。

我和齐藤结识近十年,结识的经过很有点传奇性。我们素昧平生,那时齐藤正担任日本独协大学的教授兼经济学部部长,得到文部省一笔学术基金,课题是"中日地方史志比较研究"。后来才知道,他为了从中国邀请合作者,检读若干种中国这方面学者的著作,从中选择了几位,又向有关学术机构咨询,他提请教授会同意聘请我为客座教授,但是当时碰巧有位年近七旬的中国老教授应聘来日,不料在机场突发心脏病猝死,而我当时也已六十七岁,所以有多数教授犹疑,有部分教授反对。由于齐藤在学校的地位,终于确定由齐藤来中国亲自考察我的健康状况。我们第一次会面是在南开大学,主要交谈合作的意向和中国新编地方志的情况。他丝毫没有透露考察我的健康问题。齐藤回校后向教授会报告我很健康,并表示一切由他个人负责。于是我从1991年9月应聘到独协大学担任客座教授,开设"中国方志学通论"和"中国文化的传递"两门课,直到翌年4月,共任职八个月。他始终没有谈过应聘过程中的那番曲折,我是在快回国时才从他学生口中知道的。

　　齐藤教授名博，1934年生于横须贺，毕业于早稻田大学，是二战后日本新史学界的著名学者，以研究社会民众史著称，著述闳富，著有《民众精神之原像》、《民众史之构造》、《历史之精神》及《幻住庵史谈》等多种。齐藤博教授曾亲自参与地方史志编修的实践，于编修史志的立论与方法，多有卓识。他曾在所撰论文中论述了地方史编纂法的几种潮流，支持了市民创造市史编写的观点，他对专家承包和专家与乡土史家共同编写的方法有一定的看法，并批评把编史作为学术实习的做法。我们在合作研究的过程中一直非常愉快，进展也很顺利，并在规定期限内结题，先后出版了中、日两种文本的研究论文集，为中日史志学者合作研究获得成果的首创之作，而中文本的出版还得到齐藤博教授的慷慨资助。

　　齐藤比我小十一岁，很尊重我。他因为我旅居异国，所以很周到地照顾我的生活。他不仅亲自陪我参观博物馆、美术馆、名胜遗迹，还约我吃日本料理，喝几遍酒，特别指定他的一位研究生专门管理我的日常生活，解决语言障碍。他是位性格开朗坦率的性情中人，是喜怒形于色而毫不掩饰自己的血性汉子；但在关键时刻，他明辨是非，仗义执言，全力维护和信任自己的朋友。回忆我在独协任教不久时，竟有同我族类，且在国内受教于我的不肖之徒，觊觎我的职位与收入，见利忘义，勾结齐藤门下某劣生，挑拨离间我和齐藤的友好关系，无中生有地对我造谣中伤，以求一逞；但是，齐藤教授不为谣言所动，力持正义，公开指责他们的用心，面斥其非，对于我则多方慰藉，使友情益臻金石。

　　齐藤身体素健，不意未达中寿，遽而谢世，关山阻隔，憾难临吊，情实难已，乃检齐藤所赠著作并合作论文集等陈于案头，燃香焚此文稿而遥祭，齐藤幽冥有知，当鉴此远方之悼念。谨祷于天：

　　"齐藤——走好！"

原载于《光明日报》2001年2月14日

"平生知己半为鬼"

"平生知己半为鬼"这句话，已经记不清楚是明清之际的顾炎武，还是归庄说过。几十年前我就知道这句话，但从未多想过，也从未用过这句话。几十年后的近十多年，我常念叨这句话，并且体会得越来越深。

回想几十年前的青壮年时期，我不时收到一些红信封，是一些友好喜结连理的婚礼请柬。我怀着喜悦的心情去致贺，送几块礼钱，吃得醉醺醺，和新人打闹一会儿，兴尽而返。自打六十岁以后，这类红信封逐渐减少，到八十岁前后，几乎绝迹。代之而来的是白信封加上黑字，写着某某同志治丧委员会的字样，内装讣告一纸——一位同年龄段的老友走了。每次总有那么几天惆怅、沉思，想想过去的交往，哪些地方对不住亡友，没有来得及道歉。结果不是临丧一哭，反思往事；就是写篇悼文，向空凭吊。

到了靠九十岁的时候，连白信封都消声匿迹了，我暗地庆幸老友们都在延年益寿。偶尔有一次，我向北京一位超过五十年交往的老友傅耕野通电话，对方接听者是老友的儿子。我从他刚学步，一直看他长大的。他含着哭音说，他的父亲已在三个月前过世了。登时我很气愤地问，为什么不通知我。他说父亲临走时嘱咐他，不要通知八十岁以上的亲友。耕野爱护亲友的心，令人辛酸。近来几乎都是丧事办完，才由晚辈来告知，固然减缓了一些悲情，但又引来怕知友的子弟登门或来函。"平生知己半为鬼"的阴影，总是像阴云般地笼罩着我的晚年，难道这是人生走向尽端无可避免的噩运吗？"平生知己半为鬼"常常引起我对亡友的无穷思念。

傅耕野是我二十五六岁时的老友，比我大一岁，高一班。他毕业于北师大历史系，我毕业于辅任史学系，我们初识于1949年春，在华北大学二部接受南下培训时。秋天毕业分配，我俩因是名校历史系毕业，被范文澜副校长点名留在历史研究室工作。从此我们开始了诚挚的友谊。后来我俩因有家庭负担，一个人的供给制，不足以养家，他调到北京市一中学担任教务主任，我则应邀回天津南开大学任教。1957年，他因说了些调侃和不中听的话，被划为"右派"，发往茶淀农场劳改。1960年，我因接受政治审查被"内控"，好在我还有工资，能有机会稍加帮助。他劳改了二十年。我"内控"了十八年，终于在1978年同时落实，他又留场两年，当上可以自由出入农场的采买工，每周可以回家一次，月工资二十九元。两年后，他可以回城，但原单位不接收，重新分配到工程局东城养路队。每天跟着沥青车，走几步从油车里舀一勺沥青油，泼在柏油路的空缺处，干一段时间大概是休息，他就在边道牙子上坐一会儿，拿着破草帽扇风。他开始重理旧业，散工回家，兴致勃勃地写字作画，并为自己的新作起了新笔名——"清道夫"，一则表明他现在的身份，再则他内心要与民国初年的书法家"清道人"李瑞清并肩。他很乐观，曾为外贸部门批量生产书画工艺品，待家道稍好的时候，他放弃这种牟利的手段，回到正儿八经的正途上来，渐渐成为京城颇有名气的书画家。家庭生活一天天富裕起来，他却由于长期抑郁，劳动过力，以致身有宿疾，在八十多岁时就离我而去，尤其是弥留之际的不惊动老友的嘱托，更令人神伤。

像傅耕野这样的老友有几十位，他们有一多半已离开嚣然红尘，走向虚无的空灵，对逝者说，可能是一种解脱，但对我来说，却是失去了同年龄段的共同语言，失去了偶尔调侃的情趣，失去了互通灵犀的沟通，同时也让我终于理解这是人生的必然。随着年龄的增长，就会出现这种令人难耐而又不能不接受的人生之经历。今日我对亡友感叹"平生知己半为鬼"，异日我的挚友也会用这样一句话来感叹我。人生幸福达为先，愿老人们多通达些！

原载于《光明日报》2012年4月6日

学兼史志林天蔚

1993年11月，我应台湾淡江大学之邀，赴台参加第一届"二十一世纪海峡两岸高等教育学术研讨会"。在这期间，我顺访了政大历史系，并向学生作了"北洋军阀史"的学术报告。

正在我结束报告，步出报告厅时，有位学生走来告诉我，林天蔚教授在教室等待和我晤面。

过去，我曾经读过林教授地方文献方面的文章，只是未曾谋面，有此机会，我欣然随着同学去，在另一座楼的二层一间教室门口，有位身材稍矮，却精神十足，具有学者风度的老者在迎候，我疾步上前，与他握手拥抱。他表示欢迎我的来访，并歉意地对我说，因为他下午即将离台，没有完整的时间安排专门讲座，但他和学生们想听我对地方志的一些见解，所以让出他的课时，为我提供讲坛。我虽然刚作完一小时半的讲演，但也很愿意有机会作此交流。我讲了当时方志界的热门话题——"史志异同"，受到听众的欢迎，这是我和天蔚兄的初识。

天蔚兄为人诚恳热情。我们虽为初识，但声应气求，时有书信往来，并互赠单篇文章和著作。当时大陆正在首届修志热潮中，天蔚兄非常关心这一事业，多次参与有关地方志的会议，在当时志坛已声名鹊起。我们之间的交往也日益频繁。我们对促进两岸方志界的交流和合作都有共同愿望。经过我和他在大陆与台湾各自努力推动下，终于1997年底在天津召开了"中国海峡两岸地方史志比较研究讨论会"。1998年11月，又在台湾台中中兴大学召开"海峡两岸地方史志地方博物馆学术研讨会"。这对团结两岸学者和推动方志学研究发挥了重要作用。天蔚兄为此奔走联系，促成举办，竭尽心力，为学界同仁推为首功。

天蔚兄是一位勤奋好学、默默耕耘的纯学者。他学兼史志，与我的研究方向正相吻合，所以我们在学术上时相互切磋砥砺。他对自己的学业不断进取，著有宋史和地方文献方面的多种论著，而成书之后，他仍继续钻研、增订、修正，不断完善。如1995年，他汇总三十年来研究成果，成《方志学与地方史研究》一书，志界同仁多予好评，而天蔚兄犹以为尚未完善，又以七年之功订正补益，于2001年成《地方文献论集》巨著，由海南出版。内容之富，论点之精，已为学者所共识。而天蔚兄一本精益求精之旨，不仅续有订正，复增入新作数篇，重加编订，交由北京图书馆出版社出版，并邀我作序。他为向读者负责，亲加校订多次，直至卧病。其尊重学术、敬事而信的严谨学风，令人钦敬。他对己严，对友则真诚坦荡，不对他人作曲意迎合，对学者著述都实事求是地提供善意建议。拙编《中日地方史志比较研究》一书，出版后曾分赠多处，惟天蔚兄以数月之功，通读全书，细加分析，论其得失，自抒胸臆，写成评介，收入《地方文献研究与分论·方志篇》中，单立专章，达二十余页（十六开本），两万余字，其勤其情，于今思之，不禁泫然！

天蔚兄还是一位极重友情，乐于助人，值得信赖的朋友。他定居于加拿大温哥华，经常欢迎友人到温哥华作客访问，曾面邀我数次，当时我尚在任所，难以抽出一段完整时间，以致未能成行。直到1997年5月，我假访美之便，顺访温哥华，应温埠中华文化协会之邀，作《中华传统文化与海外文化的跨世纪展望》的讲演，并与华人华侨学者座谈国内经济发展概貌，这一切均由天蔚兄接待安排。天蔚兄不仅让我住在他家中，还陪我参观游览，特别是对卑诗省哥伦比亚大学图书馆的访问，促进和南开大学图书馆的沟通交流。2004年10月间，他来北京参加"地方文献国际学术研讨会"时，又再次邀我携眷去温哥华作较长时间逗留，2005年，他从加拿大多次打来越洋电话敦促，我一直为俗务羁绊，迟迟未能成行。我万没有想到这年的12月间，收到林府讣闻，获知天蔚兄已于11月25日辞世。哲人其萎，令人悲恸，当即函唁林嫂戴夫人，敬陈哀思。天蔚兄一生献身学术，留有遗著多种，嘉惠后学，可以无憾矣！惟大作《地方文献研究与分论》直至2006年12月始出版问世，未获亲见。

近年来，生前友好曾一民君等，缅怀故人，倡议广征文字，编辑纪念集。我忝在友好，特述往事，以献灵右。天蔚兄其安息！

原载于《海南日报》2009年2月22日

愤愤不平为伯良

陈伯良先生是我晚年时所结识的一位真诚朴实的挚友。上世纪八十年代初，我任南开大学图书馆馆长时，伯良先生因求书与我多次书翰相通，词义恳切，令人感动。我也尽力满足他的需求，不久交往超出借还书的范围，而渐渐成为互诉生平，切磋学问的挚友，对他的一生遭遇亦有所了解。

陈伯良先生出生于海宁望族，我因先祖早年曾执教于海宁中学堂，而对海宁略有所知。伯良先生也曾任教海宁中学，从而拉近了彼此的友情关系。伯良先生青年时期即投身革命，从事新闻工作。中年一大段时间遭受无辜冤屈而沉沦数十年。直至花甲之年，始获落实政策。大好年华，悄然逝去，令人扼腕！但伯良淡然面对，重理旧业，承担海宁政协地方文献研究与编纂工作。整整三十年，伯良为官方编撰有关海宁地方文献著述达二十余种，其中有多种被带上所在单位的官帽，我常嘲笑他是依人作嫁，他则默不作声，也不以为意，而我则时愤愤为伯良不平。

2004年，他愤于诗人穆旦的遭遇，特撰写了《穆旦传》（浙江人民出版社）。这本是他的个人著作，有作者署名足矣，何必在他名字上面加那顶所在单位的官帽呢？我很不理解。隔不多久，2006年，《穆旦传》在张杰先生邀约下，修改增订后，在世界知识出版社再版，只有作者署名，摘掉了官帽。这是伯良自求解脱的一次勇敢行为，也许是张杰先生的鼓动。

伯良小我两岁而事我若兄，每有所思、所作，辄相下问，我亦竭诚奉告拙见，颇得"旧学商量加邃密"之乐。伯良成《海宁文史备考》一书，邀我为题书名。我素不擅书法，加以高年，右手微颤，各方索题，多被婉拒，而伯良之请，义难相拒，乃择阳光充足之日，凝神定心，为题书名，得伯良采用，我备感欣然！

2011年春夏之交，伯良复以新著《海宁文史丛谈》稿，邮来请序。我赶忙通读了全书，感到很值得一读。因为这不是简单地记录当地信息，而是尚有伯良的若干考证挖掘，颇见功力。匆匆读竟，乃在溽暑天气，挥汗为之写序，却一直没有回音。不久，从海宁图书馆的《水仙阁》刊物上，才辗转知道伯良已于2012年8月20日外出迷路，堕水溺亡。乍闻噩耗，不禁愕然。呜呼！伯良虽年逾杖朝，而致学之心勃然，不计名利，犹愿贡其余热于地方文献事业。天胡妒才若是，夺我伯良。或言伯良追随屈子之左右，又何幸也！

2012年岁末，又奉陈嫂何晓云夫人来函，并寄来《海宁文史丛谈》一册。信中言及，该书出版过程中，因我所写《序言》曾给伯良带来的无奈烦恼。这部书稿完成后，即被政协索去，声言由"海宁政协出资去印刷出版，作为政协的政绩"。"要伯良把这个《序言》寄还您修改"。还说："《序言》不修改的话，这个序言不能用到这本书里"。伯良回答他们："写来《序言》要求修改或重写，这太（不）尊重人了吧！""教授辛辛苦苦写了寄来（要谁写还是你们建议的），不满你们的意，就随便不用，不用随你们的便，但我稿子要回，宁可不出书"。伯良抗权势，持道义的高风亮节，令我唏嘘不已而叹曰："伯良真君子也"。

伯良逝去，将近一年，其弟子虞坤林君策划编辑纪念集，征文及我。于情于义，理当敬谨笔墨，略叙交谊。并借此揭示伯良之无谓烦恼以慰其在天之灵。书稿三份，一呈陈嫂何夫人存念。一付坤林，收入纪念集。望能无负师教，全文收录，不得删节。若心存顾忌，宁可一字不收。一焚赠伯良，以释其为人作嫁之烦恼。尚乞贤达君子明鉴！

二〇一三年三月写于南开大学邃谷

原载于《中华读书报》2013年5月1日

怀念光琅

我与南开大学出版社副总编马光琅相识很早，虽然他在中文系，我在历史系，但都好交游和参加公众活动，所以很快相熟并很谈得来。在上世纪六十年代初，我们已经是相当熟悉的朋友了。十年动乱，我们自顾不暇，合理地断了音信。八十年代初，我被落实政策，并担任学校图书馆馆长。也不知是什么渊源，不久，又被任命为校出版社社长兼总编辑。到任之初，我发现光琅已在社任编辑。十年阻隔，故人重逢，虽有上下级职分，但彼此依然旧态，笑谈往事。当时出版社为新建单位，一切均在草创。光琅竭尽全力，独当一面（文科编辑室负责人），出谋划策，襄助相辅，为出版社初建工作呈献业绩。

光琅为人善良，有亲和力，善于处理人事关系。当时社规初定，人员或有不适新规，或谋私人蝇利，颇有违规现象。我性情卞直，闻之往往勃然，光琅则着眼大局，每先期请命，与涉事者苦口婆心剖白其事，使纠葛化解，得防患于未然之效，为我节思虑者多多。若同事间有误会亦多赖光琅调停缓解，遂有"和事老"之雅称。

社内立"三审制"，例由总编负责三审。我当时兼职较多，势难面面俱到，光琅体念我的辛劳繁忙，将大部分三审稿，揽归己身，并写详细审读意见，送我批阅。光琅敬事而信，对待书稿，无论内容，抑或标点错字，皆一一标出。其所运作，不失规矩，既负责分劳，又不揽权独断，令人感动。光琅于其他稿件之一读、二读，皆能认真勘读，严格把关，为他人减负，致使我在任期内，得上级机关"未出一本坏书"之誉，光琅之功，固不可没。

我任职出版社后，常念及大学生当为重要读者群，倡议组织大学生读物，乃有编辑《大学生知识丛书》之议，而将其事委之于另一副总编，在较短时间内，成《大学生知识丛书》一套，包含《灵魂的奥秘》、《中国经济特区》、《漫话英美文学》、《法律与自由》、《中外军事法庭审判日本战犯——关于南京大屠杀》等多种，在出版界赢得声誉，光琅面对荣誉，毫无忮求，仍默默地处理其他书稿，视荣誉淡如，即此一点，亦足见其人品！

上世纪末，我以古稀高龄离休，与光琅相交如旧，友谊常在。不数年，光琅亦离休，但仍为出版社审稿不少懈，直至本世纪之初，始全身而退，颐养天年。而每逢年节，必互通慰问，电话闲谈，念旧忆往。去年末，略闻光琅身体欠佳，我则以为光琅素好锻炼，心胸宽广，必无大碍。方拟与妻子焦静宜女士前往探视，而光琅已被女儿接往北京就医。今年春节，妻子与光琅直接通话。光琅虽染沉疴，然精神尚好。我等尚以医道昌明，希冀光琅多缓时日，而不数日，噩耗传来，光琅一无牵挂，飘然而去。老友应召玉楼，得不怆然！我不良于行，由静宜与出版社同事及亲友等同赴北京吊唁，以申哀思。

"平生知己半为鬼"，死者已矣，生者何能默然？既为知交，理当著文以悼。惟每忆往事，则百感交集，思路丛杂，难以着笔。迁延至今，歉仄至深。光琅纪念集已在编中，我节哀著文，略述往事，多年老友，当谅我不敬。谨以短文，献诸灵右。光琅若能见之，当笑纳于九天。伏惟尚飨！

原载于《光风琅月一停云——马光琅纪念文集》　张学正、马亦凡编　南开大学出版社2014年版

耕野赠联

在书桌对面和卧榻旁的墙上，悬挂着一副老友傅耕野兄所书的赠联，上联是"不足处甚好"，下联是"偶然者亦佳"，十个板桥体的字，颇存笔趣。这是上世纪八十年代中耕野兄经过二十多年天磨，在落实政策从劳改农场回城后所写赠。当时我把它和一些有用的报刊捆在一起存放。一放几年，直待搬家后整理旧物时，始重新发现，真愧对耕野兄的一片盛情。当即装池，悬于榻侧。这对联语对耕野兄来说，既有从5%回归到95%的隐痛，也是他参透人生的一种豁达。我天天面对，不时有所感悟，信笔写录，积久成一小文，或可作此联的诠释。

"不足"总让人感到一种遗憾，而往往看不到它的积极意义。古书中常见对不足的阐述。《礼记·学记》中说"学然后知不足"，这是说只有不断地学，才能"睹己之所短"（郑注）。那么，"不足"无疑是一种上进的动力。《学记》又说"知不足然后能自反也"，则"不足"又是反思和自我批评的武器。《周易》中有一种"否极泰来"的变化思想，"否"有不足的含义，"泰"是通达，意思是说，"不足"到了极限就是通达，所以唐朝诗人韦庄有诗云"否去泰来终可待"，则"不足"又给人以希望。清朝藏书家鲍廷博便以"知不足"名其斋，以示其虚心求学，好学不倦的志向。《尚书·大诰》中说："谦受益，满招损。""谦"就是保持"不足"，"满"就指过分，一益一损，也正说明"不足"为"甚好"。

"偶然"是出乎意料之外。人有欲求，若无所措意，一旦意外得之，则不啻喜从天降，心神为之一爽。古人云"文章本天成，妙手偶得之"，即使妙手，如不是偶得，也难成好文章。功名利禄，刻意追求，必为名缰利锁所束缚。若偶然得之，心安理得，自可仰不愧于天，俯不怍于人。一旦偶然失去，一笑置之，如释重负，也无动于衷，此"偶然者亦佳"之乐也。

"不足处甚好，偶然者亦佳"，是一位饱经沧桑，受尽磨难者的悟道之言，是医治诸般烦恼的良剂。人到老年，常思一生某些"不足"而深以为憾，若能守"不足处甚好"，则一切皆可归于平和，减少无数愤懑；设逢机遇，偶有所得，则处之于淡然豁然，而有"偶然者亦佳"的潇洒。人生若此，可谓进入淡泊宁静之佳境矣。耕野于宽释归城之初，即书此相劝，足以见其精神之升华。

回归不久，耕野以其原有的诗、书、画根底，重拾画笔，很快恢复原有水平，在北京书画界破门而出，渐具声名，其书画作品为海内外人士欣赏争藏。我们虽分居京、津两地，亦时通音问。世纪更新，我已全部摆脱各项职务，离休家居，他又为我书一长联。上联是：宠辱不惊，看庭前花开花落；下联是：去留无意，望天空云卷云舒。

花开花落、云卷云舒，明显的是老友对我隐退后的一种劝慰。他担心我不甘寂寞，心存困惑。其实，我早存无怨无悔之心，对人间沧桑已有省悟。不过，这种友情还是几十年的相契的凝聚，我心深感。因为联长，不是一般住房的高度所能悬挂，所以在2007年春，我将它捐献给萧山图书馆附设的"来新夏著述专藏阅览馆"，以期长久保存。

我和耕野相识于1949年初范文澜教授之门，六十年同窗情谊，历久不衰。我们是同龄人，有大略相似的人生遭遇。虽然致祸原因、处理形式各有不同——我接受审查寒窑十八年，他误陷"五七"劳改二十年。其所受的身体折磨和精神痛苦则非一言能尽，孰知2006年春，他竟一句话不留地离我而去，摆脱了一切人间烦恼，遨游于九天之上。我则天天面对他的那副短联，永远保持知足长乐，随缘偶然，以无负老友的谆嘱。

原载于《文笔》总第8期2009年3月·春之卷

"文人相轻"与"文人相亲"

建安文学是中国文学史上的辉煌丰碑，而为众望所归的领袖是三曹，但居其中的曹丕则为其父曹操、弟弟曹植的光芒所掩，显得有点黯然。可细究一下，曹丕却干了两件为父与弟所不能及的大事。一件是曹操已经权侔天子，帝位唾手可得，但总是羞羞答答，不肯冒夺位之大不韪。曹丕则在政治上雄才大略，敢作敢当，一举易汉为魏，从汉天子手中把江山拿过来，成魏、蜀、吴三足鼎立之势，开魏晋六朝的局面，并追封曹操为太祖武皇帝，让老爸足足过了把死皇帝的瘾。第二件事是在文化上的创见，他是文学评论家，写了专著《典论》，可惜已佚，只剩下论文一篇，成为千古名作，这篇《典论·论文》过去在世界书局所编高中国文课本中就选入过，所以我在六十多年前就把"文人相轻，自古而然"这句话深深印入脑海，后来也常听人说"文人相轻"的故事，但首揭文人此一劣根性的，则是曹丕。他总结前世，又垂教后来。也只有曹丕读的书多，结识的文人也多，才能洞察文人这一痼疾。可惜他未能寻求到病源，以致千数百年痼疾得不到医治，更难获根除，终成不可救药的恶劣基因。

"文人相轻"的例子很多，随手就能拈几个。在曹丕以前，如李斯与韩非都是荀子的学生，因秦王欣赏韩非的才华，李斯由妒生恨，终以政治手段将韩非迫害致死。班固因看不起司马相如和扬雄，视他们论颂汉德的文章不是"靡而不典"，就是"典而不实"，于是自己动手写了《典引篇》以述叙汉德，炫露自己。在曹丕之后，如晋嵇康之冷淡钟会，不与相交，唐卢照邻之耻居杨（炯）后。宋明以后，下至于清，各树门派，成为群体相轻，各以所长，攻其所短。文人相轻之风日烈。晚清有个李慈铭，相轻者已非个别对手，只要大致翻翻他的几十册《越缦堂日记》，被讥评斥骂的对方，已是比比可见。但是他们都是对具体人的相轻，并没有像曹丕那样，宏观地予以概括，而重新重视这一口号的，则是近代大文人鲁迅。

鲁迅一生在文人圈子里生活，当然最为关注有关文人的事，他的许多文章都有或多或少臧否文人的语句，特别是在他生命最后年代里，似乎异常重视"文人相轻"这一口号。他在1935年，连续写了七篇论文人相轻的文章，反复讲这件事。鲁迅确是目光犀利，不同凡响，他对曹丕的"文人相轻"的口号有重大的突破，他在《五论》一文中，认为"相轻"之说只是站在旁边看文人轻来轻去地斗的第三者的话，而真正卷入窝里斗的只有"被轻"和"轻人"两种。他还提出三种"轻"之术：一种是自卑，一种是自高，一种是"只用匿名或由'朋友'给敌人以批评"。其中自高似是曹丕所界定的一种，即"各以所长，相轻所短"，那就是"轻"有其必然，有非被"轻"不可的必然。至于自卑和只用匿名，则似是后来的发展。鲁迅的《七论》和其他一些文章，看起来是在批评"文人相轻"这种文人痼疾，不过他也借此"轻"了一大帮子，如轻周作人是"老京派"，轻魏金枝的"无是非"，轻林语堂的把晚明小品"点破了句"，轻邵洵美"有富岳家，有阔太太，用陪嫁钱，作文学资本"，轻施蛰存为"洋场恶少"，等等，看来"文人相轻"，贤者不免。

不管是曹丕还是鲁迅，看到说到的都是"文人相轻"的陋习，而忽略了文人还有"相亲"的美德。在史书和传说中，"文人相亲"的故事有很多。羊角哀与左伯桃、管仲与鲍叔牙"相亲"的故事，早已脍炙人口。曹丕虽然大论"文人相轻"，但读他的《与吴质书》，足见其思念之深，"相亲"之厚，令人欣羡不已。李白一句"桃花潭水深千尺，不及汪伦送我情"，成为千古传诵的友情名句。宋朝的欧阳修与王安石在政治观点上不同，但欧九很推重介甫的文才，写了一首诗，表达了极深的友情，诗云："翰林风月三千首，吏部文章二百年。老去自怜心尚在，后来谁与子争先？"既有推重，又有慰藉！

"文人相亲"不能只理解为感情上的亲密无间，而更重要的是能互补互帮。前些时候，听说演员黄宏帮竞争对手改歌词，一时传为美谈。其实，早在南朝梁时，有一位目录学家阮孝绪，是一位无钱无势的处士，耗费心血，历尽艰难，在编一部反映当时文化积累和成果的名为《七录》的目录书；当时另有一位入《梁书·文学传》的刘杳，是个"自少至长，多所著述"的名人，曾撰《古今四部书目》草稿。当刘杳获知阮孝绪正在编撰《七录》时，就毫不犹豫地把自己抄记的资料和草稿，全部赠与阮孝绪，以助《七录》成书。后来阮孝绪在《七录序》中也表达出感谢之情，刘的不隐秘所得，阮的不负重托，充分体现"文人相帮"的风范。明清之际的文学家侯朝宗,很多人都知道他和李香君"桃花扇"哀艳悱恻的韵事,而对其文学成就则知之尚少。侯朝宗的古文创作在当时已是名满天下,与三魏、钱谦益等,并有文名。他之所以能如此,与他和不甚知名的好友徐恭士交往切磋有关。康熙时名公宋荦所撰《筠廊偶笔》所记侯朝宗求教事,极为动人。记云:

> 侯朝宗以文章名天下,睥睨千古,然每撰一篇,非经徐恭士点定,不敢存稿。一日灯下作《于谦论》,送恭士求阅,往返数次。恭士易矣字、也字数处,朝宗大叹服。时夜禁甚严,守栅者竟夜启闭不得眠,曰:"侯公子苦我乃尔!"此事余曾向汪钝翁、王阮亭言之,共为称快。钝翁常与人曰:"闻牧仲(宋荦字)谈朝宗事,令人神往!"

汪琬、王士禛均为当时著名文学家,知宋荦所言非虚语,方在士人间传说。侯、徐设非"相亲",何得如此切磋文字?侯能真心求教,徐能不吝赐教,毫无芥蒂,足以见二人之绝非"相轻"矣。

文人之不能"相亲",多在自视甚高,而目无余子。其学殖深厚自持谦抑者,多能见人优长,自知不足。遂日益"相亲"。若顾炎武,当时后世,无不推为学术巨擘。他曾为表明尊重他人,严以律己之志,自著《广师论》,与当代学人一一衡量,其文说:

> 夫学究天人,确乎不拔,吾不如王锡阐;读书为己,探赜洞微,吾不如杨雪臣;独精三礼,卓然经师,吾不如张尔岐;萧然物外,自得天机,吾不如傅山;坚苦力学,无师而成,吾不如李容;险阻备尝,与时屈伸,吾不如路安卿;博闻强记,群书之府,吾不如吴任臣;文章尔雅,宅心和厚,吾不如朱彝尊;好学不倦,笃于朋友,吾不如王宏撰;精心六书,信而好古,吾不如张弨。

王锡阐、傅山、吴任臣、朱彝尊等人都是当时一流学者,至今犹在学术史上占有重要席位,顾炎武在这篇《广师论》中,以人之长,校己之短的谦抑态度,迥然有别于以己之长攻人之短的"文人相轻"的恶习,而表现出一种"文人相亲"的气度。这就无怪乎晚清时人陈康祺把此文引入其所著《郎潜纪闻》卷八,并按其事而感叹云:"今乡里晚学,粗识径途,便谓朋辈中莫可与语,志高气溢,宜其尽矣!"这段话应称确评。"文人相轻"者流,读《广师论》得不愧恶？

《广师论》对后来有一定影响，顾炎武的学术后辈刘逢禄曾仿其文意撰《岁暮怀人诗小序》，其文曰：

> 敦行孝友，励志贞白，吾不如庄传永；思通造化，学究皇坟，吾不如庄珍艺；精研易礼，时雨润物，吾不如张皋文；文采斐然，左宜右有，吾不如孙渊如；议论激扬，聪明特达，吾不如恽子居；博综今古，若无若虚，吾不如李申耆；与物无忤，泛应曲当，吾不如陆劭闻；学有矩矱，词动魂魄，吾不如董晋卿；数穷天地，进未见止，吾不如董方正；心通仓籀，笔勒金石，吾不如吴山子。

陈康祺将此文又引入其所作《燕下乡脞录》卷五，似有针砭时弊之含义。我今不惮烦地引录顾、刘二文入篇，实以当今"文人相轻"之风，不仅未杀，且更炽烈，或张扬环顾，旁若无人；或偶有不洽，即飞短流长，攻击谩骂，甚者对簿公堂，赤膊上阵，已由"相轻"进而"相敌"。苟能以顾、刘为鉴，共相切磋，互为补益，直谅多闻，则自可得顾、刘之遗风。

至于以个人心血所聚，毅然倾囊相授，以促成事业，如刘杳之赠稿与阮孝绪者，近代亦有其例。如林则徐与魏源，交谊甚笃，林则徐在赴戍途经镇江时，会见魏源，二人同居一室，对榻倾谈，谈战局，谈未来。林则徐把自己积累的《四洲志》材料，全部交给魏源，希望他编撰成书。魏源不负所托，终于撰成影响及于海外的名著《海国图志》。这是多么令人神往的金石相契的交情！可惜这些故事比谈"文人相轻"的少得多，因而削弱了改变文人陋习的作用。"文人相轻"与"文人相亲"，虽只是一音之转，但其效应则大不相同。"文人相轻"自从曹丕概括性提出来以后喊了千多年，而"文人相亲"则一直没有人站在高处，振臂一呼，像曹丕针砭"文人相轻"那样，对"文人相亲"的美德，倡之导之。

"文人相亲"的口号终于在2003年初春，由一位高层领导在两次学术性集会上，一再呼吁，希望文人学者们从"相轻"走向"相亲"。"文人相亲"的事实，虽然古已有之，但像曹丕那样正面而响亮地总括出"文人相轻"那样的警策语还没有。不意在新世纪兴办大的文化工程之际，竟能完整地提出"文人相亲"这一口号，对针砭积弊陋习具有重要作用，更是医治文人痼疾的良方。至少提示文人学者们朝这个方向走。当然做起来并不容易。掌握分寸也很难，例如"相亲"是否还能争论和驳议？我想不仅应有，而且应有一种相互补益的"相亲"，而不再攻人所短，炫己所长，甚至涉及人身。我曾经遇到过两个自认为是"文人相亲"的实例：邵燕祥和朱正是我的两位好友，大家很谈得来，如从人际关系看，足称得上是"相亲"，但在文字商榷上，则都能实事求是，对事不对人地相互切磋。邵燕祥曾写过一篇《读来新夏的随笔》，写得很亲切，但是对我写的《张东荪其人其学》一文中的一番议论，提出了质疑。我在文中说："张东荪一再强调'说自己的话'，从个人操守来说，无可厚非，但如果不考虑特殊条件和客观现实，不深入体会历史的陈迹和世态变化，往往会因此贾祸……"我的这番话使燕祥"久久陷入深思"，他非常直率地批评我分析张东荪之死因，"归结到不识时务、咎由自取"，并指出这个问题"怕是一个知识分子或无权者，在'特殊条件和客观现实'面前如何自处的问题"，这段话可以说直戳了我的灵魂深处。它提示了两个问题，一个是"文为心声"，文字总是反映一个人的人生经历，燕祥是中过阳谋的，我则是漏网者，所以我对"以言贾祸"，没有他那样有很深的"切肤之痛"，因此就站在旁观者的立场上，说得很轻巧。另一个问题显示我仍然陷在"心有余悸"的怪圈中，总尽量把话说得平稳圆通些。朱正在一篇题为《身后是非谁管得》的文章中，曾对我在《王先谦的功过》一文中涉及的叶德辉，一方面肯定叶的学术成绩，同时也提出了他"在乡里又多行不义"，"所以在大革命时期受到应有的惩处"。接着，朱正笔锋一转，引述毛泽东在中共八届十二中全会闭幕会上讲的一段话说："对于这种大知识分子，不宜于杀。那个时候把叶德辉杀掉，我看是不那么妥当。"接着他认为我"也会有这样的想法的，可是处在老百姓的地位，怎么好非议革命政权的作为呢？只好把话说到多行不义，罪有应得这个分寸上"。最后他揭示我的内心说："我们读书，看到书里没有说到什么，就以为作者见不及此。其实在很多情形下，是他有所顾忌，不便说出来吧！"这几段话包容了直谅多闻的"相亲"内容。知我者朱、邵，信不诬也！这正是君子爱人以德的切磋，是我理想中的"文人相亲"。我真希望我们的"文人相亲"口号能落到这样的实处，而不停留在口号上，更不要在"文人相亲"的大旗下，走向世俗的"相安无事"才是！

原载于《东方文化》2003年第6期

葛剑雄，好样的

葛剑雄这个名字虽不能说名贯九州，但在史学界，甚或是人文科学界，还是颇有名声的。我不仅知其名而且曾有所交往。我已想不起来何时见的面，大约是八十年代末！但在九十年代初我们却为一件事有过较频繁的交往，也使我真正认识了他。九十年代初，我和日本史学家齐藤博教授承担一项名为"中日地方史志比较研究"的国际合作项目，有一本论文集拟收谭其骧教授的一篇论文，但谭先生已在此前逝世，于是我致函剑雄，他很认真处理了这件事，并且写了一段附记说：

> 本文是据季龙（谭其骧）师1981年7月25日在太原市召开的中国地方史志协会成立大会上的讲演稿整理的，刊于《江海学刊》1982年第2期，其他报刊论文集也多有刊载，但大部分未经先生本人审阅。1982年，某刊拟编历史论文集，索此稿于师，因命我对《江海学刊》所刊稿作校核，并亲自作了修改增补，但后因故未刊。现据稿录出，并作了一些文字上的修改。但季龙师已归道山，无由再呈审阅矣。葛剑雄于1993年2月10日。

这段附记写得很好，把此稿形成的脉络交代得很明白，葛剑雄为本师做了不少工作，不仅如此，他曾受我委托提交定稿，联系家属，还因为同时出版中日文本而商谈翻译费用问题等等，都花费了他的精力，让人有一种尊师重道的感觉。事情本不足奇，但不怕不识货，只怕货比货。我有位高年老友，写了一部著作，等看清样时，老友已病，想托他往日的博士生某代校，出版社责编也自以为毫无问题，匆匆去了，不意遭到拒绝。那位原博士生泰然自若地说："我现在已是教授，不是当年做某先生研究生的时候，我怎么还能承担这种事务性的事呢？请某先生另想办法。"最后，老教授只好伏撑在病床上，抱病校稿，推迟了出版日期。两相对照，优劣自见。

葛剑雄是史地学界中的能文之士，我常在《读书》、《中华读书报》、《学术界》和《东方文化》等报刊上看到他的随笔，很有见地，文笔又犀利条畅，摆脱了一般史地文章的拘泥艰涩和学院气。我曾经想以梁元帝焚书的史料为据写篇随笔，来诠释"读书越多越蠢"的歪理，但无意中在《读书》上读到葛剑雄有关梁元帝的一篇随笔，有根有底，鞭辟入里，我为之而搁笔。我真想史地界多几个能写出文史交融文章来的人，让老百姓看得下去。葛剑雄的书评也写得很有精神，前两年他曾对权威机构的权威成果写过一大篇批评尖锐的长文，真有点一手持枪，一手举铜盾的气概，文中没有什么"瑕不掩瑜"之类的搭浆糊的话，而且有胆有识，应战不已。推进学术，多么需要这样的勇士啊！

更为惊人之举的是葛剑雄的参加南极考察，这恐怕是一般人文学者不曾想过的事，而人到中年的他竟然勇敢地做了。科学的主旨在于创意，人文学者离开书斋，走向社会，了解实际，已很可贵，到南极做实地考察，更应说是创举，南极不是秀山丽水，是冰山雪海，有一定危险因素，尤其是将独处于一种难以自解的寂寞与孤独之中，更是对人生的一种考验；但是葛剑雄能于寂寞、孤独中求不寂寞、不孤独。最近看到他的一篇题为《孤独无法体验》（《中华读书报》2001年3月8日）的随笔，他陈述了1982年秋为探访新疆克孜尔的千佛洞，独行于渺无人烟的戈壁滩上。他没有孤独，反而"体会到大自然的恬静和戈壁的博大，禁不住躺进了它的怀抱，倾听着微风的吹拂"；他刻画了南极的寂寞孤独更盛于戈壁，他独自处在一种特殊的环境之中，"除了海水拍打着礁石的声音就是远处传来贼鸥的叫唤；除了被海水打上岸来的海带般的藻类，就是山脚下一片黄绿相间的苔藓；目力所及，看不到其他动物和植物，连草都看不到一根"。他极力想把孤独的环境和孤独的意念联系起来，但他"丝毫孤独不起来"，因为他感到山崖背后有"我们的长城站"，而南极地区也没有任何威胁人类的生物，更没有考察队员和游客外的闲杂人等。这不是什么豪言壮语，而是葛剑雄在特定环境中灵魂净化的心声。葛剑雄终于明白了一个道理："孤独只能经历，无法体验；孤独是绝望的衍生物，而不是环境的副产品。"这应该是葛剑雄南极探险的最大收获。

葛剑雄的惊人行动，在人文学界似乎像暮色中疾驰的小轿车车灯那样，一闪而过。我除了在电视中看到过一次他谈及南极探险的"出镜"外，没有听到或很少听到对葛剑雄此举的反响；但是，某些人好喊喊喳喳，说三道四的劣根性，却并未完全根除。我曾直接或间接地听到过一些"好表现"、"好事之徒"、"标奇立异"、"好为人先"等桌面下的闲言碎语。这都是些发了霉的陈言："好表现"是五十年代周末生活检讨会或是年终个人鉴定表中自我检讨的常用套语；天下如果没有"好事之徒"，那学海将是多么可怕的一片死海，顾炎武牵驴走塞北，徐霞客孤身攀悬崖、登绝壁，这是中国学者无可非议的好传统，葛剑雄南极探险又何奇异之有？"好为人先"就是敢为人先，是勇士风范。葛剑雄满可以用"听他人去说，走自己的路"的"鲁训"来宽解自己，但我总觉得人文学界的一潭止水为什么不该起点波澜呢？我并不想当"托老"来取悦后生，只是有点愤愤然。如果葛剑雄站在我面前，我一定会不顾班辈，拍拍他的肩膀，翘起大拇指，说一声：

"葛剑雄，好样的！"

原载于《中华读书报》2001年4月18日

林氏姐弟

在香港即将回归的日子里，林则徐这个历史人物理所当然地受到人们的瞩目。一百五十多年前，清政府在鸦片战争中的失败，遭到"城下之盟"的胁迫，签订了《江宁条约》，香港被割离了母体。当时，林则徐正因抗击强敌有功而无辜被戍。在西戍途中，他仍本着"苟利国家生死以，岂因祸福避趋之"的人生宗旨，念念不忘于战局的变化。道光二十二年九月一日，他西行到甘州抚彝城时，听到了订立《江宁条约》的消息，当晚，就在《致郑夫人及舟儿》的家书中慨叹："江南纳贿议和之事，逆夷尚不肯休，然则又将如何，殊不堪设想矣。"时隔两周，他西行到安西州时，又致书在北京的友人江翊云说"南中事（指江宁订约事）竟而如许，人心咸知愤懑，而金谓莫可如何"。忧国之情，溢于言表。但是，林则徐万万没有想到，历史竟然如此无情地嘲弄人们，在一百四十多年后，林则徐的五世孙、我国驻联合国大使凌青（林墨卿）竟然承担起一项有关香港回归的重任，即与英使共同将中英文本《联合声明》向联合国登记以昭告天下。这多少含点传奇色彩的事迹，只能用凌青的话来解释：这是一种"巧合"。不过，这种"巧合"是颇为耐人寻味的。

凌青的一家是革命的一家，他的长兄李良（林曾同）曾为平津的解放作出过贡献，在"文革"中因拒绝泄露党的机密，坚贞不屈地被迫害致死。他的一个姐姐林子东女士是原福建社会科学院院长。他们投身革命都较早，一直活跃在外交和社科战线上，作出过不少成绩。他们也都怀着"扬祖德"的激情，积极推动着对林则徐这一历史人物的研究工作。我和子东早在八十年代初在福州举办的第一次林则徐学术讨论会上即相识，她是一位精明能干，热情爽朗的女性。那时，我们都已年逾花甲，但是，我们都愿意为对林则徐的研究多尽一把力。子东为了筹办林则徐二百年诞辰纪念会，竭尽心力。她希望我增订我的《林则徐年谱》初印本，作为此纪念会上的用书。我接受了这一建议，用了一年时间，增补了十余万字的内容，完成了增订本。但是距第一版出版时间相隔尚不到两年，出版社有一定难度，子东为此去游说她的老朋友、上海人民出版社的负责人，再三说明此书的意义，建议重排重印，终于说动了这位负责人，同意重排重印，并在会前印好，专人送到会上。在如此短周期内重排重印，确是难得之举。我就在那次纪念会上认识了凌青。凌青虽然官位颇高，但言谈举止都没有社会上不时见到的那种干部习气。他平易近人，持躬谦和，富于学术素养。他们姐弟有一个共同点，从不矜夸光荣的祖先，而尊重学术的研究。我参加过多次历史人物讨论会，会议往往把历史人物的后裔捧到不应有的高度，不仅登上主席台，还要请只有血缘关系而毫无学术研究的后裔作些文不对题的发言，而视一些有专门研究的学者为学术会议的必要点缀，所以很多学者不愿参加这样的会。林氏姐弟则反其道而行之，每次有关林则徐的会议，他们都严格约束林氏后裔，不要靠祖宗吃饭，而把学者推到一线。子东常说：林则徐不只是林氏的祖先，更是一个重要的历史人物，希望有更多的学者研究他。她从不标榜自己的名门地位，而对学者们的研究则尽其所能给予支持和协助。

两年前，林则徐基金会在福州开会，研究迎香港回归的科研项目，我很有意参加竞争，林氏姐弟也鼓励我申请。《林则徐年谱新编》终于从众多申请项目中被筛选出来，经过基金会理事会的通过立项，并获得出版资助。我立即投入工作，在十个月的修订增补过程中，子东不遗余力地向林氏家族和社会上的公私旧藏为我搜集不少资料，并为资料编号、写说明，给我减少了许多迂回和辛劳，终于在香港回归前夕完成了一部近七十万字的专著，作为香港回归庆典的献礼，并用以告慰林公在天之灵。

林氏姐弟除了与国人共享香港回归的欢乐之外，他们还有着祖宗遗恨得雪的快慰。凌青曾为此赋诗一首，全诗是：

　　粤海销烟扬我威，但悲港岛易英徽。国耻家仇今尽雪，只缘华夏已腾飞。

这首诗表达了曾经参与过香港回归外交活动的外交家凌青那种难以抑制的兴奋感情，也为中华民族的扬眉吐气谱写了一曲凯歌。凌青曾相告，香港回归那一天，林氏姐弟将会同族人，在林公墓前实现"香港回归中原日，家祭不忘告祖翁"的承诺。历史再一次证明：正义终将伸张，只不过是时间的或早或晚而已！

原载于《邃谷谈往》（说文谈史丛书）　来新夏著　百花文艺出版社1999年版

德业日隆　体笔双健

——祝彭斐章教授八秩大庆

上世纪八十年代，中国历史走向新的时代，一切被"文革"搅乱的现象，都有秩序地归于正常。学术领域和其他事业一样，迈着沉重的步伐走向开放，学术交流也进入可贵的春天，开始解冻而缓缓流动。我和彭斐章教授从素不相识的同道，在时代的洪流中不期然地相遇，成为相识，经过二十几年岁月的洗刷，我们成为相知。今日在他庆登上寿之际，引动我许多对往事的记忆。

上世纪八十年代初，中国历史文献研究会在武汉召开成立大会，我以常务理事的身份应会长张舜徽教授之邀，第一次来到辛亥革命的首义之区——武汉，住在洪山宾馆。行装甫卸，稍事休息，就被大堂电话惊醒，说是有武汉大学的客人来访。我从未到过武汉，在当地很少亲友，而且我来武汉，也未事先通知过任何人，所以很诧异。但来者都是客，于是我请大堂送客人到房间来。不一会儿，在房间门口出现一位五十多岁、面白丰腴的人。他自报家门是武汉大学图书馆学系教授，身后有四位气质非凡的中年男性，是彭教授的四大弟子——乔好勤、倪晓建、惠世荣、张厚生。我和彭教授素未谋面，但他非常热情述说他的惠临过程。原来他知道我曾研究过目录学，近日又听一位武大的历史文献研究会领导成员说我将在某日来武汉，住在洪山宾馆，所以带着他首招的四大弟子来访，进行学术交流。其郑重认真的态度，为学林所罕见。我们相谈甚欢，真有古人那种倾盖如故的感觉。从此我们结为挚友，走过二十余年相互支持、相互交流的友谊之路，保持着一种纯真的君子之交。

我与斐章结识以后，正是我受命在南开大学准备创办图书馆学系的时候。我虽对图书馆学略有所知，但究竟没有办学经验。斐章对我的需求，无不全力支持。他对我们新建系设置课程、编写教材、延揽人才等事务，都给以深切的指导与帮助，甚至推荐人才来系任教，为我们的新建系清除了若干障碍。他虽然很忙，但只要我提出要求，他都慨然允诺。他曾参加过我系的论文答辩、学术集会等活动，为我们新建系增色。对我们系的快速成长，起到了推动作用。我在事业艰辛的时候，能得到这样一位热心朋友的关注，真是人生的一大幸运。

斐章不仅在工作上给我以帮助，在个人私事上亦尽力相助。八十年代后期，我辗转得到相别四十余年旅居台湾的胞弟信息，急于知道详细情况，但当时两岸尚不通邮，虽然知道有一侄女在美的地址和电话，但苦无进一步沟通的渠道。正在这时候，斐章赴美访问，我们虽尚是初交，但我还是向他求助，斐章毫不迟疑地满口答应。到美后，主动与我侄女取得联系，带回信件和礼物，并告诉我侄女大陆的现状和我的生活情况，从此把我们家庭隔绝四十余年的亲情重新接通，让我胞弟得悉津寓的情况，消除疑虑，终于回大陆探亲，使我的胞弟在离别四十年后能与年近九旬的双亲团聚。这在斐章可能不在意，而对我的家庭却有重大意义，我们全家都感谢他为我家连接亲情的功德。

斐章对我也很信任，当他将定为终身教授时，他有许多熟识的图书馆界的朋友，但他让我为他评定学术价值。这本是一种学术机制中的常规。但我却视之为他对我的特殊信任。斐章重视我们之间的友情，曾不时地将他的学术成果让我分享，我的书柜中庋藏着他惠赠的各时期的著作，如《目录学概论》、《当代图书馆学目录学研究论集》、《彭斐章文集》等，都给我大量的学术养料。我应当感谢他慷慨的学术赠与。

彭斐章教授培养大量人才，桃李满天下，几十年薪火相传，向图书馆事业输送新鲜血液，其研究成果更有益于后学。斐章不以功成名就而稍息，仍在日新再新地前进。我与斐章均已达耄耋之年，犹不甘止步。我谨以"德业日隆，体笔双健"祝斐章八十华诞，并共勉焉。

二〇〇九年八月中伏挥汗写于南开大学邃谷，行年八十七岁

原载于《春华秋实——贺彭斐章先生执教56周年暨80华诞》 武汉大学彭斐章先生执教56周年暨八十华诞筹委会编 2009年印本

一个中学生的忏悔

搬家以后，整理藏书旧稿时，很偶然地从废稿捆中发现一小块发黄的剪报，原来是我半个世纪前在大学读第二外语——法语时的一篇习作。当时教法语的是刚从法国回国的戚佑烈老师，年轻热情，经常鼓励学生练习翻译，并且不辞辛苦地一再帮助修改。我的这篇题为《中学生的回忆》译文就是经过戚老师多次修改之作，后来在一份名为《天津教育》的杂志上发表。我很珍惜这篇译文，因为这不仅是我的劳动成果，还渗透着戚老师的心血，可惜只剩下题目和前两段残篇，很想能找到完璧，自己所在学校的图书馆没有入藏，转请天津师范大学图书馆张凤岭馆长查找，虽有此刊，可惜这篇译文被挖了天窗。后承天津图书馆高成鸢同志为我送来译文的全文复印件，真好像访求到一件珍本文献那样兴奋。

这是一篇对在中学时代对自己年已花甲的老师所作种种恶作剧而表示忏悔之作，写来颇有情趣，读之令人感动，这也许就是我当年所以努力去翻译的缘故。作者是在许多很不用功和好闹的学生中的一个很出色的人物。他利用老师戴眼镜和假发的条件不断地开玩笑、恶作剧。在此，我且引录几段当年的译文，看看作者是如何戏弄自己的老师的：

> 常常在全班静谧听讲的时候，我用一种可怕的声音急促地关我的书桌，不问便罢，如果要是责备我的话，我总是永远不变慢吞吞地答道："先……先生……我没留神。"
>
> 有时，我把厚纸折成一个三角兜，装满了墨水，然后很小心地关折好，在班上传递，若是被老师看见，他便会很严厉地命令把这装墨水的纸兜给他。他很自信地以为一定抓住了糖果，但是，当他打开来看时，墨水很迅速地泼洒在他的手和书桌上。我们感到这是些好玩的玩法。

我时常利用他正沉埋在深思中的机会，把他的一缕假发系在椅子背上，当他起立时，他的假发在我们大笑声中掉落下来，于是我们常是被罚禁止出门，但是我们玩得很热闹，也似乎觉不出这是一种厉害的惩罚了。

作者是以一种反省的态度回顾了少年时代的错误行为，他诚恳地写下当年对老师的伤害，深深地自责，想以袒露自己来表示歉意。他在文章的结尾写道："到现在，当我想起多多少少为我们辛苦的这些'可怜人'，我对于我这些坏行为有点后悔，同时更反复地背诵了诗人的一句话'年轻的人是无怜悯的心的'。"这些话不能不引起我内心的共鸣，我虽然没有像作者那样过分，但是，也有过一些至今想起来就会脸红而感到惭愧的"坏行为"。我也愿像作者那样，写出当年感到有趣而现在不时内疚的某些情事，向曾被我伤害过的老师道歉。

我们是个文科班，虽然读书不多，却都自以为有文化知识，脑袋机灵，把"才华"用来给老师起绰号。我们常常根据老师的生理或行为的特点，相聚议论、"册封"。几何老师是刚从大学毕业的一位杨姓女老师，年轻漂亮，大家都喜欢她，只因为脚大，便给她起了个"杨大脚"的绰号。教代数的老师早年谢顶，就起号为"电灯泡"。教历史的老师，身高国字脸，有点仙风道骨，就起号为"妖道"。教英语的老师比较古板，规行矩步，从无笑容，常常逐字逐句讲读《古史钩奇录》，所以即景生情，称他为"木乃伊"。体育老师走路时手脚甩动，我偶尔看到他有点像鸭子走路，平日又有点婆婆妈妈，于是很快传开了"鸭子妈妈"的称号。语文老师年近花甲，写得一手好赵体字，讲评作文时的纠正错别字，尤见特色。他往往举出作文中的例子，似嘲若讽地讲述，使人印象深刻，如"糖炒栗子"之误作"糖炒票子"，"捧腹大笑"之误作"棒腹大笑"，"刚愎自用"之误作"刚腹自用"，同时他还用粉笔敲打灰哔叽长衫罩着那凸起的腹部，引得我们哄堂大笑，终生难忘，使我们日后对错别字特加注意。这本是老师的苦心所在，而我们却残酷地把"糖炒票子"的称号送给这位老语文教师……可以说，我们对每位默默浇灌未来的老师都起了绰号，甚至欣赏起名者恰如其分命名的"才华"。直到长大成人，才越来越感到不可原谅的沉重。

我们常常挖空心思想新招。有一次，我看到讲桌上的粉笔盒内已经只剩下几支短段粉笔和一些粉笔头埋在粉笔末儿里，就挖走了短粉笔和粉笔头，留下小半盒粉笔末儿，正好是教几何的"王瘸子"上课，当演算时发现没有粉笔，便拖着一条跛腿去拿粉笔。他回来后还向这群可恶的小鬼头表示歉意，自责没有准备好，耽误了大家的时间。同学们赞美我的"新招"，因为这是不易被发现的高招，既可以再一次欣赏老师一歪一歪的走路姿势，又因老师去拿粉笔给我们腾出了叽叽喳喳活动手脚的空隙，于是，这一招就成为我们恶作剧的保留剧目了。

许许多多的翻新花样，成为我们中学生生活中的一部分内容。岁月渐渐冲淡了青少年时代的往事，但对善良的人们所做的"坏行为"却异常清晰地萦绕在脑际而不时困扰。成人之后，偶尔遇到旧日中学的老师，总要倾诉一点往事，忏悔自己的"坏行为"，希望得到老师的宽恕，求取心理上的自我平衡，但是，老师反而一笑置之，不以为意，有时还夸我们有趣聪明。

这些曾被我们无知地亵渎过的老师，现在大都已经离我们而去。他们的辛勤、宽厚让我们怀念而深感愧疚。我们不能以年轻人无怜悯心来自恕，我们将永远回忆中学生的生活，谢谢老师们给我们那么多、那么多难以尽述的恩惠。

原载于《天津日报》2009年10月18日

与朱家溍先生晤谈

我和朱家溍先生是浙江萧山的小同乡，又是辅仁大学的校友。他早年从辅仁大学中文系毕业，我是后来考入辅仁大学史学系的。我们同住在北京城近十年。虽然缘悭一面，但我时从各方交往中闻其盛名，对他的家世、学术已有一些了解。他的高祖朱凤标是道光时大学士，父亲朱文钧于清末曾毕业于英国牛津大学，工书善画，精于鉴赏，曾任故宫博物院专门委员，负责鉴定院藏法书、名画，家溍先生有如此深厚的家学渊源，又在学风纯正的辅仁大学接受过新式教育，而当时的辅仁大学正处于发展中的顶峰时期，名师云集，因此铸就了家溍先生坚实的学术基础。后来又在故宫工作过几十年，积累了极为丰富的鉴赏经验。我想一定有许多值得讨教的地方。

朱姓和来姓都是萧山大族，而且上辈还有些姻娅关系，我又很想能和这位学有所成的乡前辈和校友相识，了解他是如何在文物鉴赏界成为一位有理论、有实践，不可多得的文物鉴赏和收藏专家。上世纪八十年代以来，虽然有几次在学术公众场合相遇，但人头簇簇，仅仅颔首而已。总算认识，而从未零距离接谈。

机会终于来了，具体时间已记忆模糊，只记得大约在八十年代中期。那时我的一位学生汪莱茵在《紫禁城》杂志当编辑，常约我写稿。我每到北京总去编辑部坐坐，有时谈谈写稿的内容，有时遇到稿子清样正送来，就顺便看看，有时到主编刘北汜办公室去聊聊天。有一次我正在北汜那里海阔天空，只听到小天井里有人大声笑语。北汜说朱先生来了，语音未落，家溍先生已推门而入，北汜正要介绍，家溍先生已说"认识认识"。大家坐下刚谈了几句客套话，北汜就被一位编辑请去看版面，剩下我和家溍先生。渐渐谈到学问上，让我得到一次请教机会。

家溍先生很爽朗地有问必答，也没有前辈的架子。我知道家溍先生兴趣广泛，但一般人常是博而不精，而家潽先生则不论诗词书画还是戏剧陈设，都是门门精通，所以很想借此解惑。家潽先生并不故作谦虚，而是很直率地说，做学问主要是个"练"字，学了就要练，时时练，天天练，学了不练，等于不学。学诗就要熟读《唐诗三百首》，学京剧一招一式起码练上百十来遍，练多了就能生巧，可以终生不忘。说着说着就站起来为我耍了几个招式，的确不同一般。我有个学生马铁汉是京剧研究者，告诉我朱老七十多岁还在湖广会馆登台扮演过赵云，很得同行们赞美。我又问他有关收藏鉴赏的事，他告诉我，这需要一个"勤"字，勤转、勤溜、勤问、勤听，也许说者无心，你则听者有意，有时会从中得到一些有关信息，在不经意的地方找到你想要的东西，而且要有耐心，不是一次性就能收到一大批文物，立马成了收藏家，而是从零做起，一件件积累，而且每得一物还要整理维护。家具等收藏，往往有榫头松动，就要加固。经眼一件文物，要多方考察思量，不要贸然结论，并做好记录。要手勤多写，不要过分相信记忆，日积月累，自成一书。他的许多著作都是长期积累的成果。家潽先生这次谈话真是非常坦诚地善待乡后学，令人感动。在我们谈兴正浓的时候，北汜回来，打断了我们的长谈。大家又谈了些闲话就散了。后来虽在故宫见过家潽先生几面，都因各忙于其他事务，仅仅寒暄而已。但这次难得的晤谈，确是印象深刻，不仅展现了一位乡前辈的大家风范，对我的学术进程，无疑也是注入了无穷的活力。

家潽先生远去已几年，我一直未能有机会写点怀念他的文字，实感歉疚。在故乡也和当地有关人士议论过做些纪念的事，也未见成效。最近杭州徐敏先生在组织纪念集，征稿于我，我曾受教益于家潽先生，他又是我的乡前辈，义不容辞。遂濡笔写下我一生中难得的这次晤谈，呈献于家潽先生，以赎前愆。

原载于《天津老年时报》2008年2月25日

保我钓岛　壮哉天颖

吴天颖是我五十多年前的一位学生。在学时,他是班长,非常热情,好助人。他曾在我辅导下,领着同学为校图书馆简编积压多年未编古籍,过了一个"共产主义暑假"。他也曾组织同学把《清实录》中有关经济方面资料分门别类,编成资料辑要,由中华书局正式出版。毕业后他到一所大学做经济史方面的教学与研究工作。"文革"以后就音讯断绝了。待恢复联系后,我方知他在那凄风苦雨的特殊年代里,竟然把后半生的全部精力投入到钓鱼岛归属研究的爱国行动中。我只能诧异和敬佩!

天颖经历了顶风冒雨、披荆斩棘的二十多个艰辛坎坷的年头,终于完成了一部前所未有的澄清钓鱼岛归属问题的专著——《甲午战前钓鱼列屿归属考——兼质日本奥原敏雄诸教授》,由社会科学文献出版社于1994年8月正式出版。天颖将他挥巨椽以伸张正义的杰作赠我一册,并请我一评。如此庄严任务我何敢辞,即详读全书,深感其书在课题的立意、史料的搜集、体制的编次和文字的运用上,都可称上乘之作。天颖针锋相对,正面迎击日人奥原敏雄等御用学者的各种谬论的同时,复指陈日本处心积虑,要使侵占钓鱼列屿的梦幻成真,乃在于可从此掠取可供四十年的石油资源,以摆脱年进口99.8%石油的被动局面,实现其贪婪野心。历时一月,我读完全书,写了题为《气冲剑匣　笔扫游魂》的评论文章,发表于报刊。

书既问世,天颖复以中文本不足以理喻日本民众,乃谋译为日文,并请水野明教授主译事,邀我为日译本作序。我以书评已达我意,即以所写书评作日译本序,而于文末增加一段日译本情况云:

　　吴著中文本问世后,得到国内外学术界人士的赞誉。钓鱼岛问题当已无庸置喙。不意比来有个别不能面对事实的日人，罔顾事实，竟然有所妄为，而与此相类之言行，也多见诸媒介。军国主义之阴魂，时隐时现。中华学人惕于历史教训，义难坐视。天颖有意以所著理喻日人而虑及语言障碍，日人难以了解真相，乃谋译所著为日文，俾爱好和平之广大日本人民得识历史真相而不受蒙蔽。吾友水野明教授，籍隶日本，而根植中华，应天颖之邀，毅然不顾忌讳，承担全书之日译工作。予深庆天颖之得水野明教授为助，更钦敬水野明教授之无私义行。天颖请序于我，乃以对全书之简评付之，或可备读天颖所著之先行，是为之序！

及1998年日译本完成，由外文出版社出版问世，海内外学者皆以此为伸张正义、义正词严之力作，而天颖并不至此止步。

近十余年来，天颖蛰居蜀中，一无旁骛，继续钻研钓鱼岛问题，锲而不舍，重加增订，终成新编。现书名依旧，仅易副题，由"兼质日本奥原敏雄诸教授"为"兼析'日本固有领土论'非法与无效"，正以见天颖洞识现实态势的睿智。后因日方力倡"国有化"之谬论，副题大有阐述空间，乃以此副题作增订本第五章章名，加以补充，使全书更臻完善。可见十余年前，天颖即以泱泱中华善意，向日本提供史据，点化日人，冀其能尊重史实，毋作痴念；不意十余年后，即近期以来，日本政客野田、石原之流，今又增安倍狂人，内求疏解困境，外图取媚山姆，不惜沉沦于"伊藤遗风"、"田中奏折"的梦幻中，叫嚣"登岛"，狂吠"国有化"等等。天颖之作，不啻当头棒喝，野田、石原、安倍之流，其能幡然醒悟，尊重中国主权，互商相互利益，共建亚洲和谐，则不仅日本朝野可拔脚去泥，即中日人民亦将同蒙福祉。九十野叟，合十期望，待其悬崖勒马，回头是岸。善哉善哉！

2012年，天颖增订本稿完成，又请序于我。我除历述天颖之好学及前此所作之强力影响外，又就附记后增一小段云：

> 天颖致力钓鱼岛研究，迄今四十余年，精研不息，其增订内容，强化主旨，当为警示日本政府之所作所为。其凛然大义，昭昭可见。天颖年逾古稀，犹奋力于笔墨，挥巨椽以卫社稷，何其壮也。天颖为其所处时代尽一公民职责，无愧堂堂正正中国人，我于此深感骄傲，特述其缘由，以励国人，口诛笔伐，理所应当！

2013年6月，增订本由中国民主法制出版社正式出版问世。天颖即寄我先读。辞旨犀利，箭无虚发，读之当浮一大白。天颖年在中寿，豪气犹存，深望整盔理甲，奋起一搏，尽三四年之功，通检数十年研究中经眼资料，按文字、图籍、数字分门别类，各系题目，汇编为《甲午战前钓鱼列屿归属考史料汇编》一书，既可自寿八十，传之子孙，永为世典，又可令安倍之流无言。九十一叟，当在奔百途中，期其有成。天颖其勉旃！有贺南开，有贺天颖，天颖其无负我！

原载于《中老年时报》2013年9月5日

感情的死灰复燃

——读张梦阳的叙事长诗

活到九十多岁，无论是哪个机构的调查标准，都已归入高年。几十年间，冷眼热心地看够了无数的人间沧桑，心态似乎已一平如水，没有什么感情的起伏，真可谓心如死灰。一切荣耀利禄，都像浮云般地飘过去了。百事随缘，心无涟漪。不料，一个不是诗人的张梦阳一首叙事长诗，拨动了我的心弦，终于让感情死灰复燃。我感动了，哭了，流下久已枯涸的泪水。

张梦阳是交往多年的老友，是研究鲁迅的专家，我从不知道他也写诗。今年春天，他寄来他的新著《张梦阳散文精品选》，并附来两册相同内容的油印诗稿。我随手翻看了精品选里几篇作品，没有看油印本诗集，把它放在床头柜上。隔了几天，我闲暇无事，靠在床上休息，随手拿起一册诗集——《谒无名思想家墓》，是写一对恋人在那特殊年代惊恐不安的岁月里，过着挚爱欢乐却有点凄苦的日子。结局是悲惨的，但引起无数活着的人深深的回忆。我淡定的心被感动，就立马正襟危坐地写了一小篇感言，寄给梦阳，信中写道：

梦阳：我很抱歉。我因为闲暇无事，随手拿起你寄来的自印本《谒无名思想家墓》的长诗，一气读完，心在颤，面颊上流着不知什么时候流下来的泪。我惭愧，我亵渎了你的诗。"苏格拉底"和"俏儿"是一对真正的凤凰，"苏格拉底"的执着忠诚与"俏儿"的善良大爱，不管他们是否实有其人，但你把社会的罪恶与不平的双刃剑戳向人们的良心。我早已不哭了，因为我经历了太多的折磨，太久的不公，但是我懦弱，没有反抗，只有"引颈就戮"。人家说我什么，我都会笑脸相迎，把泪水倒流进肚里，但你的诗掘开了我心灵缺口。我高兴，我有泪水。到了"送别"那几章，到了"俏儿"

一家的毁灭，我哭出声来。梦阳，你太残酷，你居然用笔写下这么令人心痛
的往事。这薄薄的自印诗集，要比你那本正式出版的精品集值得珍惜得多。
这首长诗不需要再修改，因为它让一位已经淡定，漫步走向百岁的老者，在
行程中感动了，停下脚步，回头再审视，记住这些人。感谢你梦阳，启动渐
渐沉寂者再图一搏，谢谢！含着泪拉杂地写这些送给你。

　　致
敬意

来新夏　4.3

　　梦阳从外地出差回来见到这篇感言，立即来电话表示感谢，我在回应中也感
谢他"写出我们老一代和你们这一代亲身经历的历史真实"，诗中刻画的若干人
物和情节，"也都给人留下深刻的印象，蕴含深厚，没有切身的真实体验是写不
出这种诗的"。读完全诗，我顾不上推敲长诗的工拙，却深深地感到："我们不
能忘记历史，忘记意味着悲剧的重演。"

　　没有想到，梦阳十分看重我的感言，送给他的朋友看，得到他们的认同。如
北京大学的文学博士、中国海洋大学的徐妍教授在看过我的感言后，写给梦阳的
信中有过这样一段评说：

　　　　来先生的信让人感动，九十高龄的老人是以真诚的心对待长诗的。也可
　　以说您的长诗让他真切地感受到心的跳动。真心换真心，这是您和他相知甚
　　深的确证。一代人有一代人的记忆，磨难造就了丰富的心灵。

　　更没有想到，有出版社肯于出这本书，有这样的编辑愿意编这本书。他们能
够不以市场的票房价值为取向，不钻在钱眼里，而是着眼于书的本身有无出版价
值，是值得鼓励的。在寄来的那几本诗集里，赫然居于首页的，竟是我那篇感言
的手写稿。这是梦阳和他的朋友们的心意和信任。我写过无数的序，最近还正式
出版了一本《邃谷序评》，但从来没有受到过这样的激励。我似乎看到几双友情
的手在推动一架老牛破车，在缓缓而坚韧地朝着期颐的路上走去。

原载于《今晚报》2013年7月9日

挽留杨玉圣

近年来，学术腐败事件层见迭出，抄袭剽窃之风日盛。教授、博导、博士生、本科生，时有涉及，不以为耻。甚者，恬然对簿公堂，强辩遮羞，无理蛮缠。大多数人对此不过浩叹世风不古，洁身自好。但一些有胆有识之士，奋起千钧之棒，口诛笔伐，纠正学术风气。有些刊物还开辟专栏以揭露其事，有理有据，使歪风邪气无所藏身。我也每见此类文字，必加细读。痛快淋漓，可浇胸中块垒。而见报率之高，笔墨之犀利，观察之敏锐，则无过于杨玉圣其人。

我不认识杨玉圣，只是在报刊和网上看到过他写的一些学术批评文章，觉得这个人很怪。为什么没事找事？为什么不怕得罪人？为什么信息如此灵通？为什么当代会出这样一位"铁面御史"？我百思不得其解，总想见见他。三年前一个偶然机会，我们有了通信往来。不久，又在北京见面。杨玉圣不仅长得像个小孩子，而且言谈举止还保持着一颗赤子之心。胸怀坦荡，快人快语，实属性情中人。他很容易让人相信，这是个值得交往的朋友。我们在性格上有不少相似之处。虽然我比他大四十岁左右，但没有代沟，很快成了我的忘年小友和同道。古语说"学如积薪，后来者居上"，我于此得到验证。他有许多让我佩服的地方。例如：杨玉圣还年轻，前面还有许多要走的路，但是他并不顾惜自己，而以一种"大群小己"的战斗精神，维护学术尊严。他为了学术的群体而不怕为自己的前途栽刺，他为了争取"学术评论网"免受伤害，而不惜自己职位的淹滞。杨玉圣不愧是学术神圣殿堂的守望者。

杨玉圣是一个在美国史专业上有成就的学者，但是他花费更多的精力，勤勤恳恳、日复一日地打扫清除学术道路上的垃圾。他勇敢地指名道姓揭露污染学术环境、不守学术规范的人，而让学术环境天朗气清，让中华学术日益昌明。杨玉圣不愧是学术道路上的清道夫。

杨玉圣有自己的阵地，不仅发出自己振聋发聩的呼号，也为更多人提供沟通思想，传播信息，鞭挞丑陋，洗涤污垢的平台。他千辛万苦地经营着"学术批评网"，至今已有五年。3月中，他曾举行有一定规模的庆祝酒会，得到许多学术界人士的支持与肯定。我因年高，未能亲临，但也写了题词以表祝贺。希望能网络天下，为学术的繁荣纯洁而继续努力。会后，他托在津工作的学生小景带来这次会议的论文集——《为了学术共同体的尊严》一书和其他几本有关著述。我很高兴。但是，小景告诉我一个令人不悦的消息：杨玉圣在会上正式宣布"学术批评网"将由他人接办，而他本人则退而专攻美国史，准备撰著一部《美利坚合众国史》。回归专业，又主持"学术批评网"两不误，当然是最好的选择。如果只能选其一，我认为：与其多一个美国史的学者专家，不如有一个历经考验，富有战斗精神的学术批评家。因为美国史专家易得，而有胆有识的学术批评家难求。因为美国史只是史学领域中的一隅，而学术批评则是关乎学术发展与争取美好前途的大业。我曾和玉圣通电话劝慰，似乎感到他有一些不愿说的原因。我也曾猜想，玉圣也许已是明枪暗箭，遍体鳞伤，有难言之隐。纵然如此，我仍然想挽留他坚守阵地，继续战斗！

玉圣，鼓起勇气，会有许多人支持你，帮助你的。你会从繁忙事务中解脱一些，只是稍微拖长一点时间完成你的《美利坚合众国史》，它将成为你学术批评躬行实践的标本。留下吧，玉圣！

二〇〇六年三月十八日

原载于《邃谷师友》（远东瞭望丛书）　来新夏著　上海远东出版社2007年版

古吴才子王稼句

吾初不识王稼句，惟时于江南诸小友间闻其名，多赞其才华与勤奋，心仪其人而亟谋一晤。2005年5月，河北教育出版社为发行《书林清话文库》套书，假天津书市之便，在天津图书馆召开座谈会，稼句应邀与会，遂有幸一瞻风采。中等身材，面含笑意，操吴音普通话，悦耳动听，而出口文雅，腹笥可见，固江南一俊彦。稼句复以套书中拙作《邃谷书缘》请题，立谈片刻，因心路若通，遂定交焉。吾何幸，又得一横溢才华之忘年交。

时隔不久，稼句即见寄所点校之《苏州文献丛钞初编》二厚册，共千余页，收书三十种。虽说初编，而苏州地方小志之作，多已网罗。展卷浏览，稼句何止富于文采，更深于学术。当今学风浮躁，人皆好高谈纵论，言必无根侈谈，文多"网间"扒梳，而尚在中年之稼句，竟能不趋时尚，不追熙攘，埋首故纸，点校旧籍，以润泽读者，实属难能。地方文献多出之风土笔记形式，实为方志之一大支流，而世人多视其为小道，聊供茶余饭后之消遣，瓜棚灯下之谈助，实乃不学之蛙见。吾早岁即喜读此类"小作"，后复以此为专业，曾点校《天津风土丛书》，而响应者甚鲜。今读稼句《丛钞》，瞿然而喜得同道。圣人曰："德不孤，必有邻。"信然！是年10月复得稼句所著《三生花草梦苏州》，乃与陈子善先生之《迪昔辰光格上海》、韦明铧先生之《二十四桥明月夜》、薛冰先生之《家住六朝烟水间》共成《城市文化丛书》，于地方文献之研究，别开生面。诸君均为能文有学之士，着眼四大名城，运以妙笔，配以旧图，倚被而读，恍若卧游，真不知人在景中，抑景在人中？其乐融融而飘飘然。

今年4月，稼句又惠赠所著《消逝的苏州风景》，虽多属残影旧观，而发思古之幽情，念往昔之游踪，重温旧梦，故迹再寻，皆感稼句之所赐。随之想到一人一年三书，需要何等走笔，何等根底？真是"后生可畏"！不竟8月初又来一书，为图文本《晚清民风百俗》，以点石斋风土画为说，虽曰百俗，实为有百五十则。上世纪之初，各地之土风民俗，悉在囊中，看图读文，尽收眼底。吾尝窃窃自诩"走笔难收，年成一书"（不计水平如何），傲视海内君子，不意为稼句一拳击倒。稼句年余成四书，粗略计算，当在百万字以上，以日计算，则非日产三千字不可，不禁瞠目而甘拜下风。吾于友朋赠书，书到必先浏览一过，而稼句所作，纷至沓来，前书尚未终卷，新作又邮传到家，可谓"间不容发"，至令他人难以"夹个"。昔人有云："学如积薪，后来者居上。"吾于稼句，将增一"必"字，而曰"后来者必居上"。吾虽高年目眊，亦将鼓其余勇，整装以待稼句赠书之源源而来，稼句其勉旃！

二〇〇六年八月十八日上午　冒溽暑一气呵成于南开大学邃谷，时年
八十四岁

原载于《文学界》（专辑版）2007年第2期

董宁文编书

南京有个董宁文，是读书界中的名人。他除了编一份颇著声誉的民间刊物《开卷》外，还不断编一些有趣、有意义的书。无论办刊，还是编书，总目标就是为了团结读书界的男女老少，让这些读书人有园地吐露想说的话。从而保存些文坛学界的文献遗存。几年以来宁文的许多努力，确是积了不少功德。

宁文究竟编过多少书，我没有详细调查，只就我所参与的就有多种。前几年，他把《开卷》上由他执笔（署名子聪）撰写并连载的《开有益斋闲话》辑成一册出版，名《开卷闲话》，我曾为他写过一篇序。《闲话》是编年体，分期连载看不出它的价值；辑成一书，则读书界人与事的诸般活动，多具首尾，是读书人的起居注，为后来保存一份历史遗存。后来宁文又编了一套"我的"丛书，包含书房、书缘、笔名、闲章共四册，由岳麓书社出版，书品很别致。这四册书把老少读书人久已烂在肚里的陈年老货又深挖出来面世，不仅有史料价值，还体现不同时代不同读书人的雅趣。一卷在手，至少可以消闲。

宁文对编书有特好，也有敏感，会抓题目。《开卷》这份民办刊物，不知不觉出了百期，大家还没有想到什么，宁文就着手约稿编稿。为纪念《开卷》百期，准备出两本书，一本名《凤凰台上》，是以年为序，从2000年至2008年间各期中选编《开卷》发过的文章，似乎每人一篇，有170余篇，收罗一大批老少读书人，可看到《开卷》的发展脉络、读书人的情趣所在和读书界的取向等等。我在2001年的《开卷》上刊发的《学者随笔琐议》一文被收录入书，我很高兴能在此留一足痕。被收录的作者群，有的老去，有的银发谢顶，面临风前草上，更多的则是风华正茂的后来者。文脉相承，国运不断，管窥蠡测，于此可见。

宁文编的另一本纪念书，名《我的开卷》，都是新约的文稿，有文章，有题字。人人祝福《开卷》百期，对未来寄予殷切希望，我除应约写了"我的开卷"

题词外，还写了《祝〈开卷〉百期》的小文，在这篇小文中，特为《开卷》记下二大功绩曰：

> 《开卷》的一大功绩，是作者群广泛，称得上是"群贤毕至，少长咸集"，既有不常动笔的耄耋知名人士，亦有不见经传的后起之秀，各行其道，各说各话。既能聆听故人往事的历史声音，也能感受当代的新鲜时尚，有所评论也能各抒己见，有评有说，不落空套……

> 《开卷》的又一功绩，是起了文献征存的用途。其人其事，看来不是什么惊天动地的大事，但历史往往靠细节编织……单独条目，固不见出奇，积少成多，乃成文坛学界之大事纪要，求真求实，弥足珍贵……

这两本书内容充实，不是一看了之的过眼书，而是有保存价值的书。它的外形装帧，也很纯洁爽目，是由译林出版社正式出版。我说这两本书好，并不因为收有我的文章，而是这两本书充分证明民间刊物的真实价值。它为《开卷》树碑立传，也为《开卷》之类的民间刊物注入生命力。它在客观上大大压缩假话、空话、套话的空间。为吐露肺腑之言、老实话、真心话扩大了阵地。我希望这两本书有人看，有更多的人看。宁文会编书，更会运作正式出书，这非常难得。一将难求，我真希望读书界能多出几个董宁文，出更多让人看不够的书，让读书界多充溢些正气。

二○○八年八月八日写于南开大学邃谷

原载于《教育信息报》2008年9月20日

流年琐记

萧山来氏

一、来氏受姓

姓与氏本有区别。姓产生早于氏，是母系氏族社会的产物。古代的"姓"字，意思是"人所生也"，表示姓名的来源，是血缘集团关系的标志，所以古代的八大姓多有女字旁，姜、姬、妫、姒、嬴、妘、姚、姞等。有些姓可能是从图腾崇拜而来，如诗云："天命玄鸟，降而生商。"玄鸟是燕子，是商所崇拜的图腾，因而商即以子为姓。随着人类社会的发展，姓的作用扩大，其作用之一是"别婚姻"。这表明人类已认识到近亲婚配的危害。姓在人类历史上是一种有进步意义的标志。私有制出现后，为了区别贫富贵贱的不同地位，同姓（族）中便产生和使用若干不同的氏。但共有的姓，仍具有祭祀共同祖先，维持同姓不婚等意义。秦汉以后，姓与氏的差别逐渐消失，于是人们以氏为姓，统称为姓氏，使得姓氏成为一个家族的标识。

关于来氏受姓有二说：一说商汤胜利后，受封于山东莱国（今山东黄县东）的诸侯，于鲁襄公六年为齐侯所灭，从此其子孙就以国为氏，"去草为来"，《萧山来氏家谱》卷一姓氏支派的明嘉靖二十七年来端蒙所撰序中即持此说。来氏二十二代孙来鸿瑨撰《草莱辨》驳正前说称："稽《氏族略》，来本作来并不作莱。商之支孙食采于来，因以为氏。后避难去邑。太史公曰：'契为子姓。有殷氏、来氏、宋氏、空桐氏、稚氏、北殷氏、目夷氏、时氏、黎氏皆子姓。'

（此段引文与今本史记有异或作者为记忆之文）此来氏之所自始，载在《史记》本无庸议……今来氏子姓系出于来犹之虞帝后有姚姓、黄帝后有姜姓、周王后有姬姓，史册昭然。"（《萧山来氏家谱》）我认为后说既有文献可据，自较可信。

二、迁萧前的来氏五世

萧山来氏迁萧前居于河南鄢陵（鄢陵是春秋时郑伯克段于鄢的故地）。据《萧山来氏家谱》记载，来氏河南五世如下。

第一世：来大户，字仲实，宋开封府鄢陵县咸平乡淮安里人。配李氏，子一，名为来之邵。

第二世：来之邵，字德高，宋哲宗朝为殿中侍御史。落职知英州。配高氏，子一，名为来时。

第三世：来时，字以中，宋高宗绍兴初，因李光推荐，授予袁州通判兼劝农营田事。又因李光与秦桧议事不合，秦桧讽御史何铸劾光，谪琼州。时亦遭贬。配钱氏，子一，名为来梁叔。来时年五十四岁卒。

第四世：来梁叔，字国材。以父为秦桧所抑，隐居不仕。配王氏，子一，名为廷绍。梁叔年五十八岁卒。

第五世：来廷绍，字继先，即迁居萧山为第一世祖。

来廷绍这一支，估计是宋南渡后的搬迁户。其祖父来时，在绍兴初年曾在江西袁州任官。廷绍即在绍兴二十年（1150）生于袁州，宁宗庆元六年（1201）廷绍被任命为绍兴知府。从杭州渡江至西兴时，得急病，未能赴任，卒于萧山祇园寺，葬于湘湖，直系亲属定居萧山，奉廷绍为萧山来氏始祖。当时可能有一部分族人先行至绍兴，也就定居在绍兴。所以新编《萧山县志》在《姓氏》章的《部分大姓来历》一节中曾记载说：

> 来姓：祖籍河南鄢陵，随宋室南渡，定居绍兴。后分两支，一在绍兴，一居本县今长河乡的长河头。后又分支于今浦沿及闻堰乡等地。全县有1.6万余人，长河一地即达5000余人。

这一记载与我的推测有所出入，《县志》认为萧山来氏是由绍兴分支而来，我则根据始祖来廷绍的行踪，认为绍兴一支是由萧山分去。或者说南渡时有一支到绍兴，另一支由江西来萧山，但因缺乏文献根据，只能存疑了。

我过去只从家谱上得知萧山来氏来源于河南鄢陵，但未作深究。1983年在《萧山县志》定稿会上遇到河南方志学家杨静琦女士，承相告鄢陵来氏为萧山来氏之祖，当地尚有来氏族人。1989年我亲赴鄢陵，当地修志人员相告，该县姓氏中确有来姓，其族人多居于本县来家村。近年为更多了解来姓，曾函询鄢陵县志办张嘉波主任，经调查后告知：

> 鄢陵县城西陈化店镇丁集村，尚有来氏一族聚居。有30余户200余人，但始居年限不详。估计两种可能：一是南宋时鄢陵来氏南迁萧山时所遗留，一是后来又由萧山还迁河南的一支。

总之河南既是萧山来氏的始源，又是萧山来氏繁衍外省的重要省份。

三、萧山来氏的定居长河

高宗绍兴八年（1138），宋高宗正式定都临安（今浙江杭州）。北方人口大量南迁，为南方的经济发展提供了物力、人力，促使了南宋的社会经济的较快发展。嘉泰二年（1202），萧山来氏始祖来廷绍，奉命出知绍兴府事。渡江至西兴得急病，未赴任而卒于萧山祇园寺僧舍，葬于萧山湘湖方家坞。来廷绍在临终前留下了《祇园临终诗》一首说：

> 病卧僧房两月多，英雄志气渐消磨。
> 昨曾饮药疑尝胆，今天披衣似挽戈。
> 吩咐家人扶旅榇，莫教释子念弥陀。
> 此心不死谁如我，临了连呼三渡河。

满腔悲愤爱国之情溢于言表。南宋著名爱国词人辛弃疾应廷绍两子师安、师周请为撰《宋宣奉大夫知绍兴府事来公墓志铭》，铭文中称：

> 来君讳廷绍，字继先，心不忘河洛故都，故自号思洛子。曾大父之邵，哲宗朝殿中侍御史，因攻近侍，落职知英州。大父时，袁州通判兼劝农营田（使），甚有声。父梁叔不仕，妣王氏，绍兴二十年庚午六月二十一日生思

洛君于袁州宦邸。思洛幼负奇才，忠愤激烈，尝念祖宗耻未雪，愿奋不顾身，然未膺一令，郁郁过四旬。绍熙四年中陈亮榜进士，天下士大夫识不识皆曰："来、陈俱登第恢复有期矣！"思洛亦自庆，以报效有地也。陈君以才雄当世，喜谈兵，议论每与思洛合。未第时，尝云："钱塘非驻跸之所"。思洛促陈诣阙上书，执政恶其切直，交沮之。思洛又诣阙，陈止之曰："君当以前伪党为戒"，自是晦迹读书，志益奋激。登第未几，不幸陈君卒。思洛孤立于朝者二年。庆元龙飞（庆元为宋宁宗年号公元1195年），始交于予。予爱其忠义，恋恋如骨肉。越五年，予安抚浙东，思洛以朝散郎直龙图阁学士。又明年，闻思洛以宣奉大夫出知绍兴府，予私喜曰："来君来，事济矣！祖宗耻，可雪矣！"盖以绍兴乃越王卧薪尝胆之地，予与来，无愧蠡种。不幸思洛未之任，又卒矣！呜呼！岂天之不欲平治天下也哉！不然，胡为来、陈相继而殁已焉哉？来之殁，在嘉泰二年十二月十五日也。殁之处在萧山祇园僧舍也。葬之处，在湘湖方家坞也。享年五十有三。立朝十载，而志不得一纾，呜呼伤哉！元配杨氏，继配陈氏。生子二，曰师安、师周。二子来请命，义不得辞，铭曰：

壮志愤愤兮扶社稷，忠诚烈烈兮贯金石。

怀抱郁郁兮未获申，友义偲偲兮同扶策。

皇天不憖兮夺其年，国步艰难兮谁共力？

湘水苍茫兮荫佳城，千秋迢迢兮知来宅！

（《萧山来氏家谱》）

辛弃疾所作的这篇墓志铭，概述了来廷绍一生的经历，充满着对逝者高尚气节的颂扬和悼念，寄托了作者对来廷绍的哀思、怀念和崇敬，也表达了彼此间的深厚友谊。

来廷绍病故后即由长子来师安守墓，占籍萧山，卜居冠山之阳，即萧山之西的古镇"夏孝里"或"夏孝乡"。次子师厚，去向无考。幼子师周，后回河南。

师安生七子，存三子，即大德、大震、大圭。这是萧山来氏定居的奠基之始。但当时颇受原住民的欺压。根据宋朝限田定制的规定，知绍兴府事的来廷绍可得限田百亩，但到了来大德十二三岁时，这百亩限田被人侵占得仅剩七亩。即使这七亩也被当地豪族觊觎。由于当地豪民孔德祖"阴萌嫉妒"、"妄意生事"、"擅行科率"，竟把这仅有的七亩限田也勒令"出助役田"。这就迫使来氏无法在萧山立足，来大德虽未成年，但为了不受孔德祖之辱，在他的内侄邱本高、眷弟任庸相和国子监助教曲江张经的支持下，"持祖父诰敕陈诉"，经都司、宪台判定，孔德祖已构成"科勒役田"之罪，并勒令其"不得再有妄意生事……"这一案经审理台判执行后，使当地豪族对这个南迁来的来氏不敢再轻举妄动了，成了当地民间传说中的"飞来鸟战胜地头蛇"的故事。

根据邱本高所撰的《宋处士长河散人来公墓志铭》、张经和任庸相合撰的《附限田状并二跋》可略知来大德的情况。"公讳大德，字维守"，"大父廷绍"，"父师安，娶李氏，生七子，公则长男也"。"自七八岁则明敏严饬，无复童心。十二三则温良正直，有成人之德。""里有豪民孔德祖，科勒役田。公持祖父诰敕陈诉，明证罪恶，人咸直之……"这段志文和跋文不但表明来氏在萧山的权力地位得以确认，也使来氏在萧山得到一个生存空间，保证了萧山来氏家族的繁衍发展。

夏孝里也因乡人推崇来大德的为人，而以其别号长河散人而改名为长河。长河是萧山西部一古镇，北滨钱塘江，东临铁陵关，西连浦沿镇，南通湘湖水。古为越属地，周秦以来为会稽郡所属，隋唐以降，为越州永兴县属地。北宋太宗太平兴国三年（978）始有乡的建制。明清以后，隶属于绍兴府萧山县，民国仍之。建国以后，萧山划为杭州市属县，长河成为萧山县属镇，1996年，又划归杭州滨江区所属。萧山来氏就在这块美丽富饶的土地上，繁衍生息，兴旺发展。

四、萧山来氏的繁衍外迁

始祖来廷绍幼子来师周一支迁回河南也可能是回老家鄢陵，但文献不足无可征考。据《洛阳来氏家谱》序所记载，明代中期来氏家族自萧山迁来洛阳至今四百余年，洛阳来氏的始祖名无考，只知字承甫。迁洛后住城内西北角仓街，卒葬城北金家沟村西，冢前有碑，为洛阳来氏一世祖。传至五世来思信者，又迁至距洛阳西南四十里地的延秋村。延秋是唐武则天的避暑胜地，因希望延缓秋凉而得名。洛阳来氏至今已有20余世，现有220余户，人口近千。洛阳延秋来氏的前十二世，据延秋来布周考列如下：

①来承甫
②③④失考

⑤来思信，明末避乱，由洛阳迁延秋

⑥来秉乾

⑦来桓

⑧来迎祺

⑨来大生、来廑生

⑩来百龄

⑪来嘉禄、来嘉福

⑫来宗有，清嘉庆十八年携三子赴陕州。三子太和、遂和、三和（后由陕州迁咸阳）

萧山来氏曾有繁衍至四川者，历史上知名者为哲学家、思想家来知德。来知德字矣鲜，号瞿唐，别号十二峰道人。其祖先由萧山迁出，先至湖北麻城。元末时有来泰者由楚入蜀居于梁山，成为蜀地来氏之始祖。在古之贤等所撰《瞿唐先生年谱》序中明言其事。其世系如次：

①来泰，元末由楚入蜀，居于梁山

②来均受

③来晟富

④来志清

（以上四世皆潜隐未仕）

⑤来昭，宜良令

⑥来尚廉，"好施与"

⑦来朝，"拾金还主"

⑧来知德，配倪氏，有子二人

⑨来时敏、来时升，邑廪生

⑩来许、来谒、来译，邑廪生

来知德是来氏入蜀的第八世，生于明嘉靖四年（1525）卒于万历三十二年（1604），享年八十岁。来知德专研《易经》，自中举后即隐居万县求溪山中达三十年，生活于"不庐不衫，忘食忘忧"的状态中。著有《省觉录》、《省事录》、《理学辨疑》等，尤以《周易集注》十六卷更为著名，来知德著此书历时二十九年，成为易学研究中重要著作，甚至有"来氏易"之说。来知德《明史》

有传。

洛阳来氏和麻城来氏有西迁至陕者。如洛阳来氏第十二世携子赴陕州。麻城一支在入蜀途中也有可能向西北经郧西入陕。今人陕西505集团总裁来辉武虽未能追述其始祖渊源，但据本人函告，祖籍湖北省郧西县。民国初年其祖父为逃荒辗转曲折到陕西定居。来辉武即出生于陕西周至县尚村乡，则陕西来氏或亦为萧山来氏之后裔。

在河南除洛阳外，还有南阳、柘城等地有来姓族人。其中南阳有上来村、下来村。据洛阳市志办主任来学斋编审函告，他的老家是三门峡市所属灵宝市阳平镇裴张村下的一个名叫小阎村的自然村。全村400余人，均为来姓。据说小阎村来姓一族最早由洛阳迁来，是洛阳来氏第十二世来宗有于清嘉庆十八年携三子，先移居卢氏，后又迁小阎村。来学斋又提供了一篇他的某老师所撰的《小阎村的变迁》一文。

文中曾说到村址在阳平镇的最东边，位于温和东仓二河交汇处的西岸。该村南端高圪塔处，有一座老窑院，住着张、严、来三家人。后来由于窑院倒塌，住户迁到河边居住。河边与窑院相比，地势较低下，因此被称为下村。后来下村又添一阎姓居民户。老阎有一子聪明能干，在邻村也稍有名气，被人称"小阎"。时间一长就以人名代替村名，与下村并称。张、阎二姓，后来败落，只有来姓人丁旺盛，久传不衰。

对于洛阳来姓是不是山西洪洞县的移民，说法不一。根据洛阳来姓老人来应元（九十岁）、来天均、来石固共同回忆判断，来姓不属于大槐树下的移民。其理由有三：一、从村里的老爷庙的石碑分析。在村东北500多米处有一老爷庙，上层塑着关羽的坐像，上去的石梯十八阶，铺得非常讲究，是李自成在河南那年修建的。有一石窑炉，是清同治十二年刻凿的。下层立一建庙石碑，捐资者90%是来姓。石碑立在本村老爷庙内，若来姓是洪洞县移民，在碑文中一定会加以叙述。未加叙述就不会是洪洞县移民。二、爷爷堂古柏可证明。村中爷爷堂边长一株两人合抱不严的古柏，其历史在千年以上。而明洪武二十二年（1389）下移民令，至今只有610年。三、官坟古柏也可作证。在村东南处（铁王河村东）是来家的"官坟"。坟内曾长柏树几十棵，大的树龄在700年以上。原来来氏分为七门。

五、《萧山来氏家谱》

《萧山来氏家谱》起自明永乐十三年，至民国十一年，前后经过四次编纂而成。书中记载着来氏家族从宋朝元祐三年（1088）至清朝光绪三十年（1904）间，受皇帝封诰101道，有386人官居宰相至七品京官，是一部反映中国古、近代政治、经济、军事、文化发展的历史文献。对研究萧山乃至中国的历史发展有着重要的参考作用。

这件档案珍品，是萧山长河镇文书、老档案员何金海从废纸堆中慧眼识宝，抢救收藏的，后由长河镇政府呈献给萧山档案馆保存。据何金海回忆说：1966年，"文化大革命"开始，红卫兵横扫"四旧"，把一堆"抄家"来的东西堆放在食堂饭厅。1978年，在清理这批废物时，他偶然发现，在这堆废物里夹着厚厚的几十本书，包在外面的布盒已经霉烂脱落。一个老档案工作者本能的档案意识，驱使他主动地将书收藏起来。1987年，河南洛阳市委宣传部有两位同志来了解1931年中共开封市委书记来学照（革命烈士）的有关情况，就在《萧山来氏家谱》中找到了所需的内容，使家谱的作用得到了证实。

小传

　　来新夏，1923年出生于天堂杭州。幼承家教，诵读三、百、千、千。长入教会学堂，毕业于辅仁大学。专攻历史，差三零四地读过些经史子集。年未及冠，捉笔为文；不到而立，竟登讲坛。育才不少，诲人？误人？任人评说。著述近卅种，论文有百篇，大多爬梳钞纂之作，聊充铺路石子。安身立命南开大学半世纪，由助教历阶至教授，起起落落，未见寸进。十年牛棚苦，练身好筋骨。学农津郊，躬耕四年，成书三种①，不亦快哉！人当退休之年，我方出山问世。作吏十年②，似烟若云。岁登古稀，休致回家。衰年变法，寄情随笔，借他人杯酒，浇自己块垒。阅世、读书，得小集八种③，又不亦快哉！于世无忤，与人格格，胸满暗箭疤痕，背有插刀创伤。无怨无悔，还我坦荡。年虽八旬，热力犹在。八宝④之路尚遥，电脑敲打不辍，更不亦快哉！只要早晨起床，依然天天向上。

　　　　　原载于《出枥集》（名家心语丛书）　来新夏著　新世界出版社2002年版

---

　　①　下放津南北大港地区四年，利用晚间耕余，整理恢复"文革"时被焚之《近三百年人物年谱知见录》和《林则徐年谱》，又新撰《古典目录学浅说》一稿。

　　②　我于前一世纪八九十年代，意料之外地曾"荣任"南开大学校务委员、图书馆馆长、出版社社长兼总编辑、图书馆学系系主任、地方文献研究室主任等实职工作。

　　③　小集八种是：《冷眼热心》、《路与书》、《依然集》、《邃谷谈往》、《枫林唱晚》、《一苇争流》、《且去填词》和《来新夏书话》等。

　　④　借八宝山公墓之喻。

故乡的思念

在钱塘江南岸，有一座历史悠久、经济繁荣的小城市——萧山，这就是我的故乡。来氏从南宋建都临安时，就卜居于长河乡。世代繁衍，代有名贤，渐渐形成为大姓望族。我家这一支，据说世居绪昌堂，老屋尚在，但建造的确切年代已无从查考。我的祖父来裕恂先生抗战时拒就伪职，乡居自守时，住在月弯里，至今里巷"漏底墙门"的上楣，尚存有我祖父亲自登高写下的"青对南山"四个字，现在尚能模糊地辨认出来。

我虽然出生在杭州，但常随家人去萧山串亲。我最熟悉的地段是市心街一带，并曾在一位老亲市心桥附近的家住过几天。给我留下最深的印象，就是至今还保存在新桥旁边的那座旧桥遗物。每次看到这座桥，就能引起我很多童年时快乐的回忆。我七岁那年，因为父亲在天津任职，我告别故乡北上。九岁那年的春天，因为父亲的职业流动性大，居无定所，我和母亲被送回故乡，在外婆家西兴镇住了半年，并进了铁陵关小学，读初小三年级。这年秋天，父亲的工作定位在天津，我和母亲又重回天津。从此我就学、就业于北方，再也没有回去过。我一别故乡，就是六十多年，直到上世纪七八十年代，由于全国开展修志工作，我奉命承担培训修志人才和参与修志实践，而故乡亦正在开展新编县志工作，才使我有回乡的机缘。

1982年6月，故乡开始修志，因我那几年在开展和推动全面修志工作中浪得薄名，而先祖又是萧邑最后一部民国志的独立撰写者，遂召我与闻其事，并聘我为新编《萧山县志》的顾问。我既情切桑梓，又为克承祖业，乃应命不时回乡，与修志人员交谈修志的若干问题。我虽离家数十年，但因家中一直操乡音，所以尚能比较流利地运用乡音交流和发表修志意见。这样很容易拉近了我和乡人的距离。我亦颇以与贺监"少小离家老大回，乡音无改鬓毛衰"的诗句相应而自得。

地方志的编修事业把我和故乡又紧密地连在一起。从此我不断应邀回乡，参与一些不同阶段的编志活动，并受到故乡的宠遇，一直蝉联故乡修志顾问的荣誉职务。

近二十多年，我曾多次回乡，每次都受到当时所能达到的规格接待，即以住宿而言，我第一次回乡被安排在县委招待所内的一个单间内，据说是接待省里来的客人，陈设有一套沙发和一顶新蚊帐。吃饭在招待所餐厅，没有专设的单间，在厨房旁一间小屋内，安放一张小桌，单独进餐，与喧嚣的饭堂隔开，这是当时相当高的礼遇。以后每来一次，就变更一次住宿规格，我先后住过县委招待所、钱江饭店、东方宾馆、萧山宾馆、国际大酒店，直至五星级的开元名都。这虽然表达故乡对游子的亲情关怀，也从一个特殊角度反映故乡从改革开放以来，在日新月异地飞速发展。

住宿地的改善，仅仅是故乡大变局中的一粒水珠。改革开放的三十年，我的故乡如果用"旧貌换新颜"这句套语，那是再合适不过的了。我的故乡原来就是一座南北通衢、商业繁盛的名城。在我童年时，我时以它的冲要和兴旺而自豪，常常无意中对一些北籍朋友的家乡流露出"一座县城一条街"的讥讽语气。可这三十年的飞跃，使我每次回乡都目瞪口呆得难以相信这是我的故乡；但这种令人莫测的变化又确实是活生生的现实。如果不是事先知道萧山是一座区县级的小城市，来访者必定会被纵横交错的六车道马路和栉比鳞次的高楼大厦所耀眼，而误以为这是钱塘江畔的一座新兴大都会。故乡大发展的景象常常会引我这个不常做梦的人形诸梦寐。新世纪以来，故乡的诱人变化吸引我增加了回乡的频率，特别是2004年以来，我几乎年年回乡，近几年甚至每年有二三次，即使路过，也必在故乡打尖，住上一宵，与乡友畅叙乡情。

为了回报故乡对我的关爱，我总在想，作为远离故乡几十年的游子，该对故乡做些什么。从历年回乡的观察，故乡的经济发展已毋庸置疑，而文化建设似略有逊色。我终生从事文化事业，理应在文化建设上为故乡做一些贡献。经过反复思考和沟通，我决定向故乡捐赠我的著作以及多年积存的文史和地方志类的图书，为父老乡亲送去精神食粮。而可庆幸的是，由于故乡随着经济的大发展，文化建设也在紧紧地跟上，新的文化设施正亟待充实。经过年余与故乡有关负责人员的多次商榷，两相磨合，达成了捐赠协议。故乡的领导部门为了嘉勉我的爱乡行动，特斥资为我在新建的图书馆内开辟"来新夏著述专藏阅览馆"，并另在江寺藏经楼设"来新夏方志馆"，来安置与我长年相伴的藏书，既为故乡添加点文化色彩，也使我的藏书有幸获得永远不遭流散厄运的栖息所。这两处设施，经过两年的筹办，终于在2007年2月正式开放。这一信息的传播，引动了学术界、文化界的轰动与赞赏。不久，我又牵动撮合北京大学、南开大学、美国犹他州家谱协会与故乡地方政府联合，于2008年3月在萧山举办"地方文献国际学术研讨会"。我为故乡能成长为不只是经济，而且也是文化的名城，为提高故乡城市文化的分量而略尽绵薄之力。

我喜爱我的故乡，我眷恋我的故乡，我的故乡有无数值得自豪和夸耀的地方。我的故乡有八千年前遗存的独木舟，提高了中华文化的年轮；我的故乡有秀丽清新的湘湖，足与人们艳称的西湖媲美；我的故乡有不可胜数的志士仁人、学者文人，以彪炳史册的业绩激励后人；我的故乡有滚滚而过的钱塘江流，不仅有万众瞩目的潮峰景观，多少年来又孕育和丰富了浙东文化的内涵；我的故乡的广大乡亲们，具有丰富创意和奋发图强的良好素质，来发展自己的乡土；我在故乡有多位感情深厚的乡友，不时传送故乡的前进声音和故人的温暖。我有幸是这方土地的子孙，我以自己是萧山人为荣。我永远思念我的家乡，永远眷恋我的家乡！

二〇〇八年六月六日写于南开大学邃谷，时年八十六岁

原载于《萧山记忆》（第一辑） 中共杭州市萧山区委党史研究室、杭州市萧山区人民政府地方志办公室编 浙江人民出版社2008年版

旧镇纪事

【编者按】 一篇清逸隽永的《旧镇纪事》，如诗如画，如梦如烟，将读者的目光，牵向二十世纪二三十年代的江南小镇。在作者笔下，童年往事，历历在目，所涉及的几个人物，所记述的几个事件，无论是请他写"血书"的小姨，用情专一的"水果西施"大表嫂，还是顽皮可爱的小表妹，甚至寥寥数笔带过的"极为敬业"的大外祖，浓妆淡抹总相宜，令人过目难忘，感慨良多。

来新夏先生是文史大家，本文在怀旧情思中，透露出弥足珍贵的细致入微的旧时写真，让人感到一种巨大的人文关怀，从心底升腾，在胸间弥漫。

我的外婆家在钱塘江南岸的一个旧镇上，是位于萧山县西北的西兴镇。此地古老，越国范蠡曾在此筑城，作为越国的渡口城堡，以其可以固守，命名固陵。南北朝时又名西陵，是钱塘江与内河沟通的要地。五代时因固陵的"陵"字，含陵墓之义不吉，遂改名西兴。宋设镇，元设厂，明设盐课司，清以来乡镇迭用，成为水陆要冲、市廛繁盛的集镇。

我的外祖父母在我出生前已去世，虽然我家住在杭州，与西兴只有一江之隔，但母亲很少带我去外婆家。直到七岁上半年，因为准备到天津来，母亲选了一个晴天的早晨，带着我去外婆家告别，我才第一次去西兴。当时尚无钱江大桥，要乘布篷航船，江岸有较长一段浅滩，航船停在较远的江中，需要走近百米两人对行宽的木跳板。跳板用六块长木板搭在架子上，越走离地面越远，往下一看，令人头眩，加以跳板有规律的颤动，行人必须保持步履一致。母亲拉紧我的手，我也学着大人一颤一颤地合着拍子走。对岸的船埠头就是西兴。但需再走一段跳板，才到真正的岸上。离岸不远，就是进入西兴镇的关口——铁陵关。这是古代固陵城的遗址，当年离海塘很近，形势险要，为兵家必争之地。现已远离江道，仅存关基遗址。过了关，就是镇上一条笔直的青石板路，大约走十分多钟，就到外婆家。大家说了许多久违的话。傍晚时，母亲和我又匆匆返回杭州，所以我对旧镇的印象并不深。

九岁那年，因为父亲失业，四方谋食，居无定所，而杭州老宅，因父叔分在各地谋生，祖父母也分别就养，无处安置我和母亲，所以只好把母亲和我送回西兴外婆家。在外婆家住了有半年多，让我有机会认识这个旧镇。我的外祖父弟兄二人，外祖父行二，世代经商，直到我外祖父，才一意读书，而由大外祖去支撑商业。他们在大街的两侧开了两爿店，北面的是米店，南面的是南货店，由大外祖的两个儿子分管，大堂舅管南货店，二堂舅管米店。米店是前店后厂，前后三进院落。店堂是高台阶，一半是L形柜台——银钱往来的地方，除了二堂舅和账房先生外，闲人莫入。另一半是若干米笪箩，装着各种不同的米，供顾客选量，有几个伙计在招呼客人，有时我也在店堂里玩。大外祖虽然读书不多，但经商很负责，从店堂卸下门板起直到晚间上门板收市止，除了吃喝拉撒外，他就坐在米店临街的一张高凳上张望，俗称"瞭高"，既照看米店，又不时往对街地势较低的南货店扫几眼，统管着两店的商业活动。在我寄居的半年多里，从未缺席过一次，极为敬业。我的外祖父母生有二男三女，我母亲是五人中的大姐，两位亲舅舅，一在杭城体育界，一在外地军界，到年底他们还可以回老宅分两店的红利。我有两位姨，二姨嫁到杭城一陈姓中学教员家，小姨也已许配给离西兴几十里地远的张家村张姓农民家。二姨早逝，留下小表弟陈天声。不久，二姨父也因精神分裂症疯癫而失业，父子二人孤苦无依，只好回西兴外婆家寄居。后来二姨父死后，天声表弟就由外婆家收养。小姨出嫁后，平静地过着中农的小康生活，直活到八十多岁。

我寄住在外婆家时，正是暑假期间，住在米店店堂后面的第二道院里，院里有一个大天井，东厢房是客房，我就住在这里。房里陈设比较简单：一张木床、一张条几、一张八仙桌子和几把椅子。条几上堆放着许多旧书和文房四宝。每天上午，我按照母亲的布置写大小楷，大楷临《东方画赞》，小楷临《黄庭经》，读两篇《古文观止》，直到吃午饭。下午就是我的自由活动时间。客房的对面和后身是碾米和存粮的厂房，有两三个工人赤膊劳作，弄得满头满脸都是米糠尘末，流下来的汗水在面颊上画出一道道痕迹，米糠的扬尘弥漫着整间磨坊。我偶尔探头进去看一下，便呛得赶快退出来喘喘气。有时有大宗的买主，磨坊便要连夜加工，直到我入睡渐渐进入蒙眬时，还能听到若断若续的隆隆声。我虽然还未能认识到这是一种剥削，但很同情工人的劳苦，也联想到生计的艰难，想到要好好读书，免得日后去做苦工。

我写完每天的大小楷窗课后，除了偶尔为两店写点当日行情的招贴外，也从帖上描写双钩字模给两个比我略大几岁的学徒练字。有一次还接受一项"重大任务"，那是小姨为了还庙里的愿，认捐了一份血书《心经》，来求我为她恭楷写一部血书《心经》。她在条几上的书堆里找到一本《心经》，打开不常用的一方歙砚，拿来两支新小楷笔，一锭朱墨。小姨也向我许了好多愿，如秋天带我去看社戏，每天写经时给我买点心，写完后再送我一把小算盘等等。我和小姨素来感情好，认为这不仅可以练练字，又能得这么多奖品，何乐不为？便很爽利地答应下来，并且立即行动。小姨非常高兴，用朱墨研了一砚台，然后划了一根火柴烧了烧准备好的绣花针尖，在自己的左手中指和食指上，刺了两下，翻过手来，挤了无数滴血，在朱墨里又磨磨匀，这就意味着这是"血书"。我一边在黄表纸上写血书《心经》，一边还按小姨的叮嘱，低声念着"南无阿弥陀佛"的佛号。小姨临走时，又很庄重地嘱咐说，要用心写，如果心不诚，将来还愿送表时，纸灰不上升，要掉下来的。我答应小姨，一定诚心诚意写。十天过去，我终于完成了血书《心经》的缮写任务。小姨说话算数，除了送给我一把精制的小算盘外，还送我不少零食。她兴冲冲地拿着血书《心经》到城隍庙里去还愿，不到一小时，小姨满头是汗地回来，很兴奋地告诉我，她的血书《心经》焚化时，纸灰都飞扬上去，城隍老爷已经收了，她还告诉我已经代我求过平安了。我虽对这些事半信半疑，但还是谢过小姨。后来小姨嫁到张家村，家道小康，小姨父人很老实，生活过得比较惬意。据小姨对母亲说，和这次还愿有点关系，我也算为小姨做了件好事。

外婆家人丁不甚兴旺，只有大堂舅膝下有一儿一女。大表哥道隆比我大十岁，是个病秧子，据说得的是痨病（肺结核），成天咳个不停。母亲暗地里嘱咐我少和他接近，可是大表哥总爱和人们说些稀奇古怪的事情，说着说着又喘得气息不接，要去吃药休息。大表哥有个比他小两岁的未过门的妻子，是米店旁边水果店徐老板的独生女，个子不算高，长得很漂亮，性情也很温和。她和大表哥从小在一起玩，很说得来。随着年龄的增长两人的感情也日深。两家的父母也都看在眼里，不久就为他俩定了亲。从此她就不常过来了。后来大表哥得病，她又经常过来帮大舅母做点家务，为大表哥熬药。外婆家老老少少都喜欢她，统称她徐姑娘，只有我和小表妹常在她耳朵边叫她大表嫂，经常得到她的娇嗔。

　　大表嫂做事干净麻利，在家除承担家务外，还不时帮着看甘蔗摊，她用一把水果刀为甘蔗削皮截段，直立在一个浅水木盆中待售，空下来她就拿起手里的毛线活织毛衣。我和小表妹最喜欢她看摊，我们拿一两个铜板去买甘蔗段，大表嫂总是不收我们的铜板，还给我们每人一截甘蔗。我们一边嚼甘蔗，一边说闲话。有一次小表妹趁大表嫂不备，把她身后的毛活抢到手，高高举起，追问大表嫂是给谁织的，闹得她满面绯红，最后逼得她供认不讳地承认是为大表哥织的，并答应为小表妹也织一件，才算了结。街上的毛头小伙子也为大表嫂的美貌所吸引，常在她看摊时来买甘蔗，为的是多看几眼她红润润的瓜子脸。这群混帐东西还为她起了个"水果西施"的雅号，并在街上流传开来。大表哥的病情日渐沉重，大表嫂的笑容越来越少；但仍然来做事、熬药。我和小表妹也不敢再无理取闹。大舅母是个比较开通的人，看到大表哥的病况，就想退婚。水果店的老板夫妇也表示同意，只有大表嫂坚决不同意。有一次，大舅母和大表嫂在一起说话，我和小表妹也在旁边听说话，渐渐说到大表哥的病情，大舅母婉转地劝大表嫂同意解除婚约，万万没有想到大表嫂一反以往温良恭俭让的常态，啜泣着说：我和道隆哥从小在一起玩，已经十四五年了，从来没有红过脸，也没有吵过嘴。道隆哥总是让着我，护着我。一般夫妻能够恩恩爱爱地过一二十年，就很不错，我已经很知足了。我愿意一辈子和道隆哥在一起。你们爱我，就不要再提退婚的事了。大舅母边听边擦泪，连我们两个小孩都抱着大表嫂哭。当时只觉得大表嫂真好，真有情意。后来，每当想起大表嫂的这番话，我很难想到，这位只有小学文化水平的乡镇姑娘，竟能说出这种充满真挚爱意的道理。她的真情实意让大家再也无法提到"退婚"这两个字眼。第二年我离开旧镇后不久，大表哥的病情一天坏于一天，不知是哪个人提议用"冲喜"来挽救大表哥的生命。大舅母爱子心切又难以启齿，最后托了一位老长亲去婉转通融，没有想到，水果店的老板夫妇还有点犹疑，而大表嫂却爽利地应承下来，情愿过门来亲侍汤药。大表哥因为青梅竹马一起长大的恋人，终于能朝夕相处，被刺激得有半个来月病情有些转机，精神也好多了，实际上这种精神的预支，无形中加速病情的恶化。大表哥的病情每况愈下，不到三个月，他竟然舍弃父母爱妻，没有任何遗留地撒手西去。当我知道噩耗后，曾为大表哥的英年早逝流过泪，也为刚刚二十岁的大表嫂不该有这样的命运流过泪。大表哥过世不久，人们听说他们俩没有同过房，大表嫂依然女儿身，便有些人来提亲，几次都遭到大表嫂的拒绝。她声称不是服从俚俗，而是相信命运和珍惜爱情，于是一面仍在外婆家操劳家务，一面笃志信佛。她曾发誓要三朝普陀，来祈求她和大表哥的美好来生。

解放后，米店倒闭，大表嫂以外婆家的代表身份参加南货店的公私合营，成为一名普通职工。她工作勤奋，为人忠厚，得到上下左右人们的好评与表扬。隔了五十多年，我重回旧镇，见到大表嫂，她除了一头白发外，还是那么漂亮利索，热情地欢迎我能去看她，做了很美味的素餐款待我。她详细地述说了几十年的过往痕迹，很得意于自己徒步两朝普陀，并等着完成三朝普陀的心愿。哪里想得到，这次离别后的第二年初夏，家乡写信来说，大表嫂在春天来到的时候，就因为一点点感冒，就去世了，活了七十多岁。临死时，没有痛苦，很高兴自己能和大表哥团聚了，但她遗憾未能三朝普陀。

小表妹名蔼思，是大表哥的妹妹，比我小一岁。我到外婆家最早熟悉的就是她，小巧玲珑，甜甜地惹人喜欢。我们成天在一起，我叫她小表妹，她还击我，叫我小表哥。我多次抗议要她去掉"小"字，她很厉害，坚持不让，要么同时取消"小"字，双方都不肯让步。小表妹很调皮，又能说会道，她能讲很多乡里乡亲的故事，增广了我很多见闻。我写大小楷时她坐在桌子的另一面描红模子，有时一起到米店的米箩笋里堆山玩，有时带我到对街的南货店偷零食吃。南货店有很多好吃的零食，如糖莲子、烘青豆、瓜子、花生米、酸梅、杏干、桃脯等等。拐形柜台上排列着许多蓝花瓷甏，柜台里的地上安放着十来个青瓷坛，上面盖着圆木盖，小表妹说两处都是吃的，柜台上的是样品和小量供应，要买大量就从缸里去称。小表妹还教唆我如何偷法，她说，坐在大缸盖上，乘伙计做生意时，用屁股撵几下，成了一条伸得进手的缝，就探手去抓一把，放到口袋里，再等机会，一连三次，就够吃半天的。我到南货店去，常常被作为客人，伙计们常围着我说话，小表妹就乘机把我最喜欢吃的糖莲子、烘青豆、陈皮梅，装满几个口袋，然后偷偷捏一下我的袖子，我们就跑到店后傍河那张有栏杆的长椅上，相依相偎地边吃边说话。小表妹很会闹，有时乘我不备，在我的面颊上亲一口，立即跑开，我会在后店堂里追得她乱跑，双手捂着略带绯红的小脸吃吃地笑，直到她告饶才算结束。有时我们相偕穿过南货店旁的小弄，到镇上那条河的岸畔，坐在常有人坐、磨得光光的长条青石上看船。这条河四通八达，可以坐着中型的摇橹木船到县城萧山去，也可以坐小乌篷船到若干农村的河汉子里去。母亲曾带着我和小表妹坐小乌篷船到张家村小姨父家去商量小姨的婚事。一路上我学着小表妹的样子，把手伸过船帮在河里捞小乌菱。小乌菱很容易剥开，里面的菱角很鲜很嫩，回来时小姨父家又送我一小篮煮熟的小菱角，虽然也很好吃，但总不如自己捞来的小菱角好吃。有时候小表妹又带我去那条河尽头的龙图庙里去拜包公，她调侃我，说我和包公是兄弟。原来我在襁褓中，长期腹泻不愈，人很羸弱，大家都担心我长不大，后来，在大舅母提议下，母亲代我到龙图庙里，寄养在包公的嫂娘吴氏夫人名下做义子，祈求得到她的庇佑。这段隐私不知怎么让小表妹探听到，就用来取笑我。

每天晚饭后，天色渐渐黑下来，在米店上门板前，常有五六位老人，拎着长烟袋，到店堂来聊天，晚到的就要敲门板，开一扇小门板，侧身而入。这些老人都是大外祖的朋友，是钱塘江岸的沙地经营者，当地人称呼他们为"纲司"，大概是总管的意思。晚间的聊天，大外祖是当然主持人，供应烟茶。聊天的内容不外是县里镇上和沙地的马路新闻，有古有今，男女老少的事都会涉及，我和小表妹都是聊天会的固定旁听者。我从中得到许多闻所未闻的知识，小表妹往往听不多久就打瞌睡，有时会歪到我的身上。大舅母总能适时出现，把她抱回去睡。第二天我就嘲笑她是"懒虫"，她则追问我昨晚听到哪些有趣故事，求我说给她听。我常常把老人们讲的事添枝加叶，又敷陈一下，让小表妹呆呆地听得入神，她有时会抿着嘴，笑出两个小酒窝来。

最让我激动兴奋的是，秋收后小姨带我和小表妹到乡间去看酬神戏，也就是鲁迅所写的那种社戏。戏总在天黑透以后，一直演到第二天凌晨。临去时，大外祖会从他的大襟衫的里口袋掏出一小把铜板分给我们，但总被小表妹一手接过，放进她的口袋。我是第一次看到野台班子的戏台，很新奇。戏台是傍着一条小河搭的，一大半在河面上。两根主要大立柱在河里，另两根在地面上，前台底下沿着一圈卖零食的小贩。岸边的斜坡上一排排放着许多像楼梯似的高椅，大约有五六层，都是当地人扛来占据有利地形招待亲友的，小姨带着我们被一家老亲安排在一处面对戏台的高椅上，我们坐在第四层，又得看，又便于上下。坐定以后，小表妹开始蹿上蹿下地买零食给大家吃，用完口袋里的钱，她便向小姨索取，说是招待小表哥的。又带我下去在摊上吃鸡汤粉丝、麻团、汤圆、炒年糕等等。她已不是第一次看这种戏了，所以很有一副行家里手的样子。戏还没开场我已经吃得饱饱的。戏台上开始响场，敲打过三通锣鼓后，就开戏了。头一出是跳加官，一个戴面具的官在台上跳来跳去，时而上下展示一幅写有"天官赐福"、"加官进爵"和"福禄寿禧"等吉祥话的小轴，接下来是福禄寿三星上场，福星手里拿着一枝插满海棠、红果等小果子的树枝，边舞蹈，边往台下抛洒果子，人们纷纷抢接。台上似乎由捡场人在向福星不断暗递果子，因为直到福星下场，他拿的树枝上仍是果子满枝。小表妹早在台下等着捡抢，一会儿就用衣襟兜回来不少果子，其中也有是老亲们捡放进来的。正戏演的是全本《白兔记》，戏文是五代十国刘知远的故事。刘知远穷困投军，在途中与李三娘结亲，离别后李三娘怀孕，不容于兄嫂，结果在磨坊产子，用自己的牙咬断了脐带，但无力抚养，就拜托土地爷把咬脐郎送往刘知远处。土地爷承担重任启程后，沿路唱三娘的苦状。走了几圈，土地爷就跪在台口，诉说没有盘缠，乞求台下听众资助，全场立即轰动起来，许多人往台上扔钱，捡场人就满台捡钱，大约有三四次求助，据说这也是戏班子的一大宗财源。戏演到快天亮时，刘知远已是北汉王，咬脐郎也长成为一个威武雄壮的少年，奉父命回来寻母，途中箭射一只白兔，始终不中，直追到一个挑水妇人附近，箭射中水桶，白兔不见，咬脐郎扶起摔倒的妇人，相互诉说辨认，母子相认，全家团圆，成本大套的戏就由是告终，人们纷纷散场。我的那位小表妹仍然像听老人讲故事那样，半夜以后就睡着了，只好由小姨把她揽在怀里，直睡到散场，才睡眼蒙眬地醒来，还噘着小嘴，埋怨别人不叫醒她。回家路上她继续问昨夜睡着后的剧情，她特别关心咬脐郎是不是送到，母子是不是相会等等，小姨一面走，一面给她说个不停，一直说到家。

暑假过后，我被送到镇上的铁陵关小学三年级插班。小学设在一所寺院中，规模较小，三、四年级合在一个庙殿里上课，由一位老师轮番教，让我感到十分新鲜。小学离外婆家不远，大约有五百多米，来往都要走镇上唯一的一条青石板路。路不很宽，却是从船埠直通县城的通衢大道。我每天要往返四趟，街上总是那么热闹，尤其是航船到埠的那一刻，挑担提包，扶老携幼的人群，熙来攘往，显得旧镇非常繁华。街上有很多饭馆、茶馆、水果摊、点心铺，最引人注意的莫过于饭店的小伙计，二十郎当岁的小青年，系着青布围裙，肩上搭着一条雪白毛巾，一手托着一碗里一半外一半的白米饭，临街而立，大声招呼“吃（qie）饭！吃（qie）饭！”地让客人进店。我很喜欢看那碗饭，尖尖地在碗外竖得高高的，常常跑几家饭店，来比较哪家的饭尖高。我最喜欢雨天在青石板路上走，因为我穿一双用桐油油过的短靴子，靴子底下有好几排铁钉子，走在青石板上，丁丁笃笃地像敲小锣似的，上面再撑一把桐油黄布伞，任凭雨下得再大，也能安详地缓缓行走。为了感受这种清新的旧镇情韵，我有时往往会来回走好几遭，静静谛听淅淅沥沥的雨声和丁丁笃笃的钉鞋声非常和谐的合声。

第二年秋天，因为父亲在天津有了固定职业，我和母亲告别了外婆家，离开了旧镇。小姨和小表妹直送到航船埠头，依依不舍地看着我们航船的启动，遥望小表妹好像在抹眼泪。几年过去，从大舅母的来信中，说到小表妹已被她做伪镇长的亲舅舅作为人质，由日本招募去"留学"，一直没有一点音信。时隔多年，生死莫卜，下落不明。解放后，家里忽然收到小表妹从沈阳寄来的一封信，述说了她二十多年的经历。初到日本后，先在一家军医院当护士。日本战败后，她又读了医学专科和医学院，就在医院做医生，和同学东北人王某结了婚，有一个女儿。去年回到王某的老家沈阳，在一所医学院任教。以后也再没有什么来往，童年时的那段感情也随着时间的推移而渐渐地淡化了。

离开旧镇半个多世纪，一直没有获得回乡的机会。直到上个世纪的八十年代，我已是过了花甲之年的老人，才接受家乡的邀请，怀着一种"少小离家老大回，乡音无改鬓毛衰"的喜悦与沉重，重回故土。我企盼家乡发生巨变，但也担心会失去童年的彩色。我特意从县里回到旧镇去寻梦，但已很难从旧镇中找到半个世纪前那些美丽的痕迹。米店早在几十年前就倒闭了，南货店也已变成一座规模宏大的食品店，用钉鞋能敲出动听乐声的青石板路也已改建成相当宽阔的柏油马路。人们已不再坐航船，而是坐汽车从钱江大桥疾驰而来，一切都变得非常陌生。时代的巨轮会碾碎旧的一切，但终难抹去对往事的怀旧情思，我为社会的巨变讴歌，我也为失去的旧情怅惘。难道这种矛盾就是老人的一种怀旧心态么？

原载于《文史精华》2002年第9期·总第148期

谨防"文化跛足"

2007年的初冬，我应家乡——萧山的邀请，参加《湘湖丛书》首发式及湖湘文化研讨会。这次会是地方政府有意组织的一次文化活动。我当时很感动于自己的家乡对文化的重视。萧山是我的故乡，我离乡七十余年，在异乡漂泊的日子里，我总是不断地思念家乡的山山水水，设想家乡各方面的变化。我爱我的家乡，几十年来，我一直坚持在家里和父母讲萧山土话。我回到故乡可以毫无愧色地说"乡音无改鬓毛衰"。《湘湖丛书》的首发令我激动兴奋，因为这是重视文化的一种体现。

几十年来，在我童年的记忆里，湘湖和湘湖师范是我印象最深刻、最憧憬的地方。那时候，长辈经常嘱咐我："你长大了，要进湘湖师范读书啊！"日后我虽然没有入湘师，但这所名校一直使我感谢长辈们的祝福。在那不正常的年代，湘湖湮塞干涸了，饱含文化风情的湘湖没落了。可与西湖并称的湘湖，成为烧砖的资源，干涸的湖区，堆积着垛垛的红砖，似乎也在为经济建设尽力，而文化的表征却在日益衰落。

故乡的经济发展是有口皆碑的，排在百强县的前列，是浙东五小龙之一。我非常崇敬我的故乡父老，因为是他们让萧山富裕起来。我每两三年总要回故乡一次。每次都有新的感受，举一个生活上的例子来说，上个世纪八十年代初，我受邀回故乡参与修新县志的工作，被安排在县委招待所住，房中有一对沙发，普通铁床上挂了顶新蚊帐（看来像是新买来的），算是招待所的高间了。八十年代末第二次回乡，住在新建的钱江旅馆，虽有所改善，如按时打扫，送开水到房间，钥匙由客人自己掌握，只是没有室内厕所与浴间。本世纪前后，故乡经济建设迅猛发展，各项事业大为改观。我先后住过东方宾馆、萧山宾馆、国际酒店，规格步步提升。直至这次，又给我安排在新建的五星级开元名都大酒店的豪华型套间里。中外游客，穿梭往来，真繁盛之极，令人有大都会的感觉。夜晚，我站在高层房间的窗前，向下俯瞰，下面是车水马龙，一派繁华景象。我非常感动，这是故乡父老们用汗水浇灌出来的美景啊！

文化建设与经济建设应是并行的两条腿，缺一就成跛足。没有经济实力就没有竞争力，没有文化繁荣就没有发展前景。我的故乡有着距今8000年之遥的跨湖桥文化遗址，有着众多可挖掘的人文底蕴，我们不能埋没这些灿烂辉煌的遗留。地方政府的有关部门陪同我参观了围垦造地的新红山村，这是我童年时常听老人谈起的坍涨不定的沙地改造成果。一眼望去，在偌大的一片围垦地上，建造起一幢幢别墅式的农户，真是"楼上楼下，电灯电话"，外加车库、储藏室，房内陈设崭新家具，与大城市小康家庭的住宅相比，有过之而无不及。我进入几户农家考察，竟然没有看到一户有书架和报纸，除了孩子读的小学课本外，没有任何图书。我心中一惊，这么大的新建村，户户富裕，家家和谐，怎么看不到一点文化痕迹，嗅不到一丝文化气息？我向陪同者提出建议：不能出现"文化跛足"的现象。

时隔几年，2011年夏，我又回乡探望。一进萧山，高楼林立，各业繁兴，马路多车道，新式高档轿车奔驰于大道。经济建设明显跃进，文化方面新建具备现代化设施的博物馆、图书馆、方志馆、文化中心业已矗立于新区。图书馆的分馆遍及乡镇，普及民众文化。家乡的经济发展与文化建设的差距在迅速地缩短，但还不能双飞。要想两足并举，还需努力。我期望故乡在不久的将来，能成为经济、文化共荣的百强县之一。也提醒那些正在经济腾飞的地区，谨防"文化跛足"的现象。

原载于《今晚报》2011年7月30日

我所住的城市

我从七岁到天津开始寄居，至今已近七十年，天津是我的第二故乡。

天津，北方之一大都会也。推测其市区聚落起源的最早著作当在《金史·完颜佐传》。金宣宗贞祐二年（1214）为维护漕粮转输，提升武清巡检完颜佐为都统，成直沽寨。这个直沽寨便是天津的最早聚落。据卞僧慧先生考证，约在津红桥区西青一带。或略偏南。其后历经元明清各朝，由于主观上的刻意经营和客观上的优越条件，前后不过五百年左右，到清初天津已是个"镇城百货交集，鱼虾蟹鳝并贱"（清谈迁：《北游录·纪程》），比较成熟而开放的都市。其发展如此之速，必有其原因所在。

天津城市发展迅速，首先是受到北京这个政治中心的恩赐。金于1153年迁都燕京，元于1279年定鼎大都以及明清皆以北京为首都，天津自然地成为面向大海，拱卫京师的门户。加以各朝都实行南粮北运，天津便成为京师粮源的转运仓储所在。天津又是各省官员、举子入京前的最后一站。清人诗集中有不少吟咏杨柳青和天津的诗作，大多是过此栖息时所作。尤其是明成祖朱棣南征"靖难"，由此过河，而使天津得美名（天津者，天子之渡口），更为这座城市增添了一道政治光环。天津又因离北京近便，所以凡求官做吏者往往滞留天津听风声，探消息；其落拓失势者也多遁迹津门，韬晦养性，待机再起，这就无怪乎诗人赞以"畿南重地云路近，直北要津驿路长"（清华鼎元：《津门征迹诗》）的诗句呢！

天津的地理位置也很优越，它位于华北平原的东北部。东临渤海，北枕燕山，海河汇北运、永定、大清、子牙及南运五河之水而东注渤海。河海衔接，天津外为南北口岸相连之要津，内为延伸华北腹地枢纽，而河海沿岸的广阔滩涂，又使天津成为"虾味生者真类米，盐形中矩合名砖"（清樊彤：《津门小令》）

的富庶之地。

渔业、盐业之利，自古以来都被认为是富足之本。鱼和盐是天津的两大财源。清康、雍年间，长芦盐产量已达六百余万石，天津八大家财主以盐起家者占一半，鱼产也相当丰富。《天津县志》特著其事说："津邑，滨海区也。鱼利与盐同，捕鱼不下三十种。"另有许多风土诗盛赞鱼产的丰美。渔业、盐业的发达往往会形成缺粮，但天津却以漕粮转输所经，不仅民食无忧，还产生了一批经营粮行，转手其事的粮商，八大家的另一半便是以粮发家的巨富。

漕粮的转输，无论海运，还是河运，都带动了运输业和商业的发展。粮船为了调剂漕丁、水手收入，允许在漕粮外随带各地货物，时竟与漕粮各占一半吨位，甚至有货占三分之二的。这些随船货物大部分要在天津卸载，或当地发卖，或转输内地，一些洋货也随之而来，这就在这座城市中形成了若干商业区街，如锅店街、针市街、宫北大街等街市。随之，货栈、钱庄、会馆等行业和组织也应运而生。一些服务行业如饭庄、酒楼、戏园等更是迭兴不已。饭庄有以聚庆成为首的"八大成"，戏园有庆芳园、协芳园、金声园及袭胜园等环聚于商业区街。

天津终以京师拱卫门户，河海转输枢纽，商业繁荣兴盛，富渔、盐之利，招八方来客诸优越条件而在清初即已成为人所瞩目的要埠，所以康熙《天津卫志》中就曾概括其盛况说："天津去神京二百余里，当南北往来之冲，南运数万之漕悉道经于此，舟楫之所咸临，商贾之所萃集，五方之民所杂处。……名虽曰卫，实为一大都会所莫能过也。"

这座城市本来可以按其自身发展趋势，走向物阜人丰、繁华似锦的前途。但却被侵略者所觊觎。1655年，荷兰使节哥页赴京路经天津时，曾把天津与广州、镇江并视为中国的三大港口，天津的"人烟稠密，交易频繁"，使这位使节惊异，并命其随行人员将三岔口和海河两岸景象绘图带走。

近代以来，天津是首遭屈辱的城市之一。英国是侵略者中的首恶，白河投书、北塘进犯、胁迫订约、划定租界和强迫开埠等等行径，使这个正在蒸蒸日上的城市被扭曲了。虽然当时各国租界曾出现过一些近代设施，但这些块土地却被一伙侵略者所窃据，横行霸道，为所欲为，形成国中之国的畸形发展，把天津变成了怪模怪样。这些丑陋在五十年代初已被彻底清除。

天津经过四十多年的努力奋斗，面目早已焕然一新，与前代那种兴盛固不可同日而语。至今，天津不但发展和丰富了明清以来所具备的那些客观优越条件，而且完全摆脱往昔置于挨打位置上，任人扭曲和糟蹋的境地。它可以充分利用自己的优势，自操主动权，招海内外来客，应我所需，为我所用。如能措置得宜，上下同心，则我所住的天津既无愧入全国大都会之列，亦将日益勃兴跃进，傲登于世界名城之簿！

　　原载于《一苇争流》（历史学家随笔丛书）　来新夏著　广西人民出版社1999年版

旧居

我早年一直生活在父母身边，结婚以后，开始独立生活，因为在北京读书还差一年毕业，所以就借居北京西北角积水潭滨一位学友家废弃不用的一角破旧小楼上。积水潭虽然不能称为古都名胜而被列入燕京一景，但它确是具有相当历史性的胜地。在《畿辅通志》和清人的北京风土笔记中，也多少可以寻找到一些文献记载，如"积水潭在今宛平县旧治西北，东西一里余，南北半之。环禁城地安门宫墙，流入禁城，为太液池。旧名海子套，亦名净业湖。按元时即开通惠河，运舟直至积水潭；自明初改筑京城，与运河截而为二。积土日高，非复旧观。"从这段记载可以想到积水潭是指德胜门内德胜桥西的那泓清水。当年亦曾煊赫一时，被多少人注意；不过时过境迁，沧海桑田，显得有点美人迟暮罢了。就是我，如果不是无偿借居于此，也决不会游兴大发，到此凭吊的。

刚刚搬进去的时候，也只觉得不过是半泓清水，数行衰柳和一抹长堤而已，并无什么可以值得留恋。可是居住一周以后，正当清明佳节，积水潭顿改旧观，它露出青春之气，出脱得妖媚动人。在每天清晨起来的时候，推开临水的半扇小窗，远望潭水清碧，北岸的寺院，倒映在水面，隐约地绘成一幅绝妙的图画。在朱红的寺影上，微微涂了一层似金非金的装饰，更显得青灯黄卷，古寺高僧的可亲。有时微风轻起，吹皱潭水，寺影摇摇晃动，温馨拂面，真可作人间之第一仙也！

当天气清朗的时候，沿着潭边小丘，小作徘徊，土质相当松软，绿草已从蕴积很久的地下伸出头来。潭水由城外直流入太液池，一脉相通，川流不息，清新袭人。在绿草茵上休憩片刻，除了远处若有若无地传来的叫卖声外，真是一片宁静。瞑目凝神，恍若飘忽于烟波雾海之中，得自然陶冶之趣。明末许多名流，如陈眉公、李卓吾诸贤，都很喜欢徜徉于山水之间，一舒胸臆；但眉公等刻意求之，我则无意得之，情绪之欢畅，自不相侔。

我在这个真正意义上的家，仅仅住了一个来月，房主以房子年久失修，准备拆盖为理由婉言请我搬家，因为既是实情，又是借居，只得整理尚未完全卸开的简单行囊，迁往另一位朋友家的闲房中去借居。

飘庐传舍兮，我居无定止！虽然这一年内，我曾数易其居，但是，积水潭小楼却是我第一个真正意义上的家，如果身后有人对我感兴趣，无聊到要寻访我的故居的话，不妨先此预告：积水潭小楼是我的最早旧居！

原载于《冷眼热心——来新夏随笔》（当代中国学者随笔） 来新夏著 东方出版中心1997年版

大经路忆往

1930年7月，我因父亲供职天津北宁铁路，随母亲从杭州来津与父亲共同生活。父亲把家安置在离北站不远的律纬路择仁里沿街的一座三合院里。律纬路的出口是一条在我看来非常宽广的大马路，那就是中山路；但是邻居的大娘、婶子都叫它大马路或大经路，我亦随着一直把这条大街称为大经路。

大经路西南起现金钢桥，东北至现天津北站。光绪二十八年（1902）八月衙门撤销，直隶总督袁世凯接受天津城后，便在今金钢公园和第二医院的原海防公所设置直隶总督衙门，作为统治中心，并开始经营这块"河北新区"。袁世凯首先考虑的是京津间的交通往来。当时老龙头车站（今东站）虽已从英军手中收回，但从总督衙门到火车站，要经过意、奥等国租界的地界，时常受到牵制。据父亲的同事句伯伯说，清朝的大官出行，一定鸣锣开道，摆出旗锣伞帐，十分威风，而租界当局只允许仪仗通过，但一定要偃旗息鼓，袁世凯受不了这口恶气，于是决定自建马路，自修车站，供自己扬眉吐气。这一传说，虽于史无考，但由于有后来的实际可据，也给袁世凯的一生多少增添若干亮点。

袁世凯首先着手的是建车站。光绪二十八年（1902）他确定在新开河南岸、金钟河北岸之间建新车站。次年1月，车站建成，就是现在的北站。从此，袁世凯就可以耀武扬威，恢复汉官威仪地在新车站登火车赴京了。接着，于2月间，划定东至铁路，西到北运河，南至金钟河，北至新开河这一范围为"新区"，采取若干开发"新区"的措施。其中重点工程是修一条从总督衙门到新车站的大马路，长1.5里，宽24米，灰土碎石路面（后于1924年改为沥青路）。这条路修成后，开始称新修马路，后改称大经路。1928年为了纪念孙中山曾于1924年在天津的活动而改名为中山路。不过，多数老百姓仍习惯地称它为大经路。以大经路为经，在它的两侧，又建成若干条纬路，按千字文命名，有天、地、元、黄、宇、宙、日、月、辰、宿、律、吕、调、昆、冈等十几条纬路，分左右排列，其中元、黄、律、昆几条路，比较繁盛。随着确定了政治中心，划定了"新区"的范围，修了车站马路，建了若干房舍，于是在"新区"内渐渐有政府机构、文化教育单位、名流贤达豪宅，纷纷麇集于此，顿使"河北新区"面目一新。其繁华先进，几可与"租借地"相抗衡。

我在"新区"住过好几处，最初住在律纬路择仁里，这是一条在大经路和律纬路都有出口的胡同，离北站不远。夜深人静时，可以清晰地听到火车由远及近和由近及远的鸣笛声。大经路那个胡同口的右侧，是一家有相当规模的中药店，前店后厂，名叫同茂堂。因为我父亲是业余中医，和同茂堂时有来往，所以我可以自由进出后面的制药作坊，熟悉了不少炮制药材的工序和工具，也初步懂得点药性，对中医有点兴趣，于是在父亲的指点下，开始背《汤头歌诀》。同茂堂旁边是稻香村，是我经常光顾的地方，每月的零用钱几乎都消费在这里。从胡同口往北，过地道便到宁园，因为是铁路子弟可以不买票进园玩耍。

我入的第一所小学是三马路的铁中附小，这在当时是一所比较知名的小学。每天往返走路，路途并不长，但和住在附近的同学一边玩一边走，往往要步行四十多分钟。有时在中途和同学打起来，弄得头破血流，才捂着伤口跑回家。母亲一面向伤口涂药水，一面斥责为什么不直接回家。当时唯唯诺诺，第二天依然照旧，连昨天打架对手的宿怨，都忘得一干二净。在律纬路和二马路交叉拐角处有一所大宅，据说是民国代理大总统冯国璋的旧宅，宅门口有一大块扇状水泥地，最适合跳房子、跳绳、下五子棋、抓子等活动，是我和小伙伴们路途中的游乐点之一。

在铁中附小读了两年书，由于家庭生活条件的改善，我们全家从律纬路择仁里搬到大经路另一侧的昆纬路怡和里，我亦随之转学到昆纬路究真中学附小，插入初小三年级。究真中学是一所当时有名的教会学校，只有初中，与通州潞河中学是连校。究真的学生初中毕业去考潞河，能优先录取，而潞河毕业可报考燕京，亦能优先录取，所以学生较多，水平亦较高。究真旁边是一所女校——仰山女校，与究真是兄妹校，中间有一道小门，可通往来。从仰山女校正门出去向左拐就是冈纬路教堂，与究真、仰山同属新教公理会。在究真读到四年级，因为父亲调职南京，我又转学到南京新菜市小学，完成了我的小学学业。接着，考入金陵大学附中，读初中一年级。这一年，父亲又调回天津，把我一人留在南京，在校寄宿。我因无拘无束，经常缺课，荡舟于玄武湖，读了许多我想读的书。结果因旷课超时，两门课不及格，受到留级处分，灰溜溜地北归，回到我在新大路德善里的新家以后，虽然受到父母的冷遇，但仍为我办妥进入究真初中一年级的手续。这已是抗战前夕的1936年，我也已经是十三岁的少年了。

新大路与昆纬路只隔一条街，离火车站更近。路口有一座小营市场，和北京庙会差不多，卖各种日用品、食品，有卖艺的，说书的，非常热闹，我最喜欢看拉洋片。这一年为了一洗留级之耻，非常用功。从此一直到大学毕业，都名列前茅。这也许是留级之耻的刺激。当我正满怀希望地行进在学业历程上，日本帝国主义竟于1937年7月7日悍然发动"卢沟桥事变"。7月29日更灭绝人性地对天津狂轰滥炸，新大路正是重灾区。大经路特别是律纬路一带，更洒满了爱国将士与日寇浴血奋战、壮烈献身的碧血。

我在大经路一带生活的几年中，父亲无数次和我徜徉于大经路上，从这侧走去，从另一侧回来，随时指点一些著名的处所，讲些故事。他在经过中山公园时就说，这个公园原名河北公园，后来为纪念孙中山而易名中山公园。1912年8月，孙中山北上路过天津时，曾在河北公园做过演讲，并参观园内的国货陈列所。1919年6月9日，天津各界曾在这个公园集会，响应和声援北京学生的爱国运动。园内还有被誉为北方第一大馆的直隶图书馆（是现在天津图书馆的始基）。离中山公园不远，他还指给我看门禁森严的造币总厂。在金钢桥畔，父亲领我顺着天纬路去参谒过大悲古刹。当时父亲绝想不到七十年后，我竟为这座禅院撰写碑文。

父亲讲过很多有关大经路的故事，由于年代久远，大多记忆不清，只存一些模糊印象。不过大经路一带的市政建设，街道设置，各行业的汇集，商店林立，居处安适等等我看到的一切，都不比那些租界的环境差。有人赞叹这是"一块较为齐全的中国地"，实非虚诶！今日重履旧地，自不可同日而语。但天津既有这么一块有百多年经营历史，有较深厚文化积淀和良好修建基础的"宝地"，实在应引起有关方面的关注和投入，让我这样年登耄耋的老居民，能在有生之年，目睹"新区"的时代新貌！

原载于《百年中山路》 贾长华主编 天津社会科学院出版社2006年版

"宁园"八十年

　　1930年春,我因父亲供职北宁铁路局,随母由家乡杭州萧山北上天津,入扶轮小学就读,开始接受新式正规教育。在家庭和学校附近,没有什么可玩的去处。隔了一年的春天,听父亲说起,在地道外东北侧原植物园旧址的那片空地上,将要兴建一座公园。我很兴奋地等待即将有一个与小伙伴们嬉游的好地方。可惜这年9月父亲被铁道部门暂调至南京,我和母亲也就回萧山老家暂住。1932年9月,我十岁,父亲回天津原单位,我又随母由原籍来津,住在离路局最近的新大路,就读于究真小学,从此我就定居天津。合前此来津计算,我已居津八十余年,天津已成我第二故乡。当再次来津,正是"宁园"竣工之时。没有想到,我和"宁园"有缘,相伴而行,竟然共同走过八十年不平坦的道路。

　　那时我的家在新大路,路的西头北侧有座小营市场,像北京庙会似的,除了卖零星小食品外,还有变戏法、耍把式和拉洋片等游乐。我最喜欢看拉洋片,放学后总要去逛一趟。就是这样,我还是非常想去看看新建成的"宁园"。终于在开园后的个把月,父亲带着全家去了一次"宁园"。在我幼小的视野里,山水相连、花木环绕的美景和由南到北的长廊,真让人目不暇给。我东蹦西跳地尽情欢乐。直到回家,那些美景依然萦绕在脑际,以后每月至少去一次,直到抗战。

　　"宁园"的旧址是清末袁世凯为在津推行新政,筹建河北新区,于1906年委派周学熙创办的种植园(初名鉴水轩),后因年久荒废,台榭倾圮而衰落。1931年7月,北宁铁路局因开滦矿务局运煤超载,违规罚款而获款五十万元。路局就用这笔款项在原植物园旧址上着手兴建公园,历时年余,公园竣工。时任北宁铁路局局长的奉系人物高纪毅撰文并书写了一篇较长的碑文,历述建园缘起、命名由来、各方相助以及未来愿景等,成为了解"宁园"历史的重要文献。高纪毅其人,在奉系中不属最高决策层,但也是二流策士,其功过当另论。碑文叙述建园前情况较详，指明“宁园”之名，乃据诸葛亮“宁静致远”的含义，因系北宁铁路局兴建和管理，时人又有称之为“北宁公园”者，实则正名应是“宁园”，我少时所见园匾，即题“宁园”二字，碑文亦可证。若论“宁静”，“宁园”的八十年不算宁静，而“致远”则是我们当今所最希冀的未来。在建园过程中，北宁铁路局又得到河北实业厅、高等法院及河北第一博物馆等单位以其毗邻“宁园”的土地相赠，路局又收购园区附近的土丘山包，而使园区扩大，由始建时的27公顷逐渐扩至50.31公顷。其中湖水面积约占16.7公顷（面积有不同说法，此采一说）。湖光水色与诸种建筑相映成趣，为“宁园”大增风采。碑文最后以面对艰厄，敬业乐群的精神鼓舞员工游人说：

> 盖吾人当国家艰屯之会，必先淬砺其精神意气，以振奋于危亡煎迫之中，是则治事之暇，宜祛其好乐务荒之习，人人藉山光水色，活泼天机，增益其高尚之志趣，夫而后乐群敬业之思，日益恢弘，岂曰小补也哉！故此园也，若与彼平泉草木、金谷烟云等量齐观，以为徒供文人逸士从容吟啸之资，抑亦末矣。

在当时山雨欲来风满楼的华北地区，能讲这样一段话，并镂之碑石，亦应认为是难得的表态。我以为修建后似可将石碑自原碑亭中移立于入门处，如已损坏则当重立此碑。

好景不长，时隔不久，1937年7月，“七七事变”爆发，日本侵略者彻底暴露其侵华野心，继卢沟桥事件之后，于7月29日，对天津狂轰滥炸，北站一带尤为惨烈。我们全家也被迫离家汇入逃难大军，流亡到意租界苟安寄身。“宁园”也不可免地和我遭受同样命运，任敌人铁蹄践踏。日寇占用“宁园”的大部，作为其军事疗养所和后勤基地，仅划出一小部分作为园区，名为供人游览，实则粉饰其“王道乐土”。“宁园”从此不宁，我也再没有踏入园门一步，直至抗战胜利，曾往一游，但只见凋谢零落，满目疮痍。漫步园中，若抚摸老友受伤的肢体，欲哭无泪。将助乏力，徒唤奈何！

自1949年以来，“宁园”虽经多次整修，但均非大举，只是维护而已，加之“宁园”系铁道部属产，铁道系统所辖范围甚广，难以顾及，而天津地方市、区政府又难于越权管辖，致陷“宁园”于两不管状态，迁延时日，等待时机。上世纪八十年代中我曾偕友往“宁园”一游，虽有所兴建与修缮，尚可见旧貌，但令人有美人迟暮之感，回忆往事，不禁悲怆唏嘘，人生亦犹是也！

　　2010年，"宁园"新生的时机终于来临，天津市政府将"宁园"改造工程定为二十件民心工程之一；河北区政府亦紧紧跟进，着手拆除违章建筑，进度迅速，极见成效，对园内建筑以"修旧如故"为原则，开展修缮原有各种景观。如位居园北的标志性建筑致远塔，修建于上世纪九十年代，塔高九层70余米，登高可窥津门市景，内镶显示中国文化史发展的石刻。塔前有一对具有历史文物价值的石狮。这对石狮的雕刻年代是金章宗承安二年（1197），距今已有八百余年，是八十年前河北省博物院从内丘征集而来，后流落被移至园中，成为市级保护文物。又如徽式建筑风格的湖心亭则移自李鸿章祠堂。若能再征集或移送一些园林文物，则将益增未来"宁园"的文化含量。千余米长廊修饰一新，将沿廊建筑景观串联一气，不仅使"宁园"浑成一体，若在雨中顺廊观览，当更增雅趣。

　　"宁园"全面修缮工程即将竣工。八十年故园，重显辉煌。一馆、二楼、三廊、四山、八堂、九湖、十渠、十一桥、十三亭之美，将尽收眼底。行见天津市民众又得一休憩胜地。津门名园于"人民"、"水上"以外，又增"宁园"，成鼎立之势。若当事者更以财力支持，免费游园，尤为造福民众之盛举，草野小民，企翘待之！

原载于《今晚报》2010年9月25日

我的中学时代

——纪念母校"旅津广东中学"九十年

　　中学时代是大多数青少年必经之路。凡是经过这段路程的人，都感到这是人生中最珍贵而美好的经历。因为有许多值得回忆和追念的事物，令人神往，但也因在自己尚未感觉到的青春萌动期曾干了不少可笑、讨厌、调皮、捣蛋的事情，让人操心，甚至无时无刻不牵动着父母和老师的心。我的中学时代是永远难以忘却的一段人生历程。1937年7月，我在究真中学刚读完初中一年级，7月29日天津就被日寇狂轰滥炸沦陷。我和全家只能离别多年栖息的旧居，随着难民的人流，在日寇机枪扫射下，前拥后挤地流进意租界，投奔亲友，托庇于另一个帝国主义。因为不能长期在亲友家借住，于是又在法租界三十七号路一所货站的二楼安身，我也就在附近一所当时颇有名气的中学——旅津广东中学插班初中二年级。从此直到高中毕业，我一直苟安在这所中学。旅津广东中学地处现在滨江道西头北侧，是只有一座楼、一个院子的马路中学。虽然校舍简单，但它在当时却是一所教学水平高、抗日意识强的著名中学，青年学子多向往之。我有幸进入该校，完成我最珍贵的中学时代。

　　旅津广东中学的最大特色，是师资力量强。至今几十年，老师们的名字和教学身影仍然清晰地记得：教代数的尹建常老师、教三角的聂子青老师、教几何的王恒安老师、教历史的贾羽熙老师、教物理的王牧之老师、教化学的余瑞徵老师、教国文的任镜涵老师和谢国捷老师、教英文的李栋才老师等等。他们都是学识丰富，教学各具特色的名师。解放后，谢国捷、聂子青老师都在河北大学中文系、数学系任教授，赫赫有名。余瑞徵老师还担任过市政协副主席。我和谢国捷老师一直保持着数十年的师生交往，直到他的逝世。老师们真正做到谆谆善诱、倾囊相授的境地。无论课内课外，都是尽心竭力地教导。他们从不接受学生的馈赠，即使一支笔、一个本都不沾。有一次，尹老师借用我一支铅笔，下课时，夹在书内，忘记还给我。下午，他没课但特意到班上来还给我。谢国捷老师家富藏书，他允许我去他家读书，并不时向我讲述治学之道。我的第一篇学术论文《汉唐改元释例》就是在谢老师指导下完成的。老师们的言教、身教，奠定我一生做人、治学的基础，我衷心感谢老师们的教诲。

校长罗光道是一位著名的抗日人士，在学生中享有极高的威信。他尽全力为学校的建设奔走筹划，他礼聘著名大学的优秀毕业生到校任教。他筹建化学实验室等，供学生实习，为当时中学所稀见。他聘请著名学者到校讲学，如高步瀛先生是辅仁大学教授、古典文学专家，听他的讲学，让我初窥学术境界。他爱护学生不遗余力，有一次傍晚，法租界巡捕房应日方要求，搜查我所住的货栈。这个货栈住有若干年轻单身汉。当时被抓的约二十来人，有广东中学、新学中学等校学生和社会流动人员，我也在其中。因禁在巡捕房的看守所内，逐一进行捺指纹、照正侧面像、录口供，然后关押进牢房，不发伙食，枯坐了一夜。第二天早晨，罗校长约同新学中学的两位英国校董，把我们四个学生保释出去。罗校长和我单独谈话，宽慰我，认为发泄反日言论是自然而然，无可非议的，但也嘱咐我要注意安全，不要张扬。罗校长不限制学生的反日、抗日情绪，不追问班上传阅的油印抗日小报等等。

虽然有许多值得回忆的往事，但也不能忘记当年那些幼稚无知的行为。那就是常常以一颗并非邪恶的心，做了不少至今想来犹令人惭愧和追悔的错事。我们针对老师身体的残缺和怪异的习惯而为其研究一绰号，如秃顶称电灯泡、走路八字脚称鸭子妈妈、脸庞圆圆胖胖称老白薯、与人总板脸称钟楼怪人等等。或者用种种恶作剧的手段戏弄老师，如教几何的王老师年近六旬，走路一拐一拐。上课前，我们把粉笔盒内粉笔藏起来，王老师一看都是粉笔末和粉笔头，又回休息室去取粉笔，来回跛着脚，耗费掉几分钟，既让我们多几分钟乱哄哄，又能欣赏王老师的走路姿态，让我们窃笑。一群缺乏同情心的无知少年，自以为得计，实则犯下了终身难以回赎的错误。当我们长大成人，每当想起这些无聊恶行时，常常会自责：怎么会如此残忍地对待浇灌自己成长的园丁呢？我虽已是望九之年，但我依然愧对吾师，请老师们宽恕！我永远爱我的老师，爱我的母校——旅津广东中学。

原载于《中老年时报》2011年1月26日

蹭戏

——劝业场怀旧

"七七"事变以后，我家从北站附近的新大路，搬到法租界绿牌电车道教堂前益德里居住。过一个街口是我读书的旅津广东中学，再过几个街口就是1928年兴建、驰名海内的劝业场。劝业场所在的地名叫梨栈，是法租界的繁华中心，甚至可以说是天津的繁华地带。它矗立在绿牌电车道另一尽头，和现在的金街交叉成一个主要街口。这十字路口的四角，除了劝业场占一角外，其他三角是演电影的光明社、接待八方来客的交通旅馆和周转金融的浙江兴业银行。在当年看来，都是高楼大厦，特别是劝业场，斜角度地面对街中心，华世奎书写的劝业场匾额金光闪闪大字，气势非凡。场内百货杂陈，各种游乐场所如台球地球，影剧杂耍，无所不有。游人如织，摩肩擦背，真是个充满魅力的游闲消遣胜地。劝业场离我家和学校是一眼看得见的距离，所以我们这些中学生常常在下午课后三五成群结伴去闲逛，每周总去两三次。我们都是初中生，囊中只不过有几个饼饵钱，所以对洋广杂货、金银首饰没有兴趣，而是直奔高楼层去看游乐场所，我和几个好京剧的小学伴，最喜欢去的是到天华景听蹭戏。

天华景是劝业场六楼的一处游乐场，常年演出的是由高渤海组织的稽古社小科班，一茬齐的小演员，十几岁的年纪，演戏非常认真，功底也很厚实，剧目多是大戏。有好几出戏出自名师亲授。他们的姓名都以华字结尾，如武生徐俊华、蔡宝华，花脸贺永华，武丑张春华等等，都是观众熟悉和钟爱的演员。他们的戏码也往往排在压轴和大轴上。而我们下午放学后，正能赶上看大轴戏。票价虽不太贵，但也不是我们中学生所能长期负担的。所以只能在场口扒着丝绒门帘遥望几眼。有时轮流由一个人买票进去看戏，其他人就在场口扒着看，等散场后由入场的人向大家绘声绘色地讲述一番，过过戏瘾。过了十天半个月，收票的老大爷看我们痴迷的模样，可能出于怜悯之心，特别关照我们说，悄悄进去，别说话，找个空座坐下，好好听。从此，我们几个人就在老大爷的呵护下，可以在大轴上场时偷偷溜进去，当时称为"听蹭"，我们足足听了两年多的蹭戏。

我很喜欢看稽古社小演员的戏，除了演技纯熟外，还可以看到成人演员身上难以看到的清纯。有好多戏演得很有情趣，如拾玉镯、三岔口、四杰村、夜奔等，看起来很逗乐。尤其是张春华的偷鸡、盗甲、酒丐、盗银壶等，真是神乎其技，身手不凡，给人以美的最大享受，难怪他日后成长为武丑行中的名家。有两次听蹭是至今难忘的情景：一次是剧场不仅座无虚席，连过道和入口处都有站着听的。老大爷轻轻告诉我们，今儿个是尚和玉老板演艳阳楼，楼上下满贯，你们进去溜边儿站，别惹事。尚和玉是当时名武生，艳阳楼又是他的拿手戏。这次演出还有教学的示范作用，一招一式，无不中规中矩，几个亮相动作，精美之至，令人叹为观止。另一次是1939年8月19日（旧历七月初五），为了应景七巧节，天华景排演了"牛郎织女"，海报上还标示"真牛上台"，我为了好奇又去蹭戏，刚溜进去就听到场外人声沸腾，观众亦纷纷起座，只听"来大水"的叫嚷声。等出了劝业场，就见路上已有没脚面的水，还不断从蓝牌电车道方面继续有洪水急速流来。我赶紧拔腿往家奔跑，身后紧跟着水声，等到了我家胡同口，已有四五层沙包垒起来防水，迈过沙包堤，我才发现后背已被汗水湿透，这是我最后一次蹭戏。这年我初中毕业，自认为已是大人，不好意思再去打扰老大爷了。

我蹭戏不纯是娱乐消遣。每次听完回家，头等大事就是找出家中已被翻掉书皮的《大戏考》来对照剧情，日积月累，我对京剧剧目所知渐多，剧情也很熟悉。这对我日后谈史说戏打下了基础。当我后来主修历史专业以后，常喜欢拿戏中的主要情节和史实对照，分辨几真几假，如有所得，就写成片段小文。多年以后，我和几位同道，把这些篇什集成一书，题名为《谈史说戏》，先后由北京出版社和山东画报出版社出版，颇得佳评，这不能不归功于多年前那段蹭戏的经历。

上世纪五十年代以来，劝业场的游乐场所大都停办，稽古社的小演员们也都长大，各奔东西。剧场亦难乎为继。一晃半个世纪过去，世纪之交劝业场历经改革调整，百货部分大为改观，而游乐部分尚难顾及。直至本世纪之初，重新恢复"八大天"之举，才被提到议事日程上来。天华景的场地虽已装修，也不断有演出聚会，我亦曾参与过两次，但终究缺乏稽古社时代那种亲切。我期待有识之士能重组一个小科班，边学边演，早日展现为京剧培养人才，为民众提供休闲，为劝业场重焕光彩的情景。

原载于《今晚报》2008年6月10日

旧书店

　　读书人喜欢读书，更喜欢买书，但不是想要的书都能手到擒来，到书店就能买到，于是在读书人中就有"访书"的说法，有些学者甚至还写过访书记之类的著述。"访书"就要到旧书店或摊上去访求，一旦发现求之已久或心窃爱之的书，那真可以说是欣喜若狂，这种感受非个中人是难以领会的。即使一无所得，东翻翻西看看，浏览涉猎，也能增闻益智，启发思路。因而，逛旧书店或旧书摊成为读书人的一种享受，也是一种难以去掉的积习。

　　我从十七岁读高中时就开始逛旧书店、摊。那时天津的旧书店、旧书摊比较集中的地方是天祥市场二楼，旁边的劝业场和马路对面的泰康商场则显得零散。开始偶尔去逛逛，渐渐成为每周必到的常客，和书店的老板也慢慢地熟悉起来，有时遇到一部好书，会站着看上个把小时，老板还笑眯眯地让学徒给搬个小圆凳请我坐下看，好似他的书找到了知音一样。这些旧书店决不像现在的某些书店，架框上贴着"请勿动手"的签条，店员沉着脸像防贼那样盯着你的每一个举动。有时店堂清闲，老板还会邀请我这位常客坐坐，端上一杯"高末"清茶，饶有兴味地谈论些关于书的知识，那都是他几十年书贾生涯的经验之谈，尤其是版本目录方面的内容时时引起我极大的兴致，我那时知道的什么"金镶玉"、"四大千"、"鱼尾"、"黑白口"、"黄批顾校"、"活字本"和"精刻本"等等知识，都是从这位六十多岁的老板口中学到的，也许这些知识给我埋下了后来专攻古典目录学的种子。那时我已经在课本中读过王充《论衡》自序，遥想当年王充在书肆白看书而成为学者的故事使我得到一定的鼓励。逛旧书店、旧书摊不仅可以访求到急需用书，如我从余嘉锡先生学目录学时，指定用《书目答问补正》作为教材，在北京遍寻不着，还是在天津旧书店中搜求到仅有的一套；而且，我还常常能在翻书或巡视架上排列的书脊来充实自己脑海中的书目。

逛旧书摊比逛旧书店更有兴味，偶尔在一些集市和街头的零散地摊上会发现一两种有价值或对自己有用的书。我经常到旧墙子河边的废品摊上去闲逛，在一捆捆废书本中往往会有意想不到的收获。有一次，我花费三块多钱买了好几捆废书本，从中捡出了十几本清朝乾嘉同光时的皇历，虽然有些残破陈旧，仍然使我大喜过望，以后由于加倍留心，又陆续收集到一些，加上我原藏部分，断断续续地有百多年，心想如能把清朝皇历收齐，那不是很有历史和文物价值的吗？我一度还想模仿傅增湘先生因有两部善本《资治通鉴》而命名自己的书斋为"双鉴楼"那样，把我的书斋题名为"清历楼"，后因积累不足而未果。即就这百多年来说也颇自珍惜，不幸在"文革""扫四旧"时，理所当然地被付之一炬。

旧书店对读书人确具相当的吸引力，清代北京的书业中心琉璃厂附近就聚居了好多知名学者，为了逛书店书摊、看书求书方便，纷纷来此僦居，以至房租涨价。在这里，不相识的学者通过共同爱好而缔交，相知好友在此商榷学问，互通有无，有不少传抄本即由此产生。那些从业多年的有心书贾接受文人学者的熏陶而有书卷气，像孙殿起倾数十年的积累所撰《贩书偶记》，已是查阅四库总目以后有无著录的重要目录书，为许多学者案头必备。某些自命为学者的人，整日在翻用《贩书偶记》，却嗤之为书贾记问之学，此可谓与鼠窃狗偷者无异。有些学者更出于书癖，视经营旧书业为一种学问之道，像版本目录学家伦明先生不仅开了旧书店，还从众人中培养出孙殿起这样的目录学家。当然，旧书店，特别是旧书摊也有不尽令人满意之处。有些书摊偷偷地发售淫秽书刊；有些书商制作假善本骗人，我也曾上过当。我很喜欢板桥的诗和字，有一次在一旧书店看到一套板桥体的板桥诗，纸墨装订都看得过去，因为年轻浅陋，出于偏爱，加以老板一再降价劝说，遂倾数月积蓄购藏。几年后，我读到板桥手写诗刻本，才恍然大悟，原来这是影写本，并无太大价值。不过这只是一些枝节，旧书店和旧书摊还是有不少值得怀恋的情趣。

50年代以来，由于行业调整，旧书行业改变管理体制，北京统一为中国书店，天津和有些城市将之并为古籍书店，旧书店和旧书摊骤然减少，旧书又多被扣上"封建黑货"的帽子，问津者益少，以致流通也欠畅。我虽已不能每周必去，但积习难除，还不定期到收购部和文庙仓库走走，和一些旧识聊聊天，偶尔从书堆中发现点值得买的书。有一次我买了一部谈刻本的《李文忠公全集》，书品很好，可惜两年后因年关囊中羞涩而易主；又有一次，我从古籍书店收购部收购架上发现两册梅红洒金笺封面的线装书，打开一看，扉页题有《挹爽自谱》

四个中楷墨笔字，是一部未刊稿。内容绿丝阑格纸写录，半页八行，版心下端有"石竹斋"字样，墨笔字迹工整，似是一部清稿本。谱主陈皑，字甘泉，号挹爽，一号爽轩，别号知退子。天津人。清道光七年生，卒年不详。咸丰末年举人。同治时做过宗学教习。光绪前期在广东做过和平、曲江、潮阳等县知县。晚年在天津为书院校刻书籍。此谱始编于同治六年，续补于光绪三十二年，时年已80岁。是谱除自记科试、文会、听讼等事外，尚记有太平军、义和团在天津的活动状况。可惜这样一本有关津门文献的手稿本，在1966年8月间与我的手稿和几乎所有的线装书都被受愚弄的小将们用我的樟木书箱做燃料在我的门前烧掉，也绝了我眷恋旧书的念头。

可是，几十年的旧习不是一时所能根治。从80年代以来，我仍然去过古籍书店及文庙仓库，但兴味已大不如前。一则旧书流通极少，看来看去总是那么些书，缺乏新鲜感；二则有些店员缺乏应有的学问感情，视旧书若古董，不乐意你翻翻看看，对看"蹭书"的尤有反感；三则旧书的标价，随时无原则地改动，一部上不了品位的巾箱本书往往非数百元不办，一介寒士，何敢问津？既无所得，也就没有逛的兴趣了。至今已有多年绝迹于古籍书店之类的地方，几十年的积习从行动上似乎一扫而去，但对旧书店、摊的怀旧情结却难解开。在美、日这些发达国家还有几处旧书店可逛，但终不如在国内有那么一些旧书店、摊，让文人学子能徜徉其间，享受点书香的熏陶！

原载于《天津文学》1998年第6期

五大道寻旧

　　天津五大道的名称不知起于何时，过去也很少听人说过，似乎从七八十年代才渐渐流传人口，于是约定俗成地作为马场等五条大道的总称。在九十年代出版的《中华人民共和国地名词典·天津市》上曾做过明确的规定，把马场、睦南、大理、常德和重庆等五条大道合称为"五大道"。五大道是从西南的西康路走向东北，各道大致平行，构成近似长方形的方块。

　　五大道之被人羡称不自今日始，在我读中学时，因为家住在五大道附近的岳阳道，不少同学都住在五大道，所以经常有机会去玩。我看到沿街那些各种样式的房子和出入这些住宅的人物，不由得在尚不成熟的思绪里若隐若现地留下了痕迹。

　　五大道经历过英租界、抗战胜利后和建国以来的不同时期，我也曾几度漫步于五大道，寻找旧日的陈迹，时不时会从风格各异的建筑群中听到一阵阵轻微的历史脚步声；近年虽然矗立了几处与原有风格不甚协调的高楼大厦，却还幸运地没有完全淹没在拆旧建新的狂潮中。但是，时代前进的巨轮总在无情地展现着日新月异的新貌，北京的粤东会馆、天津的城区老房子都泯灭了旧有的痕迹。一位拆房队的民工说：只要给钱，连故宫都敢拆。真让人有一种寒冷感。也许不知什么时候，也不知被什么豪商中意，五大道鳞次栉比的高楼大厦或花园广场将像雷峰塔压白娘子那样把一幢幢小楼吞噬尽净。因此，我很想重新寻找五大道的依稀旧事，哪怕是丛残也好。我曾和我的朋友、五大道的老住户李忠谟和江晓敏在一起话旧，我也曾踽踽独自绕行五大道来唤醒我半个多世纪前的记忆。

　　五大道都在旧英租界辖区之内，它们不是像某些国人那样，先有中文名字，再套上一件约瑟、露丝之类的洋坎肩，而是从一落生就各有一个洋街名，附加一个便于华人使用的中文名。五大道除了马厂道是作为洋人去赛马场能有一条马道而早在1901年建造、重庆道修造于1922年外，其余睦南、大理、常德三道都修造于1929年。它们都各有中英文的道名：

旧名（中、洋）	现名（1946年以来）
马厂道 Race Coures Road	马场道
香港道 Hong Kong Road	睦南道（1949年前名镇南道）
新加坡道 Singapore Road	大理道
科伦坡道 Colombo Road	常德道
爱丁堡道 Edinburgh Road	重庆道（昆明路至河北路段）
剑桥道 Cambridge Road	重庆道（河北路至马场道段）

五大道的建筑大多是一幢幢二三层砖木结构的小楼，但宅院则各具风格。马场道多开放型围墙和绿地花坛，睦南道沿街树木茂密，大理道时见尖顶小楼，常德道环境整洁幽静，重庆道别墅式楼房居多。五大道上商店摊点较少，是非常适于养憩的住宅区。它是一般小康之家可望而不可及的住地，它的居民成分也多是当年所谓的上层人物。五大道居民虽然层次较高，但也形形色色，比较知名的有：

逊清遗老载振、金梁、小德张

民国显宦徐世昌、徐世章、朱启钤、潘复、刘冠雄

爱国实业家宋棐卿

名医张纪正、方先之、林崧、范权、赵以成夫妇

教育家卢木斋、张伯苓

藏书家周叔弢

起义将领高树勋

......

旧事慢慢地从我的记忆深处点点滴滴地寻找回来，但社会的变革往往引起人世间的变幻。五十年代以来物业依然，物主则大多更易。各类机关挂牌理事，或为职工宿舍，虽外貌仍旧而庭院分割。旧时王谢堂前之燕，飞来尽是百姓之家。或曰"君子之泽，五世而斩"，这完全是孟轲的善良期望，苟二三世而易主，已是沧桑正道，固可不必为旧人戚戚焉。而建筑旧物，至今风貌尚存，每当朝晖夕阳，漫步于五大道，犹可见西方文化之濡染。一种特异于传统建筑文化的近代建

筑群在天津像移植来的西番莲那样鲜艳地展开，为天津文化增添一种与其他胡同文化、庭院文化、园林文化各异而别具一格的景色。我们不能不在这里感谢市政府领导的睿智，把五大道定为"市级近代风貌建筑重点保护区"，让那些伸出来的"拆手"缩回去，让人们徜徉在这一片近代风貌建筑群的时候，能嗅到天津文化尚值得一嗅的气息。可是作为杞人的我，下意识地想到奉天监狱在一边发布保护令，一边照拆不误；也想到若干天然森林、天然动物保护区的不断被破坏。我虔诚地祈祷我们的五大道将受到保护令的切实保护，旧院落的新主人一定会用各种最好的颜色把一幢幢楼舍装点得绚丽非常。我又何必苦苦地寻旧，因为新的容貌和颜色给我的将不是凭吊而是文化的陶冶。五大道的建筑文化将永远为天津文化发出应有的光彩！

写于一九九八年三月

原载于《天津记忆》第52期（来新夏教授米寿庆祝专号之三） 天津建筑遗产保护志愿者团队编 2010年8月

亲历天津沦陷

——纪念抗日战争胜利60周年

1937年7月7日，日本军国主义者无理挑起蓄意已久的卢沟桥事变，一时战云密布，战火纷飞。天津与卢沟桥相距不过车行数小时之远，居民既愤愤于敌人的进侵，又惶惶于灾祸的降临，老幼妇孺都处在临战状态之中，在各自家中忙乱地搜捡细软，打点成能拿得动、背得起的行囊，做好逃难的准备。我的祖母和母亲忙不迭地在内衣里缝小口袋，把日常佩戴的首饰和银元等放入缝好。父亲则把衣服打成包袱，时不时地掂掂分量，一再往里加东西，实在感到沉甸甸时为止。我的任务是带好比我小8岁，仅仅6岁的二弟新阳。父亲把准备去投奔意租界朋友家的地址，写在纸条上，放到我的制服口袋里，似乎预感到会在逃难中失散；但是他老人家却忘记在我口袋中塞一丁点儿钱，哪知这一疏忽给我后来造成多大的困难！

1937年7月29日中午，不少人家正围坐着吃午饭，忽然一阵轰隆隆的巨响，房舍似乎在晃动，天花板上的灰皮在震落，胡同里和大街上，人声沸腾，还夹杂着孩子们凄厉的哭喊声，意料之中的事情终于发生了！

我家住在火车北站附近的新大路，正是敌人要摧毁的地区。轰炸的势头越来越猛烈、越疯狂，看来不是在桌子底下躲躲就能逃过去的。一颗炸弹炸中了隔不几步的王家，房屋倒塌，全家几口葬身火海。父亲不再迟疑，决定逃往意租界友人家去避难，于是背起包袱，和母亲左右搀扶着祖母，我紧紧地拉着二弟的手，走出家门。父亲把一把长长的旧铜锁锁在门扣吊上，领着全家奔向胡同口。我正依恋地再回头看看自己曾生活过的家园，又一颗炸弹在附近爆炸，灰土迸掷，扑面而来。全家赶快随着邻居们向胡同口挤去。自从卢沟桥事变发生后，胡同内若干经历过战乱的耆老，根据他们过去对付乱兵的经验，封死所有胡同出口，只留一口，还把大口封成只容人并排出入的小口，但老人们没有想到，这次是祸从天降，落后的防御设施反而造成逃离险境的障碍。我家好不容易挤出胡同，只见马路上已是充满人流，肩背手提，扶老携幼，步履踉跄地沿着大路向东面的意租界奔去。人流由于各个胡同居民的不断涌进而扩大。敌机看到下面的人流，开始俯冲，用机枪向无辜的人群反复扫射。顿时，逃难的人群像怒海的波涛，一会儿拥东，一会儿挤西，已经无法自主，只能人裹人地往前行进，有人被机枪射中，倒在人群的脚下，有的捂住流血的伤口，跌跌撞撞地向前拥进。

又一阵扫射，人流四向逃散，我和父母终于被冲散。我和二弟被人流冲进了于厂大街东头的一条胡同，我们实在走不动了，便在一家门楼前的石阶上坐下来。这里临近意租界，日寇可能因与意大利是同盟轴心国而稍存顾忌，所以这一带受到的炮火侵袭较轻，居民也还安然不动。天色渐渐暗下来，二弟因见不到父母而哭泣，还连声地喊肚饿。我摸遍全身，一文不名，急得没有办法。天色更加昏暗，各家炊烟四起，饭菜的香味不仅二弟抵挡不住，我也饥肠辘辘，只得含着泪把二弟搂得更紧。

真是天无绝人之路，门庭里出来一位老奶奶，她端出两碗盖浇饭给我们吃，并问我的身世。二弟毕竟年幼，走了无数路，受了不少惊吓，吃完饭放下碗，就趴在我的膝盖上睡着了。我看到二弟睡梦中的笑容，内心略感欣慰，但又担心明天，那久含的泪水再也留不住，顺着面颊往下淌。老奶奶慈祥和气地劝慰我："不要着急。"又说："晚上凉，孩子小，把他抱到我床上去睡！"我把二弟抱到厢房老奶奶的床上安顿好，自己像个大人似的退出来坐在廊檐下。其时，我只有14岁，竟要承担日寇强加给我的父母离散，手足相依，在炮火下逃生的苦难！老奶奶又一次出来，劝我拼两条长凳睡一会儿。老奶奶啊老奶奶！我怎能睡得着呢？思前想后，我把寻访父母放在第一位，便拜托老奶奶照看一下二弟，于第二天凌晨混在附近到意租界做工的队伍中，混进意租界去找寻父母。上天保佑，没有遇到查问，和一个与我个头相仿的"苦力"一起通过了卡子口。天色渐渐亮起来了，远远听到有人喊我的名字，原来是父亲友人涂伯伯的声音。昨天下午，父母经过几番周折，才到涂家。祖母因我和二弟的失散，极度悲痛。涂伯伯和父亲分头找了大半夜，直到天快亮，一无所获而归时，万没有想到在住所附近看到了我。父亲闻声，也紧跟几步追上来。待我们进门后，祖母立即从床上坐起来，搂着我一面哭，一面连问老二怎么样？我再也无法控制自己。止不住大声痛哭，倾诉这一天多的苦难历程。

我怕二弟醒了吵闹，不敢耽搁，吃了两块点心，仍然由原路赶回去。因为一张通行证只能一人出入，所以父亲无法同去。在我回到老奶奶家时，二弟因过分疲乏，一直没醒。我叫醒二弟，深深地感谢老奶奶的一饭之恩，领着二弟，离开了这个曾在患难中援我以手的善良家庭。因为二弟终究是个幼童，所以没有引起意国兵的注意，顺利地通过了卡子口。回到了涂家，全家团聚。虽然只是一天一夜的失散，却好像离散了好久。

天津经过爱国官兵一天一夜的抗击，终因兵力装备不足，于7月30日沦陷敌手。从此为了逃避日寇的直接统治，我家先后僦居于意、法租界，开始屈辱苦难的沦陷区生活，直到抗战的胜利。

原载于《光明日报》2005年8月12日

辅仁四年

上大学是我从上高中起就憧憬向往已久的未来，并做了许多考大学的充分准备。1942年，高中毕业，就面临择校的问题。当时正处在日寇占领时期，京津地区比较有名的大学是北京大学、燕京大学和辅仁大学。北大虽是老字号，但是日伪直接管理的学校，不甘心报考。燕京大学是英、美系统的大学，已处在岌岌可危的境地，随时将面临被封闭接收的噩运。只有辅仁大学，虽校龄很短，但因是德国教会主政，而德国是轴心国之一，日寇因同盟关系，不得不在形式上宽松些。许多著名老师也多齐集辅仁，因此成为大多数青年学子报考的焦点。我就是这年秋季考入辅仁，实现大学梦的一员。

我进入的辅仁大学，校龄只有二十几年，为什么会成为名校？主要原因，一是当时的时代背景。二是特别重要的原因，就是它不以校园宏伟称胜，而是广集人才，集中若干未能脱身敌占区羁绊的饱学之士。加以当时主持校务的陈垣校长交游甚广，诚邀诸多知名学者来校任教。即就文史方面而言，如余嘉锡、高步瀛、张星烺、朱师辙等老一辈的学者，还有很强的中年学者群体，如余逊、赵光贤、陆宗达、周祖谟、柴德赓、启功等先生，形成一支学术水平相当高的教师队伍。有名师就支撑一所名校，这在几十年后所显现的事实，充分证明为什么建校不过二十九年，就能与当时几所名校争胜，并能蜚声于后来的办学诀窍。也证实后来清华大学校长梅贻琦先生所说，名校不是靠大楼，而是靠大师（大意），确是至理名言。

辅仁的名师队伍不是一种陈设，不是虚用名义以广招徕，更不是利益交换那种名誉、客座之类，而是实职人员，是亲临教学第一线的老师。陈垣老师以身作则，不仅亲任校长，抵挡内外各方的众多事务，还像其他单纯担任教学的老师承担同样的工作量，开设"中国史学名著评论"、"中国佛教史籍概论"、"史源学实习"等打基础的课程。另外还主持全校的"大一国文"工作,其负担沉重可知。张星烺老师除了担任史学系主任,中国通史系列分段讲授课程中的秦以前史、宋辽金元史外,还开设"中西交通史"。

这些名师不但认真教好书,还在课外做了许多令人感动的育人示范。他们都是学术素养甚深的名师。但从无一人自命为大师而表现傲慢,对学生循循善诱,启发你如何走学术之路。他们都承担教学与辅导工作,亲自改学生作业与笔记,发还时同学间争相参读老师的批语。张星烺先生因方言较重,语速过快,所以写了很详细的讲义发给学生,以解决复习困难。陈垣老师每次布置作业,都与学生同作,并与学生作业共同张贴在课堂上,相互评论,批改作业细到改正错字。有一次我随意把"本"字一竖写成带钩的样子,陈老师在字旁画了一个大叉,在眉批上写了"本无钩",次日并召我到办公室,为我讲了为什么不带钩的道理,使我终生难忘,竭力注意写错字的事。

我的校园生活很简单,四年的修业期间,我过着三角形模式的生活。每天从宿舍到课堂,再到图书馆,再回宿舍。每天二十四小时也是三角形模式。三分之一在课堂(听课、整理笔记、写作业),三分之一在校内外图书馆(读书,查核课堂笔记中引用的原著博涉有关图籍,储存和积累资料),三分之一在宿舍(休息、睡眠)。四年的刻板生活,没有感到枯燥。认真听课,广泛阅读,心无旁骛,却为我奠定了今后学术道路的坚实基础。我感谢辅仁,我更感念老师们的浇灌、培育。

辅仁四年,时间虽短,受益无穷。面对现状,得不深思!

原载于《中华读书报》2013年5月29日

积水潭忆旧

六十多年前，我结婚以后，要在北京安家。但是因为还在读大学的最后一学期，没有固定的薪水收入，难以租住正式的房子。幸而有一位要好而又有条件的同学，他家在积水潭有一角破旧小楼，可以借住，总算给了我一处栖身之地。

我听说过北京西北城有个积水潭，但从没有去过，情况知道的也很少，便想查查讲北京风土的书，竟然在《畿辅通志》卷二十一中找到了一条文字记载说：

> 积水潭在都城西北隅，东西亘二里余，南北半之。西山诸泉从高粱桥流入北水关汇此。或因内多植莲，名莲花池。或因水阳有净业寺，名净业湖。从德胜桥东下，稍折而南，直环北安门宫墙左右，流入禁城，为太液池，俗呼海子套。

从实地方位看，大约是指德胜门内德胜桥西的那半泓清水。

这里虽算不上什么十景八景之列，但元明以来也曾煊赫一时，受人注意。这里有明朝嘉靖三十七年（1558）时所建的净业寺，据说积水潭即因寺名亦名净业湖。清初书法家王觉斯和乾隆帝都曾为此寺题额。寺内有涵碧楼，为明清及民国年间文人墨客登高雅集之所。清康熙十八年（1679）夏，诗人词客纳兰性德、朱彝尊、陈其年和姜西溟等，曾到净业寺观荷唱和，称一时之盛。纳兰的府第离潭最近，距潭东不过半里之遥，这次雅集可能就是纳兰做东。纳兰府清末是醇亲王府，解放后是宋庆龄官邸，名人显宦的故居应属文物保护单位。民国六年（1917）旧历九月，名流陈哲甫、朱谦甫、李毓如、易实甫和释子瑞光、慈安等，也于重阳节登涵碧楼联句，辑为《涵碧楼登高集》。释瑞光是白石老人的弟子，还为此绘有《涵碧登高图》。

我4月间住进来的时候，只见数行衰柳，一抹长堤。没有看到更多引动我的出奇风光。可住了一周后，正当清明时节，积水潭顿改旧观。它露出青春之气，出脱得妩媚动人。在每天清晨起来的时候，推开临水的半扇小窗，远望潭水清碧，北岸的寺院倒映在水面，隐约地绘成一幅绝妙的图画。在朱红的寺影上，微微涂了一层似金非金的装饰，更显得青灯黄卷，古寺高僧的可亲，有时微风小起，吹皱潭水，温馨拂面，寺影随之摇摇晃动，真可谓人间胜境也。

在一个晴朗的早晨，我漫步潭边小径，小作徘徊，土质松软，走在上面，稍稍有点飘飘欲仙的感觉。小草已从蕴积已久的地下伸出头来，清新气息，*丝丝袭人*。潭水从城外流来，又不停地向东流去。在绿草茵上休憩片刻，除了远处若有若无地传来的叫卖声外，真是一片宁静，宁静得让人溶入进小家碧玉般的妩媚情趣间。闭目凝神，恍若飘忽于烟波雾海之中，得自然陶冶之趣。回顾略有点欹斜的一角小楼，那就是我第一个真正的家。明末许多名流，如陈眉公、李卓吾诸贤，都很喜欢倘佯于山水之间，一舒胸臆，但眉公等刻意求之，我则无意得之，情绪之欢畅，自不相侔。

美好的东西总是短暂的，住了不到一个月，房主以房子年久失修，准备拆盖为理由，婉言请我搬家。因为既是实情，又是借居，只得整理尚未完全卸开的全部简单行囊，迁往另一位朋友家的闲房中去借居。但是，我永远忘不掉积水潭的温馨，因为积水潭小楼是我第一个真正的家。

六十多年匆匆地过去了，我再也没有旧地重游。不常做梦的我，却有几次依稀地梦见一层薄薄云雾笼罩着的积水潭。醒来在鼻际还荡漾着一丝小草的余香，我多么想再踏一踏潭边的松土。二十世纪末，一个初秋的下午，我从北京站乘车向德胜门方向驰去，蓦然在一条广阔的大道（好像是新外大街）上，闪过一块标有"积水潭"字样的指向性路牌。我请司机找地方停下，我要去了却我的一段心愿。我想积水潭这块碧玉，经过岁月的磨砺，会焕发出更照人的光彩，来丰富我青年时代曾留恋过的风光。但是，旧尘难寻，积水潭的水虽然还有，却似乎不像当年那么清亮，失去了往昔的丰韵，只不过像淫雨后一汪排不出去的积水而已。净业寺更是物是事非，已经被一家家庭装饰市场和一家商场写字间所分割。它的大殿已改为适用于生产的车间，原来青灯黄卷的净地，一易而为生之者疾，用之者舒的经营场所。木质二层的涵碧楼，久已失去当年名士高僧雅集的余韵。虽然作了些现代的装修，把木质窗改为铝合金框，正像已褪尽颜色的老妇，即使重新涂些脂粉，也掩盖不住那副"娘娘架"的样子，周围显得局促破落。再看看潭南侧，曾在明朝有过名园的那片园地，已是傲然耸立着一幢幢高楼大厦。它们似乎不谙世事沧桑的巨变，毫不留情地把涵碧楼紧紧地扼住，似乎已容不得它喘出最后一口气。好让它的另一群兄弟们平地暴起，矗立得比自己更高大、更雄伟地为新的城市增色，以求消除那些它们认为与新时代、新事物难以相称的"陈迹"。

我很后悔这次短暂的滞留，它击破了我长期拥有的那种永远美好的幻想。但是，也引发我对到处改造旧城的一些遐思和浮想。一座有极其丰富文化底蕴的旧城市，随着社会的发展，各种新事物的纷至沓来，必然会推行一种除旧布新的改造，这本是无可厚非的事情。但当行动时，往往会遇到新建筑与旧文化之间的冲突与不协调。由于执行者思想片面或学识不足，只知其一，不知其二，就像为了包装一个人，让他着一套新潮西服，而忘掉为他换下礼服呢千层底圆口布鞋那样，怎么看怎么不顺眼。这是旧城市改造的矛盾点，特别是文化历史悠久的老城市的改造，这一矛盾显得更为突出。我曾联想到饮食，我不喜欢大拼盘，把烧牛肉、西红柿、酸黄瓜、凤爪、鸭蹼等品位不同的菜肴，在一个大盘中，各放一堆，各吃各味。反不如把海参、虾仁、肉丝、火腿、小玉米各种作料炖成一锅前人没有喝过的鲜味汤，来得有味，会是一种百味调和的美味。也就是说旧城的改造不是简单的1+1=2，而是应该1+1=新1。像积水潭的改造，不妨疏通于什刹海，潭的周围进行适当的清理，增加绿地的覆盖面，再点缀些精巧的休憩凳椅。把净业寺修旧如旧地清理整修一下，在寺的周围种上半圆形的树木，几年以后，在群树遮抱中，隐隐传出梵呗之音，构成一处楼群小花园。那么既有新貌的怡情，又有旧物的追念，让人们在美的素养、美的观赏、美的追忆中，尽情地享受生活、享受人生，这样不是更好吗？

二〇〇〇年十月初稿，二〇〇八年二月修改稿

原载于《光明日报》2000年10月5日

聚散如云

在白云飘动的时候，我常常喜欢仰望天空一块块白云时而远远地分开，时而又在更远的地方会合在一起；若从飞在云层上的飞机舷窗望去，白云的聚散则显得更为频促。它们似乎总在昭示着人间的聚散靡常。

我和二弟相差八岁，但因同经离乱，而他的性格又比较温顺，所以彼此友于之情颇深。近五十年前，他就读于上海兵工学院，由于时事变幻，随校迁台。从此，他像一朵白云那样，不知飘往何方！我纵然因他遭受多年的怀疑和冷落，但仍然魂牵梦萦地时时在仰望着那朵朵白云，暗暗地祷念，不知何时两朵白云方能不期而遇地融合在一起，以测卜兄弟间遇合的命运。在宽松的年代，我亦曾辗转探询，终不得要领。我只能不时望云，看云停何处来慰藉那空荡的怀念。四十年岁月的推移，我仍然只能偶而在梦中与他依稀一面。有一天，我正从书桌前的窗口看快速移动的乱云，忽见有两朵从不同方向的远处飞驰过来的白云，毫无间隙地融合成一块而向前飞去，真可惜，因邮递员的送信打断了我对远方白云的凝视。我收到一封厚厚的信，是《北京晚报》一位南开大学校友李凤祥君转来的一封读者来信。这是一封使数十年梦想变成现实的信。原来这位读者是我二弟的一位在大陆的内亲，因在晚报见到我的名字与二弟名字相连，出于为二弟找到亲人的激情，就写信把二弟的近况和地址寄请《北京晚报》代转。从此，这断线风筝又被重新抓到线头，暌违四十多年，相见已难识的亲兄弟重又聚首，我们像各自西东的两朵白云被一阵媒介的信风吹拢到一起。这是命运的播弄，还是机缘的巧合？

最近，类似的欢悦又闯进我平静的生活。前几天，我收到《今晚报》副刊编者吴裕成君转来一封读者给副刊的信，原来是我五十年前的一位初中同学苏寿岳所写。他因探亲来津，偶而看到我发表在晚报上的一篇小文，触动了少年时的友情，便致函晚报副刊，表达对这一巧遇机缘的惊喜。他写下自己的电话，希望编者牵线搭桥，与我取得联系。这一意想不到的信息忽地把我又拉回到那无邪的少年时代。我立即放下手头待办的事情，与寿岳接通电话，传来的虽已是陌生的声音，但往事的回忆把我们沉浸在蕴积数十年的友情之中。我们谈到几十年的沧桑、谈到一些少年朋友、谈到中国末代状元刘春霖的孙子——我们的小学同学刘大中，他因妻儿羁居海外，自己身患中风，行动困难而独居北京，很希望有旧友访谈。我们像掘开堤坝，无法遏制洪流那样说个没完，只好约定面晤的时间来一倾积愫。我放下这一电话，很快拨通了北京刘大中的电话，互道姓名便没有阻碍地沟通了堵塞几十年的感情隧道，回忆往事，话好像总难一次说尽，也只好约定八月下旬我将借去京开会之便见面。

激动的心情，一时难以平复。几十年音问隔绝的兄弟故友突如其来的信息，真像四散的云朵被一阵暖风冲聚在一起。这对我"平生知己半为鬼"的暮年平静生活，不啻从远处向一池春水投来一块圆石，激起了层层涟漪。旧人旧事，往往多多少少会抚平生活经历中的斑痕。我深深地感谢新闻媒介的情感线路，更希望有更多人像李凤祥、吴裕成诸友那样地关注亲情，时不时地吹起阵阵暖风，把飘散的白云攒聚在一起！

原载于《依然集》（当代学者文史丛谈） 来新夏著 山西古籍出版社、山西教育出版社1998年版

风雨同舟结发情

妻子李贞女士，卧病六年余，终以回天乏力，在2003年10月15日去世。

她出生在一个工程师的家庭，有姊妹七人，其余六人夭折，只剩下她这个"小五"，所以一直受到她父母的宠爱，养成她自尊自信，好说好笑而不善理家的性格。我和她是同一所高中的同年级同学，但不同班。她读理科，我读文科。因为她是校田径代表队队员，我则常在小报上发点豆腐块文章，彼此知名而不相识。我们的真正相识是因高中毕业后的一个偶然机会。

我们从二十岁相识，经过六十年的共同生活，直到双双白头，才天人相隔地分手，似乎也符合俗语所说的"白头偕老"了吧！这六十年并不是平平坦坦地走过来的。刚结婚的时候，我还在读大学的最后一年，生活比较困难，除了她父亲的一点接济和我的奖学金外，我需要投稿兼职，她则为人编织毛衣来贴补家用。等有了固定职业后，又添丁进口，多了一对儿女，生活依然捉襟见肘。解放后，我们都有工作，生活日趋稳定，但因为我总是卷进各项政治运动和遭受不同形式的批判，而使她担忧。也许她怕触动我的痛楚，从不打听我在外面"经风雨、见世面"的遭遇，而只是默默地支撑这个家。尤其是当我被"内控"时，她了解我的既往，相信我的一切，但从不怂恿我去申辩，而是谨言慎行地总揽了我家的对外事务，坚强地自己挑着重担，始终没有让儿女们知道我的艰难处境。"文革"乍起，她没有惊慌失措，对人身受凌辱和财物遭损失，都能淡然以对，视为身外，不必为意。1969年秋，我被隔离圈禁，她除了每周送来换洗衣服和一饭盒小菜外，没有纸条，没有留言，显出异乎寻常的平静。这是不是她厌恶周遭环境的无奈，还是相信我的坚韧，不会有任何意外而无需语言的叮咛。

1970年夏，我被疏散到津郊，开始了四年的乡居生活，她也随迁同去。生活的变易，似乎引发了她对人生的另一种兴趣。她和农妇们很合得来，有说有笑，也常在暗淡的灯下和我共话往事，有时也随大伙干点力所能及的农活。四年很快地过去，我们又回到校园和单位，重新投入原来的工作。只是我尚未落实政策，家庭依然笼罩在沉闷的氛围之中。彼此心情不怎么舒畅，沟通交流也不多。

上世纪八十年代，我落实政策，重被起用后，公私事务非常忙，学术研究工作又很紧迫，心情很激动，没有更多时间关心身边的事情，但她似乎对一切无动于衷。我多次邀请她随我参加一些集会活动和参观游览，她有限地去了几次，好像情不可却似的，而且常常推荐我的学生和助手陪我去，照顾我。她每天按时上下班过着刻板生活。八十年代后期她退休后，就一直家居，活动更少，行动也日显迟缓。每天除了买点菜，有时做点饭，看看报刊外，对许多事情都不感兴趣，而很嗜睡。她喜欢看电视中的戏剧节目，但却常常瞌睡，精神状态比较消沉。现在我真懊悔，当时由于自己的粗心，没有及早发现这也许正是后来使她致命的脑病已在萌生和发展，而我却误以为这是老年人的老态。

意想不到的事终于发生，1997年6月3日凌晨，我起床如厕，惊讶地发现她横卧在厕所门口。神志昏迷，扶也扶不动。我匆忙地电告住在市内的儿女和120急救中心，很快她被送到市内一所著名的医院抢救，经过大约半天的会诊，确诊为脑动脉血瘤，只有动手术才能挽救她的生命，但也有下不了手术台的可能。儿女们在等我的最后决心，我犹疑、惶惶、烦躁、混乱地挨过近一小时，才理清脑子中的一团乱麻，痛苦地做出动手术的决定。开颅手术暂时保住了她的生命，她果然清醒过来，但仅仅一天，由于颅液增多而颅压升高，再度陷入昏迷，经过一系列的凿眼、导流、减压、埋管等手术，前后开了四次颅，才算稳定下来，但留给她的，却是从此再也不能下床了。

出院以后，她在家卧床，由于生活不能自理，请了保姆照顾她。开始还有说有笑，常常要求把起落床摇起来半躺着自己进食。几个月后，话渐渐少了，也不想坐起来，白天昏睡，晚上要人陪同说话，有时说些不沾边和令人发瘆的话，身体由于自己无法借力而一天天重起来，起坐更加困难，神情也日趋恍惚。保姆因工作量大而辞工，儿女各有工作，不能长期侍奉。我年老体衰，为她替换一次秽物就喘息不已。这样坚持了不到一月，终于在朋友的劝说和协助下，破除了传统旧例，送她进了老人院。临行时，她向我说了句："麻烦你了！"我却内心酸楚地掠过一丝不祥的念头：什么时候能重返家门？在她临终前不久，老人院多次发出病危通知，并加重语气地要求家属准备后事，我预感到她在世的日子已不多了，让儿女们轮班随侍，希望她能多延缓些日子。可生死之界不是任何人的意念所能转移的。在2003年10月15日，她与世长辞，享年八十岁。

在她弥留之际，儿子打来电话，告知其母的各项身体指标在急剧下降。女儿也驱车来接我去见最后一面。当我到达时，她已经被医生宣布死亡，洗过最后一次澡，穿上每个人都必须穿的最后新衣，平静地仰卧着。我强忍着悲痛，俯身吻了她留有余温的额头，似乎听到她呼出若游丝般的最后一口气，握了握她冰凉的手，面色略显红润，微含笑意，似乎见到她必须见最想见的人而满意地离开人世。按照习俗，眼泪不能落在亡者的身上，我抬起身，才由啜泣而放声大哭。六十年连理折我一枝，怎不痛心！

妻子走后，我就想实现诺言，为她写点纪念性文字，但一直昏昏然理不出头绪。一个月以后，我渐渐走出那种沉重的状态而动笔，但又常被哀伤所打断。六十年风雨同舟，有数不尽的事情值得怀念，又从何落笔？时写时辍，用了近两个月的时间，才选写了几件最为刻骨铭心的事来怀念她。她的嘱托，也已照办，九泉有知，应请放心！我深深地向她三鞠躬，谢谢她六十年的相依相伴。呜呼！我将临风焚稿以祭，希望她在九天之上，能读到这篇虽属粗疏但却发自内心的悼文！

原载于《天津老年时报》2004年1月16日

战备疏散话"老插"

前一阵子，二十世纪六七十年代的下乡知识青年，无论互称还是形诸笔墨，都通用"老插"之名，甚至把他们合伙开的饭馆也命名为"老插饭店"，似乎"老插"已逐渐成为这个特殊族群的标志称号。但我一直不服气，认为十五六岁娃娃，到农村大有作为几年，便自居为"老插"，似乎有僭妄之嫌。因为在那个时代还有一批四五十岁，甚至六十岁以上的老头和半老头，被放到广阔农村去战天斗地，我有幸也是当年万名干部下乡队伍中的一员。我们这些人才应拥有"老插"之名，而娃娃们则应正名为"小插"。我曾和几位"小插"抬过杠，想说服他们放弃"老插"的称号，但未能取得共识。"老插"和"小插"，确有许多共同点，也有一些不同点。但若是论资排辈，我们这批人才是真正的老而插呢！

"老插"和"小插"都是在伟大领袖号令下奔赴农村的；去处都是广阔天地的农村；主要任务都是接受贫下中农再教育；生活目标都是插队落户，志在农村；工作内容都是战天斗地，劳动锻炼；结局都是陆续回城。但也有不同点："小插"当时都是单纯少年学子，是个人下乡的"单放"，称号是下乡知识青年，简称"知青"，是为天之将降大任于斯人也，必先劳其筋骨……让他们到广阔天地经风雨，见世面，以备日后大有作为。"老插"则号称"新社员"，多数是举家下放，这些人多少有这样那样的错误或"问题"，或是帽子拿在群众手中的人。理由是战备疏散，往好里想，中国传统的避乱方式是"小乱逃城，大乱逃乡"，也许是为保存这些"人才"。若以小人之心揣度，也许为免得风吹草动时，这些人不安分。下放劳动的目的是以劳动汗水冲刷身上的污泥浊水，洗心革面，脱胎换骨，重新做人。

我要向"小插"们郑重声明：我绝不是挂名的"老插"，而是名实相副的"老插"。1970年夏，我举家下放到远郊一个穷乡插队，到1974年被召回，乡居四年，整整完成了一个大学学历，理直气壮地取得"老插"资格。每天，我按生产队的打点声，准时到队，听候队长派活儿，和当地社员一同下地、一同收工、一同在地头歇息，卷烟叶抽。四年间，在面向黄土背朝天的农业劳作中，我几乎天天出工，基本上学会了必要的农活，也学会了如何在农村生活的本领。我从应由妇女劳力承担的送饭送水活儿干起，到学会了播种、撒化肥、除草、间苗、浇地、收割、打场等农活。经过一年多的锻炼，我基本上过了关，只有两项稍差，一是由于原来患有腰肌劳损，所以耪地、拔麦子会腰痛难忍，常常半路伸伸腰，以致进度落后，需要老社员到地头后回来接应。另一项是扬场，我扬上去是一行，落下来是一堆，粮食在空中散不成扇形面，幸亏没多久，队里增添了扬场机，帮我过了难关。不仅如此，我还学会一些有点技术的活儿，如我掌握了吆喝毛驴的全部口令，能自己套上小毛驴车，到二十里地外的集镇上去修农具，去买煤、买粮、去接人，都是独来独往，从无闪失。后来还晋升为大马车的"副把式"，套车、装车、替大把式倒把手，跨辕赶一段路。我也会选土、和泥、脱坯，也会站在半小腿深的水塘里去沤麻、擗麻。所以我在每年评工分时，竟也能评到八分五和九分，这对我这个四体不勤的人来说，就算可以了。插队人员不参加生产队的分红，但工分数却是生产队给我们分柴火、蔬菜、瓜果数量的依据。我在生活上也从艰难逐步走向自然，如开始时，我经常从房东水缸里舀水，或是用小铁桶到水井去拎水，不久学会了挑水，我能用两个铁桶从二里地远的水井处一口气连着挑两三趟水，随着能耐的渐长，我又能半路不歇肩，甚至只需一晃肩就能倒换，而且走得像舞台上那种悠悠荡荡、有节奏的步伐。

我还为生产队出过夫，这在农村有点儿像公职人员的出差。这是既为队里增收，自己也能拿补助的活儿，但这种活儿强度大，出夫的都是当地的壮劳力，也有人嫌活儿累，不愿干，总找借口逃避，下放人员一般不在出夫之列。有一次挖河工程，人手实在不够，队长亲自登门，友情相邀我出回夫。我是来接受贫下中农再教育的，队长是八辈子贫农，我怎能违背？也想借此表现表现。我们一起来的八个人，都带着小铺盖卷，赶一辆大马车去工地，走了大半天，才在一个熙熙攘攘的河堤上停下来。我们到得较晚，先来的人大多半是邻村邻乡的，队长和他们很熟。不一会儿我们找到了号下的窝棚，棚呈三角形，要哈着腰进去，一个窝棚只能铺开四条被子。吃的是大锅饭，有专门的炊事班，主食是白面"一条龙"卷子，一个起码得有一斤左右重，副食是有点苦涩的咸菜条。工地上吃饭不要钱，除工分照记外，每天还发五毛钱补助，十天就是五元钱，这对当时一毛来钱一工分的贫苦农民来说，真是一笔可喜的额外收入。开头几天，我只能吃半条龙，三四天过去，我也能吃整条龙了。咸菜条碗里，偶尔有两滴香油，就感到美味异常。干的活儿是从两丈深的河底清淤，两人一副筐，一挑大约有二百来斤，顺着斜坡，横行着抬到河堤上。我和队长结成对子，他非常精干善良，每次总把绳子往自己那边拉，让我减轻点重量。开头我穿一双布鞋干活，但常被污泥陷住，拔不出脚。队长就教我甩掉鞋，光着脚爬坡，要我把脚趾抠住泥，一步步往上爬，有一两天就习惯了。开始两天真得咬紧牙关才能坚持到收工，晚上躺下，脚底板还有点肿痛。三天过后，不仅肿消了，而且也掌握了光脚走泥泞地的要领。后来，我在下雨天出工时，也能光脚扛一袋化肥，行进在泥泞的田埂上了。当时，我和队长每天抬河泥总在二十挑以上，总重量有两吨多，现在想来，我一天竟能倒腾一吨多土呢！

闲话说了一大堆，就为证明我争"老插"之名是有根据的。当年的"小插"，眼前也都五十岁上下的人了，就算自称"老插"也不为过。可是，当年五十来岁插队的我，而今已是八十开外的人，还是可以赢得"老插"之名的。这里不存在谁是真正老王麻子，只是想和同过命运的"小插"们开个玩笑，请他们高抬手，放我一马，让我也过一把当"老插"的瘾吧！

二〇〇三年四月

原载于《访景寻情》（学人屐痕文丛） 来新夏著 岳麓书社2009年版

重回翟庄子

四十多年前，1970年7月间一个晴朗的早晨，我刚从地铁工地推了一夜"轱辘马"回到家，驻系的工宣队尚师傅派红卫兵来传我到系谈话。我早已习惯没有什么好事，也就毫不迟疑地相随而去，在专案组办公室接谈。尚师傅在工宣队中算是比较和善的一位。他先从国内形势大好谈起，又谈敌人如何窥伺蠢动，并传达了中央一号命令，说准备让一些人到农村去"战备疏散"。我立刻领悟到要我下乡，就截住话茬，问他究竟要我上哪儿？他说疏散到南郊翟庄子。我说那里有人住吗？他说有。我说只要有人住，我就能去。他又补充说，已和我妻子单位联系过，同意"随迁"。我没作声，就回家处理家庭事务，廉价卖掉已被多次抄家所剩无几的桌椅板凳，只带了被褥衣物及一些书籍，等待离校下放。

7月某日，一个炎热的天，我已装好车，整装待发。突然，我过去教过的一个学生、当时的革委会小头目王迎森来到我已被压缩成斗室的空屋。本以为他来送行，心中不免有些激动。哪料到他的瓦刀脸上却罩着一层"旗帜鲜明，划清界限"的寒霜，非常严肃地用呵斥语言，责令我上交工作证。离职交证，也是常理，不足为怪。不料他打开我的工作证，扫了我一眼，似乎在"验明正身"，竟当面撕掉我的照片，扔在地下，随即拿着证扬长而去。这一"革命行动"使我愕然，感到莫大耻辱，至今情景难忘。我伤感悲怆地登上车，头也不回地离开学校，颇有点"风萧萧兮易水寒，壮士一去兮不复还"的气概。卡车风驰电掣般地向南驶去，中途一阵风，把纸捆上的日历刮动，原来这一天正是我的生日——旧历六月初八，我终生难忘的日子。

车行约三小时，终于驶抵翟庄子大队部门前。翟庄子距市区约一百七八十里，是天津市最南的一个边界村，与河北省黄骅县接壤，除东边的窦庄子为南郊区所属，西和南都是河北省的村落，村子前后有三条河，是庄稼的水资源。村民很勤劳，生活虽不大富裕，但也算得衣食无缺。除了靠卖鸡蛋换现钱外，年终还能分点红。我到村后，被分到生产九队，住在队长弟弟家里三间正房中右侧的一间。这一住就是四年，下放的生活安定无扰，与社员相处亦很和谐，最大好处是没有"造反派"，可以不"革命"，不开会，不游斗，不受批判，也没有人管你，闲时还可以读书、整理文稿。

四年间，我不仅学会了大部分农活，还用收工后和闲暇时间整理了两部残稿，写了一部书。日出而作，日入而息的生活，过得很舒坦，可是在1974年春夏之交，不知从哪儿传出消息说，市里将召回下放人员。当时许多人闻风而动，奔走于城乡之间，探听消息，寻找关系，希望早日回城。我自认为不在召回之列，依然旧时风月，岿然不动。万万没想到，9月中旬的某一天，大队通知我到公社办回城手续，所谓办手续不过就是迁户口，转粮油而已，但却有一事令我震惊。那就是在办理户口迁移手续时，我的户口本上被加盖了一个小方戳——"农转非"。天啊！原来在我下放时，就被人像劳改犯那样逐出城市，偷偷地把我改成农民户。"工农兵"是"革命派"最崇尚的品牌，为什么竟如此慷慨地把这第二顶荣耀的桂冠——"农民"，让我糊里糊涂地戴了四年，我真是百思不得其解！

手续办完后几天，学校派车接我回校。当离开我生活过四年的翟庄子时，我留恋那方土地和那些纯朴知足的乡亲，感谢他们给了我四年宁静安定的生活。车渐行渐远，翟庄子已经看不清楚。我沉浸在回忆四年来的往事中，在随身纸本上潦草地记下上面一些片段的记忆。

回到学校，我仍被视为异类，有人监管。安排我住在校农场在牲口棚旧址上修盖的小平房里，既潮且湿。阴天下雨，还能不时闻到丝丝牛粪味。我是单位首批"牛鬼蛇神"，一直被监管在高楼大厦中。这次补上真正住牛棚这一课，也是理所当然。不许乱说乱动的我，虽然时常想起翟庄子的岁月，却对重回翟庄子的愿望，连想都不敢想。一直到七十年代末，政策落实，重加起用，却又被繁杂的工作缠绕，抽不出闲暇。离休后，常想到翟庄子看看，旧貌是否换了新颜，熟识的乡亲们是否还健在？又拖了几年，终于凑齐了条件，由我的一位亲戚开车，重回翟庄子，实现了我多年未了的心愿。

2010年，也是初夏时节，我开始了重回翟庄子之旅。一大段路都很平坦，但越接近翟庄子，路愈颠簸。在距翟庄子还有半小时行程的时候，依然是四十多年前的土路，车速亦慢下来，终于摇摇晃晃地到了翟庄子。村落的外貌，未见什么明显的变化，只是在村口竖了一块前所未有的村名牌——翟庄子。进村后，除了村西头有些错落的砖瓦房，像是后盖的，但也显得有些陈旧了。村东头那条可以通行由黄骅到天津长途汽车的黄土大道，照旧是车过尘起的老样子。因为村貌改变不大，所以很快找到了房东家。

房东家没什么大变化，只是为减少点喧嚣，把临街的院门换到后身临胡同，住的仍是那三间土坯房，据告他们的儿子长大成家后，在西头新盖了房，或许就是进村时看到的那些砖瓦房，也有二十多年了。院子里还是当年那样凌乱，只有房东老夫妻老了许多，头发已呈半白。房东惊异地看到我的来临，左近的大哥、大嫂们都拥来话旧。老一辈乡亲大都走了，小一辈不少人出门打工，有些户经营副业，生活富裕些，日子还算好过。知足长乐在他们身上体现得这么鲜明。他们渴望能尽快改善周围的生活环境，提高点衣食住行的水平，多有点零花钱。时间匆匆地过去一个多小时，我辞别了乡亲，登上归途。

在回市的路上，我回想四十年前翟庄子和今天的所见，没有什么差异，倒是很便于凭记忆寻旧。乡亲们的安之若素，证明他们才是真正的宁静淡泊。他们像四十年前一样地快乐，一样地活着。四十年里，他们只想把路修修好，把生产发展起来，多点零用钱，把土坯房变成砖瓦房而已。翟庄子一直是个似乎被遗忘的村落，在我下放的四年间，见到的最高领导是大队书记，不用说市里的领导，连公社和区里的领导都未听说来过。超出了视野，自然也就不大考虑到它的方方面面。最近看到有人写"走基层"的报道说："如今这里村民，大部分以种玉米为主。饱满、香甜的玉米，为翟庄子带来了不错的经济收益"，又说："近几年，不少人购置了货车，为周边的企业跑运输，配货运输，也成了村民致富的一条道"。这或许是翟庄子近几年的突飞猛进，但愿如此！我只能默默地祷念：有关方面能不能隔一两年有一次巡边活动，把自己的政绩倾向那些向往改善民生的村落，我能不能再有机会回翟庄子看看！

原载于《今晚报》2012年12月25日

我的书斋——邃谷楼

邃谷楼是我沿用了半个多世纪的书斋名，但并不是我最初的书斋名。

我从十六七岁开始认真读书以后，总想有间自己专有的书房，但是由于家境不甚富裕，我和祖母同住在一间卧房内。祖母很疼爱我，理解我，知道我想要个专用的读书处，所以尽量缩小自己的地盘，让我能在栖息之室中划出一个角落。这个方不逾丈的角落里，除一张小床外，只能安放一张二屉桌和一个仅有四层的小书架，这就是我书斋的胚胎。既是书房，不可以无名，便用一小条宣纸，亲笔写了"蜗居"二字，作为我的第一个书斋名贴在床头上，并且自我解嘲地以为我这个读书人已经有了自己的专用书斋了。

十八岁那年，家境稍好，全家搬进一座楼房，租住了有三个居室的一层楼，依然不太宽敞，难以给我一个单间；但是，我发现楼层间斜竖着的楼梯较宽较高，形成了楼梯底下一间约有8平方米的梯形小屋：我忽发奇想，便向父母申请这间小屋，得到了入住的批准，于是我离开一直宠爱我的祖母而搬入"新居"，一张木板单人床塞进楼梯的低层，进出需要爬进爬出。这养成我后来不爱随时往床上躺的习惯。在楼梯下的高层部分，不仅可以直立伸腰，还能从上到下挂一幅书画。小黑屋这头有高度的地方，可以一横一竖地置一桌一架，床板的外端便是座位。我非常知足，因为我已从"蜗居"爬出来，虽然"新居"需终日点灯像深谷那样昏沉；但是，我终究能在自成一统的天下里，颠倒昼夜，随心所欲地运作，成为读书生涯中的一大乐趣。有了独有的书斋，自然应该有个能登大雅的斋名。我从昏沉的楼梯底下苦思冥想到幽暗的深谷，又把平淡的深字换成比较深奥的邃字，而且这间黑屋是占有从楼下到楼上的空间，至少有点楼味，于是便果断地定名为"邃谷楼"。一年之间，我读书写作于此，颇有所获，我感谢邃谷楼的恩赐。我日益需要有一篇像样的文字来阐述邃谷楼的立意。于是，在一个秋风送爽的夜晚，我操笔撰成《邃谷楼记》一篇，反复阐说斋名的寓意。日后虽在文字上对它略有更易，但主旨不变。我非常珍惜我读了几年古文后用文言体写就的这篇处女作，所以我要把它的初稿存档于此，其文曰：

> 非谷而曰谷，何也？惟其深也。无楼而曰楼，何也？惟其高也。惟高与深斯学者所止焉尔。邃谷楼者，余读书所也。沉酣潜研，钻坚仰高，得乎书而体乎道，邃然而自适焉。晦翁朱氏诗曰："旧学商量加邃密"，朱氏之为是诗也，时方与象山辨致知格物之同异，称商量且以邃密为言，喻其深也。今余以邃名谷，又以邃谷名楼，盖以示致学端倪而专攻史学之志略尔！古有愚公谷，以人名谷者也；人而以愚名，又以愚公名其谷，是以反朴之意为寄耳！战国有王诩者，居鬼谷，因号鬼谷子，终其身传九流之学，当时人丐其余润，即以其术鸣于世，后之人奉为大匠焉。隋季之王通，论道河汾，遂铸十八学士，厥功益宏矣。唐有李愿者，隐盘谷，其后复有司空图者，居王官谷，皆负高士之志者。宋诗人黄庭坚，号山谷，亦以谷自况其胸襟者，皆以虚谷之怀蕲乎深造者耳！余既以读史为治学入德之门，无中外古今，演绎也，抽象也，悉不得离乎邃密之意而又自勖以虚谷之怀，由是而得窥班马刘章之毫末则幸矣！余居北既久，颇缔交燕赵之士，得有同道数人，共聚于邃谷楼，或抵掌高论，相与驰骋于典籍，辨析其异同；或促膝谈往，旧事复资于谈柄，斯余所以踌躇而满志也。章氏实斋称史所贵者义也，而所具者事也，所凭者文也，固已为治学者立大纲矣。余性不敏，而学谫陋。其事粗知，其文则末，其义则益愈远矣！今而后深自勖于事以期其贯通，于文则务其质朴，于义则宗之以求真求实。若是，于学方庸或可得，而邃谷之称亦庶几无负，余又焉得不勉乎哉！

这虽是我的一篇"未冠"之作，但一生以它为座右，而至今犹自视为可共一生的佳什。我曾不顾书法的拙劣，用墨笔把它写成斗方挂在书斋的墙上，并在左右配以朱熹的"旧学商量加邃密，新知探求转深沉"联语。我的书斋似乎已是融合得很好的浑然一体了。

尽管我的书房随着岁月的推移、藏书日增和职业的需要而逐渐有所改善，从小黑屋到亭子间，从亭子间到书房兼卧室，又从两用书房到有单独功能的书斋，并配备了电脑之类的现代化文具，至此可以说已颇具规模了；但是，我却一直怀恋着那间三角形的黑屋子，因为我的第一篇学术随笔《佛教对白话文的影响》

（原文已佚，仅记题目）和日后作为我大学毕业论文的《汉唐改元释例》初稿都产生在这里。这间黑屋子也是我走上漫长的学术人生的第一间书房，所以我常常向一些熟悉的朋友戏称这是我的"龙兴"之地。

我的书斋，不管在哪个时代、改善到哪种层次，总有一些少年伙伴、中年朋友和老年至交不时相聚，或校正文字，渐成专著；或谈往忆旧，随登笺簿。后来专著大多成稿，并相继问世，惟随札一直散乱无绪。"文革"时期，这些随札也未逃脱被任意撕毁和焚烧的厄运。迨"勇士"凯撒，我心神慌乱地收拾烬余，幸存什五，乃贮之敝箧而无暇顾及。80年代以来，公余之暇，整理寸简片纸，重读随札，回首前尘，平生知己半为鬼，而生者也垂垂老矣。黯然神伤，遂退居邃谷楼中，将残札逐篇删定编次。近年又就读书一得，怀旧念故，阅历世态，感悟人生诸方面，时有随录，共得随笔数百则，始则择刊报端，继而编次成书，用以问世。综计一生，在邃谷楼中著书近30种，成文数百篇，虽非金玉，终当敝帚。反顾既往，邃谷楼中抵掌促膝之情景，历历难忘，往事如新。兴念及此，又何可忘三角形黑屋书斋为我一生致学肇端之功？特成一文，借以见人间沧桑云尔！

原载于《我的书房》　董宁文编　岳麓书社2005年版

说说我的笔名

　　中国人都有若干名字，有大名、小名、字、号、别号、绰号、官谥、私谥等等。也有专门的书，记录大名以外的名字，供人翻查。如唐陆龟蒙有过《小名录》二卷，专记"妇人、臧获（古代对奴婢的贱称）之字"。宋陈思又以陆书仅记侍儿，乃加推广，"集史传小字"，条分缕析，成《小字录》一卷，胪载历代帝王及汉以后诸臣小字，十得七八，颇有条理，足备检寻。除了这一大堆名字外，读书人在爬格子和著书立说时，又因不同缘由而用笔名，如南宋时有《绍兴正论》一书，因其书是为不附和议的张浚、赵鼎、胡铨、胡寅等三十人写传略而有所忌讳，遂用"湘山樵夫"署名。明朝有二种讲养生调摄的书，一名《摄生要语》一卷，一名《二六功课》一卷。可能因语涉驳杂，故前者署名"息斋居士"撰，后者则署名"石室道人"撰，皆为笔名之属。

　　明清之际有《谈往》一书，作者署"花村看行侍者"，生平不详。据《四库全书》和清代目录学家周中孚在《郑堂读书记》中都定作者为"明之遗民，遁迹为僧者也"，内容多记明亡前夕政治混乱、社会不宁、天变物异等情况，抚今追昔，不胜感慨，故以笔名题署。晚清时有《壶天录》三卷，作者署"百一居士"。据书序及所记内容，可知作者本是一位"志气磊落，博及群书，屡蹶场屋，每郁郁不得意"的人。他写《壶天录》也是"借闻见之事实，以写其抑塞之心胸"。所以隐其本名而署笔名。

　　直至"五四"新文化运动，作者多启用笔名则非过去有所讳避而隐其本名。这些作者，或以反传统精神革故鼎新，纷纷以笔名行文问世，新人耳目。甚至有不止一个笔名者。如鲁迅就有几十个笔名。也有竟以笔名代替本名，日久天长，即以笔名行世。如知巴金而不知李芾甘，知茅盾而不知沈雁冰，知曹禺而不知万家宝。而人皆称"巴老"、"茅公"，以致泯其本来姓名。笔名之风由此日兴，后来者亦多追随风尚。我在捉笔为文之始，则因羞于拙文见笑他人，亦东施效颦，以笔名发表文章。

我的第一个笔名"殳盒"是借用我的字而来。1940年秋，我十七岁，正在旅津广东中学读文科高二，有一位新从辅仁大学哲学系毕业来校的年轻国文教师谢国捷先生，与我相处契洽。有一天，在谢老师家闲谈。他从抽屉中拿出一张写好字的笺纸，上写"殳盒"二字。谢老师说，他很欣赏我的才华，但又看我锋芒外露，所以赠我"殳（通韬）盒"二字作我的"字"，以警示我能敛才就范，自我韬晦。我感谢老师的用心，也很喜欢这两个怪怪的字，所以开始写文章时，就用这二字作我的笔名。我在1940至1942年间曾写过《〈诗经〉的删诗问题》、《谈文人谀墓之文》、《桐城派古文义法》、《记〈近事丛残〉》、《翘辫子说》和《邃谷楼读书笔记》等文，都以"殳盒"为笔名，在天津的报纸副刊上发表。这是我第一次用笔名发表文章。

1945年抗战胜利，心情非常兴奋。但不久五子登科和阿谀奔兢的腐败风气日益蔓延，让人失望。1946年，我综合社会诸种弊端写了一篇《论狗的种种》，借狗喻人，以针砭世态。因为心存顾忌，但又想一吐为快，就准备用笔名发表。思前想后，自己的责任应该是以文字为中华振兴尽一份力，于是这篇文章就以"来振"的笔名发表在北平《平明日报》的副刊上。这是我的第二个笔名。

1949年1月15日，天津解放，我正在一所中学教书。因为一个新时代的到来，便满腔热情地投入学校的各种革新工作。驻校的青联代表穆青与我相处日熟，他看我只有二十多岁，很年轻，就时时鼓励我走上革命道路。3月间，他推荐我和另一位朋友去华北大学参加革命理论和南下工作的学习。当时遇到一个新问题，就是如何以行动表达废旧立新，做一个新的革命者的愿望。我看到许多革命同志丢掉本名，改用革命的名字。于是首先从改名字做起，我因姓名末一字的"夏"与"禹"相连，便改姓"禹"。又渴望学习革命真理，便以"一宁"为名，表示自己是又一个要学习列宁的人。于是"禹一宁"便成为我的革命别名，同时也是我这一时期写文章的笔名。我用"禹一宁"为笔名，写过《美帝侵略台湾简记》、《太平天国底商业政策》、《太平天国的婚姻制度》和一些小文章。这是我的第三个笔名。

1950年春，我调到南开大学任教，恢复用本名。但在兼任《历史教学》编辑，为读者作解答和写补白短文时，曾为避嫌，常用"周南"笔名。我选用这个笔名是仿效鲁迅的"鲁"与外婆家有关。而我的姓则用母亲的周姓，南是我在南开大学工作。所以联成"周南"这个笔名。六十年代以后，我在接受政治审查的年代，有一条内部控制规定，即不能参加社会活动和公开发表文章。1961年辛亥革命五十周年纪念，《天津日报》急需一篇应景文章，找到系里，没有适当人选，却又不愿丢面子，迫不得已起用我写了一篇题为《辛亥革命时期有关天津的革命活动》一文。经总支书记批准，用笔名发表。我亦无奈地接受了这一曲线救国的条件，用"周南"作署名，其意义当然与前此的使用大不一样。

我的一生，就用过这样四个笔名。这些笔名都反映了一定的时代背景和个人遭遇。但从上世纪八十年代以后，我不论大小文章，一直"坐不更姓，行不改名"地用本名应世了。

原载于《我的笔名》　董宁文编　岳麓书社2007年版

关于《来新夏的名字》

——答王树基先生

我在《说说我的笔名》一文中曾说到，我在上世纪六十年代初，因接受"政治审查"，谈话中有一条规定即"不能参加社会活动和公开发表文章"。5月29日王树基先生在本报发表题为《来新夏的名字》一短文，对我的说法提出质疑，并举出两条实证：

一是王先生于上世纪六十年代初"从《天津日报》上看见来新夏先生名字"。王先生未确指我的名字是以何种形式见诸报端的。我记得我在1961年曾奉命为纪念辛亥革命50周年，写过一篇题为《辛亥革命时期有关天津的革命活动》的文章，并奉命署名"周南"发表在10月11日的《天津日报》上。这是我那时写的最后一篇文章，一直到1978年前，我没有公开发表过任何文章。不知道王先生所指是否这篇未署本名的文章。希望王先生能见告具体情况，也许我因此找到一篇佚文。

二是王先生说，1964年天津京剧团上演《火烧望海楼》，在《天津日报》的广告中，有"编剧：来新夏"的名字，而剧院的广告栏中，也是大字写着"编剧：来新夏"的字样。这一情况属实，但不是我所为。《火烧望海楼》是1959年初，我和张文轩、厉慧良为国庆十周年合作撰写的献礼项目，一切广告宣传工作都是剧院行为，我从未参与过。1964年重演时的广告和1959年的内容完全一样，我事先毫无所知。或者王先生未曾经历过"政治审查"的遭遇，难以理解。我当时也曾见到广告而心悸，曾请示领导，是否我去更正说明一下？领导说，这不是你的作为，不要去向对方说得太明白，只是希望你注意。不是我的作为，也就不能算在我的账上。

王先生根据上述二证，给我作一结论说："所以说，上世纪六十年代，来新夏先生的名字实际公开了。"我的名字是否公开过，本是一个微不足道的小事。既然王树基先生如此关怀，有所质疑，我自当敬谨奉答。只是我与王先生素不相识，又未以任何方式互通音问，难以当面请教，只得仍借《老年时报》一角，以作回音。

原载于《天津老年时报》2006年6月7日

我与古旧书

最近天气酷热，长日无聊，随手翻读了南京徐雁教授所著《中国旧书业百年》（科学出版社）和河南赵长海君最近完成的新著《新中国古旧书业》稿。二书主旨相同，都是研究中国旧书业的专著，写法各有不同。内容既是我熟悉的领域，又能相互比读，深为二书内容所吸引。不觉在风扇的微风吹拂下，竟然在五天内读完。不仅得以了解中国旧书业的脉络，更大的收获，是因为它们不时把我引入与古旧书相伴一生的历史既往。

八十多年前，我开始在祖父教诲下读启蒙读物，但并不是时新的新版教科书，而是三、百、千、千和《幼学琼林》等等，都是扫叶山房极简装的线装书，是我姑姑、叔叔读过的旧书。祖父常命我用这种本子和好一点的版本对照诵读，纠正错讹。当年虽然不懂版本校勘之类的专称，但亦算一种初步的童蒙训练，成为我与古旧书结缘的开端。

七十多年前的1937年7月，日寇侵占天津，我们全家从"中国地"逃到法租界，托庇于另一个帝国主义者。我被送进离新家最近的旅津广东中学就读。学校离天祥市场只有十来分钟的路程，所以下午放学后，常到天祥市场去逛，看到二、三楼围着圈有不少书店和书摊，主要是古旧书，当时我还不太懂书，只是逛逛看看而已。直到进入高中，才渐渐开始在店摊徘徊，东翻西看一些书，听一些长者谈论书，尤其是那时古旧书店老板都有不少古旧书的基础知识，待人也很和善，欢迎人在店堂看书。熟了以后，老板常让伙计搬凳子让我慢慢看，不像现在书店人员很厌恶你翻架子上的书。有时店堂清闲，老板还叫学徒沏一壶"高末"，和他对坐谈学问。我常从这些好心老板处得到许多版本目录的知识，为我了解古旧书奠定基础。我亦偶尔用节省下来的零用钱买点便宜的古旧书。这种逛书店、书摊的习惯，一直延续了几十年。

六十年前，天津解放，古旧书散出不少，价格也跌差很大，我在京津两地的书摊和街头地摊上，论捆买到不少古旧书。粗加整理，较多的是清人年谱和皇历。年谱引起我日后撰写《清人年谱知见录》的兴趣。那几十本皇历有不少是挨着年的，可惜在"文革"中我只能眼巴巴地看着它们葬身在家门前那堆无情的烈火中，我那不轻易流的眼泪，不自觉地顺着面颊流下来，而那些无知的男男女女却哈哈大笑地欢庆自己的战果。至今想到那些无法弥补的损失令人痛惜。50年代初，我从北京被调任到南开大学任教，由供给制改为工薪制，有点余钱，加上一点小稿费，可以买点古旧书。那时南开大学图书馆馆长冯文潜教授是一位和善敬业的长者，他爱书，对南开大学图书馆的建设有很大贡献。我因有点版本目录学的基础知识，所以常受冯老的委托，帮助馆里采购古旧书。我不仅借此过目不少古旧书，还结识几位古旧书业的行家，如张振铎、王振永、刘锡刚等人。张振铎有很丰富的古旧书知识，特别对刻工有研究。我曾在我所主编的《津图学刊》上发表过他研究明代刻工的文章，现已九十高龄犹矍铄善谈。振永和锡刚主要跑南开图书馆，振永和我有更多的私交，所以经常到我家来聊天，有时拿些好版本书给我看。有一次送来两种《书目答问》批注本：一是天津藏书家刘明阳的批注本，一是邵次公的批注本。我连夜过录，数日后始归还。这一过录引起我广搜《书目答问》批注的兴趣。历时半世纪，终于完成《书目答问汇补》一书，利人使用。当这一著述即将在中华书局出版时，我不能不感谢他的友情，也不能不归功于古旧书行业从业人员对我的启示。想到当前古旧书业的衰微和从业人员与读书人的远离，不禁感慨系之，令人黯然神伤！

五十多年前，我有了点积蓄，很想实现多年的梦想——入藏一套盒装二十四史。经过冯老斡旋，我以较廉的价格买到一套五洲同文版的二十四史。这不仅实现宿愿，而且在书房的一面墙上有这一套大书装点，也为书房增色不少，有点像研究历史的学人的书房。以后又陆续购置了一些古旧书，渐渐丰富了我的藏书。每当晨光熹微和夜色深沉的时候，独自在书桌前寻行逐墨，读自己喜欢读的书，真有他人难以想象的乐趣，有一次，读书读到兴头，得意忘形地把书放下，拿起墨笔在一张花笺上，写下南朝目录学家阮孝绪的一副联语：

晨光才启，缃囊已散；宵分既漏，绿帙方掩。

我虽然没有宋人苏舜钦读《汉书》得意时，浮一大白的豪情，有时不免情不自禁，有些激动，只是这一次表现得更突出些。写后，又不觉哑然失笑。

四十多年前，这一面墙的二十四史竟于1966年的8月间，丧身于红卫兵的"文革"烈火中。另一些线装书，也都不是充公，便是烧掉，我的数千册古旧书几乎一扫而空，仅剩下从灰烬中扒出和后来所谓发还的查抄物资，总共只有百多册。2004年10月，我想念那批书，写过一篇《我的线装书》的小文，来悼念这些无声的密友。

三十年前，一切纳入常规，但古旧书尚未见大起色，书价亦较便宜，一些有心人独具睿见，广事搜罗，延续了古旧书精华的寿命，也造就了一批新兴藏书家，其间韦力君贡献尤大，我有幸在京观其部分所藏，精华萃聚，不禁令人瞠目而叹为观止。社会上淘书藏书，一时成为风气，而古旧书的书价则日趋高昂，非一般寒士所敢问津。

八十多年与古旧书相伴的个人经历，不过微乎其微地略见古旧书业的一小侧影。时思有智者出，为此行业追本溯源，条分缕析，成一全面完整之论著，以餍众望。三年前，得金陵藏书家徐雁君惠赠所著《中国旧书业百年》，全书达百余万字，资料搜求完备，论述条理清楚，我读书未遍，类此著述，尚为首见。所著共九篇，以首善之区为发轫，通贯历史，展望未来。前无依傍，独自架构，洵为创意之作。卷首《弁言九章》，约六万余字，网罗当代学人论述殆尽，九九相合，意味顶级吉祥。是书推陈出新，廓清迷雾，多有妙谛。徐君还自陈撰写此书的深心说：

> 多少年来读书、淘书和藏书，令我深以为憾的，是有关中国旧书业只有若干回忆性的文章发表，却始终缺乏学理性的系统著述。我意识到，曾经目睹我国古旧书业最后一片风景的吾辈，假如再不复及此，投入时间和精力，凝神从事撰著，那么这一古老行当的往日风情，就可能犹如线装古书的散叶一般，随着最后一代坊间书友的纷纷故世，而在人间风流云散，不复踪迹。

这段话语不仅体现一位真正读书人意气风发的豪放，也义无反顾地主动承担起沉重的社会职责。徐君常说"三年半成书"，似含歉意，实则无现成资料，无前人专著，四方奔走，流连书坊，广加采择，平地起屋，能以如此短促时间成此巨制，其焚膏继晷，勤劳艰辛之苦状，足可概见。徐君上开筚路蓝缕，下启后学思路，其功固不可没。

十步之内，必有芳草。徐君成书之际，河南赵君长海已在启动《新中国古旧书业》之课题，并于2003年获国家社科基金立项。经数年经营，终于在2008年7

月完成。虽与徐著有体例之差异，而其主旨则一，上下连贯，网罗散佚，并读之余，视作中国古旧书业史亦未为不可。尺有所短，寸有所长。我读徐、赵二著，各有优长。若能以二书为基础，合成一《中国古旧书业史》，则上下贯通，横不缺项，为读者提供一完整专史，雨露广被，何其幸焉！

原载于《中华读书报》2009年8月5日

我的线装书

我从童年时就接触线装书，不过都是很简陋的线装书，有蒙学书，也有较深一点的旧籍如《左传句读》之类，纸的质地是不太好的竹纸，封面用的是较厚的粗纸，有的有题签，有的无题签。有的有函套，也多是纸做的，最好的也不过是扫叶山房的廉价本。我祖父有一种理论，是要先用坏版本的线装书，才知道好版本得之不易，更可以用好本子来校正错讹字，养成一种读书、校书的习惯。日后我确从中得益不少。

我真正喜爱线装书，大约在入高中以后。国文老师谢国捷先生家富藏书，我常到他家借读线装书，大多是好版本，真让人感到书香味道，引发我常想自己也该有点藏书，以为只有这样，才像个读书人。于是经常逛旧书店、旧书摊，随时买些自认为该买的书，但一定买线装书。我买的线装书，主要是史部和子部，其次是集部，经部书除了《十三经注疏》和《四书集注》等基本书以外，很少买这类书。史部已有竹简斋本的前四史和清乾嘉时钱大昕、王鸣盛、赵翼等人的史学专著。我的藏书标准是名人名著和自己喜欢读的书，我喜欢明清人的著作，尤其是清代学者的著作。我曾藏有明代公安、竟陵派诸人的集子，清初顾炎武、黄宗羲、王夫之的著作，桐城、阳湖派作家的文集，《缀白裘》、画论、书话、年谱、传记以及笔记说部等，逐年购进一些，到了大学毕业，已积累近两千册。天津解放的第二年，我被导师范文澜教授介绍到南开大学任助教，当时旧籍很便宜，我立意想买一整套二十四史，于是节衣缩食，再加上点小稿费，积蓄已与流行价格所差无几，经时任图书馆馆长冯柳漪教授中介，我终于得到一整套廉价的带箱子的五洲同文版二十四史，拼起来成一方形，安置在一面墙下，也颇为我简陋的书斋增添了几分亮色。这样一次性地增添六七百册线装书的事情，一生只有这一次，很值得纪念。

我对我的线装书十分喜爱而珍惜，卷角的必抚平，脱线的必重订，破损的必粘补，其中有一次大的修补工程。我藏有一部湛贻堂刊行的《廿二史劄记》，从高中毕业那年购进时认真通读一遍后，一直没有再翻读过，十几年后，重新翻读时，发现卷三十二、三十三全被蠹虫损伤。很多人都知道蠹虫是自上而下蚕食，越到下面损伤面越大，我很惋惜，又一时找不到修补处，于是决定自己动手。我把这两卷书拆开，页页铺平压好，又在书箱中找到与原书纸质相近的纸，按原页略小，一一衬托，用花椒水调好薄薄浆糊，细心粘贴，把破口衔接处轻轻推平，磨合成一体，再用重物压一昼夜，除个别处少加粘补压平外，都与原破损处衔接。我又向图书馆借来相同版本，影写缺字，添画格线，整旧如旧，颇有"虽不中，不远矣"的良好感觉！至今偶一翻阅，犹暗自得意！

我时常自诩有这样一小批线装藏书，再加上几千册平装书，也称得上是"藏万卷人家"了。但人生难得永远平顺，我的线装书终于遭到了无法逃避的劫难。1966年一个炎热的下午，一群年轻后生闯进我家，声言"扫四旧"而且自称按"最高指示"办事。他们卷走了我收藏的书画、唱盘和集邮画册外，主攻方向是我的线装书。这伙勇士们首先看中倚墙而立的那套二十四史，争先恐后地把一箱箱书倒在地上，把小木箱摔砸成木片，架在一起点火。樟木易燃，火势熊熊，整抱的史书一次次抛到火堆上，我只能痴痴地在旁垂手而立，不敢乱说乱动。书箱和书多少年来像亲兄弟那样相依为命，从未分离，我呆呆地看着火势，内心悲切地目送这些朝夕相处的亲兄弟同归于尽。我忽地想到"煮豆燃豆萁"的故事，虽然这不是书箱对史书的"相煎何太急"，但仍然隐约地听到若断若续的"烧书燃书箱，书在火上泣"的呻吟。勇士们把其他线装书也以化私为公的名义用板车拉走，把剩下的二十四史一股脑儿推在火堆上，便得胜还朝般地扬长而去。他们不知道，线装书压多了就不起火苗，所以最后一压，火熄烟起，我急从余烬中抢救一些未燃尽的书，像从死亡边缘上抢救出垂危者那样庆幸。一经整理，还残余几十册，约是全套书的十分之一，其中《史记》还是完整的；屋里的平装书也被勇士们从书架上胡乱扔在地下成堆，不料书堆下也压着一部分线装书；后来发还查抄物资时，我又收回象征性的几十册，总共有百余册之谱，这就是我劫余后的线装书总数。历尽人间沧桑，何物不可付之烟云！

近年，又陆续搜求到一些重印旧版线装书和新线装书，但为数甚微。又加以近年线装书已进入拍卖市场，当非我辈工薪收入者所能企及。要想恢复旧观，恐非余年所能实现，只能以笔墨记其既往，聊作追怀而已！

二〇〇四年十月写于邃谷

原载于《光明日报》2005年3月18日

散书之痛

聚（淘）书、藏书、读书、治学，是读书人的一条人生链条，大多数人未能摆脱这条轨迹。七十多年前，我读书刚刚起步，对聚书非常贪婪，整天逛书摊、遛书店，偶尔找到一本喜爱的书真是欣喜若狂，若有长辈送部书，更是感激莫名，渐渐就积累一些藏书。虽然也从读书中知道"子孙宝之"和"得者宝之"两种对待藏书的心态，而颇心许"得者宝之"，但始终没有想过自己所聚之书，将来会有什么下场。

我三十岁时，藏书已有数千册，大半是线装书。藏书的策略是只聚不散。一直以翻读这些书为乐，从未想到散书，而是以更大的热情继续淘书、藏书。不论内容、书品，只要自己喜欢、有用，就搜集来充实书架。书架不满就填书，书放不下就添书架。增加书架和填充藏书总是循环不已。没有几年，便迅速聚到万余册。

我钟情于线装书，如五洲同文本一面墙的廿四史以及清人诗文集、笔记、年谱等等，怡然自得地陶醉于书城。我何曾想到在上世纪60年代中期史无前例的"文革"之火，竟然烧到我的头上。我绝大部分线装书被充公，或被趁火打劫的勇士们顺手牵羊地揽入私囊，或就地架火焚烧，我遭受到第一次散书之痛的劫难。特别是在自己家门口焚烧一匣匣二十四史，他们砸碎樟木匣，架起火堆，把匣内的史书，接二连三地倒在火堆上，烧书发出的噼噼声，让我产生一种煮豆燃萁的哀痛，像在一片片地撕裂着我的心肺。我在勇士们的斥令下，只能笔管条直地站在火堆前，接受辱骂（批判），无奈而痛心地等待这群丧失人性的人离去，才从灰烬中抢出劫余的残本散页。

经过这一劫难，我除了一些平装书和近百册烬余的线装书外，所藏几已荡然无几。我曾为之心痛不已，但逐渐自我解脱，认为这是社会动荡的必然结局，哪朝哪代，都有过这类厄难，但这不是亲手散书，是一种被动的无奈，是一种被凌辱的痛楚，痛定思痛，反而激发我对淘书、藏书更浓的兴趣。"文革"过后，我又重整旗鼓再建藏书。当时，一方面社会上流散的图书量大，便于淘书，可谓网网不空；另一方面许多旧雨新知多投入著述，赠书日多。没过几年，我的藏书又恢复旧观，几间住房，都堆置了书。我还因此在天津评选藏书家活动中获荣誉奖。

十来年前，我已超过八十岁，不免考虑身后问题。想到这些藏书的去处。晚辈既不从事同一专业，可留的书不多，与其占据空间，不如早作安排。我也想到藏书聚散的道理，我同意藏书"聚久必散"的规律，但也想为书谋得个好的安身立命之所。2007年2月，我终于决心向家乡散书，得到地方政府的欢迎和支持。他们建立了"来新夏著述专藏阅览馆"和"来新夏方志馆"，我还支持绍兴一农民创办"民众读书室"，一共捐赠了万余册图书。我特为我的散书写过一篇题为《藏书的聚散》短文，发表在《中华读书报》，豪言壮语了一番，胪述历代藏散故事，并在文末写了如下一段话："我仅留下我尚需阅读与参考者外，先后捐赠了藏书的大部分。如此这般，实现了不散之散的心愿，为自己钟爱一生的聚书，找到稳定的去处……"

当时心情是激动的，"不亦善乎"的感情亦是真实的，"聚终有散"的理念一直是坚定的，对藏书做这样的安置也是妥善的。以后又继续捐赠了一些书，心情也很平静。但是过了一年多，由于若干尚需查阅和翻检的书被捐掉而感到不便时，就有一丝悔意，埋怨自己的草率。

时隔数年，我的散书心情已逐渐淡定，不意又起波澜。今年年初，天津图书馆新馆建成，我的一位熟友、馆内的中层领导李国庆君为我辟一"来新夏书房"，并来舍征书。他希望将我留存的藏书移置该馆。这阵突如其来的寒风，陡地吹紧我的心头。我有点猝不及防，没有立即允诺。又感到有悖于自己"聚终有散"的理念，不能完全拒绝，于是折中地答应选捐部分。这次散书比前次障碍较大，因为留存的书，有的是朋友签名本，有的是难以断定何时要用，有的是与我共经"文革"灾难的残留本。拿起放下，好像是要把自家子弟驱赶出家门那样的痛惜。我实在下不去手，只好委托妻子焦静宜办理，规定了三不捐，一是朋友的签名本，二是近几年尚需不时翻检的工具书和专业书，三是枕边的消闲书。一切由静宜决定。我则置身事外，不加闻问。经过几天辛劳，终于选出千余册图书，分装十余纸箱。在等待来取的日子里，我不时翻翻看看这些将离别的藏书，十分眷恋。在受书方取走时，我像送别子女远行那样，依依不舍地难过了好几天。散书虽感痛楚，但散书的承诺，不会改变。余剩的藏书，身后如何处理，家人会依照我的嘱托，实现我"不散之散"的愿望。这一点可请世人共鉴。

二〇一二年四月十日写于邃谷

原载于《中华读书报》2012年4月25日

说说我的闲章

闲章是印章中的一类，也可以说是一大类。除了正式姓名章以外，无论镌刻内容是字号、籍贯、书斋名、别号、官阶、门第、记事、成语、自勉语、吉祥语、调侃语，都可笼统归于闲章一类。起源当始于秦汉之吉文印，唐以来书画藏书渐有钤闲章风气，唐太宗请魏征等鉴赏宫内所藏后，都请他们盖章。清学者尤好制闲章。书画家和藏书家多好用之。书画家用以构图配置，烘托书画面完美；藏书家用以志所有权及流传过程，为鉴定版本之一助。闲章不仅国人喜用，即东国日本学人亦颇喜之。故友日本关西大学著名学者大庭修博士，身后其门人陈波为辑《兰园大庭修自用印集》中，所收自用印五十九方，闲章即近七成，印文有"唐船持渡书"、"兰园尝清玩"、"幽兰独芳"及"木简癖"等。

我见到的闲章以清人为主，而所见藏书印多于书画印。藏书家往往有许多闲章，通称藏章。如《中国藏书楼》记明末藏书家毛晋有藏章六十余方，《清代海宁藏书家印鉴》收清吴骞藏章有四十三方，收近代张宗祥、徐光济等人均在六七十方以上。这些藏章不但刻工好，而且内涵相当丰富。如王昶有六十余字的告诫性藏章，其文曰："二万卷，书可贵；一千通，金石备；购且藏，剧劳勚。愿后人，勤讲肄。敷文章，明义理。习典故，兼游艺。时整齐，勿废置。如不材，敢卖弃，是非人，犬豕类。屏出族，加鞭垂。述庵传诫。"这方藏章把收藏内容、藏书功能、管理方法以及惩戒办法，完完全全概括进去。吴骞有一长方条形篆体阳文藏章，全文三十五字，所刻内容是："寒可无衣，饥可无食，至于书，不可一日失，此昔人诒厥之名言，是可为拜经楼藏书之雅则。"拜经楼是吴骞的藏书楼，这方藏章足以表露拜经楼藏书的宗旨。藏章文字最长的是清阳湖藏书家杨继振的印文，共有二百五十一字，几乎是杨氏藏书观的一篇短文。

我真正接触闲章是在五十多年前，即上世纪的六十年代前后，我被投闲置散，工资待遇未动，被"挂"起来，闲暇时间较多，经济上尚有余力，于是开始在一些店头摊尾收集旧图章，特别是闲章。但数量并不很多，最多时一次买到四五方。经过五六年的搜求，大约积存有五十多方。我放在一个小竹篓内。其中有六成是有价值的闲章，尤其是大部分都有边款，使人对刻家与印主能一目了然。刻家大多为清中期乾嘉时浙派篆刻家。如黄易、奚冈、钱松等均为西泠八家人物。印主也都很有名，如钱大昕、阮元等。其中我最喜欢的是黄易的"善男子"和奚冈为钱大昕刻的"博君一粲"。闲时我经常拿出来观赏把摩，赏心悦目，很为得意。不幸在"文革"抄家时，被红卫兵连锅端，掠走了这几十方印。不知是缴公，还是私有？反正在所谓"发还查抄物资"时，给了我四五块"画石猴"（最劣等的图章石，一画地就是白道子，适宜小孩在地上画得玩），我都随手送给孩子们乱画了。可惜的是，我当初未意料到日后会有"文革"，既无笔录情由，又未留下印拓，只剩下零零碎碎的一丝记忆而已！

我正式使用闲章是在六十年前，那年我二十四岁，刚刚大学毕业，已经积存一点藏书，加以正在学篆刻，遂从家中旧抽屉中，找出一块废石，打磨以后，就以几个月初学篆刻的学历，握刀下笔，印文是久已想好的"征羌侯裔"四字，因为我的远祖来歙，是东汉时名将，曾封征羌侯，建功立业而鄙弃名利。我以他的后裔而自豪，所以刻了这方章。用了两三次，自感刀法布局都不够水平，就废弃不用，"文革"时亦未幸免。后来我就用古人闲章，最喜欢的是黄易篆的腰形章"善男子"和钱大昕用过的"博君一粲"，一直用到被抄走。

上世纪八十年代以后，我重谋制作闲章，以应需用。最早的一方是天津一友人所刻籍贯加姓名的一方，文曰"萧山来氏新夏"，常在为人题跋时用。不久想到恩师范文澜教授"板凳宁坐十年冷，文章不写半句空"的教导，于是又求友人为刻"宁坐板凳十年冷"的闲章，常在题赠字时钤首。八十初度时，又有友人相继刻赠"难得人生老更忙"、"蘧谷"和"新夏长寿"以及肖像章等闲章，不时在书写和题签上用。我想这几颗闲章不会再遭劫难而将伴我终生。

原载于《我的闲章》 董宁文编 岳麓书社2007年版

说说我的旧藏

我有过一些旧藏，但又不愿意谈自己的旧藏。一个从事过文史工作几十年的人而无收藏，使人难以置信。但目前却真是一无所有，所以我只能说过旧藏。怀旧是老年人的常态，当然，旧藏也在怀念之列，特别是当有人拨动这根弦的时候。我曾经在一次全国性研讨会上遇到一位五十多岁的钱币收藏者，由于偶然从我一张照片背景的书架上，看到一册《泉货汇考》而引为同道。他热情地和我大谈钱币的收藏，哪里知道这种"盘道"会引起我对旧藏的怀念和伤感呢？

我有过收藏，但够不上收藏家。我的兴趣广泛，收藏门类也较多，诸如邮票、书画、图章、钱币、唱片等，都有一些，可惜十年浩劫，荡然无存！

邮票从清朝的龙票到解放区的邮票，从中国到外国——马来亚的老虎票、圣马力诺的蝴蝶票、美国的黄石公园票、英国的女皇票、德国的兴登堡（德总统）票以及一些亚、非小国的邮票，形形色色，各具风采，不时翻看，赏心悦目。现在可能被一些当年受愚弄的少年们分别保存了。如果因此引发他们对收藏的兴趣，从而有所领悟，养成习惯，陶冶性情，恶因或当化为善果。钱币是因家里旧有一些残存的清朝铜钱，于是偶尔在旧货摊上买它几枚，有些还不错，如宋徽宗的大观钱、宣和钱，李自成的永昌钱，张献忠的大顺钱，一直到宣统的小制钱，还有一枚欢喜钱更为少见。我没有很好地整理，乱放在一只布袋里。后来，它们和几十块袁大头，被我老老实实地上交了。唱片是中学时代从地摊和老天祥市场二楼一张张收购而来。有梅兰芳、余叔岩、孟小冬、贯大元、奚啸伯、高庆奎、金少山、王泊生诸名伶的精彩唱段，有几部还是成本大套的，共有百余张。有时放在那台手摇的狗牌唱机上一听，也颇得周郎顾曲之乐。不幸在当年，被一群毛头小伙子在住房门前，踏上几只脚而粉身碎骨，剩下那些少量残品，也难以称为藏品啦！

　　真正出于爱好而有意搜藏的是图章和书画，图章大部分是清代的，约有百方。大致可分两类：一是刻家有名，如西泠八家中的奚冈、黄易等浙派人物。二是章主有名，如钱大昕的"博君一粲"、"善男子"等，大部分有边款，可供辨识。我所藏书画，多属近代，如学者王国维、陈垣的扇面，余嘉锡的大堂联，王懿荣的方册，屠寄的房对等书法。画有齐白石、黄宾虹、陈少梅、胡佩蘅、吴幻荪、徐燕孙诸贤之作。特别是启功老师的《鸥波垂钓图》更是我珍藏的佳作，恐已难得了。后来有位书画界的朋友说，曾在天津某权要家整理藏画时，见过这幅画，那可是"一入侯门深似海"，所幸尚在人间，遂以"得者宝之"自嘲而已。另外还有崇祯帝的"萱草"二字和梅、程、荀、尚四大名旦合作的扇面等等。图章和书画是同一次被一伙红袖章抄走的。

　　隔了几年，所谓落实发还查抄物资，数量既难符原数，而物已早非原物。看来是遇到过行家，已是择优留用之余了。图章发还十余方，大多可赠儿童跳房子画格子用，俗称"画石猴"的。书画捧归一大捆约有二十余件，均非原物，有一套花鸟轴共十二幅，裱工尚可，而笔墨粗俗不堪。后赠与一商家开业志喜。其中检出于照所书瘦金体小联一副，于照字非安，上世纪二三十年代北京著名花鸟画家，他用瘦金体书写了集宋人词语的小联：

　　　且寻诗酒，莫问功名，高冠长剑都闲物；
　　　如此江山，依然风月，葛巾藜杖正关情。

　　上联是集涧泉（韩淲）《柳梢青》和后村（刘克庄）《摸鱼儿》，下联是集草窗（周密）《酹江月》和石林叶梦得《虞美人》。于氏还题此联是用乾隆墨和王一品紫毫笔所书。这副小联很能表述归林者的心灵。仅此一物，足慰平生。后悬于客室，以寄托对旧物的怀念。可惜此联也是由乔太守乱点而来，非我故物，那就借他人之杯酒，浇自己之块垒吧！

　　　　　　　　　　　　　　　　原载于《天津老年时报》1999年10月9日

我与日记的因缘

日记是一种排日记述个人每天行事的文体。内容可以事无巨细，无所不包，大至于国计民生，天下大事；小至于思想点滴，读书心得，人际交往，社会新闻，都可以信笔记述，留作反思备忘。文字既不用太讲究，思想亦可随意倾诉发泄，了无顾忌。有不少人因为天天动笔，形成习惯，夯实了自己的写作根基，渐渐写得一手好文章。许多文人学者在谈及自己成长历程时，常常会说到自己得益于记日记的习惯；而能较完整地保持生存足迹的记忆，也只有日记。

我最早接触的文体就是日记。1936年我十三岁，在南京读小学六年级，校长高蛰苏先生是我们语文老师，课上课下反复要求学生写日记。他说，每天写日记，写长了成为习惯，不仅可以练习文字纯熟，还有益于铸造坚毅的性格。我虽然遵照办理，但理解不深，常常遗忘，几天一记，渐渐也就不记。这是一次善始而未能善终的文字锻炼，因而失去为日后文字工作打好基础的良机。每思及此，往往追悔莫及。

抗战时期，正从读中学到大学毕业，漫长的八年时间，我主要沉浸在书海之中，读了不少正经正史，杂著诗文，但最喜欢的是读杂著，而杂著中又最喜欢读日记。我读过《越缦堂日记》、《曾文正公日记》、《请缨日记》、《缘督庐日记》等等，特别对《越缦堂日记》颇感兴趣。通读了这几十册日记后，自我感觉学问颇见长进。日记作者李慈铭是晚清很有个性的一位学者，他不仅记个人生活行事，还记有许多读书心得，写了无数读书提要，后来有人从他的日记中专门辑出他读书治学的内容，成《越缦堂读书记》二巨册，我又通读了一遍，得到不少读书治学的门径，并养成我读书写提要的习惯。我后来成书的《近三百年人物年谱知见录》就是这种良好习惯的产物。当时因在日寇统治下，怕惹是非，不再写日记，只是隔三岔五地记点大事，录以备忘。

　　上世纪四十年代末，政权易手，万象更新，社会发生剧烈变化，新鲜事物比较多，我自觉地开始写日记，记录社会要闻和个人行事，有长有短，一晃十几年，我的日记已积有十余册。有时翻阅，可引起很多意味深长的回忆。日记中也比较审慎地记下历次政治运动的大概和自己一些哀而不伤的感慨，即使公开，自认为也无大碍。孰知1966年"文革"开始，我是第一批遭到抄家洗劫者。这十几本日记，到专案组手里，无疑可从中挖出不少确凿可据的"罪证"。他们据此大做文章，按图索骥，每天追问日记内每一件事，每一个有过交往的人，每一点想法感受，都穷源竟委地一竿子到底，无止境地查问，令人困扰烦恼，也株连到一些见于日记的亲友，至少会遇到几次提审式的"外调"。因此发誓今后再不写日记。有不少写了几十年日记的人也多辍笔不写。但也有人一直坚持写日记的习惯。"文革"期间，我和已故历史学家郑天挺教授同在牛棚扫地，曾在休息时聊过写日记的事，郑老悄声告诉我，已经写了几十年，成了习惯，原有的被抄走，新的还在写，只是简单记事而已。那个时候，日记似乎成为写作的禁区，日趋无声无息。直到世纪之交，山东有几位好学之士，如于晓明、自牧、徐明祥等中年朋友，尽全力为日记的再生、发展，奔走呼号。他们不仅自己写，鼓励朋友写，还千辛万苦地创办《日记报》、《日记杂志》等刊物，引动很多人响应和参与。我不仅因略参与其事而结识这些朋友，还激发起重写日记的激情，并于2004年10月间启动，至今仍在延续。

　　在开始重写日记的同时，我又找一些新出版的日记来读，我最先读的是宋云彬先生的《红尘冷眼》（山西人民出版社，2002年3月版），副题是《一个文化名人笔下的中国三十年》，始于1938年12月，终于1966年，中间有断缺，可以从中看到一位旧知识分子近三十年的生活足迹，亦能参悟出他的心路历程。因为是作者身后出版的，所以内容没有故作修饰，基本真实，有些欲言又止或断缺的地方，或是整理者为避时忌所略，也是可予理解的。我也读过一种读起来很费力的日记类专著，那就是法籍华人艺术家熊秉明先生根据自己日记写成有关罗丹的专著，书名是《关于罗丹——熊秉明日记摘抄》。熊秉明先生是我国数学界前辈熊庆来先生的儿子，青年时期旅居法国，攻读哲学及造型艺术。中年以后，即从事这些方面的教学与研究，我读过他两本挺引人注目的书——《中国书法理论体系》和《关于罗丹——熊秉明日记摘抄》。这两本书有多个版本，我这两本是天津教育出版社编辑于2002年国庆前送给我为他们的重印本写书评的。我先较快速地读了前一本，而有关罗丹的那本，则是在国庆长假中认真地细读了一遍。这本书是对艺术大师罗丹的研究，命题很严肃，但体裁很别致。它是作者熊秉明从自己1947至1951年间的日记中摘抄出来写成的专著，应属日记类独辟蹊径的专著。我在读完这本书后，感到这是为日记从单纯记事走向研究高度的一种示范，至少有三点值得注意。

一是作者写日记的态度是严肃认真的，不是随手一写，而是博涉多书，又深思熟虑后写的；二是作者具有深厚的学术底蕴，在日记中反映他很强的学术自信心；三是作者很有思辨能力，特别是对自己未来人生道路的选择上，令人惊讶作者的冷静。他将所写的日记片片段段辑成为一篇短文，又按主题将若干短文了无痕迹地熔铸成一部专著。这比读那些仅有记事的日记更令人手不释卷。读熊氏论罗丹之书，诚如有些人认为能归宿于灵魂。我读此书很有点参禅味道，有些短文的精彩段落，读来颇类机锋，可得会心一笑，或俯首自省。不幸在我尚未读完这本书的时候，突然听到作者的噩耗，我痛悼永远失去已经约定第二年春天相晤的机遇，只能默默地铭记他对本书的题词："到了罗丹手里，雕刻忽然变成表现思想的工具，个人抒情的工具……变成诗，变成哲学，变成自由的歌唱。罗丹给了雕刻以思想性，也给了雕刻以新的生命。"这段题词也可作为衡量作者与这本书的意义。作者让日记这一文体变成艺术，变成抒发感情的乐园。他把自己对罗丹的研究，变成"你中有我，我中有你"的融合体，把罗丹与读者拉得很近。他拓宽了日记的领域，提高了日记的境界。

我读得最用功和深入的日记是林则徐的日记。早在上世纪六十年代初，我应中华书局之邀，审读《林则徐集》的书稿时，曾通读过林则徐的日记。虽然其中缺漏很多，但观察很细密，内容很丰富，对我撰写《林则徐年谱》提供了不少资料。九十年代，倾全国有关方面的力量，编纂《林则徐全集》，我是主编之一。职责所在，又一次读了经过继续搜求补充的《日记卷》。《日记卷》所收时限，上起嘉庆十七年，下至道光二十五年，其中不少年份付缺，有些年的月份也不全。即使如此，因为这三十余年正是林则徐建功立业、事务繁杂的年代，而林则徐又是一位事业心强，观察事务细腻，勤于政务，娴于笔墨的能员干吏，记录了许多可供采择的资料。我在修订和改编《林则徐年谱》时，就从中采集和补充了较多的资料和细节，加深了我对日记具有史料价值的认识。

本世纪以来，日记的编写和研究，日趋发展，并引动不少读书界朋友的参与。有些国家编纂机构如清史编委会出版的《清代稿钞本》（第一辑）中就收有未刊日记二十二种，大部分记中晚清的官场形迹和民间习尚；有的学者私下整理未刊日记，如海宁学者虞坤林整理徐志摩未刊日记。这个整理本不仅使徐志摩未发表的手稿得以面世，而且借此对徐志摩有了更全面的了解。一般人对徐志摩的印象是一位放浪形骸的风流才子，甚至还有更不屑的贬斥。几十年后，也还有诗人写诗来骂徐志摩。开头的一段是这样斥责的：

> 我不喜欢你　志摩
> 我在你诗中看不见一丝祖国
> 看不见一眼流血的土地
> 看不见一勺院墙外面的生活

如果读了徐志摩生前未发表的1919年所写的《留美日记》中六月二十二日记事，就可以读到他在一次旅美华人学生集会上所表达的感受，他慷慨激昂地赞扬各界对五四运动的支援，并真诚地号召："吾属在美同学，要当有所表示。此职任所在，不容含糊过去也。"他关注祖国命运的热情跃然纸上，岂能说他"看不见一丝祖国"呢？在八月六日的记事中又自省见一唱歌女子而心动的不当念头。类此对研究徐志摩的心灵动静能有更完整的认识。

由此想到日记的可信度问题。一般人认为日记是作者随手所记，多近真实，实则也不尽然。首先，日记有为自己备忘随手写记的所谓日记，无意让他人阅读，这比较真实，如前引徐志摩日记是他未成名人前所写，身后多年被人发现，整理问世的，当时并未想让人看，所记大致可信。另有一种有意为之的日记，特别是成名作家往往以日记作为一种文体来运用，不仅创作日记，还把未成名前的日记作为素材，加工为日记美文，可称之为日记文学，则其史料价值当大打折扣。其次，即使作者无意做作，修饰示人，也不能拿来就用。鲁迅自己就说自己的日记"是不很可靠的"，加以有人喜欢用别人名字字头或代号，亦有用缩略语或使人难解的语词，那就需要以他证方法证实后再用。

近年更有许多人撰写有关日记的文章见诸报刊，惜散在各方，不易集中参读。日记推动者于晓明君为此广加搜集，编定《日记丛书》，内含《日记漫谈》、《日记闲话》、《日记品读》、《日记自述》、《日记序跋》等各类有关文字，包括日记的方方面面。撰者亦多学界读书界人士，老少存殁，达数百人，颇便读者开拓视野。编次既定，行将问世，晓明征序于我，深感其事之必要，乃濡笔叙与日记之因缘浅见以应，是为之序。

二〇一〇年十一月初稿
二〇一一年一月二十二日修改稿

原载于《读书》2011年第12期

杭嘉湖纪行

小序

少时好记日记以备忘，但并非排日有记，而视事之有无，每年约有一笔记本，十余年间，积有十余册，遇事多资查询。"文革"祸起，迭遭抄家，全部日记落入专案组手，于是每日传讯，按图索骥，细查每人每事，愤懑烦躁，发誓今后再不写日记。近年年事日高，记忆衰退，日益仰仗笔墨，每遇要事必笔之于册，难称日记。设连续有记，则颇类专题日记。2004年冬，杭嘉湖地区多个文化单位相约，乃与新婚妻子焦静宜女士偕往。因连日皆有事可记，遂成《杭嘉湖纪行》一篇。

2004年12月3日

应浙江嘉兴市图书馆、杭州市图书馆、湖州师范学院图书馆、安吉市图书馆及萧山区志办等文化单位之邀，有杭嘉湖之行。

晚7时余，乘Z41次津沪夕发朝至直达特快火车去沪。夕发朝至，为近年在大城市间实行提速改革的创举，将原有的22小时缩短为11小时，且为夜间行车，一觉即达，与居家无异，节约时间，方便旅客，诚为善政。

12月4日

晨6点正醒来，窗外已出现曙光，江南大地，遍地尚存绿色，车过苏州，地面似经雨水冲刷，湿漉漉的。7时40分抵沪，遇中雨，幸上海图书馆王世伟馆长已派人来接，安排在该馆宾客中心住宿。

下午，《文汇报》编辑刘绪源君来访，赠其近作《文心雕虎》，并邀我为该报书缘版《读书人语》栏撰稿四篇。准备为之写近日读书心得。又谈及沪上学界文坛琐闻，颇有趣。

12月5日

晨起，天气晴朗，早餐后，与静宜漫步于淮海路街头。今日为周日，行人较稀，道路清净，心神舒畅。

上午，与上海图书馆历史文献部主任邱五芳先生会晤。商谈增订《近三百年人物年谱知见录》一书事。得邱支持，并允组织人力协助编写。中午，与王世伟及邱君共进午餐。世伟赠顾廷龙先生手札影印册页一函。

下午3时离沪，车厢拥挤不堪，5时30分抵嘉兴，嘉兴市图书馆崔森泉馆长与浙江图书馆袁逸君同来接站。

12月6日

今日为嘉兴馆百年纪念。该馆为地级市公共馆第一馆。上午，先参观馆史陈列，见到馆藏范古农、朱生豪等人手迹珍品。10时，纪念会剪彩，地方各级官员分别照本宣科讲了一些伟大的空话。不知此风何时可了！近午，秀州书局范笑我君介绍一青年来见，名邹汉明，赠我其所著《在光线上奔跑》一小集。并言正在写穆旦传记，希望了解穆旦的生活细节。"文革"时，我与穆旦同为"牛鬼蛇神"，并结成"一对黑"，负责游泳池的清扫工作。单独相对，使我们有较多交谈机会，彼此了解得更多些。我尽所知向邹君介绍了穆旦的一些情况，并告知海宁陈伯良所撰《穆旦传》即将出版，可备参考。

穆旦冤案，源起于上世纪五十年代初的南开大学外文系事件，当时穆旦等方归国，对该系主持人学识时有微词，致遭嫉恨。不知如何策划运作竟转化成政治事件，株连穆旦受到历史追查，竟以曾任远征军翻译事，定"历史反革命"罪，炼狱终生。一个富有才华的诗人，就此黯淡一生，直至陨落，呜呼！

下午在大会作题为《新时代的图书馆人》的报告，听者甚众。

12月7日

上午，到嘉善西塘古镇参观，景点甚多，有一中年根雕家展览馆，作品千奇百怪，有多件大型作品，为前所未见，其他民居旧宅，弄堂里巷，各有特色，令人目不暇给。

在参观途中，因脚力疲劳，石路不平，绊倒在地，幸反应尚灵敏，立时起身，仅擦伤左手，未惊扰多人。静宜自怨照顾不周，事出意外，何得责人？平地摔跤亦衰老之征，当引起注意。

下午，到平湖参观莫氏园居，规模不大，而精致喜人。又去弘一纪念馆，展品尚值一看。晚饭后出门散步见一小型邮电博物馆，可免费参观。

12月8日

上午9时30分，乘中巴离嘉兴，行车1时余抵杭州，由杭州市图书馆安排生活。中午，杭州市图书馆馆长褚树青邀约在知味观小吃店进餐。该店生意甚好，座无虚席，小吃数品，味美可口，较之宴会，自在多多。

下午，与静宜偕游新西湖，此为近几年新开湖塘，虽面积略小于旧湖，但湖水清澈，风光绮丽，景点亦多新意。游"曲园风荷"，相传为南宋制酒之地。有酒市赛酒塑像，配以市声、俗乐，自得其趣。南宋偏安一隅，好酒如斯，商女不知亡国恨，聚饮游乐，直把杭州作汴州。今人亦多好酒，令人担忧！

乘游船周游新西湖，约1小时，微有凉意，但心境舒畅，物我两忘，流连山水，亦人间一乐也。

登岸后，参观京剧名武生盖叫天故居"燕南寄庐"，一艺人用功不辍，卒成大名，对后人颇多启迪鼓励。

12月9日

上午9时，王效良先生陪同去富阳参观华宝斋制纸刊印公司。创业人蒋放年，一普通乡人，白手起家，为线装书出版成就一番事业。为传统文化传递薪火，功不可没。惜英年早逝，仅得知命之年，亦云悲矣！幸后继有人，子女尚能克绍箕裘。我等得其长女蒋凤石接待，陪同我们参观所有制纸印刷程序，古木新枝，的是不凡，我亦亲手制纸一张。临行，凤石赠我《现代文学丛刊》线装本一套，盛情可感！1时半，返杭城。

12月10日

上午9时许，湖州师范学院图书馆馆长王增清驱车来接，行一小时半到达，入住金帝大饭店。我在1997年曾到湖州一行，今日所见，大为改观。

下午2时，向该校文史科系师生讲《中华新文化建设问题》，我主张选择传统文化，融合外来文化，建设以爱国主义为核心的民族文化。听者甚众，提出若干问题，皆一一作答。湖州市外办主任张建智来听讲演，赠我其所著《张静江传》，内容论述，均有相当水平，但封面标举章开沅推荐字样，似感微憾。学问自作，无需借人自重，但现任官员能作学问，写出此等佳作，亦实为难得。

讲演后参观该校图书馆，该馆新旧馆联为一气，颇有特色。大厅有汉砖二块，为下邳县所赠出土文物。专藏有当地书画大家沈左尧先生私藏书画，颇有价值。时间匆促，未遑周览。

12月11日

上午，应湖州师范学院人文学院之邀，为该院师生作《读书与人生》报告。讲演中插入古人一些读书经历，深受欢迎。进行1小时余，接受提问，并作回答。

演讲会后，王增清馆长陪同前往乌镇观光，行程1小时多。乌镇属桐乡，为江南六大名镇之一。镇内有名床、古钱、织布、酿酒等专题民俗展览。大作家茅盾为乌镇人，访其故居，朴实无华，当地亦未故作张扬，令人仰慕。乌镇入口走青石板路，回头坐游船出镇，水陆并行，可称完备。我数年前曾来一游，今已大有改观。静宜为第一次来，兴趣盎然，眼界为之一开。3时许返湖州。

在湖州城内访皕宋楼遗址，该楼主人陆心源为清末四大藏书家之一。以收藏二百部宋板书著称得名，后所藏大部为日人捆载而去，今存日本静嘉堂文库。文物归主，理应索回。藏书楼亦早毁坏，今虽修葺数栋，略有陈列，不过虚应故事而已！又至飞英塔参观，此为唐建石塔，宋又围以木栅，成塔中塔格局为世所罕见，惜时间已晚，未能登塔一览！

12月12日

上午9时，增清陪我去安吉。雾气很重，百米以外，难辨景物，车行较慢。10时余，抵安吉，市图书馆朱馆长已在住地迎候。先去吴昌硕纪念馆参观，吴氏为近代著名书画篆刻家，自学成才，极有成就，令人有高山仰止之感。就近又参观当地博物馆，获见大量出土文物，极为珍贵。中国珍藏之富，世界罕有其匹，惜世人不知爱护，以致多有散失，不禁为之一叹！

下午，参观竹博园，乃集世界数百种竹子于一园，堪称中国竹乡。据云此规模居世界第二位，第一位是巴西。入园巡游，有各类竹种，有清雅之气，流连久之。园中设有一博物馆，展出竹史、竹制品，给人印象深刻。

离竹博园，乘车去海拔千米之天荒坪水电站，此为抽水储电之设施，构思精巧，设施先进，既能利用华东电网晚间余电，又能补充白天缺电之急需，一举两得，各得其宜。该站设上下水库，利用高低落差发电，诚不可思议。傍晚回城内住宿地。

12月13日

上午9时，故乡萧山区志办派车来接回乡，一路所见，民生大有改观。农舍多易楼栋，建筑亦多达中产水平。中途转道杭州接侄女明敏去萧，参与祭祖。11时，抵萧。故乡为祝贺我新婚，特安排入住国际大酒店套房，给以相当礼遇。

下午偕静宜、明敏去包家湾祖父坟茔致祭。

12月14日

上午9时，应邀到《萧山市志》办公室，与全体编辑人员会晤，并对第二届修志问题发表一些看法，主要内容是：二届修志首先要总结第一届修志的经验教训，做到纠谬纂误，拾遗补阙。更重要的是要力求创新，提高学术性，方志不仅是编纂记述，而要有考辨，有存异。建议第二届志书可设三篇，前篇与第一届志书衔接，把遗留问题解决好；正篇为第二届修志应入内容；附篇为专题论述，改变志书仅据前人史料纂辑成书，为供他人著述。

下午去萧山古籍印务有限公司参观，与总经理张国富交谈有关印行古籍的一些思考，公司规模正待发展。临行赠我《四库全书》仿真本一套。

12月15日

上午参观江寺及梦笔桥，为南北朝江淹梦笔生花故事。江寺空无一物，梦笔桥尚有一桥一碑，供人凭吊。

下午，告别故乡，去杭州火车站，转道南京去扬州，参加《清史·朴学志》研讨会。

杭嘉湖之行至此即告结束。

原载于《日记杂志》第40卷　自牧主编　日影书坊2006年6月编印

岁末半月记

——2005年12月16日至31日

小序

日记排日记事，可存旧迹、助回忆、习文字，为人生一好习惯。我自入中学后，即喜记日记，或文或白，或长或短，坦然自陈，无所修饰。真情流露，为纯体日记，而非日记文学。累计达数十笔记本。闲时浏览，如作心灵对话，如与友朋促膝，如面人间百态，如游山水胜景，又人生一大乐事。不意"文革"初起，寒门屡遭查抄，数十册日记为专案组缴获。于是逐日传讯，按图索骥，追查其中所涉及人员，寻根究底，事无巨细，大至于家庭出身，政治党派；小至于有几房老婆，是否吸烟酗酒等，令人哭笑不得，烦厌之极。决心今后不再记日记以免无妄之灾。相沿近四十年，了无一字。近年以来，山东自牧、于晓明、徐明祥诸君，力倡日记写作，并邀我为《日记报》顾问。遂萌重作冯妇之念。去年冬适有杭嘉湖巡回讲学游览之行十余日，乃撰《杭嘉湖纪行》以启航。一本旧旨，逐日排记，已积有二三册。今春自牧等力图创新，以《日记报》按年成册，将一年分为二十四分，邀二十四人，各撰半月合成一册。我被派承担2005年岁末之后半，于是逐日记事，日不越千字，事无论大小。兹录出此半月记事以应自牧诸君，或可为已改名的《日记杂志》作一补白，是为之序。

2005年12月16日　周五　晴

近数月来，视力显然下降，上周特请姨妹眼科大夫李琴诊视，经定为玻璃体混浊，近视镜可重新验光，或能少有改善。读书、看报只能借助放大镜。于是配一近视镜以看远，以免遇人看不清，不打招呼，易滋误会。今日，镜已配好，李琴之子周勇刚送来。试戴，较前略有改善。人既老迈，各种器官均在老化，视力减退，自在意中，听之而已！

下午，《光明日报》荆时光小友借来津采访之便，顺道来访。时光为一好学青年，曾有过多次通信，属于我的"粉丝"一类，惜素未谋面，今获一见，甚悦。彼此谈了一些想说的话。他见我满屋子书便问我算不算藏书家，我说我非常反对"家"的说法，因为"家"的说法有很大弊病，一是不论什么人，少有成绩，"家"的称号如文学家、史学家、表演艺术家、红学家等等，就蜂拥而至。声名小点称名家，声名大点称大家，几乎无处不"家"，无人不"家"，品斯滥矣！二是"家"有无标准？我国是个善于量化的国家，"家"如何计量，如有多少册书，才算藏书家，写过多少诗文才算文学家？唱过几首歌，当过多少回主演，可称表演艺术家？是否考证过曹氏世系，为秦可卿树过碑，就算红学家？"家"没有个算法。三是"家"像一副枷锁，如被称藏书家只能在藏书家圈子里转，往万册、五万册藏书去奋斗，岂不太累？如有一个某某家的头衔，就不能随心所欲。我已年过八旬，还是跟着感觉走吧！

荆时光又告诉我，《光明日报》新年后准备扩四版，有一块是"国学版"，我不觉哈哈大笑。咱们中国人就喜欢随风，最近也不知刮哪阵风，国学院、国学讲座、国学馆、国学版、国学周刊、国学大师……随时扑面而至。国学到底是嘛玩意，谁说得清？谁给我下个确切定义？《光明日报》是份党报，也开"国学版"，总有点滑稽，好像一身笔挺西装穿一双礼服呢圆口平底布鞋似的。季老（羡林）留学德国，精通梵文，北京大学东语系主任，无疑是学术泰斗，他自己从不喜欢戴各色帽子。但崇拜者也愣给他戴上一顶"国学大师"的帽子，尺码合适吗？"国学"一词，有点越来越玄啦！时间已晚，时光在我家粗茶淡饭一回。晚饭后，他乘车返京。

12月17日　周六　晴　回暖

山西古籍出版社总编张继红去年所约《中华传统文化的传递》一稿，已于日前完成，约有十余万字，准备插图。原以为容易做，哪知一着手，就感到搜求、搭配、写说明等等，很不容易。

与台湾二弟新阳久疏音问，颇为思念。前寄二信，亦均未获复，连日电话又未接通。今日为休假，再叫电话，果然接通。新阳亲自接话，互问近况，伊言已有回信，想尚未收到，可叹台海之隔如此！我与二弟手足情深，四十年阻绝，总感人生缺陷，而今天各一方，时光流逝，不意竟垂垂老矣！弟媳英彦已自美返台，与静宜妯娌间又叙话家常，互道珍重。

收到《博览群书》赠刊，略加浏览，尚无亟待阅读之作，置于待阅一类。

台湾佛光大学陈炜舜教授寄来复函，对我为其打听《徐世昌日记》下落一事，表示谢意。同时寄来11月间同在上海参加文献会议时所摄照片，形象尚可入目。陈氏年不及而立，而旧学根底深厚，听其会议上发言，造诣远胜周围同年龄段之人，不禁一叹。

12月18日　周日　晴

继续整理插图。

商务印书馆常绍民发来一邀请函邀我于22日去京人民大会堂出席《文津阁四库全书》出版座谈会，并寄来《文津阁四库全书》简介。我很愿能参加如此盛会，但因气候变化无常，又初患感冒，正在服药，等稍待数日，视具体情况再说。

近日，因刘心武妙解《红楼》，有些奇谈怪论，不为正统红学界所容，颇多微词。我凌晨醒来，忽悟一理。刘心武虽未谋一面，但略知其言谈不甚谨严。前者曾将古人成句公然说成是自己梦中偶得，惹来一些讪笑。他对《红楼》发点奇想，很有可能。其实大家都在为曹雪芹圆梦，对《红楼》猜谜。各圆各梦，各说各话，互不相扰，也就为文坛添番热闹而已。只要不触犯党纪（只限党员）国法，也就听之任之。红学诸君，气愤填膺，大张挞伐，实可不必。躺在床上，已难再入睡，就又深想一层，几乎笑出声来。原来这些红学家们上了一大当，给刘心武当了把义务宣传员。结果由于民众好奇、逆反，使刘心武的"粉丝"队伍日益扩大。原本不过一个连，现在足够一个独立团了。出书印数几十万，人民币滚滚而来。红学诸君气得鼓鼓的，刘心武却钱包鼓鼓地躲到一边偷着乐去啦！（以上都是我的猜想，无根之谈。）起床后，本着这番似梦非梦的想法，速写了一篇千字随笔。拿给妻子看，她不同意公开发表，认为我无须介入这类闲事，有损形象。我想也对，我对双方都不熟悉，瞎掺和什么，讲点各打五十大板的话，也很无聊。就算练练笔闹着玩儿吧！日后有机会在民间内部同仁刊上发一发，供朋友们一噱！

12月19日　周一　晴

继续整理插图。

收到韩小蕙寄来的贺卡。她很细心，写明寄给我和静宜的，并自署"你们的朋友"。我亦以两人的名义回寄一贺卡，并由静宜亲笔签名，以示非我作秀。

河南焦作范凤书先生寄来所著《中国私家藏书研究丛稿》书稿一份，请我作序。范先生一生以研究私人藏书史为职志，所著《中国私家藏书史》已于2001年由河南大象出版社出版，并蒙惠赠。现又寄《丛稿》来，足见其治学之不辍。范先生前于《中国私家藏书史》杀青时，曾专函索序。当时，我适因病住院，不克执笔。此次定当应命，以还宿欠。拟自明日起读全稿。

下午商务印书馆著作编辑室一男生打电话来落实是否于22日能到京与会。我因身体不适，担心扩大病情，特向对方致以不能与会之歉意。

晚间与商学院刘小军通电话。小军是我早年研究生，先在商学院任图书馆副馆长，后调任经济学院副院长。现正竞聘市教委副主任，成否将在新年后揭晓。

12月20日　周二　晴

《中华传统文化的传递》的全书插图基本完成，俟打印出纸本，再校核一遍，即可交稿。

读范凤书所著《中国私家藏书史研究丛稿》，作写序准备。

上午，中央电视台《见证》栏目记者张杰来电话，邀我于下周二在利顺德大饭店接受采访，谈利顺德的历史沿革和社会地位，允之。利顺德为我国第一家外资高级饭店，初建于1863年天津被迫开埠之后不久，初名泥屋，后改称利顺德。其店名说法不一：一说由创建人英商华名殷森德演化而来；一说用孟子"利顺以德"之意；一说此前原有一西点店名li.Sh.D，用其译音。先后经1886、1896年多次修建，已颇具规模，更为重要的是，它是20世纪前后政治、文化、外交诸方面的活动中心。

儿子明善来电话，已住公安医院。前数日，因患板疮，用药不当，致病情扩大。入院动臀部手术，面积较大。我予安慰，令其少安毋躁，静养为是。

与女儿明一通电话，令其就近探视其弟病情。据回电，无大碍。

12月21日　周三　晴　略转暖

将《中华传统文化的传递》书稿交录入人员订正、修改、出纸样，并留出插图位置。山西张继红来电话，定下月7日就北京图书订货会之便，来津取稿。

为应付采访，请梁淑玲从网上为我下载有关资料，备参考。

山西冀有贵先生寄来贺卡，冀善书法，有相当高水平，极重其人。因僻居平遥，缺少游扬，不被人知，而冀君本人，朴讷忠厚，默默自守，不求闻达。前曾任《平遥县志》主编，我为该志写序而识其人，深慨佳士之被埋没也。

河南范凤书又来专函，坚请为《丛稿》作序，复函承诺，并告正在拜读所著，不日即可复命。

12月22日　周四　晴

山西古籍社张继红总编又来电话，告我选题已正式通过，稿费千字八十元，尚称合适，收到光盘及纸样后，半年内出书。我表示同意。

本日《文津阁四库全书》出版座谈会，在京举行。主持人专邀到会，我因不适，未能与会，深感遗憾。

寄贺卡给李原、吴舫夫妇。李80年代初曾任南开大学党委书记，并为我入党介绍人。由党委书记亲任介绍人，我为南开第一人，亦为唯一一人，并以此为突破"知识分子入党难"问题之范例。于今思之，已二十余年，人事沧桑。二老已回居云南昆明，但我对政治领路人的友情永新。

收到《社会科学论坛》第12期及《文史精华》第6期赠刊。读《文史精华》有关戴季英生平一文，深感人生莫测。戴为早期红军领导人之一，身经百战，屡立战功，解放后在河南任领导职务，亦云幸矣，不意因故开除党籍，撤去公职，并被毛泽东指斥为不可救药者之一。戴有过错，但是否非如此重罚不可，且因毛作定论，又久久不得平反，亦令人遗憾。据说，戴坚持己见，不肯认错，亦算得一条硬汉！

12月23日　周五　晴　转暖

继续读范著，为写序作准备。

下午老友杨大辛由其女陪同来家，惠赠其最近出版之新著《沽水余沫》，大辛早年为进步木刻家，所作颇有水平，后未再继续，转而研究天津地方文献，又任职政协文史委员会。故所作多偏于津地文献掌故，前有《津沽絮语》，近又集零篇为《沽水余沫》，请我为之题签。

文津阁四库出版，颇受社会重视。《光明日报》以头版头条位置刊发新闻，座谈会亦盛况空前。多位老友露面，我以小恙，未克相晤，不禁怅然。

12月24日　周六　晴　平安夜

上午静倩到医院取药，并遵医嘱送尿样验尿酸。

近来身体明显见衰，性情亦较前急躁，稍不如意，即想发作，不能向外人发泄，故有时与静宜有所争执。其实静宜对我，已甚宽容。记此自警。今后当努力调整心态。

看电视新闻，获悉海协会原会长汪道涵先生逝世，享年九十岁。汪老晚年为两岸统一奔走协商，不遗余力，逝世前不久，尚在接待连战等台胞。汪老为国家统一尽力，自得两岸同胞赞许。今得寿终正寝，亦应称一福人也。

上海《探索与争鸣》创刊二十年，主编秦维宪函请题字。我为书"新知探索，百家争鸣"八字寄去。今又来函约稿。近来约稿者较多，甚至约书稿，实有力不从心之感，但又不愿虚耗人生，只得能做多少做多少。有气力写点，累了就歇息，真是身不由己！

继续读范凤书的《中国私家藏书史研究论丛》。论丛有三部分，一是专著提要，二是书楼寻踪，三是专题论文。范另有专函请序。二十年前，范著《中国私家藏书史》曾请我作序。适我因心脏病住院，不克执笔，范亦未再请人而空不设序，深感歉然，此次理应接受。一俟通读全书，必撰一序以应。

女儿明一前次腿部扭伤，今初痊可，特来省视。伊也年逾花甲，诸事固不得玩忽。带来肉食及干鲜果品，虽非厚礼，亦一片人子心也。

浙江图书馆袁逸来电话，为杭州书商沈界平求购我的著作多种，并请签名，以作店堂装潢，甚妙，妙不可言！待有暇再办。

今天是平安夜，迎接耶稣降生。少男少女纷纷上金街凑热闹去了。我和静宜到校园散步，见多对情侣，挽臂速行，边吃零食，边大声谈笑，我动员静宜亦去，她怕我太累，说在校门口大道上看看景吧！似乎我们已过时，只能在旁边分享年轻人的余乐了。近几年，洋习俗很被青年人热衷，我觉得世界有不同习俗，才有真正味道，如果举世一律，多乏味啊！

12月25日　周日　晴　圣诞节

范凤书的著作《中国私家藏书史研究论丛》一书，已读完。因近来视力下降，只得用放大镜读，可以快些、清楚些。开始为写序构思，拟对其治学之勤奋态度予以肯定，大致介绍此书内容。并深慨好学者僻居陋巷，穷年累月，布衣蔬食，历数十年如一日，终成一书。环视当前诸多博士、硕士，各种治学条件具备，但浅尝辄止，东剽西窃，学风之浮躁者，已非个别，呜呼！

中华书局娄建勇来贺卡，并告我，他已由《文史知识》编辑部调至"大众读物"编辑室。娄为人诚朴，无当代青年劣习。

广西师大出版社寄来一大包书稿。拆视之，为美国国会图书馆收藏汉籍善本之扫描件，内为二种，一为清中叶张祥和的奏稿抄本，另一为鸦片战争时流行的文件钞稿《溃痈流毒》，二者从无印本。今年5月间，在北京大学曾与国会图书馆居蜜女士相商，她请我为二书写篇提要，并说会托人将二书扫描件转给我，想就是这一包。她想搞影印本，我则主张搞点校本。出版社除扫描件外，并无任何附加文字信件，只是转交而已。下一步如何有待再议，所以暂时放放再说。

今日为圣诞节，一般老年人不以为意，而青年男女则以过洋节为时尚。晚间，在校园散步，见大中路上行人络绎，有涌向市内游逛者，有兴尽而返者，浸润于太平盛世而绝无忧国之思。国家尚在发展，万民期待崛起，强邻野心窥伺，有意挑衅。居安思危，毋忘古训。睡至午夜，忽有炮竹声四起，一时若又过一年，想系一些后生所为，实在无聊。

收到台湾二弟新阳来信，告我去函早已收见，他们生活如常。看我们寄去的相片，身体尚佳，也很高兴。二弟是我同胞连肩兄弟，少年时代，朝夕相处，抗战时同患难。后送其至沪读书，不久该校迁台，政局变幻，无音信者四十年。直至上世纪八十年代末，始获重逢，而手足之情愈笃。

12月26日　周一　晴

上午，巡诊医生来家，测血压正常，开药数种。谈论医疗改革问题，巡诊范围可能缩小至离休人员。

为范凤书所写序已定稿，一叙彼此交往经历，二介绍范著内容，三评论其著作价值。并即付邮寄范以免悬念，另印一份寄南京董宁文，请发在《开卷》。

旧友张兆栩寄来贺卡。兆栩为我六十年前初中同学，现知中学同学存世者仅有三四人，平生知己半为鬼，痛哉！兆栩年前丧妻，孤身一人，亦颇寂寞。我即回一卡，勉其并肩前进，不许掉队。

收到加拿大林宅讣闻，不禁愕然。林天蔚教授为方志界耆宿，上世纪九十年代初相识于台湾，过从甚密，我们曾共同举办海峡两岸比较方志学学术研讨会。1997年5月，我访美时，曾应温哥华中华文化协会之邀，顺访加拿大，与天蔚夫妇在温城盘桓多日。2004年10月，天蔚来京参加国家图书馆主办的地方文献国际学术讨论会，与会期间又共同商量他所著《地方文献论集》出版问题，他很诚挚地邀我作序。我很快写成，并交由《中国地方志》发表。2005年5月，他本定来京作最后一校，未能成行，不意于11月间竟溘然长逝！讣闻附有戴夫人一短笺，甚为哀痛，我即复一函相唁，以我和静宜名义劝慰戴夫人节哀顺变。俟情绪稳定当撰文以悼。

12月27日　周二　晴　气温回升

上午应中央电视台《见证》栏目之邀在利顺德大饭店接受采访，主题是利顺德大饭店的历史及政治作用。利顺德是中国第一家外资独资的高级饭店。筹建于1863年。这座饭店从建立到上世纪三四十年代，一直蒙着一层浓厚的政治薄纱，主要表现在三点：一是各国领事馆驻此。二是清政府的中丹、中葡、中荷等条约，签订于此。三是辛亥前后几十年，清朝、民国及外国政要，不断进出于此。李鸿章、袁世凯、徐世昌、孙中山、汪精卫、溥仪等都留下了自己的行踪。交谈三刻钟而散。

广东教育出版社卢家明寄来挂历一份。我与卢有过几次交往，他很讲究友情，有时寄一二册新书给我，我也用自己的新著回赠。

今天晚饭吃得早，天气又比较温和。静宜提议去逛超市，我虽有点怕多走路，但离超市的路尚不远，也很愿到热闹场中去玩玩。于是偕往，共乘公交车，我持离休证可免费乘车，平日很少利用，今天用一回，享受一下社会优遇。进超市后，见装点繁华，物品充盈，顾客亦不少，有点眼花缭乱。随行随看，买了一些自己想买的东西。回家已八句钟矣。忽然想到，是不是所有人都能随心所欲地在超市购物，真不知有多少人望门兴叹。随心所欲就是福，身在福中，不仅要知足知福，还该想到那些无力进超市的无福者！

晚间将家存阿胶敲碎，用半斤黄酒、百克清水、二百克冰糖，浸泡于瓷罐中三日，见粘软状再上锅蒸，成膏子药，以备冬日静宜作进补之用。

12月28日　周三　阴　有小雪

开始整理抄录《岁末半月记》。应山东自牧之邀。自牧创意将全年十二个月，分为二十四分，邀二十四人分写，每人半月，年终合成，则一年中各地各色人等之见闻行事，将毕呈于一册，实为一创见也。我被分配为十二月下半月。已近交稿日期，我为最后一人，我交稿，则书成，故自今日起加速整理抄录，免拖众人后腿。

下午王振良来家，送来挂历一帧。这是天津一奇石收藏家所制，怪石嶙峋，颇有别趣。人各有好，只要专一，必有所成。收藏对社会亦是一种贡献。

哈尔滨李兴盛寄来贺卡。李毕生研究流人学甚有成就，著书多种，为史苑增添新内容，与我相交多年，颇见推重，我亦重其诚朴好学。

上海古籍书店寄来全体职工亲笔签名贺卡，甚为可感。

中华书局正副总编李岩、徐俊、顾青联名寄来贺卡。

12月29日　周四　阴

继续整理抄录《岁末半月记》。

《中华传统文化的传递》一稿，已由录入人员改正送回。拟再读一遍，即作定稿，等张继红来取。

若旸与其男友来家就餐，其男友协助静宜校稿。

海协会原会长汪道涵逝世后，两岸同胞反响强烈，同声哀悼。从此，两岸调节人又去一个。汪老为人诚挚，能取信于人，立德、立功、立言，汪老晚年有此功绩不愧一生矣。

晚间校园散步，感到身冷，急回家。入睡后，似感冒风寒。老人体弱，难道真的弱不禁风？

12月30日　周五　晴

晨起，周身无力，颇为懒散。卧床休息，自以为可抵抗过去，午饭略吃两口即睡。静宜去开会。我尽力喝水，昏睡不已。晚饭后试表已达38.7摄氏度。校医院无药无人。我自行服家中常备药，熬到明日，或可见好。静宜强制我去总医院，并召其妹静倩来协助。我已需人扶持，方能行动，经急诊诊断，为病毒性感冒，打一针，并给药。回家至门口，胃中极难受，将晚上所食之粥，全部吐尽，略感舒服。可能冲风所致，周身疼痛，几不能碰。静宜安排我睡下。一夜除服药外，睡眠尚好。看来不至于"呜呼"了。

12月31日 周六 阴

继续卧床，体温一直居高不下，惟嗜睡而已。静宜惟细心伺候。下午周身似有微汗，但肌肉仍痛。一面休息，一面服药。咳嗽不断，每咳必有痰，色白，当为风寒所致。静宜为制一痰罐，免得起身吐痰。晚间出汗较多，或将退烧。

通知明一、明善病情。明一前次腿部扭伤，已二月有余，尚未完全利行，在电话中慰问一番。足矣！明善因板疮动过手术，亦无法前来，仅言如需购物，可让下一代购送。我万物具备，谢却。好在尚不到弥留之际，但愿不要子孙绕床，看似幸福，实则老子去也，何必？

年终生病，虽为憾事，但亦一大幸事，一切病痛，均留给旧岁，而新年无灾无病，又将从头越了。

出版社领导电话，邀我明日上午到社，参加大楼装修竣工剪彩典礼。我虽为该社创办人，现已为第五代接班人，何必去充大老？正好以病婉谢。

出一身汗，心情松快，看看手表已过午夜。2006年已到人间！来某又增寿一岁，"七十三、八十四"俗称为"坎儿"，但我今年可用实龄，自称"八三叟"；明年则用虚龄，称"八五叟"，岂不堂而皇之走在流金岁月里！哈哈！我不怕坎儿，但这样一说，可免去俗人的安慰！

默默地为2006年许个愿：夫妻和美，笔体双健！

附记：各界朋友，老少爷们！2006年1月8日，我已康复，将最后两日日记补齐。因病延误集合日期，请编者、作者见谅。

原载于《日记杂志》第41卷《半月日影》 自牧主编 中国文史出版社2006年版

掌故摭拾

英雄入彀

清朝建国以后，对知识分子采取了软硬两手，硬的一手是连续制造"通海"、"抗粮"、"哭庙"诸大案，大开杀戒，即使已为清朝功名榜上人物，也难免"探花不值一文钱"的命运。软的一手是安抚怀柔，康、乾二朝的召试博学鸿词便是笼络知识分子的一种手段。这一手有很大的欺骗性，大批著名知识分子落入陷阱。清人笔记中有不少谀词，但也随之留下了一些时人的讥评。

康熙十七年（戊午）正月发布由内外官员荐举人才应试的诏书。次年三月有143人在体仁阁应试（应试人数，有不同记载，本文据《清史稿·选举》四），结果取一等20人、二等30人，都赐以翰林院职衔，入明史馆修史。清初的许多著名学者大都入彀中，如一等有朱彝尊、汤斌、汪琬等，一时视此为殊荣。只有顾亭林坚持气节，没有应召，所以时人吴龙锡有诗赞曰："终南山下草连天，种放犹惭古史笺，到底不曾书鹄版，江南惟有顾书年（注：谓顾宁人）。"（王应奎：《柳南随笔》卷四）其未被录取者也给以中书、正字等职衔。朴学大师阎若璩即为未录而被赏职衔者，阎以此而懊恼致疾，贻后世以话柄。

雍正十一年四月，又下诏命在京满汉三品以上及在外督抚学政推荐人才，准备举办第二次博学鸿词科，但诸臣观望未行。十三年二月又严诏批评诸臣"奉行不力"。八月间，雍正帝卒，乾隆帝嗣位，即于十一月间再次严诏于一年内保举至京应试。乾隆元年（丙辰）在保和殿应试者176人，一等取5人，二等取10人。二年，在体仁阁又补试26人，取一等1人，二等3人。

康熙、乾隆两次博学鸿词制科的不同点，一是康熙时的荐举人上自大学士，下至一般官员均有荐举权，而乾隆时则三品以下保荐者不准与试；二是康熙时因事革职者可以应试，乾隆时则不准；三是康熙时试一场，试诗赋各一，而乾隆时试两场，一场诗赋各一，另一场制策二。

这两次制科被清代一些文人赞誉为"得人之盛，旷古罕闻"（徐锡麟：《熙朝新语》卷十）。但在许多笔记如法式善的《槐厅载笔》、王应奎的《柳南随笔》等都留下了嘲求荐鸿博的讽刺诗。最著名的是郑梁（字寒村）的二绝，其中一首："补牍何因也动心，纷纷求荐竟如林，总然博得虚名声，袖里应持廿四金（原注：鸿儒一名，须价廿四两）。"

阮葵生的《茶余客话》虽然认为郑诗不该刻入诗集流传，但也不能不承认当时"不无滥举"。康熙时主持博学鸿词科考试的大臣是李霨、杜立德、叶方蔼和冯溥。当时也有对这四位主考官的讥讽诗称："自古文章称李杜，于今李杜亦希奇，叶公曚曚遭龙吓，冯妇龙种被虎欺，宿构传钞瑹玉赋（原注：试题前一夕有知之者），失粘出韵省耕诗，若教修史应羞死，胜国君臣亦皱眉。"

这些讽刺诗虽然被时人诬为"不学"和"轻薄"，但却是清初召试博学鸿词的一种实录。

原载于《冷眼热心——来新夏随笔》（当代中国学者随笔）　来新夏著　东方出版中心1997年版

弘晓是谁之子？

偶尔和几位老友议论明清两朝皇室藏书家而涉及清弘晓其人。人多知其为乾隆帝平辈人物而不详其生平。我随手翻检座后书架上的《中文大辞典》，从第十二册一百一十九页看到有关弘晓的寥寥两行记载："弘晓，清世宗之子，封怡亲王，好藏书，建乐善堂，积书盈室。卒谥僖。"

后来，我又借到1989年湖北教育出版社出版由李玉安、陈传艺编写的《中国藏书家辞典》，获知比较完整的记述。该书对弘晓的出身也作"清世宗子"，这就是说，弘晓是雍正帝亲子，乾隆帝亲兄弟，只是不知其排行。于是翻读《清史稿》卷二百二十诸王列传六：雍正共有十子，除乾隆弘历外，尚有弘晖、弘书、福宜、福惠、福沛、弘瞻、弘昀、弘时、弘盼。九子中弘瞻过继给果毅亲王允礼（雍正第十七弟），弘昀、弘盼、福宜、福沛皆殇，弘时雍正五年以放纵不谨削宗籍，立传者仅弘晖（一子）、弘书（五子）、福惠（七子）三人，并无弘晓其人。又查《清史稿》卷一百六十五皇子世表五，雍正系下也无弘晓其人。冯尔康教授的《雍正传》所附《雍正皇子表》中也无弘晓其人，则记弘晓为"世宗子"之说显然有误。那么，弘晓的世系究竟如何？查《清史稿》卷二百二十诸王列传六圣祖诸子中有《允祥传》云："怡贤亲王允祥，圣祖第十三子。"允祥就是电视剧《雍正皇帝》中最受雍正宠信的那位王爷，雍正八年卒后，雍正不仅评价他是"自古无此公忠体国之贤王"，不仅恢复其名上一字为"胤"，与皇帝共用一字，真是无比的殊荣，而且还在"贤"的谥号上加"忠敬诚直勤慎廉明"八字尊称，并命其子弘晓袭爵，是弘晓乃允祥之子而非雍正之子。又查《清史稿》卷一百六十四皇子世表四圣祖系下，有弘晓其人："弘晓，允祥第七子，雍正八年袭怡亲王。乾隆四十三年薨，谥曰僖。"

可知弘晓是康熙之孙，允祥第七子，雍正之侄，乾隆之堂兄弟，而绝非"世宗之子"。

  弘晓虽贵为皇室,但对政治似不甚感兴趣。自号"冰玉道人",好藏书,建藏书楼九楹,名乐善堂,积书充栋。他所庋藏多辗转得自毛晋、钱曾等名藏家,宋元刻本颇多。四库开馆时,弘晓以天潢贵胄,未进藏书,所藏更有世所罕见者。同治末年,藏书散失,为杨绍和、翁同龢、潘祖荫及朱学勤等所得。弘晓所编《怡府书目》收书四千五百余种,惟不分卷分类,仅记书名、册数,间及版刻,似一图书登录簿,但以一皇室成员致力于藏书,亦云可贵矣!

    原载于《路与书》(老人河丛书) 来新夏著 中国青年出版社1997年版

手写纸书

由于东汉以来造纸术的改进和推广，手写纸书逐渐趋向取代简书和帛书。三国时已有较多的人用纸写书，但是帛书仍然流行，并且成为一种高贵的书写材料。魏曾经分别用纸和帛各写曹丕的《典论》一部，作为对吴的外交礼物，帛书《典论》送给孙权，纸书《典论》则送给张昭。从接受人的不同身份看，帛书显然是珍本，而纸书则是流行本。

晋代手写纸书更为流行，有一句"洛阳纸贵"的成语就是说西晋著名文学家左思写成《三都赋》后，由于文辞优美，许多人传抄，洛阳的纸张因之涨价。可见，纸已被普遍使用，并且已经是一种商品了。当时纸不仅写书，西晋学者陆机还用纸写过一套《平复帖》的书法作品。《平复帖》距今一千七百余年，现还珍藏在故宫博物院。这是世界上现存最早的纸本书法作品。东晋以后，官方文件大量用纸。公元404年，权臣桓玄废晋安帝，自立为楚帝以后，曾正式下令废除简书，改用经防蠹药物处理过的黄纸，这是最早明令用纸写书的规定。从此，中国文化的传递便进入了手写纸书时代，简牍逐渐被淘汰，缣帛则多用作书画艺术品的载体材料。

从出土文物考察，晋纸规模已逐渐定型，约合今25厘米宽，38厘米长。纸写书是把幅度相等的纸粘连在一起，由末尾向前卷，前后加签和轴，成卷轴式，即称"卷子本"。现存古卷轴绝大多数是二十世纪初在敦煌莫高窟中发现，共有从四世纪至十世纪间的纸写本万卷。其中精华部分近万卷被英国的斯坦因和法国的伯希和先后于1907年、1908年盗去，剩下的万余卷现在北京图书馆，三十年代由著名学者陈垣老师主持编成《敦煌劫余录》。敦煌写本绝大部分是佛经，还有一些经史子集和文书契约。除汉文外，还有一些少数民族文字的写本。其他地方也发现过手写纸书。

中国最早有确切年代的纸写文书是西晋泰始九年（公元273年）所写，解放后在新疆出土。

中国最早的纸写佛经是西晋咸宁四年（公元278年）的《陀罗尼神咒经》，现流失国外。

中国最早的其他民族文字纸写物是1907年斯坦因在敦煌附近长城古烽燧遗址发现的粟特文书信。这是居住在中国西北和苏联中亚细亚一带粟特人所使用的文字。这批书信约写于西晋永嘉年间，即公元313年前后。

中国最早的汉文纸写书信是解放后在新疆哈拉和卓发现、写于前凉建兴三十六年（公元348年，前凉仍保存晋建兴年号，这年是前凉永乐三年）。

中国最早的纸写书是1924年在新疆鄯善出土的《三国志》残卷，写于陈寿完成《三国志》后不久，这个残卷包括《虞翻传》和《张温传》的部分内容，计八十行、一千零九十字，原卷已流入日本。1965年初，在新疆吐鲁番又发现晋人所抄《三国志》的《孙权传》和《臧洪传》残卷，计四十行、五百七十余字，抄写时间比前者为晚。

从隋到唐前期，手写纸书比较流行，是卷轴式墨写，直到八、九世纪，由于雕版印刷术的发明和使用，手写纸书的状况有所改变。宋代处于手写纸书向印本纸书全面转化的时代，但手写纸书并未完全取消，在宋朝目录学家尤袤所编的《遂初堂书目》中就著录有多种写本书。

印本纸书从唐以来，日益发展改进，手段增多，内容益富，独尊地位日益稳定。但是，这不等于说手写纸书日趋消亡。相反地，手写纸书却日益珍贵，受到人们珍重。如从版本学角度看，稿本、写本、钞本、传钞本等手写纸书成为珍藏图书。各朝重要大型著述也往往手写。明朝的《永乐大典》总字数达三亿七千万字，在永乐五年（公元1407年）和嘉靖四十一年（公元1562年）先后抄过两部。清代的《四库全书》共七万九千三百零九卷，一共抄了八部。这两部书当时都无印本，而以仅有写本显示其尊贵的地位。

手写纸书在保存和传播文化上具有重要而不容忽视的历史价值。

原载于《路与书》（老人河丛书） 来新夏著 中国青年出版社1997年版

蔡伦"造"纸一说

　　蔡伦造纸，久传人口。我从童年时就听家人讲过蔡伦的故事，后来又读过一些文献，对他的生平略有了解。蔡伦的生年不详，卒于东汉安帝永宁二年（公元121年）。字敬仲。桂阳人（治所在今湖南郴州市）。他在东汉明帝永平末年开始在洛阳宫内当差。章帝建初中曾任小黄门近十年。和帝初年（公元89年），任中常侍，参预决断国家的机密大事，后加尚书令。永元九年（公元97年），监管制造御器物，其所制作，"莫不精工紧密，为后世法"。安帝元初元年（公元114年），邓太后"以伦久宿卫，封龙亭侯（邑地在今陕西洋县）"，所以被称为蔡侯。永宁二年（公元121年）因卷入宫廷矛盾而自杀。

　　蔡伦在宫中数十年，历事五朝，对工作谨慎负责。又很有才学，对中国的造纸事业曾起过重要作用。"蔡伦造纸"是相沿已久的传统说法。过去民间的启蒙读物《幼学琼林》中就说："纸乃蔡伦所为"。这个传之既远且广的说法，当始于《后汉书》卷七十八《蔡伦传》。《蔡伦传》说：

　　　　自古书契多编以竹简，其用缣帛者谓之为纸。缣贵而简重，并不便于人。伦乃造意，用树肤、麻头及敝布、渔网以为纸。元兴元年奏上之，帝善其能，自是莫不从用焉。故天下称为蔡侯纸。

　　史传中所说的"造意"，被后人理解为创造，所以就有了"蔡伦造纸"的说法，但是这个相当流行的说法，并不十分准确。一是在蔡伦"造意"之前，就有用麻类或丝类原料所造的纸，尽管这些纸难以用来写字，但至少是纸的雏形。蔡伦的"造意"应是改进选料，建立造纸术的工艺流程，是造纸术的发明和改进，而不是纸的创造。二是《后汉书·蔡伦传》的史料根据是《东观汉纪》。《东观汉纪》的记载是："蔡伦典作尚方作纸"。尚方是一种官职，指少府（掌管山海池泽收入并皇宫手工业制造的官）所属的尚书令。这个职位负责监制宝剑及各种器械，并且主管纸、笔、墨等用品。典是主管的意思。《东观汉纪》的这段话是说蔡伦曾任尚书令，主管造纸工作。由于他是主管官员，所以尚方所造的纸被称为"蔡侯纸"。

尽管对蔡伦造纸有着不同的看法和评价，但至少有两点应该肯定：一是他发现了新的造纸原料，即在原先用麻类纤维作麻纸外，又用树皮作原料造谷纸，用旧渔网作原料造网纸。二是他改进和推广了新的造纸技术，总结了剥皮、沤烂、熏蒸、舂捣和漂白等一套新工艺。这些改革为中国的造纸工艺开辟了广阔的道路。蔡伦在扩大造纸原料，改进造纸技术上的功绩是值得后世纪念的。所以蔡伦应被尊为造纸术的发明者。这项发明列入中国四大发明是有事实根据的，不是某些人所能抹杀的。后来纸的广泛使用对保存和传递中华文化甚至世界文化，确是起着极为重要作用。

原载于《中老年时报》2010年9月24日

说改元

改元是使用年号历程中一个重要问题。自从有年号以后史书中都记载了改元。改元的原因，大致有两种情况。

一种是循例改元。凡改朝换代，新旧交替都照例改元，只是政权更迭时则当年废旧立新，而旧君死新君继则往往逾年改元，旧号可使用到年底。循例改元例子比比皆是，无烦列举。但也有例外情况：

其一是新旧交替，当年改元。如唐睿宗即位于中宗景龙四年六月，七月即改元景云，未按旧例将景龙四年使用到年底。这种改变曾引起后人的讥评。明凌扬藻的《蠡勺编》卷十三《孙之翰论改元》条说："孙之翰名甫，蜀人，著有《唐论》。杨升庵称其笔力在范祖禹之上。中宗景龙四年，临淄王隆基起兵诛韦氏迎相王，入辅少帝（名重茂，中宗四子，为韦氏所立）。已而睿宗即位（即相王旦，废重茂，复为温王，立隆基为皇太子）。未逾年，即改元景云，之翰去其元字而书景云年。论曰：古之人君继体即位，必逾年而改元者，先君之年，不可不终也；后君继位，不可无始也。一年不可二君也，不终则忘孝矣，不始则无本矣，一年二君则民听惑焉，故书景云年，戒无礼而正不典也。"

其二是新建政权继续沿用旧朝年号。如唐昭宗天复仅四年而前蜀王建沿用到七年十二月。唐昭宣帝天祐止四年，而后唐太祖、庄宗浩用到二十年四月。秦李茂贞沿用至二十一年四月。吴杨渥、杨隆演沿用至十六年四月。这种沿用旧君年号的目的，多半是自雄一方的割据政权，借用旧君年号以表示它是正统所在，并借此招揽人心，以维护和巩固自己的政权。

另一种情况是由于特殊原因而改订年号，年号的文字也表现出一定的含义。这种原因较多，据史书的记载大致有：

（一）因政局变动而改元

统治集团内部的争夺往往影响政局的动荡。随着这种变动，新的政治集团就要改元以新耳目。如唐昭宗时，宦官刘季述、王仲先等曾在宫中发动政变，以"禽酒肆志"、"喜怒不常"的罪名，废昭宗并幽禁于东内问安宫，另立太子裕监国。这种行动引起某些官僚的反对，于是宰相崔胤等便告难于朱全忠。朱全忠是一个在等待时机篡夺政权的野心军阀，所以毫不迟疑地从定州大营回来，诛杀宦官，恢复昭宗帝位，而他自己也"跻膺重任，绾扼虎符，积功以至使相"，并为达到进一步夺取政权的目的，便"命爪牙，进迁都之议"，把昭宗从长安迁到洛阳，同时改元"天祐"①。当时的改元往往与大赦并举，因此，这种改元既表示了新政局的稳定，又借以迷惑人心掩盖他利用迁都以便控制唐政权的阴谋。其他如汉少帝的光熹，唐僖宗的光启、文德都是类似情况。

废立储君是封建社会中重大的政治事件，所以也改元。如唐高宗于永徽七年废皇太子忠为梁王，立代王弘为皇太子，即改元显庆。调露二年废太子贤为庶人，立英王哲为皇太子，即改元为永隆②。

（二）因制度改革而改元

凡一种新制度的改订和颁布时，往往会改元。它主要是为引起人们对新制度的重视。如汉武帝的"太初"，据《汉书·郊祀志》说："以正月为岁首，而色上黄，官更印章以五字，因为太初元年。"唐武则天之号"载初"，据《旧唐书》卷六《则天后纪》说："载初元年，春正月，神皇亲享明堂，大赦天下，依周制，建子月为正月，改永昌元年十一月为载初元年，十二月为腊月，改旧正月为一月。"这都因改订历法而改元。又唐高宗号"总章"，据《旧唐书》卷五《高宗纪》下说："乾封三年春……二月……丙寅以明堂制度历代不同，汉魏以还，弥更讹舛，遂增古今，新制其图，下诏大赦，改元为总章元年。"这是因为改订明堂制度而改元者。

（三）因军事胜利而改元

凡军事上的一次胜利就标志着政权的暂时稳定或进一步巩固。它们为了计功

---

① 《新唐书》卷十《昭宗纪》。
② 《旧唐书》卷四、五《高宗纪》上、下。

称伐而改定元号。如武则天之号"垂拱"就是因这年击平了反对者徐敬业,从此可以垂拱而治了。汉武帝之号"征和",则因"征伐四夷而天下和平也"[1]。又如汉元帝之号"竟宁",据《前汉书》卷九《元帝纪》引诏书说:"匈奴郅支单于背叛礼义,既伏其辜。呼韩邪单于不忘恩德,向慕礼义,复修朝贺之礼,愿保塞传之无穷,边垂无兵革之事,其改元为竟宁。""竟宁"者,颜师古解释为"永安宁"之意。应劭、钱大昕、王先谦等人解释"竟"与"境"通,即"边境得以安宁之意"。按诸事实,以应劭等说为恰。

(四)因灾异祥瑞而改元

为了昭著祥瑞和被除不祥而改元,就是想以美好的文字来祈求福祉。祥瑞可以从三方面体现:

其一是天象的祥瑞,如汉武帝追加的"元光"年号,则以当时曾经"三星见"[2]。

其二是物象的祥瑞。龙凤麒麟当时都目为珍禽异兽,它们的出现象征着天降福庥。如汉武帝之号"元狩",唐高宗之号"麟德"都以"麟见"而改。汉宣帝之号"五凤"、唐高宗之号"仪凤"都以"凤凰见"而改。汉宣帝之号"黄龙"、唐高宗之号"龙朔"都以"龙见"而改。这种所谓祥瑞的出现,是否实有其物,抑或地方官吏的附会逢迎,姑不详论,但它无疑地反映了统治者的精神状态。另一种物象的祥瑞是古器物的发现,也往往被解释为"皇天储祉"、"天降之宝"而必须"尚瑞物之象而改元"。汉武帝之号"元鼎",就因"得宝鼎后土祠旁"。

其三是人事的祥瑞。如唐高宗之改"开耀"为"永淳",就因"太子诞皇孙满月"[3]。武则天的"延载"、"证圣"、"天册万岁"等号都因臣下对她上尊称徽号而改;"久视"则因她"所疾康复"而改[4]。

灾异改元的目的是为了去不祥。这种灾异包括着"自然"和"人事"两个内容。自然灾异往往目为上天示警,必须去旧更新。当时认为上天示警的最主要象征是日食。日食自古以来就受到注意,《诗》、《书》、《春秋》都有所记载,

---

[1] 《前汉书》卷六《汉武纪》颜师古注。
[2] 《前汉书》卷六《武帝纪》。
[3] 《旧唐书》卷五《高宗纪》下。
[4] 《旧唐书》卷六《则天皇后纪》。

并以此警惕人主修德行善政。虽然不是每次日食都改元，但因日食而改元的次数也不少，如汉献帝的"延康"、唐高宗的"开耀"、武则天的"如意"、唐文宗的"开成"等号都因"日有食之"而改元。其他天象变化如唐高宗总章三年以"日色出如赭"而"改元为咸亨元年"①。武则天嗣圣元年以"彗星见西北方长二丈余，经三十三日乃灭"，而"改元为光宅"②。天象以外某些自然灾害的发生或消除也常常用改元来表示庆祝或禳解，如汉宣帝本始四年"郡国四十九地震，或山崩水出"，"于是改元曰地节，欲令地得其节"③。汉成帝之号"河平"，则以"河决东郡，流漂二州，校尉王延世隄塞辄平"而改④。至于人事灾异，往往指人君疾病而言，如唐高宗"永淳"二年，"（帝）自奉天宫还东都……疾甚，宰臣以下并不得谒见"，遂改元为"弘道"⑤。

（五）因祭祀活动而改元

因祭祀而改元，大致也有三种情况：

其一是封天禅地。封禅之名，首见于《管子·封禅篇》。《汉书·郊祀志》曾解释说："齐人丁公年九十余，曰：封禅者，古不死之名也。"唐王泾《大唐郊祀录》卷二说："封者，封高增厚之义；禅者，明以成功相续，故以禅代为称。"它多在功成之后举行。《汉书·郊祀志》说："元封元年冬，上议曰：古者先振兵释旅，然后封禅。"《白虎通》中也说："王者，易姓而起，故受命之日，改制应天，功成封禅，告太平也。"封禅的地点多在山岳高地。它不仅为统治者所重视，也为豪绅地主阶级所瞩望。《史记·封禅书》说："今天子初即位，尤敬鬼神之祀。元年，汉兴已六十余岁矣，天下乂安，搢绅之属，皆望天子封禅改正度也。"甚至如汉太史公司马谈因未获参加祀典而"发愤且卒"，并以此为余恨，遗嘱其子司马迁⑥。足见封禅影响之巨，也就无怪要因它而改元。汉武帝之号"元封"，唐高宗之号"乾封"，都因封禅泰山而改。

其二是享祀明堂。明堂是明政教之堂，祀五帝五神之所，朝诸侯而分尊卑之

---

① 《旧唐书》卷五《高宗纪》下。
② 《旧唐书》卷六《则天皇后纪》。
③ 《前汉书》卷八《宣帝纪》。
④ 《前汉书》卷十《成帝纪》。
⑤ 《旧唐书》卷五《高宗纪》下。
⑥ 《史记·太史公自序》。

地。其建制历代各有不同。王泾的《大唐郊祀录》中说："明堂制度，历代不同……夏后氏曰世室……周人曰明堂……蔡邕云以为明堂与太庙为一。又马官以议行时令，卢植兼之望云气。……皇唐典制，依周礼以五室为准。"可见明堂制度一直为各代所重视，所以享祀明堂而改元是不足怪的。汉顺帝的"永和"，汉安帝的"永宁"，武则天的"永昌"、"万岁通天"、"圣历"等号都以享祀明堂而改。

其三是有事郊庙。郊是统治者祭祀天地的处所，郑玄说："郊谓祭上帝于南郊。"《汉书·郊祀志》说："祭天于南郊，就阳之义也；瘗地于北郊，即阴之象也。"历代对郊祀天地都很恭谨，如汉成帝时丞相匡衡等曾奏言："帝王之事，莫大乎承平之序，莫重于郊祀，故圣王尽心格虑，以建其制。"庙指统治者的宗庙。它除循例的月祭和四时祭之外，遇有重大事件也有告于宗庙之祭，所以祭祀宗庙的典制也既盛且重。而也有因此而改元者，如汉献帝的"建安"，唐代穆宗的"长庆"、敬宗的"宝历"、武宗的"会昌"、宣宗的"大中"、懿宗的"咸通"、僖宗的"乾符"等，都因有事于郊庙而改元者。

上述的几方面原因只是概述。不过，仅就这些可以了解到，年号不只是一种特殊的年代标志，而且从年号的含义中还可以反映出某些历史事件和问题。它与古籍整理工作亦有相当关系。因此年号和改元是应予以注意的历史现象。

原载于《依然集》（当代学者文史丛谈）　来新夏著　山西古籍出版社、山西教育出版社1998年版

说年号

"年号"是中国历史上记述年代的一种特有标志。它经常随着新的元年而变换，所以也称"元号"。于是把建立年号称为"建元"，改换年号称为"改元"，而记述年号的书也多以纪元为名，如《纪元编》、《纪元通考》、《纪元要略》等。

"元"在古代典籍和传统认识上都有重要的地位。《易·乾·文言》和《春秋》中都很重视"元"。因此建元也就成为中国历史上的大事，而在史籍中多有此一笔。清代史学家赵翼在《陔余丛考》卷二五中说：

> 后世始以孔子书元年为春秋大法，遂以改元为重事；而董仲舒亦云春秋谓一元之意，万物所从始也。元者，辞之谓大也，谓一为元者，视大始而欲正本也。是建元之视为重事，由来久矣。

"元"虽然较早地受到重视，但建元（年）号却始于汉朝。汉文帝是以前、后字样冠于年次之上而有前后元年之称；汉武帝则在年次上冠以具有含义的称号。据《汉书·武帝纪》建元元年条颜师古注说："自古帝王未有年号，始起于此。"不过，这一开始是后来所追加的。据《史记·封禅书》和《汉书·武帝纪》等记载，创制年号的事是元鼎四年（前113年）开始的。

为什么汉武帝时突然有此创举呢？据《史记·封禅书》说："有司言，元宜以天瑞命，不宜以一、二数。"换言之，这是当时官吏企图把年号作为歌功颂德新工具的一次行动。从此以后，在二千年来的封建社会里，年号便被用作"章述德美，昭著祥异"、"弭灾厌胜，计功称伐"（《册府元龟》卷一五）的工具了。但是，应当承认，年号在客观上具有一定的作用。它使我国历史的纪年完全摆脱了呆板枯燥的数字顺序，而是在数字上增加了一个具有一定含义的特殊标识，它给人们的社会生活带来了一些便利。清代史学家赵翼曾一再推重它的作用。他在《陔余丛考》卷二五中说："……于是上自朝廷，下至里社，书契记载，无不便之，诚千古不易之良法也。"他在《廿二史劄记》卷二《武帝年号系元狩以后追建》条中又说："至武帝始，创为年号，朝野上下，俱便于记载，实为万世不易之良法。"

今天我们在记述历史事件的年代顺序，历史人物的生卒经历以及考古、版本、校勘等专门学科的研究中，也还常借助于这个特有标识。

年号的字数，一般是两个字，如"建元"、"熹平"、"永乐"、"宣统"等。也有多字数的，如三字年号有王莽的"始建国"、梁武帝的"中大通"和"中大同"。四字年号有汉光武帝的"建武中元"，周武则天的"天册万岁"、"万岁登封"和宋太宗的"太平兴国"。六字年号有西夏李元昊的"天授礼法延祚"等。

年号的变换，最初较有规律，如汉武帝自建元至元封每六年一改元，太初至征和每四年一改元。其后渐无规律，甚至有一年数改者，一代多号者。武则天在位二十一年中十七改元，晋惠帝在位十七年凡十改元。这种频繁改动完全失去了年号的积极作用，而给人们带来了混乱和不便。与此同时，有的帝王终其在位之年只用一号而不改易者，如唐太宗的贞观有二十三年，汉明帝的永平有十八年。这种一帝一号的方法既简要，又便利，可惜未能普遍做到，直到明太祖定洪武一号以后，年号频繁更换的局面始告结束（英宗虽有正统、天顺二号，但这是由于政局变动中间隔了代宗的景泰）。这种良好的纪年方法继续使用到清代宣统。

年号既使用了几千年，便难免重复。细检历代年号，少者二同，数量较多，如晋惠帝与北魏孝武帝都用永熙年号，多者如太平、建平等年号都是八同。清人叶维庚撰《纪元通考》卷九《古今年号相同》节专载此事。今人荣孟源的《中国历史纪年》第三编《年号通检》也可备查用。这种异代相重的情形，可供考古利用。

异代重复，由于年代相隔久远，失于考察，尚不可怪，其最可怪者，莫如本朝相重。赵翼的《廿二史劄记》卷一九《唐有两上元年号》条说：

> 年号重袭，已见丛考前编，皆异代之君，不知详考，致有误袭前代年号者。至唐则高宗有上元年号，而肃宗亦以上元纪年。高之与肃，相去不过六七十年，耳目相接，朝臣岂无记忆，乃以子孙复其祖宗之号，此何谓耶？

元顺帝慕元世祖创业致治，而用其至元纪年，故当时有重纪至元之称。衰乱之朝，不知典故，固无论矣。

这段札记所记高宗、肃宗相重，并非最早。在它之前已有晋惠帝与晋元帝之重建武，惠帝改元建武在甲子七月庚申（304年）；元帝改元建武在丁丑三月辛卯（317年），相距不过十三年，较高宗、肃宗之相距八十七年为时更近，可见当时之不明典制掌故，而《剳记》所记则失之详考。至于重上一字或下一字的年号则比比皆是。其中有的是有意截取前代年号之上一字或下一字而制成新号，用以缅怀前代盛世者。如唐德宗用李泌建言合贞观、开元之名而制贞元年号。

年号在典籍记载中常有异书，如贞观之作正观，显庆之作光庆、明庆。其主要原因乃由于避讳。明人黄瑜所撰《双槐岁抄》卷四《秦新名讳》节说："宋仁宗名祯，讳贞为正，如贞观则曰正观，贞元则曰正元。"又顾炎武的《日知录》卷二三《以讳改年号》节也说："唐中宗讳显，玄宗讳隆基，唐人凡追称高宗显庆年号多云明庆，永隆年号多云永崇；赵元昊以父名德明改宋明道年号为显道。……"这种以讳改年号的事例，很有助于鉴定版本的刊刻时代。

年号在使用时常有用简称者，就是割取相联年号各一字而作合称，如明末之称庆历启祯（隆庆、万历、天启和崇祯），清初之称康雍乾（康熙、雍正和乾隆）等。这对熟悉历史的人，偶从文省，尚无大碍，但对一般人则颇不便利。

年号还有拟议而不用者。这大都是因为不吉祥：或因文字字形、含义不佳，或以拟议后屡呈不祥现象。如唐高宗曾拟用通乾年号，后因不断出现不祥征兆，而文字也不佳遂弃不用。《旧唐书》卷五《高宗纪》中说：

> （仪凤三年四月）戊申，大赦，改来年正月一日为通乾。……九月……癸亥，侍中张文瓘卒。丙寅，洮河道行军大总管中书令李敬玄、左卫大将军刘审礼与吐蕃战于青海之上，王师败绩，审礼被俘。……十月丙午，徐州刺史密王元晓薨。闰十月戊寅荧惑犯钩铃。十一月乙未，昏雾四塞，连夜不解。丙申，雨水冰。壬子，黄门侍郎同中书门下三品来恒卒。十二月，诏停明年通乾之号，以反语不善故也。

通乾的反语是什么？据《通鉴》胡注："通乾反语为天穷。"

宋神宗也曾拟议过"丰亨"、"美成"而不用，乃因文字字形不佳擯而不采。清人梁章钜的《浪迹丛谈》卷四《改元》条引王得臣《麈史》说："中书许冲元尝对客言，熙宁末年，神宗欲改元，近臣拟美成、丰亨二名以进，上指美成曰：羊大带戈不可用。又指亨字曰为子不成，可去亨而加元。遂以元丰纪年云。"

年号在使用过程中，曾遭到唐肃宗的反对而一度被废除。《旧唐书》卷十《肃宗纪》曾记其上元二年九月壬寅的命令中说："钦若昊天，定时成岁，春秋五始，义在体元，唯以纪年，更无润色。至于汉武，饰以浮华，非前王之茂典，岂永代而作则。自今以后，朕号惟称皇帝，其年号但称元年，去上元之号。"这一命令可能由于社会习惯势力的抵制，不久又恢复并出现了新的宝应年号。又有经过几次变换而仍用原年号者，如《后汉书·献帝纪》说："（中平六年十二月戊戌）诏除光熹、昭宁、永汉三号，还复中平六年。"

年号不仅封建统治政权使用，农民起义政权也使用，如黄巢之号金统、方腊之号永乐、钟相之号天载、李自成之号永昌、张献忠之号大顺、朱红灯之号天龙等都是。

一些宗教典籍中也使用年号，如道经中有延康、开皇、永寿等号。

年号对中国周边地区和友邻国家也有一定的影响，如安南有建中、元和、天顺、太和等号；日本有文明、景云、宝历、天元、至德、贞观、贞元、元和、天授等号；新罗有建元、太和等号；高丽有天授、光德等号。它们采用这种年号纪年法，正说明我国历史上年号的影响和它的实际意义。

原载于《依然集》（当代学者文史丛谈）　来新夏著　山西古籍出版社、山西教育出版社1998年版

清末三帝的年号

中国使用年号作为纪年工具始于汉武，两千多年来相沿不绝，甚至影响及于周边诸国。自汉迄明，多为一帝多号，变易较繁。其一帝仅用一号，始于明太祖洪武。清沿明制，亦一帝一号。独清末三帝——同治、光绪及宣统，曾有拟而不用年号。年号拟而不用，历史上仅唐有二例，即唐高宗之"通乾"与德宗之"元庆"。据《旧唐书》卷五《高宗纪》下云："（仪凤）三年四月，戊申，大赦，改来年正月一日为'通乾'。"但自此以后，接连发生与吐蕃青海之战的败绩、亲王大臣数人之卒、气候发生异常现象等不顺之事，所以到仪凤三年十二月即"诏停明年'通乾'之号，以反语不善故也。"在《通鉴》中也有同样记载。何为反语？胡三省的注以反切法解释说"通乾反语为天穷"。按"通乾"的声韵为tōng qián，如二字互反，则为tiān qióng即读成"天穷"，故曰不善。又宋元间人王应麟所撰《玉海》中曾说："德宗拟改元'元庆'，复改'贞元'，盖合'贞观'、'开元'之名，从李泌言也。"唐有二例，而清则有三例，但久被忽略。

1861年8月，咸丰皇帝在热河死去，遗命他的儿子载淳继位，定"祺祥"年号，并由载垣、端华、肃顺等八人为"赞襄政务王大臣"，总摄朝政。载淳生母慈禧太后为掌握最高统治实权，11月初，在回京途中发动政变，诛、废八大臣肃顺、端华等，史称"祺祥政变"。可证载淳曾用"祺祥"年号，因政变后慈禧与慈安两太后共同"垂帘听政"，遂将"祺祥"改作"同治"，以掩饰慈禧太后的夺权真意图。

同治帝早夭无嗣，慈禧为保持"垂帘听政"的实权，选立咸丰帝之弟奕譞次子载湉入承大统。其始定年号，据张謇《啬翁自定年谱》光绪元年条记称："国号初闻曰'永康'，既改'光绪'。"是"光绪"年号之前，尚有"永康"

一号。

多年前，我与清史专家郑天挺先生谈到清代年号时，郑老曾告诉我，他从曾供职清宫之亲戚某所言，得知光、宣时有关庙号和年号掌故二则：

一则曰：清光绪帝庙号"德宗"。初内阁拟进"孝宗"，张之洞持异议。以戊戌变法，非可谓"孝"，乃进"德宗"，隐喻庚子西奔之意，隆裕允之，乃定。（按："隐喻庚子西奔之意"，借唐德宗于建中四年（783年），因泾原兵变出奔，次年回京故事，而暗指光绪帝有庚子西奔之事，所以德宗之谥，含有贬意。隆裕为慈禧侄女，光绪十五年，被强立为光绪皇后。光绪帝死后，溥仪继位，被尊为皇太后。）

另一则曰：宣统之年号非初进之号，初由张之洞等拟进为"绍治"，以明绍"同治"及"顺治"之双重意义。惟隆裕虑以溥仪仅绍"同治"，而失兼祧"光绪"之意，则己之太后地位也将发生问题。因又改拟为"宣统"，意即"宣宗"之统与"光绪"之为"道光"之绪，同一意耳。（按：兼祧，宗法制度下，一个男子兼做两房或两家的继承人。溥仪是兼做同治与光绪的继承人。隆裕是光绪皇后，只有兼祧，隆裕才能名正言顺称太后。宣宗是道光帝的庙号。道光是宣宗的年号。宣宗和道光是一个人的两种不同称号，意即光绪和溥仪都是宣宗的直系后裔，是一脉相承。）

郑老说，此二则掌故，曾印证于清宗室、画家溥雪斋（忻），谓事为的确。后我又求证于启元白（功）先生，也谓确有此说。与郑老谈后，我曾忆录于小笺，后遗忘不知置于何处，近偶整理废旧，得见小笺，因联缀其事成文，粗加按注，聊备谈助。

原载于《世纪》2011年第5期

"三甲"与"三鼎甲"

报刊影视是启迪民智，传播正确信息的重要媒介，千万要慎之又慎，否则以讹传讹，谬种流传，误人非浅。但事与愿违，恰恰正是这些重要媒介往往把问题搞错，令人啼笑皆非。

大约在两个来月前，读某报体育栏称某地体育代表团有决心争取进入"三甲"，当时没有细读内容，而对这个代表团表示一种无奈的同情，因为他们只求不名落孙山外就于愿足矣！8月初，我又有幸在北京一份发行量不少的报纸体育版上，读到头条地位所刊发的新华社专电。其标题是"北京欲冲击八运会三甲"，赫然在目，加以旧有印象，我真不能相信堂堂首都体育界竟如此气短！正因此，我才详读内文。开头的一段这样写道：

> 几位国家队著名教练员正在指导北京市运动员备战八运会，显示了北京代表团欲在上海向前三名冲击的决心。

于是，我恍然大悟，原来两次见报的所谓"三甲"，在编者笔下毫无疑义地作前三名解，不禁使我倒抽一口凉气——南辕北辙，大相径庭！我真担心如果北京运动员中有明白人，一看目标不过三甲，大可逍遥自在，因为这目标只要稍加练习，就可唾手而得。我更担心如果领导作动员报告时也引以为据，那就更不敢往下想了。

原来科举制度中前三名即状元、榜眼和探花，合称三鼎甲，以鼎之有三足为喻。三甲则是进士在殿试后分为一、二、三甲的第三等，据《宋史·选举志》一的记载，这种分进士为三甲的作法始于宋太宗太平兴国年间，明清两代相沿未改，并定一甲为进士及第，表示把功名送到家，有规定的职务，名额只限三人；二甲为进士出身，表示有进士的正式身份；三甲赐同进士出身，表示赏一个相当进士的身份，颇似将军之有准将。殿试分三甲犹如考试分三等，虽然已经考中，但还要根据不同成绩分优良中。赐同进士出身在科举时代只算是中了，一般都不愿提起，感到不好意思。清朝咸丰、同治年间有一位名重一时的大员听说有位私生活比较风流的朋友为如夫人（妾）洗脚，因为是闺房中事，难以正面规劝。只好等待机会。有一次，这位风流朋友来访，大员准备借机相劝，便出了一个上联说"为如夫人洗脚"，用以嘲讽。不意这位风流朋友立即回敬他一则对仗工整的下联说"赐同进士出身"，说罢哈哈大笑。使这位大员反而自惭形秽，满面羞愧。因为这位大员便是名列三甲，赐同进士出身。这虽是传说，但亦反映"三甲"的"赐同进士出身"在人们心目中是如何的低值，在读书人来看，"同进士"不过与"如夫人"等尔。

"三甲"与"三鼎甲"，一天一地，差之一字，谬之千里。鼎之一字，万不可省。二者区别，在一般辞书中即可一索而得。如上文标题改作"北京欲冲击八运会三鼎甲"，则不仅首都体育界自增风采，运动员也受到鼓舞，更不致误导后生。

原载于《邃谷谈往》（说文谈史丛书） 来新夏著 百花文艺出版社1999年版

杂谈"满洲国歌"[*]

一、郑孝胥与"满洲国歌"

最早知道郑孝胥，是在十岁时开始用商务印书馆小本《辞源》时，见到扉页上的题签署有孝胥二字，觉得书法不错。父亲说这是位福建解元，少年得意，诗词、书法都很有名，入过李鸿章的幕，清末做过监司以上的官和驻日外交官，参与过清末民初的宪政。忠于清室和溥仪，张勋复辟时曾奉溥仪诏晋京，未待使用而张勋复辟失败。后被陈宝琛推荐，任小朝廷"懋勤殿行走"和"总理内务大臣"。1924年，溥仪被逐出宫，郑孝胥就一直追随左右，任天津张园总务和外务总管，1932年随溥仪逃亡长春。成立伪满洲国，郑孝胥任总理大臣，直到1938年因病去世。著有《海藏楼诗》，近年出版有《郑孝胥日记》。

我最早听到郑孝胥的逸闻，是上世纪四十年代负笈京华时，因常去一些文史故老家问学，偶或遇到数老聚谈，可以听到许多掌故。某日，在一位前辈画家家里，看郑孝胥的几副书联，大家都很推崇他的书法。坐定后，有位不熟悉的老者，为大家讲述了有关郑孝胥的一段趣事，是听他当时任职吏部的伯父当笑话讲给家人听的，他讲的大意是：

光绪末，庆亲王奕劻召集亲贵在颐和园开讲宪政，由湖南杨度（皙子）主讲，政府官吏亦多列席。某日，郑孝胥在座，忽发冷笑，众皆诧异，争询其故。郑曰："你们把立宪当做救时良药，以为宪政完成后，国由此而富，兵由此而

---

* 所含三文先后载于《今晚报》，后结集《不辍集》（商务印书馆2012年版）时列此标题下。

强。依我看起来，用不着咬文嚼字，用不着五年、九年，富国强兵，犹反掌耳！"众惊问其安天下之妙策，郑洋洋而答曰："极简单，两字妙诀，借款而已。"众益惑然，郑徐徐然而言曰："我们借了外国人的款子，外国便穷了，我国便富了。"众闻之愕然。此郑之借款救国论。

此论一出，据说街巷争相传说，皆笑其颠顸糊涂。某些小报更有在报屁股上给以豆腐块者。此等庸才，也只配到伪满洲国去当国务总理。1934年，他沐猴而冠，不仅是溥仪的奴才，对日寇和关东军首脑也卑躬屈膝，予取予求，干尽天下无耻事。不久即病逝长春，留下千古骂名。据说他任伪职时曾亲手写定一首"满洲国歌"，我一直未见歌词。前年新春，北京武警报一位领导得到一页郑体书写的"满洲国歌"，特复印一件相赠。歌词全文是：

> 地辟兮天开，松之涯兮白之隈。我伸大义兮，绳于祖武；我行博爱兮，怀于九垓。善守国兮以仁，不善守兮以兵。天不爱道，地不爱宝。货恶其弃于地兮，献诸苍昊，孰非横目之民，视此洪造。

松之涯指松花江畔，白之隈指长白山弯过的地方，说明伪满的地理位置。九垓指九天，即天下九州之地。苍昊指上天。横目即横眉怒目。洪造指宏伟的举措。全歌既有叙述，又有歌颂，更有警惕，其文字非郑孝胥之流不能为。其书法亦近于郑体。若果为郑孝胥之笔，则虚夸妄言，实已无耻之极。但是否为真迹，因手边无更多旁证，不能鲁莽判断。若当年屈身伪满统治之下的老人尚存记忆，是否可校正歌词文字？至于书法是否模仿，当请鉴赏专家确定。

郑孝胥与周作人同是文人事敌，均应受到历史鞭挞。郑尚含有事旧主的成分，周则直接投靠外敌，二者似略有间。但身后情况却不同，周则有人主张应文行分开，对其研究者亦甚众，其作品亦不断出版问世，并获好评。甚至有讳其事敌一端者。而郑则诗词、书法，似无多人论及，多斥其出任"满洲国"伪职之罪行。这对评论人物是否存在两种标准，实令人困惑者久之。

原载于《今晚报》2009年7月16日

二、再说郑孝胥与"满洲国歌"

日前写作《郑孝胥与"满洲国歌"》一文，刊于报端，意在订正补充此事始末。小文发表后，果然引起一些朋友的关心，纷纷以电话相告，商榷探讨，对郑作提出质疑，颇有补充订正之效，堪供商讨。其中以李树果教授所言最切实完整。李树果教授与我同年，略小数月，是南开大学的多年同事。精通日本文学，曾译有日本江户时代的文学名著《南总理见八犬传》（曲亭马琴著）。李教授童年在故乡东北度过，处于伪满统治之下。据告郑孝胥所作"国歌"，肯定不是当时通用的"国歌"，因郑作文字艰深难懂，且又不易歌唱，是不可能通用的。他几次回忆并低声哼唱，终于想起几句歌词，大约是：建立"新满洲"，"新满洲"便是新天地。顶天立地，无苦无忧。人民三千万，人民三千万，从此得自由。

李树果教授没有完全否定郑作。他认为：也许郑有此作，但未被采用。他说作为"国歌"一定要简单明了，易于上口，歌词不能太长。并说日本国歌就不长，也许关东军部干预此事，有仿照可能。

李树果教授说，他们唱过这首歌。当时小学生还把"建立'新满洲'"，唱成"喝了粳米粥……无苦无忧"。粳米是旱稻，无油性，日本人统制粮食，老百姓能喝上没有油性的陈年老米粥，已感十分满足。他说郑孝胥于溥仪"建国登基"后，便认为日本占领军就该走。但此时一切仍要听命于关东军部，所以他不满意，关东军对他也不满意。不到两年，就免了他的伪职，改由俯首帖耳、甘心事敌的张景惠接任伪国务总理。郑退居大连，抑郁而终，传说日本医生在为其治病时动了手脚，按日本人的作风，这是可能的。

当天，友人文史专家宁宗一教授也在电话中讲了他的看法。他是满族人，曾听其父及华粹深先生（满族）谈过郑孝胥。他们说过郑孝胥借款卖国论的笑话。又说郑颇有文采，能谱歌填词，所以认为郑有可能写这首伪满国歌，但未被采用。他认为：当时征歌当不止一人写歌。郑以书法好，留下这页遗迹。后来一些人共同杂凑了一首浅近歌词的歌，用以传唱流行。

其他一些朋友所言，大体相类，我根据各种意见认为：郑孝胥有可能写过这首歌，但以文词深奥，难以采用流通。也许同时还有一些人写的歌，都是舞文弄墨的人写的，不适于普通百姓唱，所以另外编了首词，即李树果教授所记忆和唱过的内容。李教授亲口唱过，当无可置疑，只是还不够完整。所以我把郑书伪满国歌的复印件公之于众，请更多知者鉴定补正。

原载于《今晚报》2009年8月1日

三、结尾[*]

北京武警报社萧跃华同志赠我一份郑孝胥手写伪满国歌的复印件，我一直怀疑它的真实性和可行性，一时又找不到印证，所以就在7月16日和8月1日的《今晚报》的副刊上连写二文来征求知情者。文章发表后，报社和我就相继收到不少老人的来信和电话，提供线索和数据，甚至有亲临寒舍共同商榷的。这些人都已八九十岁，有的多年卧病在床。他们童年时都曾在东北伪满政权统治下读过小学，唱过这首歌。虽然时隔久远，记忆模糊，但还是竭力求完整准确，有的写出歌词的片段，有的较完整，有的还附有简谱，有的还查过书，有的提出尚有第二"国歌"的线索。这些老人的认真和热情，不能不把他们的名字记写下来，他们是张步坊、孙成仁、韩国印、马天牧、惠均、鞠炳旸、解连仁、溥榆等人。这些老人提供的数据可概括为以下几点：

1. 郑孝胥手写复印的文言歌词，大家认为是郑的手迹，但不是当年传唱的"国歌"，可能是郑孝胥所作这首"国歌"，因文字艰深，难以传唱，所以没有被采用。

2. 大多数老人认为伪满国歌的歌词和曲谱如下：

伪满洲国歌

---

* 此文发表时题为《令人感动》。

有人对曲谱的记忆略有出入。

3. 马天牧老人记得这首歌是1933年2月24日（伪满大同二年）由伪满国务院以第四号命令公布的。

4. 孙成仁老人还以他的记忆与溥仪远房侄子毓塘所写的《伪满时代的溥仪》一文（见《溥仪离开紫禁城以后》）所回忆记录的文字相核对，并无差异。

5. 马天牧老人还提出第二种"国歌"的问题，他说：1942年9月5日（伪满康德九年）伪满国务院训令201号公布，歌词是华语、日语并行，甚短，因伪满已濒临败亡没有广泛流行，歌词曲调与文字记载相核后无误，其歌曲如下：

伪满洲国歌

♩＝80

mf　cresc.　f

f　cresc. poco a poco　ff

f　mf　rall. ff

（前奏ヲ要スル場合ハ首部四小節ヲ以テ之ニ充ツ）

華語

神光開宇宙　袞袞山河壯皇猷
帝德之隆　蕩蕩莫與侔
永受天佑兮　萬斛無疆薄海謳
仰翼天業兮　輝煌日月侔

日語

あまつみわざ　あふぎまつらむ
帝徳は　とよさかの　万寿ことほぎ
おほみひかり　たかくたふとし
あめつちにみち

6. 孙成仁和韩国印二位则说尚有中文本，他们清楚地记得第二"国歌"的头一句是"神光开宇宙"。但是，李树果教授则坚决否认有此事，1942年他正在留学生预备学校学习，理应最先传唱，可是，从未听过唱这首歌，次年，他赴日，亦未见有人唱过，而当时日本已呈败势，无暇顾此。但据日本"满洲国史编纂刊行会"所编伪《满洲国史》所记，华语、日语歌词及曲谱具在，而大多数老人也均主张有第二伪满国歌之说，故从众，词曲已见第五条。

　　以上概括各位老人提供的主要内容，容有错漏，尚祈见谅。这些概括虽然大致清楚，但它终是回忆和口述，为了更切实，我又求教于长春《社会科学战线》的尚永祺先生，他从伪《满洲国史》和《长春文史资料》中，搜求到一些文字记载，现已写入本文内。这些歌词不仅可作溥仪之流背叛民族国家的一件罪证，并以见日军对东北人民实行奴化教育的侧影。既有当年见证人的口述，又有文字记载的证明，这一问题似可结束，但各位老人敬事而信、彼此商榷的精神确令我感动不已，我再次向各位表示感谢。

原载于《今晚报》2009年11月24日

官箴

"箴"是一种文体，先祖在所著《汉文典》中曾说："惟箴之本义，引申古今治乱兴衰之迹，反复警戒，使读者惕然于心，默知自鉴，斯乃正体。"

箴体有二：官箴与私箴。私箴是用以警戒个人言行的，如唐韩愈的《五箴》，宋程颐的《四箴》，类似座右铭。官箴是对为政者的一种警戒，示以为官为人之道，往往用讽刺的手法以预防和挽救过失。这些官箴或口谏，或著文，或以联匾书之厅堂。据说夏、商时已有二箴，可惜全篇已失。惟周掌田猎之官的"虞人"曾规劝周天子不要滥杀滥捕禽兽，即世所谓《虞箴》，见于《左传·襄公四年》。《史记·滑稽列传》所载优孟、优旃和淳于髡等人的故事多属箴言。在古书中尚有许多类似的箴言，我的朋友张格、高维国二君曾以多年公余之暇，自"十三经"与"诸子"中各辑《箴言》二册，对无暇或不能通读经子的人来说，确是一大功德，稍加浏览即可得益。历代衙署的匾联，更是一种常见的实实在在的官箴。我们常在影剧中所看到的、公案背后高悬的"明镜高悬"之类匾额，就是官箴。有些官员也有公开在衙署、厅堂和书楼题匾联以自律的，近代的林则徐在任江苏巡抚时，为推广水稻种植，特在衙署后院辟地试种，并在园中建一亭，同事陈銮用宋范仲淹《岳阳楼记》先忧后乐之义，为亭题名"后乐"，林则徐遂集苏句制联称：

宦游到处身如寄　农事何时手自亲

这副联匾是表明心迹之作，含有官箴性质。后来林则徐赴粤禁烟，在广州城外新建一演武厅，精选督抚两标劲卒数百人，亲往督操。林则徐自题厅柱一联云：

小队出郊坰，愿七萃功成，净洗银河长不用
偏师成壁垒，看百蛮气慑，烟消珠海有余清

　　这是自律律人，以期禁烟成功的一副官箴联。过去类似这样有官箴性质的联语随处可见，后来渐见减少，以至很难见到。近年的新建机关单位，官箴联几近绝迹。

　　1999年6月上旬有机会到山西古城平遥参加一年一度的文化节，其中一项活动是大老爷升堂表演，因而有幸去参观旧县衙。衙门口的一副长联首先引起我极大的兴趣，当时熙熙攘攘，人头拥簇，只能一扫而过，不能完全记下。第二天我又重去写录，联语是：

> 莫寻仇，莫负气，莫听教唆；到此地，费心费力费钱，就胜人，终累己
> 要酌理，要揆情，要度时世；做这官，不勤不情不慎，易造孽，难欺天

　　这副长联的上联是官劝民息讼，下联是官的自警。这是一副很动人的官箴联。而更深刻感人的，则是大堂堂口的那副，联语是：

> 得一官不荣，失一官勿辱，勿说一官无用，地方全靠一官
> 吃百姓之饭，穿百姓之衣，莫道百姓可欺，自己也是百姓

　　这副联语虽有欠工整处，但立意极佳，上联是既视禄位若浮云，又强调为官责任之重大；下联是警戒官员，吃穿靠百姓，不要忘掉根本。这类联语似乎是当时县衙通用的流行联，有人在河南内乡县衙也见到过此联。可惜这类官箴被做官的人忽视，甚至忘掉了。

　　八十年代，胡耀邦同志曾改过一副古联，成为含有新意的新官箴联，联语是：

> 心在人民，原无论大事小事
> 利归天下，何必争多得少得

　　有人评论这副联语既是耀邦同志的处世座右铭，又是他人生风范的真实写照。其实不仅如此，这还是绝好的一副官箴联，是耀邦同志对当领导者的一种劝诚，可惜没有受到应有的重视！

　　这些官箴究竟有多大作用很难估计，但每天出来进去，耳濡目染，只要不是丧尽天良，总会有所动心。它会像暮鼓晨钟那样不时提醒为官者朝乾夕惕的。我们许多政府部门如果能在华丽厅堂的立柱上配挂几副这样的官箴联，那不仅无损其轮焉奂焉的壮观和威严，或许还能起到点贪廉懦立的作用呢！

原载于《光明日报》1999年8月12日

中国的自造轮船

中国造船起源很早，有所谓"刳木为舟"之说，地下发掘也有宋代比较精制的木船被发现，但是机制轮船的制作则始于近代。据我所知，林则徐当为最早的创议者之一。道光二十年林在广州，由于抗英的需要，曾提出造船的建议，并仿造过战船。第二年，他在发往宁波军营效力时，还曾与汪仲洋、龚振麟等军火学家研讨、绘制战船图。同时，魏源也提出过设厂造船的主张，并在他的名著《海国图志》中刊印造船资料。近代光学家郑复光也曾撰写过我国第一篇有关造船的专门性论文《火轮船图说》，后来又经修改而收入其所著的《镜镜詅痴》一书中。当时另有一位火药专家丁守存曾向郑复光提供过火轮船图说资料，并共同研究过造船问题。但是所有的努力都只能成为这些爱国者的理想。

中国真正自造轮船成功的是在清同治初年。咸丰十一年（1861），曾国藩为了打胜镇压太平天国这场仗，很着意于延揽各方面的人才。他曾以"研精器数，博涉多通"的统一考语推荐和征聘了四十四岁的化学家徐寿和其他几位科学家。同治元年，徐寿就应聘到曾国藩的安庆大营内军械所，接受了专办制造事宜的委派。徐寿的中心工作是筹划建造一艘已定名为"黄鹄号"的轮船。当时参加造船工作的还有一大批科学家，如华蘅芳、吴嘉廉、龚芸棠和徐寿的儿子徐建寅等人。数学家华蘅芳在绘图、测算和配制动力等方面给徐寿以极大的帮助，而徐建寅更有卓著的贡献。徐建寅在其父为造船找不到程式依据而苦思冥想的时候，常常提出一些有效的设想和建议来帮助父亲。徐寿为了造船的需要，曾翻译了他的第一部译著《汽机发轫》。这部译著共九卷四册，是为造船研究发动机而译，但直至同治十年始有刊本。这部译著标识着徐寿从事翻译工作的开端。以后，徐寿还译了许多有关化学、测绘和制造等著作达二十余种。

经过徐寿的精心筹划、营造，定名为"黄鹄号"的机动轮船终于在同治五年

（1866）三月造成。这是一艘长五十余尺，每小时行速二十余里①的小木壳机动轮船。当时虽然曾国藩认为它"行驶迟缓，不甚得法"；但是，这终究是徐寿及其助手们不假手外国工匠，自己动手造器制机而建造成的第一艘木质机轮，实现了近代以来林则徐等前辈的爱国理想，开启了我国近代的造船业。徐寿等科学家的始建之功固不可没。

可惜，这项事业并未能很好地继续推行下去，徐寿也在同治五年被曾国藩派往上海襄办江南机器制造总局。徐寿为了介绍和宣传科学知识，遂把主要精力投入于译书工作，前后达十七年之久，作出了卓有成效的贡献。光绪十年（1884）八月初六日，中国近代第一位机轮制造者与世长辞，终年六十七岁。

原载于《邃谷谈往》（说文谈史丛书）　来新夏著　百花文艺出版社1999年版

---

① 此据《锡金四喆事实汇存》，但《清史稿》徐寿传则称"每一时能行四十余里"。此一时或指一个时辰，即二小时，即每小时行速仍为二十余里；也许所记有公里与华里之分，二十公里即四十华里。不论如何，都应属于迟缓。

说"三正"

　　春天来了，天气暖了，身体也感到增加了些许活力，便想读书遣闷。随手从书架上抽出一册商务版"国学基本丛书"中清人陈奂著的《诗毛氏传疏》来读。书自动张开，原来夹着一张已经黄脆的小笺，是我几十年前用小行楷写的读《诗·七月》篇的札记，字迹已经模糊，还有脱落缺损的地方，乃重加缮正。《七月》描写了劳动者全年的劳动和生活过程，它细腻地刻画了剥削的残酷：既要献手工业制品，又要献狩猎物，更要为剥削者服力役，妇女还要经常担心遭受监工者的任意污辱。

　　这首诗充斥着劳动者的悲苦、怨恨、诅咒、愤怒、控诉、反抗的各种情绪的发泄，具体反映劳动者啼饥号寒、缺衣少食的现实生活。从诗作者写诗的对比手法中，强烈地反映出劳动者辛勤劳作而贫苦，剥削者则富足闲暇、饮暖淫逸。这些都易于读懂读通，唯独诗中记事的历法却是一大障碍。从对现实生活的描述和月份记述相校核，凡称月者为夏历，即现在使用的旧历。凡称日者为周历。周历比夏历早两个月。

　　据《汉书·律历志》载，周以前有过黄帝、颛顼、夏、殷、周、鲁等六种历法。不过黄帝、颛顼及鲁三历，材料少而不一致，难信。只有夏、殷、周三历可信。夏、周二历是先秦时广泛使用的历法，《七月》中就是周、夏两历并用的。

　　夏、殷、周三历的不同点是以北斗七星的斗柄指向的方位为正月而定。如：

　　夏正建寅，即以初昏时斗柄指向寅的方位（指向东北偏东）为正月；

　　殷正建丑，即以斗柄指向丑的方位（指向东北偏北）为正月，殷历正月为夏历十二月；

　　周正建子，即以斗柄指向子的方位（指向正北）为正月，周历正月为夏历十一月。

斗柄又称斗杓，指北斗星五至七的三颗星，就是大勺子的把儿。斗建是斗柄左转移指之辰，即阴历的"月建"，夏历正月指寅，即称"建寅"。

这三种历法都以正月所建方位为差异，故又统称为"三正"。

《七月》中怎见得是夏、周二历并用呢？可从诗中记事检举数例。诗中叙事明标者，自四月至十月，共七个月。这七个月所记的自然现象和劳动生活与夏历的次序完全符合，如"五月鸣蜩"实为夏历五月，若是周历五月则为夏历三月，何得有蝉鸣？可见凡明标月者可视为夏历。在这七个月外，诗中又有"蚕月条桑"之句，"蚕月"者，夏历三月也，正条理桑树准备养蚕之时。《礼记·月令》云："季春之月……后妃齐（斋）戒，亲东乡躬桑，禁妇女毋观，省妇使，以劝蚕事。"又《礼记·祭义》云："大昕之朝，君皮弁素积，卜三宫之夫人、世妇之吉者。使入蚕于蚕室。"郑注："大昕者，季春朔日之朝也。""季春朔日"即三月初一，是可证"蚕月"当为夏历三月也。除三月至十月的八个月在诗中已按月次叙事外，尚有十一、十二、一、二等四个月没着落，而诗中却有"一之日"至"四之日"的叙事。其叙事正可填补所缺四个月的空白。

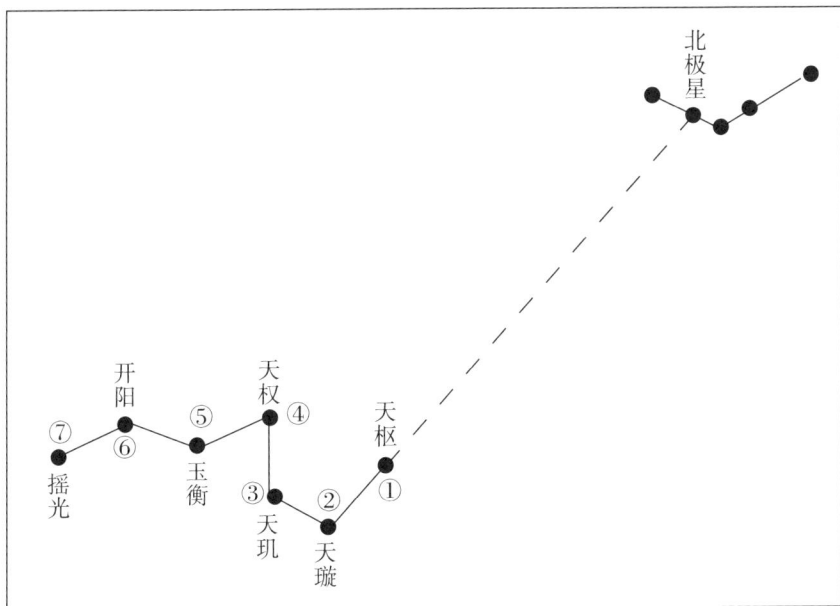

北斗星图及北极星［①~④为斗魁，⑤~⑦为斗柄（杓）］

所谓"一之日"者，意即一月的那些日子里，证之诗中记事，所谓"一之日"至"四之日"均为周历月份。诗云："一之日觱发。"传曰："觱发，风寒也。"孔颖达《正义》曰："仲冬之月，待风乃寒。"又诗云："一之日于貉。"《尔雅·释天》："冬猎曰狩"，所谓"冬"者，冬月也，即十一月也。《礼记·月令》："仲冬之月，有能取蔬食、田猎禽兽者，野虞教导之。"是"一之日"为周历之一月，而为夏历之十一月。

所谓"二之日"者，指周之二月而所叙之事正在夏之十二月也。诗云："二之日栗烈。"传曰："栗烈，寒气也。"又诗云："二之日凿冰冲冲"，《周礼·天官·凌人》曰："岁十有二月，令斩冰。"《礼记·月令》谓季冬之月，"命取冰，冰已入"。

所谓"三之日"者，指周之三月而其行事则为夏之正月也。诗云："三之日于耜。""于耜"，整修农具也。《夏小正》正月曰："农纬厥耒"，"初岁祭耒"，言年初整修农具活动，正合夏历正月行事也。诗又云："三之日纳于凌阴。"凌阴者，冰室也，即用冰之室，亦夏历正月之行事也。

所谓"四之日"者，指周之四月即夏之二月。诗云："四之日举趾。"传曰："民无不举足而耕矣。"又云："四之日其蚤，献羔祭韭。""蚤""早"相通，出冰室中所藏羔韭等年菜。《月令》仲春之月"天子乃鲜羔开冰"，仲春之月正夏历二月。

据此，"一之日"至"四之日"均指周历一至四的四个月里那些日子，正是夏历十一月至第二年二月，其行事亦与夏历实情正合。然则，为何用周历之日记事？《古今律历考》卷四曰："亦月为日，言是月之日也。"即指这个月里的那些日子。以此四之日补足所缺的四个月，则一年之劳动生活情态完备矣。由此可见，《七月》中是夏、周二历混用的。

又怎见得周历之日是夏历之月呢？

《七月》第一章："二之日栗烈。无衣无褐，何以卒岁！""二之日"是周历二月，已是年后，没有如何过年的问题。所以此"何以卒岁"是指"当如何过这个夏历的年呢"。

《七月》第五章："十月蟋蟀入我床下……嗟我妇子，曰为改岁，入此室处。"夏历十月，蟋蟀可入床下，但无"改岁"之举，而夏历十月为周历十二月，则正当改岁之际，则此改岁之事为周历之岁。

那么，同一诗篇为何二历并存呢？《七月》从其词句不连贯、次序不全顺来看，不是一篇独立创作，而是一种农谣的编纂。人们习惯谣谚，不轻易改变内容，保存流传既入的原样，所以才有二历并存的混用。

附：三正对照表

三正 月建	夏正建寅	殷正建丑	周正建子
寅	正	二	三（三之日）
卯	二	三	四（四之日）
辰	三	四	五
巳	四	五	六
午	五	六	七
未	六	七	八
申	七	八	九
酉	八	九	十
戌	九	十	十一
亥	十	十一	十二
子	十一	十二	正（一之日）
丑	十二	正	二（二之日）

原载于《寻根》2011年第4期

话说 "幼学"

儿时，从祖父读书，第一课就是接受传统的启蒙教育。祖父是一个有秀才功名的人，又是二十世纪初期的留学生，参加过光复会，抨击过清朝的统治。按现在的说法，他是个由封建知识分子转变过来的资产阶级知识分子；但是，他对传统的启蒙教育依然是一丝不苟的。他强制我一个六七岁的孩子按照三、百、千、千的顺序去读、去背诵，甚至采取跪香的手段，一支香点完必须背出几行几段。当时我感到十分苦恼与无奈，但是随着时间的推移，后来不论何时何地我都能出口成章，谈吐不俗，又颇感得益于这段幼学的启蒙教育，于是逐渐理解为什么一个思想先进而又如此苛求子孙接受启蒙教育的老辈的苦心。我虽然经过长期的批判封建主义的洗礼，但是，幼学有益的印痕却终究洗刷不净。

幼学之名，始见于《礼记·曲礼上》："人生十年曰幼，学。"《孟子·梁惠王下》也说过"夫人幼而学之"的话。又因为它是启人之蒙昧，故又称蒙学。它的发展史实在不短，从周秦时就已开始。求知要读书，读书必先识字，字且不识，遑论其他。所以幼学也先从识字入手。根据现存的一部古代目录书——《汉书·艺文志》的记载，识字课本已有十家三十五篇，最早的是《史籀篇》，接着有《苍颉篇》、《爰历篇》和《博学篇》。汉代合三篇为一，总名为《苍颉篇》，又称三苍。时又有《凡将篇》和《训纂篇》之作，但均已亡佚，仅后世辑有片简只字。现能见到的最早识字课本是汉元帝时史游所撰《急就篇》，以三、四、七言押韵，只记名物，不涉及伦理道德。继起者为南朝梁周兴嗣所撰《千字文》，全文千字，除一"洁"字外，无一重字，以四言协韵，极富文采。其内容已由仅识名物，扩而至于社会历史、伦理道德。唐代的幼学教育发展更为完整，它包括识字、知识、道德三大内容。直至清代，基本模式无大改变。随之，幼学读物亦多应运而生以应不同需求，其中《三字经》、《百家姓》、《千字文》和

《千家诗》几乎是人们公认的入门必读书。这些不论其读物内容、学习顺序和施教方式，都应算是一条正规教育的道路。

与正规教育之路并行的幼（蒙）学教育，还有一条业余教育之路。它的读者不限年龄，不拘身份，男女老幼都可以选择这条识字途径。比如他们或是店铺里搭床板、提夜壶的小跟班，或是农村中牵牛扛锄的小长工，或是抱弟携妹、烹茶煮饭的细妹子，这些人没有时间去读官塾、私塾，但又想认几个字。于是，有的在工作中跳跳哒哒地认一个，算一个；有的利用工余，拖着疲惫的身躯，硬撑着合上来的眼皮，借助于豆大的灯光，连续多认它几个字。这种所谓幼学并不是从年龄立意，而是指启蒙的初学。这是一条非正规的业余教育之路。它的主要读物就是因地制宜、因事制宜以不同字数编排的各种"杂字"。"杂字"虽然在正规教育中也作为不准备走仕途的子弟的一种读本，但历来没有受到应有的注意。可是，它确是传统幼学教育中很重要的另一组成部分。其数量很多，有全国通用的，也有地方独有的。内容深浅不一，范围不同。作者大多佚名，可能以其为小道，但大文学家蒲松龄却撰写了一本三十一章一万四千字的《日用俗字》，讲了很多做人的道理，是杂字中的上品。

对于这些传统幼学教育读物，历来在一些学者文人的著述诗文中时有涉及，但进行较为系统的研究则为时较晚。我先后读过常镜海先生的《中国私塾蒙童所用课本之研究》和张志公先生所著《传统语文教育初探》，深感欣悦。这是两本内容丰富，说理透彻，论述系统的佳作，像把一团乱发梳理成一条光油油的大辫子那样惹人喜爱。若是按他们所附书目去求书还很不易。但在那动乱年代里，这些读物却被作为批判对象，大量印行，几乎泛滥成灾，从反面给了不少人以传统幼学教育，万万没有想到无心插柳，竟然成林。不过有些书如明初刻本，从朱字打头的《皇明千家姓》则被某权贵索掠而去，日后倒台，书亦至今不知下落。近些年，在弘扬传统文化的美丽旗子下，公私各种渠道大印特印，不管内容错漏，装帧粗劣，三百千云云，充斥市场。这是弘扬，还是糟蹋？不能不引起人们的困惑。我总想为什么不认认真真、堂堂正正地整理出一套可供保存文献，以应去粗取精之需的传统幼学教育资料呢？可是，在出版事业回翔于低谷之际，有谁肯于乐此不疲地为朦胧的希望付出劳动呢？又有哪些出版界的明智之士肯于挑起这付成败难卜的重担呢？

　　　　原载于《冷眼热心——来新夏随笔》（当代中国学者随笔）　来新夏著　东方出版中心1997年版

《三字经》杂谈

一

《三字经》、《百家姓》、《千字文》是宋元以来社会上广泛流传的系列识字教材。现在大部分六十岁以上的人都读过这些书。这些书虽是识字教材，但除《百家姓》主要是记诵姓氏外，《三字经》和《千字文》都超出《四言杂字》、《六言杂字》和《庄农日用杂字》等单纯识字书的范围，而兼为进行封建思想教育的课本。《千字文》据说是梁周兴嗣缀字成文的杰作，以不重复的一千个字将自然现象、历史名物、修身处世和优美景物等内容加以概括描述，的确有其特色；但终因语意比较深、文字不重复、不易很快记住理解，反不如《三字经》的后来居上，有更广泛的诵读覆盖面，我是读过《三字经》的，启蒙老师是我的祖父，他就从《三字经》入手教我识字，因而"人"是我第一个认得的字，而"人之初，性本善"也是我最早能背诵而终生不忘的句子。

从《三字经》入手识字大概由来较久，据明代理学家吕坤在其《社学要略》中就说过："初入社学，八岁以下者，先读《三字经》以习见闻；《百家姓》以便日用；《千字文》亦有义理。"可见《三字经》既为识字，也为增广见闻的教材。它是放在"百"、"千"之前首先地位的读物。近代学者章太炎说："观其分别部居，不相杂厕，以较梁人所集《千字文》，虽字有重复，辞无藻采，其启人知识过之。"（《重订三字经·题辞》）社会上习惯用语的三、百、千，正是《三字经》本身作用和蒙学教育约定俗成次序的反映。

二

那么，《三字经》产生于何时，作者又是谁呢？历来众说纷纭。

清人夏之翰在为王应麟所编《小学绀珠》写序时说："迨年十七，始知其（《三字经》）作自先生（王应麟），因取文熟复焉，而叹其要而该也。"《三字经注解备要》的原叙中也说："宋儒王伯厚先生《三字经》一出，海内诲子弟之发蒙者，咸恭若球刀。"这些说法肯定了《三字经》的作者是宋元之间的学者王应麟。

但是，还有些不同的意见，如章太炎则认为："《三字经》者，世传王伯厚所作，其叙历代废兴讫于宋，自辽金以下则明清人所续也。"（《重订三字经·题辞》）章氏持一种审慎态度，以"世传"立论类似称"旧题"，表明存疑之意，其称明清人所续乃以所解释内容中有非王氏所能举者。

有些人则根本否认王应麟所撰说。如明清之际的屈大均就指明《三字经》作者为顺德人区适子说："童蒙所诵《三字经》乃宋末区适子所撰。适子，顺德登州人，字正叔，入元抗节不仕。"（《广东新语》卷十一）另一位广东学者番禺凌扬藻也主张为区适子所撰。王廷兰的《紫薇花馆杂纂》曾引此说："《三字经》者，国朝乔松年《萝藦亭劄记》称有王相者为之注，谓是王伯厚所作。然其云'十八传，南北混'，恐尚在伯厚之后。及观凌扬藻《蠡勺编》云乃南海区适子所撰。适子字正敬，宋末人，入元不仕。"（《紫薇花馆集》）在清人笔记中也多言及，如褚人获《坚瓠集》以史实疏误与王应麟学识造诣不合而否认《三字经》为王所编。

作者虽然尚难定论，但有一点可以肯定，《三字经》大约产生于宋代，从宋元以来经过不断补充并日益普及。

三

《三字经》的清初本有三百八十句、一千一百四十字，后来比较通行的本子有四百一十六句、一千二百四十八字。全书主要包括学习态度、封建伦常、日常事物、历史知识和勤奋人物等内容。其中叙史部分最有特色，它用了百余字把历代统系，按事件人物，纵横交错，顺次而下地加以简括说明，写意般地勾划了几千年的历史轮廓。这本仅仅千余字的小书就以白描笔法和三字句式传播了封建社会人们所需要的基本知识和道德规范要求，并使之广泛流传，经久不衰。

《三字经》的内容包含两部分：它既有从传统文化中撷取到的有用知识，又有宣扬封建伦常，进行教化的说教。这样就既满足了群众的需求，又符合封建统治者的利益，因而成为全民性的流行读物。同时三字句体裁，合乎人们诵读的语言习惯，表现出抑扬顿挫的节奏而为人所乐用。内容与形式的并重正是《三字经》产生深远影响的原因所在。

四

《三字经》流行后，为了更好地理解内容就有人为之作注和图解。现能见到的有明人赵南星的《三字经注》和清人的大量作品，如王相的《三字经训诂》、王琪的《三字经故实》、贺兴思的《三字经注解备要》和尚仲鱼的《三字经图注》等等。这些注释和图解都比原文增加多倍，实际上是根据《三字经》的原型做更深入的宣传普及工作。如《三字经注解备要》填充了大量注解材料，即如"三才者，天地人"仅六个字，但《备要》不仅讲"三才之道"、"三十三天"、"色界十八天"，还记历代沿革、各地建置、三山五岳、五湖四海以及人情世故，不啻是地理、修身课本。《备要》的撰者还从"正统"观念出发，将"魏蜀吴，争汉鼎"改为"蜀魏吴……"又如《三字经图注》版式则分两层楼，按文字故事绘图注明，如"香九龄，能温席"和"融四岁，能让梨"，都各有一图表明黄香之孝和孔融之悌。孔融图旁又注称："融四岁，时有馈梨者至，融独后诸兄而取最小者，或问之，曰：'我小儿当如是。'其后兄弟一门争死钩党之祸。"另于"融四岁"文下夹注："孔子廿七世孙，汉北海太守。融字文举，鲁人。"这些图注对于了解《三字经》文意和增强《三字经》生命力都起到重要作用。上两种书都由清代南京刊印蒙学书最多的书坊李光明庄刊印，可见其流传之盛。另外如连恒的《增补注释三字经》、许印芳的《增订启蒙三字经》和蕉轩氏的《广三字经》等都起着类似作用。与此同时，清代为在满、蒙族人民中普及，还有崧岩富俊译的《蒙汉三字经》和陶格敬译的《满汉三字经》二书的刊行。

五

随着时代和社会的发展与变化，《三字经》的基本资料和体裁被广泛地利用。从太平天国直至解放以后，《三字经》这一传统文化模式在不断地发挥其应有的作用。

《太平天国三字经》是洪秀全亲自指导，由卢贤拔、何震川等所撰，它利用《三字经》形式，以崭新的内容宣传教义和革命，流传面很广。全文共三百五十二句、一千零五十六字，主要内容讲解上帝会的教义和皇上帝的威力，指斥历朝历代的统治，提出革命要求和纪律，应是初期的革命宣传品。

清末江瀚编《时务三字经》，宣传变法维新，普及科学知识，对帝国主义的侵略指斥尤烈，揭露帝国主义的宗教侵略是"宗徒逃，教蔓延，开兵端，数百年，迄于今，祸中国，惟愚民，受其惑"，这本书主要反映了当时"中体西用"思潮。

《共和新三字经》一名《中华民国共和三字经》，是辛亥革命后不久刊行的一种革命宣传品。作者想以此书作青少年的革命启蒙读本，自称"是虽戏述成编，目的最新，字句浅显，适合儿童之闲课"。全书共三百零四句、九百一十二字，插图二十二幅。内容明确划分革命与改良的界限，论证必须革命的道理，如说："犬守夜，鸡司晨。不革命，曷为人？蚕吐丝，蜂酿蜜。不革命，不如物。"并揭发清廷卖国和曾国藩等人镇压人民反抗的罪行。

《重订三字经》是章太炎于1928年为提倡读经而作，其出发点是攻击新式教育，所以在《题辞》中公开宣称："余观今学校诸生，几并五经题名、历朝次第而不能举，而大学生有不知周公者，乃欲其通经义知史法，其犹使眇者视、跛者履也欤。今欲重理旧学，使人人诵诗书、窥纪传，吾之力有所弗能已；若所以诏小子者则今之教科书固弗如《三字经》远甚也。"而对《三字经》原作又认为"诸所举人事部类，其切者犹有未具，明清人所增尤鄙，于是重为修订，所增入者三之一，更定者亦百之三四"。重订本书尾记全书句字是"都五百三十句，一千五百九十六字"。章氏重订不是简单地续补，而是借此表达自己的思想和主张，所以除了补充一些地理人事知识外，主要是为提倡读经而补入大量有关经史子集的知识。他虽然表达了反对科举的态度，将梁灏廷对夺魁的故事改订为荀卿稷下讲学的故事，但对清朝仅以"清太祖，兴辽东，金之后，受明封。至世祖，乃大同，十二世，清祚终"八句作客观叙述，远非辛亥革命前怒斥"夷狄"和"载湉小丑"等激烈态度了。

在土地革命时期，江西老区的列宁小学也编有三字经教科书，向小学生讲述革命道理，如"人之初，本自由，都平等，是一统。私有制，坏大同，从此后，阶级分。有了那，寄生虫，只吃饭，不作工"，分析阶级的形成；又如"天地间，人最灵，创造者，工农兵。男和女，总是人，一不平，大家鸣"，讲明工农兵作主，男女要平等的道理（赵希鼎：《琐谈〈三字经〉》，1962年3月1日《光明日报》）。这对推动土地革命是有影响的。

此外还有不少专业三字经，早的如清人余懋勋编的《三字经》，以二千七百余字讲述上古至明的历史。程思乐的《地理三字经》和《医学三字经》、《历史三字经》等都是在《三字经》影响下所产生的作品。

六

在《三字经》以后出现的注解、增订、改编等作品都没有像《三字经》那样流传广泛而经久。这不能不引起对这一具体文化现象的思考。

《三字经》之所以能够有如此深远影响，首先是它本身所具备的特点。张志公的《传统语文教育初探》一书中曾作过专门的探讨分析，认为在内容上，"有些观点当然不见得正确，但是也有些话说得很不错，成了多年传诵的格言"；"虽然里边有'学而优则仕'、'显亲扬名'、'光前裕后'那套封建统治阶级的哲学，可是所讲的故事多数是有启发性的，要求做有用的人，也不无鼓励儿童上进的作用"。在体裁上，"《三字经》的语言是相当通俗的……除了个别的句子外，没有勉勉强强硬凑字数、硬押韵的毛病。从句法上看，可以说得上是灵活丰富，包罗了文言里各种基本的句式，既有训练儿童语言能力的作用，又使全书的句子显得有变化、样式多、不枯燥"。正是这些才使得《三字经》具有一定的生命力，而更重要的是它把内容和形式巧妙地结合成一体。

传统文化的形式往往被人按照各自的目的加以利用，《三字经》的三字句也和旧诗词形式一样，既可以为进步和革命的内容所用，也可以填充保守和倒退的内容。因而对于传统文化的抉择主要是内容，而形式只是如何善加利用而已，毋须多加挑剔。当然，形式内容的和谐统一无疑将是我们所乐于接受的，也是我们所期望达到的。

我们既不能对传统文化采取虚无态度，也不能持保存国粹的态度，即如《三字经》有封建糟粕，但也有有益的内容。因而对于任何一种具体文化现象都应细心而审慎地去披拣。根本问题在于"为我所用"，要从传统文化中吸取为全民族所喜闻乐见的精华充实到社会主义文化宝库中去；同时还应广泛吸取，择善而从，以建立全民族所共有的社会主义文化。

原载于《文史知识》1997年第1期

漫话"杂字"

不久前，读到吴小如先生一篇短文，写与孙女读《龙文鞭影》之乐，甚是羡慕，不禁忆及童年时祖父让我跪香背三、百、千的往事，当时很不情愿，而今不致语言乏味，终身受用，幼学是有一定功劳的。小如先生的孙女能得乃祖亲为解惑，实是一大福分。

幼学一称蒙学，是从周秦以来两千多年的传统启蒙教育，它分两条道路发展：一条是正规教育，在私塾、官学里从三、百、千、千到《龙文鞭影》、《幼学琼林》，到四书五经，走学而优则仕的宦途。另一条是业余教育之路，农村中的小长工、作坊里的小徒弟、店铺里的小伙计等等都没有完整的学习时间，只能偷闲认点字，其读物就是杂字。它按行业、地区的具体事物，以不同字数编排起来，由书坊印刷，纸墨不精而流传很广，但难以保存，所以搜求不易。最近，我帮助朋友整理《杂字》，求书甚难，当年公私藏家以其为下里巴人多未入藏。经过努力，发掘日多。在北京大学、天津师范大学图书馆和首都图书馆找到《叶韵四言杂字》、《眉公先生四言群珠杂字》、《世事通考全书》、《新增万宝元龙杂字》、《对相杂字》、《改良绘图庄农杂字》、《增广改良四言杂字》。尤为珍贵的是语言学家张志公先生提供出来的明万历二十二年刊印的《鳌头杂字》和或为明刊的《新锲便蒙群珠杂字》。这在当前某些藏家来说，简直是一种触犯"天条"的冒险行为，而志公先生及其哲嗣国风却毫不在意地慷慨借予，展露出读书人的本色，也感谢他们对我的信任。不久，我与老友杨大辛兄偶会于某县，同宿一室，灯下夜话，谈及此事。大辛兄向我介绍了天津杂字收藏家王慰曾先生，并允为联系。不数日便自王先生处取得《天津地理名家买卖杂字》三种版本（1920年、1929年、沦陷时）和《士农工商买卖杂字》，天津味道十足，极具地方特色，内容也趣味益然。杂字类图书的作者不是佚名，便是名不见经传，不意在《蒲松龄集·杂著》中却收有一篇《日用俗字》，共三十一章，一万四千字。所讲都是反对陋习和做人的道理，如批判丧事中扎纸人草马说："纸草荒唐混世人，苇为筋骨纸为身"，"纸扎只待一声哭，费尽千金一火焚"，等等。二百年前有此认识，加以字句准确，称得上是杂字中的上品。

杂字内容丰富，有些在杂字外还有数个与日常生活有关的附录，如明万历刊本《鳌头杂字》，两层楼格式，下层是杂字，分二十门，九千余字，以三、四言列器物、花果、禽兽名称；上层则分天文、地理、人事，作应对生活之用。它集识字、知识、道德教育于一书，颇具小百科的味道。地方性的杂字更使人感到亲切有趣，如清同治刊《山西杂字必读》、民国印本《天津地理名家买卖杂字》及《士农工商买卖杂字》等，不仅可供识字，还能用以辨方言，显风貌。《天津地理名家买卖杂字》，用三三四句式记地理、商业、人物、民生及政情等，如"东车站，西车站，津浦铁路往南看"、"这民国，有伟人，孙文黄兴宋教仁"等。后虽随时代变化略有改动，但流行达数十年之久。

原以为杂字资料搜寻不易，孰料因众人拾柴火焰高而大有收获。如果把收集起来的资料，加以整理说明，印行问世，不仅是研究传统教育的资料，还可用作民俗研究资料。这是一件值得做的工作。

原载于《今晚报》1994年9月22日

润笔与稿费

　　润笔今称稿费，系爬格子人应得的劳动报酬，其源甚早。有人说始于春秋战国，据说几条干肉的"束脩"就是稿费之肇端。我以为"束脩"是指学费而非稿费。我在读清人卢秉钧的《红杏山房闻见笔记》的卷十八中，曾见到所记润笔起于汉司马相如应邀为汉武废后陈夫人写《长门赋》一事。当时非常有兴趣地寻根问底，认为这样的名赋故事在以赋著称的司马相如传中可能有所记载，但是翻遍《史记》、《汉书》的《司马相如传》，虽收有《子虚赋》、《大人赋》等，却无受赠撰《长门赋》的故事。又查《汉武本纪》，也只有元光五年七月"皇后陈氏废"的记事，于《长门赋》也了无一字。后在《乐府诗集·解题》中始见有比较完整的记载说：

　　　　后退居长门宫，愁闷悲思，闻司马相如工文章，奉黄金百斤，令为解愁之辞。相如作《长门赋》，帝见而伤之，复得亲幸。

　　这当然是笔很重的润笔费，体现了文人和文章的价值。相沿到隋，以财乞文，似已成习。及读《隋书·郑译传》载一故事言，郑译被隋高祖封爵沛国公，位上柱国，并立即命内史令李德林作诏书，当时在座的另一重臣高颎戏说"笔干"，译答言："出为方岳，杖策言归，不得一钱，何以润笔？"一要一拒，引得高祖大笑。润笔之风，至唐尤盛。史传笔记多有所记，略择数端，以见一般。

　　李邕前后所制，凡数百首，受纳馈遗，亦至巨万，时议以为自古鬻文获财，未有如邕者。

　　刘禹锡祭韩愈文云："公鼎侯碑，志隧表阡，一字之价，辇金如山。"

　　皇甫湜为裴度作《福先寺碑》，度赠以车马缯彩甚厚。湜大怒曰："碑三千字，字三缣，何遇我薄邪？"度笑酬以绢九千匹。

白居易作元稹墓志，元家谢以奴仆、舆马、绫帛、银鞍及玉带之物，价当六七十万，为谢文之赀。白顾念元白友情，再三拒收，不得。乃以之布施香山寺。

......

看来，唐朝已将润笔视为当然，润笔数字相当高昂，不论亲疏，都要付酬，而且还能争多论少。但也有拒收润笔者，始裴均死，其子持万缣诣韦贯之求铭。贯之曰："吾宁饿死，岂忍为此哉！"又泸州刺史柳批善书，东川节度使顾彦晖请批书德政碑。曰："若以润笔为赠，即不敢从命。"宋人洪迈于《容斋续笔》卷六《文字润笔》条除记唐朝旧事外，又称"本朝此风犹存，唯苏坡公于天下未尝铭墓"，可见宋仍有其事。直至近代，龚自珍曾有诗云"著书都为稻粱谋"，虽非直接润笔，但既可用书换钱，就颇近于当前以书抵稿费，再由作者自己去卖书换钱的意味。

民国以来，除书画作品仍有润笔之说，在一些书画店公开挂"笔单"外，其他卖文者所得酬金则称为"稿费"。五四以后，以鲁迅为代表的作家文人不少成为专业作者，以稿费作为主要生活来源。或赡妻养子，或求学深造，则其数额当不菲薄。有些出版家还肯预付稿费，帮作者安排生活。有的稿费还不低，聂绀弩编《中华日报》的副刊《动向》时，对鲁迅的文章不足千字按千字，每篇3元（一般千字1元）。一个月写万把字可得稿费30元，足能维持三口之家的生活。但是有些也在稿费上算计作者，鲁迅投稿，编者计算稿费时将全部标点扣除。后又约稿，鲁迅乃以通篇无标点文章交付。编者难以断句，又求教于鲁迅，鲁迅笑道："标点固需费事也，何不算稿费？"成为一段稿费佳话。

50年代，旧章率多兴革，稿费制度一仍旧贯，千字之文所得，于家用不无小补。1956年，我应湖北人民出版社之约撰写我的第一本学术著作《北洋军阀史略》，言明千字10元，预付稿费500元，相当我半年工资，并且约定交稿后如不能出版，预约金可不退，亦可谓宽厚矣！六七十年代，知识和知识分子一落千丈地贬值，稿费被加上"资产阶级法权"的帽子而废除，也就无需再谈论它的多少高低了！80年代，百业俱兴，稿费制度得以恢复，爬格子的人们颇为之雀跃，因为他们的劳动价值得到承认。随着物价特别是书价涨幅的过快过高，稿费显然偏低。即以我1956年所写第一本书《北洋军阀史略》与我1996年所编《林则徐年谱新编》的稿费收入为例，若与各买赠书百册的支出相比，前者仅占稿费的3%，而后者则高达20%，以致难以买书送人。如果再有以书抵稿费或言明出书无稿费等苛例，则作者更为狼狈不堪，既会被不明内情者羡慕，以为大有收入，又往往为了"以文会友"，不得不自掏腰包买书送人。年前稿费曾有上调喜讯，但又闻系建议性意见，而由出版家自行酌定。但不论如何，还是只听楼梯响，爬格子的人们正在翘首企盼有人下来，纵使所调不高，至少尚可得到一点点精神上的慰藉！

原载于《光明日报》1998年3月12日

追本求原

最近因研究稿费问题而连及古代的润笔，遂翻检一些杂书，希望能找到一两条有关资料，终于从清初赵吉士所辑《寄园寄所寄》卷七中搜寻到所收《珊瑚网》中有一条比较概括的记载，十分欣喜。所记隋唐润笔实例有隋郑译和唐柳玭，它还引录了宋人洪迈《容斋续笔》中一条有关资料。这条资料既讲了润笔的历史，也举出了五六个实例，很能说明问题，于是我就想以此为据入文。《珊瑚网》据《容斋续笔》所写的全文是：

> 文字润笔，自晋宋以来有之，至唐始盛。李邕作文，受纳馈遗至巨万。皇甫湜为裴度作福先寺碑，度赠车马缯彩甚厚，湜大怒，度又酬缣九千匹。白居易作元稹墓志，谢以鞍马、绫绢及玉带之物，价当六七十万。裴均死，其子持万缣诣韦贯之求铭。刘禹锡祭韩昌黎文云："公鼎侯碑，志隧表阡，一字之价，辇金如山。"

案头适有容斋诸笔记，私念不知《珊瑚网》的引文是否准确，乃顺手翻检《续笔》，在卷六果有《文字润笔》一则，即《珊瑚网》所引据者。相核之下，发现《珊瑚网》对引文颇多删略。古人引文率多如此，本不足怪，但求无背原意。于是重加详校，得如下数例：

（1）简略事例：《续笔》有唐穆宗命萧俛为王士真撰碑被拒事。文宗时，长安"大官卒，其门如市"。为的是"争为碑志，若市买然"。又记有宋人曾子开为友人彭器资作铭而拒其子馈遗等事例。《珊瑚网》均略之。

（2）简略情节：《珊瑚网》仅入刘禹锡祭韩愈文中的论断，而略去韩宏得韩撰《平淮西碑》石本，即寄绢五百匹和为王用撰碑，得其子巨额馈赠等情节，又《珊瑚网》引《续笔》记皇甫湜与裴度争润笔事而略去皇甫湜大怒后的话。皇甫湜大怒曰："碑三千字，字三缣，何遇我薄邪？"于是裴笑而如数付清，很有点像如今争稿费的味道。这样生动的重要对话竟被删略，实不应该。

（3）寓意相反：有些删略处往往牵涉到一个人的人品。《珊瑚网》引《续笔》所记白居易收元稹墓志酬金看来，白居易完全是个认钱不认人、毫无情义的小人；但《续笔》所引白氏《修香山寺记》中白氏自述云："予念平生分，赟不当纳，往返再三，讫不得已，因施兹寺。凡此利益功德，应归微之。"原来白居易是一位非常重道义而轻钱财的君子。又引《续笔》记裴均死，其子持万缣求韦贯之作铭，似韦贯之为一好财之贪夫，实则《续笔》于其下尚有"贯之曰：'吾宁饿死，岂忍为此哉？'"之语，则贯之不愧为极重操守的大丈夫。《珊瑚网》信笔删节，几坏人名节！

征引前人著作无可厚非，有所删略也为古人著书时之常例，但万不可随意行之，致违原意。至于读书者，如见有引文，也当追本求原，免失原意。

原载于《邃谷文录：来新夏自选文集》（下册）　来新夏著　南开大学出版社2002年版

闲话"名人"

名人之称，近年风靡一时。凡是在职业或是在行业前加上"著名"字样，或已被名人录、名人辞典以及名人传略收录，不论是被强行收录，还是"纳赀"入录，似乎都算入名人之列。名人数量之多，已如过江之鲫，数不胜数了。

那么名人究竟如何指实？确是不易。名人是古已有之，于今为烈的历史产物。东汉班固写《古今人表》，正式为名人分级立榜；东汉末许劭月旦人物，为评选名人之始。名人又是内涵极富、品类甚繁的一大概念。如代圣人立言，为百代宗仰，可称"名儒"；确有实学，桃李满门，可称"名师"；忠诚无私，利国安民，可称"名臣"；驰骋沙场，保疆卫土，可称"名将"；识透世情，风流潇洒，可称"名士"；济世活人，妙手回春，可称"名医"；鬼斧神功，技艺精巧，可称"名工"；社会贤达，纵横游说，可称"名流"；高歌绕梁，载誉海外，可称"名伶"；婀娜摇摆，沙声哑音，可称"名歌手"；送往迎来，弹唱琴棋，可称"名妓"……凡此种种，屈指难数，但历来皆包容于名人概念之下，此名人之难确切定其名也。

名人的范围亦云广矣。有家族名人，事迹可见于家谱；有一地区一行业的名人，可见于地方志书和报刊传略；有通省名人，可见于通志和传记专著；有全国名人，可见于国史和百科全书；有世界名人，闻名遐迩，事迹俯拾皆是。是名人之大圈圈套小圈圈而分不同层次，犹如砂锅之有大中小号之自成一套。砂锅可不论大小，都名之为砂锅；名人终不能不论入圈大小，那么确定名人又当以何圈何层为准，我于此茫茫焉，皇皇焉！

名人不是完人，有时也会出错，即使一级名人，也难免不在具体问题上出错。有的人出错之后就公开承认错误，如萧乾、文洁若应该说是一对名人夫妇，他们因在一个译注中将"罗马天主教会"误作"英国的基督教会"而在刊物上公开更正；王蒙也是一位大名人，在所写题作《想起了日丹诺夫》一文中，把俄国一位诗人的生死问题弄颠倒而在刊物上向读者致歉。这些做法都保持了名人风范，无损于其为名人。但也有些名人，架子难放，讳疾忌医，令人有名人不过如此之憾。还有一种自命为名人而以名压人者，如有人著文批评了某名人，某名人不但没有闻过则喜，反而声色俱厉地叱责别人是"想以打击名人而成为名人"，名人气度又何其小也！

名人虽然为人所羡慕和景仰，但有时似乎又让人感到有点嘲讽意味。我本不善书法，从不敢任意挥毫。有一次为自己的书房写了篇铭记，几经修改后定稿，颇为得意，一时冲动，用墨笔宣纸写了一横幅，装裱后挂在书房，朋友们看了都说文章写得不错，但从不涉及我的书法如何，这当然是为我留面子的礼貌行为。我的儿子曾经练过几年魏晋小楷，至少有点鉴赏力，他也认为文章不错，但对书法未赞一辞，我急问书法如何，儿子微笑着说："您这是名人书画。"言外之意：字写得不怎么样。我为之瞠目语塞，始悟"名人"究为何物！

名人既非某些人所可册封，也非某种会议所能评选产生，更非经名人录、名人辞典入录即可认定，而是在历史长河中冲刷沉淀所得。遥想历朝历代，何乏名人，而今日所存者又有几人！史传所记各时代名人如恒河沙数，但传之后世又有几多人能道其名姓。当今之世，又有多少煊赫一时的名人，昙花一现即泯灭无闻者。特殊的东西如果太多也就无特殊可言。名人成堆成把，也就没有什么名人了。杜甫对"名人"发出警告："尔曹身与名俱灭，不废江河万古流。"苏长公阅世既深，放声高歌："大江东去，浪淘尽，千古风流人物。"达人名言，当有参悟，世人又何汲汲于名人之称？

有些人虽时无微名，但传之久远，却声名鹊起，如花雕之愈陈愈香也。蒲松龄其人，科场蹭蹬，仕途无望，绝不如当时状元公游街夸官之声名显赫。当其时，他淹滞穷乡，甚至连家馆都找不到，只好在道旁路边去摆茶摊，听过路歇脚之人说怪力乱神，更深夜静，乃出之笔端，书之寸笺片纸，积久遂成《聊斋志异》，为志怪小说不世之作。蒲公终享身后大名，屹立于世界文化之林，方不愧于名人之称，且为后之研究者、旅游业者留多少饭碗。至当年之状元公早已声名俱灭，无人知其为名人。曹雪芹之一生亦复类此。是名人之非人为而有待历史之冲刷。水到渠成，自成名人。吹尽黄沙始见金，不做一时炒出来的"名人"；只有"德业崇闳，文章彪炳"，才是名副其实的名人。

原载于《光明日报》1997年9月3日

卢沟还是芦沟

在抗战胜利五十周年的时候，"卢沟桥"成为人们的话题。话说无妨，可形诸文字就有"卢沟"、"芦沟"的混用。有来问者，究竟何正何误？愿陈愚见。

卢沟水源出于山西马邑县北雷山，东流入河北，称卢沟河，经北京西郊东北的卢师山西，流至北京西南郊。因经常泛滥，又称无定河。清康熙三十七年疏浚下游，固定河道，改称永定河，上游则名桑乾河，卢沟河之名始废。

"卢"字作黑或浑浊讲。古书上时有所见。略举数例：（1）《释名》："土黑曰卢。"（2）《水经注》："池水黑曰卢。"（3）《韵会》："湛卢，越剑名。欧冶子所铸，言湛然如水黑也。"（4）《博物志》："韩国有黑犬名卢。"

由于这条河水浑浊而黑，所以有黑水河、浑河、卢沟之称。《大清一统志》说："卢沟河，俗呼浑河。"《燕都游览志》说："以其浊，故呼浑河。以其黑，故呼卢沟。"金世宗大定二十九年（1189）六月至章宗明昌三年（1192）三月于卢沟河上建成石桥，取名广利，后以河名称卢沟桥。今桥头"卢沟晓月"碑则为清乾隆御笔。金时已有卢沟镇，为京师出入的通衢要道。达官贵人、文人学士多于此送别，有不少诗歌流传。《金史》是金朝正史，其《河渠志》有"卢沟河"专目，通篇无"芦沟"字样。《金史》成书时间与金尚近，当可凭信。明《一统志》和《长安客话》、《帝京景物略》等书也都作"卢沟"和"卢沟桥"。但宋金以来，也有以"芦沟"入诗文者，或当时未详察，不深究"卢"作黑解，而卢沟河即黑水河之意，却从沟字着想，既是一沟，当为芦苇之丛，故写作"芦沟"而失去河名本意。

为进一步证实，我曾征询抗战纪念馆刘建业副馆长，承告：（1）河由卢师山流来；（2）"卢"字本意为黑，河水浑黑，故名卢沟河、浑河，又名黑水河，绝非芦苇之沟。我又向曾亲临其地考察过的地方志专家杨大辛请教，他以各种资料为据，肯定以"卢沟"为准。所以，我认为当以"卢沟"为正，而"芦沟"则为误用、混称、俗称、或称、一作等等而已，不能作为正式而准确之名。尤其是引用旧文献资料更不宜滥改。

一九九五年九月写

原载于《温州读书报》2007年第7期

"天津卫"考

【《北京日报》理论周刊·文史专栏读者来信】

编辑同志：

　　你好！前不久贵报刊发的《我的"新畿辅观"》一文中提到"天津卫是拱卫京师的重镇"。那么，"天津卫"这一称法是怎么来的？能否请有关专家予以回答。谢谢！

读者刘慧
2004年11月28日

刘慧同志：

　　您好！"天津卫"是包括天津人在内的一部分人对天津的习惯称法。这种称法有一定的历史渊源。

　　到今年，天津设卫筑城已有600年的历史（为作纪念，天津古籍出版社推出了《天津建卫六百周年》丛书）。天津作为一个具有完整意义的都市是在明清时期完成的，而作为这一转折的重要标识则是明永乐二年至四年（1404—1406）间的设卫筑城。朱元璋于1368年建立明朝后，为了巩固王朝权力，遂封诸子为王，分守各地，其第四子朱棣被封为燕王，驻守北平。1398年，明太祖死，因太子早逝，由太孙允炆继位，是为惠帝。也许出于更好地延续明王朝的发展和强化明政权的需要，燕王决定发兵与侄争位。他率兵由直沽"济渡沧州"（见嘉靖二十九年《重修三官庙碑记》，天津历史博物馆藏碑）南攻。征战数年，终于在1402年攻入南京，即帝位，是为成祖，年号永乐。明成祖在成功喜悦之余，为了纪念始发兵的"龙兴之地"，把直沽这个曾是"天子渡河之地"（明李东阳：《修造卫城旧记》，见《天津卫志》卷四）赐名为"天津"（天是天子之义，津是渡口之义）。关于天津的得名，曾有星座说、津河说、关口说和赐名说等各种不同说法，但赐名说既有上引比较翔实充分的文献根据，又为津民口碑所熟知，所以当以天子渡河而得名之说为近实。

明成祖虽即帝位于南京，但他不能遗忘自己的实力据点北平，必然要把政治中心北迁，把北平作为他的北京，以维护和巩固他的新政权。但在迁都北京之前，他必须先把作为京师屏障和门户的天津建设好，于是在永乐二年十一月二十一日（1404年12月23日）下令在天津设天津卫、天津左卫、天津右卫，统称三卫，天津的第一部志书就以《三卫志》为名（今佚）。并在这一军事性的据点驻兵一万六千余人，以拱卫将建立的京师和维护当地的安全。并命工部尚书黄福、平江伯陈瑄、都指挥佥事凌云、指挥同知黄冈"筑城浚池"。

天津城的初型是以土版筑，城基距地表约四米，逐层用黄土夯实，土层间铺撒碎砖瓦和瓷片，类似后来所谓的"干打垒"，所以称为"筑城"。这座土城周长九里余，城高三丈五尺，宽二丈五尺，城的形状是东西长，南北短，很像一把算盘，所以津民有称之为"算盘城"的。经过一年多的时间，土城建成，于是作为天津卫所的实体矗立起来，至今犹啧啧于津民之口的"天津卫"这一惯称，也自此出现。时隔五年，明成祖将一切部署就绪，便于永乐七年（1409）正式北迁，建都北京。天津也从此承担起明清两代捍卫京师的职责。

但是，土城筑成将近百年时，就日渐倾圮残损，而不得不修建加固，于是在明孝宗弘治六年（1493），由时任天津兵备道的刘福主持，用砖包砌加固，城池同修，各门增建瓮城和城楼，历时两年竣工。明朝政府很重视这次重修，特由当时重臣、文学家李东阳亲为之撰写《修造卫城旧记》，记其始末，为天津城建留下了重要文献。

设卫筑城后的天津，各方面都有较快发展，特别是粮、盐两大经济支柱更为显著，天津从设卫筑城以来，经过有明一代的经营，到明清之际，它终以有拱卫京师门户，河海转运枢纽，商业繁荣兴盛，富鱼盐之利，招八方来客的优越条件，而成为人所瞩目的要埠，远远超出单纯军事要冲——"卫"的地位。所以《天津卫志》特以浓彩重墨概括其盛况说："天津去神京二百余里，当南北往来之冲，南运数万之漕，悉道经于此。舟楫之所咸临，商贾之所萃集，五方之民所杂处……名虽曰卫，实在一大都会所莫能过也。"顺治十二年（1655），荷兰使节哥页赴京，路过天津时，曾把天津与广州、镇江并视为中国三大港口。天津的"人烟稠密，交易频繁"，使这位使节惊讶。自此以后，天津已是一个比较成熟而开放的城市了。

来新夏
二〇〇四年十一月二十九日

原载于《北京日报》2004年12月6日

天津小站稻

小站稻是一种色香、味佳的良种稻，在我们这个以粮为主食的国家里，无论厅堂的盛宴，还是家庭的餐桌上，即使已经饱餐了美味佳肴，也会被晶莹如玉的小站稻米饭挑引起食欲。它因而驰名中外，成为我国北方粳稻区的名产。

小站稻的故乡小站在天津的东南，距市区二十余公里，是清末袁世凯练兵起家的"龙兴之地"，现属津南区。由于它是小站稻的始产地，后来小站以外的一些地方所产稻米也往往被习惯地称为小站稻。

小站稻作为名产虽然只不过一百多年，但是它的种稻历史却已有千年。早在宋朝第二代皇帝太宗端拱年间，有一位沧州节度副使何承矩出于加强边防的动机，建议太宗从现在河北高阳向东到渤海西岸，长三百余里、宽七十余里的范围内，开沟屯田，造地种稻以养兵，这一建议获得宋太宗的同意，并给予很大的支持，任命何承矩为这一地区的屯田使。何承矩奉命后，选用黄懋为助手，调动了一万八千余兵力，用了十年时间，修建了六百里堤堰，开渠建闸，改进土壤，终于出现了包括小站在内的一大片种稻区，又经过引进良种，调整农时，反复试验而获得成功，《宋史·食货志》和《何承矩传》对这一开发功绩都有所记载。

元朝也有过在直沽沿海口屯田的记载，但规模不大，也重视不够。

明朝采取"寓兵于农"政策而实行屯田，小站种稻又有所恢复与发展。有不少大臣上书言事和实地进行，其中保定巡抚汪应蛟是位农田水利专家，他于明万历二十六年（1598）到小站来垦田种稻。他在小站地区北部沿海河一线开辟二十五里地段的种稻地，基本上确定了现在小站种稻区的规模。开渠修堰，垦荒屯田，改造盐碱，为小站稻的生长发展建立了重大的功绩。十五年后大科学家徐光启曾四次到小站进行实地勘察。

清朝比较注重北京附近地区的农田水利，当时称为畿辅水利，许多大臣都作过调查研究，如雍正时的怡亲王允祥和大学士朱轼对小站的明代屯田进行修复；嘉庆时的林则徐对兴建畿辅水利，推广种稻提出比较完整的建议；咸丰时，僧格林沁在咸水沽、葛沽一带引水种稻也取得了一定的成绩。但是，大规模的开发种稻则是在淮军将领周盛传主持下进行的。周盛传于同治十二年（1873）因在马厂一带练兵，需要筹饷而率军在新城附近开渠种稻。经过几年的努力，他终于挖通了马厂减河，解决了农田用水问题，又选用良种，采用江南种稻经验，在军垦外又广招河北、河南、山东、安徽等地的穷苦农民领种稻田，使小站种稻面积达136500亩。米质优良，成为特产。小站镇亦随之而兴旺繁荣起来。周盛传对小站稻成为名产和小站镇的发展所作的贡献是值得纪念的。至今，小站还保存着周公祠，纪念这位小站和小站稻的开拓者。周公祠已定为市级文物保护单位。

民国以来，历经军阀混战、日伪掠取，小站稻的生产遭到一定程度的破坏。

解放以后，由于改变生产关系，解放生产力，小站稻的种植和产量得到一定的恢复和提高。1957年，种植面积达到26.44万亩，亩产量657斤，与1948年相比，耕地面积扩大88.9%，亩产量增54.6%。后来由于水源不足，管理不善和某些政策措施不当，致使小站稻的生产下降到解放前后的水平。1963年以后，由于兴修水利、纠正"五风"、贯彻"农业八字宪法"，实行科学种田，精选良种，小站稻的生产有所回升，1965年耕种面积达23.87万亩，亩产915斤，总产量21841万斤，达到小站产稻史上的最高纪录。不幸1972年以后，水源基本枯竭，又遇特大干旱，人们在"无水也种稻"的错误理论指导下，强行种稻，几乎接近颗粒无收。1973年后，又受极左路线干扰，一律水田改旱，小站稻濒于中断。三中全会以后，群众总结经验教训，自备水源，积极种稻，使小站稻的生产逐渐恢复，八十年代以来农村改革的深入进行，给小站稻的生产增加了活力，经过十来年的努力，小站稻重新列入名特产品的行列。特别是这些年来，实施"绿色食品工程"，试验生产无公害稻米，以有机肥代化学肥，以生物农药代化学农药，精选优种，科学管理，获得成功，1989年开始批量生产，获得很大的经济效益，使小站稻重放光彩，驰名海内外，为天津增辉。

原载于《冷眼热心——来新夏随笔》（当代中国学者随笔）　来新夏著　东方出版中心1997年版

名镇小站

　　小站位于天津市区东南约三十公里处，在月牙河与马厂减河交汇处的北侧。清同治十二年淮军将领周盛传在此屯田练兵，在塘沽新城修建炮台。为了往来方便，从马厂到新城间铺设了一条大道，沿途设驿站，每五里一小站，十里一大站。光绪初年，周部除马队仍留在马厂外，其他营队都从马场移驻到海滨荒滩的潦水套，这里正是驿道的一小站，故习称小站。甲午战后清廷编练新军亦在此地，因交通不便，士兵购物，要到十里以外，于是就在小站东侧，驻军总部南侧，建立新的城镇，起名新农镇；但民众久已惯用小站之名，又较顺口，所以新农镇之名反为所掩。小站镇之所以成名，是因有两件大事：一是小站稻，二是小站练兵。

　　小站稻是一种色香味佳的良种稻。小站稻作为名产，不过百余年，但它的种稻历史却有千年。据《宋史·食货志》所记，宋太宗端拱年间（988—989），沧州节度副使何承矩建议从现在的河北高阳向东到渤海西岸，长三百余里、宽七十余里的范围内，开沟屯田，造地种稻以养兵。这一建议得到太宗的同意和支持，何承矩调动了18000余兵力，用了十年时间，终于修成一条长六百里的堤堰，开渠建闸，改进土壤，终于造成包括小站在内的一大片种稻区。明朝也很重视这一地区，有位农田水利专家汪应蛟于明万历二十六年（1598）曾到这里来垦田种稻，他在小站地区北侧沿海河一线开辟了二十五里地段种稻区，基本上确定了现在小站种稻区的规模。

　　清朝颇重畿辅水利。许多名公巨卿都提过建议，并做过种稻实践，取得一定成绩。但是大规模的开发种稻，则是在淮军将领周盛传主持下进行的。他从同治十二年（1873）驻军马厂后，经过多年的努力，终于开通马厂至新城的河道，解决种稻用水问题。又选用良种，采用江南种稻经验，在军垦外又广招河北、河南、山东、安徽等地的贫苦农民领种稻田，使小站种稻面积达136500亩，米质优良，成为名特产。百余年来，相沿不衰。这不仅使小站稻的品牌驰名海内外，小站镇亦随之发展繁荣，走向名镇地位。周盛传对小站稻成为名产和小站镇的发展所作的贡献，是值得纪念的。

二十年后，小站又发生一件于中国近代历史有着重大影响的大事，那就是"小站练兵"。一般认为"小站练兵"是袁世凯独有的业绩，实际上，上起同光之际淮军将领周盛传的盛字营就在此屯田练兵，下至民国九年（1920）段祺瑞在小站编练的振武军被遣散，前后近半个世纪，小站一直是练兵之地。其间甲午战后袁世凯编练的"新建陆军"，名声显著，成效最大，影响极巨，对此后三十余年中国政局起着举足轻重的作用，所以人们常把"小站练兵"与袁世凯联系在一起。

清朝自甲午战败于日本，举国为之震惊，连统治集团中也有不少人认为旧军已失去效用，军制改革已是当时的重大举措。经过朝廷大员的议论，终于决定在北方编练定武军，光绪二十年（1894）底，洋务要员胡燏棻即受命在马厂编练新军——定武军3个营，规模虽小，而步、骑、炮、工俱全。不久，因办有成效，获准扩充为10营5000人，实际人数为4750人。这些兵士多自山东、河南、口外、朝阳及京、津附近招募而来。屯驻马厂，参用西法教练，光绪二十一年十月二十二日（1895年12月8日），胡燏棻调任津卢铁路督办，袁世凯在奕訢、李鸿藻、荣禄等亲贵大臣推荐下，接办定武军事宜，袁世凯当日就离京赴任，积极经营这支军队，由原来的4750人扩编为7300人，并于十一月初一日（12月16日）正式命名为"新建陆军"。按照他的思路和事先所制各种规章制度，编练新军。这支军队按照德国陆军编制，以镇、协、营、队、排编成，具有步、骑、炮、工各兵种职能。严格招募士兵以提高部队素质；由军事学堂出身，具有当代军事知识的人充任军官；聘请洋员担任教官；全部改用标准化的武器装备；加强训练和后勤补给；等等。所有这些，都与旧军面貌完全不同。这支命名为"新建陆军"的军队是中国新式陆军的开端，是对旧军制的一种重大改革，是"小站练兵"的成绩，这些都是应予肯定的，其中有几点很值得注意。

袁世凯在谋求练兵权的时候，曾邀集一些亲信幕客通晓军事的人编制一套练兵方略，包括《练兵要则十三条》、《新建陆军营制饷章》和《募订洋员合同通稿》等，其中《练兵要则十三条》是袁世凯编练新军的一套完整设想。举凡军律、饷章、器械、募兵、教育、用人等方面，均有较清楚的说明。他的《营制饷章》也按步、马、炮、工等营以及督练处所属的官弁员额及饷额多少，均作了较详细的规定。此外还有许多编练新军的章制、禁令、训条及操法等。所有这些练兵文件，后来都汇编在光绪二十四年袁世凯印行的《新建陆军兵略录存》中，使新军的编练，有规可依，有章可循。

"新建陆军"有一套完整的后勤体制，从最高的督练处到步、马、炮队，都有专管后勤的供应机构与人员。所有下属的机构与人员都直接由督练处所属的各局领导调遣，构成上下沟通，直接指挥的体制。这是"新建陆军"战斗力较旧军为强的一种重要变革。"新建陆军"所设参谋职能、电讯联系和军乐队等，都是旧式陆军中所没有的，它还在营规中规定了士兵在营期间请假、伤病给饷及阵亡赏恤的具体办法，对军队实行严格的管理，较旧军也是一种进步。

但是，袁世凯没有沿着改革军制的正常道路走下去，而是将一套先进建制、装备和训练技术与他的封建统治思想、恩威并重的权术结合在一起，形成一套"中体西用"、特殊而畸形的治军方法。他赤裸裸地采用金钱收买、认干亲、论同门、结拜兄弟、结儿女亲家、封官许愿、小恩小惠、安插职位等手段，培植死心塌地的爪牙，造成"兵为将有"的"私兵"事实。他又广招封建文人对弁兵灌输"忠君"、"尽孝"和"袁大人是我们的衣食父母，我们要为袁大人卖命"等封建思想，把"新建陆军"的全体官兵固结在袁世凯的周围，形成一种以封建关系为纽带的特殊团体，也就是北洋军阀集团中一直盛称的北洋袍泽关系，使"新建陆军"成为以封建思想为灵魂的新式武装，为中国近代史上北洋军阀集团的形成奠定了基础。

关乎经济民生的"小站稻"和军事上有重大改革的"小站练兵"，不仅是天津的重大史事，而且也传闻海内外。由于这两件大事的巨大影响，小站也随之而成中国名镇之一，啧啧称道于人口，并引起当地政府的关注。近年兴建的练兵园，虽陈列多非旧物，但因此引发民众记忆，不忘历史，仍有一定的贡献。希望有更多的知情者回忆往事，发掘历史，发展和充实天津地方文献的积存。

原载于《今晚报》2009年11月26日

天津乒乓球队史料

鉴于第四十三届世乒赛在津举行，很想知道一些有关天津乒乓球运动的资料，苦于难得。恰好收到刚刚问世的《天津通志·体育志》，非常高兴，该书第三篇第二章第四节是乒乓球专节，虽然仅有文字3页，附表1页，叙述比较简略，但还是从中获得了不少知识，主要有如下几点：

（1）乒乓球始于十九世纪的英格兰。

（2）各国均称乒乓球为"桌上台球"，日本称为"桌球"。

（3）1904年，乒乓球引入中国，天津是最先流行和发展的沿海城市之一。

（4）1914年，天津第一张乒乓球台出现于天津青年会（今少年宫）少年部游戏室。

（5）天津的乒乓球运动是三十年代才逐渐兴盛起来的。基督教青年会有了符合远东乒乓球赛所使用的标准球台。

（6）1931年基督教青年会举办第一次全市乒乓球公开赛，成为天津正式比赛的开始，有十七八个队六七十人参加，历时月余。冠军是"青萍"队，单打冠军是李显微。

（7）1932年举办第二次公开赛，人数增多，"青萍"队蝉联冠军，个人冠军是李学荣。有女子5人参加，设个人单打一项，冠军是纪文英。

（8）1933年1月，天津以"银星"、"北宁"两队为基础组成"北星"队赴京比赛，战胜了北平冠军"青霜"队。

（9）1934年9月9日，天津成立"中华乒乓球联合会"，有会员15人。

（10）1935年天津组建"中华乒乓球队"。10月，张鑫华、孙照鸿、何子豫、李学荣、黄秉熙、杨春圃、陆敬观等组队去上海参加第六届乒乓球赛暨第一届团体锦标赛。

（11）1936年5月，基督教青年会举办第一届华北埠际乒乓球赛，天津、青岛、济南、北平四城市参赛，天津夺得冠军。次年，抗战发生，天津的乒乓球运动渐趋低落。

由于《天津通志·体育志》正式出版后，我是第一个从运津样书中得到该书者，志书一时尚难普及，所以按年摘要编次，以飨读者。但又感到所记尚嫌不足，遂就手头所有天津旧画报——《北洋画报》，粗加翻检，在1933、1934两年略有所得，摘录如次：

（1）《北洋画报》第986期（1933年9月16日）载有该年天津市夏令乒乓球公开赛女子个人冠军谢文碧女士的玉照。图示冠军奖为银盾一座，锦旗一幅，中间有"优胜锦标"四个大字，上首题"天津市夏令公开乒乓球比赛女子个人冠军"，下题"北宁体育会敬赠"。

（2）又第1063期（1934年3月17日）载有白星女子乒乓球队七名女队员合影，队长唐秀华，队员有陈佩华、林秀莲、杨学超、伍云芝、鲍民达、王瑞贞。

（3）又第1102期（1934年6月16日）载有晨曦女子乒乓球队队员合影，有谢文芳、谢肃贞、谢文碧、邓婉珠、谢文英、杜若芳等六人。其中谢氏女性四人，而谢文碧还在上一年夏令乒乓球公开赛中获女子个人冠军。

这虽是图片资料，但也反映三十年代时天津乒乓球运动的活跃状况，尤其是女子乒乓球运动之兴盛更引人注目，对《体育志》也是一种补充。抗战前夕天津报刊较多，如能更深入地翻检，必当有所收获。

原载于《今晚报》1995年5月18日

市声琐记

读中学时，曾在国文课书上读过一篇清初古文家沙张白所写的《市声说》，文章不长而文字流畅可读。当时因喜欢这篇文章，很快就背下来，而得到过老师的夸奖。尤其是描写市声情态那一段，更因其十分精彩，至今犹能大致背诵：

> 鬻百货于市者，类为曼声高呼，夸所挟以求售，肩任担负，络绎孔道；至于穷墟僻巷，无所不到，传呼之声相闻，盖不知几千万人也。祁寒暑雨，莫不自晨迨暮，不肯少休，抗喉而疾呼，以求济其旦夕之欲耳！

作者刻画千百万叫卖者的勤苦，好像一群影影绰绰的身影在倾吐人生一种最起码的希求，他们那种曼声高呼的声音，也似乎若断若续地在敲打着我的耳鼓，犹如倘佯在闹市之中，颇为引人入胜。给人一种生活的亲切。

那时，我家住在天津北站附近一条已有数十年历史的陋巷中。一套三合院的平房，由于门墙不高，巷子里的声音都能一丝不漏地飘传进来。白天有两种市声最能引动我：一是卖小金鱼和蛤蟆秧子的，只要一听到那修长身材老者的叫卖声，我就会放下手头的作业奔出门去，蹲在鱼挑子旁观赏。鱼挑子的一头是高提梁的浅木盆，一盆子清水中游动着不同颜色的大小金鱼和黑灰色的蛤蟆秧子；另一头是篾竹筐，装着各种型号的玻璃鱼缸，鱼缸上画着五颜六色的图画，我有时从木盆里捞几条喜欢的小鱼放在一个小鱼缸里买回去，过几天鱼死缸破再买。有时老人会用小杯子舀一小勺蛤蟆秧子让我仰脖吞下去，说是可以"败火"，我则付给老人一个小铜板。也不知吞过多少次，且也未拉肚子。直到有一天被从外边回来的父亲碰上，把我拉回家训斥一顿后才算中止这种有趣的行为，但至今也未能明白蛤蟆秧子究竟是不是"败火"。更引我动情的是"卖药糖"的小伙子，他矮矮的个子，斜背着用花花绿绿碎绸片点缀的若干玻璃瓶，玻璃瓶里放着不同颜色的药糖。他歪着身子，用手掌半遮着嘴，声音嘹亮地介绍药糖的品种和特色：

买药糖/哪位吃我的糖呀/桔子还有蜜柑/砂药仁丹/卖药糖啊/小钱喽不卖/大钱一块/香蕉桔子桂花味/鸭梨苹果薄荷味/特别的酸红果糖/茶膏薄荷特别凉

我也曾用零用钱买过几次，味道确如他的叫卖。一晃几十年过去了。叫卖的词句可能已记忆不完整，但缭绕的余音至今仍然使我能够保留几分韵味地喊它几嗓子。五十年代末，我在编写京剧《火烧望海楼》剧本时，就把这段生活经历写进去，演出时受到天津老乡的热烈欢迎，取得了相当好的轰动效应。

晚间的市声比白天的市声更有味。它为寂静的夜晚增添了无法描写的小巷情趣。形形色色的叫卖声此起彼落，"萝卜赛梨辣来换"、"羊头肉嗬"、"芸——豆"、"崩豆萝卜"……这种种清亮脆生的市声并不让人厌烦，反而感到一种在寂寞中有人相伴，甚或传递来某种恬然和安慰。它解除了多少异乡游子、深闺淑女的孤寂。随着夜色渐深，市声也慢慢地由高昂走向低沉，直到十一点钟前后那位伛偻着衰躯，拖着纤缓而略带凄苦声调的叫卖"硬——面——饽饽"的市声缓缓地由远而近。老人声音中的"饽饽"二字短促而止，仿佛在诉说他的老境堪怜，或是谴责子女的不孝。他的叫卖声似乎告诉人们，夜也像他那样到了晚年，要把人们带入昏沉沉的朦胧。但是人生总有一些想不到的突转，忽地若柳暗花明一般，一声"半空儿嘎！"又为人们唤回了清醒和欢乐，特别是小别重逢的夫妻，他乡偶遇的故知，寒夜围坐，聚谈倾诉，正感到绵绵而略有饿意时，一听此声，便急匆匆地抓个小口袋奔跑出门，买上小半袋，兴致勃勃地回房去边剥边吃。这些从炒花生中筛选出来的半拉子，虽然都是些不满仁的"瘪子"，但却很香脆。半空儿的市声为午夜昭示着新的一天。

五十年代以来，小商小贩减少，原来那些市声濒于绝迹，尤其是寒夜中那由远而近，悦耳而不扰人，富有节奏美感的声音再也难以听到。一片寂静的校园中，偶尔有一两声收废品的叫卖声，虽说不那么动听，但并不烦人，且常常能引动我对原来那些市声的忆念。那卖小金鱼声的悠扬，卖萝卜声的爽利，卖药糖声的高昂，卖饽饽声的低沉，声声入耳，似乎已是每天生活中不可或缺的点缀，听不到这些总感到有点憾然。

这些年，不知从什么时候开始，校园寂静被打破，除了收废品的有大幅度的增加，有它便民的一面外，各种各样的叫卖声此起彼落，喧嚣一时，可惜已失当年的市声风貌。有的还使用现代宣传工具扩音器大呼小叫，无论在友朋晤谈，聚精会神地工作，还是在我"累欲眠君且去"的时候，一股噪音会搅得你烦躁不宁，把对市声的美好回忆击得粉碎："卖废报纸、旧书本的啦！"、"旧自行车的买"、"旧钟表旧衣服的卖"等新市声，不但没有侯宝林相声段子中的那种美感，而且也失去市声的广告意义，都是直着嗓子的刺耳声，尤其是"有旧家具的——卖"这一声中的"卖"字，像是咬紧后槽牙发出的恨声恶气，似乎命令你快把家具卖给他才对，哪像"萝卜赛梨辣来换"那样，既声调悠扬，又极富广告性。萝卜本来品位低于梨，但他的萝卜却赛梨，用以宣传其质量，如果吃着辣，还可以来换，以表示其服务态度之好，丝毫没有一种恶声恶气。尽管如此，我还是十分寄情于这些新市声，一是它终究使里巷校园不再孤寂，二是这也是一些人发出的"求济其旦夕之欲"的谋生呼声！新的市声也随世道的发展丰富其新的内容。"电视机、电冰箱、洗衣机的卖——"、"照相机、摄像机的卖——"、"单放机、录放机的卖——"……虽然声音还是不够悦耳，但这种新市声却在告诉我时代的新信息，我们历尽艰辛的人民不仅在使用电器用品，而且还在不断更新，这也算是社会的一个新侧面。

市声本来是里巷文化中的重要组成部分，它反映了小商小贩的文化素质，甚至代表商业和商人的部分活动。晚清有姬文其人，写了一部商人小说即以《市声》为书名，但愿多一些赏心悦耳的市声，少一点嘈杂扰人的市声，营造一种更美好的里巷文化氛围。

二〇〇一年十月修订稿

原载于《冷眼热心——来新夏随笔》（当代中国学者随笔） 来新夏著 东方出版中心1997年版

京华杂钞

清朝自在北京建都后，不仅使之成为全国政令所出的首善之区，也是当时全国四大经济中心——"四聚"之一，而为人所注目。记录京师见闻的书，也比其他各地为多。历年来，我常常喜欢检读一些杂书，偶有所得，即随手抄录，以遣闷消闲，可以借此遐想一二百年前的北京。今杂钞数则，俾供同好谈助。

戏院酒馆

乾嘉时人戴璐长期服官京师，颇留心掌故，有所闻见，辄加笔录，又参稽《日下旧闻考》，于嘉庆元年成《藤荫杂记》十二卷。书中记自康熙以来，北京为适应商业活动的需要而设立的著名戏院酒馆，就有太平园、四宜园、查家楼、月明楼、方壶斋、蓬莱轩和升平轩等多处。道光时人杨静亭写了一本商业指南性的《都门纪略》，从社会各方面描绘北京的繁荣景象。他回忆乾隆时北京戏剧行业的兴旺情况说："我朝开国伊始，都人竞尚高腔，延及乾隆年，六大名班，九门轮转，称极盛焉。其各班各种角色，亦复荟萃一时。"道光时广东嘉应人杨懋建曾以"蕊珠旧史"署名《京尘杂录》四卷，其后二卷皆记伶人与戏园等梨园掌故，如道光时北京著名戏院有广德楼、广和楼、三庆园、庆乐园等戏园，以及四喜、三庆、和春、春台诸戏班。而所记戏园、戏庄之区别，尤翔实可征云：

有戏庄，有戏园，有酒庄，有酒馆。戏庄曰某堂，曰某会馆，为衣冠揖逊、上寿娱宾之所，清歌妙舞，丝竹迭奏。戏园则曰某园，曰某楼，曰某轩，偶然茶话，人海杂沓，诸伶登场，各奏尔能，钲鼓喧阗，叫好之声往往如万鸦竞噪矣！寻常折柬召客者，必赴酒庄，庄多以堂名，陈馈八簋，羍肥酒藇，夏屋渠渠，静无哗者。同人招邀，率尔命酌者，多在酒馆。馆多以居名，亦以楼名，以馆名，皆壶觞清话，珍错毕陈，无歌舞也。间或赴酒庄小集亦然。

集市

集市贸易为封建经济重要成分。清初集市遍于全国，北京亦有多处集市。谈迁、王士禛、潘荣陛等人所著，均有所记。集名有朝前市、灯市、内市、穷汉市、东小市、西小市（黑市）等。集市地点在大明门两旁、东华门内外、正阳门桥上、都城隍庙、报国寺、护国寺、隆福寺、慈仁寺和厂甸等地。寺庙中的集市俗称庙会。集市日期各有不同，有逢节设市的，如灯市为元宵节前后十日，厂甸为初一到十六；有排日设市的，如逢三、逢五、逢八、逢七八、逢九十、逢初一、十五、二十五者；也有每日都有的（如黑市）。这些集市对物资交流、生活需求起了重要作用。一些名人也常流连其地，并笔录其事，如谈迁在《北游录》中记穷汉市是"娄人子以琐杂坐售"。佚名著《燕京杂记》中记庙会盛况甚详说：

> 月之逢三日聚市于南城土地庙，凡人家器用等物，靡不毕具。而最多者鸡毛帚子，短者尺余，高者丈余，望之若长林茂竹。月之逢七八日，聚市于西四牌楼之护国寺，逢九十日，聚市于东四牌楼之隆福寺，珠玉云屯，锦绣山积，华衣丽服，修短随人合度。珍奇玩器，至有人所未睹者。

有些名流巨公也经常到集市去淘书，甚至比到家中更易见到本人。如王士禛曾在所著《古夫于亭杂录》中记称："昔在京师，士人有数谒予而不获一见者，以告昆山徐尚书健庵。徐曰：'此易耳！但值每月三五，于慈仁寺书摊候之，必相见矣'。如其言，果然！"

放焰火

节日放焰火万民同乐，现在几乎是各地都有的习惯。北京在清康熙年间，上元节就在宫内放焰火，与民同乐，还召一些臣下进宫观赏，受召者视为荣宠，多笔记其事。高士奇在其《金鳌退食笔记》中记他于康熙二十二年（1683）元宵夜被召入宫，观赏焰火之事说："癸亥（二十二年）元夜，于（五龙）亭前施放焰火，听京师人民观看。时余已退直矣，命侍卫纳尔泰、海清至余私寓，召至亭前，赐饮馔，坐观星球万道，火树千重，金轮宝焰，光辉夺目。"高士奇是康熙近臣，颇得恩宠，对这类召赐似乎司空见惯，心情不至过于激动，所以记述比较简单。但对一个新到京师，初见盛况的人来说，虽不是皇帝宠召，也会心情激动。如康熙四十五年（1706）正月来京会试的查慎行就在所著《人海记》中大费笔墨，作了较详细的记述说：

> 黄昏，上御（勤政）楼，西向坐。先放高架烟火，谓之合子，最奇者为千叶莲花。合子既毕，人气尤静。须臾，桥东爆竹声发，药线从隔河起，飞星一道，倒曳有声，倏上倏下，入列栅中，纵横驰突。食顷，火光远近齐著，如蛰雷奋地，飞电掣空。此时月色天然，俱为烟气所蔽。观者神移目眩，震撼动摇，不能自主。移时，烟焰俱消，而九曲黄河灯犹荧荧如繁星也。

目睹壮观，描画真切。查慎行就在这年成进士，任编修。

时尚

清朝建国之始，比较节俭，但到康熙以后，随着政治稳定，经济发展，社会时尚逐渐趋向奢侈。顺治、康熙时人张宸所著《平圃杂记》中记其于康熙元年（1662）离京外出时，朋友相聚送行，"止清席，用单束"；次年还都，"无席不梨园鼓吹，无招不全束矣。而且一席之费率二十金"。当时一六品官月俸所入不过"月米一石，银五两"而已，一顿酒席可能耗费一个六品官员的三个月月俸。一年之隔，俭奢变化如此之大，可见由俭入奢之易，而腐败必由此而生。一百多年后，到了乾隆盛世，风俗奢靡已经成为朝廷间的重要议题了。乾隆四十五年（1780），大理寺少卿刘天成曾针对京师奢靡之弊而上奏疏说：

> 京师为万国衣冠之会，属在缙绅，自应章身有度。乃至优人隶卒，僭肆豪华；胥吏工商，妄夸锦绣。园馆茶楼，一日动耗数日之需；浪子酒徒，一

人每兼数人之用。甚至齐民，妇女珠翠盈头，奴婢绫罗遍体。缎履朝靴，仅供奔走之物；狐裘貂帽，亦隶愚贱之身。

乾嘉时人柴桑于所著《京师偶记》中亦感叹时尚之坏说："执役无俊仆，皆以为不韵；侑酒无歌童，遍为不欢。内府之雕鞍骏马，锦衣绣被，下逮优伶，章服可谓扫地矣。"

经济发展，产生奢靡之风，而奢靡之甚，又为发展掘好陷阱。生当盛世，得不憬然？

原载于《芳草地》总第7期　2004年6月印行

香港沧桑

香港即将回归母体，这是中国湔洗耻辱的重大史事。在举国欣喜的时候，不能不引起人们回忆一百五十多年前中华民族屈辱蒙羞的历史。只有回忆这段割离母体的痛楚历程，才能更加珍惜回归的可贵。

割让香港是中国进入近代，在鸦片战争失败后沉痛的耻辱标志。当中国在自己的领土上开展"禁烟运动"时，大英帝国派驻广州的殖民主义分子义律就诬蔑"禁烟运动"是"不可饶恕的暴行"，而命令缴烟"就是一种侵略"，为挑起战争制造借口，并建议其政府"立刻用武力占领舟山岛"，这是垂涎中国沿海岛屿的野心暴露。当英国侵略军在广东遭到林则徐领导军民的抗击，转而扰害东南沿海城邑之后，又径奔天津，于道光二十年七月十八日（1840年8月15日）在白河投书，就在其《致清宰相书》中公然提出"割让一岛或数岛"的无理要求。清廷在惊恐之中，答应惩办林则徐和邓廷桢而于八月二十二日代之以力求"羁縻"的琦善。

十一月初六日，琦善到粤，一反前任抗英之所为，而英方则加紧侵略，多次进行挑衅性军事行动。十二月二十五日，英方向琦善要求在香港"泊船寄居"，作为侵占香港的前奏；琦善不但未识破诡计，反而代向清廷乞恩"允准"。二十八日（1841年1月20日，一作1月21日），义律单方面发布"公告"，宣布已和琦善签订了包含四项要求的初步协定，其中第一项即为"割让香港岛"，西方的某些著作名之为《穿鼻草约》，并据此断言琦善与义律曾签订此约。

琦善虽曾面允过义律所提四项要求，但在奏陈此四项要求时却运用文字游戏，隐瞒了真相，把割让香港改成"准英人到粤通商，在香港寄居"，事实上，中英双方政府也并未正式签过此约。当英国外交大臣巴麦尊在英国报纸上见到义律发布的"公告"后曾致函义律说："在你和琦善之间，对于割让香港一节，并不像是签订了任何正式条约，而且无论如何，我们可以断言在你发布通告的当时，这种条约即使经琦善签字，也绝不是已经由皇帝批准的。因此，你的通告全然为时太早。"中国学者已有专文论断其无据，足证义律此举实属野蛮无理。

道光二十一年正月初四（1841年1月26日），英军更悍然占领香港。初五日，琦善在狮子洋边的莲花城宴请义律，琦善告知义律香港问题正待批准，义律则威胁说："恐难久等。"初七日，义律又发出"公告"，规定港英政府的组织，并宣称进入该地的中国人，"将按照中国法律与习惯治理"，表示其伪善的态度，而英国臣民和外国人则享受英国法律的保护，成为事实上享有的治外法权。初十日，义律又发"公告"，宣布对香港统治的开始，规定凡在港英人及外国人均受英国保护，在港华人即作为"英国国民"以制造殖民统治事实。这一侵略行动激起了香港居民的异常愤怒，他们立即撕下布告送交粤抚怡良，转奏清廷。就在琦善谋求妥协求降之际，英军继续进犯广州。不久，琦善的媚外行为也逐渐被揭露。二月二十日，琦善便以擅割香港罪被"革职锁拿"。义律虽采取了积极的侵华行动，但并不完全符合大英帝国的扩张要求。三月十九日，英国外交大臣巴麦尊上书英女皇，抨击义律的无能。闰三月初十日，英国阁议否决了义律的《穿鼻草约》，指摘义律所取得的权益远远不能满足英国的侵略贪欲，决定撤销义律的职务，而代以璞鼎查。

六月二十四日，璞鼎查率舰队到澳门，大肆叫嚣要扩大侵华战争。七月初四日，璞鼎查在巩固了香港的防务之后，率舰队兵士北侵，在浙江沿海大肆抢掠烧杀。道光二十二年五月十一日（1842年6月19日），英军攻陷上海后，继续沿长江内侵。六月初九日，清廷准备以割香港乞和。七月初一日，清廷赋耆英、伊里布以投降全权。初四日，英国舰船八十余只齐集江宁（南京）胁降；初七日，提出胁降条件，将割让香港列入正式条款。二十一日，耆英等在江宁接受英国侵略者的"城下之盟"，确定了具体条款。七月二十四日（1842年8月29日），耆英、伊里布在英国军舰康华丽号（Cornwollis）上签订了我国第一个不平等条约——《江宁条约》（后又称《南京条约》）十二款，割让香港是重要条款之一。从此，被蛮横强占的香港终于列入屈辱的条约之中。1860年，英国强租九龙；1898年，它又无理拓展新界及附近岛屿。于是，英国侵略者就在这大片土地上实行殖民统治，吮吸和积累巨额的财富。时经一百五十余年，这颗失落的明珠终于物归原主，又回到祖国怀抱。此际，回忆历史的往事，将使我们倍爱这颗明珠，让它更加辉煌灿烂，光彩耀目！

原载于《邃谷谈往》（说文谈史丛书）　来新夏著　百花文艺出版社1999年版

邮票的说故道今

　　我从小就喜欢邮票，因为在那小小的方寸之地包含有许多自己不知道的事情，常常会从长辈的讲解中听到古往今来的若干知识，慢慢地引起了我集邮的兴趣。因此只要遇到家长和亲友的信封上有我没有的邮票总要千方百计地弄到手。等到上中学时，我已经集了不少中外邮票，不仅有中国各种景象的邮票，还有美国的黄石公园、德国的兴登堡和英国女皇的头像等，其中我最喜欢的是马来亚的老虎邮票和圣马力诺的蝴蝶邮票，颜色不同，姿态各异。把玩这些藏票成为我课余生活中的惟一乐趣。我也购置了集邮册、邮票夹钳和胶纸等等集邮工具，但终因缺乏耐心去整理，一直杂放在几个口袋内。同时，我还在一个小纸本和日记簿里随见随闻地记下了中外一些邮票的零星掌故。可惜在"文革"时，邮票、有关邮票掌故记录、日记本和其他字画等旧藏不是被掠走，便是被烧毁，丢失净尽。但是，人的记忆永远不会被任何人夺走，任何手段都无法消灭它，除了连人都没有了。记忆永远为自己所拥有，也许会不完整或遗忘一部分。今年是中国开办邮政和发行龙票的一百二十周年，人们应该知道点邮票掌故，所以择要地讲几个听到的和读到的故事，或可以备集邮者作谈助。

　　世界上第一枚邮票的产生是一个非常动人的浪漫故事。一百五十多年前，在英国一个小村庄里，村里人一直是从路过的邮政马车领取自己的信件，但需交较多的邮资，因为当时的习惯是寄信人不付邮资。一天，有位豆蔻年华的姑娘从邮政马车上领到一封给自己的信，她端详了一会儿信封后，又毫无憾意地交还给邮车，因为她付不起昂贵的邮资。正巧有位名叫罗兰·希尔的爵士也在路边，便代付了邮资，把领取到的信件交给姑娘，并问姑娘为什么不取信，姑娘笑着表示感谢，并说我付不起这贵的邮资，但只要看到信封就完全知道信的内容了。因为我的未婚夫为和我结婚而到伦敦去谋生，临别时约好写信回来就在信封上做暗号。你看！信封的角落处画个＋号表示他很好，画个圆圈表示已找到工作，所以我很高兴地知道了信的主要内容而用不着再看信了。罗兰爵士虽然感到有点没趣，但却引起他对改革邮政的思考，一是要把邮资降到人人都付得起的低价，即一便士一封信；二是要制作票值一便士一枚的邮票，让寄信人购贴。1840年，英国政府终于接受了他的建议，发行了以女王头像为图案的一便士一枚的正式邮票，即人们所称的"黑色便士"，这就是世界上的第一枚邮票。

十多年以后的1856年，在英属圭亚那发行了一枚一分面值的普通邮票，这枚邮票制作很粗糙，四角被剪掉，但是，这是世界上至今最昂贵的一枚邮票。1970年，一个美国企业家曾以28万美元购入此票。过了十年，1980年在纽约拍卖该票时，竟以85万美元被一名不愿透露姓名的收藏家所购得，英国路透社为此于3月5日在纽约播发了一条电讯。

1900年以后南太平洋上有一个仅有660多平方公里的汤加王国，成为英国的保护国。当四十年代时，有位名叫萨洛蒂·图波的女王，很有才干，治理国政也有成绩。她曾打破国际上邮票通常是四边形或是三角形的成规，发行一种有自己肖像的圆形邮票，引起集邮者的极大兴趣。从此，原来不太知名的汤加王国即因此提高了它的名声。

1934年，美国为威司康辛州发现三百年所发的纪念邮票，票面上是该州发现者法国军官尼古利脱在绿湾登陆的图景，有一群印第安人在岸上迎接，但尼古利脱却穿着一身中国服装，令人诧异。原来尼古利脱奉命开拓海外殖民地的目标是印度和中国，当他遥望看到一片土地时，误以为到了中国，便把预先准备好的中国服装穿上，终于这副尴尬的景象便留在这小小的邮票上。这虽是趣闻，但由于制作者尊重历史而保留下历史的真相，给后人特别是中国人留下一个真实的历史故事，我们应当感谢这位制作者。

1954年12月25日，作为国际组织的联合国根据美国、瑞士和奥地利三国邮政当局的协议，发行了一套以联合国欧洲办事处为背景的邮票，上有中、英、法、俄、西五种文字，有一部分只有英、法两种文字。但是，它只能用于从纽约、日内瓦和维也纳的联合国机构寄信。

与此同时，在东方的中国曾有些了解西方社会大致情况的维新思想家，如洪仁玕在其《资政新篇》中就建议设立邮政机构；郑观应也写了《论邮政》专篇，鼓吹办理邮政可以有"无论远近，随时往返，从无失误，取资极廉"的社会效果。但真正办理邮政还在二十多年后。1878年（光绪四年）3月间，清政府决定在北京、天津、营口、烟台、上海五处试办新式邮政，而以天津为中心。3月23日天津首先建起海关书信馆，即最早的天津邮局。中国的近代邮政从此开始，但仍由海关总税务司赫德兼管，时称海关邮政。直至1896年（光绪二十二年）始改成大清邮政。其主要职位仍被洋人掌握。1911年（宣统三年）正式脱离海关而由邮传部管理。在建海关书信馆的同时，1878年7月，在天津首发中国第一套邮票，一套三枚，票值分别为一、三、五分银，因主图为蟠龙戏珠，故称大龙邮票。从此中国就有了自己的邮票。后来系列邮票的首张也常称龙头票，即源于此。今年正是建局发票的一百二十年纪念，这对天津尤具特别意义。清末天津使用的邮票已达七种，有蟠龙、跃鲤、飞雁等图案。中华民国成立，在新邮票未发行前，临时在清票上加盖中华民国字样。后来有帆船、农获、圜桥等图案的邮票。三四十年代，发行邮票已完全步入正轨，国际通用。

在中国也有值得注意的邮票故事，1927年，中国共产党建立了第一个革命根据地"湘赣边区政府"，即在江西永新设立"中华赤色邮政湘赣省总局"，发行了苏区第一套邮票。它方形石印光边无齿孔，票面上边有"湘赣边省"四字，下边是"赤色邮票"四字，都是从右到左横列，中间是五角星，包含着镰刀铁锤图案，五角星左右各有一圆圈，分别标出面值，有壹分、二分和八分三枚合成一套，壹分、二分颜色偏绿，八分偏蓝。它标识着中国人民邮政新的一页。中华人民共和国成立后，中国的邮政进入一个崭新阶段，邮票的发行，既精美又量大，为国际集邮者所瞩目。它的第一套邮票是1949年10月8日为第一届全国政协第一次全会召开而发行的。票面由著名画家张仃和钟灵设计，绘有政协会徽和宫灯、天安门、华表与阅兵式。面值分别采用旧人民币和东北币。这是新中国的第一套邮票，是我们的龙头票。以后我国邮票的发行大多按系列发行。如猛禽组就有鸢、虎头海雕和秃鹫等；敦煌壁画组有供养菩萨、鹿王本生、天宫伎乐和飞天；今日农村组有江南小镇、新菜上市、喂牛和看电影；中国古代神话组有盘古开天、女娲造人、羿射九日、嫦娥奔月、夸父逐日和精卫填海；中国历代名楼组有黄鹤楼、岳阳楼、滕王阁和蓬莱阁；中国古典文学名著《水浒传》组有史进习武、鲁智深倒拔垂杨柳、林冲风雪山神庙和宋江义释晁盖；明代地理学家、旅行家徐霞客诞生四百周年组有摒绝仕途、矢志远游、岩楼穴处、排日记程、登必至极和穷途不忧；叶剑英同志诞生九十周年组有峥嵘岁月、开国元勋和满目青山；六运会组有撑杆跳高、女子垒球、举重和跳水；盆景艺术组有榔榆、园柏、银杏、桧柏、油柿和翠柏；宫灯组有花篮灯、龙球灯、龙凤灯、宝盆灯、草花灯和牡丹灯等，不胜枚举。其中有与天津有关的邮票，如1954年的塘沽新港票、1963年的天津泥人张彩塑票、1978年的杨柳青年画票、1984年的引滦入津纪念票、1995年的第四十三届世乒赛纪念票等。1990年9月8日，中国还为国际扫盲年发行过一套有六种文字的邮票，票面上是扫盲年年徽和中、俄、英、法、西班牙和阿拉伯语等，这是中国邮票票面上不同语言文字最多的一种。

我们可从中国邮票中获取到很多知识，以丰富自己的文化生活。这种例子举不胜举，只能选几则以引动人们的兴趣。在中国邮票上曾出现过五位古代的女性，即虞姬、昭君、杨贵妃、妈祖和黄道婆。她们的背后都蕴积着若干美丽动人、激励心志的故事：楚汉相争，沟通民族关系，帝王的恋情，海运商旅的庇护和纺织技术的传播。又从这些故事中寻绎出难以罄述的历史往事和世事变幻。有的纪念邮票的票面上也有采用词语美妙又有意义的对联，如1951年10月19日发行的纪念鲁迅逝世十五周年的票面上就有鲁迅手写的名联"横眉冷对千夫指，俯首甘为孺子牛"。1985年8月30日发行的"林则徐诞生二百周年"的纪念票上就有体现林则徐一生风骨的自撰诗句"苟利国家生死以，岂因祸福避趋之"。1991年10月18日为纪念陶行知诞生一百周年所发邮票在陶先生全身立像左右印有陶先生手写联语："千教万教教人求真，千学万学学做真人"。仅从这几例就足以显示这些历史人物的品格，给后人极深刻的教诲。

中国有如此丰富的邮票资源，但居首位的收藏家却是日本邮趣协会理事长水原明昌，他从1946年开始收集中国自清代至中华人民共和国的各种邮票已达99%。他在国际邮展上曾屡以展出中国解放区邮票而获不同奖级的奖章。他还以编著《华邮集锦》而荣获金质奖章。这对研究中国邮票史有重要的参考价值。但遗憾的是，这样的著作竟然不出于中国人之手，应该说这是一种民族的遗憾，更是中国集邮家的遗憾。

近年我国集邮队伍日益扩大，但是认真研究者相对不足。作为一种业余爱好，它是高尚的。互相交流，互通有无或作升值储存，都不为过。但我总期望收藏和欣赏的品味能更高一些，不要有太浓的商业气息。如果有条件，能再做些研究工作，提高集邮活动的文化层次，利用邮票的丰富内涵宣传文化，普及知识。在中国开办邮政和发行龙票一百二十周年的时候，我以此表达我对中国文化史中邮票文化的某种眷恋，也用它备集邮者作谈助。

原载于《枫林唱晚》（学识走笔·大学生文库） 来新夏著 南开大学出版社1998年版

火树银花不夜天

近几十年，每逢吉庆佳节，在欢乐的晚餐后不久，在似远似近的铳声之后，就能看见墨黑的天际不断呈现五彩纷呈、绚丽夺目的景象，照耀得整个星空胜似白昼，这种辉煌的美景又怎能不引动诗人柳亚子"火树银花不夜天"的赞叹呢！这就是男女老幼都为之赏心悦目的节日馈赠——烟火。

"烟火"有比较长的历史，据说从宋以来就随着火药的发明而出现，是作为节日与民同乐的娱乐品，没有任何权势可以独霸观赏。宋人吴自牧的《梦粱录》，作者既参读了淳祐、咸淳的《临安志》资料，又耳闻目睹南宋京城的社会景象，其中就记有除夕放烟火的情景说："是夜，禁中爆竹嵩呼，闻于街巷"，士庶不论贫富，都能看到天空"如同白日"。与《梦粱录》性质相近的由周密撰写的《武林旧事》也有类似的记载，而且更丰富些，如冬至晚间在庆瑞殿排晚宴，即"用烟火"。在元旦晚上，皇帝在宫内各殿和临时指定的观灯所在看灯。乐声、市声、歌舞声交错杂陈，直至深夜，"始宣放焰火百余架，于是乐声四起，烛影纵横"，直到皇帝在欢乐声中兴尽而返，便结束了一天的活动。

这一习俗相沿未变，直至清初，此风尤甚。康熙四十五年，诗人查慎行正月间正在京准备会试，心情很好。他在所撰《人海记》中很细致地描写了那年正月十四夜至十六夜所见放烟火的情状：

> 黄昏，上御楼（勤政楼），西向座。先放高架烟火，谓之合子，最奇者为千叶莲花，合子既毕，人气尤静。须臾，桥东爆竹声发，药线从隔河起，飞星一道，倒曳有声，倏上倏下，入列栅中，纵横驰突。食顷，火光远近齐著，如蛰雷奋地，飞电掣空。此时月色天光，俱为烟气所蔽。观者神移目炫，震撼动摇，不能自主。移时，烟焰俱消而九曲黄河灯犹荧荧如繁星也。

这段记事如此之细，观察如此入微，既反映作者心情的兴奋，也以见实际距离之不远。或许像我们有幸登天安门两侧观礼，看得真切。这和十年后他因弟弟查嗣琏文字狱牵连被贬的情状反差极大。乾隆盛世，这类习俗更为繁缛，一些繁华都市尤甚，如周生的《扬州梦》卷三就有一段很形象的文字：

> 爆竹之巧者名烟火，亦以爆竹开始，中一架，楼台人物，均如戏文，皆纱制成，火如流，星如萤，旋转其内，纱一无伤。辛乃烈火四喷，如千军万马。或起火上射，火作连环，珠飞满天，乃收架去。

真是描绘了一片五光十色的妙境，令人神往！

烟火的制法，据有的文字记及，说是用纸糊成空壳或圆柱的纸筒，里面挂一个小降落伞，还装有一些黑色火药和金属粉末锌镁之类，这样就会产生各种不同的色彩，构成各种形象如孔雀开屏、龙串菊、连星珠等等光彩夺目的景象，究竟制作方法如何，今昔有何不同和改进，都可以不去深究，因为我们只不过是仰望星空，掠取美景的群氓而已。

春节已过，人们又能在星空看到预示来年吉祥如意、万事顺遂的悦人美景。可惜，一层高于一层的巨楼，日增月益，或多或少地阻碍了视线，人们难于顺利地看到全景。也许这也是传统文化与现代化的一种矛盾吧！

原载于《邃谷谈往》（说文谈史丛书）　来新夏著　百花文艺出版社1999年版

元旦书红

旧历元旦，今称春节。六十多年前，在我开蒙那年，老人批准我可以参与元旦正式活动。浙江风俗要在元旦凌晨，天未大亮时，全家起来举行祭祖大典，要挂祖宗影像，没有影像要用红纸写上来氏列祖列宗之神位，作为代用品。由家中男性亲自摆设供品，妇女要全福人，有缺陷的不能触摸一点，像祥林嫂那样的人是严格禁忌的。供品主要是三牲、干鲜果品和水酒等，怕有祖宗不喝酒，还要摆上茶。然后全家大小依次叩头上香。我是长子长孙，在家中地位较高，排在父亲后面、母亲前面，而诸弟则排在母亲后面。礼毕，在庭院中焚化纸锞。这时，要祭洒杯酒，散点碎肉，给一些游魂孤鬼享用，免得来抢给祖宗的零用钱，虽然事涉迷信，似乎又是人间处理关系的折射。鱼是存放起来，讨个年年有余（鱼）的吉利话；肉是代表福气的，要散给大家吃，名为散福。整个过程称作"胙福"（祝福）。

"胙福"仪式结束后，天已大亮，父亲裁了几张信笺大小的红纸，准备了新毛笔，磨好墨，横平竖直地写下八个大字："元旦书红，万事亨通"。然后叫我坐下用另一支新毛笔在另一张红纸上临他写的八个字。他向我讲元旦书红的道理。这一举动雅称"元旦开笔"，凡是读书人在年初一早晨都要先做这件大事，这一年全家才顺顺当当。这年我开蒙读书，算是迈进读书人的门槛，所以也要元旦书红。我因为第一次遇到新鲜事，兴致很高，把满张红纸写得满边满沿，大人很高兴，认为是好兆头，给我加倍的拜年钱。以后年年如此，直到我自己独立生活才渐渐淡化，不再元旦书红了。可是，我总想知道这种习俗从何而来，久久不得其解。

也不知经过多少年，我偶然读到一本清人笔记，是嘉道时学者梁章钜所写的《浪迹续谈》中有一段题为《元旦开笔》的专条说：

吴中相传，林少穆、陈芝楣二公，同在金陵百文敏公节署度岁，署中宾朋颇盛。元旦清晨，齐至林少穆房中贺岁，见壁间贴"元旦开笔，领袖蓬山"一红笺。次至陈芝楣房中，见所贴红笺同此八字，不谋而合，二公亦相视而笑。

这条记事中所说林少穆是中国近代史上的英雄人物林则徐的字，陈芝楣是比林则徐小一岁的湖北人陈銮的字，后来也官至江苏巡抚。百文敏公是当时任两江总督百龄的谥号。林则徐于嘉庆十六年二月（二十七岁）成进士，当年九月请假归里。次年十月，携眷北上。十二月二十四日抵南京，二十六日，应时任两江总督百龄之邀入居督署度岁，而陈銮亦正在督署，二人结识，成为日后宦途中的好友。两人元旦所写红笺完全相同，可见元旦书红在乾嘉时已是比较普遍的一种习俗。后来八个字的变化，可能是从士大夫阶层向民间通俗化演变的缘故。清以前是否早有此俗，读书未遍，尚难有说。

原载于《路与书》（老人河丛书） 来新夏著 中国青年出版社1997年版

春联趣说

年少时，每逢春节总喜欢到所住里巷去看家家户户两扇门上贴的春联，一是欣赏书法，比较优劣，为自己练字作参考。二是看联语内容，虽然都是吉祥话，但遣字造句很有高低之分，有的是陈词滥调，多年不变；有的确是词由己出，颇有才情新意。遇到佳联，往往抄在小本上。我在所住的那条陋巷中算是个会写毛笔字的人，不仅奉父命为自家写，有时还为左邻右舍那些只要红纸上有黑字就行的邻居写。那个小本就成为重要参考资料。

因为对春联有兴趣，所以读各种杂书时常常记下有关春联的掌故，也听过前辈口述的传说，都很感有趣。有些杂书对春联起源时有所记。清初陈尚古所著《簪云楼杂说》有《纸写春联》一条称："春联之设自明孝陵昉也。帝都金陵，于除夕前，忽传旨公卿士庶家门上，悉加春联一副。帝微行出观，以为幸乐。"与春联始于明太祖而有一段相应的传说，即明太祖微行出观时，见每家都贴有春联，十分高兴，当见到有一家未贴春联，问知原是阉猪人家，请不到人写，明太祖大笑而亲为之书联云："双手劈开生死路，一刀割断是非根"。不久，太祖复出，见该户仍未贴联，询问其故，答称"知是御书，高悬中堂，燃香祝圣，为献岁之瑞"，表示不能乱挂。太祖听后很高兴，赏银五十两而去。清人纪昀在《阅微草堂笔记》的《滦阳杂录》（五）中却认为"门联，唐末已有之。蜀辛寅逊为孟昶题桃符：'新年纳余庆，嘉节号长春'二语是也。但今以书笺书之为异耳！"那么纸写春联始于明之说也不算错。春联内容都属喜庆吉祥，旧时大多是"天增岁月人增寿，春满乾坤福满门"之语，尤为普遍的是"忠厚传家久，诗书继世长"之类。以后也不断有些富于时代气息内容的春联。七十年代后，春联颇为普遍，农村几乎户户都有。当时，我正遵照伟大战略部署在农村插队，作名副其实的"老插"（知青插队只能算"小插"），也是名副其实的文墨人，为农民写春联更是接受再教育的一项内容，但联语是指定的，不外是革命口号和毛诗词语，有两副记忆犹存，一是"为有牺牲多壮志，敢教日月换新天"，一是"宜将剩勇追穷寇，不可沽名学霸王"，词是好词，只是作春联有点别扭。开放以来，不时可看到一些好春联，如"政策归心，家家爆竹迎春到；东风化雨，处处梅花照户开"，内容与技巧都不错。陈毅元帅也写过脍炙人口的春联，1921年他从法国回原籍，正逢春节，母亲命他写副春联，他接过纸笔，当即挥毫写下一联："年难过，年难过，年年难过；事必成，事必成，事事必成"，表现出一个爱国者的忧患意识和一位革命家的宽广胸怀。

中国习惯喜红厌白，春联用纸多为红纸，但也有白春联，是特殊身份的标志。某年，我曾奉父命向祖父的同年金息老（梁）去拜年，无意中谈到春联，息老熟谙清宫习俗，他特别说了白纸春联的问题，这是因为满族尚白，所以内廷和宗室王公都用白春联。非宗室者不得擅用。白春联与一般春联的尺寸相等，只是在白纸外包以蓝红纸边，蓝边较宽包外，红边较窄镶内，类似镶白旗的作法。我原只知道寺院用黄纸，守孝用蓝纸，这次又知道还有白纸春联。后来读《燕京岁时记》有《春联》条记称："惟内廷及宗室王公等，例用白纸，缘以红边蓝边，非宗室者不得擅用。"始知金说之有据也。

原载于《邃谷谈往》（说文谈史丛书） 来新夏著 百花文艺出版社1999年版

民国趣联

联语是一种文体，可用较少文字表达各种不同感情，婚丧喜庆，时有所见。精练隽永，为人所爱。但有一种并无受者指向，而是运用这一体裁，嘲讽世事，戏弄谑趣。民国初年，这类联语或辗转人口，或见诸报端，亦可备了解当时社情之一隅。当年曾抄存若干，略举数则，供夏日愉悦。

民国元旦，袁世凯完成集权于一身的大业，特授意京内外大举庆祝。北京举行提灯会时，用彩色电灯缀成"尧天舜日"之大牌坊。不意狂风大作，天气骤寒，人人为之扫兴。京师警察厅又挨户劝贴春联，以表示歌舞升平之气象。内三区住户清宗室世洵在大门悬一素联称："得过且过日子，将死未死国民"，警厅无如之何，唯代其洗刷而已。

袁世凯任大总统后，为修清史，特立国史馆，聘学者名流王闿运为馆长。王时已年登上寿，晋京前有人相劝说："您这么大的年纪，干吗还想做官？"王答曰："做官是世界上最容易的事，这么大年纪，只能干这么容易的事。"此老勘破世情，庸官俗吏，不过承上启下，划诺批文，作些例行公事，所以是最容易的事。迨袁氏于实行帝制时，各方纷纷劝进，王闿运独撰一联云："民犹是也，国犹是也，无分南北；总而言之，统而言之，不是东西。"联意是民国不要分南北，总统不是东西，对帝制表示不满，似有反袁意向；但民间相传，王闿运曾上劝进电，或曰这份电文，是他的弟子杨度冒名伪作的，确否有待考证。

袁世凯称帝，上海镇守使郑汝成拥戴最力。后郑被刺死，筹安会头目杨度为联挽之曰："男儿报国争先死，圣主开基第一功。"及帝制失败，护国军拟惩办首祸，杨度等急辞参政院职，拟逃亡国外，遂有人仿前联，改作一联赠杨度曰："男儿误国争先窜，圣主坍台第一功。"直使杨度等无地自容。

袁世凯称帝，民间反袁情绪高扬，有人以离合体撰上联征对曰："或入园中，推出老袁还我国。"广征下联，久无应者。后有人以袁自悔口气撰下联曰：
"余行道上，不堪回首是前途。"离合或、袁、余、首四字成下联，时称巧联。

袁世凯称帝，首举护国义旗者蔡锷。蔡锷字松坡，又名艮寅，湖南人。上海
南洋工学毕业，曾被袁世凯软禁北京，后设计逃离赴滇，领导护国运动。帝制失
败，任四川督军，年仅三十六岁。不久得喉疾赴日本福冈医院治疗养病身亡，举
国为之悼惜。及灵柩回国，各界挽者甚多。袁世凯次子袁克文赠联云："国民模
范，军人表率；共和魂魄，自由精神。"对蔡极加推重。策进地方自治会赠联，
上联曰："叹往年碌碌彼昏，滇都督夺君根据，经界局枉事羁縻，将军忽霖雨飞
天，半载中射虎躯蛇，摧灭燕京新帝制。"下联是："看沪地纷纷儒竖，劝进时
以寇称公，共和后始知人杰，执事应灵风假我，一扫此城狐社鼠，廓清海上腐妖
氛。"滇都督指唐继尧。经界局是袁世凯安置蔡锷的机构，主管丈量土地。另有
一名谢强公者赠联，上联曰："郑延平秀才封王，公今秀才作大将军。彼一辈纷
纷劝进之奴隶，对此能无愧色？"下联曰："贾太傅短命名世，君又短命称海内
外，看举朝碌碌苟安皆长乐，岂非虚度年华！"郑延平指郑成功，被明封延平郡
王。贾太傅指汉贾谊，曾任长沙王太傅，长乐指五代冯道，历事四朝六帝，自称
"长乐老"。这副长联，古今对照，气势磅礴，可称佳联。

这些联语的制作时间与作者，已难确切考定，仅得其大要而已。但这些联语
的内容，却能反映当时一些世事和社情。每当茶余饭后，为小辈讲说往事，则足
资谈柄。

原载于《天津老年时报》2009年8月17日

溥仪的衣食

日前，在《中华读书报·家园》（2011年11月30日）版上，读到李国文先生引述俞平伯先生《杂拌儿》中一篇有关末代皇后婉容早餐的一段文学性记述，开列了婉容早餐的菜谱。菜肴和蒸食的内容，似曾相识，但一时记不起是来自何处。翻翻往日日记，突然发现在2008年秋天某日曾记有读单士元先生《故宫史话》事，恍惚记得其间有记写溥仪出宫前夕的享乐生活。于是又费力费时地在杂乱的书堆中，找到《故宫史话》一书，果然有一段史学性的记载，记溥仪的膳单。为了读者对照方便，录单先生在御茶膳房中遗留的多张菜单中一张有档可查的晚膳单。

菜肴：

十一月初五日（未著年）厨役宋登科恭做：

川（氽）银耳　炸凤尾虾　炖肉　熘桂（鳜）鱼片　锅塌山鸡　烧冬笋
炒鲍鱼丝　五香鸡　清蒸山药　川（氽）丸子　大虾米炒韭黄
拌熏鸡丝　清蒸扣肉　摊鸡子　糖醋白菜　肉片焖熏肝　柳叶汤
木樨汤　熏菜　酱吹桶　小肚

蒸食：

羊肉白菜馅包　大馒头　杈子火烧　紫米膳　白米膳　甜油炸果
咸油炸果　粳米粥　八宝甜粥　玉米糁粥　大麦仁粥

单先生在这份菜单外，还记述了摆桌的情况说："只要溥仪吩咐一声'传膳'，便有十几名太监抬着大小七张膳桌，捧着几十个绘有金龙的朱漆盒，送进养心殿来。御膳平日有菜肴两桌，冬天则加设一桌火锅。此外还有各款点心、米饭、粥品三桌以及咸菜一小桌"。从中可以看到溥仪进膳时的规模。

从婉容早餐和溥仪晚餐的两份菜单比较来看，差异并不太大。就数量言，婉容是16道菜，12道蒸食；溥仪是21道菜，11道蒸食，菜色亦大致相似。这就引起我的一些猜测。

李文根据俞平伯先生的《录丽景轩中的一张菜单》，推断出这张菜单的来源说：

> 由于旧主子走得慌张，接管者未暇顾及，一张这年九月初七的早餐菜谱仍留在作餐厅用的丽景阁的一个角落里等。半年以后，俞平伯因公务来到储秀宫，作过一次例行公事的检查，发现了这张单子。

这段话里说菜单是溥仪等被驱出宫时遗落在丽景轩的。接着说，半年后俞平伯检查储秀宫时发现的。不知究竟在何处发现？是储秀宫还是丽景轩？再说，丽景轩在溥仪出宫前已被改造成西餐厅，怎么会有中餐膳单呢？又单先生提供的膳单上未注年，也未注明是谁的膳单，那么丽景轩角落的那份膳单如何断定是被驱出宫这一年，婉容的早餐膳单呢？

单先生是溥仪出宫那年进故宫，一直在故宫耕耘了74年的老档案工作者，是我国历史档案事业的创建者之一。他提供的资料应该比作文学创作的俞平伯先生的一瞥，来得牢靠些。所以把单士元先生的资料提供给读者参读。

单先生在提供溥仪膳单的同时，还写了溥仪的衣着，他据一份未标年份的清室旧账单所载，"自十月初六至十一月初五，仅一个月内，就给溥仪做了皮袄十一件，皮袍褂六件，皮紧身二件，棉衣裤和紧身三十件，共计近五十件。这些衣服正式工料，尚且不算，惟光贴边、兜布、子母扣和针线等零星杂项就已花费银元二千一百三十多元"。

就当时市价最好的进口面粉大约二元左右一袋，那这些针头线脑的钱就可购面粉一千袋。三口之家每月约需面粉二袋，则这笔钱可解决五百个三口之家一个月的生计。这笔花费是何等之大！加上其他耗费及珍品流失，数字当更惊人！

从这些不甚准确的计算看，这个退位后的小朝廷过着多么奢华的生活。1924年被逐出宫，不仅理所应当，而是为时过晚了！

原载于《中华读书报》2011年12月7日

烹调最说天津好

翠釜鸣姜海味稠，咄嗟可办列珍羞；

烹调最说天津好，邀客且登通庆楼。

——（清）崔旭《津门百咏》

天津是我国三大城市之一。它作为市区聚落的最早名称"直沽寨"始见于《金史》。及至明清，天津经过一定时期的发展而成为一个具有完整意义的城市。清朝初年，天津又有进一步发展，如康熙时即被人赞誉为"万商辐辏之盛，亘古未有"（《皇朝经世文编》卷四十八）。城北、城东一带出现了河北大街、北大关、锅店街、宫南北大街等商业密集区。道光年间，在一些经营海运、盐业和粮业的商人中逐渐涌现出一批富商巨贾，他们的代表者即天津所号称的"八大家"。这些人是商业中的活跃力量。

商业的繁荣与商人的活跃自然地对消费行业产生巨大的推动力，作为人们主要消费内容的饮食行业的发展表现得更为显著。尤其是天津的海鲜果品丰富，更为饮食行业的发展提供了物质条件。

天津饮食行业的创始年代已难详考，但清初以来的日趋兴旺则是可以肯定的。据说为庆祝康熙登基而出现了居天津"八大成"之首的聚庆成饭庄；随后，由于管理税收的钞关和管理盐政的"御史署"、"运使署"先后从河西务、北京、沧州迁入天津，聚和成等饭庄也相继开设。加以乾隆多次下江南途经天津，使天津的政治、经济地位陡然提高。官商往来，冠盖云集，使各地风味与宫廷格调萃于一地。厨师及从业人员由于服役于达官显宦以至皇帝而受到殊遇，因而饮食行业引人注目，许多诗人墨客多以饮食入诗文。

十九世纪六十年代以后几十年中，天津社会的变化频繁显著，如帝国主义势力相继从各方面侵入，新兴资产阶级和买办阶级的兴起，辛亥革命后清室遗老和民国军阀政客的麇集，天津成为各色人等活跃的舞台。为了适应形形色色"美食家"的口味而势必出现各种餐馆。据统计，民国初年，天津的著名饭馆有76家，如在华界的五芳斋、天一坊、聚和成、大陆春、慧罗春等；在法租界的天瑞居、美竹、致美斋、正兴楼等；在日租界的山泉涌、明湖春、华兴楼等。

天津由于是华洋杂处的滨海城市，而并存着各具特色的饭馆。它不仅有融合各地风味而形成的"津菜"，也有粤菜、鲁菜、川菜、苏菜等饭馆，还有西餐与日餐馆多处。其中津菜馆的档次比较全：有大型的"鸭子馆"，最著名的是"八大成"。它们都聚集在侯家后一带。其次是所谓"二荤馆"中的中型饭庄，著名的有慧罗春、天一坊等处，它们经营脍炙人口的天津"八大碗"、"四大扒"，供民间宴会待客之需。"八大碗"有粗细之分，一般用鱼、肉、鸡等做菜，量大实惠，价廉物美（1931年前后，一般的"八大碗"一桌不到二元钱），所以很受中产小康之家欢迎。后来有些上层人物也想品尝，于是改用鱼翅、干贝作原料而称高级"八大碗"。"四大扒"基本上是整件四样，如扒鸡、扒鸭、扒肘子、扒海参（种类尚多，可自选四样）等。"八大碗"、"四大扒"，由于地方风味足、适应面广、用料方便而拥有大量顾客，口碑相传，渐渐被人认为它们便是津菜代表，实际上是误解，津菜并非只此而已。

在鸭子馆和二荤馆等汉民馆之外，还有为数不少的回民馆。它分羊肉馆、牛肉馆和包子、饺子铺等三类。到二十世纪二十年代时已相当兴盛，如包子、饺子铺达60多户，牛肉馆有40多户，羊肉馆著名的有庆兴楼、鸿宾楼、会芳楼等12家，时称"十二楼"，它们除牛羊肉外，以海鲜作主要菜品。

在汉、回馆外，还有一种所谓"酒席处"。它与饭馆的经营性质毫无二致，只是基本上不卖门市客座而专承办婚丧喜庆的包桌酒席。它属于二荤馆的层次，主要菜品是"荤素八大碗"。"荤八大碗"有元宝肉、熘南北（南笋北蘑）、熘鱼片、炒虾仁、清蒸羊肉条、全家福、拆烩鸡、烩肉丝。"素八大碗"有独面筋、炸汤圆、素杂烩、炸咯子、烩素锦、烩鲜蘑、炸鹅膆、素烧茄子等，冬日还备有什锦火锅。顾客事先预订包桌，届时送货到门，十分方便实用。如临时有需，也可立刻单炒几个菜供应。

津菜的烹调特色在"海鲜"。因为天津一年四季都有不同海鲜上市，市民也多嗜食，所以天津里巷市井有"吃鱼吃虾，天津为家"和"当当吃海货，不算不会过"等俚语，尤其海鲜是汉、回馆都能用的原料。元明以来许多诗人以天津

"海鲜"入诗而赞誉备至。如元人成始终的《直沽》诗中说："桃花春水上河豚"。明宋讷的《直沽舟中》诗也说："夕阳野饭烹鱼釜，秋水蒲帆卖蟹船。"（《沽河杂咏》注，见《梓里联珠集》）清乾隆初年诗人汪沆有诗句说："二月河豚十月蟹，两船亦合住津门。"（《津门杂事诗》，见《梓里联珠集》）嘉道时诗人蒋诗的《沽河杂咏》中有一首诗说："巨罗网得正春三，煮好腾香（鱼名）酒半酣；钜细况盈三十种，已教鱼味胜江南。"（《梓里联珠集》）道光时的樊彬更填词赞称："津门好，珍品重华筵。鳇骨鲨皮夸海错，蟹奴（即子蟹）蚬子货冰鲜，狍鹿馈新年。"（《津门小令》，见《梓里联珠集》）

从这些诗句看，"海鲜"已是津菜的主要菜料。津菜中的名肴"通天鱼翅"、"鸡茸燕菜"、"煎烹大虾"、"酸沙紫蟹"、"朱砂银鱼"、"罾蹦鲤鱼"等上百种名色又何一不与"海鲜"有关，无怪纪昀在为《沽河杂咏》诗集作序时感到"如坐鱼庄蟹舍之间"。

天津的饮食除了正式开店待客、进府供办的大行业饭庄外，还有遍布城乡内外的小店铺和出摊挑担经营的小吃，既有特色，又有风味。如南门外鱼市大街的"杜称奇"，烙各馅油酥火烧，皮酥馅优，多日不硬，此字号至今犹设在食品街。"狗不理"包子、"耳朵眼"炸糕和"十八街"麻花都有店面营业。推车销售的有大铜壶茶汤、糯米面盆糕等。挑担的有喇嘛糕、炸臭豆腐干、杏仁茶、煎焖子等。提篮穿巷的有蜂糕、羊头肉、硬面饽饽等，名色众多，难以枚举。这些小吃在丰富生活、方便群众方面都得到赞誉。

津菜自具特色，小吃尤增光彩，但文献记载不足，口碑资料也缺，难以系统记述。我虽居津五十余年，而所见所知甚少，只就耳目所及，道听途说，缀辑成文，其不足与讹误尚待故老和食家补正。

原载于《中国烹饪》1987年第12期

腊八粥

　　进了旧历腊月之后，有两个节日为人们所重视。一是腊月初八，煮腊八粥，广结善缘；另一是腊月二十三，糖瓜祭灶，送灶王爷上天言好事。二者都预示着年关将至，但后者多少有点贿赂嫌疑，而前者则是驱不祥、施善行的福利事业。而且从腊八开始，年味日重，又能消闲式地喝美味的粥，不像腊月二十三那样匆匆促促地忙年，办年货，清旧欠，做卫生，送礼应酬，无一不给人们带来困扰和烦闷。所以我比较喜欢腊八。

　　腊八自古以来就有，但不一定在初八，如东汉时就在冬至后的第三个戌日，有点像入伏的计算法。南北朝以后，才固定在初八，但有关活动还在冬至日。腊八的主要活动是打鬼驱不祥，南朝梁宗懔所著《荆楚岁时记》中就说"冬至日……作赤豆粥以禳疫（疫鬼）"，是有关腊八粥的较早记载。据杭人施鸿保的《闽杂记》中所记，杭州尚有此传说，说是因为目连僧到地狱救母，为小鬼缠身，便施粥打发小鬼，含有驱鬼之意。所以杭城又称腊八粥为孝子粥。

　　腊八粥的习俗似乎遍及南北各地，顾禄《吴趋风土录》记苏州于腊八日"居民以菜米煮粥，谓之腊八粥；或有馈自僧尼者，名曰佛粥"。厉秀芳《真州风土记》记扬州是"初八日煮腊八粥，丛林沿门化米豆，煮之供众"。田雯《长河志籍考》记德州于"腊八日以栗枣和粥食之"。福州虽也煮粥，但不在腊八。施鸿保在《闽杂记》中记称："福州俗以正月二十九日为穷九，人家皆以诸栗煮粥相馈，如吾乡十二月初八僧尼所送之腊八粥。"上海是南方比较盛行腊八粥的地方，清人王韬在其《瀛壖杂志》卷一中曾有过较详细的描述："腊月八日，僧尼例以杂果煮双弓米，遍饷檀越，谓之腊八粥，亦曰佛粥，此风由来久矣。……按腊八粥一名七宝粥，见于吴自牧《梦粱录》、孟元老《梦华录》。本僧家供，今则居室者亦为之矣。"吴曼云的《江乡节物词》云："双弓学得僧厨法，瓦钵分盛和蔗胎，莫笑今年榛栗少，记曾画粥断齑来。"张春华的《沪城岁事衢歌》中有诗并注，诗云："百果轻匀煮雪杭，自来腊八粥传名，茅檐寒夜添风味，汤饼如何入菜羹。"注称："腊八食粥古矣，香稻作糜，和以果实，吾乡亦有之，然往往有以汤饼菜羹和入者。"

天津则是北方吃腊八粥较普遍的地方，清人张焘的《津门杂记》中说："十二月初八日，作佛会，清晨有施豆者，先于夜间跪佛前，每捻豆念佛一声，曰结缘豆。又以米豆枣栗杂煮之，曰腊八粥。兼饲行人。"是天津除粥外，尚舍结缘豆。乾嘉时天津诗人樊彬的《津门小令》中有"津门好，积善散多财，舍豆结缘陀佛念"之词以纪实。晚近只剩腊八粥而少有言及结缘豆者。天津腊八粥所用材料比较丰富，有江米、秫米、小米、江豆、绿豆、菱角米、青丝、玫瑰、百合、莲子、胡桃仁、杏仁、枣、栗子等等，各家采用多有不同。粥煮于腊八前夜或凌晨，粥成甜食，儿童多喜食之，家长亦颇加鼓励，所以津门有"吃了八家粥，小孩延命寿"之民谣。

煮食腊八粥是民间的一种习俗，它为岁时风俗增添了许多情趣和色彩！

原载于《邃谷谈往》（说文谈史丛书） 来新夏著 百花文艺出版社1999年版

重吃"折箩"

"折箩"是七八十年前天津习见的语词。怎样加以界定，用哪几个字表述它，一直未能定局，也没有找到一本可参照的书。直到去年，我的一位朋友、语言学家谭汝为教授送我一本名为《这是天津话》的著作，才解决怎样写和什么含义的问题。谭先生在书中首先把这个语词定为"折箩"两字，并给以准确的定义说：

> 宴会酒席吃剩下的菜，不同种类，都倒在一起，称为"折箩"。这里的"折"，普通话应读为阴平，但天津话读为阳平。为什么叫"折箩"？这里的"折"，属于动词，就是倒过来倒过去的意思。所谓"箩"，是名词，就是箩筐的意思。"折箩"的构词理据，就是把酒席结束后的各种剩菜，集中倒入箩筐里的意思。

接着谭先生又讲了"折箩"这个语词的构建缘由，原来天津的习俗，无论喜庆寿筵都吃八大碗。八大碗一般指熘鱼片、炒虾仁、全家福、拆烩鸡、独面筋、四喜丸子、红烧肉、红烧鲤鱼等八道菜，都实实在在，菜量很足，一般都难吃到盆干碗净。宴会结束后，有大量剩菜，伙计收拾桌面，把剩菜倒入箩筐，下面有个盆沥汤水。过去有的饭馆自己加工出售，称为"合菜"，有的是办喜寿事，有多桌剩菜，主家都倒在一起带回家，用大碗分装，送给左邻右舍，图个喜庆。有的是外人来挑购，就找路边道侧，热闹场合，摆设一口大锅，热煮"折箩"，前面摆放着矮矮的长桌条凳，桌上一摆菜碗，一个筷子桶，来人花一毛钱就能买一大勺"折箩"，装一大菜碗，拿出随身带着的干粮，热气腾腾地连吃带喝，即使冬天，也感到浑身发热。

上世纪四十年代前后，天津劝业场附近就有一个卖"折箩"的摊儿，似乎就在原九路汽车站附近，一次可容七八个顾客，大多是三轮车夫、挑担走街的小商贩和中学生。我就是一位常客，每周至少有两三次从家里带饼子或馒头，到"折箩"摊儿，花一毛钱，从滚开的大锅里盛一大碗"折箩"菜，吃得满头是汗。有时还带着铝锅，买两份带回家烩菜，真是价廉物美。有时还能在碗里夹到鱼虾和丸子。有一次，在"折箩"摊上，我夹到一缕像粉丝那样的菜肴，旁边一位小商贩告诉我说，这是鱼翅。我又仔细看了看，急忙吞下。吃"折箩"菜，让我吃到从来没吃过的东西。我三年高中，一直光顾这家"折箩"摊儿，直到去北平辅仁大学求学为止。

近年来，社会繁荣，饮食店铺，座无虚席。虽"打包"已成共识，然酒足饭饱，千金一掷而掉头不顾者，尚大有人在。据大致了解，一桌全席，略加品尝即散去者，多留下大半桌佳肴。据知此类剩菜当前已不喂猪狗，因猪有猪料，狗有狗食，而是随手倒入泔水梢或地沟，成为地沟油主要来源之一，这已是一种令人深恶痛绝的出路。若按节约之道，愿打包者尽可打包，其余剩菜是否可由饭馆筛选加工，经过消毒，制为"合菜"，低价出售；或由谋生计者承包设摊，以求营生。这一谬论悖说，要在呼吁培养节俭习惯，或为豪迈者所噱，然眼见大量佳肴，泰然弃之，不禁略陈愚者一得，不知可得共鸣乎？

有人曾对吃"折箩"提出过"是否卫生"的质疑。我认为这种将剩菜合在一起，经过高温热煮，即已消毒，较之将剩菜倒入地沟，再由嗜利者提取食油，心明眼亮得多。"折箩"菜的卫生程度不比那些街头巷尾的老豆腐、锅巴菜差多少。如果真有"折箩"摊开设，我还想当常客。

原载于《美食》2012年第4期

番薯的引进

番薯一名红苕、地瓜、甘薯、红薯、白薯和金薯等。它是一种高产的粮食作物，荒年时更是主粮的重要补充。每到秋后，街头设摊的煮红薯和烤白薯是一种非常诱人的美味食品。冬天，花很少钱买一块烤白薯捧在手里，边走边吃，不仅充饥，还能暖手。我更喜欢煮红薯，因为它的甜汁香味沁人心脾，所以我买煮红薯时总拿着碗，希望多给一勺又黏又稠的甜汁，慢慢地吮吸，吃完后舔舔嘴唇总那么甜。不过，人们对番薯仅有一些习焉不察的感性知识而已。直至六十年代度荒时，番薯已不再是人们的消闲品，而是充饥果腹的粮食，喝两碗番薯玉米粥或小米粥，无异是难得的美食，感到肚饱身暖；下乡在农户吃派饭有薯面窝头和饸饹条吃确比增量法的食品耐时解饿；薯酒虽非名酒，但喝到造酒技术高超的成品，也能给人一种享受和欢乐；熟干薯条比嚼牛皮糖更有咬劲和味道。那时地方官员为图番薯高产，不惜拔麦种薯。番薯和人们的关系愈来愈密切，连诗人郭沫若也在1963年度荒时期填写了一首应景的《满江红》词，题目是《纪念番薯传入中国三百七十周年》，因为全词及附注有丰富的史料内容，可以丰富对番薯的理性知识，特录其全词：

> 我爱红苕，小时候，曾充粮食。明代末，经由吕宋，输入中国。三七〇年一转瞬，十多亿担总产额。一季收，可抵半年粮，超黍稷。
>
> 原产地，南美北。输入者，华侨力。陈振龙，本是福州原籍。挟入藤篮试密航，归来闽海勤耕植。此功勋，当得比神农，人谁识？

郭老这首词的品位如何，不敢妄加品评；但最大特色是直话直说，平淡得妇孺皆懂。他的这首词的用意若何，难以揣测，但经反复诵说，略知番薯原产中美洲，是于明末由侨胞从东南亚违禁舶来的传统食品，来之不易。番薯不仅味美可口，而且产量又高，人们应倍加珍惜。意思是荒年吃到红苕也很不错了！这首词的几个附注却很有助于了解番薯的引进史。

关于番薯的引进时间、地点和引进人，则说法不一。

一说是明万历初年在云南已有种植番薯者，据《云南通志》所载，万历四年，云南临安、姚安、景东、顺宁四府已种有番薯，则明万历四年以前，番薯已由陆路从缅甸传入云南。引进人不详。

一说是广东东莞人陈益在明神宗万历八年去安南（越南），十年回国时，将薯种带至广东推广。陈益出身世家，其祖、父、兄皆从仕。他历尽内外艰险，才把番薯引进，所以与番薯特有感情，临终时遗言子孙祭坟，番薯必为祭品之一，其后相沿成俗。他是最早有姓名的引进人。

一说是福建的菲律宾侨胞陈振龙于明万历二十一年五月间从吕宋将薯藤缠在船绳上，冒禁航行七日，偷运回福建。六月间，其子经纶向时任巡抚的金学曾献出薯种及种植方法，得到了金的支持，金还将经纶所陈种植法写成《海外新传》七则，试种推广，取得成效，并解救了第二年的灾荒。人们为纪念金巡抚推广番薯种植，有救灾济荒之功，遂把番薯命名为"金薯"，并在福州乌石山建"先薯祠"（现仅存先薯亭），奉祀金学曾和陈振龙父子。

另外还有一种传说是有广东吴川人林怀兰，由越南得薯种归广东，大加推广种植，抵御了荒旱。人民感念其德，在电白县霞洞乡建怀兰祠，题曰"番薯林公庙"，郭老曾为此向电白县委质询，证实确有其庙，但在1956年被拆毁。林氏为何时人，已难考知。郭老对林氏自海外引进薯种表示怀疑说"疑林实从福建得到薯种，矫为异说为鼓舞种植之传播耳"，纯为臆测，难以置信！

番薯自明万历传入以后，逐渐引起人们的重视，特别是有些农学家和经世家如徐光启、李渭、陈世元、陆耀等人，写了些有关专著，如《甘薯疏》、《金薯传习录》和《甘薯录》等，而以《金薯传习录》最为著名。《金薯传习录》二卷，是陈振龙的六世孙、清乾隆时商人陈世元所撰。番薯自陈氏父子传入并推广种植后，其子孙坚持不懈，努力宣传，逐渐推广到浙江、山东、河南、河北等省，颇见成效。陈世元就将历来有关推广宣传甘薯种植方法与赞扬成效的诗文题咏汇集成书，为了纪念金巡抚的支持，乃以"金薯"命名，题为《金薯传习录》，乾隆三十三年付刻，乾隆四十一年又补刻经纶除蝗害法于后。这是研究番薯问题比较完备的第一种重要文献汇编。根据《金薯传习录》所记，番薯于乾隆二十二年已由山东传入北京；但据中国第一历史博物馆所藏内务府档案则记称雍正八年四月，福建关督送京薯六桶，奉旨将薯苗和送薯苗的种植人留京，在圆明园栽种，则清雍正时，北京也已有番薯了。

一些杂书中对此也多有所记，其中最完整清楚的是明清之际周亮工的《闽小纪》，他在福建做官多年，所知应较确。《闽小纪》卷之三有专条记其事说：

> 万历中，闽人得之外国。瘠土砂砾之地，皆可以种。初种于漳郡，渐及泉州，渐及莆，近则长乐、福清皆种之。盖度闽海而南，有吕宋国；度海而西为西洋，多产金银，行银如中国行钱。西洋诸国金银皆转载于此以通商，故闽人多贾吕宋焉。其国有朱薯，被野连山而是，不待种植，彝人率取食之。其茎叶蔓生，如瓜蒌、黄精、山药、山蓣之属，而润泽可食，或煮，或磨为粉。其根如山药、山蓣，如蹲鸱者。其皮薄而朱，可去皮食，亦可熟食之。可熟食者，亦可生食，亦可酿为酒。生食如食葛，熟食色如蜜，其味如熟荸荠，器贮之有蜜气，香闻室中。彝人虽蔓生不訾省，然吝而不与中国人。中国人截取其蔓咫许，挟小盖中以来，于是入闽十余年矣。其蔓虽萎，剪插种之，下地数日皆荣，故可挟而来。其初入闽时，值闽饥，得是而人足一岁。其种也，不与五谷争地，凡瘠卤沙岗，皆可以长，粪治之则加大。天雨根益奋满，即大旱、不粪治，亦不失径寸围。泉人鬻之，斤不值一钱，二斤而可饱矣。于是耄耆童孺，行道鬻乞之人，皆可以食。饥既得充，多焉而不伤，下至鸡犬皆食之。

许多著作对番薯于明万历时始由东南亚传入中国，已无疑义。但在影剧《唐知县审诰命》和《七品芝麻官》中有"当官不与民做主，不如回家卖红薯"两句名言，由于它贴近现实，所以流传甚广；但却与历史有不尽符合之处。当然，影剧家完全可以不切合事实虚构，也可以写"不是历史"的历史剧，甚至于为了把历史学家气得吐血，故意违背历史；但是，历史学家也有权讲历史。唐知县是作为明嘉靖时人出现的剧中人物。嘉靖的下限是1566年，而番薯传入的万历，其上限是1573年，以最近年距计，中间还隔了明穆宗一朝六年。显然，嘉靖时番薯尚未传入中国，则唐知县也必无红薯可卖。附证于此，庶免以讹正是，甚至以讹攻是！

原载于《今晚报》1998年12月1日

豆腐文化三说

1990年9月15日，海峡两岸有关人士达成共识，分别在北京、台北同时举办中国豆腐节。会议研讨了豆腐的食用科学价值与文化深层内涵，颇多说论。我应邀在京与会，即席略陈豆腐文化三说。

一、豆腐起源说辨

关于豆腐起源，其说大致有四：

（1）始周说：四十年代李乔萍所撰《中国化学史》曾以传说孔子不食豆腐以反证先秦已有豆腐。所据为清人汪伋的《事物原会》。

（2）始汉说：此说流传较广，文字记载亦多。它主要据梁谢绰《宋拾遗录》和宋朱熹有关豆腐的诗句。

（3）始唐中期说：日本学者筱田统《豆腐考》据宋初陶谷《清异录》的记载推测估定。

（4）始五代说：化学史家袁翰青据宋人寇宗奭《本草衍义》的记载推测豆腐开始制作的年代，"想来很可能是在五代的时候，九世纪或是十世纪的时期。"（《中国化学史论文集》）

对这四种说法，目前尚都有异议，但比较四说，似以始汉说为近理，其理由是：

（1）始汉说文献记载较多，如梁谢绰《宋拾遗录》，宋朱熹诗，明李时珍《本草纲目》、叶子奇《草木子》、罗颀《物原》、陈继儒《群碎录》，清高士奇《天禄识余》等，虽不能说不是辗转相承，但有些学者如李时珍是很谨严的学者，采录资料比较慎重。罗颀《物原》中还说前汉古籍中有刘安作豆腐的记载，也不能判定它完全无稽，所以不能鲁莽否定。

（2）《宋拾遗录》说郏本无豆腐起源记载，根据版本学知识，古籍流传过程内容缺佚或异本出入均有可能，在安徽《凤台县志》卷二即引梁谢绰《宋拾遗录》称："豆腐之术，三代前后未闻。此物至汉淮南王安始传其术于世。"想非虚构之笔。

（3）地方志记载大多由当地征文考献所得，有一定可信度。嘉庆安徽《凤台县志·食货志》曾记称："屑豆为腐，推珍珠泉所造为佳品。俗谓豆腐创于淮南王，此盖其始作之所。"（《养一斋文集》卷二）民国《吴县志》卷五十一也有类似记载。既记淮南王制豆腐的传说，又记始作之所，恐非无根之谈。

（4）淮南王是杂家，门下宾客甚多，很可能有人掌握豆腐制法。他对动植物和炼丹术颇多研究，封地又有豆、盐物产，所以具备物质和技术条件。淮南王可能完善制法而加以流传。

（5）豆腐制法可能来自民间，又有地区性，属于低层次食品，所以不能迅速进入文人学者笔下，而且古代事物原始，总有一定流传过程，所以不能完全以文献记载晚出为论据。

（6）程步奎在《豆腐的起源》（《中国烹饪》1983年第4期）一文曾记1959至1960年间，河南密县打虎亭一号汉墓中，有大面积画像石，其中有豆腐作坊石刻，是一幅把豆类进行加工制成副食品的生产图像，经过文物部门和专家考证，"认为此刻画可以证明中国豆腐的制作不会晚于东汉末期"。

所以说，豆腐制作始汉之说似比其他诸说近理可信。至于是否一定创于淮南王刘安，则不宜过于拘泥。这与纸称"蔡侯纸"，以蔡伦为发明者也只是因蔡伦监管过造纸，并改进完善纸的用料与制法而已。许多发明创造出自群众智慧，这是颠扑不破的真理，但一项事物原始总希望寻找一个或曾有过重要作用，或已为民间传说所公认的人物作为始作者，如木匠以鲁班为祖师，并非所有木工技巧均出自鲁班，正因为民间有传说而相沿崇奉。刘安首创豆腐制法之说，大抵类此，而以刘安诞辰为豆腐节日则与端午之与屈原投江、中秋之与月饼传信等以传说定节日情况相同，似无需多所争议。

二、豆腐菜地位说

豆腐为民间菜品，但因其色洁体柔味鲜而为人所喜食。豆腐菜的传说附会与其身价层次的变化正反映人们希望豆腐菜地位提高的心理状态。

有许多豆腐名菜的传说故事往往与帝王的活动与提倡相关，其中明太祖、清康熙与乾隆二帝的逸闻较多。如：

（1）明太祖朱元璋与凤阳瓢豆腐：

凤阳瓢豆腐是江淮地区名肴，色泽橙黄，味似樱桃，外脆内嫩，鲜美清爽。它是凤阳黄厨师家传五六百年的佳肴，朱元璋幼年家贫乞讨，黄厨师曾怜惜而施舍一盘将出锅的瓢豆腐，使朱元璋终生难忘此美味，后登帝位即征黄厨师为御膳师，列瓢豆腐为宫中宴会菜而成为"贡菜"。

（2）清乾隆帝与豆腐食品：

关于乾隆帝与美味佳馔的传说甚多，即以菠菜烧豆腐就有不同传说：一说乾隆南巡，至浙江海宁陈家，吃了菠菜烧豆腐，欣赏其色味，名为"红嘴绿鹦哥烧金镶白玉嵌"。又一说乾隆南巡过镇江，有一农妇进菠菜煎豆腐，名为"金镶白玉版，红嘴绿鹦哥"，乾隆尝后，口颊一新，乃赐农妇称皇姑，而名菜为"皇姑菜"。

封建帝王不仅品评豆腐名菜，而且还以赐予豆腐菜制法作为恩宠以笼络大臣，如传说康熙帝曾特旨将八宝豆腐名菜的配方赐给大学士徐乾学作为年老回乡后的享受，徐往御膳房取配方，还被敲诈了一千两银子。后来，这个配方被徐的门人王楼村所得，并传至其孙王太守而流传于民间，后遂有王太守八宝豆腐的菜名。又如康熙南巡至苏州，巡抚宋荦是当时受恩宠的名臣，康熙先以内府所制豆腐赐宋，复敕御厨亲至巡抚厨下传授制法，以为宋荦后半辈享用。宋荦视此为殊荣，特把此事写进自己的笔记《筠廊偶笔》中，嘉庆、道光时梁章钜也把此事录入所著《浪迹续谈》卷四中。足证此事确有调协君臣关系的重要作用。

有的地区创行豆腐制法来寄托乡思，如广东东江地区有自西晋永嘉年间从中原南迁来的客家人，过年时曾怀念故土吃饺子的习俗，但当地缺麦，于是把饺子馅填进豆腐三角块里煮食以慰乡思，以后遂成当地名菜"东江酿豆腐"。

豆腐菜由于具有色洁体柔、鲜嫩适口、做法多样、可荤可素等特点，所以很适于家庭食用，一般拌、炖、烩、炒、汤等做法均可。河北农村由于生活水平较低，婚丧宴席常用豆腐席，即垫以豆腐而上用鱼、肉、鸡等盖头。随着普遍食用，各地因需而异，逐渐形成各有风味的地方菜，如川菜的麻婆豆腐、京菜的锅煽豆腐、粤菜的蚝油豆腐、闽菜的珍珠豆腐、苏菜的煮干丝、沪菜的雪花豆腐等等。由于地方风味菜的精益求精，又逐渐走向宴会，成为精美无比的豆腐宴，如以珍珠豆腐招待过印度泰戈尔，以八宝豆腐两次招待过金日成，日内瓦会议也多次以豆腐名菜飨外宾，博得赞美。名菜也日新月异，如有迎宾豆腐、响铃豆腐、太极豆腐、鱼包豆腐等工艺佳肴。已故特一级厨师王甫亭曾设计具有辽宁地方风味的豆腐筵谱，包含名菜十品即：吐丝豆腐、千层豆腐、莲蓬豆腐、煎酿豆腐、箱子豆腐、八宝豆腐、翡翠豆腐、九转豆腐、砂锅老百腐和鳝鱼干丝等。豆腐菜食用层次的步步晋升也反映豆腐菜地位的不断提高和身价的增长。

最近从《山西民间文学》上看到一则革命传说：在法国勤工俭学的学生，因学费无着而商讨时，邓小平曾提议做豆腐，得到周恩来的赞同，于是在巴黎开了"中华豆腐坊"，大家边推磨边说笑，周恩来曾吟唐诗一句说："旋转磨上流琼液"，邓小平和下句说："煮月铛中滚雪花"。为了推销豆腐，周恩来等还到餐馆酒店，一面做豆腐菜，一面宣传豆腐的营养价值。不久，"中华豆腐"一时畅销，名震巴黎而不得不限时出售。于是勤工俭学学费和中共旅欧支部的活动经费都有了着落。以后各种豆腐制品相继流传欧美名都，成为热门菜肴。这则革命传说的真实性尚待考证，但把豆腐与革命活动联系一起也反映人们重视豆腐的心理状态。

三、豆腐文学说

作为一种文化，除了考察其始源、发展、流传及社会价值外，还应注意到它作为文学题材的展示情况。豆腐在诗文、小说、杂著中都有所描述。

诗以宋苏轼《豆腐》诗中的"煮豆为乳脂为酥"是人们熟知的诗句，其"酥"字即指豆腐。元代的诗人郑允端在《豆腐》诗中描述了蒸煮这一重要制作过程，其诗是："种豆南山下，霜风老荚鲜，磨砻流玉乳，蒸煮结清泉，色比土酥净，香逾石髓坚，味之有余美，玉食勿与传。"近年曾在报刊读到胡济苍的《豆制品四咏》，分别对豆腐、豆腐衣、豆腐皮、豆腐乳加以吟诵，其吟豆腐一首说："信知磨砺出精神，宵旰勤劳泄我真，最是清廉方正客，一生知己属贫人。"这首诗正如昔人以石灰喻清白，以松柏喻忠贞而刻画豆腐以清廉方正，提高了豆腐的品格与身份。

以豆腐入文当以宋文学家杨万里《诚斋集》中《豆腐——豆庐子传》为最早，这篇文字是以拟人方法写成的。清初文学家尤侗，诗文词曲皆负盛名，他所写的《豆腐戒》（《檀几丛书》余集卷上）是借豆腐清廉安贫的性格来鼓励儒者立戒修身。他在弁言中说，见于佛家戒律甚多，所以想为儒士"立大戒三，小戒五，总名为豆腐戒"。所谓大戒三、小戒五是指味戒、声戒、色戒、赌戒、酒戒、足戒、口戒、笔戒。为什么要以"豆腐戒"为总名？因为"非吃豆腐人不能持此戒也"，意思是只有能过豆腐白菜日子的清心寡欲者才能守得住这八戒。豆腐在尤侗的笔下提到了具有崇高操守的地位。近代散文家朱自清所写《冬》一文曾描写过隆冬季节在家中吃砂锅豆腐的欢快热闹情景。在文人的笔下，豆腐不仅已作为描述刻画的题材，而且还加以正面的人格化，赋予它清高自守的特殊性格，加深了人们对这一行之久远的食品的认识。

在小说中有作为食品写到的，也有以豆腐性格作描写比喻的。如元施耐庵《水浒传》的《青面兽北京争武》回目中写杨志与周谨比武，周谨周身被杨志以蘸石灰的枪头戳几十处时说："看周谨时，恰似打翻了豆腐的，斑斑点点约有三五十处。"这足以豆腐散碎来譬喻斑点。王实甫的《西厢记》中有"酸黄齑，炸豆腐"，作为一种小食品提出。明吴承恩《西游记》第六十回中说"大海里翻了豆腐船，汤里来，水里去"，反映了作者对豆腐的制作程式有所了解从而提炼出这一俏皮话。清曹雪芹《红楼梦》中有几处写到豆腐及豆制食品，而第六十一回中写厨房柳婶子给司棋吃馊豆腐一事，可以见小人的势利。吴敬梓的《儒林外史》中曾多处利用豆腐作文章，有的作为食品提到，如第二、二十一、二十二、四十五、五十五等回目中都写了豆腐和豆制品。有的作为清贫的比喻，如第二回写申祥甫于正月初三请夏总甲吃饭久候不至说："新年初三，我备个豆腐饭邀请亲家，想是有事不来了。"第二十回写寺僧过着豆腐干、青菜的清苦生活。有的写豆腐行业的地位，如第十六回写贫苦知识分子匡超人"每天很早起来磨豆腐卖，因为卖豆腐不要许多本钱，所以出现了小商人兼卖豆腐的风尚"。有的写用豆腐干作非法活动，如第十九回写潘三用豆腐干刻假印的勾当。《儒林外史》可以说是写豆腐较多较深的一部文学作品。其他如《醒世姻缘》、《镜花缘》和《儿女英雄传》中均写及豆腐。

至于杂著笔记中记载尤多，学者熟知豆腐最早见于记载是宋初陶谷的《清异录》，并记豆腐异名为小宰羊，陶氏为淮南人，所记当可信，其异名也表示豆腐鲜嫩味美。其后陆游的《老学庵笔记》记嘉兴有蜜渍豆腐。林洪的《山家清供》有"东坡豆腐"一品。明人叶子奇的《草木子》和陈继儒的《群碎录》中均记有据传说而记入淮南王刘安始作豆腐之说。清人有许多笔记杂著记及豆腐。清初文学家朱彝尊曾撰《食宪鸿秘》二卷，其中记豆腐、熏豆腐、冻豆腐、豆腐脯、豆腐汤、煎豆腐等制法极详。乾隆时的美食家袁枚不仅在其饮食专著《随园食单》中记载各种特制豆腐方法，而且在《随园诗话》中还记其求豆腐菜制法的趣闻。嘉庆时风土史专家顾禄在其所著《桐桥倚棹录》卷十中记苏州酒楼所卖满汉大菜及汤炒小吃菜单甚详，其中就列有什锦豆腐和杏酪豆腐二品。嘉、道时任封疆大吏的梁章钜曾写笔记杂著多种，其《浪迹续谈》卷四有《豆腐》专条记其对豆腐的喜食说："余每治馔，必精制豆腐一品，至温州亦时以此飨客，郡中同人遂亦效为之。"其他如褚人获《坚瓠集》及后来柴萼的《梵天庐杂录》中均有记述。

豆腐入于文人学者之笔，不仅抬高其本身的佳肴地位，而且往往作为拟人手法而增添了文化色彩。从其源远流长、社会价值和文化内涵来看，把豆腐文化作为饮食文化的一个支系加以考察探讨，洵无愧色。

一九九○年九月十五日在北京中国豆腐节大会上的讲演稿

原载于《书摘》1997年第8期

烟草与火柴

　　烟草为世人生活中吸食之物，但吸食烟草究始于何时，已难详考，据一种传说，在墨西哥印第安人古墓中曾发现烟管和烟叶残片，约在千年以上。而中国人吸烟在多种清人记载中皆言始于明万历时，由海外传入我国。开始吸食者尚少，到清朝康、雍之际，吸烟逐渐普遍。乾隆时有一位曾在甘肃两任知县的山西人秦武域在所著《闻见瓣香录》中，曾较简要地记述烟草情况称：

　　　　烟草今时习尚最盛，人人带携。其吸烟之器，铜头木身，名曰烟筒，又名烟袋。矜巧斗奇，千式万样。装烟之物，名曰合包，以京缎、洋呢为之，多葫芦形。烟之最著名者，曰建烟（出福建）、衡烟（出湖南）、蒲城烟（出江西）、兰花烟（出山东）、油丝烟（出北京）、青烟（出山西）。无论官署客舍，相见先之以茶，继之以烟。士农工商、闺阁妇女、贩竖奴隶之属，日不离口。其费十倍于茶，亦风气使然也。①

　　秦氏对烟具、烟类、吸烟者及吸烟风气等，有所记述，而于烟之传入中国及其传说，则未多涉及。乾、嘉时浙江仁和人曹斯栋，教读一生，曾钩辑旧籍，成《稗贩》八卷，辑烟草故事较他书为备云：

　　　　烟草种出吕宋国，名淡巴菰，曰相思草、曰淡肉果、曰担不归。姚旅《露书》称为金丝薰，捣之可毒头虱。按淡巴者，原属吕宋旁近小国名。王圻言其明初曾入贡，有城郭、宫室、市易，君臣有礼。黎士宏云烟草万历间始自日本传于漳州之石马。细切如缕，灼以管而吸之。吕宋人食法，用纸卷如笔管状，名几世留，然火吸而食之。齐武帝永明十一年，有沙门斋火至，

　　――――――――――
　　① 《闻见瓣香录》丁集。

火赤于常火而微，疗疾多验，都下名曰圣火。吴梅村《绥寇纪略》谓与今之烟草相类。明熹庙时，童谣云：天下兵起，遍地皆烟。未几，闽人有此种，名曰烟酒。崇祯朝悬为厉禁，而贪墨吏借此名义破人家者不少。韩慕庐与酒同嗜，或有问于韩曰：必不得已，去于斯二者，何先？韩沉吟久之，曰：去酒。厉樊榭名吃烟为饮烟，盖即周官六饮之类。且云风味在曲生之外。其《天香词》云："娇寒战回，料峭胜槟榔，为消残饱，旅枕半欹，薰透梦阑人悄……"①

这段记载讲了许多问题。烟草传入，多书均言来自吕宋，即指今菲律宾。另有说烟草产于美洲，哥伦布带入欧洲，明万历时传入中国。又一说自日本传至漳州。烟草名称甚多，各有寓意，淡巴菰以产地命名，淡巴为吕宋旁近一小国。相思草之名，含有浪漫意味，据姚莹《识小录》卷五《烟草》条说："关外人相传本于高丽国。其妃死，王哭之痛，夜梦妃告曰：冢生一草，名曰烟草，细言其状，采之焙干，以火燃之而吸其烟，可以止悲，亦忘忧之类也。王如言采得，遂传其种。"因而得相思草之名。淡肉果可能与淡巴菰音近而名。担不归可能指产量高，收成都挑不回来。金丝薰言烟草切工细而叶黄如金，又以火加薰故名。几世留则言吕宋人将烟草卷成笔管状，可以留存几世而仍在之意。圣火可能是一种雪茄烟的初形，类似今之艾卷，亦可用以灸穴位疗疾。烟酒言其于人如酒之不可须臾离。这些解说可能都是猜测臆断，而淡巴菰则是共识的名称。姚旅是明人。王圻是明嘉靖时上海人，所著有《续文献通考》和《稗史汇编》。黎士宏生于明万历，卒于清康熙，系明、清间人，清初任官江西、山西等地，所著有《西陲闻见录》与《仁恕堂笔记》。吴梅村名吴伟业，清初诗人，《绥寇纪略》即其所著。熹庙指明熹宗。韩慕庐指韩炎，生于明末，清康熙时状元，官至礼部尚书，著有《有怀堂诗文稿》。关于去取烟酒的故事，清人多种著作均以韩炎为例，想系辗转传录。其中以王渔洋《分甘余话》所记最直接切实，王云："韩慕庐宗伯炎嗜烟草及酒。康熙戊午，余与同典顺天武闱。酒杯、烟筒，不离于手。余戏问曰：'二者乃公熊鱼之嗜，则知之矣。必不得已而去，二者何先？'慕庐俯首思之良久：'去酒。'众为一笑。"康熙戊午为十七年，当时韩慕庐正掌翰林院事，教习庶吉士。武闱即考武进士事。厉樊榭即清代词人厉鹗，《天香词》是他喜爱烟草、赞美烟草的作品，词前有序略云吸食烟草："令人如醉，祛寒破寂，

---

① 《稗贩》卷八。

风味在曲生之外，今日伟男髫女，无人不嗜，而余好之尤至。"亦可见当年吸烟风气之盛。周官六饮，言王者的六种饮品，六饮是水、浆、醴（甜酒）、凉（冷饮）、毉（酿粥）、酏（薄粥）。

烟草吸法，不外三种：一旱烟袋，二水烟袋，三纸卷烟。生于道光、卒于光绪的洋务官员方濬师，在其所著《蕉轩随录》中，有很细致的专题描述说：

> 乾隆以前，尚系用木管、竹管，镶以铜烟锅吸之，名曰旱烟；后则甘肃兰州产水烟，以铜管贮水其中，隔水呼吸，或仍以旱烟作水烟吸。而水烟之名，有青条、黄条、五泉、绵烟诸目。旱烟袋以京师西天成家为最，水烟袋以白铜制者，惟苏州汪云从著，汉口工人亦专精制造。近年来，又有铜制二马车水烟袋者，以皮作套，空其中，一安烟盒，两旁有烟纸筒二，可以息火。制作益精，且便于携带，于北地车中最宜。洋人复制烟叶，卷束如葱管，长仅三四寸，以口衔之，火然即吸，其味烈易醉，又于马上最宜。①

烟草之嗜好者，已如上述，而自其传入，即有烟害之说。自明万历时的《食物本草》、崇祯时的《物理小识》以及清康熙时的《花镜》等书，无不言烟之伤肺，政府亦有禁令，崇祯末年，尤为严厉，甚至可达斩刑。清代官员、学者亦多从种烟伤农角度论烟草之害。产烟重地济宁人刘汶曾恶其妨农，作《种烟行》以抨击之，诗末大声疾呼"往者岁歉难举炊，谁家食烟能疗饥"，言至沉重。康乾时方苞曾奏请严禁烧酒种烟以裕民食，颇有响应者。稍后乾隆时人王元启曾著《烟草小论》，力陈宽种烟之禁，曰：

> 为政者贵因民之所利而利之，扰狱市尤昔人所深戒。今既不能禁民之无食烟，与远贾之，无至济宁贩烟，则民之植烟者，借卖烟之利以籴米贸布，亦古人通功易事之义。以九职论之，犹当列诸闲民转移执事之上。苟为政者不知从宜从俗之道，漫以相禁，禁之未必能绝，民受胥吏之扰无穷矣。此又居官者所不可不知。②

王氏文中所云九职，指周官所记九种百姓可担任的职业，即三农、园圃、虞衡、薮牧、百工、商贾、嫔妇、臣妾、闲民。闲民，无常职，转移执事，指无固定事务，随时听候差遣者。鸦片与烟草本不相类，而百余年后，林则徐禁鸦片烟

---

① 《蕉轩随录》卷六。
② 《祗平居士集》卷一。

时，有持弛禁论者，即以种烟抵制鸦片输入为说。与王氏论调，何其相类？

与吸食烟草密不可分、相应而生的是火柴。明清之际的褚人获辑古今说部成《坚瓠集》十集，其《坚瓠广集》卷五《引光奴》曾辑其事云：

> 《辍耕录》：杭人削松木为小片，其薄如纸，镕硫磺涂其锐，名曰发烛，又曰淬儿。今俗讹为火寸，盖以发火及代灯烛用也。史载周建德六年齐后妃贫者，以发烛为业，岂即杭人之所制欤？陶谷《清异录》云：夜有急，苦于作灯之缓，批杉条，染硫磺，遇火即发焰，呼为引光奴。今遂有货者，其名颇新。

乾隆时人阮葵生《茶余客话》亦记其事，虽略有小异，但大体沿袭旧说云：

> 京师人擘草麻梗为小片，涂硫磺于其末，呼之曰取灯。杭州人有以松木为之者，曰发烛。按史载，周建德六年，齐后妃贫者，以发烛为业。又《清异录》云：夜有疾，苦发烛之缓，批杉木，染硫磺，遇火即焰，呼为引儿。[①]

二书皆言周建德六年事，但检周、齐二书纪传，未见此记载，不知出何处，想必有据。陶谷为宋初人，所言前书作夜有急，后者作夜有疾，略有差异，愚意前者之"夜有急"者，指夜间起身解手，后者之"夜有疾"言夜间发病，似前者近理。

原载于《文史知识》2009年第10期

---

① 《茶余客话》卷十《取灯发烛》。

状元府的饮食单

清代状元、大学士张之万，直隶南皮人。历任清要显职。他的孙子张公骕与我相交三十余年。公骕兄字肃侯，富有才华，兼擅诗词书画。我们是1948年在天津一所教会中学共同执教时结识的。他教语文，我教史地，虽然学科不同，但爱好颇多相近，所以友情甚笃，过往较频。天津解放后，我们又携同弃职投身革命，到华北大学学习。1979年，他不幸因癌谢世，使我痛惜不已。我们在三十多年交往中，几乎每周都要促膝聚谈。所谈范围甚广，有不少涉及他的家世及其先人轶事，其中多次谈到他曾从家中一位老厨师口中听到的张之万状元府第中饮食品类名称。这位老厨师年轻时专司张之万的饮食，一直在张府服务到民国时逝世止。他常在公骕兄的要求下杂乱无章地报些饭菜名称，而公骕兄则每谈必记。所以他每次谈及时都能凭案翻开所记来述说，我也随手摘录于片纸，先后评说了十余次，据公骕兄说已全部谈完。后来，我曾利用假期誊正数纸留存；但因奔走衣食，久已忘却此事，近日整理书刊，忽见此数纸，乃分类录出，或可反映清道咸同光时期大官僚日常生活的一个侧面，也可备研究清末民初时期饮食状况的参考。

所述饮食品类大抵分为主副两大类，其下再分各种细类，分列饭菜名称，另附雅称饭菜名。

（甲）主食

（一）饭食

①玉米糙蒸饭，②蒸小米饭，③蒸小鸡饭（将小鸡切成块与米同蒸成饭，以

下蒸饭做法同），④蒸猪肝饭，⑤蒸牛肉饭，⑥蒸对虾饭，⑦蒸鲤鱼饭，⑧煮荷叶饭，⑨白菜丝、豆腐条煮成小米饭（豆腐条后搁），⑩二米饭，⑪小葱烩饭，⑫土豆蒸大米（或小米）饭，⑬腊肠稀饭。

（二）面食

①蒸窝头，②蒸葱花荤油窝头，③芝麻、肉饺子（或包子），④西红柿牛肉饺子（或包子），⑤青萝卜、青蛤馅饺子，⑥陈茶叶馅饺子，⑦鱼肉、韭菜饺子，⑧荸荠末蒸糖三角，⑨红糖、大油蒸糖三角，⑩荸荠末、绿萝卜末、山药末、葡萄干末蒸三角，⑪奶粉、鸡蛋、菠萝蒸三角，⑫藤萝花、鸡蛋、奶粉蒸三角，⑬山药、荸荠、土豆、紫菜头、胡萝卜、山芋蒸糖三角（先把馅蒸熟成泥），⑭莲子泥、藕末、莲花蒸薄皮糖三角，⑮山芋末蒸三角，⑯柿饼末蒸三角，⑰山药、荸荠、葡萄干、鸡蛋、牛奶蒸糖丝糕，⑱烫面卷馅龙糕，⑲蒸枣糕，⑳叉烧蒸包，㉑灌肠韭菜馅包子（饺子、烧卖同），㉒蒸白面长馒首，㉓蒸玉米面长馒首，㉔洋白菜末、胡萝卜末、牛肉馅饼，㉕牛肉饼、炒饼，㉖烩饼，㉗小葱烙咸饼，㉘小葱烩饼，㉙苜蓿棒子面贴饼，㉚馃子、炒鸡蛋、盐水拌面，㉛花椒油、麻酱拌面（紫头丝、胡萝卜丝、西红柿、洋葱、洋白菜作菜码），㉜冬笋、肉馅蒸团子，㉝鸡蛋、猪肉、韭菜团子，㉞韭菜海带团子，㉟蒸菜菔丝卷子。

（三）粥

①胡萝卜条、绿萝卜干棒子面粥，②猪肉粥（或牛肉），③咸白面粥（或棒子面，可另搁入肉、菜、鱼片等），④火腿末麦片粥，⑤玉米面马荸荠菜粥，⑥山芋玉米稀粥，⑦土豆玉米面粥，⑧河鱼片粥，⑨火腿粥，⑩羊尾粥，⑪八玉粥。

（四）面汤

①西红柿、洋白菜、紫菜头疙瘩汤，②苜蓿蛋穗疙瘩汤，③苜蓿面疙瘩汤，④白菜珍珠疙瘩汤，⑤馄饨疙瘩汤，⑥排骨卧果汤面，⑦西红柿牛肉汤面，⑧小葱清汤面，⑨馃子汤面，⑩馃子、菠菜汤面，⑪螃蟹汤面，⑫肥肠汤面，⑬腊肉汤面，⑭鸡杂汤面，⑮牛尾汤面，⑯豆浆白菜汤面，⑰对虾油汤面，⑱白菜、萝卜嘎嘎汤，⑲白肉嘎嘎汤，⑳白菜、丸子嘎嘎汤，㉑馄饨嘎

嘎汤，㉒鱼肚嘎嘎汤，㉓豆腐酱和面做片儿汤（加玉兰片和菠菜），㉔烩烧饼汤，㉕白菜馅馄饨，㉖羊肉片杂面汤，㉗小葱馒头汤。

（乙）副食

（一）炒菜

①豆角炒西红柿，②葱炒红白豆腐（红豆腐指猪血），③炒曲菜（用葱花或花椒炝锅），④酱豆腐泥炒鸡蛋，⑤面炒虾酱，⑥炒萝卜干，⑦绿豆芽炒豆腐丝，⑧黄瓜豆角茄子合炒，⑨小葱炒豆腐，⑩炒葱、蒜、黄瓜加醋，⑪西红柿炒土豆，⑫白菜丝炒豆腐丝，⑬葱、白菜丝、蒜、黄瓜丝炒豆酱，⑭土豆、藕、绿萝卜、胡萝卜丝合炒，⑮炒鸡蛋牛奶玉米加葱，⑯鸡蛋、玉米面炒虾酱，⑰鸡蛋、奶粉、西红柿炒虾酱，⑱酱萝卜炒肉丝，⑲葱丝炒羊（牛）杂碎，⑳大葱、蒜、醋炒田鸡肉，㉑韭菜炒麻豆腐，㉒姜炒鲜韭菜花，㉓甜酱、韭菜炒肉丝，㉔玉兰片、王瓜片炒肉片，㉕黄瓜丁、肉丁、西瓜皮丁合炒，㉖炒东西南北瓜（搁葱炝锅），㉗菠菜末、白菜末、葱末合炒，㉘胡萝卜末炒牛肉末，㉙菠菜末、荸荠末、青豆末炒南豆腐，㉚过油窝头炒菠菜（其他菜也可），㉛馃子炒绿豆芽（先炒绿豆芽，后搁馃子），㉜青萝卜丝、白萝卜丝、胡萝卜丝、土豆丝合炒，㉝胡萝卜、白菜炒麻豆腐，㉞鸡蛋炒麻豆腐（或南豆腐），㉟小葱、南豆腐炒麻豆腐，㊱绿萝卜丝、胡萝卜丝、葱丝、蒜炒麻豆腐，㊲虾酱炒南豆腐，㊳豆腐炒鸡蛋，㊴醋溜田鸡，㊵葱丝、鸡蛋皮、韭菜、肉丝合炒，㊶酱萝卜丝炒肉丝，㊷酱萝卜丝、白菜丝、豆芽、胡萝卜丝、葱丝合炒，㊸酱豆腐、南豆腐、鸡子、蒜泥合炒，㊹菠菜叶、南豆腐、大葱末炒虾酱，㊺肉片、鱼片、野鸡片炒菠菜（搁料酒），㊻烤面包丁炒肉丁，㊼溜黄菜，㊽黄瓜炒肉丝、鸡蛋饺，㊾溜黄菜加鱼片，㊿圆豆角炒肉丝、细葱丝、细姜丝炒肉丝，51冬笋丝炒肉丝，52小葱虾酱炒豆腐，53胡萝卜炒白菜，54胡萝卜炒茄子，55蚕豆炒菜葩丁，56辣椒炒茄子，57虾皮炒韭菜，58对虾油煮豆腐干丝，59糟鱼汤炒豆腐，60虾酱炒豆腐，61茄子海带炒鳝鱼，62粉条、海带条、白菜条、胡萝卜条、豆腐丝合炒，63炒笋末黄瓜末肉末。

（二）炸菜

①大葱炸蚂蚱，②茄片蘸酱豆腐、面糊炸，③海带包（海带先整煮，切方块蘸面糊炸），④炸溜豆腐丸子，⑤旱萝卜炸丸子，⑥牛排（用刀背两面打过，蘸面包渣炸），⑦豆腐渣、大肉丁、鸡蛋、团粉炸丸子，⑧牛杂碎、鸡蛋、团粉炸丸子，⑨鸡蛋、团粉炸丸子，⑩牛肝、蒜泥炸丸子，⑪灌肠炸丸子，⑫松花、窝头末、姜炸丸子，⑬酥鱼、窝头炸丸子，⑭酱豆腐、南豆腐、大米饭炸丸子，⑮熟鸭蛋、大米饭、葱炸丸子，⑯黄酱炸鳝鱼加黄瓜条，⑰米粉肉炸酱，⑱虾酱、面筋末炸豆酱。

（三）烧菜

①虾酱熬白菜，②腊肠烧油菜（或白菜），③白炖肉（牛、猪、羊均可，加葱盐），④新法炖肉（先炒肉加葱、姜炖，水二、酱油一，炒的越黄越好），⑤桔皮炖肉，⑥土豆、胡萝卜、西红柿炖牛肉，⑦排骨炖大白花，⑧炖茄子皮，⑨黄瓜鱼酱、韭叶烧白菜，⑩茶煮白菜，⑪马毛烧肉，⑫豆浆炖肉，⑬马子菜烧鱼翅，⑭烧油菜，⑮熬沙鱼。

（四）蒸菜

①山药、葱、大油丁、窝头丁蒸丸子，②米粉蒸牛肉，③豆浆、南豆腐、鸡蛋、酒糟、葱蒸虾酱，④蒸白衣果（外白面内鸡蛋），⑤蒸黄衣果（外棒子面内鸡蛋），⑥整蒸野鸡片（鸡片用料酒泡），⑦白菜叶包牛肉馅蒸。

（五）拌菜

①豆腐干拌白菜丝，②拌凉粉、黄瓜加蒜，③粉皮拌黄瓜加蒜，④馃子拌韭菜花，⑤韭菜花拌炒豆芽，⑥小葱拌豆腐，⑦南瓜子拌黄瓜，⑧糖蒜、黄瓜拌粉皮，⑨黄瓜拌西红柿。

（六）腌菜

①腌咸豆腐，②腌菠菜，③腌西瓜皮，④酱腌茄子皮，⑤腌大白菜疙瘩，⑥虾酱腌莱菔。

（七）汤

①大葱、粉条、豆酱汤，②菠菜丝、豆腐条、胡萝卜丝醋汤，③绿萝卜、青蛤氽汤，④紫菜头、白菜、胡萝卜汤，⑤海栗子氽汤，⑥小葱豆腐汤，⑦大葱青虾氽汤，⑧大葱牛（羊）杂碎汤，⑨大葱、蒜、醋、田鸡氽汤，⑩西红柿豆腐汤，⑪小毛鱼、蒜氽汤，⑫鲤鱼羊肉汤，⑬鲹鱼肥猪肉汤，⑭玉兰片、黄瓜片、肉片汤，⑮豆浆煮绿萝卜丝冲果子汤，⑯鸡蛋条、葱丝、韭菜叶、胡萝卜丝汤，⑰龙井茶沏果子汤，⑱小葱、麻酱、果子汤，⑲青虾、蛋白丸子氽汤，⑳菠菜氽肉片汤，㉑小葱虾米汤，㉒小葱豆腐汤，㉓黄酱菜叶汤，㉔胡萝卜鱼酱汤，㉕茄把粉条汤，㉖虾皮汤，㉗黄瓜、鱼片汤，㉘豆浆鲫鱼汤。

（丙）雅称饭菜

①残金碎玉糕（面包皮内搁湿大米、湿玉米糁蒸），②黄金白玉糕（外棒子面内白面），③白玉金屑糕（外白面内玉米糁），④白衣玉屑糕（外白面内大米），⑤黄衣金屑糕（外棒子面内棒子糁），⑥多珍糕（大米、白面、棒子面、糁子合一起），⑦多珍干饭（大米、玉米糁、小米、高粱米、绿豆），⑧蒸白衣果（外白面内鸡蛋），⑨马陵玉裹糕（外白面内马铃薯，如外棒子面称金裹糕），⑩炒红白黄绿泥（紫菜头、土豆、青豆泥、鸡蛋、肉松），⑪黄云白雨汤（粉条、鸡蛋），⑫云从龙汤（鸡虾、青虾），⑬万里火云（紫菜头炒鸡蛋），⑭露冷莲房坠粉红（先煮鸡头米、莲子后搁莲花瓣加糖），⑮金钩闹莲（虾干烧洋白菜叶），⑯凤还巢（半个西瓜去瓤，放入雏鸡一只蒸熟）。

从上述的近二百五十种饭菜名看，状元府中饮食品类确实繁多，虽然不尽是张之万本人所全部享用，有些作料和做法也似较晚出，但无疑可以反映清末民初时期的饭菜名称，供研究这一时期饭食问题时作参考素材。

原载于《中国烹饪》1986年第6期